世紀心理學叢書

台灣東華書局（繁體字版）
浙江教育出版社（簡體字版）

台灣東華書局出版之《世紀心理學叢書》，除在台發行繁體字版外，並已授權浙江教育出版社以簡體字版在大陸地區發行。本叢書有版權（著作權），非經出版者或著作人之同意，本叢書之任何部分或全部，不得以任何方式抄錄發表或複印。

台灣東華書局 謹識
法律顧問蕭雄淋律師

願爲兩岸心理科學發展盡點心力
——世紀心理學叢書總序——

五年前一個虛幻的夢想，五年後竟然成爲具體的事實；此一由海峽兩岸合作出版一套心理學叢書以促進兩岸心理科學發展的心願，如今竟然得以初步實現。當此叢書問世之際，除與參與其事的朋友們分享辛苦耕耘終獲成果的喜悦之外，在回憶五年來所思所歷的一切時，我個人更是多著一份感激心情。

本於一九八九年三月，應聯合國文教組織世界師範教育協會之邀，決定出席該年度七月十七至二十二日在北京舉行的世界年會，後因故年會延期並易地舉辦而未曾成行。迄於次年六月，復應北京師範大學之邀，我與內子周慧強教授，專程赴北京與上海濟南等地訪問。在此訪問期間，除會晤多位心理學界學者先進之外，也參觀了多所著名學術機構的心理學藏書及研究教學設備。綜合訪問期間所聞所見，有兩件事令我感觸深刻：其一，當時的心理學界，經過了撥亂反正，終於跨越了禁忌，衝出了谷底，但仍處於劫後餘生的局面。在各大學從事心理科學研究與教學的學者們，雖仍舊過著清苦的生活，然卻在摧殘殆盡的心理科學廢墟上，孜孜不息地奮力重建。他們在專業精神上所表現的學術衷誠與歷史使命感，令人感佩不已。其二，當時心理科學的書籍資料甚為貧乏，高水平學術性著作之取得尤為不易；因而教師缺乏新資訊，學生難以求得新知識。在學術困境中，一心為心理科學發展竭盡心力的學者先生們，無不深具無力感與無奈感。特別是有些畢生努力，研究有成的著名心理學家，他們多年來的心血結晶若無法得以著述保存，勢將大不利於學術文化的薪火相傳。

返台後，心中感觸久久不得或釋。反覆思考，終於萌生如下心願：何不結合兩岸人力物力資源，由兩岸學者執筆撰寫，兩岸出版家投資合作，出版一套包括心理科學領域中各科新知且具學術水平的叢書。如此一方面可使大陸著名心理學家的心血結晶得以流傳，促使中國心理科學在承先啟後的路上繼續發展，另方面經由繁簡兩種字體印刷，在海峽兩岸同步發行，以便雙邊心理學界人士閱讀，而利於學術文化之交流。

顯然，此一心願近似癡人說夢；僅在一岸本已推行不易，事關兩岸必將更形困難。在計畫尚未具體化之前，我曾假訪問之便與大陸出版社負責人提及兩岸合作出版的可能。當時得到的回應是，原則可行，但先決條件是台灣方面須先向大陸出版社投資。在此情形下，只得將大陸方面合作出版事宜暫且擱置，而全心思考如何解決兩個先決問題。問題之一是如何取得台灣方面出版社的信任與支持。按初步構想，整套叢書所涵蓋的範圍，計畫包括現代心理科學領域內理論、應用、方法等各種科目。在叢書的內容與形式上力求臻於學術水平，符合國際體例，不採普通教科用書形式。在市場取向的現實情況下，一般出版社往往對純學術性書籍素缺意願，全套叢書所需百萬美元以上的投資，誰人肯做不賺錢的生意？另一問題是如何邀請大陸學者參與撰寫。按我的構想，台灣出版事業發達，也較易引進新的資訊。將來本叢書的使用對象將以大陸為主，是以叢書的作者原則也以大陸學者為優先考慮。問題是大陸的著名心理學者分散各地，他們在不同的生活環境與工作條件之下，是否對此計畫具有共識而樂於參與？

對第一個問題的解決，我必須感謝多年好友台灣東華書局負責人卓鑫淼先生。卓先生對叢書細節及經濟效益並未深切考量，只就學術價值與朋友道義的角度，欣然同意全力支持。至於尋求大陸合作出版對象一事，迨至叢書撰寫工作開始後，始由北京師範大學教授林崇德先生與杭州大學教授朱祖祥先生介紹浙江教育出版社社長曹成章先生。經聯繫後，曹先生幾乎與卓先生持同樣態度，僅憑促進中國心理科學發展和加強兩岸學術交流之理念，迅即慨允合作。這兩位出版界先進所表現的重視文化事業而不計投資報酬的出版家風範，令人敬佩之至。

至於邀請大陸作者執筆撰寫一事，正式開始是我與內子一九九一年清明節第二次北京之行。提及此事之開始，我必須感謝北京師範大學教授章志光先生。章教授在四十多年前曾在台灣師範大學求學，是高我兩屆的學長。由章教授推薦北京師範大學教授張必隱先生負責聯繫，邀請了中國科學院、北京大學及北京師範大學多位心理學界知名教授晤談；初步研議兩岸合作出版叢書之事的應行性與可行性。令人鼓舞的是，與會學者咸認此事非僅屬學術界創舉，對將來全中國心理科學的發展意義深遠，而且對我所提高水平學術著作的理念，皆表贊同。當時我所提的理念，係指高水平的心理學著作應具備五個條件：(1) 在撰寫體例上必須符合心理學國際通用規範；(2) 在組織架構上必須涵蓋所屬學科最新的理論和方法；(3) 在資料選取上必須注重其權威性和時近性，且須翔實註明其來源；(4) 在撰寫取向上必須兼顧學理和實用；(5) 在內容的廣度、深度、新度三方面必須超越到目前為止國內已出版的所有同科目專書。至於執筆撰寫工作，與會學者均表示願排除困難，全力以赴。此事開始後，復承張必隱教授、林崇德教授、吉林大學車文博教授暨西南師範大學黃希庭教授等諸位先生費心多方聯繫，我與內子九次往返大陸，分赴各地著名學府訪問講學之外特專誠拜訪知名學者，邀請參與為叢書撰稿。惟在此期間，一則因行程匆促，聯繫困難，二則因叢書學科所限，以致尚有多位傑出學者未能訪晤周遍，深有遺珠之憾。但願將來叢書範圍擴大時，能邀請更多學者參與。

　　心理科學是西方的產物，自十九世紀脫離哲學成為一門獨立科學以來，其目的在採用科學方法研究人性並發揚人性中的優良品質，俾為人類社會創造福祉。中國的傳統文化中，雖也蘊涵著豐富的哲學心理學思想，惟惜未能隨時代演變轉化為現代的科學心理學理念；而二十世紀初西方心理學傳入中國之後，卻又未能受到應有的重視。在西方，包括心理學在內的社會及行為科學是伴隨著自然科學一起發展的。從近代西方現代化發展過程的整體看，自然科學的亮麗花果，事實上是在社會及行為科學思想的土壤中成長茁壯的；先由社會及行為科學的發展提升了人的素質，使人的潛能與智慧得以發揮，而後才創造了現代的科學文明。回顧百餘年來中國現代化的過程，非但自始即狹隘地將"西學"之理念囿於自然科學；而且在科學教育之發展上也僅祇但求科學知識之"為用"，從未強調科學精神之培養。因此，對自然科學發展具有滋養作用的社會科學，始終未能受到應有的重視。從清末新學制以後的近百年間，雖然心理學中若干有關科目被列入師範院校課程，且在大學中成立系所，而心理學的知識既未在國民生活中產生積極影響，心理學的功能更未在社會建設及經濟發展中發揮催化作用。國家能否現代化，人口素質因素重於物質條件。中國徒有眾多人口而欠缺優越素質，未能形成現代化動力，卻已構成社會沈重負擔。近年來兩岸不斷喊出同一口號，謂廿一世紀是中國人的世紀。中國人能否做為未來世界文化的領導者，則端視中國人能否培養出具有優秀素質的下一代而定。

現代的心理科學已不再純屬虛玄學理的探討，而已發展到了理論、方法、實踐三者統合的地步。在國家現代化過程中，諸如教育建設中的培育優良師資與改進學校教學、社會建設中的改良社會風氣與建立社會秩序、經濟建設中的推行科學管理與增進生產效率、政治建設中的配合民意施政與提升行政績效、生活建設中的培養良好習慣與增進身心健康等，在在均與人口素質具有密切關係，而且也都是現代心理科學中各個不同專業學科研究的主題。基於此義，本叢書的出版除促進兩岸學術交流的近程目的之外，更希望達到兩個遠程目的：其一是促進中國心理科學教育的發展，從而提升心理科學研究的水平，並普及心理科學的知識。其二是推廣心理學的應用研究，期能在中國現代化的過程中，發揮其提升人口素質進而助益各方面建設的功能。

出版前幾經研議，最後決定以《世紀心理學叢書》作為本叢書之名稱，用以表示其跨世紀的特殊意義。值茲叢書發行問世之際，特此謹向兩位出版社負責人、全體作者、對叢書工作曾直接或間接提供協助的人士以及台灣東華書局編審部工作同仁等，敬表謝忱。叢書之編輯印製雖力求完美，然出版之後，疏漏缺失之處仍恐難以避免，至祈學者先進不吝賜教，以匡正之。

張春興　謹識
一九九六年五月於台灣師範大學

世紀心理學叢書目錄

主編 張春興
台灣師範大學教授

心理學原理
張春興
台灣師範大學教授

中國心理學史
燕國材
上海師範大學教授

西方心理學史
車文博
吉林大學教授

精神分析心理學
沈德燦
北京大學教授

行為主義心理學
張厚粲
北京師範大學教授

人本主義心理學
車文博
吉林大學教授

認知心理學
彭聃齡
北京師範大學教授
張必隱
北京師範大學教授

發展心理學
林崇德
北京師範大學教授

人格心理學
黃希庭
西南師範大學教授

社會心理學
時蓉華
華東師範大學教授

學習心理學
張必隱
北京師範大學教授

教育心理學
張春興
台灣師範大學教授

輔導與諮商心理學
鄔佩麗
台灣師範大學教授

體育運動心理學
馬啟偉
北京體育大學教授
張力為
北京體育大學副教授

犯罪心理學
羅大華
中國政法大學教授
何為民
中央司法警官學院教授

應用心理學
孟慶茂
北京師範大學教授

工業心理學
朱祖祥
杭州大學教授

管理心理學
徐聯倉
中國科學院研究員
陳龍
中國科學院研究員

消費者心理學
徐達光
輔仁大學副教授

實驗心理學
楊治良
華東師範大學教授

心理測量學
張厚粲
北京師範大學教授
龔耀先
湖南醫科大學教授

心理與教育研究法
董奇
北京師範大學教授
申繼亮
北京師範大學教授

認知心理學

彭 聃 齡
北京師範大學教授

張 必 隱
北京師範大學教授

東華書局 印行

自　序

二十世紀50至60年代，是世界心理學發展史上有重要意義的時代。在現代信息科學 (訊息論、控制論和系統論) 和語言學的推動下，心理學突破了行為主義在學術界長達半個世紀的統治地位，進入了認知心理學的新時期。現代認知心理學以人類認知為研究對象。它研究人類認知的內部結構與過程，即知識獲得的內部結構與過程，並與計算機進行類比。作為一種新的研究範式，它繼承和取代了行為主義，在心理學的各個領域 (如實驗心理學、發展心理學、教育心理學、心理測量學和社會心理學等) 迅速得到應用，並對各國心理學的發展產生了深刻的影響。認知心理學是廣義認知科學的一個重要組成部分。它和語言學、邏輯學、人類學、神經科學和計算機科學有著密切的聯繫。它重視實驗手段的運用和認知模型的建構。30多年來，在探索智力的本質，揭示認知的微觀結構和過程上，取得了顯著的成就。

認知心理學在中國的傳播，是從60年代中期開始。當時，一些中國心理學家敏銳地看到了心理學中這一重大的變化，並嘗試著用信息加工的思想，研究漢字的信息結構，漢字筆畫的冗餘性和相對信息量，影響漢字識別的因素，圖式、組塊在課文學習中的作用等。70年代中、後期，港、台的中國學者在中國語文的認知方面開展了卓有成效的研究，並獲得有價值的研究成果。80年代初，認知心理學在中國大陸開始有系統的傳播。當時，出國訪問歸來的學者以及應邀來訪的外國學者，向學術界介紹認知心理學的發展趨勢及其在不同領域（記憶、思維和問題解決、個體心理發展等）的研究成果，並在部分高校系統地開設認知心理學課程。一系列國外的認知心理學著作被譯成中文，在中國出版；我國學者也先後編輯出版了一些認知心理學的教材或專著，認知心理學的實驗研究在一些高等學校和科研單位迅速地發展起來。短短10多年間，中國心理學家在知覺與模式識別、注意和記憶、思維和問題解決、漢字識別與中文語句和課文理解、兒童認知發展、認知的腦機制、認知的應用研究和計算機模擬等多方面，都取得了一些可喜的研究成果，為豐富世界認知心理學的寶庫作出貢獻；在研究的技術手段和方法上，逐漸接近和跟上國際的先進水平。

　　中國心理學家對認知心理學的興趣，主要表現在兩個方面。在理論方面，認知心理學有助於揭示人的認識過程的特點和內部機制。認知心理學反對行為主義的機械論，強調人類認知的主動性，積極性，以及人的認知結構在獲得知識中的作用。這些看法對中國心理學家具有強烈的吸引力。在應用方面，認知心理學重視研究高級的認知過程，如學習、問題解決、決策等，因而使心理學能走出實驗室的小天地，更直接地為社會服務；認知心理學與一些高、新技術的聯繫，也使人們嚮往著它的應用前景。近年來，認知心理學的研究開始深入到社會實踐的許多領域，特別是教育領域，出現了用認知心理學的觀點探討教育、教學過程的新構想。這些應用研究的成果也同樣吸引著中國心理學家。

為有系統地介紹認知心理學的成就，我們編寫了《認知心理學》一書。在寫作時，我們力求：(1) 用歷史的眼光考察認知心理學的產生、演變和發展，它的特點及其與傳統心理學的關係。近年來它在研究範式上的變化及可能的發展方向等，都是我們非常關心的問題；(2) 展現認知心理學在各個領域的研究成果，特別是在認知模型建構和實驗研究方面的成果；(3) 在介紹認知心理學的基礎研究的同時，也介紹認知心理學在不同領域的應用；(4) 力求內容深入淺出，文字通順流暢，符合人的認識規律。

　　最後，在本書正式出版之前，我們要特別感謝這套叢書的主編張春興教授。《世紀心理學叢書》的出版是20世紀中國心理學界的一件大事，也是海峽兩岸心理學家合作史上的一件大事。中國心理學的發展在很大程度上將決定於新一代心理學人才的培養。張春興教授高瞻遠矚，在20世紀90年代，聯合海峽兩岸的心理學家，經過多年的努力，共同編寫了這套世紀叢書，必將對21世紀中國心理學人才的培養產生深遠的影響。我們還深深地感謝東華書局董事長卓鑫淼先生和編輯部的全體編輯，出版社不僅支付了巨大的財力來支持這套叢書的出版，而且正是他們一絲不苟、認真負責的工作精神，使這套叢書在編輯質量上，達到很高的水平。全書從體例、文字到文獻查證，處處凝聚了東華書局編輯的心血。他們的努力不僅對心理學的發展做出巨大的貢獻，也對21世紀海峽兩岸心理學人才的培養做出了巨大的貢獻。

　　由於我們的水平有限。書中還會有不少缺點，甚至錯誤，望廣大讀者斧正。

彭聃齡、張必隱 謹識
二〇〇〇年一月於北京師範大學

目　次

世紀心理學叢書總序 …………………………………………… iii
世紀心理學叢書目錄 …………………………………………… viii
自　序 …………………………………………………………… xiii
目　次 …………………………………………………………… xvii

第一章　認知心理學及其發展
　第一節　認知心理學的研究對象和研究領域 …………………… 3
　第二節　認知心理學的研究方法 ………………………………… 17
　第三節　認知心理學的回顧與展望 ……………………………… 26
　本章摘要 …………………………………………………………… 42
　建議參考資料 ……………………………………………………… 44

第二章　模式識別
　第一節　知覺與模式識別 ………………………………………… 47
　第二節　模式識別中的認知與非認知因素 ……………………… 60
　第三節　模式識別的早期理論 …………………………………… 69
　第四節　模式識別的近期理論 …………………………………… 82
　本章摘要 …………………………………………………………… 98
　建議參考資料 ……………………………………………………… 100

第三章　注　意
　第一節　注意的概述 ……………………………………………… 103
　第二節　選擇性注意 ……………………………………………… 106
　第三節　認知容量與分配性注意 ………………………………… 119

第四節　持續性注意……127
   第五節　自動化處理……144
   本章摘要……154
   建議參考資料……155

第四章　短時記憶

   第一節　短時記憶的概念……159
   第二節　短時記憶的容量……167
   第三節　短時記憶的代碼……170
   第四節　短時記憶的信息提取……176
   第五節　短時記憶的遺忘……180
   本章摘要……186
   建議參考資料……188

第五章　長時記憶

   第一節　長時記憶的代碼……191
   第二節　長時記憶的語意信息儲存……199
   第三節　長時記憶的信息提取……209
   第四節　長時記憶的信息遺忘……215
   第五節　架構與記憶……218
   本章摘要……224
   建議參考資料……225

第六章　意　象

   第一節　意象的概述……229
   第二節　意象的著名實驗研究……239
   第三節　認知地圖……250
   第四節　意象在信息加工中的作用……258
   第五節　意象的理論模型……269
   本章摘要……278

建議參考資料 …………………………………… 280

第七章　思　維

　　第一節　思維概述 ……………………………… 283
　　第二節　概　念 ………………………………… 286
　　第三節　推　理 ………………………………… 305
　　本章摘要 ………………………………………… 328
　　建議參考資料 …………………………………… 330

第八章　問題解決

　　第一節　問題解決的概述 ……………………… 333
　　第二節　表徵問題 ……………………………… 344
　　第三節　問題解決的策略 ……………………… 357
　　第四節　影響問題解決的其他因素 …………… 368
　　第五節　創造性 ………………………………… 380
　　本章摘要 ………………………………………… 390
　　建議參考資料 …………………………………… 391

第九章　語　言

　　第一節　語言的性質 …………………………… 395
　　第二節　語言的結構 …………………………… 400
　　第三節　語　法 ………………………………… 412
　　第四節　語言與思維的關係 …………………… 423
　　本章摘要 ………………………………………… 431
　　建議參考資料 …………………………………… 433

第十章　言語的產生和理解

　　第一節　言語產生的機制 ……………………… 437
　　第二節　單個語音的知覺 ……………………… 442
　　第三節　連續語音的知覺 ……………………… 460

本章摘要⋯⋯⋯⋯⋯⋯⋯⋯⋯⋯⋯⋯⋯⋯⋯⋯⋯⋯⋯⋯⋯⋯⋯ 469
建議參考資料⋯⋯⋯⋯⋯⋯⋯⋯⋯⋯⋯⋯⋯⋯⋯⋯⋯⋯⋯⋯ 471

第十一章　閱讀的認知處理

第一節　閱讀的概念和閱讀過程的模式⋯⋯⋯⋯⋯⋯⋯ 475
第二節　詞的認知⋯⋯⋯⋯⋯⋯⋯⋯⋯⋯⋯⋯⋯⋯⋯⋯ 484
第三節　句子的理解和文本結構分析⋯⋯⋯⋯⋯⋯⋯⋯ 498
本章摘要⋯⋯⋯⋯⋯⋯⋯⋯⋯⋯⋯⋯⋯⋯⋯⋯⋯⋯⋯⋯ 509
建議參考資料⋯⋯⋯⋯⋯⋯⋯⋯⋯⋯⋯⋯⋯⋯⋯⋯⋯⋯ 511

第十二章　認知心理學的應用

第一節　認知心理學在教學方面的應用⋯⋯⋯⋯⋯⋯⋯ 515
第二節　認知心理學在閱讀方面的應用⋯⋯⋯⋯⋯⋯⋯ 526
第三節　認知心理學在工程設計上的應用⋯⋯⋯⋯⋯⋯ 534
本章摘要⋯⋯⋯⋯⋯⋯⋯⋯⋯⋯⋯⋯⋯⋯⋯⋯⋯⋯⋯⋯ 539
建議參考資料⋯⋯⋯⋯⋯⋯⋯⋯⋯⋯⋯⋯⋯⋯⋯⋯⋯⋯ 540

參考文獻⋯⋯⋯⋯⋯⋯⋯⋯⋯⋯⋯⋯⋯⋯⋯⋯⋯⋯⋯⋯ 541

索　引

㈠漢英對照⋯⋯⋯⋯⋯⋯⋯⋯⋯⋯⋯⋯⋯⋯⋯⋯⋯⋯⋯⋯ 583
㈡英漢對照⋯⋯⋯⋯⋯⋯⋯⋯⋯⋯⋯⋯⋯⋯⋯⋯⋯⋯⋯⋯ 598

第一章

認知心理學及其發展

本章內容細目

第一節　認知心理學的研究對象和研究領域
一、認知心理學研究什麼　3
二、認知的過程與結構　5
　（一）認知過程
　（二）認知結構與知識的表徵
三、認知在心理系統中的地位　10
　（一）認知與情緒
　（二）認知與意動
　（三）認知與智力及人格
四、認知模型　12
五、認知心理學的主要研究領域　15
　（一）模式識別
　（二）注　意
　（三）記　憶
　（四）意　象
　（五）思維與問題解決
　（六）語　言

第二節　認知心理學的研究方法
一、反應時記錄法　17
　（一）相減法
　（二）因素相加法
　（三）開窗技術
二、口語記錄法　23
三、計算機模擬　25

第三節　認知心理學的回顧與展望
一、認知心理學與傳統心理學的關係　26
　（一）認知心理學與傳統哲學心理學的關係
　（二）認知心理學與早期實驗心理學的關係
　（三）認知心理學與行為主義心理學的關係
　（四）認知心理學近代的發展
二、現代語言學與認知心理學　30
三、信息科學與認知心理學　32
　（一）控制論對認知心理學的影響
　（二）信息論對認知心理學的影響
　（三）系統論對認知心理學的影響
四、認知心理學的新發展　36
　（一）研究範式的轉變
　（二）知識表徵的研究
　（三）認知的神經機制的研究
　（四）人工智能與計算機模擬
　（五）生態學效度與認知的應用研究

本章摘要

建議參考資料

人不僅要認識世界，而且要認識自己，包括自己的認識活動。人類文明的歷史在一定意義上，也可以說是人類不斷地認識世界和認識自己的一部歷史。**認知心理學** (cognitive psychology) 就是以人類認知為研究對象的一門學科。它主要研究認知的內部過程和結構，即人怎樣獲得和應用知識，以及知識在調節人類行為中的作用。在認知心理學中，過程和表徵是兩個最重要的概念。前者指信息加工的過程，即信息怎樣經由輸入、編碼、加工、儲存而轉化為輸出的過程；後者指知識是怎樣在頭腦中儲存的。認知在人的心理系統中占有重要的地位。它既是情緒、動機、需要、人格產生的基礎，又受到這些心理現象的影響。因此，認知心理學也研究各種非認知因素對認知的調節和控制。認知心理學誕生在本世紀 50 年代末，60 年代初。它的誕生堪稱現代心理學的第二次重大變革，對整個心理學的發展產生了深遠的影響。認知心理學是在傳統心理學的基礎上發展起來的，同時又受到現代語言學和現代信息科學的影響。其主要特點是用**信息加工** (或**訊息處理**) 的觀點來解釋人類的認知與行為，並將人的認知系統與計算機進行類比。近 30 年來，認知心理學獲得了迅速的發展，它的某些觀念也在不斷地變化。例如，隨著神經網絡研究工作的開展，計算機比喻的研究範式正轉變為大腦比喻的研究範式；研究認知的大腦機制也受到學者越來越多的重視。

在這一章中，我們將扼要介紹什麼是認知心理學，包括它的研究對象、主要的研究領域和研究方法等。我們還將探討認知心理學產生的歷史淵源以及它晚近的某些發展趨勢。通過本章學習，希望讀者了解：

1. 什麼是認知？在人類心理系統中認知占有的地位。
2. 為什麼說過程和表徵是認知心理學中兩個最重要的概念。
3. 什麼叫認知模型？建立認知模型有何重要意義。
4. 了解認知心理學的研究方法有什麼特色。
5. 了解認知心理學是怎樣產生的，它和傳統心理學有什麼關係。
6. 了解認知心理學有哪些最新的發展趨勢。

第一節　認知心理學的研究對象和研究領域

認知心理學有廣義和狹義兩種理解。廣義的認知心理學意指以認知為研究取向的心理學；狹義的認知心理學是指信息加工心理學。本節遵循狹義的理解，討論認知心理學的研究對象、認知的結構與過程、認知在人的心理體系中的地位以及認知心理學研究的主要領域。狹義的認知心理學是在物理符號系統假設的基礎上建立起來的。在本節中還介紹了這一假設的基本內容。

一、認知心理學研究什麼

人怎樣獲得外部世界的知識？例如，能區別萬事萬物的顏色和形狀，能命名各種各樣的事物，知道什麼叫樹木、什麼叫花草、什麼是冰川、什麼是山脈⋯⋯。人在獲得知識時為什麼會有選擇、取捨？知道什麼應該接受，什麼應該放棄⋯⋯。人又怎樣把學到的各種知識保存在頭腦中，並且能在需要的時候，或快、或慢地從頭腦中把知識提取出來，用它來解決個人或社會面臨的各種問題？人獲得和應用知識，依賴於人的一系列心理活動，如知覺、注意、記憶、學習、思維、決策、解決問題、理解和產生語言等等，這些心理活動的總稱便是**認知** (cognition)。

認知是人們獲得和應用知識的過程，也可以叫做**信息加工**(或**訊息處理**) (information processing) 的過程。**信息**(或**訊息**) (information) 本身含有知識、消息的意思。它存在於世界的各種事物和現象中。人們通過自己的感官獲得從外部輸入的信息，經過處理(能量的不斷轉換)轉化為自己內部的觀念或概念，即一些能代表外部世界事物的符號或模式，並儲存在頭腦中，然後再經過一系列的處理，將內部的觀念或概念轉化為語言或其他行為，成為輸出的信息，對外部的刺激作出某種特定的反應。從信息輸入到內部加工再到信息輸出的全部過程，也就是信息加工的過程。如果說信息的輸入與某些內部加工相當於知識的獲得，那麼，另一些內部加工與信息的輸出，則是與知識的應用有關的。

認知在人們認識世界和改造世界的活動中，具有特別重要的作用。認知在人們的活動中發生，又指導人們的各種活動。人類文明的歷史在一定意義上，也可以說是人類不斷認識世界的一部歷史。人通過認知了解自然，了解社會，也認識人類自身，獲得有關自然、社會和人類思維的知識，並且利用這些知識創造出日益豐富的物質財富和千姿百態、不斷完善的精神財富。

認知是許多學科共同研究的對象，譬如**認識論** (epistemology)、**語言學** (linguistics)、**邏輯學** (logics)、**心理學** (psychology) 以及**計算機科學** (computer science) 等。在這些學科中，心理學對認知的研究占著特殊重要的地位。用心理學的理論和方法研究人類的認知，構成了心理學的一個重要領域，這便是**認知心理學** (cognitive psychology)。認知心理學和研究認知的其他學科可以統稱為**認知科學** (cognitive science)。現在大家公認在認知科學中，認知心理學起著支柱的作用。因此，認知心理學和認知科學有時是可以互相通用的。

認知心理學有廣義和狹義兩種理解。廣義的認知心理學主張人的心理因素如認知、價值、選擇等在人的行為中具有重要的作用，並重視對高級認知過程如思維、智力等的研究。皮亞傑創立的關於兒童智力發展的理論——**發生認識論**(或**發生知識論**) (genetic epistemology)，把兒童智力發展過程，看成認知結構或**圖式**(或**基模**) (schema) 不斷改組和提高的過程，對廣義的認知心理學的建立和發展產生了深遠的影響。

狹義的認知心理學指**信息加工心理學**(或**訊息處理心理學**) (information process psychology)。這是美國目前心理學的主流。信息加工心理學把人的認知系統看成是一個信息加工（或訊息處理）的系統，並和計算機進行類比。計算機從周圍環境接受輸入的信息，經過加工並儲存起來，然後產生有計畫的輸出。人的系統和計算機一樣，人對知識的獲得也就是人對信息的輸入、轉換、儲存和提取的過程。人的認知的各種具體形式是整個信息加工系統的不同成分或信息加工過程的不同階段。用這一種觀點來研究人的認知，稱為**計算機比喻** (computer metaphor)。

紐維爾和西蒙 (Newell & Simon, 1976) 提出了**物理符號系統假設** (physical symbol system hypothesis)，為現代認知心理學的建立和發展進一步奠定了重要的理論基礎。紐維爾和西蒙把信息加工（或訊息處理）系統也叫做**符號操作系統** (symbol operation system)，因而具有操作符號的功能。

在這裏，符號既可以是物理的符號或計算機中的電子運動模式，也可以是頭腦中的抽象符號，或頭腦中神經元的某種運動方式等。一個物理符號系統的符號操作功能主要有：(1) 輸入符號；(2) 輸出符號；(3) 儲存符號；(4) 複製符號；(5) 建立符號結構，即確定符號間的關係，在符號系統中形成符號結構；(6) 條件性遷移，即依賴已掌握的符號而繼續完成行為。這些功能之和也就是**智能** (intellectual)。按照這一假設，計算機是一個物理符號系統，能操作符號；人腦也是一個物理符號系統，它對信息的操作也是一種符號操作。因此，在計算機和人腦之間可以進行功能的類比。同樣，按照這一假設，任何一個系統，如果它能表現出智能的話，它就一定能執行上述六種功能；反過來也可以說，任何系統，如果具有這六種功能，它就能表現出智能。這樣一來，計算機和人都應該具有智能，用計算機來模擬人的智力活動也就成為可能的事了。

為了進一步說明認知心理學的研究對象及認知心理學的特點，下面我們將繼續討論認知的過程與結構及認知在人的心理系統中的地位與作用。

二、認知的過程與結構

認知是一個系統，它由許許多多的成分或元素構成。認知和世界上的任何其他系統一樣，具有自己的結構、過程和功能。因此，認知心理學又可進一步定義為研究認知的結構、過程和功能的一門學科。其中對認知過程和認知結構的研究，構成了當代認知心理學研究的兩個最重要的方面。

（一） 認知過程

認知過程(或**認知歷程**)(cognitive process) 的概念是現代認知心理學中一個非常重要的概念。過程兼有階段和處理兩方面的含義。當我們說到人的認知過程時，不僅指認知經歷著一系列的階段，前一階段是後一階段的前提，後一階段是前一階段的繼續和發展；而且還指在每一階段均能完成對輸入信息的某種特定的加工處理。例如，人在知覺事物時，對輸入的感覺信息會進行分析和綜合等不同處理；人在記憶時，存在著對信息的組織、簡化、重構等不同活動；人在思維時，也存在著抽象、概括、提出假設、驗證假設等。奈塞爾指出："認知是指感覺輸入受到轉換、簡約、加工、儲存、提取和使用的全部過程"(Neisser, 1967, 94)。這裏既包含認知的階段,也包含各認知階段的不同加工或處理。因此,認知過程也可以叫做信息加工的階段或信息處理的過程。在這裏,加工階段和各階段的操作活動是緊密聯繫,不可分割的。

根據現代認知心理學的研究,人的信息加工(或訊息處理)可以劃分為三種類型:

1. 自下而上的加工與自上而下的加工 人的信息加工(或訊息處理)既依賴於感官直接輸入的信息,如刺激的強度及其時、空的分布,又依賴於人的記憶系統中所保存的信息,即人們已有的、有組織的知識經驗。當人腦對信息的加工處理直接依賴於刺激的特性或外部輸入的感覺信息時,這種加工叫**自下而上的加工**(或**由下而上處理**) (bottom-up processing) 或**數據驅動加工**(或**資料驅動處理**) (data-driven processing);而當人腦對信息的加工處理依賴於人的已有的知識結構時,這種加工叫**自上而下的加工**(或**由上而下處理**) (top-down processing) 或**概念驅動加工**(或**概念驅動處理**) (concept-driven processing)。

我們可以用漢字識別來說明這兩種加工的不同特點。漢字由筆劃組成。漢字的基本筆劃有橫(一)、豎(丨)、點(丶)、撇(丿)、折(乛)五種,每種筆劃又有一些變形。這些筆劃以及它們的不同結合,提供了識別漢字的最原始的刺激信息。我們之所以把"已"看成"已經"的"已(—ˇ)",而把"己"看成"自己"的"己(ㄐ—ˇ)",是根據兩個漢字在個別筆劃上的細微差別。在這種情況下,對個別漢字的加工主要是自下而上的加工。當輸入的刺激發生歧變,我們就可能對漢字發生誤認。可是,當個別漢字組成語詞時,情況就不同了。我們很容易把"已經"中的"已"唸成"已(—ˇ)",而把"自己"中的"己"唸成"己(ㄐ—ˇ)",而不注意這些字在筆劃上的細微差異。這時,我們對字詞的知識,幫助我們更快地確認個別的漢字,甚至當個別字寫錯時(如誤己為已),我們也發現不了。這時,我們對漢字的加工就主要是自上而下的加工了。

現代認知心理學通過研究發現,所有的認知活動實際上都包含著兩種加工的相互作用。當然,由於人們面臨的任務不同,參與完成任務的認知活動不同,兩種加工的相對重要性是有變化的。例如,在學習生字詞時,自下而上的加工可能顯得更重要；而在閱讀一篇熟悉的課文時，對課文中個別字詞的加工，就可能更依賴自上而下的加工了。在信息加工（或訊息處理）的不同階段上，兩種加工的相對重要性也可能不同。在信息加工（或訊息處理）的早期階段，自下而上的加工顯得更重要；而在信息加工的後期階段，自上而下的加工可能更加重要。

2. 系列加工與平行加工　人對輸入的信息是依次一個一個地加以處理，即進行**系列加工**（或**依序處理**）(serial processing)，還是同時對所有輸入的信息進行處理，即**平行加工**（或**平行處理**）(parallel processing)，這是認知心理學探討的另一個重要的問題。

早期的認知心理學家們強調信息加工（或訊息處理）的系列性。在他們看來，人的認知是由一系列加工階段組成的；人只能依次接受外界輸入的信息，然後在頭腦中整合起來，形成對外界事物的整體認識。例如，人在觀看畫片時，他的眼睛的注視點總是從一處跳到另一處，形成一定的掃描路線。眼睛掃描的過程也就是依次從外界拾取信息的過程；人在傾聽別人説話時，他對話語的接受與理解也是依次進行的。前面的過程沒有完成，後面的過程也就無法進行下去。

但是，認知心理學的研究也發現，人的信息加工（或訊息處理）也可能平行地發生。人對個別字母的辨認不如將字母放在一定的單詞中；人對個別線段的識別不如將線段放在一個有結構的圖形中。前者叫**詞優效應**（或**字優效應**）(wordsuperiority effect)，後者叫**圖形結構優勢效應**(figure structure-superiority effect)。這些現象難以用系列加工來解釋。因為按系列加工的理論來預測，單詞比一個字母複雜，有結構的圖形比一條線段複雜，因此對個別字母或個別線段的識別應該比把它們放在單詞或有結構的圖形中容易。它說明，人在加工信息時，可能存在著平行加工的機制。

3. 控制性加工和自動化加工　**控制性加工**（或**控制性處理**）(controlled processing) 是指各種要求意識努力的認知加工。一般來說，它是由注意來發動，並由注意來維持的。人根據自己的期待來知覺事物，或者從長時記憶中搜索所需要的信息，主要是一種有控制的認知加工。由於注意的發動和維持，這種加工往往受到人的目的和意圖的支配，並且是能夠自覺意識到的。

在沒有注意的條件下，人也能進行信息加工（或訊息處理）活動，這種加工叫**自動化加工**(或**自動化處理**)(automatic processing)。這種加工不受人的目的與意圖的控制，而且往往是不自覺的。例如，人的閱讀活動是一種有目的的、自覺的活動，但是，一位熟練的讀者從單詞中提取信息的過程，又往往是一種自動化過程。詞的視覺信息不僅能自動激活它的聲音，而且能自動激活它所代表的意義。沒有自動化的加工，熟練的閱讀就幾乎是不可能的。在動作技能的訓練中，自動化加工也有重要的作用。因此，認知心理學在重視研究受控制的加工的同時，對自動化加工也表現了很大的興趣。

(二) 認知結構與知識的表徵

人的**認知結構**(cognitive structure) 有兩種含義。一種含義是指認知包含哪些成分，以及這些成分的相互關係；另一種含義是指人的知識在頭腦中是怎樣表徵的。在現代認知心理學中，後一種含義使用得較多，研究得也較廣泛。在本書中，我們把人的認知結構主要理解為人的知識的表徵。

表徵(representation) 的概念是現代認知心理學中另一個十分重要的概念。什麼是表徵呢？格拉斯在《認知》一書中曾指出：

> 信息記載或表達的方式稱為對這種信息的表徵……表徵代表著相應的信息。(Glass, 1986, p.5)

馬爾在《視覺》一書中，把表徵看成：

> 一種能把某些實體或某類信息表達清楚的形式化系統，以及說明該系統如何行使其職能的若干規則。(Marr, 1982, p.20)

按照這些理解，表徵是指某種東西的信號。它代表某種事物，並傳遞某種事物的信息。例如，一個詞代表著某個特定的思想或概念，如貓、狗；一張照片代表著被拍攝的人物或風景；一張地圖代表著一個國家、一座城市或一條山脈。它們都是不同事物的表徵，因此表徵包括內容和形式兩方面。

表徵的內容指表徵所傳遞的信息，而表徵的形式指表徵信息所使用的方法或工具。因此，同一事物可以表徵為不同的形式，如我們可以用姓名來代表一個人，也可以用照片或一系列特徵的描述來代表同一個人。我們可以用阿拉伯數字或羅馬數字來表示一個數目概念，如 37 或 XXXVII，也可以用二進位數字來表示同一個數目概念，如 100101。同樣，不同的事物也可以表徵為同樣的形式，例如，我們可以用詞來稱呼各種不同的事物；可以用照片代表樹木、房屋、汽車、輪船等等。

表徵的形式（即表徵信息的方法或工具）稱為**代碼** (code)，它們不同於表徵的內容。代碼可以是物理的、客觀的東西，如地圖和照片，由此構成外部的表徵；也可以是心理的、主觀的東西，如在知覺的基礎上所形成感性形象的**表象**(或**心象**) (image) 和代表一類事物共同屬性的**概念** (concept)，由此構成內部的或心理的表徵。表徵可以在某種程度上，或以某種方式類似於所表徵的東西，也可以完全不同於它所表徵的東西。

表徵傳遞著事物的信息，但不同表徵傳遞信息的效果是不同的。有些表徵能明確地表達事物所包含的某類信息，而另一些表徵則可能使信息掩蓋起來；有些表徵適合於某種需要，而另一些表徵則適合另一種需要。例如，在日常生活中，用阿拉伯數字來表徵數目概念是方便的；但在計算機運行中，用二進位數字來表徵就更為適當了。由此可見，在認知心理學中，表徵的選擇是非常重要的。

對於表徵的含義也還有另一種解釋。這種解釋把表徵與心理結構或認知結構等同起來，而不僅僅指某種東西的信號。曼德勒 (Mandler, 1985) 認為，表徵在認知心理學中是作為知識和知識的組織方式來使用的。知識以心理結構或認知結構的形式儲存在頭腦中。這種心理結構是一個整體性組織，並作為一個整體進行活動。人們根據心理結構的一部分信息，就可以了解它的另一部分結構。因此，表徵不是指一個東西的信號，或用一種東西代表另一種東西，而是指知識及知識的組織方式。一種結構完好的知識組織，將控制信息加工（或訊息處理）的速度和準確性，幫助人們預測事情將要發生的順序，有效地組織、理解和記憶新輸入的信息。在這個意義上，表徵的概念是與基模的概念一致的。

在本書中，我們將同時使用表徵的上述兩種意義。並且把兩種含義統一起來。即**表徵**既代表和傳遞某種事物的信息，同時它又是一種內部的心理結構。表徵在信息加工的過程中形成，同時又對隨後的信息加工起著調節和控制的作用。

認知心理學還認為，表徵依賴於知識的類型。知識類型不同，表徵的方式也是不一樣的。認知心理學把知識區分為表述性知識和程序性知識兩類。**表述性知識**(或**陳述性知識**) (declarative knowledge) 是指關於客體或事實的知識，它描述事物和現象，回答"是什麼"，因而容易用語言進行表述。如"地球是繞太陽旋轉的"，"杭州是一座美麗的城市"等，這類知識在頭腦中既可以用語詞和表象來表徵；也可以用抽象的**命題** (proposition) 來表徵，即保存事物的某種抽象意義。語詞表徵、表象表徵、命題表徵代表了表徵的不同層次。它們在表徵的形式上不同，所使用的代碼不同，在功能上可以獨立發揮作用，同時又是互相聯繫著的。**程序性知識**(或**方法性知識**)(procedural knowledge) 是關於怎樣行動的知識，它規定著一套行為或活動的程序，回答"怎樣做"，因而較難用語言進行表述。例如，許多人都會騎自行車，但卻不能把這種騎車的知識用語言清楚地表述出來。程序性知識在頭腦中常常是用"條件"和"動作"來表徵的，即當某種條件出現時，某種動作便相繼發生。在認知心理學中，程序性知識的這種表徵方式叫**產生式** (production) 或**產生式系統** (production system)。從 20 世紀 70 年代以來，知識表徵的問題，一直是認知心理學和認知科學的一個最重要的問題。

三、認知在心理系統中的地位

人的心理現象係由認知、情緒、意動、智力和人格等幾方面組成的複雜活動系統。在整個心理系統中，認知作為一個子系統，既是情緒、意動、智力和人格等心理現象產生的基礎，又受到這些心理現象的影響和制約。

(一) 認知與情緒

認知 (cognition) 是對知識的獲得和應用，它反映事物本身的特徵和關係。而**情緒** (emotion) 表現了事物和人的需要之間的關係，情緒的發生會引起人的生理變化和行為變化。心理學的研究表明，認知是情緒產生的基礎和決定性條件。認知的作用既表現為對情緒刺激的解釋，也表現為對生理喚醒的識別和對情緒的命名。同時，情緒也在一定程度上影響到認知活動的進行。研究發現，人們對情緒性刺激的反應閾限較高 (McGinnies, 1949)，所謂**反應閾限** (response threshold) 即指恰能引發某種反應的臨界狀態，達到該狀態時即有反應，否則即不發生反應；在不同的心境狀態 (如悲傷或愉快) 下學習各種情緒詞，回憶的效果會有明顯的不同 (Bower, 1981)；人的情緒緊張狀態不同時，解決問題的效率也會發生變化 (Yerkes & Dodson,

1908)。總之，情緒不是認知的副現象，它對認知起著定向、選擇、調節和起動的作用。因此，把情緒看成認知的一種中樞控制因素 (Norman, 1980; Mandler, 1985) 是有一定道理的。

(二) 認知與意動

認知和意動有區別，又有聯繫。**意動** (conation) 指人的意志和行動，是一種意識性的動機，即自覺內在失衡而有意去努力恢復平衡的內在動力。它是由人的需要、動機、意圖等組成的另一個複雜的子系統。意動推動人們活動，追求某種目標，並產生種種情緒體驗，因而不同於認知。但是，認知與意動又有密切的聯繫。認知不是無緣無故產生的，引起人的認知的內部機制是人的各種需要與動機。由於交往的需要，使人想起朋友的電話號碼；由於安全與遵守公共行為規則的需要，使人在穿越十字路口時注意分辨交通信號；由於成就的需要，人們發奮學習、積極工作等。總之，人們獲得與使用知識的任何活動，都是在一定需要和動機的推動下進行的。另一方面，人需要的產生和發展也離不開人的認識。人們是根據自己已有的認識去追求某個目標，指導自己的行為的。因此，在認知和意動間也存在相互制約的關係。在控制認知系統的中樞因素中列入需要、目的、計畫等也是必要的。

(三) 認知與智力及人格

認知系統與智力及人格有著密切的關係。個人認知的穩定特徵是智力和人格的重要成分。同時，不同的**人格** (personality) 和**智力** (intelligence) 也會使認知帶上個人的特色。例如，在人的認知中，個人採取的**認知策略** (cognitive strategy) (指個體在解決問題時，運用既有知識經驗，從而達到目的的一切心智活動) 和**認知風格** (或**認知類型**) (cognitive style) (指個體在認知活動中所表現在性格上的差異) 可能有所不同。例如，在知覺事物時，有人善於了解細節，有人善於把握整體；在解決某類幾何圖形的問題時，有人憑藉**視覺化的策略** (visualizing strategy)，即依據視覺表象解決問題；有人則憑藉**言語的策略** (verbal strategy)，即主要依據語詞邏輯思維或推理解決問題。同樣，在解決日常生活中的一些問題時，有人立即衝動地作出反應，有人卻善於冷靜思考。這些表現在認知上的個體差異，也同樣是認知心理學所應關心的研究課題。

四、認知模型

　　為了建立一種理論來說明人的認知或某種認知活動，或者用計算機從形式上來描述人的認知的結構與過程，現代認知心理學特別重視建構各種各樣的**認知模型** (cognitive model)，如模式識別 (或形之辨識)、選擇性注意、記憶、語意網絡、決策……等等模型。有些模型描述了從信息輸入──→內部加工──→信息輸出的全部過程；有些模型則只是針對個別認知活動的局部過程建構的。

　　建構認知模型主要依據**類比** (或比喻) (analogy) 的原則，從觀察到的事實出發，經過推理，而後得出一些抽象的有組織的觀念，即把各種事實、現象及其相互關係納入到一個抽象的有組織的系統中。

　　根據建立認知模型的一般要求和對認知的理解以及認知在人的心理系統中的地位，一個好的認知模型應該是：

1. 能夠表現認知的結構與過程。即認知經歷的階段，各個階段的相互關係，經歷了那些內部加工，在認知活動中，知識是怎樣表徵的。

2. 能夠說明各種中樞控制因素 (如需要、情緒、目的、計畫、和價值等) 對認知系統的調節與控制。認知系統不是一個孤立的系統，它的功能是受到各種非認知因素的調節與控制的。

3. 能夠容納和解釋已經觀察到的事實或現象 (至少是部分的)。當一個舊的模型受到新的事實的挑戰，發生明顯的衝突，因而失去解釋的力量時，這個模型就應該加以拋棄。

4. 能夠預測新的事實或現象的出現，即具有指導進一步觀察和實驗的作用。

5. 它應該吸收鄰近學科的研究成果，特別是神經科學、腦科學和人工智能研究的成果。認知模型並不都直接尋求支持它的生理學依據，但不應該和神經生理學的發現相矛盾。

　　由此可見，建立認知模型實際上就是建立一種**認知理論** (cognitive theory) (局部的或整體的)。藉助於認知模型，人們可以有效地描述人類認知的各種成分或要素的相互關係、信息加工（或訊息處理）的階段以及從一個階段過渡到另一階段的特點；可以解釋根據實驗發現的各種事實和現象；可以預測認知心理學的實驗結果；可以指導人們進一步的實驗研究；也可以在計算機上通過模擬對模型作出檢驗。如果我們把化學上的元素周期表也看成一個模型，那麼它對各種化學元素的科學排列、對元素的化合及置換規律的假設以及它對發現新元素及其特性的預測作用，都可以成為建立模型的優秀榜樣。因此，建立認知模型是現代認知心理學研究的一個重要的特點。

下面我們列舉一個認知模型來說明認知的結構與過程，以及現代認知心理學研究認知的一些特點（見圖 1-1）。

1. 感覺過程　從模型上我們看到了信息加工（或訊息處理）的最一般的情況：環境給感覺系統提供了輸入的信息，在這個系統中開始出現了信息的轉換和整合的作用，即提取刺激的基本特性並將它們聯合起來。例如，我們把環境中五顏六色的斑點看成一些不同的物體，這些物體彼此不同，而當視野中的照明、陰影、透視關係、位置發生變化時，這些物體仍相對保持不變。可見，在感知外界刺激、接受輸入的信息時，人腦中發生了一系列的加工（處理）過程。

2. 記憶過程　接著，經過編碼的物理刺激進入記憶系統，並和記憶系統中已有的信息進行比較，作出近似的匹配。模型中的**長時記憶**(long-term memory) 或稱**永久性記憶** (permanent memory)，是指能將信息保存較長時間的記憶，它保存著大量的、各種不同的信息，如動作技能信息，語意信息、價值以及加工信息所需要的程序等。由於當前的輸入和過去的輸入彼此相互作用，使得保存在記憶系統中的信息只有一部分是可及的，並對當前的信息加工起作用。記憶系統中這些被激活的部分處於活動狀態，因而也叫**工作記憶**（或**運作記憶**）(working memory)。工作記憶有時也叫**短時記憶** (short-term memory)，它只能將信息保存較短的時間。在這裏，數量有限的信息得到了精細的加工。

3. 控制過程　認知系統的第三種成分是中樞加工器或對系統的控制部分，包括計畫和目標。它通過注意選擇所需要的信息，通過計畫決定系統怎樣起作用，目標可能是一般的，也可能是特殊的。大多數目標都包含著一系列子目標，因此要實現這一目標，必須制訂計畫，選擇一定的方法。

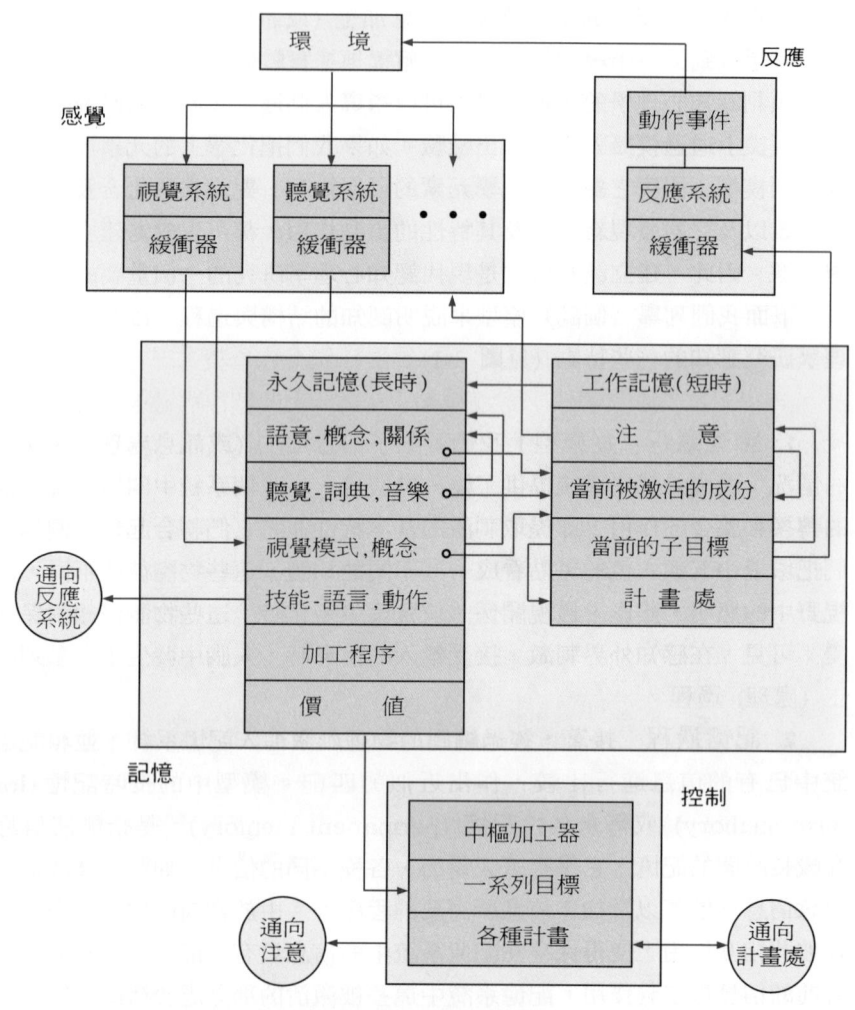

圖 1-1　認知的信息加工模型
(採自 Dodd, 1980)

4. 反應過程　第四個成分是作出實際的反應。它控制著系統的各種輸出，從簡單的動作到行走、投擲、談話、書寫等複雜反應。

總之，在這個信息加工(或訊息處理)模型中，有四種主要的成分，即感覺、記憶、控制和反應；每種成分又包含一系列過程，這些過程與系統的全部過程有聯繫；並有助於實現系統的一般目標。這些成分是以不同的方式相互作用著的。其他一些認知模型，雖然在複雜程度上有所不同，對各種成分的細節及其關係有著不同的考慮，但對模型的基本構思往往是相似的。

在實際生活中，許多認知作業表現了更複雜的加工形式。例如在解決問題時，人們首先要確認問題的成分，然後制訂解決問題的計畫。從長時記憶中提取策略，使計畫得以執行。在問題按步驟解決時，這些步驟必須儲存起來，根據計畫中提出的次級目標，使注意指向問題的某些成分，最後作出必要的反應。在這種場合下，信息加工（或訊息處理）不只是表現為對輸入的確認及對信息的儲存與提取，它是和更複雜的推理與決策聯繫在一起的。另外，一些模型只解決了信息加工（或訊息處理）過程的問題，而知識表徵的問題則由另一些模型來表示。

五、認知心理學的主要研究領域

認知心理學是以人類認知為研究對象的一門學科。其研究領域主要有：

（一）模式識別

模式識別(或形之辨識)（pattern recognition）是動物和人的基本能力之一。人的認識始於人對刺激模式的識別。在這個領域中，認知心理學主要探討人怎樣從外界的刺激模式中獲得感覺的訊息，以及怎樣應用自己的知識和經驗，對感覺訊息進行解釋，從而獲得事物的意義。研究的具體問題有：人是怎樣識別一個刺激模式的？人的模式識別有那些特點，與計算機的模式識別有什麼不同？影響模式識別的因素有那些？這些因素怎樣相互作用？在模式識別的早期階段，人的知識經驗起什麼作用等相關問題。

（二）注　意

注意(attention)是人們非常熟悉的一種認知活動。認知心理學關於注意的研究，主要集中在下面一些問題上：人為什麼能選擇所需要的訊息，而捨棄無關的訊息？人對訊息的選擇發生在訊息處理的那個階段上？影響訊息選擇的因素有哪些？人為什麼能同時完成幾種不同的活動？怎樣在這些活動中分配自己的注意？人的活動有時受意識的控制，有時是自動化的，它們是怎樣互相轉化的？

(三) 記　憶

在認知心理學中，**記憶**(memory) 占有重要的地位。人們獲得與應用知識的過程，實際上就是訊息輸入、儲存和提取的過程，在一定意義上也就是記憶過程。認知心理學關於記憶的研究，通常包含瞬時記憶、短時記憶和長時記憶等三種形式。其中瞬時記憶發生在知覺和模式識別中，不單獨進行討論。在記憶研究領域主要討論短時記憶和長時記憶。研究的具體問題主要有：短時記憶與長時記憶的比較、記憶編碼的性質、在記憶系統中知識是怎樣表徵的、記憶的容量及其測定、遺忘的性質及功能、影響知識提取的因素以及圖式 (或基模) 在記憶中的作用等。

(四) 意　象

意象 (image) 是指當前不存在的事物或事件在頭腦中留下的形象，它作為一種知識表徵，是認知心理學另一重要的研究對象。認知心理學不僅探討意象的性質及其與知覺的關係，也探討它在訊息處理中的作用。從 80 年代初以來，**認知地圖** (cognitive map) 得到了較廣泛的研究。認知地圖是指人對環境的空間布局的心理表徵，研究認知地圖有更實際的意義。

(五) 思維與問題解決

思維 (thinking) 是人高級的認知活動，它通過概念、判斷和推理來進行，並表現在**問題解決** (或問題求解、問題索解) (problem solving) 的過程中。認知心理學關於思維的研究，主要包括概念形成、推理和問題解決等三個方面。研究的具體問題有：概念的性質及其形成過程、策略在概念形成中的作用、概念的結構、層次對概念形成的影響、推理與問題解決、影響推理和問題解決的各種因素等。

(六) 語　言

語言 (或語文行爲) (verbal behavior) 是區別人與其他動物的一個重要標誌。認知心理學研究的各種認知活動或認知技能，幾乎都和語言有關。認知心理學對語言的研究，主要集中在語言產生和語言理解兩個方面。前者研究人怎樣把自己的思想通過語言表達出來,包括口語和書面語言的表達;後者研究人怎樣建構語言的意義,包括詞、句子、話語和課文的理解等。閱讀是從課文提取意義的過程,是語言理解的一種特殊形式。由於閱讀在人類生活中的重要作用,因此,認知心理學也非常重視研究閱讀的認知過程。

　　本書將系統介紹認知心理學在上述六個方面的研究成果。其中第一章介紹認知心理學的研究對象和研究方法,第二章介紹模式識別,第三章討論注意,第四、第五章分別討論短時記憶和長時記憶;第六章介紹意象;第七、第八章分別討論思維和問題解決。由於語言的研究在認知心理學中占有特殊的地位,我們將在第九、第十和第十一章中,分別討論語言的一般問題、語言的產生和理解、閱讀的認知過程等。為了說明認知心理學在現代社會生活中的作用,我們還將在第十二章中專門討論認知心理學的應用研究。

第二節　認知心理學的研究方法

　　認知心理學除了運用心理學的一般研究方法外,在其發展過程中還形成了自己特有的研究方法。

一、反應時記錄法

　　反應時(或**反應時間**)(reaction time,簡稱 RT)是指從刺激到反應之間的時間,即反應的潛伏時間。它代表了從刺激輸入到中樞加工到反應輸出的全部過程所需要的時間。由於反應時的這一特點,測定反應時也就成為認知心理學研究人類信息加工(或訊息處理)的一種基本方法。應用反應時記錄法,不僅能推測人的信息加工(或訊息處理)的過程,而且能推測認知的內部結構,即知識的表徵。

(一) 相減法

荷蘭生理學家唐德斯 (Donders, 1868)，對此研究了簡單反應與複雜反應，設計了將反應時間分離開來的實驗，即所謂**相減法** (subtractive method) 反應時實驗。它的基本假設是：複雜反應時間與簡單反應時間的差別，或者說，用複雜反應時間減去簡單反應時間。

給受試者以單一的刺激，要求他作同樣的反應，例如，讓被試者用右手按鍵對一個燈光信號作出反應，這樣可獲得一個**簡單反應時間** (simple reaction time)，稱為 RT_1。如果改用紅綠兩種燈光信號，要求被試者看到紅光時用右手按鍵反應；看到綠光時不反應。這時被試者需要在紅、綠燈光間作出分辨，然後才能作出反應。在這種條件下的反應時為**複雜反應時間** (complex reaction time)，稱為 RT_2。複雜反應時 RT_2 比簡單反應時 RT_1 長些。兩種反應時的差別就可代表辨別紅、綠燈光所需要的時間，即辨別過程的時間 $=RT_2-RT_1$。如果實驗時主試者要求被試者用右手反應紅光用左手反應綠光，那麼被試者不僅要分辨紅、綠色光，而且要對反應作出選擇。在這種條件下測到的反應時間 RT_3 將比辨別過程 RT_2 的時間更長些。兩種反應時的差別稱為**選擇反應時間** (choice reaction time)。

$$選擇反應時間 = RT_3 - RT_2$$

相減法是現代認知心理學研究人類信息加工的一種基本方法。當一種作業由一系列加工階段所組成時，應用這種方法是較好的。在這種情況下，某一加工階段所需的時間可以用完成作業第一段所需的時間與完成作業第二段所需的時間相比較來度量。或者說，完成兩段作業的時間差就是這一加工階段所需要的時間。

波斯納等人 (Posner et al., 1969) 關於短時記憶編碼的實驗是應用相減法的一個例子。實驗中主試者讓被試者對字母對進行命名。其中一對字母的讀音、書寫均相同 (如 $A-A$)，另一對為音同而書寫不同 (如 $A-a$)。兩個字母的間隔時間分別為 0.5 秒和 1 秒或 1 秒和 2 秒。結果發現，被試者對 $A-a$ 的反應時大於對 $A-A$ 的反應時。隨著間隔時間的延長，$RT(A-A)$ 迅速上升，而 $RT(A-a)$ 變化不大 (見圖 1-2)。

我們從圖 1-2 中可以看到，當字母間隔為 0 秒時，$RT(A-a)$ 明顯

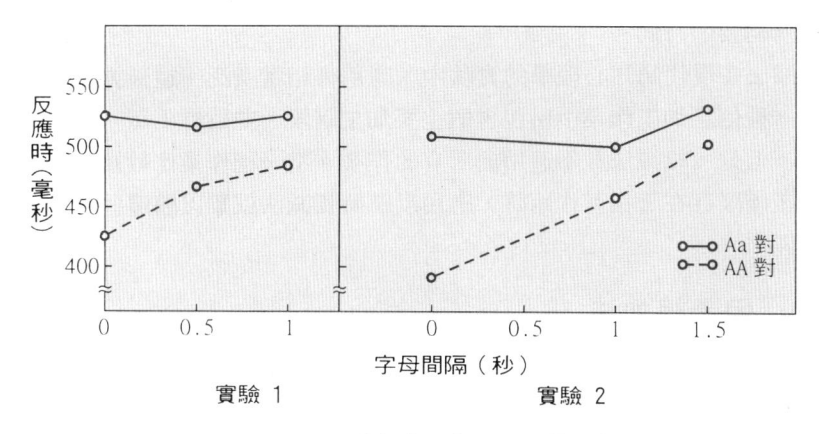

图 1-2　反应时是字母间隔的函数
(採自 Posner, 1969)

大於 $RT(A-A)$。由於 $RT(A-A)$ 是對音、形完全相同的字母對的反應時，其中不包含形、音的轉換。而 $RT(A-a)$ 是對音同而形異的字母對的反應時，它要求將 a 轉化為 A，再進行比較。或者說，AA 的匹配基於視覺碼，而 Aa 的匹配是在語音編碼的基礎上進行的。因而 $RT(A-a)$ 與 $RT(A-A)$ 的差別可以看成形音轉換所需的時間或語音編碼的時間。

$$語音編碼時間 = RT(A-a) - RT(A-A)$$

當字母間隔的時間延長後，$RT(A-a)$ 與 $RT(A-A)$ 趨於接近。這說明，根據視覺代碼進行匹配只在很短的時間內起作用，在這段時間內，根據視覺代碼進行匹配比根據語音代碼進行匹配明顯快一些。可是，隨著間隔時間延長，兩種反應時趨於一致，說明在這種情況之下，視覺代碼不再起作用，被試者是根據語音來匹配的。

相減法實驗還可以用語句判斷實驗來說明。根據美國語言學家喬姆斯基(Chomsky, 1957) 的語言學理論，句子可分成表層結構和深層結構。兩種結構間存在著轉換的關係。心理學研究發現，在主動句與被動句之間，存在著一次轉換，而在主動肯定句與被動否定句之間，存在著兩次轉換……轉換的次數越多，被試者作出反應的時間可能越長。根據相減法的原則，被試者對兩次轉換與對一次轉換的時間差，即反應時的差異，就是被試者完成第二次轉換所需要的時間。

相減法在現代認知心理學的實驗中，應用得相當廣泛。這種方法有助於揭示在一種信息加工作業中所包含的主要加工階段，並估計出每一階段的持續時間。但是，相減法並不適用於所有的作業。當一種作業比較複雜，或者不同加工階段存在著相互作用時，應用反應時相減法就難以將這些階段準確地劃分開來。

(二) 因素相加法

用**因素相加法** (additive-factor method) 分析信息加工的階段是由斯騰伯格 (Sternberg, 1969) 在心理學中首先加以應用的。

斯騰伯格認為，完成一項作業所需要的全部時間，是每個加工階段所需時間的總和。斯騰伯格還假定，如果兩個不同的實驗因素，對作業完成的時間，具有獨立的或相加的效應，那麼，這些因素一定影響到作業的兩個不同的加工階段。相反，如果兩個不同的實驗因素對作業時間的影響，具有交互作用的性質，即互相改善其效應，那麼，這些因素一定是影響到作業的同一個加工階段。因此，從實驗因素對作業完成時間的影響，就可能把信息加工的不同階段區分開來。

我們可以用斯騰伯格的一個實驗來說明因素相加法的某些特點。實驗時給被試者呈現一組記憶項目，如六個數字。然後呈現一個測驗項目，即一個數字。如果測驗項目屬於記憶項目，即被試者在記憶項目中見到過這個項目時，要求被試者作肯定反應；如果測驗項目不屬於記憶項目，即在記憶項目中未曾出現過時，要求被試者作否定反應。然後測量被試者對測驗項目作出反應的時間。斯騰伯格提出影響被試者反應時間的四種因素，它們是：(1) 測驗項目的質量：保持原樣或經過改變；(2) 識記項目的數量；(3) 反應的類型：肯定反應或否定反應；(4) 每種反應的相對頻率。結果發現，這些因素對作業完成時間的影響，是彼此獨立的，沒有交互作用，因而它們的效應可以疊加起來。據此，斯騰伯格把這一作業分成四個獨立的加工階段，即刺激編碼階段、順序比較階段、二擇一的決策階段和反應的組織階段。編碼階段受測驗項目質量的影響；順序比較階段受識記項目數量的影響；二擇一的抉擇階段受反應類型的影響；反應的組織階段受每種反應相對頻率的影響。而整個作業的加工時間，即各個階段所需時間的總和 (見圖 1-3)。

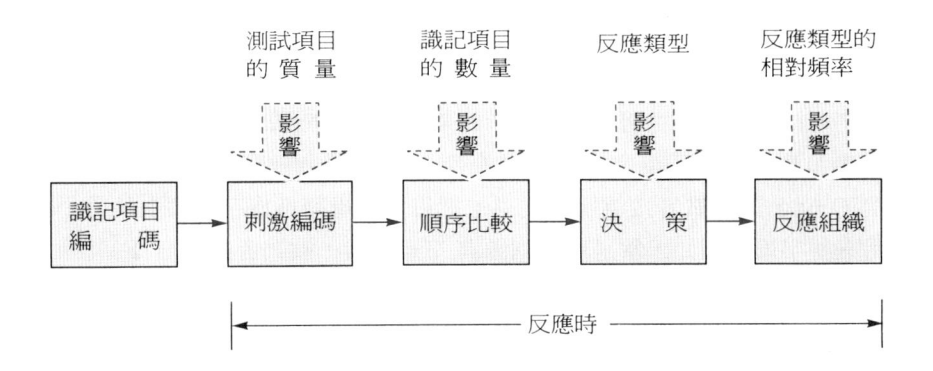

```
測試項目      識記項目      反應類型      反應類型的
的質量        的數量                      相對頻率
  │            │            │            │
  影            影            影            影
  響            響            響            響
  ▼            ▼            ▼            ▼
┌─────┐  ┌─────┐  ┌─────┐  ┌─────┐  ┌─────┐
│識記項│→│刺激編│→│順序比│→│決 策│→│反應組│
│目編碼│  │  碼  │  │  較  │  │     │  │  織  │
└─────┘  └─────┘  └─────┘  └─────┘  └─────┘
          ←——————————— 反應時 ———————————→
```

圖 1-3 快速記憶掃描中的信息提取
(採自王甦，1987)

因此，使用因素相加法必須對某一特定作業的加工方式提出以下假定：(1) 該作業的操作必須由一系列獨立的加工階段所組成；(2) 在每個加工階段，由前一加工階段所得到的信息以某種方式被轉換，然後繼續通向下一個階段；(3) 在任何特定階段所產生的轉換作用的性質以及轉換發生的速度，都不受任何早期加工階段的影響。

因素相加法有助於確定各種作業的信息加工階段，並且通過控制某些因素，對某個加工階段施加影響。但是，這種方法也有一些明顯的侷限性。首先，因素相加法假定，信息加工是系列的，而不是平行的。這一假定受到了某些心理學家的批評。其次，用相加效應和相互作用效應來確定加工階段的數量也有問題。事實上，如果有一種因素既影響到信息加工的早期階段，又影響到信息加工的晚期階段，而另一因素只影響到信息加工的晚期階段，這兩種因素對加工過程的影響，不是彼此獨立的，而是交互作用的。用因素相加法就不能把這兩種因素的交互作用正確地表示出來。根據兩種因素的不同作用來劃分信息加工的階段，也可能不準確。再次，用因素相加法可以確定不同的加工階段，但要說明哪個階段出現在前，哪個階段發生在後，即確定不同加工階段的順序也是有困難的。

(三) 開窗技術

開窗技術 (open-window approach) 是反應時實驗的一種新技術。它通過對某種認知作業的分析，可以把每種認知成分所經歷的時間過程，比較直接地估計出來，因而比相減法或因素相加法，顯示了更大的優越性。

漢密爾頓、哈克和里吉曼 (Hamilton, Hockey & Rejman, 1977) 所進行的字母轉換實驗，說明了開窗技術的某些有趣的特點。在這個實驗中，給被試者呈現 1～4 個英文字母，並在字母後面標上一個數字，如 F+3，KENC+4，讓被試者按數字的要求，把每個字母轉換成字母表上的另一個或另一些字母。例如，當呈現的刺激為 F+3 時，被試者必須把 F 轉換成在它後面的第三個字母，因而正確的答案為"I"，而當呈現的刺激為 KENC+4 時，被試者必須把其中的每個字母分別轉換成在它後面的第四個字母，因而正確的答案為"OIRG"。

在完成字母轉換作業時，被試者的操作順序是很清楚的：首先他必須對每個字母進行編碼，並且在長時記憶中找到這個字母在字母表中的位置；然後要實現字母的轉換；最後將轉換的結果儲存於記憶中，並且將累計的答案在頭腦中加以重複。這樣，就可以將加工字母轉換作業區分為三個明顯不同的階段（圖 1-4）：(1) 編碼階段；(2) 轉換階段；(3) 儲存階段。

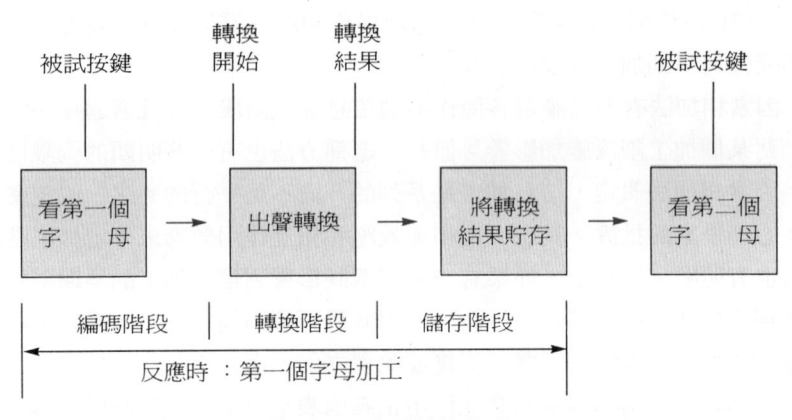

圖 1-4　字母轉換作業
(採自王　甦，1987)

哈克等 (Hockey et al., 1981) 測量了每一加工階段的持續時間。以四字母問題 KENC+4 為例。被試者見到第一個字母 K，即按鍵作出反應，同時高聲進行字母的轉換：LMNO，然後再按鍵對見到的第二個字母 E 作出反應。……按照這種方法，一直做完對字母 C 的轉換作業。而每次反應的持續時間，都由主試者記錄下來。通過對實驗數據的分析，可以直接得到每個加工階段的時間。例如，從見到字母作出按鍵反應，到開始大聲轉換之間的時間，即為編碼階段的持續時間；轉換階段的時間可以用錄音機直接測量出來；而一個字母轉換結束與見到下一個字母作出按鍵反應之間的時間，即為儲存階段的持續時間。

在四字母問題中，由於對每個字母的加工都經歷了三個不同的階段，因而完成作業的全部時間，是由 12 種時間成分組成的。由此可見，開窗技術同樣具有因素相加方法的特點，但它比因素相加法能更清楚、更直接地揭示出作業的信息加工成分與過程。

開窗技術亦有侷限性。例如，用出聲的方法將轉換階段外化，可能對作業完成的方式產生影響；另外，被試者將轉換後的字母保存在記憶中，可能影響到對新的刺激字母的編碼，從而使不同的加工階段混淆起來。總之，開窗技術與因素相加法一樣，都基於系列加工的假定，因而難以揭示同一因素在不同加工階段的作用，以及前一加工階段對後一加工階段產生的影響。

二、口語記錄法

口語記錄法 (protocol) 是指在解決問題時由被試者大聲說出他是怎樣思考的，然後對被試者的口述記錄作出分析。

口語記錄法的前身是大家熟知的**內省法** (introspection)。這種方法在心理學界一直存在著爭論。早期的實驗心理學家如馮特 (Wilhelm Wundt, 1832～1920)、鐵欽納 (Edward Titchener, 1867～1927) 等都相信，內省是認識直接經驗的一種有效的方法。**烏茲堡學派** (Würzburg school) 讓被試者完成一種簡單的作業或產生一個單詞聯想，然後立即進行內省。應用這種方法證明了**無意象思維** (imageless thought)（即思維過程中不含有感覺經驗的成分在內）的存在。

但是，隨著行為主義的興起，內省法和意識的概念一樣，都被當作非科學的東西拋棄了。行為主義把思維當成不出聲的言語，因而不關心思維的內部過程。

自從 20 世紀 60 年代以來，紐維爾和西蒙 (Newell & Simon, 1972) 在研究問題解決時應用了內省法，並稱為**口語記錄法**。

西蒙 (Simon, 1986) 認為，應用傳統的實驗方法研究複雜的認知行為有局限性。傳統的方法用反應的正確率和反應時作指標，這種方法不能充分揭露複雜認知活動的內部過程，也不能了解人們在完成這些活動時所使用的策略。比方説，讓學生計算一道算術題：7＋6＋5＋4＋3＝？，通過記錄被試者是否正確地完成這道題目和所需的時間，可以了解他的成績，並與別人進行比較。但是，用這種方法無法了解學生是怎樣完成這道題目的，思維的順序是什麼，採取了哪種策略等。某一學生可能按順序計算，得出了正確的結果，而另一學生則將 7 與 3 相加，6 與 4 相加，然後把 20 與 5 加在一起。在計算結果相同的情況下，兩人的思維順序及採用的策略顯然不一樣。在認知心理學看來，研究思維的過程及策略是很重要的。在這方面，應用口語記錄法具有很大的好處。

但是，口語記錄法並不適用於一切場合的研究。口語記錄法能夠提供某些心理過程的有價值的資料，而對另一些過程不適用。根據埃里克森和西蒙 (Ericsson & Simon, 1980) 的意見，規定內省適應範圍的標準是：

1. 內省報告較適合於在完成作業時進行，而不宜在回顧時進行。由於人的記憶易犯錯誤，回顧性的報告可能因從長時記憶中**提取**(或**檢索**) (retrieval) 的失敗而不完善。

2. 讓被試者描述正在注意什麼或正在思考什麼，比讓他們解釋一種情境或推測他們的思維過程，更可能產生精確的內省。如果讓被試者用自己提出的假設去解釋他們的行為，這種內省是難以進行的。

3. 人們對於某些過程不可能進行有效的內省，如神經事件，再認過程等。在內省時，注意的程度是至關重要的，因為只有集中注意的信息，才能用言語表述出來。隨著對某項作業經驗的增加，同一過程可能由認知性控制轉入自動化狀態。在這種情況下，新手需要用言語表達的東西，專家就不一定需要了。

埃里克森 (Ericsson, 1980) 等還提出，關於認知加工的精確的內省或語言化作用，必須基於在短時記憶或長時記憶中保存的信息。因此，如果沒有適當的信息進入短時儲存 (如注意不集中)，或者在短時儲存中有效的信息沒有儲存在長時記憶中，或者信息儲存在長時記憶中，但不能提取，在這些情況下，內省都不可能完善。由於內省在相當程度上依賴於短期儲存，因此短期儲存的限制（容量小，細節信息在正常情況下不被儲存）會直接影響到內省的過程。

三、計算機模擬

計算機模擬（或**電腦模擬**）(computer simulation) 常常和口語記錄法在一起使用。使用這種方法的基本設想是：如果計算機和人在某種作業上的操作模式具有同樣或類似的功能，那麼指導計算機的程序就能很好地解釋人怎樣完成這一作業。例如，用計算機解決了某個複雜的問題，那麼計算機的解題程序就可能代表人解決同一問題的思維過程。同樣，用計算機可以將古漢語翻譯成現代漢語，這套翻譯程序也可能代表人的文字翻譯過程。西蒙指出："計算機程序可以嚴格、確切地表現出人的心理活動，同時也可以數量化地預計人的行為表現"(Simon, 1986, p53)。

為了從理論上論證用計算機模擬人的智力的可能性，西蒙提出了物理符號系統的假定。（見本書第 5 頁）。根據這一假設，我們可以用計算機在形式上來描述人的認知過程，或者建立一個理論來說明人的認知過程。

人和計算機在功能上有許多相似之處，但也有重要的區別。諾爾曼 (Norman, 1980) 指出：(1) 人的功能依賴於認知系統（或純認知系統）和生物系統（調節系統）的相互作用，人的許多認知活動是受人的各種需要（如生存需要、安全需要等）的調節，計算機只有認知系統，而沒有生物系統的作用；(2) 人類具有自己的本能目的，而計算機沒有這種本能的目的；(3) 人類能夠意識到內、外環境中的許多事件，而計算機沒有這種功能。奈塞爾 (Neisser, 1963) 也認為，計算機的目標簡單而固定，而人的目標是複雜多變的。同樣是下棋，計算機只與下棋本身打交道，而人除了關心棋子本身以外，還關心對弈者雙方的關係。為了人際交往的某種需要，有時可以讓出幾個子，有時也可以有意識地輸棋等。

第三節　認知心理學的回顧與展望

　　認知心理學誕生在 20 世紀 50 至 60 年代，它的誕生不是偶然的。認知心理學是在傳統心理學的基礎上發展起來，同時又受到現代語言學和現代信息科學的影響。近 20 年來，它的研究範式在不斷地發展和變化，認知的神經機制的研究受到重視，它在實際生活中的應用前景也越來越重要。

一、認知心理學與傳統心理學的關係

（一）　認知心理學與傳統哲學心理學的關係

　　基於人類強烈的欲望，想了解自行的信仰、洞悉知的來源、尋求理想的生活形式，早在幾世紀以前，哲學家就在探究有關人類心智、意識與行為的問題。故追本溯源，以人或動物的認知行為為研究對象的認知心理學，深受傳統哲學思想的影響。

　　1. 理念論與實在論　認知或知識的來源問題，一直是哲學和哲學心理學非常重視的一個問題。古希臘哲學家柏拉圖 (Plato, 427～347 B. C.) 是**理念論**（或**理想主義**）(idealism) 的最早代表。在他看來，理念是世界的本源，靈魂來自理念世界，並進而支配身體的活動，人體死亡，靈魂又回到理念世界。人的感覺只不過是喚起對理念世界的回憶，喚起理念世界的影子。和柏拉圖相反，亞里斯多德 (Aristotle, 384～322 B. C.) 是**實在論** (realism) 的最早代表，他認為理念世界是虛構的，而現實世界才是真實的。亞里斯多德把人的心理功能分成認識功能（如感覺和思維）與欲動功能（如欲望、動作、意志和情感）。他認為：人的知識來源於人對事物的感覺，感覺具有辨別功能。人們通過五種感官可以分別產生視覺、聽覺、觸覺、味覺和嗅覺等多種不同的感覺。人對物體的大小、形狀、運動的認識，不是依據一種感覺，而是多種感覺印象的結合。感覺產生表象，表象引起概念。人的抽象思維是藉助**概念** (concept) 來進行的。由於概念來源於表象，它的基礎是表象，因而"靈魂不能無表象而思維"。亞里斯多德還重視記憶的作用，並且描述了一些記憶的現象與規律。例如他提到聯想在記憶中的重要作用，材料的組織程度有利於提高記憶的效率等。亞里斯多德對認知的重視，使他成為古代研究認知最傑出的一位哲學家。把現代認知心理學追溯到柏拉圖、亞里斯多德的時代，是有一定道理的。

2. 唯理論與經驗論　早在 17、18 世紀的歐洲哲學家中，笛卡爾 (René Descartes, 1596~1650)、霍布斯 (Thomas Hobbes, 1588~1679)、洛克 (John Locke, 1632~1704)、貝克萊 (George Berkeley, 1685~1753)、休謨 (David Hume, 1711~1776) 等，都曾詳細討論過認知的問題。笛卡爾相信理性是衡量真理的尺度，並相信理性是人的天賦能力。這是從**唯理論 (或理性主義)** (rationalism) 的角度討論人類認知的問題。霍布斯、洛克等則與此相反。霍布斯重視感覺經驗的作用，認為一切知識經驗都是從感覺開始的。感覺產生觀念；想像是感覺的殘餘運動。洛克反對笛卡爾的"天賦觀念"說，主張心靈是一塊白板，人的知識是從經驗中獲得。洛克既相信外部經驗的真實性，也相信內省經驗的真實性，因而認為人的知識有兩個來源。這是近代認知理論中的**經驗論 (或經驗主義)** (empiricism) 的發端。以後貝克萊與休謨把經驗論發展成**唯我論** (solipsism) 和**懷疑論** (scepticism)，即否認客觀世界的存在，否定知識的客觀來源，以及人能夠正確地認識客觀世界的規律。近代哲學中唯理論與經驗論的對立，對哲學與心理學的發展都有深遠的影響。這種影響一直延續到當代心理學關於某些重要理論及問題的爭論中。

3. 聯想主義　在 18 世紀的德國古典哲學和英國**聯想主義** (associationism)，也對認知的研究作出了重要的貢獻。德國著名哲學家康德 (Immanuel Kant, 1724~1804) 把世界劃分為現象世界和實體世界。現象世界是人經驗到的世界，它的存在可以由人的認識來證明；而實體世界是人們無法經驗的"物自體"，是人的認識無法達到的"彼岸"。康德的這種思想成為現代心理學把刺激區分為近刺激與遠刺激的重要思想來源。康德把人的認識區分為感性知識與悟性知識兩種。人們通過感官獲得的感性知識，是一種片段、零散的現象。它必須經過悟性的加工整理，才能成為有條理的理論知識。悟性具有先驗的性質，如空間、時間、因果關係等。悟性通過這些先驗的形式，把人們獲得的感性材料組織起來。這種思想成為現代心理學中**基模**概念的重要根源。

英國的聯想主義是以詹姆士 (James Mill, 1773～1836)，穆勒 (John Stuart Mill, 1806～1873) 和培因 (Alexander Bain, 1818～1903) 等人為代表。聯想主義的基本思想是把人的複雜心理看成是由簡單的心理元素組成的。這種最簡單的心理元素就是**感覺** (sensation)；把這種心理元素結合起來的力量就是**聯想** (association)。如果我們把感覺比喻為構成心理大廈的磚塊，那麼聯想就是把磚塊聯繫起來的灰沙。通過聯想，人們在感覺的基礎上就可以形成各種複雜的觀念。聯想主義不僅影響到後世關於學習的各種理論，而且也影響到現代關於認知結構和知識表徵的各種理論。

(二) 認知心理學與早期實驗心理學的關係

從哲學思辯到科學地研究認知問題，是和現代實驗心理學的誕生聯繫在一起的。早期的實驗心理學是重視認識問題的，如**構造心理學**(或**結構心理學**) (structural psychology)，用分析方法把認識分解為它的各種組成元素(感覺和意象)，由這些簡單的元素再組成複雜的認識。**機能心理學**(或**功能心理學**) (functional psychology) 強調認知的適應功能和過程。**動作心理學** (act psychology) 把心理動作和心理內容區別開來，主張心理學應該研究各種心理的動作，如看見、聽到、思考的活動等。烏茲堡學派開創了對思維的實驗研究，提出了"無意象的思維"。艾賓浩斯 (Hermann Ebbinghaus, 1850～1909) 則用客觀方法系統研究了記憶，推動了對高級認識過程的研究。

(三) 認知心理學與行爲主義心理學的關係

在 20 世紀 20 年代以後，由於華生 (John Broadus Watson, 1878～1958) 舉起了行為主義反抗意識心理學和反對內省的旗幟，使對認知的客觀研究在美國受到了嚴重的阻撓。華生的行為主義是以**實證主義** (positivism) 哲學為指導的。華生反對研究意識和內部心理過程，主張心理學只研究直接可見的行為。華生把行為歸結為個體適應環境的各個反應系統，即刺激-反應 (S-R) 的結合。他不關心刺激引起的內部過程，認為只要控制刺激，就能控制和預測行為。

華生行為主義的極端**機械論** (mechanical theory) 和實證主義的哲學基礎從一開始就受到各方面的批評和挑戰。在行為主義盛行一時，對內部認知機制大加討伐的時候，德國的**格式塔心理學 (或完形心理學)** (Gestalt psychology) 卻在認知的許多領域進行了一系列的研究工作。格式塔心理學用整體主義反對行為主義的元素主義，強調主體的認知因素如頓悟等在問題解決中的重要作用。在知覺、學習、問題解決等領域做出了重要的貢獻。

在 20 世紀 30 年代以後，行為主義內部出現了分化，產生了以托爾曼 (Edward Chance Tolman, 1886～1959)、霍爾 (Clark Leonard Hull, 1884～1952)、斯肯納 (Burrhus Frederick Skinner, 1904～1990) 等人為代表的**新行爲主義** (neobehaviorism)。其中一些人 (如托爾曼) 認識到，行為不是外界刺激的直接函數，而和一系列中間變量有關，如需要和認知等。正是這些內部過程把先前的刺激和觀察到的反應聯接起來，成為行為的實際決定因素。托爾曼修改了華生的行為公式，在刺激和反應之間增加一個中間變量：O，即 S-O-R。正是由於這一改變，有人把托爾曼稱為認知心理學的先驅。新行為主義者斯肯納則繼續堅持刺激-反應 (S-R) 的傳統觀點。他承認有"第三變量"，但不把這種變量放到有機體的內部，而堅持從外在的情況來說明有機體的狀態。他只關心對行為的描述，而不關心對行為的解釋。

(四) 認知心理學近代的發展

第二次大戰後，特別是在 20 世紀 60 年代，美國心理學界出現了一股研究認識過程的熱潮，在知覺、記憶、言語和問題解決等領域，出現了一些理論，這些理論對內部活動影響外部行為的方式提出了有力的設想。例如布魯納 (Jerome Seymour Bruner, 1915～) 等人研究了需要、情感、動機、**定勢** (或**心向**) (set) 等對知覺的影響，強調了某些中樞機制在知覺中的重要作用。巴特萊特 (Frederic Bartlett, 1932～) 在 30 年代對記憶的研究以及他強調圖式在認識中的作用，這時也引起人們的極大興趣。

認知心理學是在批判行為主義的基礎上發展起來的。認知心理學強調決定行為的內部機制，並用它來解釋人類的行為。在它看來，刺激雖然重要，但它不能單獨和直接說明行為的原因，環境提供的信息是通過支配外部行為的各種認知過程而編碼、儲存和操作的。這樣一來，認知心理學就拋棄了行為主義的一個重要觀念：只有可以直接觀察到的東西才能成為科學研究的對象。認為心理學不僅應該而且可能用客觀的方法來研究內部的心理過程。由於認知心理學在研究方向上的這一巨大的變化，有人稱它為美國心理學的第二次革命。

　　認知心理學是一種重要的心理學思潮和研究心理學的範式，而不是一個狹隘的心理學派別。它沒有簡單地否定歷史上各派心理學的建樹，而是在自己的理論和實驗工作中，吸收了各派心理學的成果、包括行為主義的某些積極的方面。在理論上，它強調綜合地研究認知的結構、過程和功能；在方法上，它強調用客觀方法研究內部過程的機制。認知心理學強調人的心理過程的內部聯繫，但不否定在研究時將複雜問題分析為簡單的成分與過程。正如西蒙所說：

　　當一門科學發展到成熟階段時，它對某個問題的解釋，就不再會存在對立的派別，而會有一個一致的看法……認知心理學是用信息加工過程來解釋人的複雜行為的，它吸收了行為主義和格式塔心理學的有益成果。這一心理學是在前人的基礎上進行研究的，並不是完全無視前人的工作，一切重新開始。(Simon, 1986, pp4～6)

　　正是這一特點，使它在現代心理學中顯示了較強大的生命力。

二、現代語言學與認知心理學

　　在 20 世紀 50 年代末期，語言學界也發生了一場巨大的變革。這場變革是和美國語言學家喬姆斯基 (Avram Noam Chomsky, 1928～) 的名字聯繫在一起的。1957 年，喬姆斯基發表了《句法結構》一書，提出了有重大影響的語言學的新理論——**轉換生成語法**。這一理論不僅徹底動搖了結構主義語言學在語言學界的統治地位，而且直接衝擊了結構主義語言學的理論基礎——行為主義。

　　早在 20 世紀初，行為主義的創始人華生就把言語看成是由言語器官的活動所組成的習慣系統。他把言語分成兩種：即有聲語言和無聲語言。有聲語言是在嬰孩生來具有的原始語聲的基礎上，經過學習發展起來的。這種學習過程也就是通過**條件作用** (conditioning) 形成言語習慣的過程。以後在社會干預和成人影響下，兒童的有聲語言轉變成默語，最後發展成無聲的語言。1934年，新行為主義者斯肯納改用**操作條件反射** (operational reflex) 來解釋人類的言語行為。1957 年他發表了《言語行為》一書，進一步解釋了言語行為的實質和兒童言語的獲得。斯肯納認為，言語行為像人類大多數其他行為一樣，是一種**操作行為** (operational behavior)。這種行為由有機體自發地發出，並且通過**強化** (reinforcement) 手段來獲得。言語行為要求兩個人的相互作用。一個人說，一個人聽。說話人發出的語言由於聽話人的反應（言語聲音、手勢、表情動作等）而得到強化。兒童正是通過這種途徑學會了正確地使用語言。這種理論強調了語言環境在兒童言語獲得中的決定性作用；並且把言語獲得的過程看成言語習慣形成的機械過程。這種理論代表了語言學理論中的經驗主義的傳統。

喬姆斯基的語言學理論開創了另一個發展方向，即理性主義的方向。這個方向是和行為主義堅持的舊傳統針鋒相對的。喬姆斯基指出，兒童在出生後的一段短暫時間內，語言能力獲得了驚人的發展。在這樣短暫的時間內，兒童很難通過條件作用逐個地獲得所有的詞彙、重音、語調、句法等語言知識和能力。在他看來，語言是創造的，而語法是生成的。兒童學習語言，不是學習某個特定的詞語和句子，而是運用一系列規則、去構成和理解新的句子。兒童一生下來就有一種**語言獲得裝置** (language acquisition device) 或一種天賦的"語言原理"或"普遍語法"，這是人類頭腦中固有的一種內

圖 1-5 喬姆斯基
(Avram Noam Chomsky, 1928~) 美國著名語言學家，轉換成生語法的創始人。20 世紀 50~60 年代，領導語言學界的一場革命。他的語言學著作對語言學和現代認知科學的其他領域，都有重要的影響。

在的語法規則。兒童應用普遍語法,再通過自己的經驗,很容易獲得特定語言的語法知識,學會周圍人們所說的語言。所謂語言的生成性,就是人們利用規則從有限的語言基本單元去構成無限數量的語言複雜系統。

喬姆斯基把語言獲得區分為兩個平面,即**能力** (competence) 和**成就** (performance)。前者指本族語的語言知識,後者指這種知識的實際運用。研究語言能力就是要研究具有心理現實性的語法,包括本族語言中天賦的和習得的全部語言知識。而研究語言成就,就是要研究支配語言運用的原則,創造和理解句子的原則,以及分析語句誤說和誤解的原因等。

喬姆斯基還提出語言的**雙重結構理論** (dual-structure theory)。在他看來,每個句子都有兩種結構層次,即**表層結構** (surface structure) 和**深層結構** (deep structure)。表層結構指實際說出的句子,它決定句子的形式;深層結構指說話前在頭腦中存在的一種概念,它決定句子的含意。由深層結構轉化為表層結構依賴於一系列轉換規則。喬姆斯基認為,語言學應該成為心理學的一部分。研究語言的獲得,語言的結構及轉化規則,不僅是語言學的任務,而且也是心理學的任務。

喬姆斯基的語言學理論產生了兩方面的明顯作用。一方面,它抨擊了行為主義關於語言獲得的簡單模式,從這裏打開缺口,導致了行為主義的進一步衰落。行為主義完全否認遺傳和稟賦在語言獲得中的作用,把個體掌握語言完全歸結為學習的結果。喬姆斯基則試圖證明,人的語言功能是與人腦的進化分不開的。沒有人腦固有的語言能力,就沒有個體的語言。儘管學術界對喬姆斯基的理論還存在很多爭論,但是他的主張對行為主義的巨大衝擊作用,卻是大家所公認的。另一方面,喬姆斯基強調語言學與心理學的合作,要求探討語言行為的內在心理機制,激發了許多心理學家研究語言和言語行為的熱情。這些心理學家通過自己精心設計的實驗,試圖證明或修正喬姆斯基的某種原則性的主張。由此累積的研究資料,不僅深化了語言學的研究,而且推動了認知心理學的產生與發展。

三、信息科學與認知心理學

在 20 世紀 40 年代,由於各門科學的迅速發展,產生科學間橫向聯繫的需要,從而導致了**信息科學**(或**訊息科學**) (information science) 的誕生。信息科學是研究信息現象及其運動規律的一門學科，它包括控制論、信息論和系統論等。

(一) 控制論對認知心理學的影響

維納等人 (Wiener et al., 1943) 發表〈行為、目的和目的論〉一文，首次將動物的目的性行為賦予機器，奠定了控制論思想的雛型。維納 (Wiener, 1948) 發表《控制論——或關於在動物和機器中控制和通訊的科學》一書，宣告了控制論的誕生。

控制論 (cybernetics theory) 是在把機器系統與動物的生命系統進行類比的基礎上發展起來的。控制論認為，機器系統與生命系統從物質構成上雖各不相同，但在結構與功能上卻有相同的基本要素和類似的調節機制，因而都可以稱為"控制系統"。

控制論認為，任何控制系統都是由四個基本要素所構成，即操縱機構、受控對象、直感通道和反饋通道等。**操縱機構** (operational device) 負責加工、選擇和估價信息，根據接受和儲存的信息對受控對象發出指令；**受控對象** (controlled object) 則接受操縱機構的指令，執行某種特定的任務；**直感通道** (sensory channel) 與**反饋通道** (feedback channel) 負責與外界的聯繫，搜索當前環境與自身完成任務情況的信息。從這四個要素來看，機器系統與生命系統是相同的。一部電子計算機可以看成由這四個要素組成，而人的神經系統也是由這四個要素所組成的。

反饋 (feedback) 是控制論的一個基本概念。所謂反饋是指受控對象的輸出信號會以某種方式返回到輸入端，再次控制對象，並影響輸出。反饋有兩種。當返回的信號減弱了原來的信號，從而保持系統的穩定狀態時，這種反饋叫**負反饋** (negative feedback)；相反，反饋加強了輸入的信號，使系統脫離穩定狀態時，這種反饋便叫**正反饋** (positive feedback)。

反饋對系統的調節與控制有重要的作用。有機體的生命活動，動物和人的神經系統的活動、內分泌系統的活動等，都是靠負反饋來調節並保持系統的穩定性的。在自然系統和人工系統中，也存在正反饋。例如生態平衡的破壞、某種動植物的滅絕、人的精神失常等，都是由正反饋造成的。

自 20 世紀 50 年代以後，控制論的上述思想廣泛應用於心理學的研究工作中。把機器系統與人的系統進行功能的類比，為人工智能的研究提供了重要的理論基礎。控制論關於反饋的概念，取代了或部分取代了傳統心理學中關於強化或效果的概念，使這些概念獲得了更普遍的意義。

(二) 信息論對認知心理學的影響

信息論 (information theory) 是應用數理統計和概率方法研究信息處理的一門通訊理論。它研究各種信息傳輸和變換的共同規律。在信息論的形成和發展中，美國數學家兼通訊工程師申農 (Shannon, 1949) 提出了信息測量的問題，其單位是**比特** (bit)。在申農看來，信息表示不確定性，消除不確定性就能達到理解。如果讓你猜 1～100 中的一個數，你知道它是或不是 51～100 中的一個數，可能的選擇減少一半，那麼你就得到了 1 比特的信息。換句話說，1 比特信息減少了二分之一的不確定性。申農的這種思想在心理學家中很快得到回響。40年代末、50年代初，一些心理學家開始將信息測量的方法應用於心理學的研究，設計了用信息方法研究知覺、記憶和技能的一系列著名的實驗。例如海曼 (Hyman, 1953) 用信息方法研究了動作技能，發現被試者對燈光信號的反應時，是和信號所傳達的信息量成比例上升的。

申農的另一重要的貢獻是對信息加工（或訊息處理）的研究。在通訊工程中，聲音從信號源發出，經過編碼，進入通訊頻道，再經過譯碼，然後為對方所接受。信息在傳送過程中可能由於通道容量的限制或由於外界噪音的干擾而受到損失。這一思想也極大地鼓舞著許多心理學家。他們把人的系統與通訊系統進行比較，並且把人通過感覺器官接受外界刺激，通過中樞神經系統的加工處理，到作出某種反應的全部過程，看成信息加工的過程。在人的信息加工中，通道容量的限制及社會、生理的"噪音"，也會對輸入的信息產生某種影響。

(三) 系統論對認知心理學的影響

在申農和維納創立信息論和控制論的同一年，奧地利生物學家貝塔朗菲 (Bertalanfy, 1948) 創立了**系統論** (system theory)。貝塔朗菲先用整體的和系統組織的觀點研究生物學，提出了以系統思想為基礎的機體論。以後提出了一般系統論的思想。貝塔朗菲認為，生物體是一個開放系統。生命的本質不僅要從生物體各組成部分的相互作用來說明，而且要從生物體和環境的相互作用來說明；生物體的結構是一種動態的結構，它的存在是以其組成成分的不斷變化為條件的。生物體具有自調節性和等級性，因此研究生命現象必須在生物體組織的不同層次上來進行。貝塔朗菲還認為，整個自然界、人類賴以生存的地球也和生物體一樣，是一個有機的系統整體。在這個整體中存在著不同的層次或部分，它們的特性、結構、功能和性質，都是由整體的模式或系統性規律所決定的。

系統論對當代心理學產生了巨大的影響。墨菲在《近代心理學史導引》一書中指出：

> 心理學的每一個角落，都已受到構造或系統或相互依存等概念的侵襲。今天每一個理論體系，或者拒絕原子論，或者承認它的不完善，或者至少也要為它辯解，如此巨大的浪潮是不能以任何一種反向運動所阻擋的。(Murphy, 1949, p368)

信息科學推動了計算機的應用技術的發展，也推動了心理學的發展。50年代中期，心理學家們開始應用信息方法來研究人的認知，即人類獲得和應用知識的過程。這種方法把人的認知看成信息轉換的過程，通過對信息流程的分析和處理，以揭示認知過程的規律性。信息方法是一種系統的方法，也是一種類比、模擬的方法。它用整體的觀點考察人的認知，並且將人腦與計算機進行類比，試圖確定不同加工階段對操作行為的影響。

在"信息科學"的影響下，米勒 (Miller, 1956) 提出了短時記憶容量對認知作業成績所帶來的限制。它證明了信息加工的一個簡單階段 (短時記憶) 怎樣影響到各種不同的作業成績。

兩年以後，布羅德班特 (Broadbent, 1958) 提出了第一個信息加工 (或訊息處理) 的模型——**過濾器模型** (filter model)，並用它解釋了選擇性聽覺作業的機制。布羅德班特的這一著作對用信息加工 (或訊息處理) 的觀點來研究人的認知產生了巨大的影響。

隨後，斯柏林 (Sperling, 1960) 研究了在短暫的視覺呈現條件下的有效信息，提出了另一個信息加工的模型。該模型說明了感覺儲存、模式識別和短時記憶怎樣共同決定著作業的完成情況。

除了在視覺和聽覺領域這些率先的研究工作之外，另一些心理學家對某些較複雜的作業也開展了研究。米勒，格蘭特和帕里布朗 (Miller, Galanter & Pribram, 1960) 批評了當時在心理學界占優勢的一種理論觀點——把人看成是一大堆刺激-反應的集合，認為人的行為是有計畫的。在他們看來，計畫由一系列指令構成，由它控制著人類行為的秩序與順序，就像計算機的程序控制著計算機的運行一樣。他們還認為，計畫不能從刺激-反應的單位中產生，而必須用一種新的單位——叫**檢驗-操作-檢驗-輸出** (Test-Operate-Test-Exit，簡稱 TOTE) 的單位來表示。由不同層次的檢驗-操作-檢驗-輸出 (TOTE) 就能組成計畫。紐維爾、肖和西蒙 (Newell, Shaw & Simon, 1958) 進行了人工智能方面的研究工作，確定了策略對人類完成複雜作業的影響。

在以上工作的基礎上，奈塞爾 (Neisser, 1967) 出版了《認知心理學》一書。該書用信息加工 (或訊息處理) 的觀點論述了人類認知的問題，宣告了認知心理學的誕生。可見，認知心理學的產生不是偶然的。它是心理學與鄰近學科、特別是計算機科學互相吸收、互相滲透的結果。

四、認知心理學的新發展

自 20 世紀 50 年代以來，認知心理學像一股巨大的潮流猛烈地衝擊歐美的傳統心理學。一時間，許多心理學家都轉到了認知心理學的方向上。在美國大學的研究機構中，有四分之三的心理學家都自稱是認知心理學家。心理學的許多分支學科也都按照認知心理學的模式去研究問題。在這個意義上，我們認為，認知心理學的確提供了一種新的研究範式。

但是，認知心理學不可能一出來就是完美無缺的。它既受到讚譽，也受到批評和反對。這些批評來自哲學界及心理學界本身，其中包括一些研究過認知心理學的人。另外，隨著認知心理學的研究工作的進展，它的某些觀念也在不斷地發生著變化。

(一) 研究範式的轉變

自 20 世紀 60 年代至 70 年代的認知心理學，是在**物理符號系統假設**的基礎上建立起來的。這種假設將人與計算機進行功能類比，希望藉助於計算機來說明人的認知結構與過程。按照這種假設，人的信息處理本質上是一種序列處理。建立在這種假設之上的認知模型，主要是**功能模擬** (function simulation)，人們稱這個階段的研究範式為**計算機比喻** (computer metaphor)。

到了 70 年代以後，基於物理符號系統假設基礎之上的序列處理的研究範式受到挑戰，出現了一些新的研究範式，主要有平行分布處理模型、模塊理論和情境理論，分別介紹於下。

1. 平行分布處理模型　平行分布處理模型 (parallel distributed processing model) 簡稱 **PDP 模型** (PDP model)，也可叫做**新連結主觀模型** (new connectionist model) 或**神經網絡模型** (neural network model) (McClelland & Rumelhart, 1981, 1986)。它的誕生與兩方面的原因有關：(1) 由於分子生物學的發展與電子顯微鏡的進步，人們對大腦的超微結構有了更多的了解，因而使有關大腦的傳統觀念發生了重要的變化。如神經元與神經元之間的聯繫，不再認為是一種線性的聯繫，而是一種平行的、網狀的突觸聯繫；神經元不是對輸入的個別特徵的訊息作出反應，而是反應刺激的一定範圍。因此，對特徵的分析不是個別神經元的功能，而是由一組神經元的共同活動來實現的；人的大腦是一個具有多層次結構的動力系統，它對外界信息的整合作用，發生在不同層次或水平上。大腦的功能具有整體性。它的每個部分的功能是由整個大腦來保證的。(2) 認知心理學在探討人類認知的微觀結構與過程上取得了重要的進展，如在視覺訊息處理的早期階段，人們對輸入的特徵訊息的分析帶有平行處理的性質……，這些研究成果難以用序列處理的原則作出解釋。

平行分布處理模型或新連結主觀模型的基本思想是，通過使用數量眾多且獨立的處理單元或處理器，在同一時間內實現眾多的訊息處理。它的特點主要有：(1) 處理單元間的聯結強度不一樣，其大小可以用**權重** (或**加權**) (weight) 來表示，一個單元得到的總輸入，等於各單元獨立輸入的加權和；(2) 知識的表徵是分布式的，它儲存在單元與單元的聯結上；(3) 聯結的強度可以因學習而得到加強；(4) 一個單元受到破壞，整個知識仍然保持，訊息處理仍可繼續進行；(5) 網絡是一種層次結構，同一層次的單元間互相抑制；不同層次的單元間互相興奮。運用平行分布處理模型，學者們成功地模擬了人類知覺、記憶、動作技能與閱讀等一系列認知活動。

總之，平行分布處理模型要求更多地考慮認知系統的神經基礎，希望能在更接近大腦的神經結構的基礎上來建構認知的理論與計算模型。研究範式的這種轉變稱為**大腦比喻** (brain metaphor)。

2. 模塊理論 就在平行分布處理模型誕生的同時，還誕生了**模塊理論** (modularity theory)。這一理論是由福多 (Fodor, 1983) 提出的。所謂**模塊** (module) 是指一組具有相同功能的，互相聯繫在一起的加工單元。模塊理論假定：信息加工系統由三個不同的層次組成。第一層為**換能器** (transducer)，相當於人的感官，負責檢測事物的各種屬性 (property)；第二層為**輸入系統** (input system)，它們是互相獨立的，不同輸入系統處理的信息各不相同。各種輸入系統只能在特定的、適宜的刺激下工作；因而具有封閉性 (encapsulation)；第三層為中樞系統，它與所有輸入系統有聯繫，負責一般的認知加工。中樞系統是一種動力學系統 (dynamic system)，不同加工單元或模塊間的關係是隨時都在變化的。

模塊理論在近年來的認知神經科學的研究中產生了很大的影響。在傳統的神經科學中，嚴格的**功能定位** (function locanizaion) 的概念占統治地位，認為各種認知功能分別由不同的腦區負責；而模塊理論認為，不同腦區按功能組織在一起，共同完成某種特定的功能。

3. 情境理論 20 世紀 90 年代初，在人工智能學界出現了一場非常激烈的爭論。一方是以西蒙為代表的物理符號系統假設，另一方是以克蘭西等人為代表的情境理論。

情境理論 (situation theory) 認為，人的認知是發生在一個真實的環境中。人和環境、人和社會、人和人之間有著極其複雜的相互作用。人的大腦是由神經元組成的一個複雜系統，外部環境也是一個複雜系統。人和環境的關係是隨著兩者的相互作用而不斷變化的。情境理論強調**進化** (evolution) 的作用，認為人和環境的相互作用在性質上是進化的，每一次新的行為不僅要對神經系統的活動產生修正，而且會引起外部環境相應的變化。人的感知和運動也是相互作用的：學習不是簡單的存儲和提取，而是在人和環境的相互作用中建立感覺與運動協調。神經系統活動的機制，不是邏輯式的串聯方式，也不是簡單的並聯方式，而是一種由反饋調節的自然組織機制。它在完成各種活動時也就進行了學習。

情境理論為認知科學和認知心理學的發展提供了許多新的思路，依據這種理論也研製了一些新型的自動化設備，因而在理論和實踐上都產生了重要的影響。但是，情境理論強調認知基於情境，而不基於知識，降低甚至否定了知識表徵的作用，因而也遭到一些學者的批評。

(二) 知識表徵的研究

在認知心理學中，**過程**與**表徵**是兩個最重要概念 (Glass & Holyoak, 1986; Marr, 1982)。但是，早期的認知心理學特別重視認知的內部過程的研究，這包括：(1) 哪些內部過程幫助人們獲得與應用知識？(2) 這些過程的關係如何？它們發生在訊息處理的哪個階段上？(3) 訊息通過系統的哪些成分？它們在處理訊息時發生了什麼作用？(4) 對這些過程的中樞控制是怎樣發生的？現代認知心理學被稱為**訊息處理心理學**(或**信息加工心理學**) (information process psychology)，就是由此得名的。

近年來，隨著認知心理學的發展，知識表徵的研究越來越受到心理學家們的關注。人的知識怎樣表徵在訊息處理系統 (人腦) 中？不同類型的知識是否具有不同的表徵形式？各種知識表徵是怎樣互相聯繫的？在訊息處理的不同層次或水平上，表徵有沒有區別？從一個層次的表徵轉化為另一層次的表徵，要經過哪些處理？表徵對訊息處理有什麼影響？選擇知識的表徵對問題解決有什麼影響等。曼德勒 (Mendler, 1985) 曾指出，早期的訊息處理模型是一種簡單的框圖模型，它假定了各種狀態 (流程圖中用 box 表示) 和從一些狀態到另一些狀態不確定的階段 (流程圖中用箭頭表示)，因而又是一種勻質的系列模型。隨著認知心理學的發展，對輸入-輸出簡單關係的研究減弱了。人們的興趣主要集中在內部的、經過推理得到的性質，即表徵和過程的性質上。在**計算機模擬** (computer simulation，簡稱 CS) 和人工智能的研究中，知識表徵 (或知識表達) 的問題也同樣受到學者的重視。在近年來出版的一些認知心理學著作中，一些心理學家 (Anderson, 1985；Best, 1989；Cohen, 1983；鄭昭明, 1993) 專章討論了知識的類型、組織、結構和作用，表現了認知心理學家對研究知識表徵的重視。

(三) 認知的神經機制的研究

西蒙 (Simon, 1986) 曾把認知心理學的研究分成三種不同的層次或水平。第一個層次為研究複雜行為的層次，如研究問題解決、概念形成等；第二個層次為研究簡單的訊息處理的層次，如研究對光點的感覺、圖形知覺的形成等；第三個層次則為生理層次，如研究認知的中樞神經過程、神經結構等。西蒙認為，心理學應該從不同層次上研究人類的行為。低層次的研究有助於高級、複雜行為的研究，但是不一定非有生理學的理論才能著手研究人類的高級複雜的行為。自然界的規律有不同的層次，科學研究也可以從不同的層次進行研究，既可以從高層次著手，也可以從低層次著手。

西蒙的主張代表了不少認知心理學家早期的主張。在他們看來，認知心理學應該採用抽象的分析方法去研究認知的過程與結構，建立一種認知理論去描述行為的抽象結構與過程，而不必直接探索認知事件與神經事件的相互關係。有些心理學家甚至將研究認知的神經機制斥之為**還原論** (reductionism)，認為研究認知的神經機制就是將人的複雜的認知活動還原為神經細胞的生物化學反應。

但是，近年來，**神經心理學** (neuropsychology) 的興起和傳播，說明認知心理學家對研究認知的神經機制表現了濃厚的興趣。這種研究系統地考察了各種類型的腦損傷對認知功能的影響，因而揭示了人類認知與特定的腦結構與功能的關係。艾森克 (Eysenck, 1982) 將神經心理學對認知心理學的貢獻歸納為以下四個方面：(1) 它使我們能相對獨立地研究複雜系統的某些方面，如研究**深度朗讀困難**(**或閱讀障礙**) (dyslexia)；(2) 它為認知理論提供了某些有力的證據，如證明了短時儲存與長時儲存的二分法觀點；(3) 通過一些新的發現，削弱了某些認知理論的地位；(4) 發現了一些有重要理論意義的現象，如在不自覺的記憶中能進行有效的學習。

近年來，隨著高、新技術的突飛猛進，認知心理學在研究人的認知功能與腦的關係時，還廣泛地採用了**事件相關電位** (event-related potential，簡稱 ERP)、**功能磁共振成像** (function magnetic resonance image，簡稱 FMRI)、**正電子發射斷層掃描術** (positron emission tomography，簡稱 PET) 等技術。這些新的技術使人類有可能更直接地觀察到在進行各種認知活動時，大腦所出現的相應的結構與功能的變化，產生了**認知神經科學** (cognitive neuroscience) 的新趨勢。可以預料，在未來 1～20 年中，認知神經科學的研究，有可能成為認知科學中一種最強有力的研究方向。

(四) 人工智能與計算機模擬

認知心理學的產生和發展與**計算機科學** (computer science) 有著密切

的關係。在計算機科學中有兩個重要的、處於前沿的研究領域。一個是人工智能的研究，一個是認知的計算機模擬 (Cohen, 1983；Best, 1989)。

人工智能(或**人工智慧**) (artificial intelligence，簡稱 AI) 把人看成是一種純粹的計算現象，它的目標是要發展人類認知模型的計算機程序，即通過開發計算機的硬件與軟件，使其能產生機器的智能。人工智能強調對人的心理事件進行抽象的分析；這種分析可以不依賴於人的認知過程和神經過程。因此，人工智能設計的一種有效的認知模式在理論上可能與人類認知無關。換句話說，它只要求機器能執行具有智能的人能夠完成的某種任務，而不必關心人的操作實際上是怎樣進行的。

與人工智能的研究有所不同，計算機模擬要求按人的認知過程的特點來設計計算機程序，用這些程序來建構人的認知模型並檢驗這些模型。當計算機的輸出與人在執行同一任務時的輸出 (作業成績) 一致時，就可以用計算機的程序來說明和解釋人類認知的結構與過程。由於計算機和人在完成同一作業時存在著差異，如速度的差異、精確性的差異等，計算機模擬要求更多地考慮人的認知的特點，包括人的作業速度、精確性及錯誤的類型，計算機模擬的步驟應該與人的內省報告一致 (Matlin, 1989)。

人工智能與計算機模擬對認知心理學的發展產生了重要的影響：(1) 它促使認知心理學更強調用抽象分析方法研究人類的認知，包括用數學方法描述人的認知，建構認知的數學模型；(2) 用計算機程序來描述人的認知，有可能細緻、精確、合乎邏輯而無歧義地解釋認知過程，因而有助於認知心理學建立認知模型，並通過硬件實現來檢驗認知模型；(3)它使認知心理學與現代科技建立了更密切的聯繫，使認知心理學得到了更有前景的應用領域。

(五) 生態學效度與認知的應用研究

早期的認知心理學強調在嚴格控制的實驗條件下，研究認知的結構與過程。這種研究雖然取得許多令人矚目的成果，但由於研究條件帶有很強的人為性，脫離了人的生活事件，因而缺乏**生態學效度** (ecological validity)，在實際應用中具有較大的局限性。奈塞爾 (Neisser, 1978) 在一篇有關記憶的文章中，倡導了認知的**生態學研究** (ecological approach)，要求研究所獲得的成果，在實際生活中應繼續保持它的真實性。這一主張在認知心理學家中產生了強烈的反響。以後，許多研究者在研究記憶、意象、思維和問題解決、語言理解時，都更加重視研究與實際生活的聯繫。例如，早期的認知心理學都用**人工概念**(artificial concept) 研究概念的形成，現在許多研究者對**自然概念**(natural concept) 和範疇表現了更大的興趣；早期的認知心理學設計了各種**密碼算題**(cryptarithmetic) 研究問題解決，現在許多學者更樂意研究下棋和設計計算機程序解決物理、數學、醫療診斷等實際生活中的問題。

強調認知研究的生態學效度，促進了應用認知心理學的發展。近年來認知心理學在工業、交通、教育、大眾傳播媒體的使用與改善、職工的選拔與培訓等方面，都開闢了廣闊的應用領域。本書的最後一章將介紹認知心理學在各個領域的應用研究及其發展前景。

強調認知研究的生態學效度，並不否定和排斥在認知心理學的**基礎研究**(basic research) 中，**實驗室研究**(laboratory research) 的重要價值。在嚴密控制的實驗室條件下，人們容易確定事物之間的因果關係，容易對行為進行預測和控制。因此，它和認知的生態學研究應該是相輔相成，相得益彰的。蒂姆伯拉克 (Timberlake, 1984) 指出，將生態學價值與實驗室研究結合起來，認知心理學將獲得更大的進步。這種看法已成為當今大多數認知心理學家的共識。

本 章 摘 要

1. **認知心理學**是研究人類認知的過程、結構和功能的一門科學，是廣義的認知科學的一個最重要的組成部分。
2. 認知心理學把人的認知看成知識獲得和應用過程，或**信息加工**的過程。
3. 認知心理學有狹義和廣義之分。狹義的認知心理學也叫做**信息加工心理學**。它把人的認知系統看成信息加工的系統，並與計算機進行類比。
4. 在認知心理學中，**認知過程**是一個最重要的概念。它兼有階段、經歷和加工、處理等兩種含義。人的信息加工可以區分為**自下而上的加工**和**自**

上而下的加工；**系列加工和平行加工**；**控制性加工和自動化加工**等。
5. **表徵**是現代認知心理學的另一個最重要的概念。表徵既指某種東西的信號，也指知識的結構或認知的結構。表徵在信息加工過程中形成，同時又對隨後的信息加工過程起著調節和控制的作用。
6. 表徵傳遞著事物的信息，但不同表徵方式傳遞信息的效果是不同的。在認知心理學中，選擇表徵有重要的意義。
7. 表徵依賴於知識的類型。知識的類型不同，表徵的方式也不一樣。
8. 認知系統不是一個孤立的系統，它的功能受到各種非認知因素的調節和控制。
9. 建立**認知模型**是現代認知心理學研究的一個重要的特點。建模實際上就是要建立一種認知理論，把認知的結構和過程納入到一個抽象的、有組織的系統中。
10. 認知心理學具有廣泛的研究領域。既重視基礎研究，也重視應用研究。
11. 認知心理學有特有的一些研究方法，如**反應時記錄法**、**口語記錄法**、**計算機模擬**等。這些方法有助於客觀地揭示認知的結構與過程。
12. 認知心理學具有悠久的歷史淵源，它和傳統心理學有著密切的關係。但是，它作為一種新的研究範式，是和行為主義有重要區別的。
13. 以喬姆斯基為代表的現代語言學，開創了語言學理論的一個新的研究方向，即理性立義的方向。他對行為主義的猛烈抨擊和主張探討語言行為的內在機制，有力地推動了現代科學中的"認知革命"。
14. **控制論**、**信息論**和**系統論**為現代認知心理學提供了重要的方法學基礎。在這些理論的影響下，心理學家開始應用信息方法來研究人的認知，即人獲得和應用知識的過程。奈塞爾 (1967) 出版的《認知心理學》，標誌著認知心理學的正式誕生。
15. 隨著腦科學和其他相關學科的最新發展，早期以**物理符號計算**為特徵的認知心理學，逐漸轉變為以神經計算為特徵的認知心理學。近年來，出現了**模塊理論**和**情境理論**等新的研究範式。
16. 隨著**神經心理學**和腦成像技術的發展，**認知神經科學**的研究有可能成為認知科學今後的一個重要發展方向。
17. 將**生態學效度**與**實驗室研究**結合起來，將會促使認知心理學獲得更大的進步。

建議參考資料

1. 章士嶸 (1992)：認知科學導論。北京市：人民出版社。
2. 黃希庭、李文權、張慶林 (譯，1990)：認知心理學。北京市：教育科學出版社。
3. 彭聃齡 (1990)：認知心理學。哈爾濱市：黑龍江教育出版社。
4. 楊　清、張述祖 (譯，1989)：認知心理學。長春市：吉林教育出版社。
5. Best, J. B. (1989). *Cognitive psychology* (2nd ed.), St. Paul : West.
6. Dodd, D. H., & White, R. M. Jr. (1980). *Cognition : Mental structures and processes*. Boston : Allyn & Bacon.
7. Glass, A. L., & Holyock, K. J. (1986). *Cognition* (2nd ed.). New York : Random House.
8. Martindale, C. (1991). *Cognitive psychology : A neural-network approach*. Pacific Grove, CA : Brooks/Cole.

第二章

模式識別

本章內容細目

第一節　知覺與模式識別
一、知覺概念的變遷　47
　　㈠ 知覺與感覺的比較
　　㈡ 知覺研究的方向
二、模式與模式識別　49
三、模式識別的階段或過程　51
　　㈠ 感覺登記
　　㈡ 知覺分析與綜合
　　㈢ 語意分析與綜合
　　㈣ 決策與核證
四、人類模式識別的特點　57
　　㈠ 複雜性
　　㈡ 適應性
　　㈢ 可學習性
　　㈣ 語言的作用
五、模式識別中的有意識加工與自動化加工　59

第二節　模式識別中的認知與非認知因素
一、模式識別中的認知因素　60
　　㈠ 情境的作用
　　㈡ 知識表徵的作用
二、模式識別中的非認知因素　64

㈠ 需要與動機的影響
㈡ 價值與態度的影響
㈢ 情緒的影響
㈣ 人格的影響

第三節　模式識別的早期理論
一、模板匹配理論　69
二、原型理論　71
三、特徵分析理論　74
　　㈠ 小妖模型
　　㈡ 特徵分析理論的生理學依據
　　㈢ 特徵分析理論的心理學證據

第四節　模式識別的近期理論
一、視覺計算理論　82
二、注意的特徵整合理論　85
三、成分識別理論　89
四、相互作用激活理論　92
五、拓撲學理論　95

本章摘要

建議參考資料

模式識別是現代認知心理學的一個重要的研究領域。人的**信息加工**(或**訊息處理**)是從模式識別開始的。沒有對刺激模式的識別，就沒有對信息的儲存和進一步的處理。因此，在介紹記憶與思維等認知活動前，首先要介紹模式識別的問題。**模式識別**(或形之辨識)(pattern recognition)是指對刺激模式的覺察、分辨和確認，一般可分為感官登記(或感官收錄)、知覺分析和綜合、語意分析和綜合、決策和核證等階段。模式識別既依賴於從感覺輸入的信息，即**自下而上的加工**(或由下而上處理)(bottom-up processing)；也依賴於人腦中已經儲存的信息，即**自上而下的加工**(或由上而下處理)(top-down processing)。人的計算速度和精確度遠不及計算機，但人對模式的識別能力卻遠遠勝過計算機。人和計算機的這些差異，給計算機科學和人工智能研究提出了饒有興味的問題：人的模式識別究竟有什麼特點？計算機能否模擬出人的這些特點？為了解釋模式識別的過程，並在計算機上逐步實現這些過程，認知心理學家提出了一系列模式識別的理論模型，如模板匹配模型、原型匹配模型、特徵分析模型、視覺計算模型、特徵整合模型、相互作用激活模型和拓撲學理論等(均見本章第三、四節)。在現代心理學中，知覺的整體和局部的關係問題，一直是個爭議激烈的問題。模式識別的多種模型的出現，恰好反映了理論界長期存在的這種爭論。一些模型強調，人的知覺系統對刺激模式的整體性更敏感；而另一些模型則強調特徵分析在模式識別中的作用。近年來，相互作用激活模型越來越受到人們的重視。這種模型把模式識別看成自下而上和自上而下兩種加工相互作用的結果。

本章從知覺概念的變遷開始，首先要討論知覺與模式識別的關係；接著討論模式識別的階段或過程，人的模式識別的特點；然後再討論影響模式識別的認知因素和非認知因素；最後要介紹認知心理學關於模式識別的各種理論模型。通過本章的學習，希望讀者了解：

1. 知覺的直接理論與認知理論有什麼區別。
2. 人的模式識別有哪些特點。
3. 知識表徵在模式識別中起什麼作用。
4. 非認知因素在模式識別中起什麼作用。
5. 模式識別的理論模型有哪些？它們各有哪些特點？支持它們的實驗研究有哪些。

第一節　知覺與模式識別

模式識別是人和動物的一種能力。在人和動物的適應行為中起著重要的作用。傳統的實驗心理學以知覺為研究對象；而認知心理學則強調模式識別的研究。為了弄清兩者的關係，本節將從論述知覺概念的演變開始，分析知覺與模式識別的關係，進而討論什麼是模式識別，模式識別有哪些階段，人的模式識別有哪些重要的特點等。

一、知覺概念的變遷

(一) 知覺與感覺的比較

知覺 (perception) 的概念是傳統實驗心理學的一個重要的概念，也是現代認知心理學的一個重要概念。查普林和克拉威克在《心理學的體系與理論》一書中曾指出："知覺概念是整個心理學領域最重要、最核心的概念之一"(Chaplin & Krawiec, 1979, p163)。從 19 世紀末以來，在實驗心理學的發展歷史中，知覺的概念經歷了巨大的變化。早期的聯想主義者把知覺看成感覺的複合。根據他們的看法，**感覺** (sensation) 是最簡單的心理元素。這些元素經過聯想構成知覺和一切複雜的心理現象或複雜觀念。以後，構造主義(或結構主義)者鐵欽納 (Edward Bradford Titchener, 1867～1927) 提出了知覺的**核心關聯說** (core-context theory)。這一學說把知覺看成感覺的構成物，在這個構成物中，感覺是核心。由感覺與次級感覺或表象組成前後聯繫，因而產生知覺的意義。換句話說，感覺是無意義的，在前後關係中，它才獲得意義。在進化論的影響下，機能主義 (或功能主義) 心理學重視分析意識的過程，包括知覺過程。卡爾 (Harvey A. Carr, 1873～1954) 曾經把知覺定義為對於同某一順應行為有關的、現在對象的認知。根據這一定義，他提出知覺包含兩個階段，即注意階段與解釋階段。注意使輸入的感覺資料具有選擇性和明晰性；而解釋則藉助於過去的經驗，喚起知覺的意義。在現代實驗心理學中,格式塔學派(或完形心理學派)對研究知覺作出了重要的貢獻。在他們看來,知覺不是感覺的簡單堆砌,而是有組織的結構整體。整體的特性大於組成它的各部分特性的簡單總和。他們重視知覺的整體性,但不強調經驗在知覺中的作用。在他們看來,整體性是知覺組織的先天特性,而不是過去經驗影響知覺的結果。和格式塔心理學派(或完形心理學派)相反,行為主義不重視研究知覺的問題。行為主義把知覺等同於辨別反應,反對研究知覺的內部過程及過去經驗對知覺的影響。

(二) 知覺研究的方向

第二次大戰後,知覺研究的領域出現了兩個重要的研究方向。一是由吉布生 (James J. Gibson, 1904～1979) 提出的**直接理論** (direct theory),一是知覺的現代認知理論。

1. 知覺的直接理論 吉布生認為,我們周圍的環境為我們的生存提供了足夠充分的信息,而我們的感官的構成也使我們有能力從周圍環境中提取這些信息。在知覺領域中,吉布生主要研究三維空間的知覺,亦即**深度知覺(或立體知覺)** (depth perception)。他認為,物體表面紋理結構的變化,向人們直接提供了分辨物體深度的重要信息,當人們運動時,或者說當觀察點發生變化時,視野中的某些方面出現了變化,而另一些方面保持不變,因而在網膜上形成了一種**光流模式** (optical flow pattern),即由光線的明暗分布所構成的刺激模式,這種光流模式為我們提供了關於方向、速度和高度的信息。總之,物體的空間信息直接由視覺的刺激模式所提供,並且由人的感官所直接感受,人對物體的三維特性的感知,既不需要根據以前的知識,也不需要從物體與人眼的關係中,進行無意識的推理。知覺的意義來自物體本身,而與人的經驗無關。吉布生指出,只要我們細心研究一下人們看到了什麼,那麼,全部知覺心理學的問題,或許全部心理學的問題,就都能獲得滿意的解釋。

2. 知覺的認知理論 知覺理論發展的另一個方向是知覺的認知理論。這種理論認為,知覺是一種積極的、主動的、多層次的信息加工(或訊息處理)的過程。知覺不是由輸入刺激直接給予的,而是由當前存在的刺激與知覺者的某些內部過程相互作用的結果。知覺既依賴於直接作用於感官的刺激物的特性，也依賴於感知的主體。知覺者一般的知識經驗，他們對事物的態度以及對活動的預先準備狀態，都在一定程度上影響到知覺的過程和結果。正如丹伯爾和沃姆所指出的："知覺是一個精細加工和解釋刺激信息，從而產生組織和意義的過程"(Dember & Warm, 1979, p6)。

認知心理學用感覺信息與內部表徵的相互作用，具體說明了知覺的意義是怎樣產生的。這是知覺理論的重要發展。

由於對知覺中外部刺激和內部表徵的關係有著不同的理解，知覺的認知理論又可分為兩種不同的傾向。

一部分認知心理學家認為，知覺不是簡單地被刺激模式決定的，而是對有效的**資料**能主動地尋找最好的解釋。知覺類似於問題解決，它包含假設與檢驗假設的過程。知覺根據感覺資料提出假設；然後，又由感覺資料加以檢驗。在知覺中，對物體的知識 (如大小、顏色、名稱等) 起著重要的作用。知識幫助人們超越個人的局部經驗的局限性，期待和推測可能發生的事情。格列高里在《腦與眼睛》一書中指出："知覺是一種運用信息來形成假設和檢驗假設的主動過程。"……"似乎可以肯定，非視覺屬性的知識影響到我們看事物的方式，即使是對人臉的知覺也是如此"（彭聃齡等譯，1986，211～212 頁)。

另一部分認知心理學家強調感覺資料在知覺中的重要意義。在這些心理學家看來，知覺是一個複雜的信息處理過程，它的主要目的在於認識外部世界的特性。因此研究知覺首先要了解外部世界有哪些特性，人的知覺系統怎樣從這些特性中推導出外部世界的結構。在他們看來，在知覺加工的早期階段，外部世界的特性決定了人的知覺，人的知識經驗是不起作用的。

二、模式與模式識別

1. 模式的意義　在英語的日常用語中"pattern"有圖樣、式樣、榜樣等意思。而在心理學，特別是在現代認知心理學中，則專指模式或形狀。從廣義上說，一個**模式** (pattern) 就是一組刺激或刺激特性，它們按一定關係 (如空間，時間) 構成一個有結構的整體。如三條直線組成一個三角形，是一個視覺刺激模式；幾個音素組成一個音節，幾個音節組成一個單詞，許多單詞組成一個**句子** (或話語) (discourse)，是一個聽覺刺激模式；一道菜的特定芳香或美味，是一個嗅覺刺激模式或味覺刺激模式等。總之，在實際生活中，作用於我們感官的刺激物，不是個別的光點、純音、氣味、色調，而是由各種刺激元素集合在一起組成的一種結構，即一種有結構的整體。從狹義上說，模式僅指視覺刺激物的整體結構。在這個意義上，把模式稱為形或形狀也是可以的。

2. 模式識別的意義 模式傳遞著外部世界的信息。當一個模式作用於人的感覺器官時，便在人腦中引起了一系列複雜的活動。人能夠**覺察** (detection) 到模式的存在，把一個模式與另一個模式加以**分辨** (discrimination)，並進而**確認** (identification) 它是什麼或代表什麼。這就是對模式的識別。因此，模式識別也可定義為對模式的覺察、分辨和確認的過程。這是人們運用記憶中已經儲存的信息，對當前出現的刺激模式作出有效解釋的過程。現代認知心理學對視覺模式識別的研究較多，也較充分。因此，模式識別有時也稱為**形之辨識** (pattern recognition)。在本章中，我們將以視覺模式識別作為討論的重點。

3. 模式識別的種類 人的模式識別不僅可以按感覺通道的性質劃分為視覺、聽覺和嗅覺的模式識別等，而且還可以按照模式本身的特點劃分為對物體及其圖象的識別、表情識別和語言識別等。如人對樹木花草、桌椅、電燈、電話機的識別，屬於對物體的識別。前者是自然界存在的物體，而後者主要是人造的物體。人對喜、怒、哀、樂等面部表情的識別，則屬於表情識別。人不僅能夠識別原始的、簡單的表情模式，而且能識別傲慢、謙虛、鄙視、崇敬等複雜的社會表情。人還能識別語言，包括口語和書面語言。這是人類特有的一種模式識別的能力。

4. 模式識別的特性 模式識別是動物和人的基本能力之一。在動物和人類的生活中具有重要的作用。低等動物的生存依賴於對外部條件的特定的生理反應，它們具有萌芽狀態的模式識別的能力。如螞蟻根據嗅覺能分辨食物、敵人和同伴；蜜蜂憑藉視覺能辨認花的形狀和顏色。從進化的階梯向上看，動物的模式識別的能力越來越發展。動物有機體能夠識別在不斷變化的外界環境中穩定的模式，是保證動物生存的重要條件。例如，分辨有益和有害的刺激、選擇伴侶、辨認道路、構築巢穴，無一不依靠模式識別的能力。直到人類，由於勞動和人類社會生活的作用，產生了人類特有的模式識別的能力。人的模式識別與動物的模式識別具有進化上的聯繫，又有性質上的區別。人對各種勞動產品的精細識別能力，對各種複雜社會表情的識別能力，特別是對語言的識別能力，是其他動物所不具有的。人們獲得知識、傳遞經驗，進行社會交往、從事生產和科學實驗，都和人的模式識別能力的高度發展分不開。

5. 知覺與模式識別的關係　根據上面的分析，我們看到，在現代認知心理學中，知覺與識別的概念是緊密地聯繫在一起的。人們對熟悉事物的重新知覺，稱為**識別** (或**再認**) (recognition)。在這個意義上，對一個熟悉模式的知覺，就是模式識別。它要求人們將輸入的刺激模式與頭腦中已有的模式進行匹配並運用已有的知識經驗對輸入的感覺信息作出解釋；在知覺一個完全陌生的事物時，人們不能在記憶中找到現成的模式，但他同樣要用已有的知識經驗對輸入的信息作出解釋。因此，知覺新的模式，也需要有記憶的成分參加。由此可見，知覺與識別的概念沒有嚴格的界限，它們在認知心理學中常常是互相通用的。

但是，從研究的範圍看，知覺和模式識別仍有一些區別。知覺心理學的研究範圍很廣，既包括空間知覺，也包括時間知覺與運動知覺。在空間知覺中，它還研究形狀、大小、深度和方位等不同方面。而研究模式識別主要研究對各種刺激模式的知覺，特別是對視覺刺激模式的知覺，因而比知覺研究的範圍要狹小一些。

三、模式識別的階段或過程

根據現代認知心理學、神經心理學和神經生物學的研究，可以把模式識別區分為一系列互相聯繫的階段。主要有：

（一）　感覺登記

人的各種感受器 (如視覺感受器、聽覺感受器) 是一種生物學中的換能器，它能將外界刺激的各種能 (物理的、化學的) 轉化為神經衝動，即神經系統的電位變化，進而在人的大腦中形成外部信息的**代碼** (code)。在刺激停止作用以後，感覺信息仍可短暫地保存下來。這個過程叫**感覺登記** (或**感官收錄**) (sensory register，簡稱 SR) 或**感覺記憶** (或**感官記憶**)(sensory memory)。

後像 (afterimage) 是感覺登記的一種形式。當光線持續地刺激人眼視覺感受器之後，刺激雖消失，視覺現象並不立即消失，它能保留一個短暫的時間。如在注視一個白色的正方形後，可以在光亮的背景上看到一個黑色正方形；或者在黑色背景上看到一個白色正方形。前者稱為**負後像** (negative afterimage)，後者稱為**正後像** (positive afterimage)。後像說明，在刺激停止作用後，感覺映像可以保存一個短暫的時間。

斯伯林 (Sperling, 1960) 用實驗進一步證明了視覺的感覺登記。奈塞爾 (Neisser, 1967) 稱之為**視像記憶**(或**映像記憶**) (iconic memory)。過去心理學家都使用**全部報告法** (或**整體報告法**) (whole-report procedure) 研究**記憶廣度** (memory span)。這種方法的特點是讓被試者在快速呈現的記憶項目之後，將所記住的結果全部報告出來。在這種情況下，由於記憶的項目較多，被試者在回憶時可能出現瞬時遺忘，因而能夠回憶的項目較少（一般為 5 個項目）。斯伯林改用**部分報告法** (partial-report procedure) 進行實驗，即要求被試者按主試者規定的信號，分別對已識記的幾個部分的項目進行回憶，然後將各部分的回憶量相加，計算回憶的總量。具體的做法是：用速示器給被試者呈現一張卡片，上面有 12 個字母，分成 3 行，每行 4 個字母。呈現時間為 50 毫秒。事先告訴被試者，當視覺呈現終止時，將立即出現一個聲音信號，如高、中、低三個音調，分別作為三行字母的回憶線索。當高音出現時，要求被試者回憶第一行字母；中音出現時，要求回憶第二行字母；低音出現時，要求回憶第三行字母。聲音信號的出現順序是隨機的。結果發現，隨機呈現任何一種聲音，被試者都能報告出 3 個左右的字母。由此推論，被試者實際看到的刺激項目不是 5 項，而是 9 項。這說明，在短暫時間內，感覺登記的信息遠比報告出來的信息要多。如果將視覺呈現和聲音信號之間的時距延長，回憶的成績將明顯下降（見圖 2-1）。當聲音信號延遲 0.15 秒出現時，回憶的成績為即時回憶的 80% 左右；延遲 0.5 秒，回憶成績下降到 60% 左右；延遲 1 秒，回憶成績就下降到用全部報告法所得到的結果。

埃維巴克與科里爾 (Averbach & Coriell, 1961) 係採用後發的信號提示，讓被試者報告複合聲音刺激的一部分，結果發現了聽覺的感覺記憶。奈塞爾稱之為**聲像記憶** (echoic memory)。莫里、貝茨和巴尼特 (Moray, Bates & Barnett, 1965) 用**四耳人** (four-eared man) 實驗，進一步證明了

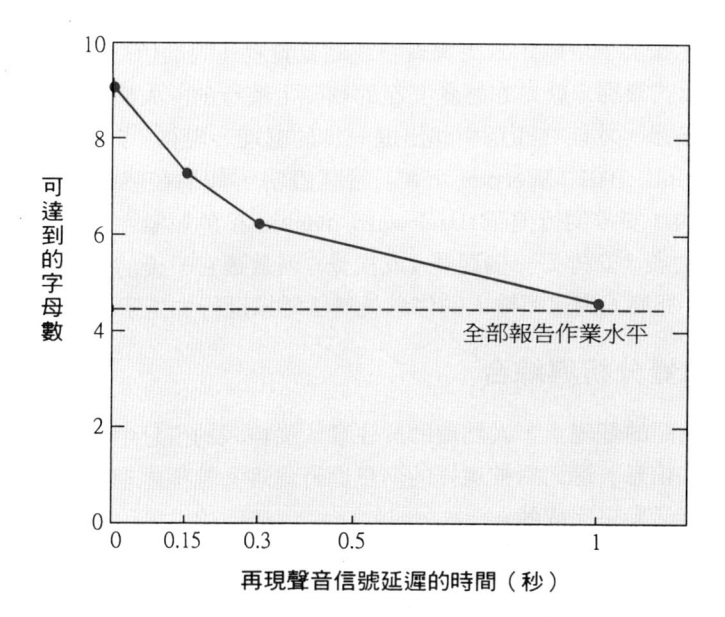

图 2-1 刺激消失後各種時間間隔的保存量
(採自 Sperling, 1960)

聲像記憶的存在。實驗時把被試者安放在四個揚聲器的中心或者讓他們戴上四聲道耳機，這樣被試者能同時接受四種不同的聲音信號，並按要求注意其中的一種信號。實驗材料是 1～4 個字母，它們同時出現在兩個，三個或四個聲音通道中。在字母用聽覺方式呈現一秒鐘後，對應於聲源的位置出現 4 個燈光，它提示被試者應該回憶由哪個聲道呈現的字母。結果表明，用部分報告所得到的回憶量比用全部報告所得到的回憶量要多。這說明聽覺信息同樣能短暫地保存在聲像記憶中。達爾文、圖爾維和克勞德 (Darwin, Turvey & Crowder, 1972) 用實驗證明，聲像記憶的持續時間為 4 秒，它在聽覺刺激呈現後的第一秒鐘內最清晰。

總之，在刺激停止作用之後，感覺信息仍可按原來的方式保持一個極短暫的時間，猶如按原來的樣子登記下來一樣。在感覺登記中，信息的編碼是直接的，它保持了原來的感覺形式，既沒有轉化，也沒有與其他信息發生聯合。感覺登記的時間極短暫。視像記憶約為 0.25～1 秒；聲像記憶約為 4 秒。在這段時間之後，記憶痕跡很快消失。在感覺登記時，信息是同時進入感覺通道的，因而帶有自動化的、平行加工的性質。

感覺登記提供了最原始的視覺資料或聽覺資料。人的信息加工 (或訊息處理) 包括模式識別，就是在感覺登記的基礎上進行的。人們必須利用這種稍縱即逝的信息，才能在頭腦中作出進一步的處理。現在，許多實驗 (Averbach & Coriell, 1961；Werner, 1935) 已經證明，如果在感覺登記或感覺儲存的時間內，安排**倒行掩蔽** (backward masking) 的刺激，即在一個聽覺 (視覺) 刺激之後，安排另一個聽覺 (或視覺) 刺激讓它干擾前一刺激的感覺信息的登記，那麼人對這種輸入的信息就無法繼續進行加工了。

(二) 知覺分析與綜合

在感覺登記的基礎上，人們藉助於注意，從輸入的信息中選擇某些信息而捨棄另一些信息，進而對被選擇的信息進行處理。這種處理是通過不同層次的分析綜合活動來完成的。

魯利亞 (Aleksdndr Romanovich Luria, 1907～1977) 在神經心理學方面的一系列研究早就發現，當視覺系統的某些低級中樞 (如：外側膝狀體或布魯德曼第 17 區) (註 2-1) 受到損傷時，病人將出現不同程度的偏盲現象。視放射的下部或投射視覺皮層的下部損傷，會引起視野上部的喪失，而視放射或投射視覺皮層的上部損傷，會引起視野下部的喪失。這種視覺損傷具有明顯的特異化的性質。

當損傷發生在某些較高級的中樞 (如：布魯德曼第 18、19 區) 時，病人的知覺缺陷具有同時性綜合失調的形式。他能知覺刺激的個別要素，但不能把這些要素綜合為一個統一的整體，因而不能識別物體和它的圖象，出現各種形式的**不識症**(或辨識缺陷) (agnosia)；如把眼鏡認成小環或自行車，把公雞認成火焰，把沙發認成皮箱等。

當大腦皮層的後聯合區 (如：布魯德曼第 39 區、第 40 區、第 37 區或 21 區中鄰近枕-顳葉的部位) 受到損傷時，病人雖然能保持視覺的綜合功能，但視覺的空間組織卻受到破壞，因而不能知覺複雜結構中各因素的空間相互關係，不能實現對信息的複雜的空間整合和時間整合，不能反映事物的聯繫和關係。例如，有的病人能知覺對象，但不能同時知覺兩個或幾個物體；有的病人不能分辨左右、上下，不能正確進行空間定向。有些病人出現

註 2-1：布魯德曼以數字將大腦皮層分為不同區域及相應的功能，稱為布魯德曼皮質分區圖 (Brodmann, 1909)，此圖已被普遍採用。

不識人症 (personal agnosia)，即難以正確分辨人的面孔。當枕-顳葉損傷時，病人出現範疇性知覺的障礙。他們能知覺個別物體的形狀或顏色，但不能給物體命名。

近年來，馬丁代里 (Martindale, 1981, 1991) 根據神經網絡的研究成果，提出了**心理模塊** (mental modules) 的概念，並且依據這個概念來建構人的認知的整個**構架** (或**基模**、**圖式**) (schema, scheme)。

馬丁代里認為，心理是由許多分析器或模塊組成的。所有分析器或模塊都以完全同樣的方式建構起來。最簡單的分析器為**感覺分析器** (sensory analyzer)。它位於皮層的初級感覺接受區，每種感覺至少有一種感覺分析器。在這些分析器中，結點的激活，將引起粗略的感覺。如視分析器能分辨物體的明度、顏色、空間位置；聽分析器能分辨聲調和響度等。初級感覺區的腦損傷，將引起特異化的感覺缺失。

知覺分析器 (perceptual analyzer) 是比感覺分析器高一級的分析器。位於皮層的**聯合區** (association area)。周圍環繞著各種感覺分析器。它接受來自感覺分析器的輸入。根據大腦損傷的臨床研究，知覺分析器可分為各種不同的類型。在視覺範圍內有：細小的、可操作物體的分析器；巨大的、不可操作的物體的分析器；人臉分析器、面部表情分析器、生物分析器、符號分析器、四肢姿勢分析器等；在聽覺範圍內有：已知聲音的分析器、音質分析器、言語分析器、音樂旋律分析器等。知覺分析器的損傷，常常引起再認物體的困難。病人能看、能聽，但不能識別一個特定範疇的刺激物，如單詞、人臉等。

通過上面的介紹，我們可以看到，在模式識別中，知覺的分析與綜合是在不同層次和水平上進行的。它包括從完整的感覺映像中提取不同的特徵或要素；將這些特徵或要素聯合為統一的整體；發現個別對象的聯繫和關係；構成更大的知覺單元；對個別對象或知覺範疇進行命名等。知覺的分析與綜合表現了一定的層次性或階段性。前一階段是後一階段的前提和基礎；後一階段是前一階段的深化和發展。但是，它們之間又不是截然劃分的。例如，給物體命名是言語加入知覺活動的結果，它是不同腦區的聯合功能，因而在加工層次上處於較高的層次。但是，人們既可以命名物體的個別特性，也可以命名物體或物體的範疇。可見，言語活動在知覺分析和綜合的不同層次上都是起作用的。

(三) 語意分析與綜合

在對刺激模式進行知覺分析的同時，已經進行了某種形式的**語意分析** (semantic analysis)，這包括對物體命名、理解個別單詞的意義、將物體分類、建立有關的語意圖式等。

前面我們曾提到，左半球（優勢半球）頂-枕部分的損傷，會引起尋找物體名稱的困難。魯利亞 (Luria, 1983) 認為：説出多項物體的名稱，找到它們的言語標誌，實際上就是將它納入一定的意義網絡，或把該物體歸入某個範疇。這個過程與頭腦中完好保持的語意圖式有關。當左半球頂-枕部（或頂-顳-枕部）受到損傷時，語意圖式受到破壞，因而導致物體命名的困難。這種困難是與聽覺言語記憶的原發性破壞所引起的命名困難不同的。

(四) 決策與核證

人的模式識別是一個主動，積極的加工過程。這種主動性和積極性具體表現在，人在需要的推動下，能產生模式識別的願望，並按這種願望調節自己的行動；人能夠計畫自己的行動，並且根據計畫產生知覺的期待與預測；人還能將識別的結果與輸入的感覺信息不斷進行核對，或者利用感覺信息不斷校正識別的結果。當核對的結果證明兩者一致時，人們作出肯定的決策，即確認某一模式；當兩者不一致時，人們作出否定的決策，並進而調整自己的結果，直到兩者獲得正確的匹配。

魯利亞 (Luria, 1983) 認為，人的知覺的**決策** (decision) 與**核證** (certification) 功能，是由大腦的額葉部位來實現的。魯利亞指出："*知覺是主動的感知活動，包括尋找最重要的信息成分並進行互相比較，建立關於整體意義的假設，並將這個假設跟原初的特徵作核對等*" (Luria, 1983, p236)。知覺活動的這種主動性質，依賴大腦額葉的功能。當大腦額葉嚴重損傷時，病人沒有明顯的視覺失調，能很好地知覺和識別簡單的圖象、字母或數字，也能讀出詞和句子，但不能順利完成主動的知覺活動，也喪失了決策與核證的能力。當給病人呈現一些情節比較複雜的圖片時，他們不仔細觀察圖片，也不分析和對照它的細節，而是根據圖片中最先見到的個別特點或最先得到的印象，衝動地提出假設，解釋圖片的內容，從而產生各種不應有的錯誤。他們毫不懷疑自己的解釋，不能將知覺的結果與物體原有的特徵進行核對，因而一錯再錯，最終無法改正自己的錯誤。

非常有趣的是，當大腦後聯合區受到損傷，而大腦額葉完好無損時，病人不能識別整個物體，但他力求弄清知覺中個別片段的意義，並有能力藉助於推理來彌補自己的知覺缺陷。他能主動設法說出所看到的物體，作出假設並將假設與知覺到的因素進行核對，並試圖將他們知覺到的特徵納入一定的意義系統或範疇，給它們編碼。在這種情況下，知覺常常出現過分概括的現象，病人知道物體屬於哪一類，但不能說明它是什麼。這說明，知覺與模式識別不僅依賴從外部輸入的感覺信息，而且也受到人的假設、期待、推理等內部機制的作用。換句話說，知覺和模式識別的過程是自下而上與自上而下的加工交互作用的過程。

四、人類模式識別的特點

人與計算機都具有模式識別的功能，但人的模式識別具有自己的重要特點。人們要想用計算機來模擬人的模式識別，就必須認真研究和了解人的模式識別的特點。

（一）複雜性

人能夠確認與分辨各種各樣的刺激模式，從簡單的線條圖形到複雜的物體形狀；從自然界的花、草、樹木、蟲、魚、鳥、獸，到人類自身，從宏觀的整體組織到微觀的細微結構，人類能夠識別的刺激模式，其數量是無法估量的。這就是模式識別的**複雜性**(complexity)。人類能夠識別如此眾多的模式，是與人類生存的環境以及在這種環境中發展起來的人腦高度複雜的結構與功能有關。人眼能夠區分不同的幾何圖形、服裝款式、建築設計，人耳能夠分辨不同的鋼琴協奏曲，是和人類的社會生活、文化生活和科學知識的水平分不開的。

（二）適應性

人不僅能夠識別各種不同的模式；而且能夠在模式出現廣泛變異的情況下，完成模式識別的任務。對輸入信息的變異或畸變具有很大的**適應性**(adaptation)。例如，人能夠識別由不同人書寫的同一字母、單詞或句子。

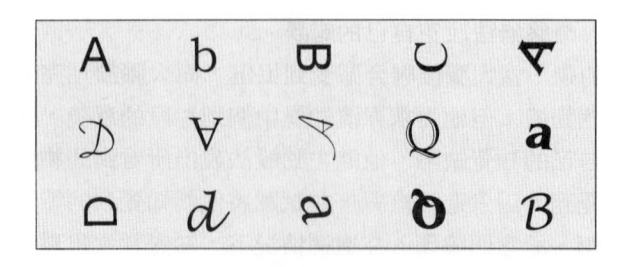

圖 2-2　不同字體不同方位的英文字母

儘管不同的手寫體具有明顯不同的特點。當字形的大小、方位發生變化時，人仍然能夠認識它們 (見圖 2-2)；在字形部分脫落或受到干擾的條件下，人也能夠準確或比較準確地識別它們，說明人有能力根據刺激輸入提供的部分信息，去識別整個刺激的模式。其原因是人利用了儲存在頭腦中的知識對輸入信息進行了自上而下的加工。

在客觀刺激出現變異的情況下，人的知覺經驗保持著相對恆常，不變的特性，這是人的模式識別的一個重要特點。當照明條件變化、觀察的角度與距離變化時，物體在人眼網膜上的投影，每時每刻都在變化，可是人們看到的物體的形狀卻相對保持不變。人不會把在不同照明條件下的同一物體看成兩個不同的物體。也不會把在陰影中的一個物體與不在陰影中的同一物體，看成兩個不同的物體。此種知覺能力，稱為**知覺常性** (或**知覺恆常性**) (perceptual constancy)。這種貌似簡單的能力，實則具有異常複雜的機制。一些心理學家認為，知覺常性直接來源於刺激物的特性，而與人的經驗或推理無關。另一些心理學家則認為，人們在生活經驗中建立了物體形狀與觀察角度和距離的關係，人們從觀察角度和距離的變化中推導出物體的形狀，這種推導帶有無意識的性質，因此知覺常性是無意識推理的結果。從 19 世紀赫爾姆霍茲提出這種理論以來，一直在心理學中享有重要的地位。

(三) 可學習性

人通過學習可以改進和完善模式識別的能力，這是人類模式識別的另一項重要特點，心理學的研究已證明，模式識別依賴於人的知覺系統的分析與綜合的能力，依賴於人根據已有的知識對刺激作出恰當的解釋。而這些能力可以通過學習得到改進和完善。例如，兒童識字依賴於對字形輪廓的分辨能力；這種能力是隨著學習識字而發展的。兒童通過學習不斷從變化的環境中發現其中某些不變的關係，他們的知覺常性也因而得到改善；兒童識別空間方向顛倒的物體的能力，也是隨著學習而發展的。其中有些能力的發展出現在兒童出生後的最初幾年中，因而使人誤認為它們是天生的。

在人的模式識別中也存在**遷移** (transfer) 的現象，它類似於技能的遷移。例如，當別人用手指在你的背上寫一個簡單的字時，雖然這個字以前沒有在你的背上出現過，但你卻能辨認它。右利手的人一直用右手寫字，但用左手也能寫出相同的字來，只是書寫的速度緩慢，而且方向可能是相反的。

(四) 語言的作用

人的模式識別是受語言調節的，當一個人難以辨認兩個相似的物體時，對物體特徵的語言描述和分析，有助於人們將相似的物體區分開來；同樣，當人們把一種動物命名為熱帶魚時，即使你從來沒有見到過這種動物，但命名提供的範疇 (category)，會幫助你識別這個動物。

五、模式識別中的有意識加工和自動化加工

人的模式識別包括壓縮的和開展的兩種形式。當我們在辦公室內見到一盆水仙花時，立即認出它的特點，叫出它的名字，很容易把它與吊籃區別開來，這種識別是壓縮的，瞬間完成的，或者說幾乎是**自動化** (automatization) 的，人們根據自己的口頭報告，很難描述識別的具體過程。可是，當人們遇到一位似曾相識卻又不能確認的陌生人時，情況就不同了。這時候，人們總是極力從對方的臉上、身上捕捉種種特徵，從記憶中搜索和提取各種經驗，形成種種假設，並在頭腦中逐一地檢驗這些假設，進而作出某種肯定或否定的決斷。在這種情況下，識別具有開展的形式，它是在意識的控制下自覺地完成的。它類似於問題解決中的假設檢驗的過程。魯利亞曾指出：

> 當知覺熟悉的，在過去經驗中很好地鞏固下來的客體時，這個過程帶有簡短的、壓縮的性質；而當知覺新的、不熟悉的或複雜的視覺客體時，它仍然是展開的。(Luria, 1983, p228)

人之能夠迅速識別某一模式，這與人對某種模式的經驗有關。由於人們

多次、反復地識別一個模式,識別過程就可能變得越來越短暫,它對有意識控制的依賴作用越來越少,完成識別可能越來越容易。這時,識別就從有意識、受控制的過程變成自動化的過程。在這個意義上,壓縮形式的模式識別是從開展形式的模式識別中,經過學習發展而來的。

第二節　模式識別中的認知與非認知因素

　　模式識別依賴於知覺的情境和頭腦中已有的知識表徵,這些是模式識別中的認知因素。模式識別還受到知覺者的需要、動機、情緒狀態、態度、價值觀念及人格特性的影響,這些統稱為模式識別中的非認知因素,本節將詳細討論這兩類因素的作用。

一、模式識別中的認知因素

(一)　情境的作用

　　在模式識別中,環繞在刺激模式周圍的各種刺激物——**情境**(context)——具有重要的作用。情境可能與當前要識別的模式有關係,也可能沒有關係。在語詞識別中,情境指上下文。在模式識別中,情境既起促進作用,也起抑制作用。帕爾梅(Palmer, 1975)在一個實驗中先給被試者呈現一張圖片(如一間廚房的圖片)作為情境。然後用速示器短暫地呈現另一張圖片。要求被試者呼出它的名稱,並指出確信水平,即指出對自己命名的確信程度。要辨認的圖片有:(1) 麵包,與情境有關;(2) 郵筒,與麵包形狀相似,但與情境無關;(3) 鼓,與麵包不相似,和情境也無關係 (見圖 2-3)。結果表明,當目標圖形在適宜情境中出現時,辨認較清楚、較精確;而不適宜的情境使成績變差。這說明情境以一種特殊的方式使加工系統發生偏向。當人們對正在感知的對象產生歧義時,知覺系統傾向於選擇與情境一致的知覺,從

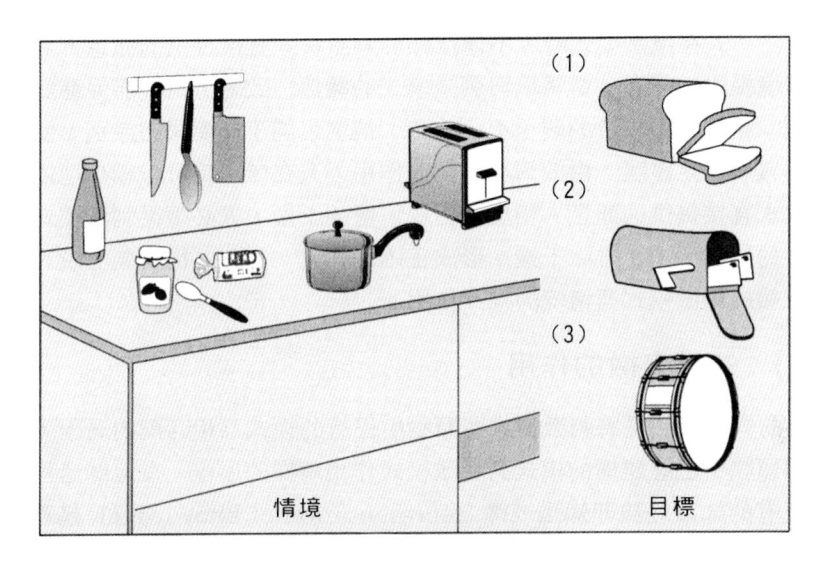

圖 2-3　情境與模式識別
(採自 Palmer, 1975)

而擺脫由歧義帶來的困難。

　　帕爾梅在另一實驗中 (Palmer, 1975)，給被試者呈現兩種線條圖形，要求被試者進行辨認（見圖 2-4）。在沒有任何情境的情況下，被試者能很快認出 (b) 中的圖形是面部的一些特徵，如鼻子、眼睛、耳朵、嘴等，而對 (a) 中的圖形辨認較難。但是，在呈現人臉圖像（見圖 2-5）的影響下，被試者對圖 2-4 中 (a)、(b) 兩種線條圖形的辨認，都明顯地得到改善。

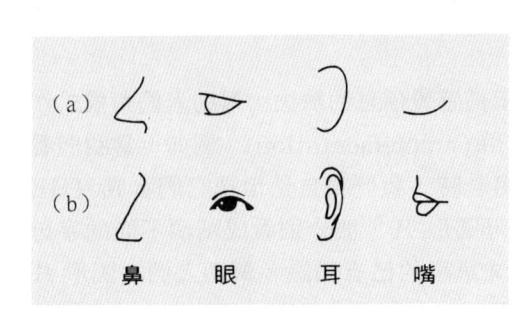

圖 2-4　人臉的局部特徵線條圖
(採自 Palmer, 1975)

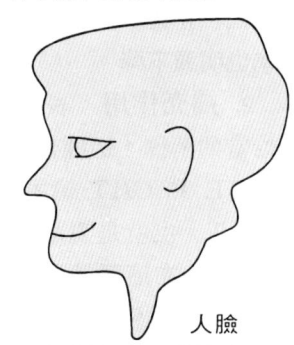

圖 2-5　整個人臉的線條圖
(採自 Palmer, 1975)

總之，人在識別模式時，不僅依賴於刺激模式直接提供的訊息，而且依賴於情境提供的訊息。當情境與刺激模式的關係一致時，情境能促進對模式的識別；相反，當兩者的關係不一致時，情境也能干擾模式的識別，使人對模式的識別發生錯誤。由於情境的促進作用，人在識別時可以較少地依賴由刺激模式直接提供的訊息。相反，由於情境的干擾，人必須從刺激模式中獲得較多的知識，才能排除干擾，形成正確的知覺。因此，從廣義上說，模式識別依賴於刺激模式與情境的相互作用。

（二）　知識表徵的作用

　　人的模式識別是將刺激模式與頭腦中已有的模式互相匹配的過程，或者是運用頭腦中已經建構的模式對刺激模式作出解釋的過程。在這個過程中，人的已有的知識經驗即**知識表徵** (representation of knowledge) 起著重要的作用。表徵作為一種內部的知識背景，它和物理刺激的情境一樣，直接影響到模式識別的過程與結果。在模式識別中，表徵的作用具體表現為：

　　1. 易化作用　表徵能加快人對模式的識別速度，提高識別的準確性。這種作用叫**易化作用**(或**催化作用**) (facilitation)。前面我們講過，人對熟悉的模式，識別過程表現為一種自動化的、壓縮的形式，因而速度快，準確性高；而對不熟悉的模式，識別過程是受注意控制的，具有開展的形式，因而速度慢，準確性差。在研究單詞識別時，人們早就發現，詞的熟悉性或使用頻度是預測單詞識別的一個重要指標。熟悉的詞或使用頻度高的詞，識別閾限低，正確率高；相反，不熟悉的詞或使用頻度低的詞，識別閾限高，正確率也明顯下降。

　　2. 補充作用　表徵能補充或填補感覺信息的缺失，幫助人們對模式作出恰當的解釋。這種作用叫**補充作用** (supplementation)。例如，當我們看到 THE 和 CAT 這兩個三字母組合時，我們很自然地把它們看成 THE 和 CAT。也就是說兩個相同的字母圖形 H，被分別看成兩個不同的字母 H 和 A。在這種情況下，人對英文單詞的已有知識，幫助人們對圖形 H 作出了恰當的解釋。在字母脫落或圖形的個別部分受到干擾時，人能準確地識別單詞或圖形，說明了表徵的補充作用。

　　3. 期待作用　表徵能產生知覺期待，即根據頭腦中已建構的模式，預測環境中將出現的信息,並積極探索所需要的信息。這種作用叫做**期待作用**(expectation)。例如,我們學過英語單詞的拼寫規則,在頭腦中儲存著相應的知識,因此,當我們看到一個字母"Q"時,英語單詞的拼寫規則將使我們期待在它後面出現的字母是"U"。因為在英語中,"Q"後面總是跟隨著"U"的,我們可能並不清晰地意識到這種關係,但頭腦中的拼寫規則使我們能作出這種預測。同樣,在"QU"之後,我們將預測出現另一個元音如 I、E、A、O 等,這也是由拼寫規則引起的。如果我們看到的是一個由四個字母組成的單詞,那麼,我們在 QUI 之後預測出現 T 或 Z 的可能性,要比預測出現 P 的可能性大得多。因為在日常生活當中,"QUIZ"(測驗、小考) 和"QUIT"(離開、離棄) 的使用頻率比 QUIP (嘲弄、譏諷) 要大得多。在這些場合,被激活的知識產生了知覺期待,它使我們對隨後出現的刺激有了某種準備。

　　查斯廷和布恩漢 (Chastain & Burnham, 1975) 用人-鼠兩歧圖做過一個有趣的實驗。他們把這張圖分成六部分,然後讓被試者通過連續呈現的各部分去判斷整張圖片是人還是鼠 (見圖 2-6)。一部分被試者先看到人的鼻子

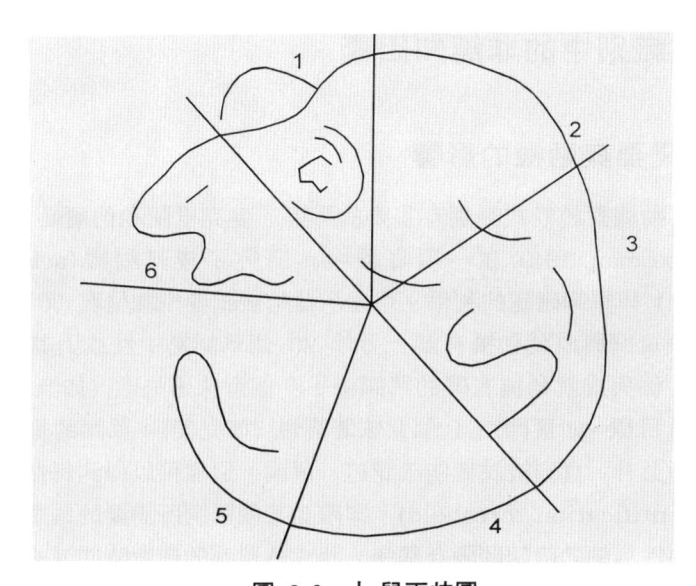

圖 2-6　人-鼠兩歧圖
(採自 Chastain & Burnham, 1975)

和眼睛(第一部分特徵),另一部分被試者先看到老鼠的尾巴(第五部分特徵)。結果表明,對起始部分的選擇影響到對整個圖形的知覺。最先看到第一部分特徵的被試者,大多把圖形看成人,而最先看到第五部分特徵的被試者,大多把圖形看成鼠。可見,起始知覺產生了知覺期待,並決定著被試者對整個圖形的知覺結果。

在模式識別中,知覺期待具有易化和干擾兩種作用。當實際的刺激模式與期待出現的模式一致時,表徵起易化作用;相反,當兩者不一致時,表徵的作用是干擾的。

表徵的作用說明,在模式識別中,不僅存在自下而上的加工,而且存在自上而下的加工。在人的模式識別中,自下而上的加工和自上而下是相互聯繫著的。一般說來,在模式識別的早期階段,自下而上的加工起主要作用;而在模式識別的後期階段,自上而下的加工起主要作用。當然,這種劃分不是絕對的。同樣,當外界輸入的感覺信息較充分時,模式識別更多地依賴於輸入的感覺信息的直接作用,自上而下加工的作用減弱;相反,當外界輸入的感覺信息不充分或遭到干擾時,自上而下的加工就顯得更重要了。

二、模式識別中的非認知因素

(一) 需要與動機的影響

需要與動機對於模式識別有重要的影響。麥克里蘭和伯爾曼(McClelland & Liberman, 1949)在一項實驗中,研究了**成就動機**(achievement motivation)與單詞確認的關係。用速示器給被試者相繼呈現 30 個單詞,其中 10 個單詞與成就動機有關,另外 20 個單詞為中性或與其他動機有關。在 10 個與成就動機有關的單詞中,3 個意味著失敗(如無能),3 個意味著追求目標(如奮鬥),4 個意味著喜悅(如完美)。單詞的呈現時間由短到長逐漸上升,直到被試者能確認這一單詞。這樣可以得到每個單詞的**確認閾限**(identification threshold),即確認某個單詞所需要的最短時間。實驗中,以中性單詞的確認閾限為基準,將成就單詞的確認時間減去中性單詞的確認時間,得到成就單詞的確認閾限,對不同被試者來說,成就單詞的確認閾限有顯著的差異。

實驗中還對被試者進行投射測驗，根據測驗的得分，將被試者分成成就動機較高和成就動機較低的兩組。比較兩組被試者對成就單詞的確認成績，結果發現，成就動機較高的被試者比成就動機較低的被試者，對 7 個表示成功的單詞，均獲得較低的確認閾限。而對 3 個表示失敗的單詞，兩組被試者的閾限沒有區別。對所有被試者來說，這 3 個單詞的確認閾限，都比中性和表示其他動機的兩類單詞高。由於單詞的取樣太少，這 3 個表示失敗的單詞並不能代表所有"失敗"的單詞。

　　以上實驗顯示了**動機** (motivation) 因素在單詞辨認中可能的影響。但是，研究在方法上仍然存在著某些缺點。在這些實驗中，被試者是根據他們在某種測驗中的得分來分類的，而這種分類又被用來構成不同的動機條件。這樣在某種意義上，被試者是自己給自己分類的，使研究結果帶有較大的主觀性。

　　為了克服研究方法的上述缺點，魏斯帕和德雷蒙巴琳 (Wispe & Drambarean, 1953) 通過實驗操作控制實驗的獨立變量。他們將 60 名被試者隨機分成三組。其中一組被試者剝奪進食和飲水 24 小時，另一組被試者剝奪 10 小時，第三組為控制組。這樣通過實驗操作引起了三種不同的動機水平。然後給被試者呈現 24 個單詞，其中 12 個單詞與飢、渴無關，而 12 個單詞與相應的動機有關。同時這些單詞也可分成常用詞與不常用詞。通過逐漸延長呈現的時間，可以測定被試者正確辨認每個單詞的閾限。

　　實驗得到了有趣的結果，被剝奪進食與飲水的被試者比未被剝奪的被試者，對與需要有關的單詞確認閾限較低，而對中性單詞的確認閾限，兩組沒有差別。常用詞的確認閾限低於不常用詞，但上述實驗結果對這種詞來說，也都適用。剝奪進食與飲水的時間長短 (10 小時組與 24 小時組) 對單詞的確認閾限沒有顯著的影響。由於實驗控制了單詞的熟悉性，因此，動機對確認閾限的影響，不是由於被試者對單詞的不同熟悉程度造成的。

（二） 價值與態度的影響

　　布魯納和戈德曼 (Bruner & Goodman, 1947) 用實驗證明：對一個有價值的物體的大小知覺要大於對有同樣大小的一個中性物體的知覺。卡特和斯科勒 (Cater & Schooler, 1949) 用類似方法重復了上一實驗，結果不相同。因而引起了爭論。

阿希里和哈帕爾等 (Ashley & Harper, et al., 1951) 試圖用實驗手段操縱被試者的價值和態度，而使其他變量保持恆定。他們讓被試者處於催眠的狀態，然後給被試者朗讀一段有關他們過去生活的描述。其中，有的描述是和被試者的貧窮生活有關的，有的則講到他們過去的富裕日子。這樣使被試者分別處於"貧窮"、"富裕"和中性的條件下，並讓他們判斷不同硬幣的大小。結果發現，當被試者處於"貧窮"狀態時，他們對硬幣的大小出現高估；而當他們處於"富裕"狀態時，他們對硬幣的大小卻低估了。

在同樣的狀態下，讓被試者判斷一個金屬圓片的大小，金屬的名稱分別標上：鉛、銀、白金、鉑。結果發現，當金屬的價值上升時，被試者對圓片的估計大小也提高。而且在"貧窮"狀態下的判斷總是大於在"富裕"狀態下的判斷。

朗貝爾特、所羅門和瓦生 (Lambert, Soloman & Watson, 1949) 通過實驗設計將價值賦予原來屬於中性的紙牌遊戲的籌碼上。其方法為：實驗者給被試者表演怎樣轉動一個把柄，得到一個籌碼，然後將這個籌碼放進一個槽孔中，換回來一塊糖。被試者為 3~5 歲的 54 名兒童，其中 37 人為實驗組，17 人為控制組。實驗組被試者學會用籌碼為媒介獲得糖塊，而控制組被試者通過轉動把柄直接得到糖塊，而不用籌碼為媒介。

在進行**價值誘導訓練** (value-inducing procedure) （共 10 天）前後，測驗了被試者對籌碼大小的判斷。在第 11 天，對籌碼的價值進行消退，即用它不能再換回糖塊；而控制組的被試者也不能靠轉動把柄得到糖塊。在消退完成後，再進行籌碼大小的判斷。隔一天，又重新學習籌碼的價值，並讓被試者判斷籌碼的大小。

實驗結果表明，對實驗組來說，在價值誘導訓練之後，被試者的大小判斷顯著上升；消退訓練後，大小判斷恢復到實驗前的水平；以後經過重新學習，判斷又一次上升，而控制組在這段時間內的判斷成績比較穩定。由於安排了消退和重新學習的實驗，實驗組與控制組判斷成績的差異，顯然不是由於實驗組被試者對籌碼的熟悉性造成的。

(三) 情緒的影響

麥克金尼斯 (McGinnies, 1949) 給被試者呈現一些禁忌詞和一些中性詞，並且假定前一類單詞將會引起被試者的焦慮或不安。逐漸增加每個單詞的呈現時間，直到被試者能正確讀出為止。用這種方法測量了單詞的確認閾限。在測量閾限的同時，也記錄了被試者的**皮膚電反應** (galvanic skin response，簡稱 GSR)。結果發現，禁忌單詞的確認閾限高於中性單詞的確認閾限，或者說確認禁忌單詞的時間要長些。而且在確認之前，被試者對禁忌單詞的皮膚電反應高於中性單詞。也就是說，即使被試者在某些次實驗中沒有出單詞，他們對兩類詞的皮膚電反應仍然不同。

怎樣解釋這一結果呢？一種解釋認為，禁忌單詞在書面語言中的使用頻率低於中性單詞，因而它們的辨認閾限不一樣。這種解釋可以說明上述實驗的第一部分結果，但不能說明被試者為什麼在無意識的情況下也能進行這種分辨。另一種解釋認為，禁忌單詞的閾值高是由於被試者在沒有足夠把握的時候，不願意說出這些詞來。正因為這樣，在確認這種單詞以前，皮膚電反應上已經看出了它和中性單詞的區別。在這種情況下，某種情緒的因素可能是起作用的。

科侖和貝爾 (Cowen & Beier, 1954) 進行了這樣一個實驗，即給被試者讀出一個單詞，並告訴他們其中的某些單詞將出現在隨後的單詞再認閾限的測驗中。單詞中一半為禁忌詞，一半為中性詞，詞的使用頻率得到了控制。實驗時鼓勵被試者盡可能好地完成再認測驗，特別是不要拒絕任何猜測。

儘管排除了被試者拒絕猜測的可能性，禁忌詞的再認閾限仍然高於中性詞，而且詞的使用頻率似乎對兩組詞的閾限差異沒有影響。在這種情況下，由焦慮引起的知覺防衛可能具有重要的作用。

(四) 人格的影響

認知方式 (或**認知風格**) (cognitive style) 的差異是人格差異的重要內容之一。維特金等 (Witkin, et al., 1954) 進行了垂直-水平判斷的一系列實驗研究，在一項研究中，給被試者呈現一個偏離垂直方向的方框，框內有一條傾斜的直線，要求被試者將直線調整到垂直的位置。結果發現，視野中偏斜的方框對直線的垂直判斷有顯著的影響；不同被試者間存在著顯著的個別差異。有人受方框的影響較大，垂直判斷的誤差因而較大；有人不受或很少受到方框的影響，垂直判斷的誤差因而較小。維特金認為這種差異表現了認知方式的差異。前者稱為**場依從性** (field dependent)，後者稱為**場獨立性** (field independent)。具有場依從性特徵的人傾向於以整體的方式看待事

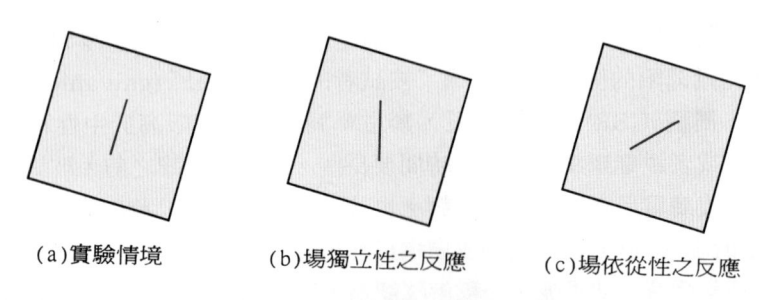

(a)實驗情境　　　(b)場獨立性之反應　　　(c)場依從性之反應

圖 2-7　方向感與性格實驗設計
(採自 Witkin, et al., 1954)

物,他們的知覺較多依賴於周圍情境的影響;而具有場獨立性特徵的人,傾向於用分析的態度看待事物,他們的知覺不易受到情境的影響。

　　人的認知方式的差異,表現在人的各種認知活動中。具有不同認知方式的人,在模式識別時也會顯露出不同的特點。例如在**鑲嵌圖形測驗(或隱圖測驗)** (embedded figure test,簡稱 EFT) 中,給被試者呈現一些複雜圖形和簡單圖形,要求被試者從複雜圖形中把簡單圖形找出來。結果發現,具有場獨立性特徵的人,較易擺脫視野中無關線索的影響,他們的心理分化水平較高,對鑲嵌圖形的分辨能力較強;而具有場依從性特徵的人,在知覺圖形時,更多依賴於外在的參照,他們的心理分化水平較低,因而不易從複雜圖形中選擇出所需的圖形。

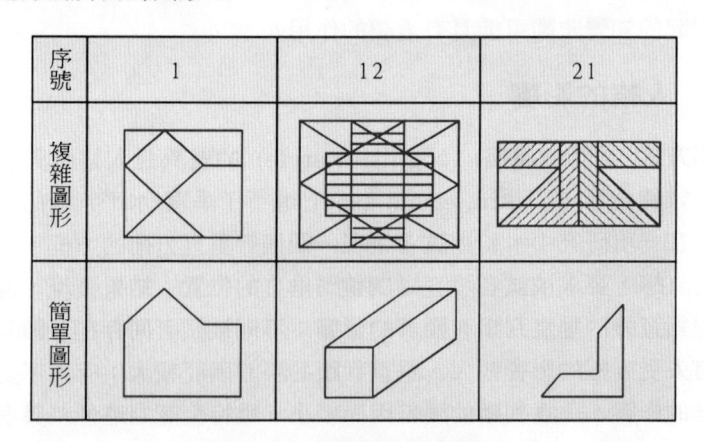

圖 2-8　鑲嵌圖形測驗圖例
(採自張厚粲、孟慶茂、鄭日昌,1981)

第三節　模式識別的早期理論

認知心理學對模式識別的研究起始於 20 世紀 50 年代。早期的研究主要探討人和計算機怎樣識別一個視覺或聽覺的模式，其依據主要是物理符號系統的假設，形成了一些有代表性的理論模型，如模板匹配理論、原型匹配理論、特徵分析理論等。下面將對這些理論分別作些介紹。

一、模板匹配理論

模板匹配理論 (template-matching theory) 是解釋模式識別的早期理論之一。這種理論假定，模式識別是將一個刺激模式提供的信息，與在長時記憶中已經儲存的該模式的表徵相匹配。這種表徵叫該刺激模式的模板。當刺激模式與模板完全匹配或重疊時，該刺激模式就被識別了。當刺激模式與模板在大小或方向上不完全吻合時，視覺系統必須將輸入的信息加以調整，使之"正常化"；如果刺激模式與模板完全不重疊，該模式就會被當成一種不相識的模式而遭到拒絕。總之，模式識別是通過模式與記憶系統中儲存的不同標準的重疊程度來實現的。

以人對字母 A 的識別為例。字母 A 作為一種刺激模式，通過瞳孔和晶體，在眼底網膜上形成了一個清晰的映像。以後，視覺系統通過一系列神經換能作用，將網膜所接受的信息經由視神經傳送給大腦。這時，大腦將網膜映像進行傳真的譯碼。當激活的網膜細胞與為某一模板所指定的網膜細胞相對應時（圖 2-9a），字母 A 就被識別了。相反，當輸入的刺激與模板不對應時，如刺激輸入與模板分屬不同的字母（圖 2-9b），或是輸入信息在大小、方向、字體上與標準化了的模板不同（圖 2-9d～h），對字母的識別就難以實現了。

模板匹配理論比較容易在計算機上加以實現。例如銀行使用的提款機，就是根據模板匹配的原理設計出來的。在每個客戶持有的金融卡上，有一些被編碼的數字模式。這些數字只有客戶自己知道，而外人是不知道的。在取

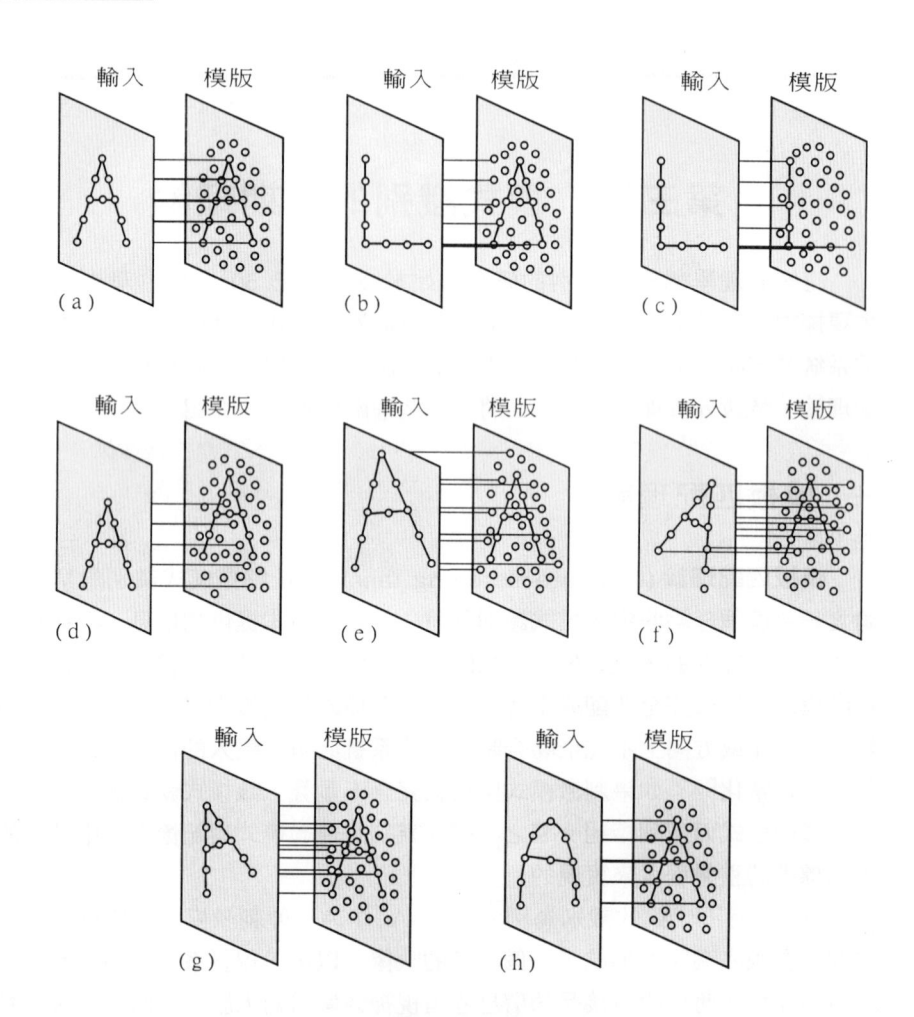

圖 2-9　模板匹配理論示意圖
(根據 Neisser, 1967 資料繪製)

款時，客戶先將金融卡放進提款機的小槽中，然後將自己知道的數字輸入計算機。當兩種數字吻合時，機器就"識別"了這一卡片，並按客戶的要求把錢支付出來。

由於人能在模式識別的物理屬性廣泛變化的範圍內進行模式識別，模板匹配理論難以解釋人的模式識別。人可以識別不同手寫體的字。當字形在大小、方向、清晰度方面出現某些變異時，識別仍無困難。按嚴格的模板匹配的理論，這只有在頭腦中事先儲存了各種模式的模板，識別才能進行。由於模式的變異較大，因而要建立相應的模板，其數量也必然很多。依靠這種方式來識別模式，至少對人來說是不經濟的。

另外，在人的模式識別中，模式中各部分的特徵並不具有同樣重要的地位。例如，在區分英文字母 Q 和字母 O 時，特徵"ᒐ"顯然具有特別重要的作用；在區別字母 O 與字母 C 時，圖形是不是封閉的，也有重要的作用。模板匹配理論把模式當成一個不可分割的整體，而忽視了將不同模式區別開來的關鍵特徵，因此在解釋人的模式識別時，也有很大的局限性。

但是，也有人認為，在感覺儲存階段，模板匹配在人的模式識別中是有作用的。在第一章討論認知心理學的研究方法時，我們就曾經談到過波斯納 (Posner, 1969) 的一個實驗。在要求被試者完成字母的同一性匹配 (A－A) 和命名匹配 (A－a) 作業時，如果兩個字母的間隔時間短於 2 秒，那麼同一性匹配的反應時比命名匹配的反應時顯著短些；如果時距超過 2 秒，兩種匹配的反應時沒有顯著差異。這說明，在 2 秒鐘的短暫時間內，模板匹配是有一定作用的。當先呈現的刺激模式與後呈現的刺激模式完全匹配 (同一性匹配) 時，對字母的識別便更加快了。

二、原型理論

為了克服模板匹配理論的局限性，一些心理學家提出了**原型理論** (prototype theory)。所謂**原型** (prototype) 是指頭腦中儲存著代表一組物體的關鍵特徵的表徵。例如人的原型可能是一個腦袋、兩隻手、兩條腿、能直立行走；樹的原型可能是樹幹、樹枝、樹葉等。頭腦中的這些表徵，不代表任何特定的物體，如張三、李四、楊樹、柳樹等，而代表著某類物體的基本特徵。在這個意義上，原型不僅是對一類刺激的概括，也是這類刺激在頭腦中的最優代表。

主張原型匹配理論的人認為，在人的記憶中儲存的信息，是以原型的形式存在的。而一個特定的物體或事件，除了儲存著它的原型以外，還加上了一系列的變異。因此，模式識別就是要確定一個物體是否與在原型中找到的基本形式相匹配。如果匹配了，這個物體就會被人識別出來。

波斯納等 (Posner et al., 1967) 的一項研究說明了原型的作用及其形成的過程。在實驗中,他們設計了由 9 個點子組成的三種原型:三角形、字母圖形 (F 和 M) 和隨機圖形 (圖 2-10a),然後又為每種原型分別設計了一些干擾圖形。干擾圖形是移動原型中的點子產生的。圖 2-10b 是為原型"三角形"設計的四種干擾圖形。正式實驗分成兩部分。第一部分為學習實驗,給被試者看干擾圖形,要求他們進行分類,按反應鍵作出反應,每次反應後由主試者告知被試者的反應是否正確。在學習實驗中,被試者未見過原型,也沒有對原型作過分類反應。第二部分為遷移實驗,給被試者看一些圖形,包括已見過的干擾圖形、新的干擾圖形和原型,要求被試者分類。結果發現,舊的干擾圖形和原型都有很高的正確率 (約 87%),而新的干擾圖形的正確率顯著低於前兩種圖形。這說明,被試者在學習實驗中已經形成了某種原型,因而在隨後的實驗中產生了明顯的遷移效應。波斯納等人認為,原型的信息是在變形的基礎上從已存儲的信息中抽取出來的,圖形學習的過程包括了學習變異性的知識。應該指出的是,波斯納等人的實驗並未有效地控制被試者對原型的熟悉性。被試者在學習階段沒有見過原型,並不等於說他們在頭腦中沒有存儲三角形或字母圖形的知識。

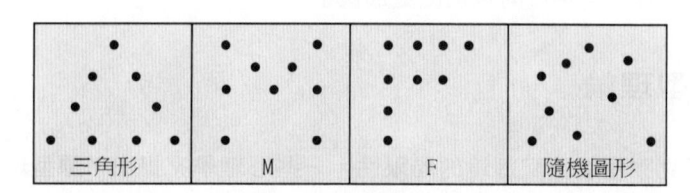

(a) 原型圖形

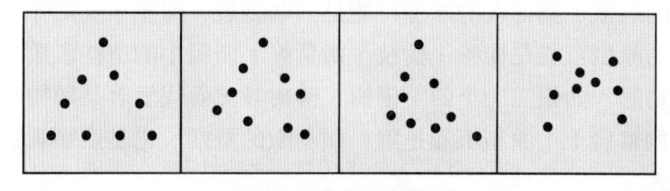

(b) 三角形的干擾圖形

圖 2-10 原型實驗材料
(採自 Posner, Goldsmith & Welton, 1967)

里德 (Reed, 1972) 設計了一些更接近生活的圖形——**人臉圖形** (或圖案臉形) (schematic face),研究了原型的作用。在學習階段,里德訓練被試者對 10 幅人臉圖形進行分類 (圖 2-11b)。這些圖形分成兩個範疇,其中鼻子的長短、嘴的高低、雙眼的距離及額部的高低都不一樣。圖形按隨機順序呈現給被試者,要求他們按範疇一、二進行分類。被試者反應後,告訴他們是否正確。學習次數 12 次。在學習階段結束後,另外給被試者呈現 24 張新的人臉圖形,繼續進行分類。其中兩張圖形,里德稱為原型 (見圖 2-11a)。這兩張圖形中嘴的高度、鼻的長度、雙眼距離、額的高度等分別是範疇一、二圖形的平均數。結果發現,原型的正確分類為 90%,而其他作對照的圖形 (22 張) 的正確率只有 61%,略高於隨機水平 (50%)。這說明,被試者的確從眾多的樣例中抽取了某些共同的特性,形成了原型,因而出現了**原型效應** (prototype effect)。

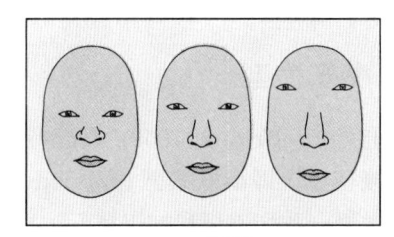

(a) 原型

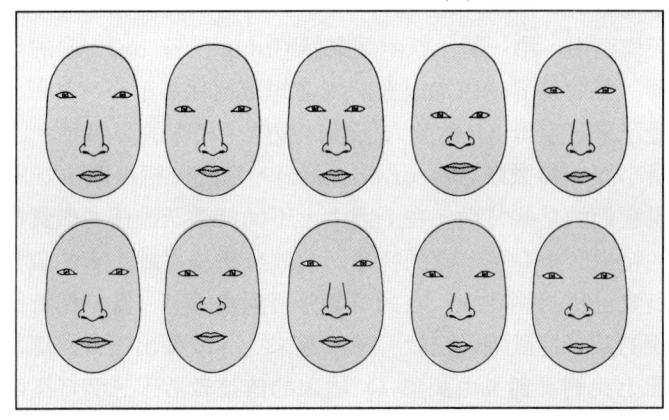

(b) 干擾圖形

圖 2-11 原型實驗材料
(根據 Reed, 1972 資料繪製)

三、特徵分析理論

　　一個模式包含著許多特徵，這是日常生活中普遍可見的事實。例如一個正方形包含著 4 條線段、4 個角、每個角都是 90°；一個漢字"大"包含著 3 個筆劃：一橫、一撇、一捺；一種語音"媽"，包含著 [m]、[a] 等不同音素。**特徵分析理論** (feature analysis theory) 正是試圖把模式分析為組成它們的各種特徵，並且用這些特徵來描述一個模式。在這種理論看來，模式識別是由一個特徵覺察系統提供的信息來建造一個模式的過程。特徵覺察系統是由頭腦中的一系列機制所組成，它們有選擇地對模式中的某種信息做出最大的反應。正因為這樣，由特徵覺察系統實現的特徵分析，也就成為模式識別過程的一個必經的階段。

（一）　小妖模型

　　謝夫里奇 (Selfridge, 1959) 根據特徵分析的一般原則，提出了模式識別的計算機模型，即**小妖模型** (pandemonium model)。謝夫里奇假定，這個系統包含著一系列過程和加工單元，稱為**小妖** (demon)。這些過程和加工單元在刺激輸入的作用下開始工作，各自履行著不同的職務（見圖 2-12）。

　　在小妖模型中，第一層小妖叫**圖象妖** (image demon)。它的作用類似於感覺登記器，是將外界信號加以登記，並短暫地保留下來。在圖 2-12 中，圖象妖接受了來自字母 Q 的輸入信號，並產生相應的圖象。

　　第二層小妖叫**特徵妖** (feature demon)，它們分析由圖象妖所保存的表象，並發現它們的某些特徵。在上圖中，不同特徵妖擔任的職責都不相同。以對字母的特徵分析為例，有的特徵妖負責分析垂直線，有的負責分析水平線，有的負責分析封閉曲線，有的負責分析對角線等。當一個特徵妖發現了它正在尋找的某一特徵時，它就"喊叫起來"，或發出信號：這個特徵是有效的。從圖上我們看到，由圖象 Q 輸入的信號激活了三個特徵妖，它們分別負責分析對角線、封閉曲線、相交等特徵。而其他特徵妖則處於不活動的狀態。

　　第三層小妖叫做**認知妖** (cognitive demon)。它們接受來自特徵妖的信號。每個認知妖尋找由特徵組成的某一特定的模式。例如，各自負責對一個

第二章 模式識別 75

圖象妖

垂直線　水平線　對角線　封閉曲線　相交　開放曲線

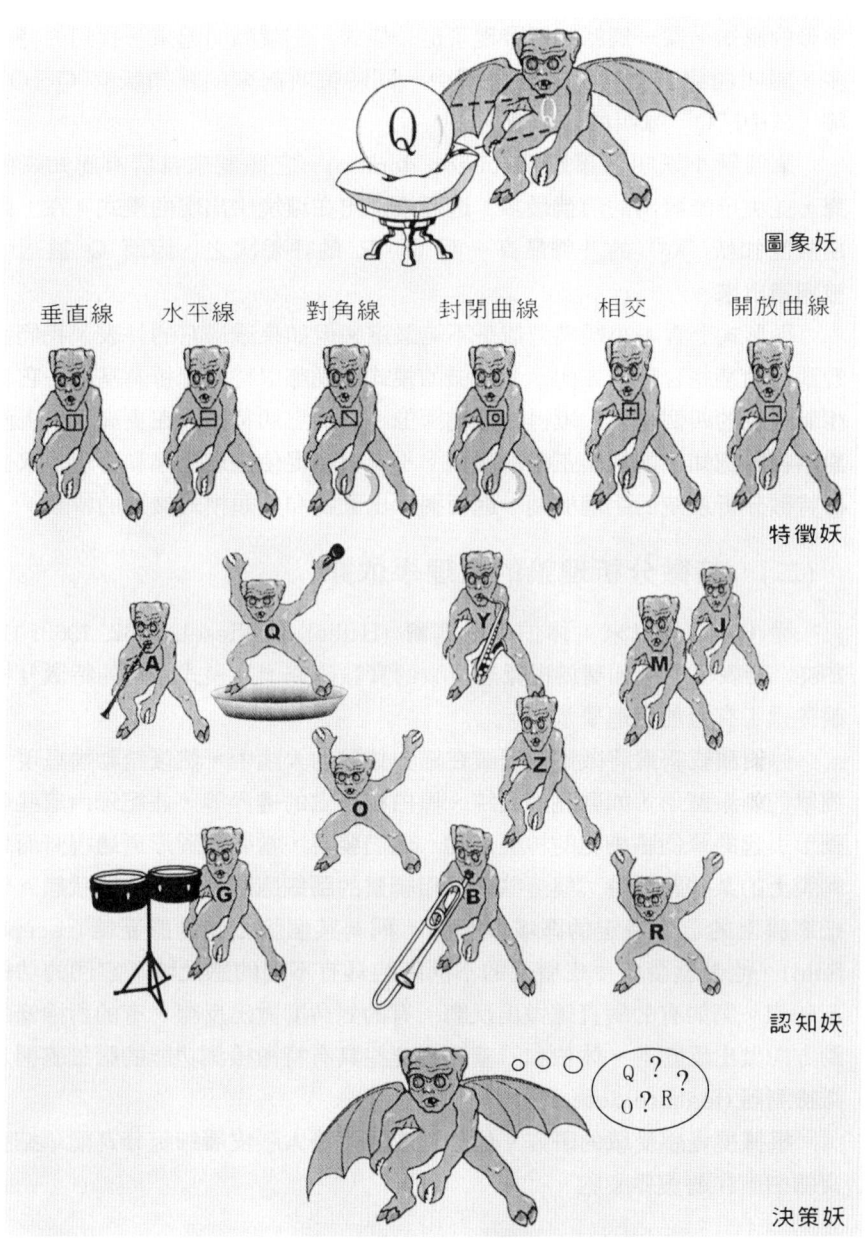

特徵妖

認知妖

決策妖

圖 2-12　小妖模型
(根據 Selfridge, 1959 資料繪製)

字母的認知。當一個認知妖發現了這一模式，它就喊叫起來。找到的特徵越多，喊叫的聲音就越大。在上圖中，同時喊叫起來的認知妖有 Q、O、R 等，其中"Q"喊叫的聲音最高。

第四層小妖叫**決策妖** (decision demon)。它傾聽來自所有認知妖的呼聲，並決定誰發出的信號最多，進而識別出在環境中出現的模式。在上圖中由於認知妖"Q"的呼聲最高，而 O、R 的呼聲次之，因而 Q 被選中並被認識出來。

從形式上看，小妖模型似乎不夠嚴肅。但如果透過它的外表，我們就可看到它的某些合理的方面。計算機的模式識別應以特徵分析為基礎，它包含相繼發生的四個階段：獲得物體的圖像，分析它的特徵，在更高水平上產生對事物的認知，並做出正確的決策。小妖模型促使生理學家和心理學家去探尋特徵分析系統的生理機制，進而揭示出動物和人類模式識別的特點。

(二) 特徵分析理論的生理學依據

從 60 年代以來，休伯和威塞爾 (Hubel & Wiesel, 1962, 1963, 1965, 1968) 發表了一系列關於視覺感受域的實驗研究，為模式識別的特徵分析理論提供了有力的生理學依據。

休伯和威塞爾將微電極埋藏在貓和猿猴的大腦中，然後給動物呈現一些簡單的刺激圖形，如發亮的直線、黑白相交處的邊界等，並記錄由這些刺激圖形引起的單個腦細胞的神經衝動。他們發現，當刺激圖形通過視野而刺激網膜上的某些區域時，與這些區域相聯繫的腦細胞將呈現激活的狀態。他們把網膜上的這個特定的區域或範圍，稱為某個腦細胞的**感受域** (receptive field)。他們還發現，皮層上的不同細胞具有不同的感受域，它們的功能也不一樣。例如有的對直線做出反應，有的對角度做出反應，有的對線條的運動方向做出反應等。休伯和威塞爾把這些具有特徵檢測功能的腦細胞稱為**特徵檢測器** (feature detector)。

根據視覺感受域的研究。休伯和威塞爾將大腦皮層細胞分為簡單細胞、複雜細胞和超複雜細胞。

1. 簡單細胞 (simple cell)　這種細胞對落在網膜上的某種簡單的光線模式產生最大的反應，如邊界、細縫、線條等，因而叫做邊界檢測器、細

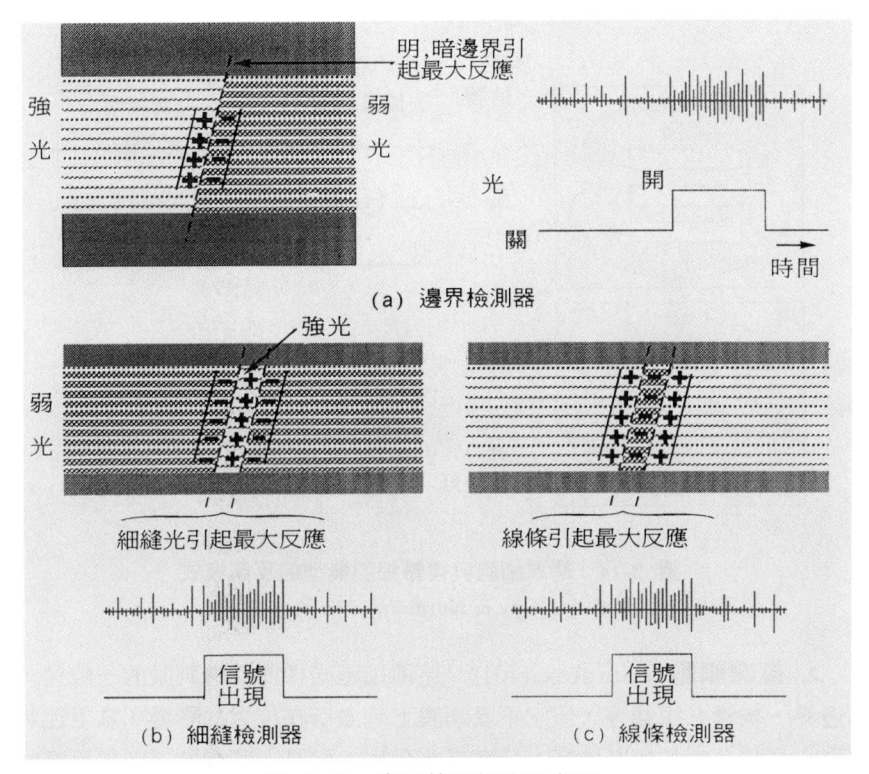

圖 2-13　皮層簡單細胞示意圖
(根據 Lindsay & Norman, 1977 資料繪製)

縫檢測器和線條檢測器 (分別見圖 2-13 a, b, c)。**邊界檢測器** (boundary detector) 的感受域是一種並列結構，它的一側為興奮區，而另一側為抑制區。當一條光線的邊界和感受域的縱軸平行時，邊界檢測器將產生最強的反應。圖 2-13a 中的平行四邊形為網膜上的感受域，其中的 "＋" 代表該區域是興奮的，"－" 代表該區域是抑制的。**細縫檢測器** (slit detector) 的感受域的中間為興奮區，兩側為抑制區 ("－＋－")。它的最大反應是由兩個暗區夾著的一條明亮的線條引起的。**線條檢測器** (line detector) 的感受域的中間為抑制，兩側為興奮 ("＋－＋")，它的最大反應是有兩個亮區夾著的一條黑色線條引起的。總之，簡單細胞對信號的類別和位置有選擇性，它控制著網膜上有些特定區域的活動。當信號的類別與位置與感受域完全吻合時，這些細胞才產生最大的反應。

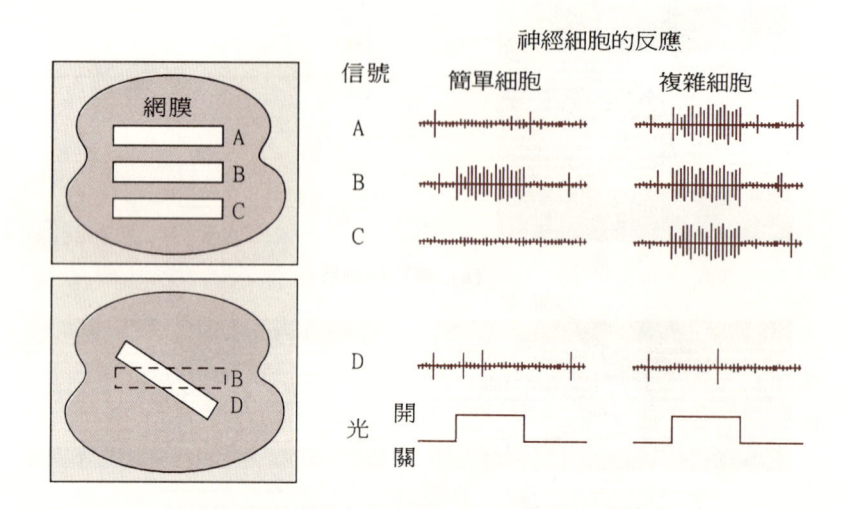

圖 2-14　簡單細胞與複雜細胞典型的反應模式
(根據 Lindsay & Norman, 1977 資料繪製)

2. 複雜細胞(complex cell)　這種細胞同樣能反應刺激的一般模式，如邊界、細縫、線條等，但它不受網膜上刺激所在位置的影響。當上述刺激出現在網膜上的任何區域時，反應都會發生。但是，刺激的方向與反應的強弱有著密切的關係。圖 2-14 是複雜細胞與簡單細胞對刺激的反應模式的比較。圖的左側是網膜上的某一區域，A、B、C 表示在不同位置上出現的刺激，右側是神經細胞的反應，包括簡單細胞的反應和複雜細胞的反應。從圖上看到，當信號 A、B、C 同時出現在網膜上的不同位置時，複雜細胞均有很強的反應，而簡單細胞只對信號 B 有反應。說明複雜細胞的反應不受網膜上刺激所在位置的影響。而當刺激的方向改變時（信號 D)，複雜細胞與簡單細胞一樣，其反應都明顯降低了。

3. 超複雜細胞(hypercomplex cell)　這種細胞對刺激屬性的反應，與簡單細胞和複雜細胞不同。它主要對線條的長度、運動方向和角度等較敏感。例如，當線條具有某一特定長度和運動方向時，細胞將產生最大的反應(圖 2-15, a)；而超出該感受域的線條，或按另一方向運動的線條，不引起細胞的任何活動，或只有微弱的活動（圖 2-15, b～d)。因此，這種細胞有助於覺察特定刺激的大小和運動。再有，某些超複雜細胞還對特徵之間的

(a) 短於感受域的線段向下運動

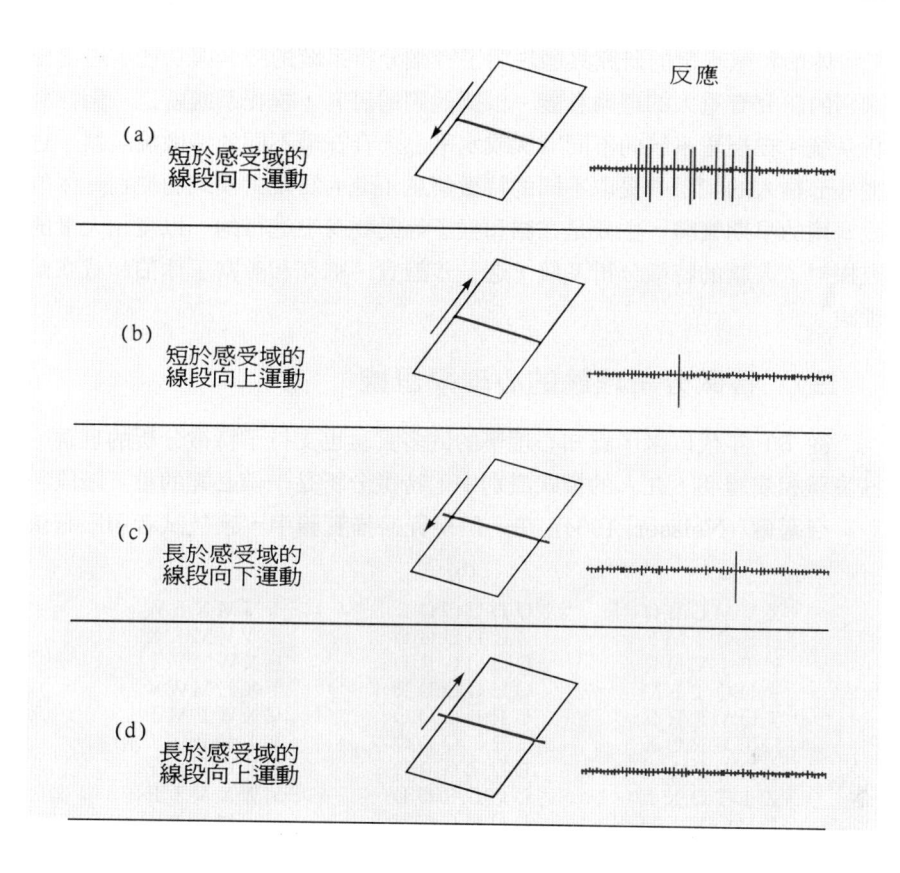

(b) 短於感受域的線段向上運動

(c) 長於感受域的線段向下運動

(d) 長於感受域的線段向上運動

圖 2-15　皮層超複雜細胞的感受域及其激活模式
(採自 Hubel & Wiesel, 1965)

關係作出反應。在這種情況下，它對線條間的某種角度作出最大的反應。

休伯和威塞爾 (Hubel & Weisel, 1968) 還提出了**皮層功能柱** (function column) 的思想。他們指出，皮層細胞的功能是按柱形排列的。如果將一根微電極垂直插入大腦皮層，那麼同一柱內的所有細胞都將對相同方向的刺激作出反應，表現出相同的功能。如果將電極偏離一定角度，使它插入鄰近的另一功能柱中，那麼它所記錄到的反應就不同了。因此，反應的最佳方向在相鄰的細胞柱間有著細小的變化。例如，一個功能柱對偏離垂直方向30°的一條線段作出反應，與它相鄰的另一功能柱則可能對偏離垂直方向45°的一條線段作出反應。不同功能柱的功能顯示出明顯的差異。

休伯和威塞爾的研究具體說明了特徵分析系統的結構與功能，這對模式識別的研究有重大的理論意義。根據他們的研究，視覺系統就是一個特徵分析系統。在視覺系統的不同層次或水平上，存在著不同的特徵檢測器。它們從外部輸入的刺激中提取不同的特徵信息，進而實現對模式的識別。休伯和威塞爾的早期實驗，主要是在貓和猴子等動物身上進行的。以後，大量的研究探討了人腦的特徵分析系統，進一步證實、補充和豐富了休伯和威塞爾的理論。

(三) 特徵分析理論的心理學證據

從 60 年代以來，認知心理學的許多實驗也支持了特徵分析的理論。這些實驗相繼證明，在人的模式識別中，特徵分析是一個必經的重要階段。

奈塞爾 (Neisser, 1964) 在一個視覺掃描實驗中，讓被試者用眼睛快速

(a)	(b)	(c)
ZVMLBQ	ODUGQR	IVMXEW
HSQJMF	QCDUGO	EWVMIX
ZTJVQR	CQOGRD	EXWMVI
RDQTFM	QUGODR	IXEMWV
TQVERS	URDGQO	VXWEMI
MTVROX	GRUQDO	MXVEWI
ZHQBTL	DUZGRO	XVWMEI
ZJTQXL	UCGROD	MWXVIE
LHQVXM	DQRCGU	VIMEXW
FVQHMS	QDOCGU	EXVWIM
MTSDQL	CGUROQ	VWMIEX
TZDFQB	OCDURQ	VMWIEX
QLHBMZ	UOCGQD	XVWMEI
QMXBJD	RGQCOU	WXVEMI
RVZHSQ	GRUDQO	XMEWIV
STFMQZ	GODUCQ	MXIVEW
RVXSQM	QCURDO	VEWMIX
MQBJFT	DUCOQG	EMVXWI
MVZXLQ	OGRDQU	IVWMEX
RTBXQH	UDRCOQ	IEVMWX
BLQSZX	CQCORU	WVZMXE
OSVFDJ	GOQUCD	XEMIWV
FLDVZT	GDQUOC	WXIMEV
BQHMDX	URDCQO	EMWIVX
BMFDQH	GODRQO	IVEMXW

圖 2-16　視覺掃描與特徵分析的辨識材料

(採自 Neisser, 1964)

掃描一系列字母，要求從中找到所需要的目標字母，並記錄被試者覺察每個目標字母所花費的時間。實驗材料有三類（見圖 2-16）。在材料 (a) 中，目標字母與非目標字母的特徵是混合安排的。如目標字母為 Z，它由直線組成。而非目標字母既有由直線組成的，如 V、M、L 等，也有由曲線組成的，如 D、Q、O 等。在材料 (b) 中，非目標字母均由曲線組成，它們與目標字母 Z 的特徵有顯著差別；在材料 (c) 中，目標字母與非目標字母均由直線組成，兩者在特徵水平上沒有差別。奈塞爾假定，如果被試者對目標的再認是模板匹配，也就是說將看到的字母與記憶中儲存的模板相匹配，那麼對三個系列中的目標字母，其掃描速度應該相等。如果被試者在掃描時使用了區別性特徵，那麼，被試者對材料 (b) 的掃描速度應該最快，因為從非目標的曲線特徵中區分出目標的直線特徵比較容易；對材料 (c) 的掃描速度應該最慢，因為目標字母與非目標字母均具有相似的直線特徵；對材料 (a) 的掃描速度應該處在 (b)、(c) 材料之間，因為目標字母與非目標字母的特徵是混合排列的。實驗結果支持了後一假設，說明被試者在掃描字母系列時，的確使用了特徵信息。

查斯廷 (Chastein, 1977) 的實驗也證明了特徵分析的作用。實驗中給被試者呈現一些三個字母組合。這些字母組合分別構成位置組、水平組、隨機組和整體組四類（見表 2-1）。其中位置組的字母，組內的特徵不同（如 EPX 中，E 由垂直和水平線段組成，P 由直線和曲線組成，X 由斜線組成），而在某一特定位置上，前後兩組（組間）的字母具有相同的特徵（如 E 與 L 均由直線組成）；水平組的字母，組內具有相同的特徵（如 V 與 A 均由斜線組成），而組間的特徵不同（如 V 與 L）；隨機組內字母的安排是隨機的，組內、組間的字母在特徵上均無聯繫；而在整體組內，字母包含了垂直線、水平線、斜線、直角、銳角、不連續曲線等特徵。實驗時，用短暫時間（3～20 毫秒）分別呈現每一個三字母組合，要求被試者回答出現的

表 2-1　四類刺激字母舉例

位置組	水平組	隨機組	整體組
E P X	V A M	H F O	Z A S
L B V	L I H	D L I	K I R
I D W	B U P	E G T	C E Y

(採自 Chastein, 1977)

字母是什麼，如 EPX。接著呈現第二組字母如 LBV，要求被試者確認每個字母。結果發現，在各次實驗中，當字母在同一位置上保持關鍵特徵時，如位置組，被試者對字母的確認會隨實驗的進行而得到改善。可見，在這種情況下，被試者利用在特定位置上積累的特徵信息來形成自己的知覺。

　　特徵分析理論雖然得到了生理學和心理學的一些實驗結果的支持，但在解釋模式識別時仍然遇到了一些困難。人的模式識別不僅依賴於由模式直接提供的感覺信息，如一些特徵信息，而且還依賴於周圍背景的作用，以及人的已有的知識經驗。人根據記憶系統中已經儲存的信息和周圍環境的影響，可以預測或期待某個模式的出現，可以對模式作出有效的解釋（見本章第二節）。人的模式識別的這些特點是難以用特徵分析理論來說明的。下一節，我們將繼續討論模式識別的某些近期理論，包括視覺計算理論、注意的特徵整合理論、相互作用激活理論和拓撲學理論等。其中有些理論是對特徵分析理論的繼續發展，另一些理論則是從不同的方向解釋了模式識別的問題。

第四節　模式識別的近期理論

　　從 70 年代中期以來，隨著認知心理學自身的發展，認知心理學關於模式識別的研究在取向上出現了某些重要的變化。一些認知心理學家繼續在物理符號系統假設的基礎上進行研究，探討計算機和人的識別模式的特點，而另一些認知心理學家則轉向用神經網絡的思想來研究識別模式的問題。下面介紹的一些模型是近 10 多年來有重要影響的理論模型。從根本上講，這些研究取向並不是互相矛盾的，而是互相補充的。

一、視覺計算理論

　　視覺計算理論(computational theory of vision) 是在 20 世紀 70 年代由馬爾 (David Marr, 1945～1980) 提出的。馬爾是一位才華橫溢、具有

創造精神的科學工作者。他的代表作《視覺》(1982) 一書，在視覺研究的領域裏享有很高的聲譽。

馬爾認為，視覺就是要對外部世界的**圖象** (image) 構成有效的符號描述，它的核心問題是要從圖象的結構推導出外部世界的結構。在這裏，馬爾既看到了圖象與外部世界的區別，又看到了兩者的聯繫。視覺從圖象開始，經過一系列的處理和轉換，最後達到對外部現實世界的認識。在馬爾看來，研究視覺就是要了解有哪些物理的約束和假設會影響到這種處理和轉換。

在馬爾的視覺理論中，表徵和處理是兩個最重要的概念。在他看來，**表徵** (representation) 是指能把某些客體或幾類信息表達清楚的一種形式化系統，以及說明該系統如何行使其職能的若干規則。使用某一表徵描述某一實體所得的結果，就是該實體在這種表徵下的一個描述。**處理** (process) 是指某種操作，它促使事物的轉換。視覺從接收圖象到認識一個在空間內排列的、完整的物體，需要經過一系列的表徵階段。從一種表徵轉換為另一種表徵，必須藉助於某些處理過程。

馬爾認為，視覺世界是由一些均勻的具有反射功能的表面所組成，這些表面由於照明條件、表面的反射率、表面的幾何學特性和表面與觀察點的方向與距離，而產生強度的變化。人的視覺系統從視覺圖象中檢測到的變化，正是這種強度的變化。

在馬爾的理論中，**零交叉** (zero crossing) 是一個重要的概念。通俗地說，它代表了明度的不連續變化或突然變化。這是形成物體輪廓的基礎。在馬爾看來，對零交叉的檢測就是視覺系統對二維表面輪廓或邊界的檢測。

馬爾把視覺圖象的形成劃分為三個階段。第一階段的圖象表徵為具有 **2 維特性的要素圖** (2-D sketch)。構成二維要素圖的基元或基本單位 (base unit) 為斑點、邊緣、棒、端點等。這些基元都是在檢測零交叉的基礎上產生的。

第二階段的表徵為 **2.5 維要素圖** ($2\frac{1}{2}$-D sketch)。它是按以觀察者為中心的坐標框架建構起來的。2.5 維要素圖依賴於單一的觀察點，它的作用是揭示一個圖象的表面特徵。馬爾聲稱，早期視覺加工的目標就是要建立一個 2.5 維的要素圖。這是把一個表面解釋為一個特定的物體或一組物體之前的最後一步。故在這個意義上，2.5 維要素圖的建立標誌著純粹知覺過程的結束。由於 2.5 維要素圖是從單一觀察點建構起來的，因此它不能解釋知覺恆常性這一最重要的事實。在人的知覺條件發生變化時，物體的表面特徵看起來基本保持不變。而在 2.5 維要素圖中，當觀察點改變時，知覺到的特性將出現變化。

第三階段的表徵為 **3 維模型表徵** (3-D model representation)。它的坐標系統是以物體為中心，而不是以觀察者為中心。3 維模型表徵為包含容積、大小和形狀的表徵。它占據一個空間，具有不同大小，具有一些簡單的可以認識的形狀。當 3 維模型表徵建構起來時，其最終結果是對我們能夠區別的物體的一種獨特的描述。同一物體應該產生相同的描述，而不管對它的觀察角度如何。

總之，人和機器視覺的最終目的是要了解一個場景或一個圖象的意義。這種了解是經過一系列階段實現的。第一階段為計算階段，形成要素圖。視覺系統根據廣泛搜集到的特徵，如邊界、線條和斑點，組成對一個場景的描述；第二階段通過符號處理，將線條、點和斑點以不同的方式組織起來，對要素圖進行分析，形成 2.5 維要素圖；在最後階段，產生對一個物體的確認。馬爾認為，人腦中已有的知識在視覺處理的早期階段是不起作用的。相反，只有在形狀已經完全得到分析之後，即知覺的後期階段，對知覺具有重要意義的各種知識，才開始實際地發揮其作用。很明顯地，馬爾的視覺理論是一種自下而上的理論。視覺系統由許多特定的計算機制組成，由它完成對特定圖象的分析。馬爾不否定自上而下的知識在知覺中的作用，但他認為，這種作用不發生在視覺信息加工的早期。馬爾的這些主張使他的理論既有別於知覺的直接理論，也有別於自上而下的認知心理學的知覺理論。馬爾還認為，由於視覺世界的極端複雜性，用特徵檢測器的思想來解釋視覺問題，也有很大的困難。特徵究竟指圖象本身的特徵，還是物體本身的特徵？在不同的光照條件和不同的觀察角度下，人們看到的圖象可能完全不同，這是用特徵檢測難以解釋的。因此，馬爾的理論也有別於早期的特徵分析理論。

馬爾的視覺理論把視覺研究從描述水平提高到數理科學的嚴密水平，因而，它一出現就深受神經科學家、人工智能專家和認知心理學家的推崇。但是，這一理論也受到一些學者的批評。有人認為，馬爾對視覺的解釋主要集中在視覺加工的早期階段；除要素圖以外，他設想的各種表徵還沒有得到神經生理學的證明。他把知識的作用限制在視覺加工的晚期階段，也引起一些人的懷疑。還有人認為，知覺開始於對大範圍拓撲性質的提取，而不是對個別特徵的分析。人的視覺系統的功能具有拓撲性，它注重整體性質而忽略局部性質，因而對視覺的計算性質提出了尖銳的挑戰。

二、注意的特徵整合理論

特雷斯曼、西克斯和蓋拉德 (Treisman, Sykes & Gelade, 1977) 首次提出了**注意的特徵整合理論** (feature-integration theory of attention)。以後，特雷斯曼 (Treisman, 1980, 1986) 對此理論多次進行了系統的表述。由於這個理論主要探討視覺早期加工的問題，因此我們把它看成是一種知覺理論或模式識別的理論，而不是一種注意理論。

特雷斯曼認為，視覺加工過程可分成兩個階段。第一階段是特徵登記階段，相當於奈塞爾所說的**前注意** (preattention) 階段。在這個階段中，視覺系統從光刺激模式中提取特徵。特徵提取的過程是一種平行的、自動化的加工過程。它發生在視覺加工的早期階段，不需要集中性注意。特雷斯曼假定，視覺早期階段只能檢測少數獨立的特徵，這些特徵包括顏色、大小、反差、傾斜性、曲率和線段端點等。還可能包括運動和距離的遠近差別。這些特徵處於**自由漂浮狀態** (free-floating state)，它們不受所屬客體的約束，其位置在主觀上是不確定的。知覺系統對各個維量的特徵進行獨立的編碼。如在顏色維度中，對不同顏色分別進行編碼。這些個別特徵的心理表徵就叫**特徵地圖** (feature map)。在前注意階段，不能檢測特徵之間的關係。

第二階段是特徵整合階段或稱**物體知覺** (perception of object) 階段。在這個階段，知覺系統把彼此分開的特徵 (特徵表徵) 正確聯繫起來，形成對某一物體的表徵。在特徵整合階段。要求對特徵進行定位，即確定特徵的**邊界位置在哪裡**，或者說，哪裡有東西，特徵在什麼位置。這就是**位置地圖** (map of locations)。處理特徵的位置訊息需要**集中性注意** (focused attention)。注意依次處理每個位置的刺激，那些位於注意中心或注視點的特徵便會聯合起來。集中性注意就像膠水一樣，把原始的，彼此分開的特徵整合為一個單一的物體。特徵整合發生在視覺處理的後期階段。它要求集中性注意，是一種非自動化的、序列的處理。特雷斯曼認為，由於注意的分散或超載，單一物體的這些特徵可能被分解，並再次成為自由漂浮的狀態。在一定條件下，可能出現**錯覺性結合** (illusory conjunction) 或錯誤結合。

1. 視覺檢測作業　特雷斯曼進行了一系列有趣的實驗來支持自己的假設，在視覺檢測作業中，給被試呈現由不同形狀和顏色組成的刺激方陣，要求被試確定其中的邊界在哪裡（見圖 2-17）。結果發現，當刺激方陣認為圓形右邊為三角形時，被試很容易看到一條垂直的邊界（圖 2-17a）的圖樣，當方陣的上方均為無色圖形，下方均為灰色圖形時，被試也很容易看到一條水平的邊界（圖 2-17b），這說明，單一的特徵維度有利於邊界的確定。相反，當刺激方陣中顏色和形狀兩個維度混雜呈現時（圖 2-17c），邊界的確定就很困難。可見，視覺系統對於個別特徵的處理比對複合特徵的處理容易。視覺的早期階段只處理個別特徵，而不是特徵的結合。

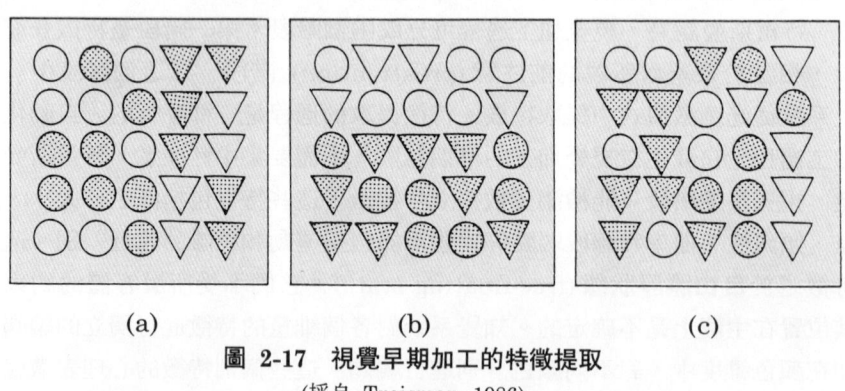

(a)　　　　　　　(b)　　　　　　　(c)

圖 2-17　視覺早期加工的特徵提取
(採自 Treisman, 1986)

2. 視覺搜索作業　在另一些實驗中，特雷斯曼採用了**視覺搜索作業** (visual search task)，讓被試者從一些干擾圖形中找出目標圖形。結果發現，如果一個目標圖形與其周圍的干擾圖形存在某些簡單性質的區別，如顏色、朝向或曲率等，那麼，干擾圖形的數量對發現目標圖形沒有影響或影響很小。也就是說，發現目標圖形的時間與干擾圖形的數量無關。這說明，對於個別特徵的處理是平行的。相反，如果目標圖形是一些特徵的結合，如在一些紅色的 N 和綠色的 O 中，尋找一個紅色的 O；或者目標圖形同時具有干擾圖形的某些成分，如目標圖形為 R，干擾圖形為 P 或 Q，那麼，對目標圖形作肯定和否定判斷的時間，將隨干擾圖形數量的增加，而呈線性的上升。在這種情況下，被試者必須集中注意所呈現的每個圖形，並確定圖形中的各種性質和成分是怎樣結合在一起的。當干擾圖形增加時，被試者作肯定判斷的反應時是作否定判斷的反應時的二分之一。這說明，特徵整合是序列處理。

3. 非對稱搜索實驗　非對稱性搜索實驗是特雷斯曼設計的另一系列實驗。在一個實驗中，給被試依次呈現一張刺激卡，要求他們從一些干擾圖形中搜索一個目標圖形。刺激卡是成對設計的（見圖 2-18）。其中 (a) 的目標圖形為 ○，干擾圖形為 ⌀；(b) 的目標圖形為 ⌀，干擾圖形為 ○。兩種目標圖形的區別僅僅在於：(a) 中的 ○ 沒有豎直線；(b) 中的 ○ 有豎直線。另外呈現一些不含目標圖形的刺激卡。在刺激卡呈現後，要求被試者作"有"或"無"反應，記錄被試者的反應時間。目標圖形和干擾圖形數量之和，稱為畫面的大小，實驗中可按要求加以改變。

結果發現，從 ○ 中搜索 ⌀ 很容易（圖 2-18b），目標幾乎是一跳而出的。被試者只需判斷畫面上有無一條豎直線就可以了。他不必考慮直線的位置，與哪個圓相交。被試者的反應時不隨畫面大小的變化而變化，因此，屬於前注意的、快速的、平行處理。但是從 ⌀ 中搜索 ○（圖 2-18a）要慢得多；被試者的反應時隨畫面大小數量的上升而呈線性增加。可見，這種搜索屬於集中注意階段的慢速處理，它是按序列處理方式實現的。

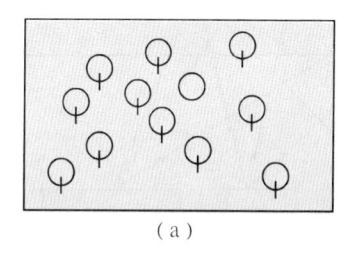

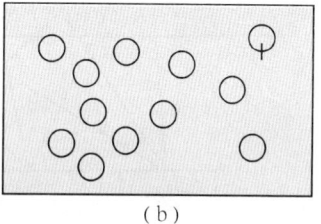

圖 2-18　有無性特徵的搜索實驗刺激卡
(採自 Treisman, 1986)

4. 綜合性錯誤實驗　由於特徵抽取在先，特徵整合在後，而且特徵的整合需要集中的注意，因此，當注意受到干擾時，在視覺處理的早期階段，就可能出現**綜合性錯誤**（或**錯誤結合**）(errors of synthesis)。特雷斯曼在一項研究中，給被試者短暫呈現三個彩色字母，如藍色的 X，綠色的 T 和紅色的 O，呈現時間為 200 毫秒。在字母的兩側分別有一個數字。實驗時，先讓被試者報告數字，然後報告彩色字母。結果發現，在被試者對字母的注意受到數字干擾的條件下，他們對字母的報告會出現明顯的錯誤結合，也就是說，他們會把原刺激中與"藍色"結合在一起的圖形 X 與圖形 O 結合

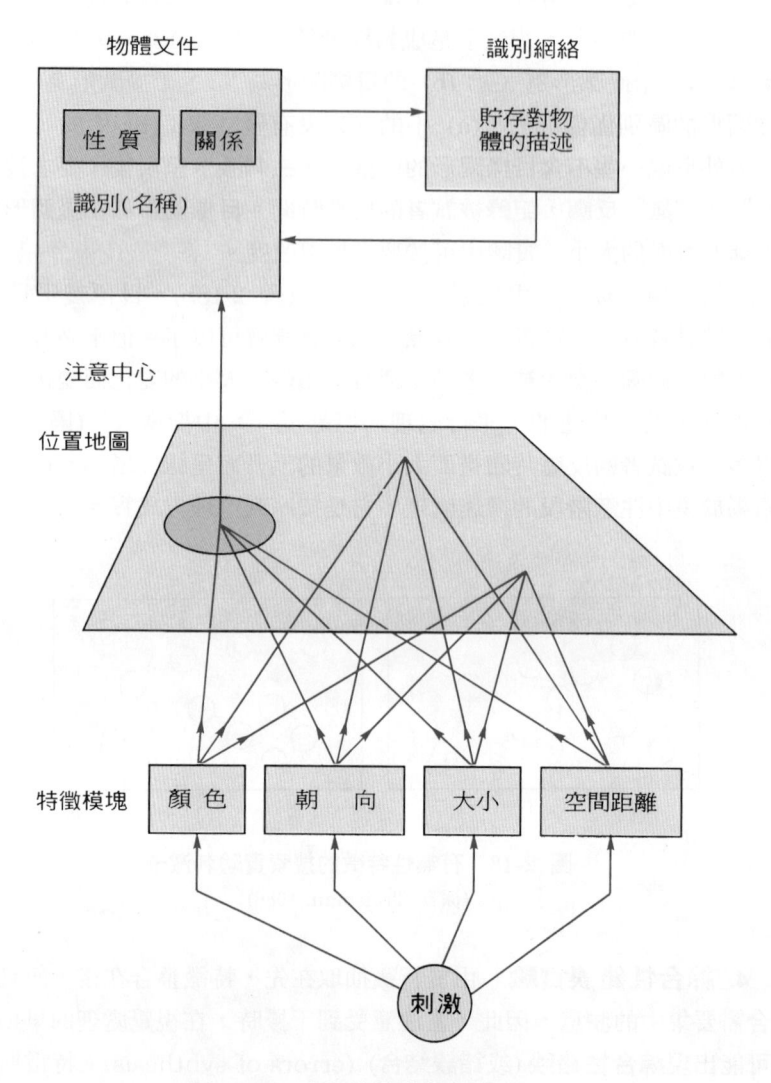

圖 2-19　注意的特徵整合模型
(採自 Treisman, 1986)

在一起的"紅色",錯誤地重新結合起來,從而報告他們看到的是紅色的 X,同樣,他們會報告看到綠色的 O 和藍色的 T 等,這也是錯覺結合的結果。

在一些實驗中,特雷斯曼還發現,被試者能正確辨認目標物,但在判斷它的位置時出現錯誤。在確認一個物體或一些特徵的結合時,正確的識別完全依賴於正確的定位。特雷斯曼認為,為了把一個位置上所包含的特徵組合起來,就需要把注意集中在這個位置上。

根據以上發現,特雷斯曼提出了視覺早期處理的一個模型 (圖 2-19)。

該模型假定,早期視覺把景物中的一些簡單和有用的信息,編碼成一些特徵模塊,這些模塊可能保持著可見世界的空間關係,但它們本身並不能向處理過程的以後各階段直接提供空間信息。在隨後階段,集中注意開始發生作用,它選取和整合位於一個特定位置上的特徵。這種選取和整合的作用是通過一張主要的**位置地圖** (map of locations) 而起作用的。通過注意的作用,當前在某個被選定的位置上出現的所有特徵,就都進入一個臨時的**物體表徵** (object representation) 或**文件** (file) 中。最後,該模型假定,在每個物體文件中關於性質和結構關係的整合信息將與在**識別網絡** (recognition network) 中已儲存的對物體的描述進行比較。總之,對物體的識別依賴於感覺特徵的分析和識別網絡,即依賴於有關特定物體的信息的集合,當信息更新時,原來的物體文件可能被取消,並被新的文件所取代,因而開始一段新的知覺過程。

特雷斯曼通過一系列精心設計的心理學實驗,巧妙地證明了視覺加工早期階段的一些特點。他的發現和馬爾的視覺計算理論有許多相似之處,即承認特徵分析在視覺早期階段中的重要作用。特雷斯曼既重視自下而上的加工在物體知覺中的作用,也承認物體文件和識別網絡的相互作用。在這個意義上,注意的特徵整合模型,是一個以自下而上的加工為主要特徵的,具有局部交互作用的模型。

三、成分識別理論

成分識別理論 (recognition by components theory),簡稱 **RBC 理論** (RBC theory),是由比德曼 (Biederman, 1987) 於 80 年代中期提出的

一種模式識別的理論。該理論假定，一個物體的二維視覺圖象是由一些簡單的成分組成的。這些簡單的成分稱為**幾何離子**(geometrical ion)。幾何離子是由一些邊界聯合組成，有的形如錐體、有的形如圓柱（見圖 2-20a），在 RBC 模型中，共包含 24 種幾何離子。這些幾何離子按不同的關係彼此聯合起來，組成各種不同的物體（見圖 2-20b）。這種情況和用字母組成不同的單詞一樣。在 RBC 模型中，列舉了 108 種關係，例如"在上"、"旁接"、"大於"等。按照比德曼的計算，只要將 3 個幾何離子按這些關係聯合起來，就能產生 1.4 億個可能的物體。實際上，我們只知道其中的三萬種，而能說出名稱的不到三千種。

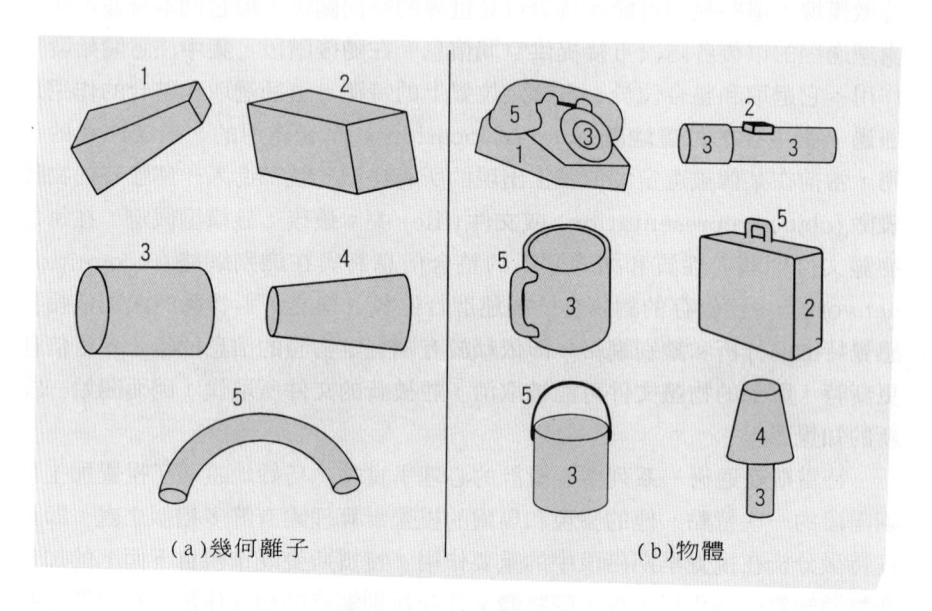

圖 2-20 物體 (b) 可以由幾何離子 (a) 組成
(採自 Biederman, 1990)

按照 RBC 模型，物體是通過確認其組成的幾何離子及其關係而得到識別的。幾何離子一旦得到分析，它們就和長時記憶中的表徵進行匹配，這種匹配是自動化的，具有很快的速度，同時又是很強的，即使在不利的條件下進行觀察，也能產生正確的識別。

比德曼及其同事用物體命名方法檢驗了 RBC 模型的預測。在一個實驗中，比德曼給被試者呈現 36 種形狀，如企鵝（圖 2-21），在 100 毫秒的呈現速度下要求被試者進行命名。其中最右邊的圖形內含有 9 個幾何離子，而其餘 3 個圖形分別包含 3 個、4 個或 6 個幾何離子。結果發現，確認的速度和精確性隨幾何離子數量的下降而下降，但下降的幅度並不大，這說明人對物體的識別，只需根據物體的少量關鍵性成分，而不必確認其全部成分。

圖 2-21　對由不同幾何離子組成的圖形進行命名
(採自 Biederman, 1987)

在另一實驗中，比德曼 (Biederman, 1990) 設計了一些被衰減的物體 (degraded objects)（圖 2-22），要求被試者識別。在圖 (a) 中，物體的輪廓包含了接合點和端點，而在圖 (b) 中，沒有結合點。結果發現，有結合點和端點的圖形比沒有結合點和端點的圖形，識別容易一些。說明具有結合點的圖形有利於被試者識別。這一發現符合格式塔的**連續性原則** (principles of continuation) 和**間隙填充原則** (principle of filling)。按照這些原則，相連的成分或沒有間隙的成分，容易組成為一個圖形。

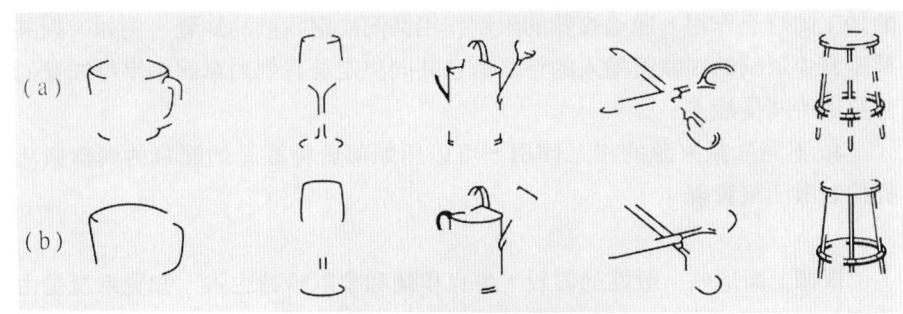

圖 2-22　對被衰減的物體的識別
(採自 Biederman, 1990)

RBC 模型能解釋模式識別的某些實驗結果，而且用成分及關係來描敘模式識別，也有利於在計算機上模擬人的模式識別。近年來，有人將這一模型應用到漢字識別中（黃榮村，1992），認為漢字也是通過成分及其關係的確認來識別的。但什麼是漢字的基本成分——幾何離子，漢字包含著哪些關係，這是一些尚待進一步研究的問題。

四、相互作用激活理論

麥克里蘭和魯默哈特（McClelland & Rumelhart, 1981）提出了**相互作用激活模型**（interactive activation model）。它主要處理在**語境**（context）作用下的字詞知覺。該模型的一般假設有：

1. 知覺加工發生在一個分層次的加工系統中，每個層次都形成具有不同抽象水平的輸入表徵。對於詞的視知覺來說，加工系統包含著視覺特徵水平、字母水平、詞水平以及若干更高的水平。其中某些更高水平的信息，如一般的知識向單詞水平提供了"自上而下"的輸入。

2. 視知覺是平行加工的。它有兩種含義：(1) 視知覺在空間上總是平行加工的，它能同時處理一定空間範圍內的信息，至少是一個四字母的單詞；(2) 在同一時間內，視覺加工發生在若干水平上。例如，詞由一系列字母組成，字母又由一系列特徵（如直線、橫線、斜線、曲線等）組成。在加工字母時，特徵的激活與詞的激活可能是同時發生的。

3. 知覺本質上是一個相互作用的過程。即自上而下的加工與自下而上的加工同時起作用，通過複雜的限制作用共同決定我們的知覺。例如，對某種語言中單詞的知識與輸入的特徵信息共同決定著我們對單詞中字母知覺的性質與時間長短。

4. 不同知識來源的相互作用，可以用類似於神經元的簡單的興奮激活與抑制激活來實現。

根據上面這些一般性的假設，麥克里蘭和魯默哈特主張，知覺系統是由許多加工單元組成的。每個相關的單元都有一個實體叫**結點**（node），即最小的加工單元。結點被組織在層次中。每個結點與大量其他結點聯結在一起。

聯結的方式有兩種，即興奮和抑制。如果某個結點支持另一個結點的存在，那麼它們之間的聯結為**興奮性聯結**；如果兩者互相矛盾，那麼它們的關係是抑制的。每個結點在某一時間都有一個**激活值**(activation value)。它既受到直接輸入的影響，也受到相鄰各結點 (稱鄰點) 的興奮或抑制的影響。當一種刺激呈現時，輸入的特徵集將對系統發生作用。其中每個特徵是按不同的概率被覺察的。以後，這些被覺察的特徵將激活作用送到包含這些特徵的字母結點，並進而影響到單詞結點。由於同層次和不同層次的結點之間興奮與抑制的各種聯繫，因而構成了異常複雜的網絡。

圖 2-23 說明了相互作用激活模型的特點。從圖上我們看到，知覺加工發生在一系列相互作用的層次上。每個層次都和其他一些層次聯繫在一起。這種聯繫是通過一種**激活擴散機制** (spreading activation mechanism) 來

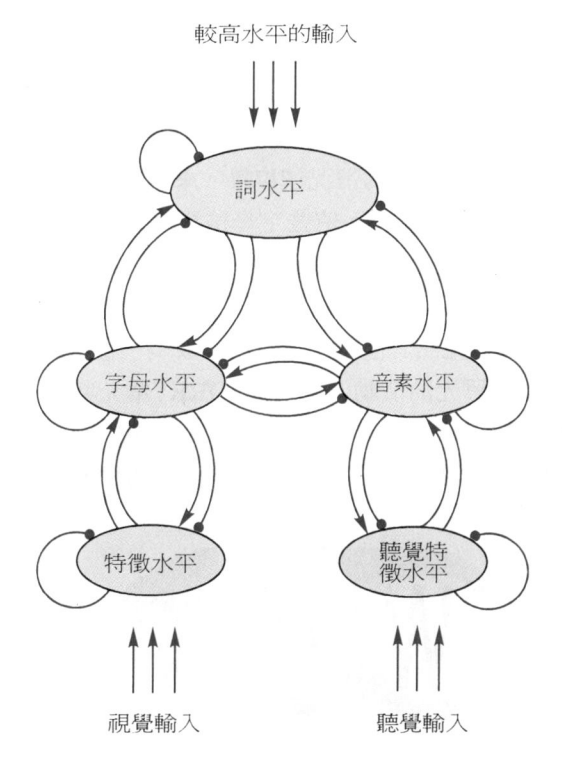

圖 2-23　相互作用激活模型示意圖
(採自 McClelland & Rumelhart, 1981)

進行的。這種機制使一個層次的激活作用擴散到鄰近的層次。聯繫有兩種，即興奮和抑制。興奮能提高接受器的激活作用，在圖中用箭頭表示；而抑制會降低接受器的激活水平，在圖中用圓點表示。而層次間的**抑制環** (inhibitory loop) 代表了同一層次內不相容的各個單元間的側向抑制。例如，由於一個四字母串可以解釋成一個四字母的單詞，因此，各種可能的單詞間是互相抑制的。

模型不僅肯定了自下而上的加工，而且也重視自上而下的加工。因此，單元間的聯繫不僅存在來自低層次的興奮與抑制，也存在來自高層次對低層次的興奮與抑制。

用一個實例來說明。如果給系統呈現一個單詞 WORK，其中前三個字母清晰可見，第四個字母受到干擾而變得模糊起來 (圖 2-24)。麥克里蘭設想，當單詞剛啟動時，系統內各單元的激活水平為 0 或低於 0。以後，單詞出現，特徵檢測器處於活動狀態，激活水平上升到 0 以上，它們檢測在各個位置上出現的特徵。隨後，特徵單元的激活對字母檢測器發生興奮和抑制的作用。由於前三個字母 W、O、R 清晰可見，因而相對應的三個字母檢測器得到激活。第四個字母的情況較複雜。來自特徵單元的活動，使字母檢測器 R 與 K 同時激活起來。這些字母檢測器的活動，進一步激活了具有這些字母的詞檢測器，並對不具有這些字母的詞檢測器發生抑制作用。但是，在所有被激活的詞檢測器中，只有 WORK 與所有四個位置上的字母完全匹配，因而這個單元比其他單元更活躍，成為一種占壓倒優勢的激活模式，並抑制了其他詞單元的活動。隨著 WORK 單元興奮和抑制力量的上升，信息又反饋到字母單元，它加強了字母單元 W、O、R、K 的活動，並完全抑制了 R 檢測器的活動。這就是自上而下的加工。

圖 2-24　第四個字母變得模糊
(採自 Rumelhart & McClelland, 1986)

相互作用激活模型既重視自下而上的感覺訊息在知覺和模式識別中的作用，也重視自上而下的人的知識表徵的作用，因而從理論上解決了模式識別中兩種處理的相互作用問題。該模型主要針對字詞識別，但其基本原理與假設同樣適用於各種非詞的刺激模式的識別，因此在它出現以後，即受到學術界的高度重視。在字詞識別和閱讀理解的研究中，已經被許多心理學家所廣泛採用。

五、拓撲學理論

早期的特徵分析理論、視覺計算理論和相互作用激活理論在一些重要的細節上雖然存在差別，但這些理論在一個基本點上卻是共同的：模式識別開始於對組成模式的簡單部分或其局部性質的識別，然後才識別由這些簡單部分構成的模式的結構關係。

早在 70 年代初，魏斯廷和哈里斯 (Weistein & Harris, 1974) 就在一個實驗中發現了令人驚奇的**客體優勢效應** (object superiority effect)。他們讓被試者在不同的條件下，用視覺檢測快速呈現的目標線段：(1) 目標線段單獨出現在注視點附近的不同方向上 (圖 2-25 b)；(2) 將目標線段鑲嵌在另一有結構的圖形中，目標線段與注視點的相對位置與前一條件相同 (圖 2-25 a)，要求被試者確定線段出現在注視點的哪個方向，如注視點的左上方

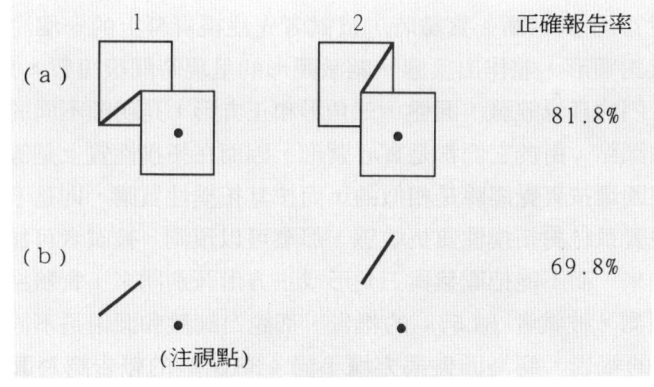

圖 2-25 客體優勢效應
(採自 Weistein & Harris, 1974)

的方向和位置。結果發現，被試者對鑲嵌在具有內部一致性和具有三維特性的圖形中的目標線段，比對單獨呈現的目標線段，正確報告率明顯要高些。

用特徵分析理論很難解釋客體優勢效應這一重要的事實。線段作為一個基本特徵，不論是單獨存在，還是鑲嵌在某一圖形中，都將激活同一特徵檢測器，因此視覺系統對它們的檢測不應該存在差別。另外，特徵分析理論還假定，對個別特徵的分析發生在前，而對由這些特徵構成的結構關係的檢測發生在後。因此，對後者的識別需要更多的加工過程，也就要比識別個別線段更困難些。這些預測顯然都是和客體優勢效應相矛盾的。

從客體優勢效應，我們看到了知覺系統的功能對客體的某些整體特性的依賴性，或者說，相對於客體的個別特徵，知覺系統對客體的整體特性更加敏感。

在 80 年代初，陳霖 (1982, 1984, 1985) 根據自己的一系列實驗，提出富有挑戰性的**視覺拓撲學理論** (visual topological theory)。該理論認為，在視覺處理的早期階段，人的視覺系統首先檢測圖形的拓撲性質；它對圖形的大範圍拓撲性質敏感，而對圖形的局部幾何性質不敏感。在陳霖 (1991) 看來，圖形的拓撲性質是指在拓撲變換下圖形保持不變的性質和關係。如**連通性** (connectedness)、**封閉性** (closedness)、**洞** (hole)，都是典型的**拓撲性質** (topological properties)，而大小、角度、平行性等幾何性質則不是拓撲性質。

陳霖 (1982) 在一個實驗中，用速示器呈現三對實驗圖形 (圖 2-26)，要求被試者作同-異判斷。實驗時，被試者先注視屏幕上的一個注視點，然後再注視成對圖形，並作出反應。刺激圖形的呈現時間很短暫，只有 5 毫秒。按照人們的直覺經驗，圓盤、三角形和正方形，是明顯不同的圖形。但按拓撲學的觀點，由於它們都是實心圖形，因而在拓撲性質上是等價的。相反，圓盤與圓環按直覺經驗是相似的，而按其拓撲性質講，則是不等價的。如果人的視覺系統對拓撲性質更敏感，那麼可以預測，被試者可能將圓盤與圓環區別開來，而不能把圓盤與三角形或正方形區別開來。實驗結果完全證明了這一預測。被試者 64.5% 的報告，都認為圓盤和圓環是不同的。而只有 43.5% 的報告，認為圓盤與方塊不同；38.5% 的報告認為圓盤與三角形不同。拓撲性質等價的圖形差異不顯著；而拓撲性質不等價的圖形，差異是顯著的。可見，視覺系統對拓撲性質的差別更加敏感。

圖 2-26 實驗用圖
(採自陳霖，1982)

在另一實驗中，陳霖 (1982) 考察了**連通性**和**封閉性**在早期視覺信息加工中的作用。實驗中，在前視野中先呈現一個注視點，然後在注視點的某一側呈現一條目標線段，要求被試者報告該線段出現在哪一側。呈現目標線段的方式有兩種：一種是單獨呈現（圖 2-27 上方）；一種是將目標線段鑲嵌在另一個簡單線條圖形中，使其成為一個封閉、連通的簡單圖形的一部分（圖 2-27 下方）。目標線段的呈現時間為 50 毫秒。刺激的呈現順序是隨機的。結果發現，當目標線段作為封閉、連通的整體圖形的組成部分時，被試者的正確報告率為 86%；而當它單獨出現時，被試者的正確率只有 55%，兩者差異很顯著。這說明，一種連通、封閉的結構，有助於檢測其組成部分的一個目標線段。

陳霖認為，上述結果很難用傳統的**特徵檢測器模型** (feature detector model) 來解釋。圖形的封閉性、連通性、洞，都是圖形的拓撲學性質。圖

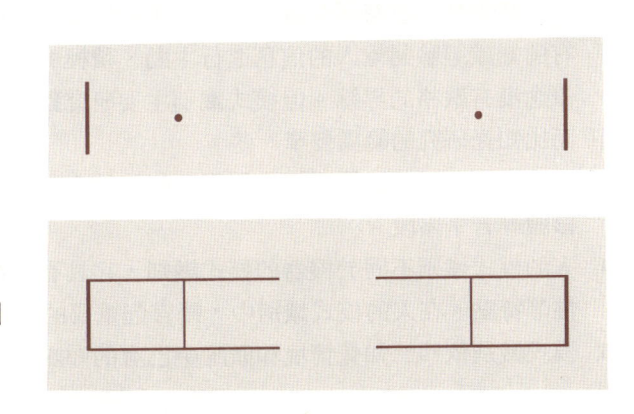

圖 2-27 實驗用圖
(採自陳霖，1982)

形的具體形狀可能千差萬別，但只要它們的拓撲性質相同，就可以說它們是拓撲性質等價的圖形。在視覺早期信息加工中，視覺系統對這些大範圍的拓撲學性質更加敏感。視覺系統先加工圖形的拓撲性質，然後才加工它的局部性質。近年來，陳霖應用神經心理學和電生理學的實驗技術，進一步證明了視覺系統的這一特點。

拓撲學理論是和特徵分析理論針鋒相對的。特徵分析理論強調模式識別以特徵分析作基礎。先有特徵分析，然後，才出現對模式的識別。相反，拓撲學理論則強調模式識別開始於對模式的大範圍拓撲性質的提取，然後再進行特徵分析。這兩種理論目前存在著激烈的爭論，問題需要經過進一步研究解決。

本 章 摘 要

1. **模式**是指由若干刺激元素組成的一個有結構的整體。**模式識別**的過程就是將刺激模式與頭腦中已有的模式進行匹配，從而達到確認一個模式的過程，或者說，是運用記憶中已經儲存的信息對當前出現的刺激模式作出有效的解釋過程。
2. 模式識別的概念與知覺的概念是緊密聯繫在一起的。在現代認知心理學中，**知覺**被看成解釋刺激信息，產生組織和意義的過程，是人們利用已有的知識經驗對輸入的信息進行主動、積極的加工，因而和模式識別的概念沒有嚴格的界線。但模式識別主要研究對視覺刺激模式的知覺，因而比知覺研究的範圍要窄一些。
3. 模式識別可區分**感覺登記**，**知覺**分析與綜合，**語意**分析與綜合，**決策**和**核證**等若干階段。
4. 人的模式識別不同於機器的模式識別，它具有**複雜性**、**適應性**、**可學習性**等特點。在人的模式識別中，語言起重要的作用。
5. 模式識別依賴於知覺情境和頭腦中已有的知識表徵。這是模式識別中的认知因素。模式识别的过程是情境和刺激模式相互作用的过程。
6. **知识表徵**对模式识别的重要作用具体表现为：(1) **易化作用**；(2) **补充作用**；(3) **期待作用**。它能补充感觉信息的缺失，预测环境中可能出现的信息，加快人对模式的识别速度，提高识别的准确性。
7. 模式识别还受到知觉者的需要、动机、情绪状态、态度、价值观念及人格特性等非认知因素的影响。
8. **模板匹配理论**是模式识别的一种早期理论。它假定模式识别是将一个刺激模式提供的信息，与在长期记忆中已经储存的该模式的表徵相匹配。该模型难以解释人的模式识别，以后为原型理论所代替。
9. **原型理论**认为，在人的记忆中贮存的信息是以原型的形式存在的。原型不是个别事物或个别特徵的代表。它代表了一组事物的关键特徵或共同特徵。人的模式识别就是要确定一个物体是否与在原型中找到的基本形式相匹配。
10. **特徵分析理论**是模式识别的另一重要理论。它认为，特徵分析是模式识别的一个必经的阶段。模式识别的过程就是由一个特徵觉察系统提供的信息来建构一个模式的过程。这一理论得到了生理学的和心理学的实验的支持。
11. **小妖模型**是早期的特徵分析模型。它把模式识别分成**图象妖**、**特徵妖**、**认知妖**和**决策妖**四个层次。
12. **视觉计算理论**强调表徵和处理（加工）在模式识别中的作用。视觉系统根据广泛收集到的特徵，如边界、线条和斑点，形成要素图，然后经过符号加工，构成 **2.5 维要素图**，最后产生对一个物体的确认。视觉系统对输入特徵的加工具有计算性质。
13. **注意的特徵整合理论**把特徵觉察和物体知觉区分为两个不同的水平。特徵检测在先，物理知觉在后。在将个别、分开的特徵整合成为一个物体时，**集中性注意**起着重要的作用。
14. **成分识别理论**是用一些简单的成分和关系来描述一个物的二维图象的识别。该理论称这些简单的成分为几何离子，并假定了 108 种关系。物体识别是通过对几何离子及其关系的确认来实现的。
15. 根据平行分布加工模型的基本假设，产生了模型识别的**相互作用激活模型**。它假定，知觉和模式识别的过程本质上是一个相互作用的过程，即自上而下的加工與自下而上的加工同時起作用。這種相互作用可以用類似於神經元的簡單的興奮激活和抑制激活來實現。
16. **拓撲學理論**強調人的視覺系統的功能具有拓撲性。它重視整體性質而忽略局部性質。在早期加工階段，視覺系統對圖形的拓撲性質更敏感。

建議參考資料

1. 沃爾克等（編）（喻柏林、萬傳文、宋　筠、林國彬、佟東泉等譯，1986）：知覺與經驗。北京市：科學出版社。
2. 荊其誠、焦書蘭、紀桂萍（1987）：人類的視覺。北京市：科學出版社。
3. 查普林，克拉威克（林　方譯，1984）：心理學的體系與理論。北京市：商務印書館。
4. 格列高里（彭聃齡、楊　旻譯，1986）：視覺心理學。北京市：北京師範大學出版社。
5. 陳　霖（1986）：拓撲性質檢測。見錢學森主編《關於思維科學》。上海市：上海人民出版社。
6. 魯利亞（江　青、邵　郊、王　甦譯，1983）：神經心理學原理。北京市：科學出版社。
7. Dember, W. N. & Warm, J. S. (1979). *Psychology of perception.* (2nd ed.). New York : Holt, Rinehart and Winston.
8. Gibson, J. J. (1979). *The ecological approach to visual perception.* Boston : Houghton Mifflin.
9. Marr, D. (1982). *Vision.* San Francisco : Freeman.
10. McClelland, J. L., & Rumelhart. D. E. (1981). An interactive activation model of context effects in letter perception : Part 1, An account of basic findings. *Psychological Review,* 88, 375~407.
11. Treisman, A. (1986). Features and objects in vision processing. *Scientific American,* 255(5), 114B-125.
12. Treisman, A., & Gelade, G. (1980). A fearture-integration theory of attention. *Cognitive Psychology,* 12, 97~136.

第三章

注　意

本章內容細目

第一節　注意的概述
一、歷史的回顧　103
二、什麼是注意　105
三、注意在人的心理體系中的定位　106

第二節　選擇性注意
一、追隨作業　107
二、人怎樣選擇輸入的信息　108
　㈠ 刺激物的物理特性
　㈡ 刺激物的語意聯繫
　㈢ 作業的相似性
　㈣ 作業的熟悉性
三、選擇性注意的理論模型　110
　㈠ 過濾器模型
　㈡ 衰減作用模型
　㈢ 反應選擇模型
　㈣ 早期選擇模型與後期選擇模型的爭議
四、對瓶頸理論的質疑　118

第三節　認知容量與分配性注意
一、雙作業操作　119
二、容量分配的理論模型　121
　㈠單一資源理論
　㈡多重資源理論

第四節　持續性注意
一、警覺與持續性注意　127
二、影響警覺或持續性注意的因素　130
　㈠ 感覺通道的特點
　㈡ 刺激物的強度和持續時間
　㈢ 事件率
　㈣ 時間和空間的不確定性
　㈤ 作業的性質
　㈥ 了解活動的結果
三、持續性注意的理論　138
　㈠ 喚起理論
　㈡ 信號檢測理論
　㈢ 期待理論

第五節　自動化處理
一、自動化的概念　144
二、注意研究範式的轉變　145
三、自動化加工的理論　147
　㈠有意識的注意與自動化加工
　㈡受控制的加工與自動化加工
四、練習與自動化　152

本章摘要

建議參考資料

人的周圍環境給人們提供了大量的刺激，這些刺激有的對人很重要；有的對人不那麼重要；有的毫無意義，有的甚至會干擾當前正在進行的活動。人要正常地生活與工作，就必須選擇重要的信息 (或訊息)，並排除無關刺激的干擾。人腦這種選擇信息、排除干擾的功能，就是**注意**的一種重要功能。在心理學中，注意的地位是比較特殊的。有人把注意比作心靈的窗戶，知識的陽光必須通過注意才能照射到心靈中來；有人把注意看成一種意識狀態。在這種狀態下，人可以有選擇地進行某種活動。認知心理學把人的認知系統看成一種信息加工 (或訊息處理) 系統。此系統受到通道容量的限制。人只能從各種感覺信息中選擇少量重要的信息，進行知覺加工，然後再選擇某些信息保存在記憶中；在必要的時候，從記憶中有選擇地提取某些信息，對環境中的刺激作出不同的反應。正因為這樣，認知心理學認為，注意在人類的信息加工 (或訊息處理) 中有著重要的意義。沒有注意的參加，信息的輸入、編碼、儲存和提取，都難以實現。

在本章中，我們將首先用信息加工 (或訊息處理) 的觀點來討論注意的性質，功能及其在心理學體系中的地位。然後將分別介紹有關注意的一些重要的研究領域，如選擇性注意及其理論模型；認知容量和分配性注意；警覺與持續性注意等。最後，我們將討論 70 年代以來，在研究注意的範式上某些重要的轉變。這種轉變主要表現在從過濾作用的研究範式，轉向選擇性定勢的研究範式。在後一範式下，自動化加工的問題受到了研究者的高度重視。通過本章學習，我們希望讀者了解下列重要觀念：

1. 注意在人的信息加工 (或訊息處理) 中的重要作用。
2. 什麼叫注意的衰減作用模型？它和過濾器模型和反應選擇模型有什麼不同？
3. 單一資源理論的基本假設是什麼？這種理論有什麼局限性？
4. 什麼是**警覺衰減函數**？影響警覺衰減的主要因素有哪些？
5. 什麼叫雙加工理論？它得到哪些實驗的支持？

第一節　注意的概述

注意是人們很熟悉的一種心理現象，在心理學中，它又是一個爭議較多的研究領域，一度曾為行為主義所忽略。認知心理學興起後，它才受到研究者的關注。本節從歷史回顧開始，闡明了近代實驗心理學關於注意的種種研究，然後介紹了認知心理學對注意問題的觀點，最後簡要說明了注意在心理學體系中的地位。

一、歷史的回顧

實驗心理學建立的早期，**注意** (attention) 在心理學中占有重要地位。馮特 (Wilhelm Wundt, 1832～1920) 把注意看成是意識領域內的一個範圍狹小的中心區域。任何心理內容只有進入這個特定的區域，才能獲得最大的清晰性和顯明性。馮特把這個區域稱為**意識注視點** (fixation point of consciousness) 或**內在注視點** (inner fixation point)。馮特認為，注意是意識對客體的指向性。為了仔細觀察一個外在的對象，必須盡可能地把注意完全指向這一對象。馮特還認為，注意是一種心理狀態，而不是一種心理過程，但它和心理過程和統覺有著密切的關係。他說過，我們把那種以獨特的情感為特徵，伴隨著一種心理內容的清晰領會的狀態稱為注意，而把那種使一定的心理內容獲得清晰領會的獨特過程稱為**統覺** (apperception)。在客觀觀察的時候，注意經常伴隨著觀察的過程。在馮特看來，注意不僅能幫助人們獲得清晰的印象或觀念，而且有助於經驗的組合。組合本身……是直接藉注意力量而形成的。馮特不僅探討了注意的本質，而且還和他的學生研究過**注意廣度** (attention span) 和**注意起伏** (或**注意波動**) (fluctuation of attention)，並發現注意的廣度是 4～6 個單元。

詹姆士 (William James, 1842～1910) 是早期重視注意研究的另一位著名的心理學家。在《心理學原理》(1890) 一書中，他討論了注意的本質：

注意是心理以清晰而又生動的形式，對若干種似乎同時可能的對象或連續不斷的思想中的一種占有。它的本質是意識的聚焦和集中，意思是指離開某些事物，以便有效地處理其他事物。(James, 1890, pp.403~404)

以後，他又在《心理學教科書》(1892) 中，明確提出了意識的選擇作用：

意識總是對其對象的某一部類，比對其他部類更感興趣。在意識活動的全部時間裏，意識總是在迎進、排出。換句話說，意識總是在選擇。(James, 1892, p.152)

詹姆士還提出了注意的雙重系統假設，把注意區分為無意注意和有意注意，或不隨意注意(自發注意) 和隨意注意。以後，安吉爾 (James Rowland Angell, 1869~1949) 繼續發展了詹姆士的思想。安吉爾把注意看成是意識的一個概括的和普遍的特徵，是意識活動的真正的心臟。注意可分為隨意注意、非隨意注意 (或自發注意) 和不隨意注意三類。

在 20 世紀初，由於行為主義和格式塔心理學 (或完形心理學) 的誕生及其對心理學的巨大影響，注意的重要性逐漸為人所忽視。行為主義把注意和意識都當成心靈主義的概念，認為在科學心理學中不應該有注意的地位。而格式塔心理學則用神經系統中"場的力量"的概念代替了注意的概念，並且把注意的規律限制在視知覺的結構規律的範圍內。這種情況明顯地反映在奧斯古德 (Osgood, 1953) 的著作《實驗心理學》一書中。這部 800 頁的巨著，竟沒有一處討論注意的問題。

第二次大戰後，情況發生了很大的變化。一方面，戰爭期間人們需要處理許多複雜的軍事和技術問題，如軍事通訊問題、雷達的信號檢測問題，空中交通管制問題等。面對著工作環境中複雜多變的訊息源和某些單調、乏味的作業，人們認識到注意對做好工作的極端重要性。沒有良好的注意品質，人們不僅難以勝任這些任務，而且可能帶來災難性的後果。另方面，隨著認知心理學的誕生和發展，人們對行為的認知研究，也提出了注意在人類信息加工 (或訊息處理) 中的重要作用。注意是人類信息加工 (或訊息處理) 的一個重要成分。沒有注意的參加，信息的輸入、編碼、儲存和提取，都成為不可能。由於這些原因，近 40 年來，注意的研究有了長足的進展。對注意的重視已成為認知心理學區別於行為主義的一個重要的標誌。

二、什麼是注意

注意的研究引起了大家的重視，但什麼是注意？現在仍衆說紛紜，認識很不一致。魯利亞 (Luria, 1973) 強調注意的選擇性功能，認為人的任何有組織的心理活動都以某種選擇性為特徵……，心理過程的這種選擇性通常被稱為注意。選擇性是注意的重要功能，但是僅僅用選擇性來說明注意的實質似乎是不夠的。索爾索 (Solso, 1988) 指出，注意是指心理努力 (mental effort) 對感覺事件或心理事件的集中。當前，在心理學中，心理努力這個概念用得很廣泛，但它本身的含義並不清楚，而且只說心理努力對"感覺事件"的集中，也是不全面的。近年來，馬丁代爾 (Martindale, 1991) 把注意定義為當前被激活的一系列**結點**。在他看來，人腦中的各個認知單元在當前一刻被激活的程度是不一樣的，激活較少的單元處於短時記憶中，成為注意的邊緣，而激活最多的單元，占據著注意的焦點。用認知單元的激活狀態來描述注意，這是很有創意的。但是這個定義帶有描述的性質，而且在定義注意時，又使用了注意的"邊緣"、"焦點"這些概念，也是不足取的。

我們認為，**注意**最好還是定義為意識的指向性與集中性。注意是一種有意識的和受控制的活動，因而它和潛意識、前意識或自動化了的活動都不相同。注意的特點是意識的指向性與集中性。它類似於詹姆士所講的**聚焦** (focalization) 和**集中** (concentration)。**指向性** (directness) 是指意識指向某一對象或活動而離開另一對象或活動。由於注意的指向性，人才能選擇對個體具有意義的外界信息，並在頭腦中對它繼續加工。海曼德茲-皮昂 (Hemandez-Peon, 1966) 曾經把注意的指向性比喻做探照燈的光束。在亮光照射的中心，人們得到最清晰的印象；而在亮光照射的邊緣，事物就變得模糊不清了。

注意的**集中性** (concentrativeness) 指注意對所指向的對象保持著高度的緊張性。它可以用心理努力的程度來表示。朋友間聊天，用不著很大的心理努力，注意的集中性低；高手對奕，各不相讓，雙方全神貫注，注意的集中性就高了。注意的集中程度不同，人們消耗在活動中的**心理資源** (mental resources) 是不一樣的。

注意可分為選擇性注意、分配性注意和持續性注意三種。**選擇性注意**是指人們在面臨兩種或兩種以上的刺激輸入時,必須選擇其中的一種信息,並對這種信息作出反應,而對其他的信息則不進行加工。研究選擇性注意有助於了解選擇過程的性質和人們怎樣處理未被注意的刺激物。**分配性注意** (divided attention) 是指人們在面臨兩種或兩種以上的輸入信息時,必須同時注意這些刺激,並作出相應的反應。研究這種注意有助於了解人的信息加工的限度、注意的機制以及它們的容量。注意的集中與分配是相輔相成的,它們的相互關係是現代心理學研究的一個重要的問題。

注意還具有維持的功能與調節的功能,使人的活動在一定時間內處於持續的緊張狀態,研究注意的持續狀態,是認知心理學的另一重要領域。近年來,心理學的研究還發現,人對外界輸入信息的整合作用,發生在注意狀態下。注意是訊息處理的一個重要階段。在**前注意** (preattention) 狀態下,人們只能加工事物的個別特徵;而在注意狀態下,人才能將個別特徵的信息整合為一個完整的物體 (Treisman, 1980,見第二章注意的特徵整合理論)。

三、注意在人的心理體系中的定位

關於注意在人的心理體系中的地位,各國心理學家也一直存在不同的看法。一些心理學家把注意僅僅看成知覺的一個方面,注意的作用只發生在信息從瞬時記憶(或感官記憶)進入短時記憶的過程中。因此,注意只和個別的認識過程有關係。而另一些心理學家認為,注意是意識的一種特殊狀態,它存在於人的各種有意識的活動中,並且是人們順利地獲得知識和取得勞動活動的質量和效果的必要前提。

第二節　選擇性注意

選擇性注意 (selective attention) 是人們熟悉的一個重要事實。當兩個或兩個以上的物體同時出現在眼前時,我們常常只注意其中的一個物體,而不注意另外的物體。在人聲嘈雜的公共汽車上,我們只注意朋友間的竊竊私語;在琳琅滿目的百貨商店裏,我們只把目光投向自己最需要的物品上。

問題是,人們怎樣處理同時遇到的各種信息,即選擇一種信息而放棄另外的信息?這種對信息的選擇是發生在信息加工 (或訊息處理) 的哪個階段上的?在這一節中,我們先介紹選擇性注意常用的研究範式,即追隨作業與雙耳分聽,然後再討論上面提到過的兩個問題。

一、追隨作業

對選擇性注意的系統研究開始於徹里 (Cherry, 1953) 對**雞尾酒會現象** (cocktail-party phenomenon) 的興趣。在一個雞尾酒會上,人們被各種談話的聲音包圍著,但是,為什麼他們只聽到某些談話,而聽不到另一些談話呢?原因是人們利用了刺激物的某些物理性質的差異,如說話者的性別,聲音的強度,與說話者的距離等。另外,談話的內容也有重要的作用,如果別人的談話與你無關,你可能什麼也沒有聽到;相反,如果別人議論到你,提到了你的名字,你就會異常敏感地聽到它。可見,人在選擇輸入的信息時,是和一系列條件有關的。

在同一年,徹里用**追隨作業**(或復誦作業) (shadowing task) 進行了一項實驗研究。實驗中主試者通過耳機給被試者兩耳同時呈現兩種材料。要求被試者大聲重復 (追隨) 一耳聽到的材料內容,然後檢查另一耳接受到的信息。我們稱被試者追隨的通道為追隨耳,被試者不追隨的通道為非追隨耳。結果發現,被試者從非追隨耳得到的信息很少。當非追隨耳的材料改用外文呈現或將順序顛倒時,被試者也很少注意到它。相反,如果改變材料的物理特性,例如在非追隨耳的材料中插入一個純音,或者由男聲播音改成女聲播音,被試者是能夠發現這種變化或差異的。這個實驗表明,刺激物的物理特性在人們選擇信息時是有作用的。

徹里設計的聽覺追隨作業提供了研究選擇性注意的一種重要方法。在追隨條件下,被追隨的材料受到注意,因而得到較好的加工;而不被追隨的材料,由於脫離了人的注意,因而很少被人們所接受。從 50 年代以來,認知心理學關於選擇性注意的研究,是和採用這一方法分不開的。

二、人怎樣選擇輸入的信息

(一) 刺激物的物理特性

英國心理學家布魯德班特 (Broadbent, 1954) 用**雙耳分聽** (或**兩耳分聽**) (dichotic listening) 對英國皇家海軍的入伍人員進行了一項實驗。實驗中主試者讓被試者依次傾聽三對數字，如 7－3，4－2，1－5。其中 7、4、1 依次呈現給左耳，3、2、5 依次呈現給右耳。每對數字到達兩耳的時間相同；前後兩對數字之間的時距為 0.5 秒。要求被試者按自己選定的順序把聽到的數字報告出來。結果發現，大多數被試者樂意按左、右兩耳分別聽到的數字進行報告，即先報告左耳聽到的數字 (7、4、1)，再報告右耳聽到的數字 (3、2、5)。或者先報告右耳聽到的數字，再報告左耳聽到的數字；而不是按照聽到數字的時間順序進行報告，即 73，42，15。如果主試者要求被試者這樣做，即按數字呈現的時間順序進行回憶，那麼被試者的回憶成績要比前面提到的成績差得多，而且前後兩對數字的時距對回憶成績有著明顯的影響。當時距為 0.5 秒時，正確回憶率只有 20%；當時距為 2 秒時，正確回憶率為 50% (見圖 3-1)。布魯德班特認為，這一結果表明，信息的選擇是以刺激物的物理特性為基礎的，例如信息的位置、強度、音調等，物理特性惹人注意者較占優勢。

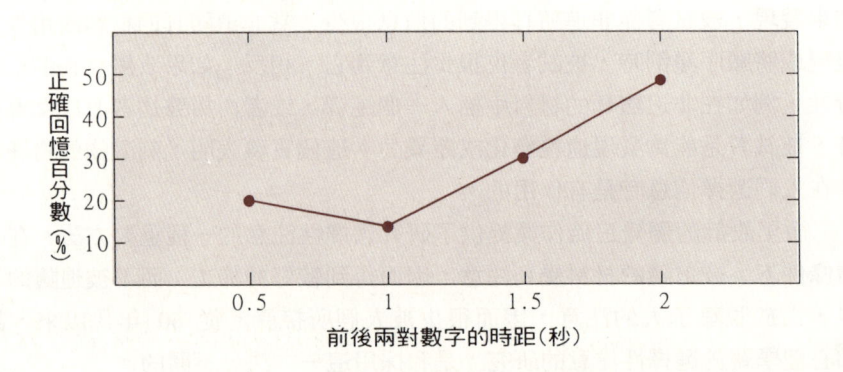

圖 3-1 布魯德班特的雙耳分聽實驗

(二) 刺激物的語意聯繫

在徹里 (Cherry, 1953) 和布魯德班特 (Broadbent, 1954) 的實驗中，被試者得到的信息都來自聽覺通道 (左、右耳)，而且兩個通道得到的信息在語意上沒有聯繫。在這種情況下，刺激物的物理特性對信息的選擇表現了很大的影響。如果兩個通道的信息存在著語意聯繫，情況又怎樣呢？

格雷和衞德班 (Gray & Weddelbum, 1960) 的分聽實驗證明了語意聯繫對信息選擇的作用。實驗中將單詞與數字混合組成刺激系列，分別呈現給左、右兩耳。其中兩耳接受的單詞可以構成一個有意義的句子。例如，給左耳呈現的刺激為 6—老鼠—2；給右耳呈現的刺激為吃—9—奶酪。結果被試者報告的順序並不是先左耳，後右耳，或者先右耳，後左耳，而是報告成老鼠—吃—奶酪；6—9—2。這一結果否定了訊息通道的物理特性是訊息選擇的必要基礎。由於被試者根據語意來組合刺激，說明注意的選擇不是發生在信息加工 (或訊息處理) 之前，而是發生在信息加工之後。

特雷斯曼 (Treisman, 1960) 用追隨技術也得到了類似的結果。通過雙通道耳機給被試者左右兩耳分別呈現兩組單詞，要求被試者只追隨一耳聽到的單詞，而不追隨另一耳聽到的單詞。兩組單詞如下：

…… I SAW THE GIRL/song was WISHING …
…… me that bird/JUMPING in the street …

結果發現，由於第二組的個別單詞 (JUMPING) 與第一組的單詞 (I SAW THE GIRL) 存在語意的聯繫。因此，在被試者的報告中除了有第一組單詞 (追隨耳) 外，也有第二組的個別單詞。可見，不受注意的通道也能通過某些信息。

賴特、安德森和斯通曼 (Wright, Anderson & Stenman, 1975) 的實驗證明，在無意識狀態下語意在信息選擇中的作用。實驗的第一階段，讓被試者注意一系列單詞，當某個單詞 (意思為"適宜的") 出現時，給被試者一次電擊。在第二階段，讓被試者大聲追隨從一耳聽到的一組單詞，而忽略同時呈現在另一耳的一組單詞。但是，在後一組單詞中包含了那個伴隨過電擊的單詞，或該詞的同義詞。結果發現，儘管被試者沒有意識到它的出現，但仍可記錄到明顯的皮膚電反應。這說明，即使在無意識的狀態下，語意分析仍可影響到對信息的選擇。

(三) 作業的相似性

兩種作業的相似性對信息的選擇也是很重要的。奧爾波特 (Allport, 1972) 發現，如果給追隨耳呈現的是閱讀材料，而給非追隨耳呈現的是一系列單詞，那麼結果與布魯德班特的結果一致。被試者對單詞的再認記憶只達到機遇水平。但是，如果非追隨的材料不是用聽覺呈現的單詞，而是用視覺呈現的一系列圖片，那麼被試者能夠再認圖片的數量為 90%。可見，當輸入的信息很不一樣時，由兩種同時性輸入造成的加工能力的限度，便在相當大的程度上被克服了。這個問題我們在下面討論認知容量的問題時，還將進一步說到。

(四) 作業的熟悉性

最後，作業的熟悉性 (familiarity) 也會影響對信息的選擇。安德伍德 (Underwood, 1974) 用他的一位實驗助手和其他一些新手為被試者，比較了他們完成追隨作業的成績。該助手多年從事追隨作業的實驗，在這方面有豐富的經驗。被試者的任務是追隨一個字母系列，不追隨另一個字母系列，並要找出在任一系列中出現的單個數字。結果發現，當數字出現在追隨系列中時，覺察的比率一直較高。助手和其他被試者對出現在非追隨系列中的數字，其覺察率有很大的區別。如果數字與字母用相同的口音念出來，這種區別更明顯，助手的覺察率為 67%，而其他被試者的覺察率僅 8%。這說明一個熟練的專家在完成追隨作業時，可能只需要消耗很小的注意能量。

總之，以上實驗說明，刺激的物理特性，刺激物之間的意義聯繫，它們與個體的關係，個體的知識經驗等，都能影響到對信息的選擇。這些研究從理論上說明了人類信息加工的某些重要的特點，積累了用客觀方法研究注意選擇性的經驗，而且有助於研究在實際生活中怎樣運用注意選擇的規律，以提高工作的效率。

三、選擇性注意的理論模型

怎樣解釋注意的選擇性？主體對訊息的選擇究竟發生在信息加工 (或訊息處理) 的哪個階段上？從 50 年代末以來，人們通過研究，假定了在信息加工的某個階段或某個地方,存在著一種叫做瓶頸的裝置。它對輸入的信息進行了有效的選擇。

(一) 過濾器模型

徹里 (Cherry, 1953) 和布魯德班特 (Broadbent, 1954) 的實驗,揭示了一個非常重要的現象:當兩種輸入的信息同時到達信息加工系統時,其中一種信息將受到選擇。而決定信息選擇的條件是刺激物的物理特性。

為了解釋這些實驗結果,布魯德班特 (Broadbent, 1958) 提出了**過濾器模型** (filter model) (見圖 3-2)。他認為,神經系統在信息加工 (或訊息處理) 的容量是有限度的。當信息通過大量平行的通道進入神經系統時,由於到達某處的信息總量超過了負責知覺分析的高級中樞的容量,因而需要一種過濾的機制,它在信息的傳輸通道上起"關卡"的作用。這種機制能從一條輸入路線選擇信息,並使這種信息直接通向高級中樞,而沒有受到選擇的信息就被阻斷在信息系統的外面,就像往一只狹口瓶裏倒水一樣,一部分水流入瓶內,而另一部分水就被阻斷在瓶外了,很明顯,過濾器模型是在信息論的直接影響下提出的。**信息論 (或訊息理論)** (information theory) 認為,信息加工 (或訊息處理) 受到通道容量的限制。信息超過了通道的容量,就

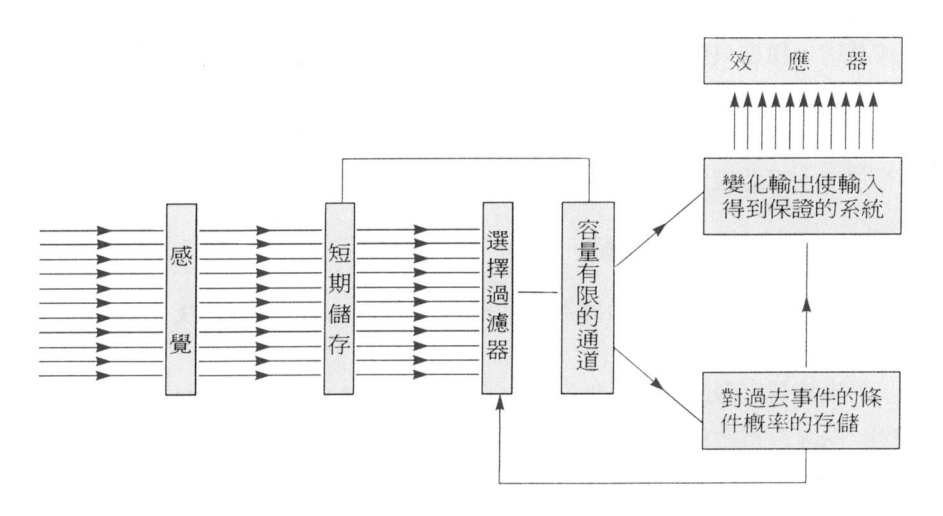

圖 3-2 過濾器模型
(採自 Broadbent, 1958)

要從通道中"溢出"了。

過濾器模型是一種"全或無"的模型,意思是說,由於過濾器的作用,來自一個通道的信息因為受到選擇而全部通過,而來自另一通道的信息由於"閘門"被關掉,就完全喪失了。由於信息的選擇是取決於刺激物的物理性質,因此,過濾器的位置可能處在信息加工的早期階段。

過濾器模型較好地解釋了徹里和布魯德班特的實驗結果。在徹里(Cherry, 1953)的追隨實驗中,被試者只接受了來自追隨耳的訊息,而對非追隨耳的信息,則由於過濾器的作用,幾乎完全消失了。在布魯德班特(Broadbent, 1954, 1958)的分聽實驗中,大多數被試者傾向於先報告從一個通道進入的信息,後報告從另一個通道進入的信息,而不是按信息同時進入兩耳的時間順序進行報告。這種現象是由於,當被試者先報告來自一耳的信息,後報告來自另一耳的信息時,他們只在兩個通道間進行了一次轉換,因而成績較好。相反,當被試者按信息同時進入兩耳的時間順序進入報告時,他們必須在兩個通道間來回進行多次的轉換,因而成績較差。

儘管這個模型得到了某些實驗的支持,具有某種解釋的力量,但是模型的局限性也很明顯。首先,模型是根據聽覺實驗的結果提出的,實驗所用的材料都是聽覺材料,因此信息的選擇與過濾只發生在同類性質的材料間。當材料的性質改變,信息輸入來自不同的感覺通道時,模型的預測力量就不強了。其次,模型只解釋了刺激的物理性質對信息選擇的作用,而無法解釋材料的語意聯繫在信息選擇中的作用。事實上,當實驗是用有語意聯繫的材料來做時,被試者對不注意的材料是能夠處理的。第三,由於人們可能對語意進行加工,因此假定注意選擇發生在信息加工的早期階段,是沒有根據的。

(二) 衰減作用模型

由於許多實驗結果對過濾器模型提出了挑戰,人們必須尋找一種新的模型來解釋注意的選擇作用。

對過濾器模型最尖銳的批評,來自格雷和韋德班(Gray & Weddelbum, 1960)以及特雷斯曼(Treisman, 1960)的實驗。這些實驗分別證明,信息的選擇取決於材料的語意關係。當同時輸入的訊息具有某種語意聯繫時,人們不僅能從被注意的通道中獲得信息,而且也能從未被注意的通道中獲得某些訊息。

特雷斯曼 (Treisman, 1960) 提出的**衰減作用模型** (attenuation model) 正是以這些實驗的事實為基礎的 (見圖 3-3)。

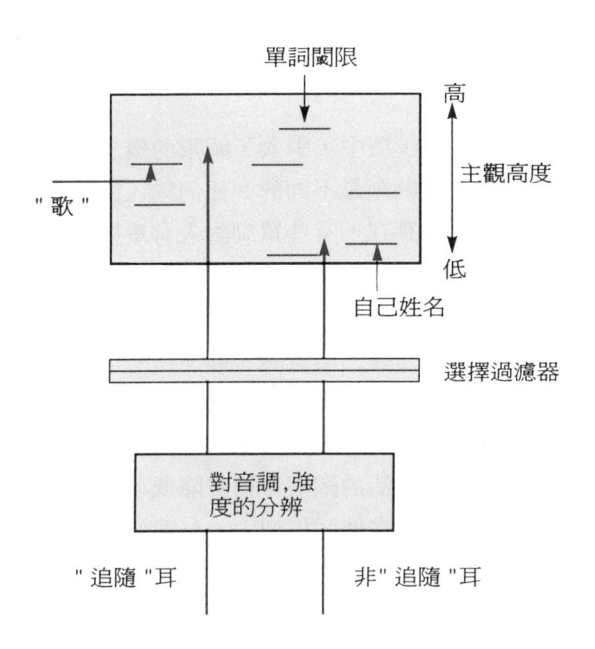

圖 3-3 衰減作用模型
(採自 Treisman, 1960)

　　特雷斯曼承認在信息的傳輸通道上存在著某種過濾的裝置，由它進行對信息的選擇。但是他認為，過濾器並不是按"全或無"的方式工作的。它既允許信息從受到注意的通道 (追隨耳) 中通過，也允許信息從沒有受到注意的通道 (非追隨耳) 中通過。只是後者受到衰減，強度減弱了。

　　特雷斯曼認為，信息的選擇依賴於一系列分層進行的檢驗。對輸入信息的檢驗首先發生在它們的物理特性上，如音調、強度、空間位置、到達時間等。接著，過濾器發生作用。由於過濾器的作用，使來自非追隨耳的輸入信息發生衰減，強度減弱，而來自追隨耳的信息沒有變化。

　　信息通過過濾器之後，未衰減的訊息和經過衰減的信息都繼續輸送到神經系統較深層的水平，並且激活了較高水平的**知覺分析器** (perceptual analyzer) 或**詞典單元** (lexicon)。這些單元從將輸入刺激中提取意義，並根據知覺分析的結果，作出完全的選擇，由於輸入信息的強度不同，因而在"詞典單元"中產生了不同的影響。一般來說，人們不需要的信息，或者說被過濾器減弱了的信息，不能激活高層次的知覺單元，因而不能引起再認。而人們需要的信息，或者說沒有受到過濾器影響的信息，將激活適當的"詞典單元"，並引起再認。

特雷斯曼在衰減作用模型中，引入了閾限的概念。他認為，在"詞典單元"中，不同單詞的興奮閾限是不同的。任何輸入的刺激必須超過閾限的強度，才能使人意識到它的存在。有些單詞對人有重要意義，如自己的姓名、火警信號等，它們的閾限低，激活這些單詞只需較少的能量。而另一些單詞的閾限高，激活這些單詞需要較多的能量。正因為這些，當人們從非追隨的通道中接受到某些有重要意義的信號時，即使這些信號由於過濾器的作用強度減弱了，但仍能激活心理詞彙中的某些閾值較低的單元，並使人們意識到它的出現。同樣，如果人們期待著某個單詞，那麼與這個單詞有關的檢測裝置將提前對它作好準備，激活的閾限會相應降低。總之，由於特瑞斯曼強調多層的分析與檢驗，因此，在他的模型中，瓶頸的位置是比較靈活的。

衰減作用模型不僅解釋了注意的選擇機制，而且也解釋了單詞的識別機制，因而在認知心理學中產生了很大的影響。衰減作用模型改進和發展了過濾器模型，它能解釋更廣泛的實驗結果，並對人的行為作出更好的預測。但是，兩個模型又有一些地方是共同的：(1) 兩個模型都認為，人的信息加工系統的容量是有限的。因此，輸入的信息必須由過濾器加以調節；(2) 兩個模型都假定，過濾器的位置在知覺分析之前，或初級的物理特徵分析與高級的意義分析之間，而不是發生在反應選擇的階段。由於它們的這些共同點，人們常常把兩個模型合併在一起，稱為**過濾器-衰減器模型** (filter-attenuation model)。

(三) 反應選擇模型

反應選擇模型 (response selection model) 或**記憶選擇模型** (memory selection model) 是由德尤奇等人 (Deutsch & Deutsch, 1963) 以及諾曼 (Norman, 1968) 所提出的。這個模型主張，所有輸入的信息在知覺階段都將得到充分的分析，而選擇作用只發生在信息加工的後期，不是前期，至少是觀察者對刺激作出辨識之後。換句話說，反應選擇模型承認"瓶頸"的存在，但它把"瓶頸"設想為更接近加工系統的反應端。

反應選擇模型特別重視記憶在信息選擇中的作用。這種模型假定，所有感覺輸入都要通過知覺加工，到達記憶系統，激活被儲存在記憶系統中的表徵，並與記憶系統中被激活的表徵發生著某種關係——**相關** (correlation)。正是這種關係決定著中樞對輸入信息的選擇或再認。

圖 3-4 說明了反應選擇模型的一些特點。從圖上我們看到，三種感覺輸入 i，j，k 通過與記憶中它們的表徵相匹配而得到再認。但是，只有當這些信號被選擇出來而成為較永久的儲存，它們才不會迅速被遺忘掉。選擇作用不僅決定於感覺輸入的強度，而且決定於每種輸入的重要性或相關。如果輸入的信息為單詞，那麼某些單詞的重要性永遠是高的，而其他單詞的重要性處於低水平。這些不重要的單詞由於上下文、語法或語意的線索所形成的期待作用，而不斷改變它的重要性。總之，正是感覺輸入的強度與信息重要性的聯合作用，決定了選擇哪種輸入的信息。在他們看來，除了由感覺信

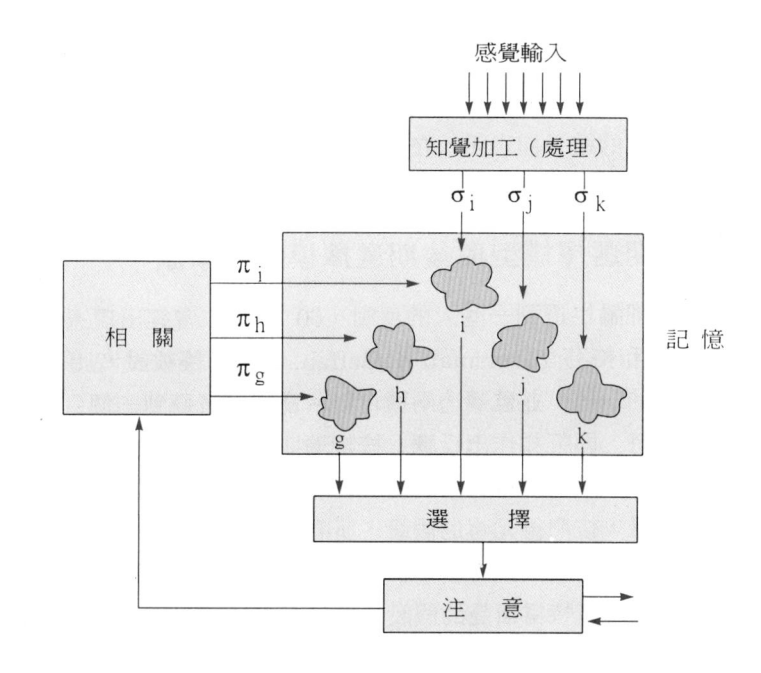

圖 3-4 記憶選擇模型
(採自 Reed, 1992)

號激活的表徵外，記憶中與感覺信號相關的事件也會激活這些表徵。它們的聯合活動決定了信息的選擇。

支持反應選擇模型的證據來自於一系列實驗。肖非和哈德維克 (Shaffer & Hardwick, 1969) 的實驗，證明了知覺編碼並不需要一種容量有限的機制；在同一時間內，被試者能夠加工來自多個通道的訊息。實驗中要求被試者注意兩耳中同時得到的訊息，並且對隨機出現在某個耳朵的目標單詞作出反應。結果發現，在這類條件下，被試者對目標單詞的再認率為 59%～68%，明顯地高於機遇水平 (50%)。這說明被試者有可能同時注意來自兩個通道的信息；對信息的選擇不是由於通道的有限容量造成的。

謝夫林等 (Shiffrin, et al., 1979) 在白噪聲 (或雜音) (white noise) (包含了各種頻率的噪聲) 的背景上給被試者呈現一系列輔音 (子音)，並讓被試者指出是否聽到了某個特定的輔音。實驗安排了兩種條件：(1) 被試者必須同時注意來自兩耳的信息，他們不知道特定輔音會在哪個耳朵出現；(2) 被試者被告知，須注意來自某一耳的信息。按衰減作用模型預測，在前一條件下，被試者必須同時加工來自兩耳的訊息，而在後一條件下，被試者需要加工的訊息只是前者的二分之一，因此對輔音的覺察應該比在雙耳條件下好得多。但是，實驗的結果卻表明，在兩種條件下的覺察成績是相等的。可見，人們在加工來自一條通道的信息時，並沒有排除來自另一條通道的信息。

(四) 早期選擇模型與後期選擇模型的爭議

反應選擇理論也遭到一些人的反對，60 年代末曾經出現過較激烈的爭論。特雷斯曼和格芬 (Treisman & Geffen, 1969) 讓被試者追隨兩種同時性聽覺材料中的一種，並監聽這兩種材料。當被試者聽到一個目標單詞出現在任一材料中時，即輕扣作出反應。按特瑞斯曼的假設，由於非追隨的材料被過濾器衰減了，因此當目標單詞出現在非追隨材料中時，其覺察百分數應該低得多。相反，按照德尤奇的假設，所有輸入的刺激都受到知覺的完善分析，因此，被試者對在兩種材料中目標單詞的覺察應該沒有區別。

實驗結果支持了特雷斯曼的假設。被試者對追隨材料中的目標單詞的覺察百分數為 87%，而對非追隨材料中目標單詞的覺察百分數僅 8%。

但是，德尤奇等 (Deutsch, et al., 1967) 指出，在特雷斯曼的實驗中，主試者對追隨材料和非追隨材料的要求是不一樣的。對追隨材料，主試者要求被試者作兩種反應：追隨實驗材料，並對出現在其中的目標單詞作出輕扣反應。而對非追隨材料，被試者只需對其中的目標單詞作輕扣反應。由於要求不同，兩種條件下材料的重要性是不一樣的。因比，實驗結果的差異不是由於非追隨材料的強度被減弱，而是由於材料具有不同的重要性。

為了答覆德尤奇的批評。特雷斯曼和賴利 (Treisman & Riley, 1969) 進行了另一實驗。實驗中主試者要求被試者一旦在某種材料中聽到目標單詞時，就立即停止追隨和輕扣，同時明確告訴被試者，如果目標單詞出現在追隨材料中，就立即停止追隨目標單詞，這種要求使被試者對兩種材料中目標單詞的反應完全相同。另外，呈現目標單詞的聲音有兩種：與呈現其他材料的聲音相同，或與呈現其他的材料的聲音在性別上不同。特雷斯曼等認為，如果德尤奇的假設成立，那麼聲音的差別對覺察追隨材料與非追隨材料中的目標，不會有重要的影響。

實驗結果見圖 3-5。從圖上看到，在聲音不同時，被試者對目標的覺察比在聲音相同時要高得多；在聲音相同時，被試者覺察追隨耳中的目標約為覺察非追隨耳中的目標的兩倍。這一結果支持了特雷斯曼的衰減作用模型，而和德尤奇的假定相反。

上面我們介紹了注意選擇的三種模型。前兩種模型強調選擇發生在知覺

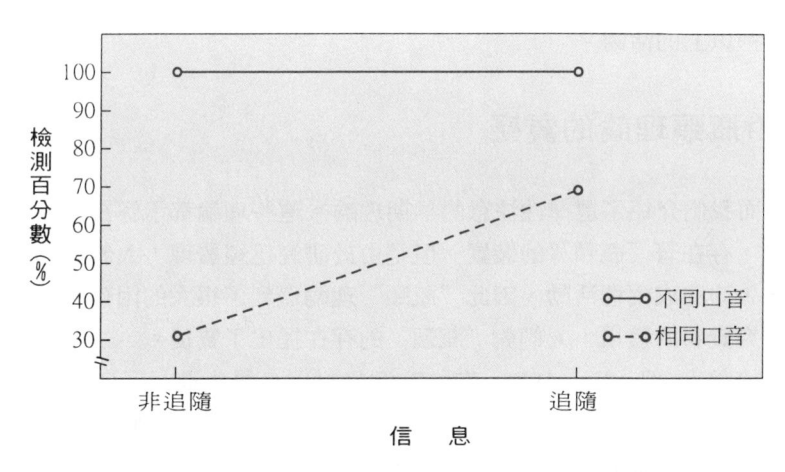

圖 3-5 在追隨和非追隨條件下對不同口音目標的檢測
(採自 Treisman & Riley, 1969)

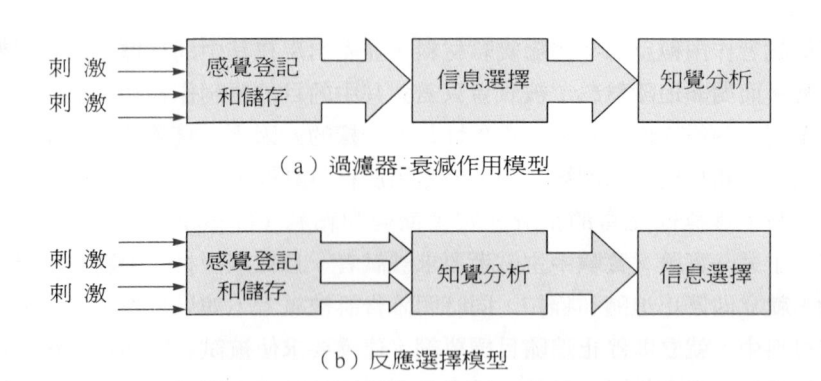

```
 刺激 →  ┌感覺登記┐  ┌信息選擇┐  ┌知覺分析┐
 刺激 →  └和儲存 ┘→ └    ┘→ └    ┘
        (a) 過濾器-衰減作用模型

 刺激 →  ┌感覺登記┐  ┌知覺分析┐  ┌信息選擇┐
 刺激 →  └和儲存 ┘→ └    ┘→ └    ┘
        (b) 反應選擇模型
```

圖 3-6　選擇性注意模型的比較
(採自 Kahneman, 1973)

分析之前,因而可稱為**早期選擇模型** (early selection model);後一種模型強調選擇發生在知覺分析之後,因而可稱為**後期選擇模型** (late selection model)。卡里曼 (Kahneman, 1973) 用一個模型說明了三種選擇性注意模型的關係(見圖 3-6)。其中圖 (a) 表示過濾器-衰減作用模型。這種模型認為,信息選擇發生在知覺分析階段或分析階段之前,因而注意控制著知覺。圖 (b) 表示反應選擇模型,這種模型認為,信息的"選擇"發生在對經過充分分析的刺激作出反應的選擇之前,這種"選擇"使人不致在同一時間內執行一種以上的活動。

四、對瓶頸理論的質疑

前面我們介紹了選擇性注意的早期理論。這些理論都承認在信息加工的流程中,存在著"瓶頸"的裝置。但是由於研究已經發現,人們在同一時間內能有效地完成兩種活動,因此"瓶頸"理論遇到了很大的困難。近年來,隨著研究資料的積累,人們對"瓶頸"的存在提出了質疑。

斯培爾克 (Spelke, 1976) 在 17 週內對兩名學生進行了各種作業的訓練,每週訓練 5 小時。開始時,他讓學生們閱讀美國、英國和歐洲一些作家的短篇故事,並要求學生同時聽寫書中的一些單詞。結果發現,學生要同時完成這兩種作業是很難的,其表現為閱讀速度明顯下降,書寫受到阻礙。但是,六週訓練以後,他們都能順利地同時完成這兩種作業,逐漸能覺察有韻律的單詞、語意有關的單詞和由這些聽寫過的單詞組成的句子。最後，在保持正常閱讀速度和理解的條件下，他們學會了寫出單詞所屬的類別，而不是單詞本身。

這一結果說明，注意的容量並不是固定不變的，通過訓練，學生的書寫也許自動化了，因而不需要注意的能量，或者注意在閱讀與書寫之間迅速轉移……總之，隨著個體技能水平的提高，他們信息加工（或訊息處理）的容量是變化著的。

根據注意的可塑性，約翰斯騰和海因斯（Johnston & Heinz, 1978）認為"瓶頸"的位置是由人們根據作業的情況來確定的，從早期的選擇（再認前選擇）到後期的選擇（語意分析），是一個連續變化的範圍。在這個範圍內，"瓶頸"的位置是變化著的。換句話說，根據作業的要求不同，人們可以採取適應這一作業需要的注意方式。

第三節　認知容量與分配性注意

上一節我們圍繞著三個模型討論了注意時信息阻斷或信息衰減發生的部位。這些模型的共同出發點是，人的信息加工（或訊息處理）系統的容量是有限的，因此必須由某種過濾器裝置加以調節。但是，從 70 年代以來，瓶頸理論受到了不少批評，心理學家們開始轉向對**認知容量**（cognitive capacity）的研究。

一、雙作業操作

研究認知容量最常用的方法是**雙作業操作**（dual-task performance）。即讓被試者同時完成兩種作業，觀察他們完成作業的情況。維爾奇（Welch, 1898）讓被試者同時完成兩種作業，一種是閱讀和計數，另一種是操縱大型手柄。他認為，第一種作業對第二種作業的干擾程度，可作為人們對第一種作業注意程度的指標。

隨著認知心理學的發展,人們在研究認知容量時也使用了雙作業操作。約翰斯騰和海因斯 (Johnston & Heinz, 1978) 用實驗測量了完成一項作業所需的**心理容量** (mental capacity) 的大小。實驗者給被試者安排了兩種作業:主要作業和伴隨作業。主要作業為選擇性傾聽:給被試者兩耳同時呈現成對的單詞,要求被試者追隨一耳聽到的內容。材料分兩種:一種材料用男聲和女聲分別呈現,要求被試者追隨其中用一種聲音說出的單詞;另一種材料用同一口音呈現,但單詞的內容不同,比如一組為職業名稱,另一組為城市名稱等,要求被試者追隨其中的一組單詞。伴隨作業為對光信號作出按鍵反應。在被試者完成主要作業的同時,記錄他們完成伴隨作業的反應時。可以預料,如果分配在主要作業上的容量越大,那麼,注意對伴隨作業的控制作用就越小,因而完成伴隨作業的反應時就越長。

實驗結果是,在沒有主要作業時,被試者對光信號的平均反應時為 310 毫秒;當主要作業為一種時,被試者對光信號的反應時為 370 毫秒,當主要作業為兩種,它們之間的差別為物理性質(男、女聲音)的差別時,對光信號的反應時為 433 毫秒。最後,當主要作業為兩種、它們之間的差別為語意差別時,被試者對光信號的反應時為 482 毫秒。隨著主要作業的數量與性質的變化,被試者覺察光信號的錯誤率也表現了相同的趨勢:一種主要作業時,錯誤率為 1.43%,有兩種主要作業、它們之間的差別為物理性質的差別時,錯誤率為 5.3%;有兩種主要作業、它們之間的差別為語意差別時,錯誤率為 20.5%。

約翰斯騰等人認為,被試者完成兩種主要作業時,對光信號的反應時明顯長於完成一種主要作業的反應時,說明注意是需要容量的;而對語意線索的注意比對物理線索的注意,需要更長的時間,說明在信息加工(或訊息處理)的不同階段上,對容量的要求是不一樣的。為了提高注意的廣度,就必須消耗專門的容量或降低選擇的精確性。

在雙作業操作中,作業的相似程度也決定著認知容量的分配。奧爾波特 (Allport, 1972) 曾用實驗證明,在用大聲追隨(或復誦)一篇課文的同時,給被試者用聽覺方式呈現單詞,這時被試者對單詞的再認成績只處於機遇水平。如果將大聲追隨課文與用視覺呈現單詞相結合,再認的成績要好得多;如果在追隨課文時,給被試者呈現圖片,再認圖片的正確率可達 90%。可見，在同一通道內分配注意較難，而在不同通道間分配注意則比較容易。

二、容量分配的理論模型

怎樣解釋雙作業操作的各種發現？從 70 年代以來，形成了兩種比較著名的理論模型。

（一） 單一資源理論

單一資源理論 (single resource theory) 也叫**中樞容量理論** (central capacity theory)。這一理論的提出者與支持者有卡里曼 (Kahneman, 1973)、巴德勒和希奇 (Baddeley & Hitch, 1974)、約翰斯騰和海因斯 (Johnston & Heinz, 1978) 等。

卡里曼 (Kahneman, 1973) 在《注意與努力》一書中，提出了注意的**容量模型** (capacity model)。這個模型假定，人們在完成一項心理作業時，他們的資源或**認知資源** (cognitive resources) 是有一定限度的。這種限度使人們必須把有限的資源有控制地分配到不同的活動或同一活動的不同方面去。一般來說，簡單的活動，對資源的要求較低；複雜的活動，對資源的要求較高。例如，在寬闊無人的高速公路上，熟練的汽車司機可以一邊開車，一邊和車內的人說話。他之所以能夠同時進行兩種或兩種以上的活動，是因為這些活動沒有超過他的信息加工 (或訊息處理) 的總容量。相反，如果在行人擁擠的街道上行車，由於來自視覺和聽覺的大量刺激，占用了他的認知容量，他就沒有能力再與別人聊天了。卡里曼認為，與研究"瓶頸"的位置相比較，了解一種作業對人的認知容量的要求，有更重要的意義。

卡里曼的容量理論可以用以下模型來說明 (見圖 3-7)。

模型包含了兩個主要的成分：即**分配策略** (allocation policy) 和**對容量要求的評價** (evaluation of demands on capacity)。其中分配策略對解釋注意有重要的作用。

模型假定，分配策略是由四種因素控制的：(1) **持久性傾向** (enduring dispositions)。例如：新異的信號、突然運動的物體、明亮的顏色、其他不尋常的事件或自己的姓名等。這些都是引起不隨意注意的重要因素；(2) **臨時性意向** (momentary intentions)。這是由當時情景所引起的一種注意傾

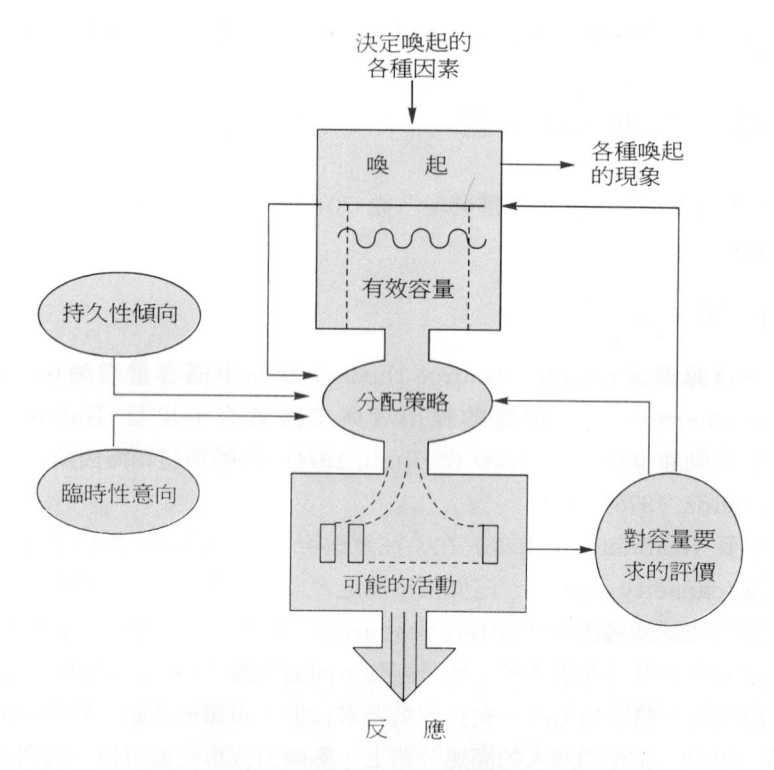

图 3-7 注意的单一中枢容量模型
(採自 Kahneman, 1973)

向，例如按要求傾聽右側耳機的聲音，尋找一個朋友的照片等；(3) **對容量要求的評價** (evaluation of demands on capacity)。如是否對資源進行了合理的分配；(4) **喚起** (arousal) 的作用。人處在中等喚起水平時，有效的資源較多；喚起水平太低或太高，都會干擾當前的行為。喚起依賴於許多因素，如焦慮、恐懼、憤怒、性興奮、肌肉緊張、藥物效應、強烈的刺激作用等。可見，資源的數量並不是固定不變的，它依賴於個體當前的喚起水平。總之，容量的分配策略是靈活可變的，它可以根據輸入刺激的要求或活動的要求進行調整。

模型還假定，在雙作業操作中，干擾是非特異性的，即干擾並不局限在某個感覺通道的範圍之內。當同時進行的活動不超過有效資源的總量時，人們能夠同時完成這些活動。相反，當兩種作業對加工系統的要求超過了總容量時，作業的成績就會下降。

單一資源理論對雙作業操作的解釋是：由於**中樞容量**(central capacity) 是嚴格、有限的資源，在這個有限範圍內，兩項同時性作業的完成情況，依賴於每個作業使用了多少資源。如果兩個作業對資源的要求沒有超出中樞容量擁有的全部資源，那麼兩個作業就不會互相干擾。相反，如果兩個作業對資源的要求，超過了中樞的容量，那麼兩者就必然互相干擾，其受干擾的程度取決於有效資源的分配方式。

根據這種解釋，兩種作業的干擾取決於它們對中樞容量的一般要求，而與作業的相似性沒有關係。換句話說，在中樞容量許可的範圍內，相似的作業與不相似的作業在相互干擾的程度上是不應該有區別的。

單一資源理論得到了一些實驗的支持。波斯納和波伊斯 (Posner & Boies, 1971) 在一個實驗中，要求被試者同時完成兩種作業。主要作業 (要求注意的作業) 是進行字母匹配。實驗時，先呈現一個視覺預備信號，然後呈現一個字母，如 T，時間 50 毫秒。隔 1 秒後，呈現第二個字母。被試者的任務是儘快說出第二個字母是否與第一個字母相同。如果相同，用右手食指按鍵作出反應；如果不同，用右手中指按鍵作出反應。伴隨作業是檢測聽覺信號，即通過立體聲耳機給被試偶爾呈現的一個元音。當聽到這個元音時，用左手食指按鍵儘快做出反應。

圖 3-8 表示了刺激呈現的順序和研究的結果。圖上數字 (1) 代表元音在預備信號前出現時，檢測元音的平均反應時。用它作為基線與隨後得到的數據作比較。從圖上看到，在預備信號後，被試者對元音的檢測反應時有所下降，如圖中的數字 (2) 所示。這種下降的趨勢一直繼續到第一個字母出現後的一個很短的時間內 (見圖中的數字 (3) 和 (4))。這說明預備信號提高了被試的**警覺**和**覺醒**，因而使得有效的資源上升，這一結果是和容量模型的預測一致的。預備信號前，被試者將資源完全分配在元音檢測作業上，反應時較短。以後，由於第一個字母的出現，被試者需要將資源分配到主要作業上。在這種作業中，被試者要從感覺記憶中提取第一個字母的代碼，並在工作記憶中形成一個較持續的表徵；然後與第二個字母的表徵進行匹配，這些複雜的活動需要使用大量有效的資源。在這種情況下，檢測信號的反應時便迅速上升了 (見圖上的數字 (5)，(6)，(7))。這一結果也是和容量理論的預測一致的。

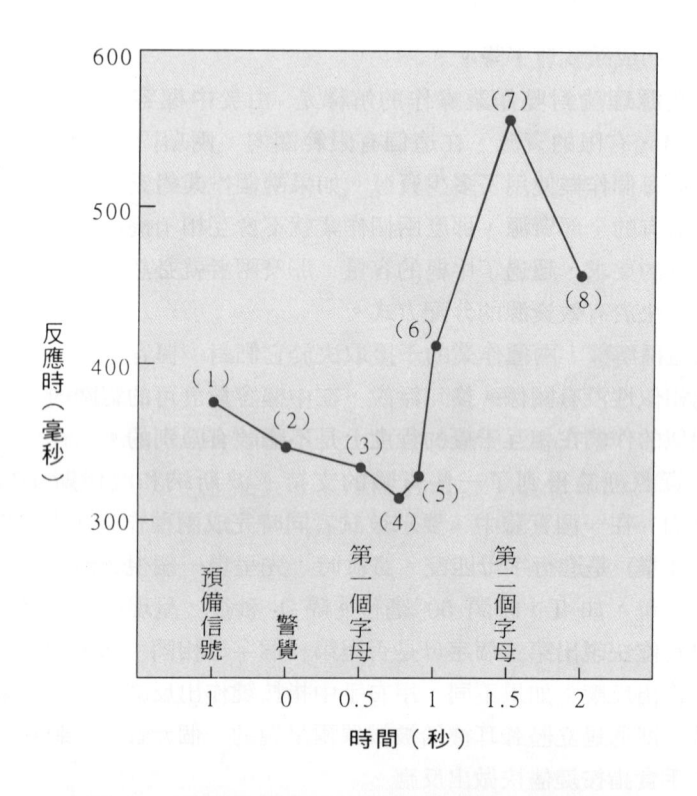

圖 3-8 字母匹配與元音檢測的實驗程序與結果
(採自 Posner & Boies, 1971)

　　安德森、喬伊和洛奇 (Anderson, Choi & Lorch, 1987) 用實驗證明了模型中提出的持久性傾向和臨時性意向的關係。實驗中讓 3～5 歲的兒童觀看適合於他們的電視節目，在節目中隨機插入一些聲音和圖像的干擾。這些干擾常常引起兒童的朝向反應 (把頭轉過去)。結果發現，兒童對電視的凝視時間越長，他們在干擾條件下就越能繼續保持對電視的凝視。當兒童凝視電視屏幕 15 秒鐘或更長一些時間，這種效應特別強烈。安德森等稱之為**注意惰性** (attentional inertia)。也就是說，人們在處理某一特定刺激時所消耗的時間越多，他們就越可能在將來繼續處理這種刺激。從容量模型的觀點來看，兒童的臨時意向是處理電視節目，而他們的持久傾向是處理那些突然的、偶發出現的干擾物。當他們把越來越多的資源投放在與臨時意向有關的客體上時，他們用於處理持久性傾向的資源就不多了。

但是，單一資源理論也有兩個明顯的缺陷。第一，這種理論不能解釋作業的性質對注意分配的影響。正如奧爾波特 (Allport, 1972) 及斯培爾克等 (Spelke, et al., 1976) 所看到的，相似的作業容易發生干擾。如果作業的性質不同，即使都比較複雜，干擾也較少發生。這種現象是不能用單一資源理論解釋的。第二，它用兩種作業之間的相互干擾來測量有限的中樞容量，接著又用有限的中樞容量來解釋兩種作業之間的干擾，即作者想要建立的理論正是按這種理論設計的實驗來證明的。

(二) 多重資源理論

為了克服上述理論的局限性，奧爾波特、納旺以及戈菲爾等 (Allport, Navon & Gopher, 1979) 提出了多重資源理論。

西加爾和弗西拉 (Segal & Fusella, 1970) 曾發現，在雙作業操作中，干擾具有特異化的性質。實驗要求被試者形成視覺意象和聽覺意象，並在這兩種條件下進行視覺信號和聽覺信號的檢測。結果見圖 3-9。從圖上看到，兩種條件出現明顯的交互作用。聽覺意象對聽覺信號的干擾大於對視覺信號的干擾；而視覺意象對視覺信號的干擾大於對聽覺信號的干擾。可見，除了視覺意象作業與聽覺意象作業可能存在難度的差別外，作業的相似性對容量的分配有更大的作用。

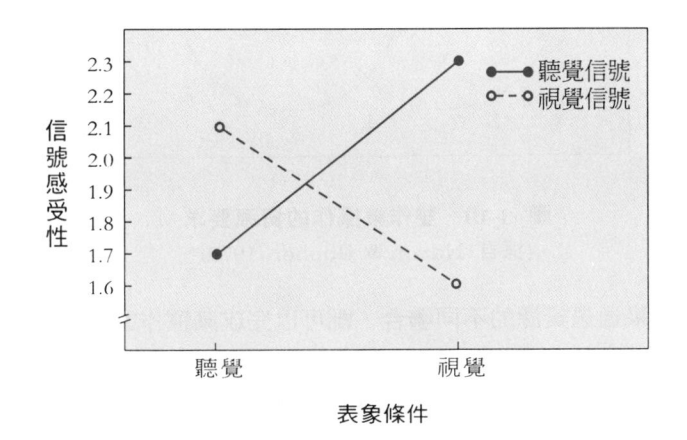

圖 3-9 同時性意象對視覺和聽覺作業的影響
(採自 Segal & Fusella, 1970)

鑒於干擾作用的大小依賴於感覺通道的性質，奧爾波特等人 (Allport, et al., 1972) 提出，在信息加工系統中存在著多重通道或機制。這種想法能夠解釋同一通道內的相互干擾，但不能說明它們為什麼沒有完全被阻斷。納旺和戈菲爾 (Navon & Gopher, 1979) 進一步提出了**多重容量理論** (multiple capacity theory) **或多重資源理論** (multiple resource theory)。按照這種理論，聽覺意象對聽覺信號檢測的干擾，大於對視覺信號檢測的干擾，是由於前者占用了共同的資源。

納旺等提出：每個通道都具有自己的容量，它在單位時間內儲存、轉換和加工信息的數量是有限度的。

納旺等認為，如果同時進行兩種作業 X 和 Y，那麼它們的資源可能有四種 (見圖 3-10)：(1) 某些資源能為作業 X 所使用，但不能為作業 Y 所使用；(2) 某些資源能為兩種作業共同使用；(3) 某些資源能為作業 Y 使用，但不能為作業 X 使用；(4) 某些資源與兩種作業都無關係。

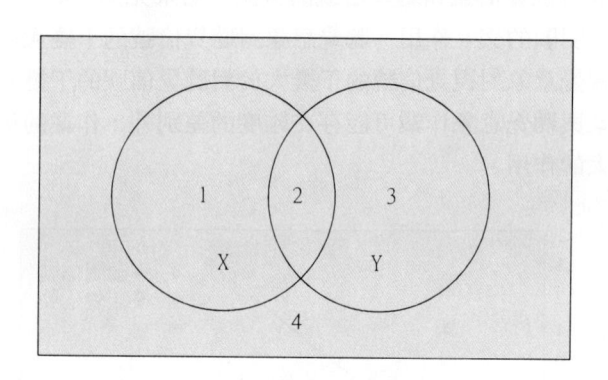

圖 3-10　雙作業操作的資源要求
(採自 Navon & Gopher, 1979)

因此，如果通過資源的不同聯合，既可以完成某種作業，也可以完成兩種作業，那麼，最佳的策略就是最大限度地減小包含在兩種作業中的相同的資源；如果每種作業所需要的資源都沒有重疊，那麼就可能平行地完成這些作業。

奧爾波特 (Allport, 1980) 進一步批評了單一資源理論的概念，認為用單一資源理論的資源分配來解釋雙作業操作，並沒有增進對問題的了解。他設想，有若干不同的加工機制或資源，如視覺的機制或資源，聽覺的機制或資源等，因此，如果兩種作業在同一感覺通道內發生競爭，它們就會互相干擾；如果兩種作業包含不同的加工機制，就不會出現干擾現象。

多重資源理論雖然克服了單一資源理論中某些簡單化的缺點，並解釋了作業相似性對完成作業的影響，但它沒有說明多重資源的性質和種類；它過分強調了不同加工機制的獨立性，因而取消了中樞控制與中樞調節的作用；再有，當作業比較複雜時，完全不相似的作業也常常互相干擾，這是用多重資源理論難以解釋的。

第四節　持續性注意

注意包含了三種基本類型，即選擇性注意、分配性注意和持續性注意。人們在學習、工作和日常生活中，不僅需要選擇所需要的信息、排除無關的信息，將注意分配在不同的對象與活動上，而且需要長時間地維持注意，保持一種警覺的狀態。本節討論的正是與持續性注意有關的一些基本問題，如持續性注意與警覺的關係，影響持續性注意的各種因素，有關持續性注意的各種理論等。

一、警覺與持續性注意

持續性注意 (sustained attention) 或注意的持續性，是指在一段時間內將注意保持在某個目標或某種活動上。例如，學生在持續 50 分鐘的上課時間內，將注意保持在與教學活動有關的對象上；外科醫生在連續幾小時的外科手術中聚精會神地工作；雷達觀測站的觀測員長時間注視雷達螢光屏幕，檢測代表敵機出現的光信號。在這些情況下，注意指向的對象，有些是經常出現的，可以預期的；有些是偶發的，難以預測的。在這個意義上，持續性注意和注意的穩定性是同義的。

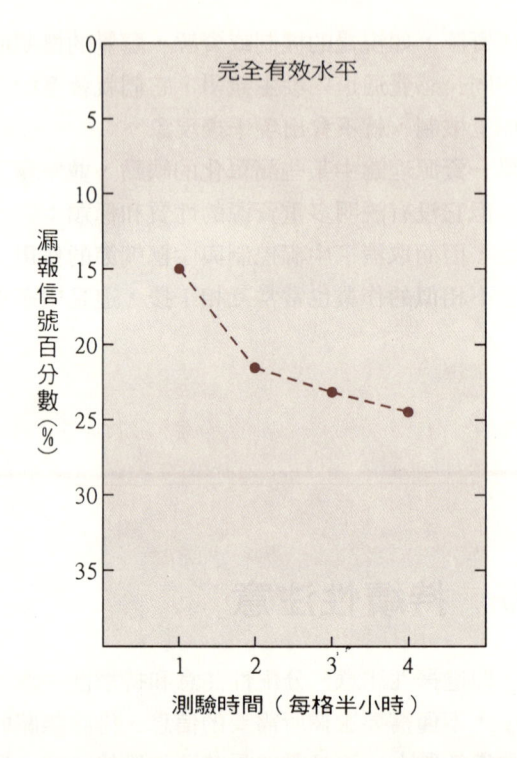

圖 3-11
警覺作業的減縮函數
(採自 Markworth, 1950)

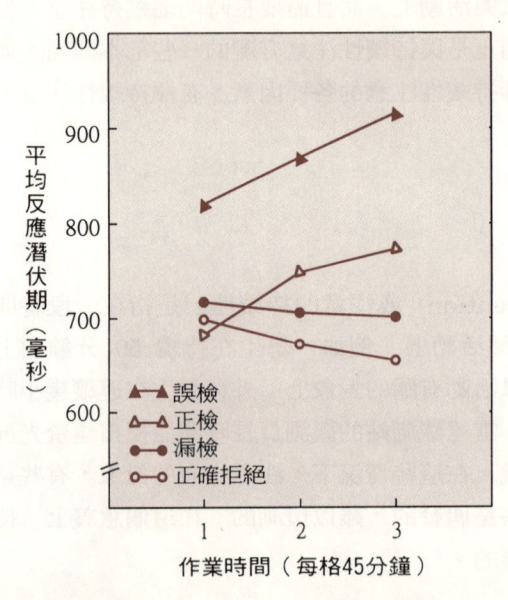

圖 3-12
在強度分辨作業中各種不同的刺激-反應結果
(採自 Parasuraman & Davies, 1976)

警覺 (vigilance) 是持續性注意的一種特殊形式。它是指"在一段時間內將注意維持在那些不經常出現的和預想不到的目標上"(Parasuraman, 1984, p.243)。在這個意義上，警覺和持續性注意才能互相借用。在心理學中，警覺是持續性注意中研究得較多的一個領域。

　　研究持續性注意，經常採用警覺作業來進行。這種作業一般包括**信號檢測**(或**訊號偵測**) (signal detection) 和**信號分辨** (signal discrimination) 兩種作業。信號檢測作業要求被試者，判斷信息是否出現，如有信號出現作"是"反應，沒有信號出現作"否"反應；而信號分辨作業要求被試者區分不同的信號，如對紅光作"是"反應，對綠光作"否"反應。

　　在嚴格控制的實驗室條件下研究警覺或持續性注意，開始於馬克沃斯 (Mackworth, 1950) 的工作。馬克沃斯模擬雷達的裝置，設計了一個**鐘錶測驗** (clock test)。在一個沒有刻度，沒有任何參照點的鐘面上，黑色指針以每秒 0.3 英寸的速度移動，這是背景噪音，然後以隨機的順序使指針作每秒 0.6 英寸的跳動，作為關鍵信號，要求被試者用按鍵反應報告他所看到的每一個關鍵信號。實驗持續 2 小時，每半小時作為一個時間組，統計被試者的作業成績，用漏掉信號的發生率作為測量警覺性隨時間而變化的指標。在馬克沃斯的實驗中，被試者是單獨接受實驗的，他們的反應不影響關鍵信號的出現，而且要檢測的信號是偶然的、非周期性地發生的。這些要求正是大多數警覺作業的共同特點。

　　運用警覺作業，馬克沃斯得到了被試者的成績隨時間而逐漸下降的一條曲線（見圖 3-11）。在頭兩個時間組內，信號檢測成績的下降幅度最大，而在其餘的時間內，成績的下降比較平緩。馬克沃斯把這條曲線稱為警覺的**減縮函數** (decrement function)。

　　研究警覺下降 (或衰減)，既可以用對信號的正確反應率 (或正確檢測率) 作指標，也可用**反應時**作指標。戴維斯和圖恩 (Davies & Tune, 1969) 用實驗證明：對關鍵信號的反應速度隨時間而下降。帕雷蘇雷曼和戴維斯 (Parasuraman & Davies, 1976) 用持續 45 分鐘**聲音強度分辨作業** (auditory intensity discrimination task)，分別考察了信號檢測作業中各種不同的反應時；包括**正確檢測** (correct detection，簡稱**正檢**)、**錯誤檢測** (false detection，簡稱**誤檢**)、**正確拒絕** (correct rejection) 和**漏檢** (omission) 的反應時。實驗的結果見圖 3-12。從圖上看到，正檢和誤檢的反應潛伏期，隨作業時間而上升，這表明警覺隨作業時間而下降；而正確拒絕和漏檢的反應潛伏期，隨作業時間而下降或保持穩定。這說明，正檢潛伏期的上升，不僅表現為反應速度的下降，而且還可能包含一些其他的過程，如作業時間延長後，可能引起疲倦或不耐煩的情緒等。

二、影響警覺或持續性注意的因素

影響持續性注意或警覺衰減的因素是很複雜的，它包括刺激物的特性、感覺通道的特性、主體的期待和知識經驗等。現分別討論這些因素。

（一） 感覺通道的特點

人通過不同的**感覺通道** (sensory modality) 接受外界輸入的信號。研究發現，在持續性注意中，包含聽覺信號的作業成績優於包含視覺信號的作業成績。但不同的感覺通道對持續注意的能力，存在很低的相關 (Baker, Ware & Sipowitz, 1962；Warm & Alluisi, 1971)。另一些研究發現，如果視、聽兩種作業中所要求的分辨作用相等，那麼兩個通道的作業成績的相關將上升。同時，從一種感覺通道所獲得的經驗可以影響到隨後在另一感覺通道的成績 (Gunn & Loeb, 1967)。這說明，持續性注意不只是一種外周的過程。在持續性注意中，感覺因素雖有重要的作用，但不同感覺通道間某些共同的中樞因素，同樣是很重要的。

（二） 刺激物的强度和持續時間

刺激信號的強度對持續性注意有顯著的影響。洛伊布和彬弗德 (Loeb & Binford, 1963) 的實驗證明，如果給被試者發出強度為 60 分貝的脈衝信號，作為一個正常的聽覺刺激，然後發出某些關鍵信號，它們的強度分別為 62.1 分貝、63.6 分貝、65.1 分貝。要求被試者將這些關鍵信號從正常的聽覺刺激中分辨出來。結果發現，漏掉信號的數量與關鍵信號的強度成反比。當關鍵信號的增量為 5.1 分貝時，漏掉的信號最少；而當關鍵信號的增量為 2.1 分貝時，漏掉的信號最多 (見圖 3-13)。總之，當信號-噪音比上升時，作業的成績是上升的。研究還表明，當信號-噪音比很低時，持續性注意或警覺的衰減更明顯。霍克斯和洛伊布 (Hawkes & Loeb, 1962)，洛伊

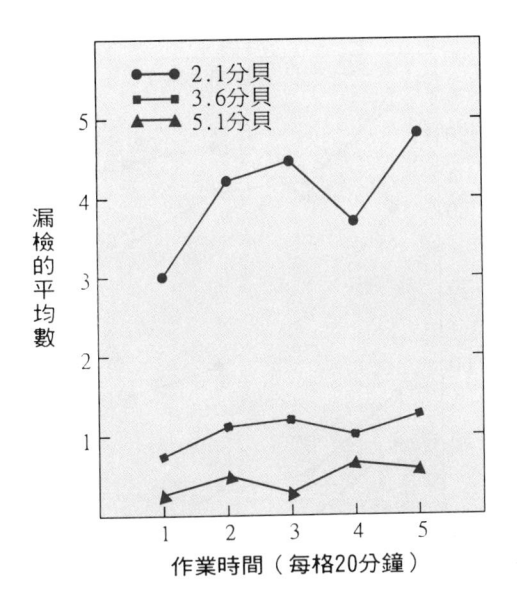

[图表：警觉作业中信号强度的影响，三条曲线分别为 2.1 分贝、3.6 分贝、5.1 分贝，横轴为作业时间（每格20分钟），纵轴为漏检的平均数]

图 3-13 警觉作業中信號強度的影響
(採自 Loeb & Binford, 1963)

布和斯密特 (Loeb & Schmidt, 1963) 還證明，對正確檢測的反應潛伏期是隨關鍵信號的增量而下降的。

持續性注意也受刺激物持續時間的影響。貝克 (Baker, 1963) 曾經用實驗證明，在關鍵信號的持續時間分別為 0.02 秒、0.03 秒、0.04 秒、0.06 秒和 0.08 秒時，要求被試者完成警覺作業。實驗結果發現，持續時間長，信號檢測的百分數高；持續時間短，信號檢測的百分數隨之下降。研究還發現，在兩個小時的警覺作業中，注意或警覺的衰減與關鍵信號的持續時間有關。持續時間短，注意的衰減快；持續時間延長，注意的衰減漸趨緩慢（見圖 3-14）。可見，在作業時間延長以後，短暫的信號持續時間，不利於注意的保持。

（三）事件率

大多數警覺實驗都使用動態的呈現方法。在這種方法中，關鍵信號都出現在一組正常發生的中性背景事件中。以鐘錶測驗為例，每秒 0.3 吋的慢速運動構成一組中性事件，而每秒 0.6 吋的快速運動，作為關鍵信號，出

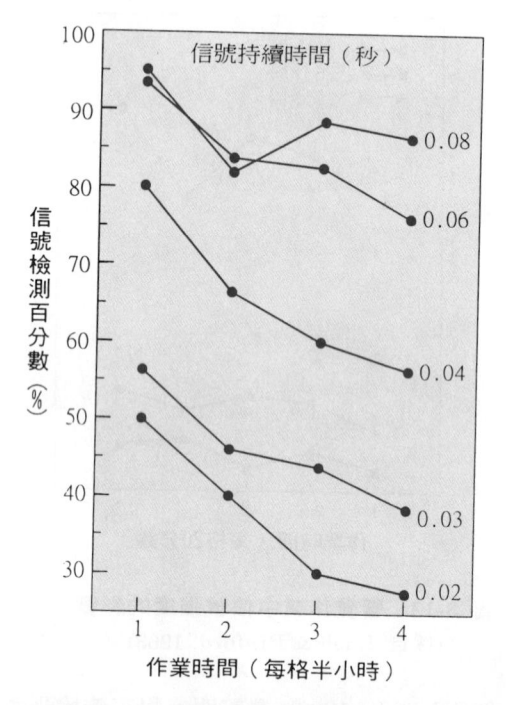

圖 3-14　信號持續時間對信號檢測的影響
(採自 Baker, 1963)

現在上述中性背景中。實驗時不要求被試者對背景事件作出反應，但並不意味著背景事件對注意的維持沒有影響。事實已經證明，中性事件的頻率或背景事件的速率即**事件率** (event rate) 是決定警覺作業成績的一個重要因素。

杰里遜和皮克特 (Jerison & Pickett, 1964) 在一項實驗中，要求被試者注意一條光線的來回運動。這是信號分辨作業的背景事件。事件的速率有兩種：(1) 慢速，每分鐘 5 個事件；(2) 快速，每分鐘 30 個事件。關鍵信號是一條增量為 4 毫米的光線，它出現在上述背景事件中。在兩種速率的背景事件中，關鍵信號的數量是相等的。結果發現，在慢速背景事件中，對關鍵信號的正檢百分數，明顯大於在快速背景事件中對信號的正檢百分數。同時，在快速條件下，注意或警覺的減縮函數更明顯（見圖 3-15）。另一些人的研究 (Loeb & Binford, 1968) 也相繼證明，持續性注意的質量是與中性事件的呈現速率成反比的。

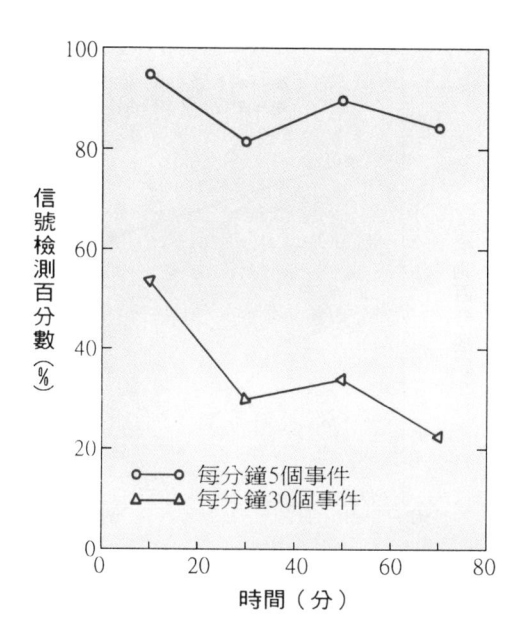

圖 3-15　事件率對關鍵信號檢測的影響
(採自 Jerison & Pickett, 1964)

美茲格、瓦爾姆和桑特 (Metzger, Warm & Senter, 1974) 進一步發現了事件率對不同關鍵信號強度的不同作用。在他們的實驗中，背景事件的速率分別為每分鐘 6 個和 21 個事件，而關鍵信號的增量分別為 2 毫米和 8 毫米 (在杰里遜等人的實驗中為 4 毫米——作者注)。結果表明，在背景事件的兩種速率下，被試者對增量為 8 毫米的關鍵信號比對 2 毫米的關鍵信號，有較高的正檢率。而且，關鍵信號的強度效應在高速率下更大。兩者存在明顯的交互作用 (見圖 3-16)。這說明背景事件率對關鍵信號的檢測有顯著影響，當背景事件率上升時，弱信號受到的不利影響更大。

(四)　時間和空間的不確定性

在警覺作業中，關鍵信號的出現常常是隨機的。它具有時間和空間的**不確定性** (uncertainty)。研究表明，人們對信號檢測的正確率和速度，是隨時間、空間的不確定性的變化而變化的。

改變關鍵信號的數量或密度是控制觀察者的時間不確定性的一種常用的

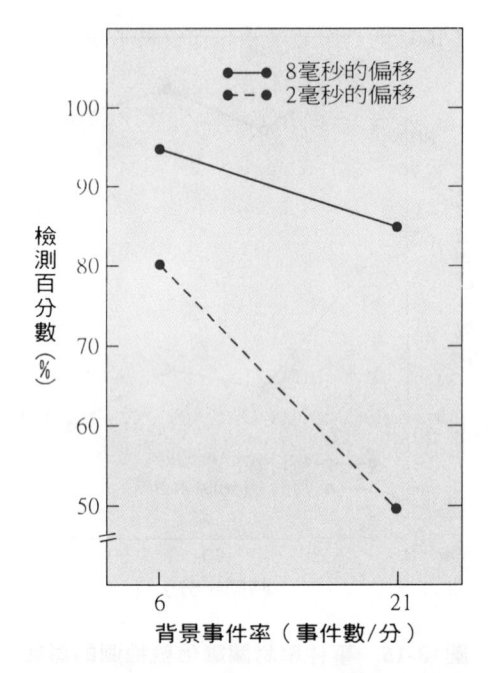

圖 3-16 背景事件率與關鍵信號增量的交互作用
(採自 Metzger, Warm & Senter, 1974)

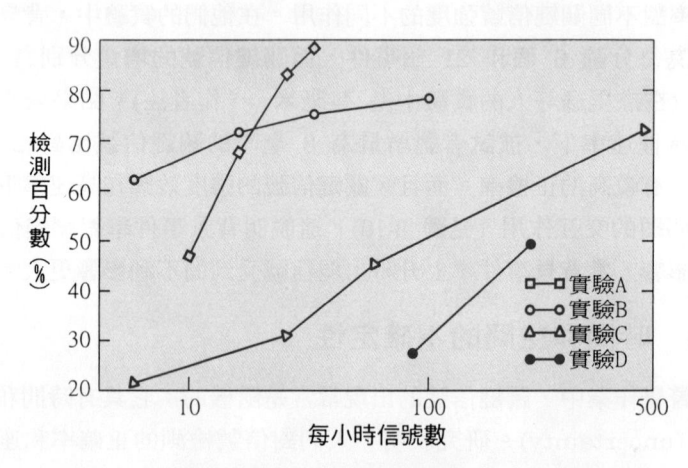

圖 3-17 關鍵信號的頻率對信號檢測百分數的影響
(採自 Jerison & Pickett, 1963)

手段。圖 3-17 說明了在**警覺作業**中由信號密度決定的時間不確定性對信號檢測正確率的影響。圖中的數據是根據不同人的實驗結果繪製的。從圖上看到，在所有實驗中，信號檢測的百分率都隨關鍵信號數量的上升而上升。

關鍵信號的數量或密度還影響信號檢測的速度或時間。史密斯、瓦爾姆和阿魯伊西 (Smith, Warm & Alluisi, 1966) 應用信息論的原理測量了時間不確定性對信號檢測速度的影響。時間的不確定性由信號的數量或密度決定，其範圍為每小時 6 個至 96 個信號。結果見圖 3-18。圖上的橫坐標標明信號的不確定性，單位為**比特** (bit)，下面用信號的密度與之對照；縱坐標是反應時，單位為秒。圖中的數據是兩次實驗的結果。從圖上看到，被試者對關鍵信號的反應時是隨著信號的不確定性的上升而上升的。當信號的不確定性為 5.23 比特或信號密度為每小時 96 個信號時，反應時只有 1 秒左右；而當信號的不確定性上升到 9.23 比特，或信號密度為每小時 6 個信號時，反應時上升到 2 秒左右。將兩次實驗結果結合在一起進行分析，

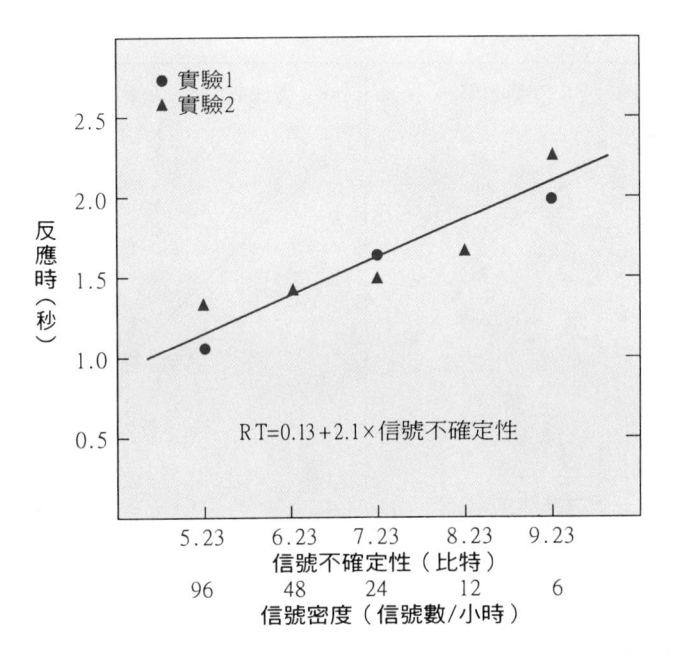

圖 3-18　由信號密度引起的時間不確定性對信號檢測的影響
(採自 Smith, Warm & Alluisi, 1966)

作者得到一個線性方程：反應時 (RT)＝0.13＋2.1×信號不確定性（比特），用這個方程可以較好地預測在不同實驗條件下的結果。

改變關鍵信號之間的時距是控制觀察者的時間不確定性的另一方式。時距的變化可分成規則的與不規則的兩種。例如，每分鐘出現一個關鍵信號，信號間的時距是規則的；相反，每分鐘平均出現一個關鍵信號，信號間的時距從 45 秒至 5 分鐘，則是不規則的。研究表明，信號間的時距越規則，信號檢測的數量就越大，速度也越快 (Baker, 1963; Warm, Epps & Ferguson, 1974)。

摩爾和格羅斯 (Moore & Gross, 1973) 用一個實驗說明，在事件率快（每分鐘 30 個事件）時，信號的規則性效應在檢測的頭 30 分鐘內最大，而在事件率慢（每分鐘 5 個事件）時，信號的規則效應在檢測進行 30 分鐘以後才顯示出來（見圖 3-19）。

改變關鍵信號在某個位置上的出現概率，可以控制觀察者的空間不確定性。研究發現，信號在某個位置出現的概率越高，被試對該信號的檢測也越

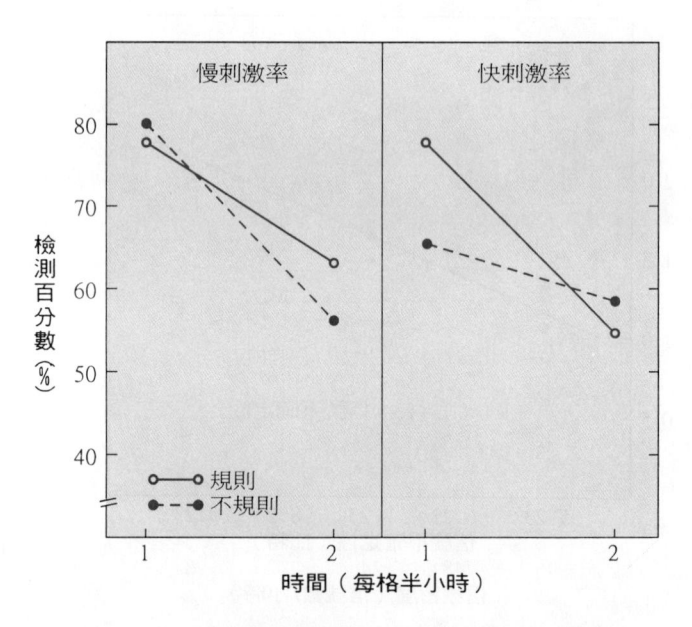

圖 3-19 信號規則性與事件率對信號檢測的影響
(採自 Moore & Gross, 1973)

好 (Nicely & Miller, 1957)。

(五) 作業的性質

帕雷蘇雷曼 (Parasuraman, 1979, 1984) 把警覺作業區分為**同時性分辨** (simultaneous discrimination) 和**繼時性分辨**（或**連續性分辨**）(successive discrimination) 兩類。在同時性分辨作業中，目標信號是刺激事件的一部分。例如，**讓觀察者從許多圓盤中檢測一個色調不同的圓盤**。在繼時性分辨作業中，目標信號是通過改變重復出現的一個標準刺激 (非目標) 的某些特性而得到的。在這種情況下，被試必須在記憶中連續地比較標準值的變化。例如，非目標的標準刺激是一個重復出現的閃光，而目標刺激 (或關鍵信號) 是該閃光在強度上的某種變化。

帕雷蘇雷曼 (Parasuraman, 1979) 的實驗考察了在警覺作業中作業類型與事件率對視覺和聽覺作業成績下降的影響。作業分兩種：(1) 在同時性分辨作業中，要求被試在一個間歇性的突發噪聲內檢測一個 1000 赫 (Hz) 的純音；(2) 在繼時性分辨作業中，要求被試檢測一個 1000 赫 (Hz) 的間歇性純音在強度上的變化。事件率有兩種：(1) 低速率，每分鐘 15 個事件；(2) 高速率，每分鐘 30 個事件。通過作業類型和事件速率的結合，得到 4 種實驗條件。4 組被試者分別完成一種作業，時間 45 分鐘，用**敏感性** (sensitivity，簡稱 d′) 作指標。結果 (見圖 3-20) 表明，在四種實驗條件下都可得到**警覺下降**，但只有在高刺激率和繼時性分辨作業中，敏感性 (d′) 才隨作業時間下降，而在其他三種條件下，敏感性 (d′) 保持不變。在這種情況下，**警覺的下降可能主要由於被試的選擇標準 (β 值) 的變化 (提高)。帕雷蘇雷曼認為，在繼時性分辨作業中被試需要將當前出現的刺激與記憶中的標準刺激作比較，由於記憶的負荷增加，在高速率的條件下，才使敏感性隨時間而下降。

(六) 了解活動的結果

馬克沃斯 (Mackworth, 1950) 在鐘錶測驗中曾經發現，如果把結果告訴被試者，能提高信號檢測的數量和防止警覺的衰減。另一些人的研究結果 (Adams & Humes, 1963；Warm, Epps & Ferguson, 1974；Wiener, 1974) 也證明，了解活動的結果能提高警覺作業中信號檢測的頻率和速度。

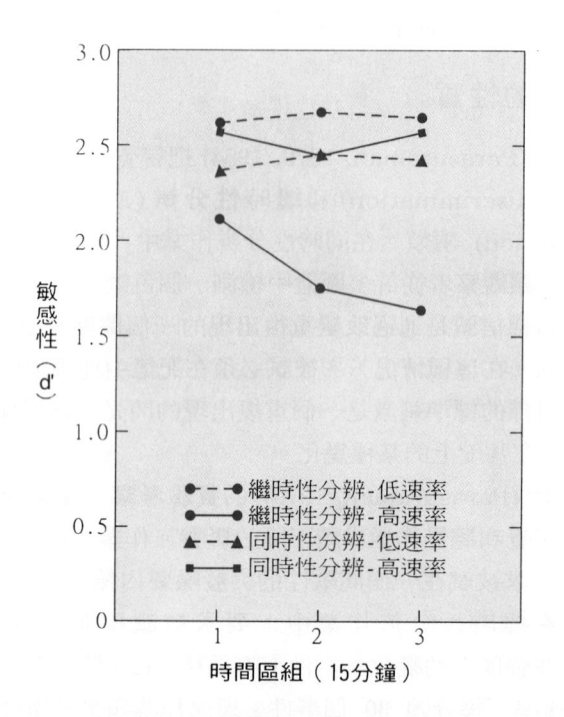

圖 3-20 作業類型與事件率對警覺作業成績的影響
(採自 Parasuraman, 1979)

三、持續性注意的理論

持續性注意的心理、生理機制是什麼？從 20 世紀 60 年代以來，出現了一系列理論對持續性注意進行解釋。這些理論主要有喚起理論、信號檢測理論和期待理論等。

（一）喚起理論

喚起 (arousal) 指有機體的一般狀態或一般性興奮水平。它影響到有機體完成各種注意的功能，其中包括維持警覺的功能 (Parasuraman, 1984)。現代神經生理學的研究表明，喚起主要是腦幹網狀結構的功能。

腦幹的**網狀結構** (reticular formation，簡稱 RF) 或**網狀激活系統** (或

網狀活化系統) (reticular activating system，簡稱 RAS) 是指從脊髓上端到丘腦之間的一種彌散性的神經網絡。網狀結構的神經細胞形狀很複雜，大小也不等。它們的軸突較長，側枝也較多。因此，一個神經元可以和周圍的許多神經元形成**突觸** (synapse)；一處受到刺激就可以引起周圍細胞的廣泛的興奮。

神經生理學的研究發現，來自身體各部分的感覺信號，一部分沿感覺傳導通路 (特定通路)，直接到達相應的皮層感覺區；另一部分通過感覺通路上的側枝先進入網狀結構，然後由網狀結構釋放一種衝擊性脈衝，投射到大腦皮層的廣大區域，從而使大腦產生一般性的興奮水平或喚起水平，使皮層功能普遍得到增強。

根據上述發現，赫布 (Hebb, 1955) 提出，感覺輸入有兩個一般的功能，一是傳遞環境中的信息；一是提供一種彌散性的活動背景，增強腦的功能。後者通過提高有機體的警覺水平，進而加強皮層的傳輸能力。

根據喚起的概念，為了使網狀激活系統處於最佳的機能狀態，必須使知覺環境出現不斷的變化。當刺激物的變化低於臨界水平時，喚起的程度就會下降。在單調的持續性注意作業中，維持警覺所需要的非特異性活動的水平下降，因而降低了檢測信號的有效性。

許多實驗研究支持用喚起理論來解釋持續性注意的生理機制。戴維斯和科爾科維克 (Davies & Krkovic, 1965) 用腦電的 α **波活動水平**和**皮膚電傳導能力** (或**膚電反應**) (electrodermal response，簡稱 EDR) 作為大腦喚起水平的指標，比較了完成警覺作業的成績和大腦喚起水平的關係。結果發現，**警覺作業中信號檢測分數的下降是與腦電 α 波活動水平的下降及皮膚電傳導能力的下降一致的** (圖 3-21)。這說明，腦的覺醒水平是完成持續性注意作業的重要基礎。

阿漢農 (O'Hanlon, 1965) 比較了被試對信號的檢測和血液中腎上腺素含量的關係。發現當血液中腎上腺素的濃度上升時，被試對信號的檢測百分數也隨之提高；相反，當血液中腎上腺素的濃度下降時，被試對信號的檢測百分數也下降 (圖 3-22)。由於血液中腎上腺素的含量可用來表示網狀結構的激活水平或腦的喚起水平。因此，上述結果同樣可說明警覺作業的成績與喚起水平有密切關係。

但是，正如帕雷蘇雷曼 (Parasuraman, 1984) 所指出的，警覺與喚起

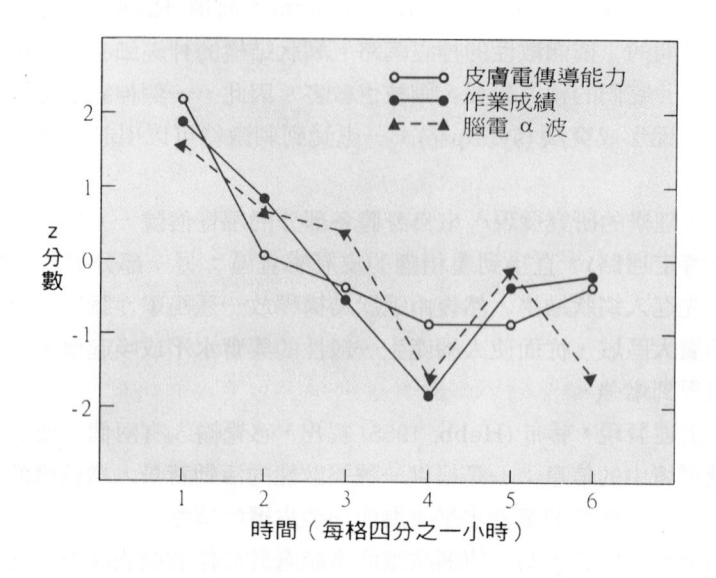

圖 3-21　腦覺醒水平與作業成績的關係
(採自 Davies & Krkovic, 1965)

儘管有聯繫，但它們是不同的概念。在一定的時間內，警覺的下降伴隨著生理喚起的下降。但在幾乎所有持續較長的測驗情景中，而不只是在警覺作業中，都會出現生理喚起的下降。因此，生理喚起的下降是普遍存在的，它的出現與作業類型和行為結果無關。戴維斯等 (Davies, et al., 1983) 證明，引起生理喚起下降的唯一前提是實驗情景的延長和情景比較單調。在這種情景下，即使觀察者休息，不從事任何作業，生理喚起水平也會下降的。

總之，儘管在持續的信號檢測作業和分辨作業中，出現了生理喚起的下降，但警覺的衰減不一定是喚起下降的結果。因此，僅僅用生理喚起的單一狀態難以解釋警覺衰減的原因。

(二) 信號檢測理論

信號檢測理論(或**訊息偵察論**) (signal detection theory，簡稱 SDT) 是一種測量感受性的理論，由皮特遜等 (Peterson, et al., 1959) 所提出，並且應用於無線電通訊中。以後，由唐納爾和斯維特斯 (Tanner & Swets, 1954)、格林和斯維特斯 (Green & Swets, 1966) 加以改進，並用於心理物

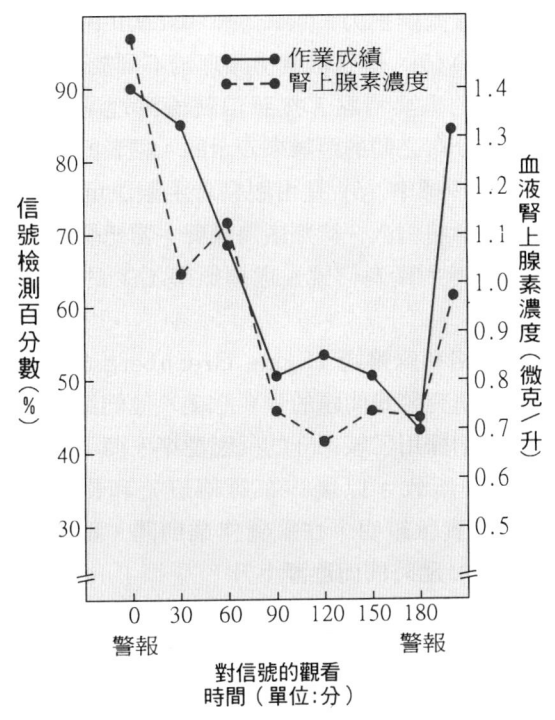

圖 3-22　血液中腎上腺素濃度與作業成績的關係
(採自 O'Hanlon, 1965)

理實驗中。60年代以後，這一理論又廣泛應用於警覺或持續性注意的研究。

信號檢測理論假設，人們對信號和噪聲刺激的感覺呈常態分布。一般說來，信號引起的感覺水平較高。但是，由信號和噪聲引起的兩個分布通常並不是完全分開的。它們之間總有某些疊加的地方，也就是說，人們有時難以分清什麼是信號、什麼是噪聲。正因為這樣，人對信號的檢測會出現四種不同的情況：(1) **正確檢測** (或中的) (hit)：信號出現，檢測有信號；(2) **漏報** (或**失察**) (miss)：信號出現，檢測無信號；(3) **正確拒絕** (correct rejection) 或**正確** (correct)：信號未出現只有噪聲出現，檢測無信號；(4) **誤報** (或**虛驚**) (false alarm)：信號未出現只有噪聲出現，檢測有信號。

信號檢測理論不同於傳統的心理物理學。傳統的心理物理學以感覺閾限為測量感受性的指標。這種測量方法忽視了被試者的主觀判定標準對所測得的感覺閾限的重要影響。與此不同，信號檢測理論區分了兩個重要的參數，即**檢測敏感性**(或**感覺辨別力**)(sensory discrimination)(d')和**選擇標準**(selective criterion)(β)。這是信號檢測理論不同於傳統的**心理物理學**(psychophysics)方法的重要特點。按照信號檢測理論，檢測敏感性(d')是用信號和噪聲兩個分布之間的距離來表示的，兩者的距離越大，信號與噪聲就越容易區分。選擇標準(β)是由觀察者主觀決定的，當感覺水平低於這一標準時，觀察者會將刺激一律判斷為噪聲；當感覺水平高於這一標準時，觀察者會將刺激一律判斷為信號。選擇標準(β)的變化不會引起檢測敏感性(d')的改變。

艾根、格林伯格和蘇爾姆(Egan, Greenberg & Schulmn, 1961)提出了用信號檢測理論研究警覺問題的重要意義。他們認為，警覺減縮函數可能反映了人們在作業中採用了較保守的反應標準，而不是由於對信號的知覺能力或敏感性的下降所致。以後，布羅德班特和格列高里(Broadbent & Gregory, 1963)用實驗證明，在警覺作業期間，敏感性指標(d')保持不變，而選擇標準(β)隨時間而逐漸上升。

但是，另一些研究者發現，在警覺作業中，知覺敏感性也是變化的。帕雷蘇雷曼(Parasuraman, 1979)在研究作業類型和事件率對警覺下降的影響時，發現在繼時性分辨作業和高事件率條件下，敏感性隨時間有明顯的下降。這種下降可能是由記憶負荷的加重造成的。紐克特楞等(Nuechterlein, et al., 1983)在一項實驗中，快速呈現數字(每秒1個)，要求被試者從非目標數字1~9中，檢測出目標數字0。實驗對比了在三種刺激衰變條件(高衰變、中衰變和不衰變)下的結果，作業時間為8分鐘。結果發現，在高衰變條件下，檢測敏感性(d')明顯隨作業時間而迅速下降；而在中衰變和不衰變的條件下，沒有出現檢測敏感性(d')下降的現象(見圖3-23)。這說明，由刺激衰變引起的較高知覺負荷和高刺激率的結合，會造成檢測敏感性(d')的快速而較大幅度的下降。在5~8分鐘時間內，有機體的喚起不會下降。因此，上述結果用喚起理論是無法解釋的。

信號檢測理論把警覺作業中引起注意衰減的原因區分為反應標準的上升和知覺敏感性的下降，在理論上是有重要意義的，一些研究結果對喚起理論也提出了強有力的挑戰。但是，究竟是什麼原因引起反應標準和知覺敏感性的變化，這些問題尚需進一步研究。

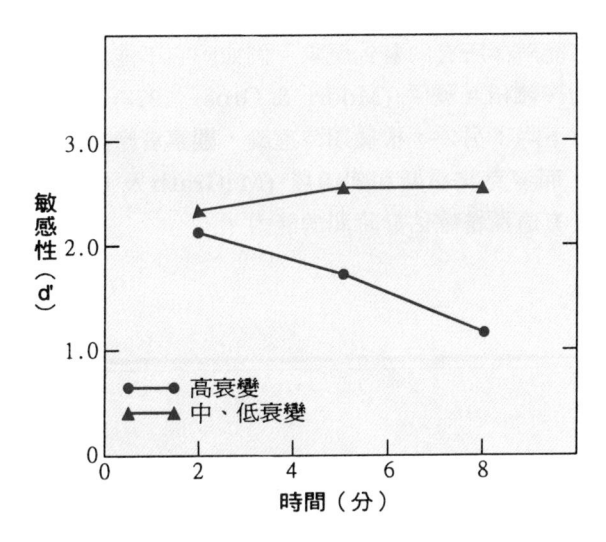

圖 3-23　在快速檢測條件下視覺刺激不同
　　　　衰減水平對警覺衰減的影響
(採自 Nuechterlein, et al., 1983)

(三)　期待理論

　　貝克 (Baker, 1963)、迪西 (Deese, 1955) 提出了關於警覺的**期待理論** (expectancy theory)。這一學說強調，人對信號的檢測和人對信號的準備性或期待呈正相關。這種期待來源於人對要檢測的信號和信號出現的條件在頭腦中已儲存的訊息。按照這種理論，人預測關鍵信號的出現時間會由於作業持續時間的延長而變壞，因而引起持續性注意的衰減。這一理論還提出，反饋能改善觀察者期待的精確性，因而阻止作業成績的下降。科爾奎漢和巴德勒 (Colquhoun & Baddeley, 1967) 指出，在訓練時建立的期待能明顯地影響警覺衰減的過程。這是因為在訓練時，觀察者面臨著很高的信號率；而在作業時，信號的概率較低。他們發現實際出現的信號，比他們期待出現的信號概率要低得多，因而會修改自己的標準，對信號檢測採取較嚴格的態度。克里格和科爾奎漢 (Craig & Colquhoun, 1975) 也指出，在警覺作業中成績的下降，可能主要是由在作業前形成的不適當的期待作用造成的。

　　一系列實驗支持了期待理論。前面我們說過，降低觀察者的時間不確定性,有助於提高警覺的效應。這一發現與期待理論的預測是一致的。但是,期待理論同樣不能解釋所有的警覺現象。例如,它不能解釋事件的速率與信號規則性效應的複雜相互關係 (Moore & Gross, 1973);它也不能說明知覺敏感性為什麼會下降;另外,根據期待理論,觀察者應該能夠精確地估計信號出現的時間。而麥克格雷斯和阿漢農 (McGrath & O'Hanlon, 1967) 證明,觀察者並沒有這種精確估計時間的能力。

第五節 自動化處理

從選擇性注意理論和容量分配理論,提出了訊息處理自動化的問題,即信息處理系統對同時進行的兩種作業,可能存在著不同的處理水平。根據兩種作業的性質及其相互關係,主要選擇一種信息,而忽略了另一種信息,或者將注意的有限容量同時分配在不同性質的作業上,因而能夠執行兩種以上的操作。

一、自動化的概念

自動化加工 (或**無意識動作**) (automatization) 是指人們在完成一種活動或技能時,不需要或需要很少認知資源。哈歇爾和查克斯 (Hasher & Zaeks, 1979) 把自動化加工分成兩種:一種是由遺傳獲得的,如嬰兒出生時就能完成的一些活動;一種是由學習得到的,如騎自行車、書寫、閱讀,都是通過學習而自動化了的技能。人們從日常生活經驗中知道,在技能形成的初期,完成動作要求較多的注意;一旦技能自動化,它對注意的要求就下降了。

卡里曼 (Kahneman, 1984) 在綜述前人關於自動化的標準以後,又提出了自動化加工是一種不隨意的加工,它的激發不需要意向的支持,一旦發動,就不能隨意地停止。自動化加工不要提取一般的資源,它不受注意活動的干擾，也不受其他活動的干擾。此外，幾種自動化加工間不互相干擾，它們可以平行地操作，而不受容量的限制。最後，自動化加工是無意識的。卡里曼還把知覺的自動化區分為三種水平：(1) 強自動化，如知覺過程的一種動作，這種動作既不受注意集中的加強，也不受注意轉移的削弱；(2) 部分自動化，當注意從刺激物上轉移時，知覺動作也能正常完成，但它會由於注意而得到加強，動作的速度也會加快；(3) 非經常性自動化，知覺過程一般需要注意，但有時在沒有注意的情況下也能夠完成。

二、注意研究範式的轉變

在 20 世紀 60～70 年代，人們對注意的研究主要集中在探討選擇性注意的問題上。這一時期的研究範式可以概述為**過濾作用範式** (filtering paradigm)。這一範式的主要特點有：(1) 主要採用選擇性傾聽的方法和局部報告法；(2) 給被試同時呈現有關和無關的兩種刺激；這些刺激的數量較大，對被試的記憶負荷的要求較高；(3) 有關的刺激控制著反應選擇和執行的相對複雜的過程；(4) 以反應的精確性作為主要的測量指標；(5) 區分有關刺激與無關刺激的特性通常為一種簡單的物理特徵，這和決定適宜反應的特徵是不同的。

到了 70 年代末，80 年代初，注意的研究範式出現了巨大的變化 (Kahneman & Treisman, 1984)。心理學家對注意的研究從過濾作用範式轉向了**選擇性定勢範式** (selective-set paradigm)。卡里曼認為，這種範式在設計上主要採用搜索和啟動方法；在通道的選擇上主要使用視覺通道；在刺激詞和反應上只安排了較少的數量，被試的記憶負荷較低；在測量的指標上主要使用反應時。總之，在這種研究範式下，自動化加工的問題受到了高度的重視。

研究自動化加工有各種各樣的作業方式。這裏只簡單地介紹其中最常用的幾種：

1. 斯特魯普作業 斯特魯普作業 (Stroop task) 也叫**色詞作業** (color word task)，是斯特魯普 (Stroop, 1935) 在研究閱讀時提出的一種作業實驗，實驗中用不同顏色的墨水書寫一系列表示顏色的詞，其中有些色詞與使用的顏色一致，如用紅色寫"紅"字，用藍色寫"藍"字；有些色詞與使用的顏色不一致，如用藍色寫"紅"字，用黃色寫"綠"字，要求被試者說出這些字的書寫顏色，並記錄反應時。結果發現，當書寫顏色與色詞名稱不一致時，被試對顏色命名的反應時延長。這說明詞的意義影響到對顏色命名的時間，這種影響是不受意識控制的，此種現象，叫做**斯特魯普效應** (Stroop effect)。以後，許多心理學家 (Morton 1969; Posner & Snyder, 1975) 用這種作業研究閱讀的自動化，證明詞形能自動、迅速地激活詞的結點或詞產生器 (logogen)，因而對顏色命名產生干擾。

2. 啟動作業 單詞間由於詞形、詞音或語意的聯繫而產生的一種自動激活現象，叫**啟動效應** (priming effect)。這種效應是通過**啟動作業** (priming task) 得到的。

以梅耶爾、斯萬里維爾特和盧底 (Meyer, Schvaneveldt & Ruddy, 1974) 關於語意啟動的實驗為例。梅耶爾等選用了一系列成對的字母串，其中有些是有語意聯繫的單詞，如麵包—黃油；有些是無語意聯繫的單詞，如護士—黃油；有些是單詞和非詞，如酒— Plame；有些是非詞和單詞，如 Soam —手套。在每對刺激物中，前者稱啟動刺激，後者稱目標刺激。實驗時，給被試者先呈現啟動刺激，相隔一段時間後，再呈現目標刺激，要求被試者進行**詞彙判斷** (lexical decision)，即判斷所呈現的刺激是否為單詞。實驗程序見圖 3-24。圖上的"："是兩個注視點，它標明了刺激出現的位置。實驗開始後先呈現啟動詞，如護士，它出現在上面一個注視點所在的位置。當它出現以後，要求被試者作詞彙判斷，並記下被試者的反應時，接著呈現目標詞，如黃油，同樣要求被試者作詞彙判斷，並記下被試者的反應時。在上面這個例子中，啟動詞與目標詞都是真詞，因此被試者應該作出"對"的反應。研究的邏輯是，如果啟動詞對目標詞存在某種促進效應。那麼，被試者

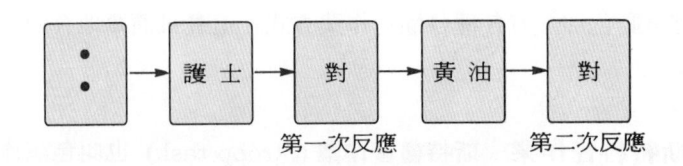

圖 3-24 梅耶爾的語意啟動實驗
(採自 Meyer, Schvaneveldt & Ruddy, 1974)

對目標詞的反應時理應比對啟動詞的反應時顯著短一些。

實驗結果表明，當兩個單詞（啟動詞與目標詞）存在語意上的聯繫時，被試者對目標詞的反應時較短；而當啟動詞與目標詞沒有語意上的聯繫時，被試者對目標詞的反應時較長，兩種條件下的錯誤率也有相同的趨勢。這說明，啟動詞自動激活了目標詞，因而對後者的信息加工產生了促進作用。

在詞形與詞音間也同樣存在著啟動效應。近年來，心理學家利用這一研究範式研究了知覺、注意、記憶等範圍很廣的問題，取得了不少重要的研究結果。

3. 視覺搜索作業　布朗德（Brand, 1971）、伊格斯等（Egeth, et. al., 1972）用**視覺搜索作業**（visual search task）相繼發現，如果用視覺方式呈現一個字母作為目標，周圍用許多數字進行干擾；或者用視覺方式呈現一個數字作為目標，周圍用許多字母進行干擾，要求被試者對目標進行搜索。那麼，由於目標和干擾物分屬於不同的範疇，被試者對目標的發現很容易。在這種情況下，目標項目似乎從干擾物中自動地"跳出來"。如果目標項與干擾項屬於相同的範疇，被試者對目標項的發現就要難得多。這種現象稱為**範疇效應**（category effect）。它說明，從不同範疇的刺激背景中搜索目標可能是一種自動化的處理，它不受背景項目大小的影響。

三、自動化加工的理論

（一）　有意識的注意與自動化加工

波斯納和斯奈德（Posner & Snyder, 1975）提出了一種有趣的注意理論，這種理論把有意識的注意與自動化加工區別開來。波斯納認為，**自動化加工**是指由當前出現的刺激物所自動激活的一系列內部代碼以及在這些代碼之間的聯繫。自動化加工是不自覺的；它的發生應該沒有目的和意圖；它不應該受到當前任何其他心理活動的干擾；自動化加工的容量較大；它的產生是由於過去的學習。

與自動化加工不同，有意識的注意是以其有限的容量為特徵的。自動化加工具有相對不變的性質，而有意識的注意則以較靈活的方式，在信息加工的若干不同階段均起作用。

波斯納和斯奈德 (Posner & Snyder, 1975) 的一系列實驗，為上述理論提供了實驗的證據。

在波斯納和斯奈德的實驗中，他們使用了字母匹配作業；給被試者先呈現一個啟動刺激，如"＋"號或一個字母 A 或 B，然後呈現一對字母，如 AA 或 AB。要求被試者儘快確定字母對中的字母是否相同。在各種實驗條件下，當啟動刺激為"＋"號時，屬控制組，由於它和後面的字母沒有關係，因此其結果可以作為基線，用來估計啟動字母的促進或抑制作用。當啟動刺激為 A 時，它與目標字母對相同，因而具有自動激活作用；當啟動刺激為 B 時，它與目標字母對不同，因而沒有自動激活作用。實驗還控制了啟動刺激與目標字母對的匹配概率。它們分別是 80% 和 20%。匹配概率高，期待容易發生；相反，匹配概率低，期待較難發生。

波斯納和斯奈德預測：(1) 啟動刺激會自動激活記憶中自身的相應的表徵，因此，當字母對與啟動刺激相同時，這種表徵對字母匹配的成績起促進作用；當字母對與啟動刺激不相同時，這種表徵不起作用；(2) 有意識的注意對不同事件的概率作出反應。因此，當一個期待的事件發生時，有意識的注意會提高決策速度；而當非期待的事件發生時，將降低決策的速度。由於從期待的事件轉向實際發生的事件要消耗一定時間，因此，確定非期待的事件需要較長的時間。如果沒有形成特定的期待，那麼有意識的注意對操作將沒有影響。

實驗結果完全支持了他們的預測 (表 3-1)。

從表上看到，在兩種事件出現概率的條件下，啟動刺激物與字母對一致時 (A-AA 組)，均產生明顯的促進作用，在事件的出現概率很高 (80%) 時，

表 3-1　波斯納和斯奈德的實驗結果

啟動刺激與目標字母對的匹配概率	控制組（＋AA）	一致組（A-AA）	不一致組（B-AA）	助益	損耗
80%	414*	329	450	85	36
20%	439	408	439	31	0

＊表中數字為反應時，單位毫秒

(採自 Posner & Snyder, 1975)

啟動刺激與字母對不一致時 (B-AA 組)，有抑制作用；而在事件的出現概率很低 (20%) 時，抑制作用不明顯。

在另一實驗中，波斯納和斯奈德考察了促進效應與抑制效應發展的時間過程。實驗的設計與上一實驗的前半部相同，即只採用了匹配概率為 80% 的一種條件，啟動刺激與字母對的間隔時間分別為 100 毫秒、200 毫秒、300 毫秒、400 毫秒和 500 毫秒。實驗結果見圖 3-25。從圖上看到：在 300 毫秒的間隔時間以下，促進作用大於抑制作用；而在 300 毫秒以上，抑制作用大於促進作用。這暗示著有意識的注意與自動激活可能在不同處理階段上起作用。

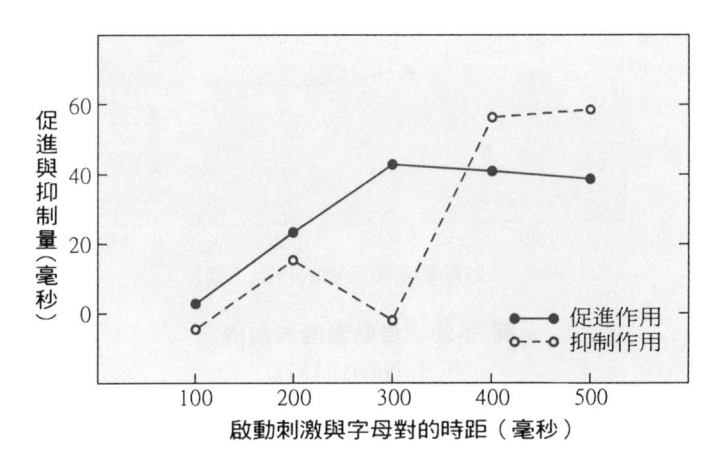

圖 3-25 促進與抑制作用發展的不同時間過程
(採自 Posner & Snyder, 1975)

妮里 (Neely, 1977) 的實驗進一步區分了自動擴散激活和有意識注意對詞彙判斷作業的影響。在實驗中，啟動詞為一個語意範疇的名稱，如鳥。由它啟動一個目標詞如知更鳥或門，要求被試者進行詞彙判斷。啟動詞與目標詞的關係有四種：(1) 語意有關，關係為期待的；(2) 語意無關，關係為期待的；(3) 語意有關，關係為非期待的；(4) 語意無關，關係為非期待的。啟動刺激和目標刺激的時距分別為 250 毫秒、350 毫秒、450 毫秒、550 毫秒、650 毫秒和 750 毫秒。

實驗結果見圖 3-26。從圖上我們看到了以下事實：

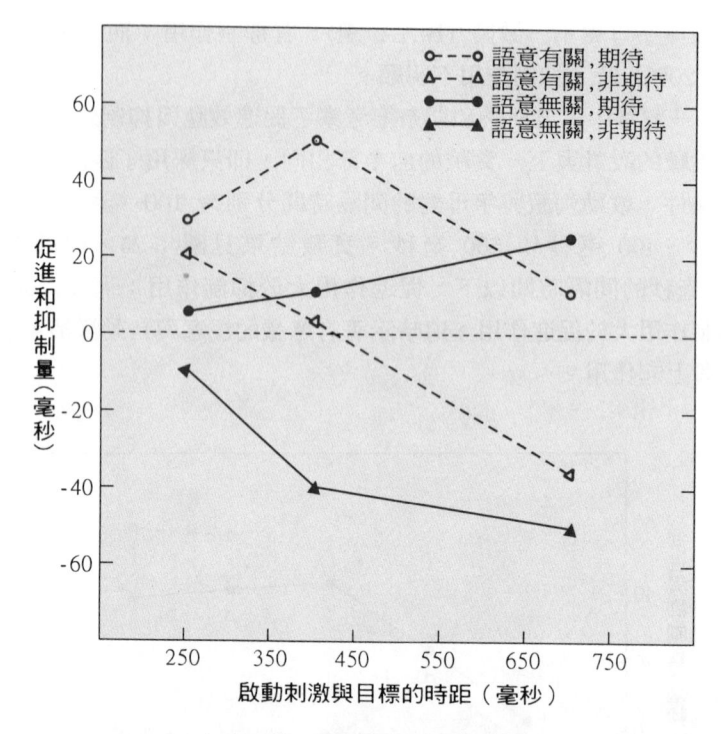

圖 3-26　自動激活與期待
(採自 Neely, 1977)

  1. 在啟動刺激和目標單詞的各種時距內，語意有關和存在期待關係的啟動刺激，對目標單詞均有促進作用；其中時距為 350 毫秒左右時，促進作用最大。

  2. 語意無關和沒有期待關係的啟動刺激，在各種時距條件下，均有抑制作用。而且隨著時距的延長，抑制作用明顯增加。

  3. 語意無關而有期待關係的啟動刺激，在短時距 (250 毫秒) 內，促進作用不明顯；隨著時距延長，促進作用上升。相反，語意有關而無期待關係的啟動刺激，在短時距 (250 毫秒) 內有促進作用，隨著時距延長，促進作用消失，並轉變為抑制作用。在這兩種條件下，交互作用是明顯的。

  這些結果表明，語意的啟動作用主要表現在處理的早期階段。隨著時距加長，啟動作用減弱；而由期待產生的有意識注意，只有在時距延長後，才顯示出它的促進作用或抑制作用。

(二) 受控制的加工與自動化加工

施奈德和謝夫林 (Schneider & Shiffrin, 1977) 把信息加工分成受控制的加工與自動化加工。在理論上，他們與波斯納和史萊德的看法類似，但實驗方法有所不同。施奈德等採用**視覺搜索** (visual search task) 或**選擇定勢法** (select set task)，試圖把選擇性注意、短時記憶和視覺搜索的研究綜合在一起。

在施奈德和謝夫林的實驗中，先給被試者呈現一組記憶材料，其中包含 1、2 或 4 個項目。接著再呈現一組測驗材料，同樣包含 1、2 或 4 個項目。要求被試者判斷在測驗項目中，是否有與記憶項目相同的項目。很明顯地，如果記憶項目與測驗項目都只有一個，那麼判斷很容易；如果兩者都是四個項目，判斷就很難了。

實驗還控制了另一變量，即測驗材料與記憶項目的關係：(1) 記憶項目用輔音字母，測驗項目則用數字進行干擾，其中只有要搜索的符號是輔音字母。或者相反，記憶項目用數字，測驗項目則用字母進行干擾，其中只有要搜索的符號是數字。在這種條件下，被試者只要發現測驗材料中有字母 (或數字)，就能立即判斷出它是在記憶材料中出現過的；(2) 記憶材料用數字或 (和) 字母，測驗材料也用數字或 (和) 字母，也就是說，記憶材料與測驗材料在性質上相同，或者都是數字，或者都是字母。在這種情況下，被測者必須在同類性質的材料中進行搜索，才能發現目標。施奈德等稱前者為**一致性映射** (consistent mapping)，稱後者為**變化性映射** (varied mapping)。實驗用反應時作指標。

實驗結果見圖 3-27。從圖上可以看到，在一致性刺激條件下，被試者對目標的覺察明顯快於變化性條件，而且覺察的成績不受項目多少的影響，換句話說，當記憶材料與測驗材料均為 1 時，被試者對測驗項目的反應時與記憶材料和測驗材料均為 4 時，沒有顯著差異。相反，在變化性刺激條件下，覺察的反應時較長，而且隨著項目數的增加，反應時也增加。在各種條件下，否定反應的反應時比肯定反應的反應時長。

根據這些發現，施奈德等闡明了自動化處理和受控制處理的一些特點。在變化性刺激的條件下，被試者使用了有控制的處理。這種處理的容量有限且需要注意，它的限度也就是短時記憶的限度。當環境改變時，能靈活地為

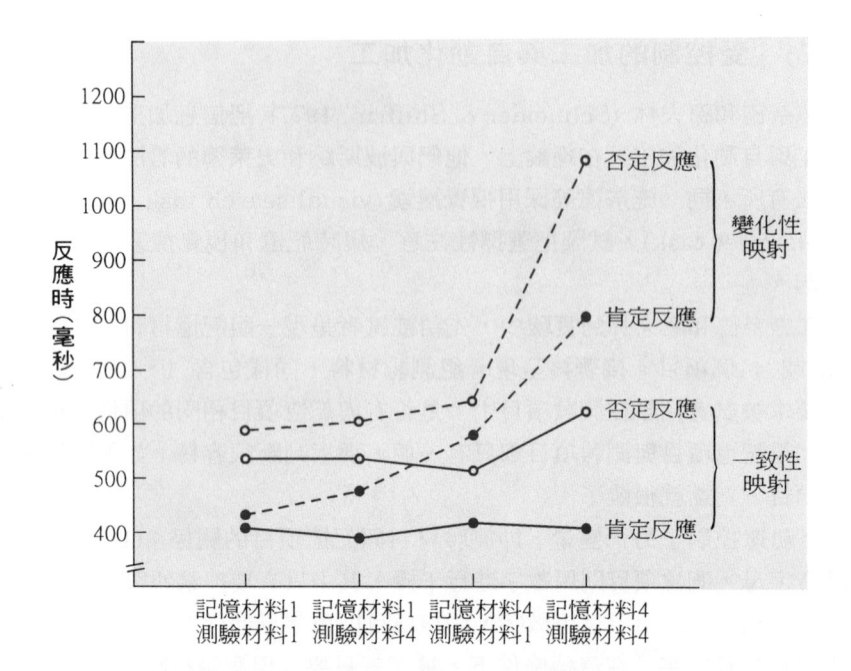

図 3-27 施奈德和謝夫林的視覺搜索實驗
(採自 Schneider & Shiffrin, 1977)

人們所利用。有控制的處理是一種系列搜索的過程，即把記憶系列中的每個項目與測驗系列中的每個項目進行系列的比較，因此，項目的數量對判斷成績有顯著影響。相反，在一致性刺激條件下，被試者使用了自動化處理，它沒有容量的限制，不要求注意，一旦學會很難改進。自動化處理是一種平行處理。因此項目的數量對判斷成績沒有影響。

四、練習與自動化

日常生活中人們都知道，技能的自動化是長期練習與實踐的結果。練習的這種作用能否在實驗室的條件下加以實現呢？

謝夫林和施奈德 (Shiffrin & Schneider, 1977) 曾經採用視覺搜索法進行一項實驗。他們用輔音字母 BCDFGHJKL 為一組材料，用輔音字母 QRSTVWXYZ 為另一組材料。當其中一組為記憶材料時，另一組則為測驗材料中的干擾項目。當測驗材料快速呈現時,測驗被試者覺察目標的精確性。由於記憶材料與測驗材料為同類刺激,被試者要採用有控制的處理,因此,實驗開始時,被試者覺察目標的精確度僅 55%。但是,經過 2100 次練習之後,被試者覺察目標的精確度上升到 80%。這說明,被試者已從有控制的處理轉向了自動化處理。

拉伯格和薩繆爾斯 (LaBerge & Samuels, 1974) 用字母匹配方法也證明了練習對自動化處理的作用。他們給被試者呈現成對的熟悉字母 (如 b、d、p、q) 或人造字母 (↙、↓、↖、↑),要求被試者確定它們是否相同。當給被試者呈現的字母選自其中的一組字母時,那麼匹配人造字母與匹配熟悉字母具有相同的速度。這說明熟悉性沒有影響對字母的注意。但是,當被試者匹配不同組的字母 (如 a−n,u−v) 時,匹配熟悉的字母就比匹配人造字母快些。對人造字母的匹配時間隨練習而下降,經過五天練習,被試者匹配人造字母的速度,就與匹配熟悉的字母一樣了。這一結果同樣說明了自動化處理是可以通過練習獲得的。

拉伯格等還指出,對字母的自動化處理是由於人們把一個字母當成一個單元,而不是注意它的個別特徵。同樣,如果我們把單詞看成一個單元,而不是個別字母的組合,就可以實現對單詞的自動化處理。這樣再認一個單詞所需要的資源就減少了。

海里 (Healy, 1980) 讓被試者進行從單詞中畫銷字母的實驗,例如從一篇課文的單詞中把字母 t 畫出來。結果發現,漏畫的字母數在常用單詞中最多。例如被試者常常忘記從單詞"the"中把字母"t"畫去。這是因為"the"的使用頻率高,人們容易把它當成一個單元,而忽略其中的個別字母。這同樣說明練習在自動化加工中的作用。

近年來,閱讀的自動化問題,已成為許多心理學家熱心研究的重要問題之一。閱讀是人的一種重要的認知技能。研究閱讀的自動化,將有助於提高人們的閱讀能力,使人們獲得豐富而有用的各種知識。

本章摘要

1. 研究注意的態度是現代認知心理學有別於行為主義的一個重要的標誌。行為主義把注意和意識都當作心靈主義的概念,認為在心理學中不應該有注意的地位。認知心理學誕生後,注意的研究才重新受到重視,近30年來,研究工作有長足的進展。
2. **注意**最好定義為意識對客體或活動的**指向性**與**集中性**。它是由頭腦中當前被激活的一系列**結點**所構成的一種狀態。一般可分為選擇性注意,分配性注意和持續性注意三類。
3. 注意在人類訊息處理中有重要作用。它具有選擇功能、維持功能、調節功能和整合信息的功能。
4. **選擇性注意**是注意的一個重要研究領域。它主要探討人怎樣處理同時接受的各種信息,以及對信息的選擇發生在訊息處理的哪個階段上。研究選擇性注意的作業通常有**追隨作業**和**雙耳分聽**,統稱為**過濾作用範式**。
5. 影響信息選擇的因素主要有刺激的物理性質、語意關係、作業的相似性和熟悉性等。
6. 選擇性注意的理論模型有**過濾器模型**、**衰減作用模型**、**反應選擇模型**。前兩者稱為**早期選擇模型**,認為信息的選擇發生在知覺分析前或知覺分析後,後者稱為**後期選擇模型**,認為信息的選擇發生在反應階段。
7. **認知容量**與**分配性注意**是注意的另一個重要的研究領域,它主要探討人怎樣將有限的認知資源分配在與當前任務有關的活動上,也探討認知資源分配的影響因素。**雙作業操作**是研究注意分配的一種有效方法。
8. **單一資源理論**基於加工資源有限而資源分配無差異的假設,即信息加工的總容量有限,但資源的分配是非特異的。
9. **多重資源理論**基於通道特異性和認知資源有限的假設。每個通道都有自己的認知容量,而系統的總容量是有限的。
10. **持續性注意**是指在一段時間內將注意保持在某個目標或某種活動上。它對活動的持續進行,維持活動的效率有重要意義。。**警覺**是持續性注意一種特殊形式。**警覺**的**減縮函數**是指警覺作業的成績隨作業時間的延長而逐漸下降。
11. 影響警覺與持續性注意的因素主要有：感覺通道的特點，刺激物的強度與持續時間，事件發生率，時間與空間的不確定性，作業的性質，對活動結果的知識等。
12. 解釋持續性注意的理論主要有：**喚起理論**、**信號檢測理論**和**期待理論**。喚醒理論強調有機體的喚醒狀態，這種狀態是由環境中的新異刺激引起和刺激的變換來維持的。信號檢測理論分析了警覺的兩個方面：敏感性的變化和反應標準的變化。而期待理論認為，人對信號的檢測與人對信號的期待呈正相關。這些理論都得到了一些實驗結果的支持。
13. 於 70 年代末，80 年代初，研究注意的範式出現很大變化。表現在從**過濾作用範式**轉向**選擇性定勢範式**。在後一範式下，**自動化加工**的問題受到高度的重視。
14. 研究自動化加工的作業方式主要有：**斯特魯普作業**、**啟動作業**和**視覺搜索作業**等。
15. 當前一種很有影響的信息加工理論是把有意識、受控制的加工與自動化加工明確區分開來。

建議參考資料

1. 索爾索 (黃希庭、李文權、張慶林譯，1990)：認知心理學。北京市：教育科學出版社。
2. Best, J.B. (1989). *Cognitive psychology*. ST. Paul: West Publishing Company.
3. Eysenck, M.W. (1982). *Attention and arousal: Cognition and performance*. Berlin: Springer.
4. Eysenck, M.W. (1984). *A hand book of cognitive psychology*. London: Lawrence Erbaum Associates.

5. Kahneman, D.L., & Treisman, A. (1984). Charging views of attention and automaticity. In R. Parasuraman and D.R. Daries (Ed.), *Varieties of attention*. Orlando: Academic.

6. Parasuraman, R. (1984). Sustained attention in detection and discrimination. In R. Parasuraman and D.R. Davies (Ed.) *Varieties of attention*. Orlando: Academic.

第四章

短時記憶

本章內容細目

第一節　短時記憶的概念
一、什麼是短時記憶　159
二、短時記憶存在的證據　160
三、記憶的模型　161
　㈠ 記憶的信息加工模型
　㈡ 記憶的加工水平模型
　㈢ 記憶的神經網絡模型

第二節　短時記憶的容量
一、立即記憶廣度　167
二、短時記憶的容量和激活之間的關係　169

第三節　短時記憶的代碼
一、聽覺碼　170
二、視覺碼　172

三、語意碼　173

第四節　短時記憶的信息提取
一、斯騰伯格的系列搜索　176
二、馬丁代爾的平行搜索　179

第五節　短時記憶的遺忘
一、消退理論　181
二、干擾理論　182
三、消退理論與干擾理論的進一步檢驗　183
四、前攝抑制和倒攝抑制　185

本章摘要

建議參考資料

在記憶的多存儲模式中，短時記憶是介於瞬時記憶與長時記憶之間的一種記憶。認知心理學家在談論短時記憶的時候，常常用在電話號碼簿上查找電話號碼的例子來說明它的特點。在找到電話號碼後，為了防止把它忘掉，必須一遍又一遍地把它唸出來，或者暗暗地、不出聲地去重復它；所以，短時記憶中的代碼可能主要是聽覺的。一般來說，在短時記憶中，平均能夠保持的項目為 7 個。如果我們來探測一個數字，看它是不是我們所記憶的電話號碼中的一個數，我們可能把電話號碼中的數字按次序一個一個地與它進行比較，也可能把電話號碼中的全部數字與探測數字同時進行比較。有兩種關於短時記憶遺忘的理論。一種理論認為遺忘之所以發生是由於沒有復述所記憶材料。如果在電話號碼簿上查電話號碼後不及時地加以復述，就有可能把它忘掉。這種理論表明，儲存在短時記憶中的信息上能在非常短的時間內被完整地加以保持。一旦信息被存儲於短時記憶之中，就會開始消退而消退乃是時間的函數。隨著時間的消逝，短時記憶中的信息就會變得越來越弱，同時很難回憶。另一種理論認為遺忘的原因是由於對其他材料的記憶干擾了對於電話號碼的記憶。例如，在查找到電話號碼以後，有人向你提出一個問題，你必須去思考並回答這個問題，就會干擾你對這個電話號碼的記憶，使你不得不在電話簿上重新去查找。這種理論表明，當各種表徵同時存在於短時記憶中的時候，這些表徵之間就會相互作用，使它們都發生或受到歪曲。這時，遺忘也就有可能發生，因為一個目標表徵會由於其他表徵的作用而被改變，以至不能被認知。在本章中，我們希望能夠回答有關短時記憶的以下五個方面的問題：

1. 什麼是短時記憶。
2. 短時記憶的容量有多大。
3. 短時記憶中占支配地位的代碼是什麼。
4. 短時記憶中訊息的提取是以系列搜索的方式還是以平行搜索的方式進行的。
5. 短時記憶的遺忘是由於訊息的消退還是由於其他材料的干擾。

第一節　短時記憶的概念

隨著認知心理學的興起，對於記憶的研究也得到了進一步的發展。大量的研究表明，記憶並不是一種單一的過程，存在著兩種不同的記憶，即短時記憶與長時記憶。在阿特金森和希夫林的模型中，還把記憶分為彼此相互聯繫的三個系統，即感覺記憶、短時記憶和長時記憶。在本節中我們將主要介紹短時記憶的概念、短時記憶存在的證據以及記憶的模型。

一、什麼是短時記憶

在人類記憶的多存儲模式中，**短時記憶**(或**短期記憶**)(short-term memory，簡稱 STM) 是介於瞬時記憶與長時記憶之間的一種記憶。**瞬時記憶**(或**即時記憶**)(immediate memory) 非常短暫，一般認為它只能保持 1 秒鐘。短時記憶的保持時間在沒有復述的情況下為 15～30 秒，雖然短時記憶比瞬時記憶持久，但與長時記憶相比，它仍然是短暫的。然而，短時記憶能夠接收來自瞬時記憶的信息，並通過復述將信息轉入到長時記憶中；所以，它是記憶系統中的一個重要的加工階段。

在認知心理學中，有時候又把短時記憶稱之為**工作記憶**(或**運作記憶**)(working memory)。工作記憶這個概念是巴德利和希契 (Baddeley & Hitch, 1974) 提出來的。他們認為，工作記憶是暫時保持和加工信息的一個系統。這個系統的容量是有限的，但它能夠對由不同的通道輸入的信息進行加工。這個系統不僅可以對從外界接收的信息進行操作，還能對從長時記憶中提取的信息進行操作。在短時記憶與長時記憶關係的問題上，巴德利等人的觀點與我們在以後要提到的對於記憶的**神經網絡** (neural-network) 的分析方法有某些一致之處。由於巴德利 (Baddeley, 1986) 提出，短時記憶是按照工作記憶的方式來活動的，所以，認知心理學家認為短時記憶就是工作記憶；或者認為工作記憶就是短時記憶概念的延伸。

二、短時記憶存在的證據

早在 19 世紀之末，詹姆士 (James, 1890) 就提出了對於記憶二元論的看法。詹姆士認為，存在著兩種記憶。一種是即刻記憶，詹姆士把它稱為**初級記憶**(或原初記憶) (primary memory，簡稱 PM)。在初級記憶中，能夠忠實地重現剛剛知覺到的事件。另一種是間接記憶，詹姆士把它稱為**次級記憶**(或二期記憶) (secondary memory，簡稱 SM)，這種記憶是永久性的。雖然詹姆士對於記憶的這種看法完全來自於內省的材料，並未經過實驗的證實，但是，他的觀點對於信息加工 (或訊息處理) 的記憶理論是有直接影響的。

在詹姆士提出記憶二元論的設想 67 年之後，迪斯和考夫曼 (Deese & Kaufman, 1957) 用實驗證明，存在著兩種記憶。在實驗中，向被試唸包含 10 個詞的單詞表，速度是每秒鐘唸一個單詞，然後讓被試進行**自由回憶** (free recall)。實驗結果表明 (韓進之，1987)，被試對單詞回憶的結果顯示出**系列位置效應**(或序位效應) (serial position effect)。他們對起始位置和結尾位置的單詞回憶成績較好，而對中間位置的單詞回憶成績較差。也就是說，一個詞能夠被回憶的概率乃是它在詞表中系列位置函數。對起始位置呈現的單詞回憶成績較好，稱為**首因效應**(或初始效應) (primacy effect)；對結尾位置呈現的單詞回憶成績最好，稱為**近因效應**(或時近效應) (recency effect)。

索爾索 (Solso, 1988) 認為，近因效應反映出短時記憶的作用。在實驗中，被試之所以能夠比較精確地回憶出最後五、六個項目，是因為在測驗時這些項目仍然處於短時記憶的範圍之內。而首因效應則反映了長時記憶的作用。對最初的一些項目回憶得比較好，是因為它們保留的時間更長，能夠得到更多復述，所以被存儲到了長時記憶之中。

但是，也可以用另外的原因來解釋系列位置曲線。可以設想，這是由於實驗中實驗項目之間的干擾作用。起始的項目沒有來自前面項目的干擾，或前面項目的干擾較少；而末尾的項目則沒有來自後面項目的干擾，或後面項目的干擾較少，所以回憶的成績較好，中間項目則不然。它們既受前面項目的干擾，也受後面項目的干擾，因而成績較差。所以，系列位置效應不一定能夠證明短時記憶和長時記憶的存在。

　　系列位置曲線可能反映了項目之間的干擾作用；但是，它又可能同時表明存在著兩種不同的記憶。為了檢驗這種假設，認知心理學家又繼續進行了實驗。默多克 (Murdock, 1962) 認為，不能排除復述在形成系列位置曲線中的作用。而且，首因效應主要來自於被試的復述。在實驗中，他要求被試回憶具有 30 個單詞的詞表，但是變化詞表呈現的速度。一種速度是每兩秒呈現一個項目；另一種速度是每秒呈現兩個項目。由於更快的呈現速度會使被試的復述時間更少，因此，它應該導致對於最初項目的較差的記憶。實驗的結果與預測一致：更快的呈現速度（每秒呈現兩個項目）的確導致對前面一些項目的比較差的回憶。

　　格蘭澤等 (Glanzer & Cunitz, 1966) 認為，由於短時記憶不能持續很長時間，所以只有在詞表呈現以後立即回憶，才能夠得到近因效應；如果延遲回憶的時間，近因效應就會消失。他們在實驗中呈現要求回憶的詞表，或者要求被試立即回憶這個詞表，或者要求他們在延遲 10 秒或 30 秒後再回憶。在延遲的時間內，要求被試進行心算以防止他們對詞表進行復述。實驗的結果表明，在立即回憶的情況下，有清晰的近因效應存在：在 10 秒鐘的延遲之後，有較少的近因效應；而在 30 秒鐘的延遲之後，近因效應就完全消失了。

　　以上的實驗結果為兩種記憶的存在提供了有力的證據。

三、記憶的模型

　　我們討論各種記憶模型的目的，在於進一步討論短時記憶在記憶系統中的地位和作用；所以，我們將不涉及各種記憶模型的細節。

（一）　記憶的信息加工模型

　　在 1968 年，阿特金森和希夫林 (Atkinson & Shiffrin, 1968) 提出了記憶的多存儲模型，不久，又對這個模型進行了修改 (Atkinson & Shiffrin, 1969)。修改後的模型見圖 4-1。

　　在阿特金森和希夫林提出的記憶模型中，把記憶分成了彼此相互聯繫的三個系統，即：**感覺記憶**（相當於圖中的感覺登記）、**短時記憶**和**長時記憶**。

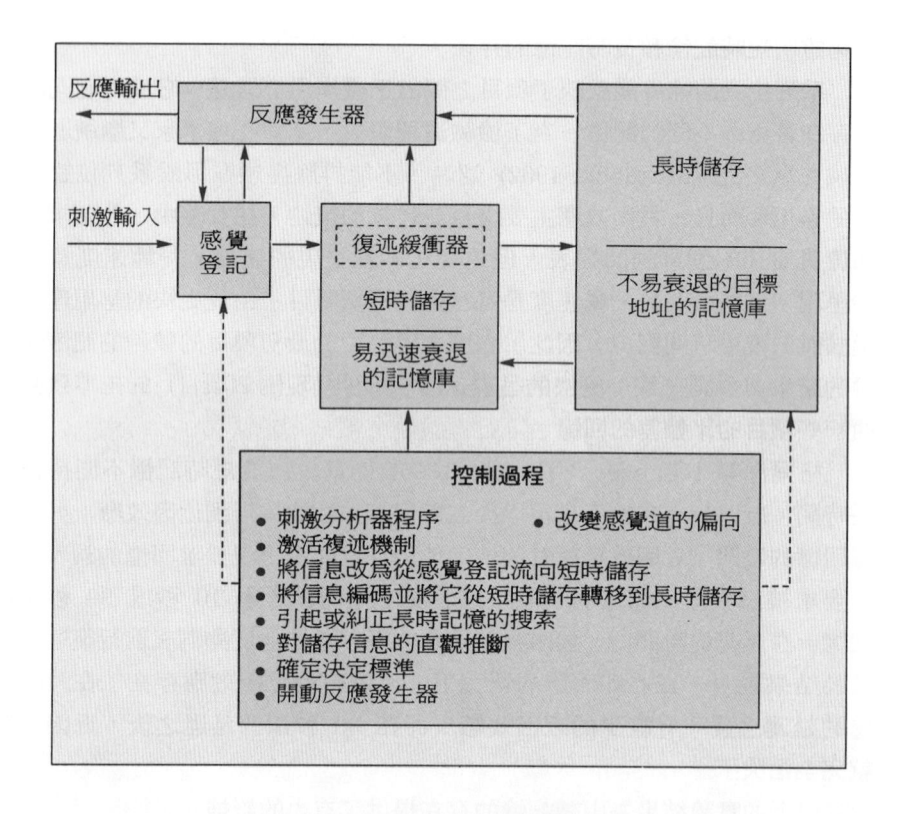

圖 4-1 記憶的多存儲模型
(採自 Atkinson & Shiffrin, 1969)

從圖中可以看出，當刺激輸入以後，首先會在適當的感覺範圍內被登記下來。刺激在感覺登記中的儲存時間很短，只有幾百毫秒。所以，刺激在**感覺登記**(或感官收錄) (sensory register) 中或者很快就被丢失，或者被傳送到短時記憶中作進一步的加工。

短時記憶被認為是一個工作系統。進入短時記憶的信息可以保存 15～30 秒。但是，放在"復述緩衝器"中的信息則可能保持更長的時間。短時記憶中保持的信息形式可能不同於原來的感覺形式。例如，以視覺形式呈現的單詞在短時記憶中可能以聽覺的形式來表徵。

短時記憶的容量是有限的。當新信息不斷輸入並代替了舊信息的時候，舊的信息就會從短時記憶中消失。

短時記憶在記憶的整個系統中有兩種重要的功能：(1) 它是一種信息加工器，它能將來自感覺登記中的信息轉換到長時記憶之中去；(2) 它還能從長時記憶中提取信息並用以處理當前的信息加工 (或訊息處理) 活動。

　　在長時記憶中，信息的保持被認為是具有永久性的；而且，它的容量也似乎是無限的。

　　在阿特金森和希夫林的模型中，結構是和控制分離的。他們認為，框圖中的控制過程類似於電子計算機的電腦程序，正是這種程序支配著信息從一種儲存流向另一種儲存，並使每一種儲存都完成自己對信息的獨特處理。

　　雖然記憶的多存儲的信息加工模型受到來自各個方面的批評，但是直到今天，許多心理學家仍然認為，把記憶劃分為短時記憶和長時記憶兩個系統是適宜的。

(二) 記憶的加工水平模型

　　克雷克和洛克哈特 (Craik & Lockhart, 1972) 不同意記憶的多儲存信息加工模型 (或訊息處理論) 提出記憶的單一儲存模式的**加工水平模型** (level of processing model)。他們認為，信息並不從一個系統 (短時記憶) 轉移到另一個系統 (長時記憶)；所有的記憶內容都是在單一的記憶系統中被處理的。所存儲的材料在保持時間方面的差異，並不是被分離的記憶結構的函數，而是由這個單一系統所進行的加工或操作的數量所決定。在這個系統中，有限的加工可能導致一種弱的**代碼** (code) 的形式；更多的加工可能會導致較強的代碼的形式；而更多加的加工則可能導致更強的代碼的形式。因此，在這個系統中對於信息的分析可以從淺的水平轉移到深的水平。淺的代碼和深的代碼在性質上是有所不同的。對於詞表中的一個詞來說，最初可能僅僅按照它的外形來譯碼。這可能只需要很少的加工，而且可能導致與瞬時記憶相聯繫的代碼形式。如果進一步加工，就有可能轉變為語音碼 (稍微要強些)；如果再進一步加工，就有可能轉變為語意碼 (更強一些)。在這裏，表現出一種從淺到深的、連續的分析；而且，分析得層次越深，所產生的記憶代碼就越強。

　　克雷克和洛克哈特還進一步設想，記憶實質上是信息加工的副產品。沒有一種特定的機能來把信息放在記憶之中；注意或者思考這些信息，就可以自動地達到記憶的目的。海德和詹金斯 (Hyde & Jenkins, 1969) 用實驗檢驗了這種設想。他們要求被試以每兩秒鐘讀一個單詞的速度，讀一張包括 24 個單詞的詞表，然後要求被試回憶這些單詞。回憶組必須有意地學習這些單詞，並在詞表呈現之後就進行回憶。對於其他三個組則不告訴他們要回憶這些單詞。給予這三個組中第一組的任務是按照"愉快"或"不愉快"的感受來評定每個單詞；第二組的任務是要指出單詞中是否包含有"E"這個字母；第三組則需要計算單詞中包含的字母數。實驗的結果顯示，只要對訊息進行深層次的分析，就會形成較深的記憶效果。如圖 4-2。

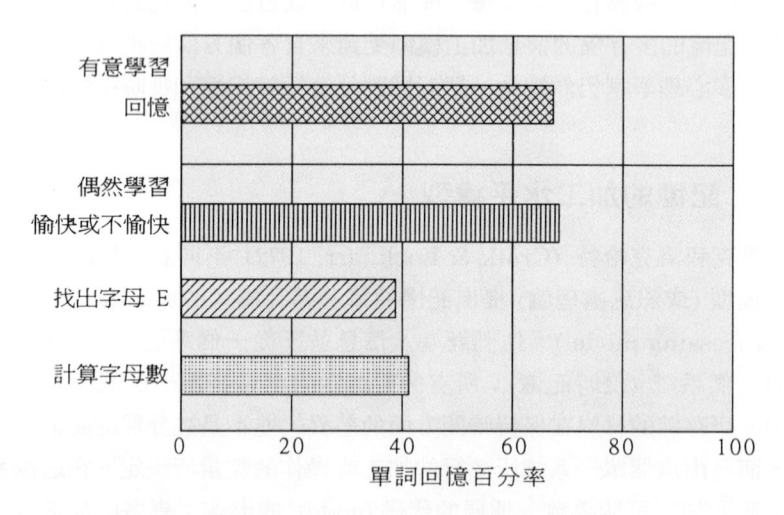

圖 4-2 在不同任務的條件下，被試自由回憶所呈現單詞的情況
(採自 Hyde & Jenkins, 1969)

從圖 4-2 中可以看出，按愉快程度來評定單詞 (語意分析) 的回憶與有意學習的回憶一樣好；這個組的回憶成績遠遠超過其餘兩組 (結構分析)。之所以產生這種結果，是因為加工水平的不同：評定愉快與不愉快要去思考每個單詞的意義，必須進行深層分析；而找出單詞中的字母 E 與計算單詞的字母數只需考慮每個單詞的外形結構，進行淺層分析。

根據這個實驗以及其他實驗 (Kolers & Brison, 1984；Walsh & Jenkins, 1973) 的結果，可以得到一種假設，即：加工活動本身對於記憶來說可能是關鍵性的，運用於任何形式認知任務的加工活動的類型或程度，將決定記憶的結果；深層分析比起淺層分析來，能夠產生更為持久的記憶。

克雷克和瓦特金斯（Craik & Watkins, 1973）把復述分為兩種：一種是**維持性復述**(maintenance rehearsal) 即復述只能使記憶的單詞維持在一個語音信息的層次並不能長久保存。另一種是**精緻性復述**(elaborative rehearsal) 即復述的結果，使記憶的單詞進入較深層次的分析，也較能抗拒遺忘，得以長久的保存。他們認為，維持性復述並不能增強記憶。為此，他們進行了相應的實驗。在實驗中向被試呈現一系列的單詞，並要求他們記住以某個特定字母（例如"G"）開頭的最後一個單詞。當受試者看到 G 字首的單詞出現就會復述幾遍，若接著出現的是非 G 字首的單詞則不加理會，繼續復述前面 G 字首的單詞，直到下一個 G 字首的單詞出現。在詞表中有好幾個以 G 為字首的單詞，並特意安排記憶詞與非記憶詞之間的距離，例如有一系列的單詞：…mother、oil、giraffe、graden、football、table、chair、grain…其中 giraffa 的下一個單詞就是 G 字首的單詞，因此被復述的次數最少。由此就能夠測量每一個 G 項目所受到的復述量。當詞表呈現以後，出其不意地要求被試回憶他們能夠回憶的所有單詞。結果發現，這種類型的復述對記憶幾乎沒有什麼影響。這說明，短時記憶中項目的簡單重復，並不能導致更為持久的記憶。

加工水平模型是記憶的單一存儲模型，這個模式提出來以後，就受到了各種各樣的批評。特別是到了 80 年代以後，許多認知心理學家都認為，一種平穩的從淺到深的逐步地加工的假設並不是完全正確的。因為在這種模式中，信息的傳遞只有一個方向，高級的信息不可能影響低級信息的加工。但是，許多實驗都表明，在記憶系統中，存在著信息之間的相互作用，高級的代碼可能先產生，並可以用之於分析淺的加工水平上進行的譯碼 (Howes, 1990)。

（三） 記憶的神經網絡模型

馬丁代爾 (Martindale, 1991) 不同意信息加工模型（或訊息處理）對於短時記憶與長時記憶之間關係的解釋。在信息加工模型中，短時記憶與長時記憶是各自獨立的，並且短時記憶在長時記憶之前。但是，如果短時記憶在長時記憶之前，我們就不可能知道儲存在短時記憶中的材料意義；因為要知道這些材料的意義就必須尋找在長時記憶中的有關信息。在信息加工模型中，結構是和控制分離的，其中的控制過程實際上是一種執行加工器。馬丁代爾認為，執行加工器這個術語聽起來好像是存在於頭腦中的"侏儒"。雖然這並不是信息加工的心理學家所意欲表達的；但是，這個術語會使得人們認為它的意義就是這樣。因為執行加工器要在短時記憶中進行搜索，所以，我們必須設想，有一個獨立的實體在進行這種搜索。

馬丁代爾認為，如果用神經網絡的觀點來解釋記憶的活動，就不會產生以上的問題。在**神經網絡模型**中，短時記憶是**分析器** (analyzer) 中被激活的結點的持續；而長時記憶則是結點之間的聯繫強度。如果一些結點被激活的時間足夠長，那麼，這些結點之間的聯繫的強度將會發生變化；這種變化就是從短時記憶轉變為長時記憶的機制。因此，短時記憶和長時記憶並不是各自獨立，相互分離的。

馬丁代爾認為，在短時記憶中並沒有信息加工模式中所說的**槽** (slot)。它僅僅只能保持七個項目，是因為在神經網絡中，有效的激活是有限的。如果沒有槽的話，當然，這些槽也就不能被搜索。按照神經網絡的觀點，短時記憶是在一個分析器中被高度激活的一套結點。當這些結點高度激活之後，一個人就會意識到它們。因此，並不需要去搜索它們，而且也不會有一個實體去進行這種搜索。如果說是在對網絡進行搜索，那就等於是說，網絡在搜索它自己。

因為在神經網絡模型中，記憶的過程被設想為是自動的，而且是相互作用的。

神經網絡模型是在 80 年代發展起來的。它不是以計算機的原理來模擬人類的認知活動，而是以大腦的神經結構和它的工作原理來建構認知模型；而且它並不否定信息加工的模式。因此，神經網絡模型得到了迅猛的發展，並且不斷地建構出各種認知活動的神經網絡模型（例如短時記憶的模型）。這對於進一步了解短時記憶的活動規律及其機制是有作用的。但是，由於提出記憶的神經網絡模型的時間還不長，所以還缺乏這方面深入研究的實驗材料，在這一方面還有待於進一步加強。

第二節　短時記憶的容量

短時記憶的容量並不受刺激的物理單位的類目限制，而受有意義組塊的限制。在短時記憶中所能保持的組塊數平均為 7±2。在英語中一個字母，一個詞甚至一個詞組都可以是一個組塊；在中文中，偏旁部首、字、詞也都可能成為一個組塊。同時，心理學家已發現，短時記憶的容量隨著激活的增加而降低，這是因為，隨著激活的增加，將會導致對其他認知單元的更大的抑制。

一、立即記憶廣度

最早對短時記憶提出的問題之一是它的容量大小——只看一遍所能記憶下來的刺激項目，即**立即記憶廣度** (immediate memory span)，也稱**記憶廣度** (memory span)。早在 19 世紀時，漢密爾頓 (Hamilton, 1859) 就提出，一個人在一瞬間所能記住的事物的數目是有限的。他認為，一個人能夠說出他在短暫的一瞥所看到的數目，不超過 6 個。杰文斯 (Javons, 1871) 用他自己作被試，並設計了一種方法去檢驗漢密爾頓的斷言。杰文斯把豆子撒到盤子裏，然後很快地一瞥他在盤子中事先劃出來的區域，並且很快地判斷在這個區域中豆子的數目。結果發現，如果在這個區域中有 3 到 4 粒豆子，判斷是正確無誤的；但是，如果超出了 3 到 4 粒豆子，他的判斷就會不精確；豆子越多，判斷就會越不精確。歐得曼和道奇 (Erdman & Dodge, 1898) 用速示器來作字母辨認的實驗，對於"一瞥"的時間作了更精確的控制。結果發現，當刺激呈現的時間是 100 毫秒的時候，被試只能報告出 4 個或 5 個沒有關係的字母。這些早期的研究，使用的是全部報告法。我們在第二章中介紹的斯柏林 (Sperling, 1960) 所使用的部分報告法的研究使早期的研究現代化了。而且，斯柏林也發現，當運用部分報告法的時候，被試也只能報告出 4 或 5 個項目。

上面提到的實驗或者用的是孤立的，或者是無意義的刺激。當運用有意義刺激的時候,被試者的成績要好些。米勒 (Miller, 1956) 認為,短時記憶並不會受到刺激的物理單位的數目所限制,而是受到有意義**組塊**(或意元) (chunk) 的限制。在短時記憶中所能保持的組塊數平均為 7±2。所以,組塊才是短時記憶的基本單元。在英語中,一個字母可以是一個組塊,一個詞可以是一個組塊,而一個詞組也可以是一個組塊。在中文裏,情況也是相同的,偏旁部首、字、詞都可以成為一個組塊。因此,不同材料中的組塊可能有所不同;而不同的人對同一材料進行回憶的時候,組塊也可能是不同的。例如,一個熟悉英語的人,能夠回憶起 7 個不相關聯的字母,而他也可能回憶起 7 個不相關聯的三個字母詞,在這些詞中總共包含著 21 個字母。但對於一個初學英語,而且只認識字母的人來說,則只可能回憶出字母;即使給予他的是英語的詞,他也只能夠按照詞中的字母來進行回憶。雖然短時記憶的容量大約限制在 7 個單元之內,但是,由於短時記憶的基本單位是組塊,因此,可以將若干個單元編碼為更大的單元,從而能夠極大地擴大記憶的容量。

　　米勒認為,組塊儲存在長時記憶之中,它是單個項目在長時記憶中的組合,是長時記憶中的單位。實際上,組塊就是我們在下一章中所要介紹的,長時記憶中的**網絡組織**(network) 的**結點** (node)。當這些結點被激活,處於活動狀態的時候,就成為了短時記憶中的組塊。米勒的這種觀點是和記憶的神經網絡模型一致的。在神經網路模型中,短時記憶是神經網絡結點的短暫激活,而這種短暫的激活是有一定限制的。對於任一水平的知覺分析器來說,大約有 7 個認知單元 (即結點) 能夠被一次同時激活。如果是字母水平,可以激活 7 個字母的結點;如果是詞的水平,則可以激活 7 個詞的結點。

　　但是,馬丁代爾認為,"7"這個數字並不是不可思議的,因為短時記憶的容量並不是固定的。加工的水平越深 (語意的成分越多),它的容量就越小。也就是說,短時記憶在淺的水平上比在深的水平上能夠保持更多的單元。西蒙 (Simon, 1974) 曾經用他自己作被試來研究短時記憶的容量。結果發現,他能夠用短時記憶去回憶 7 個具有一個或兩個章節的詞,7 個三音節的詞,4 個有兩個詞的短語以及 3 個更長的短語。馬丁代爾認為,西蒙的這種估計可能是**樂觀**的,因為西蒙是諾貝爾獎得主,而對於一般的人來說,則不一定都能夠達到這種水平。

二、短時記憶的容量和激活之間的關係

認知心理學家依斯特布魯克 (Easterbrook, 1959) 認為，短時記憶的容量隨著激活（或激發）的增加而降低。這裏因為更多的激活引起了已經具有很高激活的認知單元的增強，並且導致對於其他認知單元的更大的抑制。所以，如果激活很高，就只有很少數的事物被強烈地注意，而另外的事物都會被忽視。當激活水平下降的時候，注意就會變得不那麼集中，許多事物都會被注意到，但是這種注意並不非常強。隨著激活進一步下降，注意還會更加分散。在這種情況下，在短時記憶中的項目都會同等地被注意。

在圖 4-3 中表明了激活和短時記憶的容量之間的關係。當激活是低的時候 (a)，幾乎在短時記憶的所有項目都得到了同等的注意。隨著激活的增加，注意的範圍變小了（圖 b、c 中的項目減少為 3 個)。上圖用了三種不同的激活來說明激活和記憶容量之間的關係。從圖中可以看出，在激活低的情況下，許多結點大約是在相同的程度上被激活的，(a) 圖用凸起部分來直觀地表示結點，五個結點的大小高度是相同的。當一個人躺在沙灘上看著海洋，而並沒有特別思考什麼事的時候，就會出現這種情況。如果激活增加，一些結點得到了更多的激活，注意的範圍也就隨之縮小了。如果有一些參加衝浪比賽的運動員從海灘上走過，那麼，他們就會比海浪引起更多的注意；而且，這些運動員中有的人會引起更多的激活。激活再繼續增加下去，有的結點就有可能得到更大的激活。可以想像，在衝浪比賽中爭奪冠軍的情況。關鍵時候，可能得到冠軍的運動員，其衝浪將使現在的短時記憶中的結

（a）低的激活　　（b）中等激活　　（c）高的激活

圖 4-3　激活對短時記憶容量及注意的影響
(採自 Martindale, 1991)

點得到更多的激活,甚至他可能耗費掉你的全部注意,這種情況被形象地表現於 (c) 圖之中。

第三節 短時記憶的代碼

在短時記憶中的編碼是指信息以什麼形式來保持或貯存的,而經過編碼所產生的具體的信息形式則稱為**代碼** (code)。在短時紀憶中占支配地位的代碼是聽覺碼,同時在短時紀憶中也存在著視覺碼和語意碼。

一、聽覺碼

許多認知心理學家大都認為,在短時記憶中占支配地位的代碼是**聽覺碼(或聲碼)** (acoustic code)。英國心理學家康拉德 (Conrad, 1964) 首先用實驗證實了這種設想。

康拉德曾作了兩個實驗。在第一個實驗中,對一組受試者測量了以視覺呈現的字母的錯誤回憶。在第二個實驗中,用同一組字母在"白噪音"的背景下向被試者朗讀後,讓被試者寫下自己認為聽到的字母時所犯的錯誤。在實驗中所使用的噪音之所以稱為**白噪音** (white noise),是因為它像白光一樣,是由頻率不同的**聲音**混合而成的。在兩次實驗中所使用的刺激字母都是相同的,這些字母是:B、C、P、T、V、F、M、N、S、X。實驗結果發現,在那些聽起來相似的字母之間有高度的聽覺混淆。例如受試者把 N 回憶為 M,F 回憶為 S,B 回憶為 P,……。而且,即使刺激是以視覺的形式呈現,錯誤也是在刺激的聲音的基礎上產生的。康拉德的實驗結果如表 4-1 和表 4-2 所示。

表中所記錄的是被試在回憶中所犯的錯誤。從兩個表中可以看出,被試所犯的錯誤主要在發音相近的字母上;而對於發音不相近的字母來說,發生的錯誤則較少。康拉德還計算了用視覺呈現和用口頭呈現的方式所得到的兩

表 4-1　視覺呈現字母的回憶錯誤

反應字母	刺激字母								
	B	*C*	*P*	*T*	*V*	*F*	*M*	*N*	*S*	*X*
B	—	18	62	5	83	12	9	3	2	0
C	13	—	27	18	55	15	3	12	35	7
P	102	18	—	24	40	15	8	8	7	7
T	30	46	79	—	38	18	14	14	8	10
V	56	32	30	14	—	21	15	11	11	5
F	6	8	14	5	31	—	12	13	131	16
M	12	6	8	5	20	16	—	146	15	5
N	11	7	5	1	19	28	167	—	24	5
S	7	21	11	2	9	37	4	12	—	16
X	3	7	2	2	11	30	10	11	59	—

(採自 Conrad, 1964)

表 4-2　口頭呈現字母的回憶錯誤

反應字母	刺激字母								
	B	*C*	*P*	*T*	*V*	*F*	*M*	*N*	*S*	*X*
B	—	171	75	84	168	2	11	10	2	2
C	32	—	35	42	20	45	4	5	2	5
P	162	350	—	505	91	11	31	23	5	5
T	143	232	281	—	50	14	12	11	8	5
V	122	61	34	22	—	1	8	11	1	0
F	6	4	2	4	3	—	13	8	336	238
M	10	14	2	3	4	22	—	334	21	9
N	13	21	6	9	20	32	512	—	38	14
S	2	18	2	7	3	488	23	11	—	391
X	1	6	2	2	1	245	2	1	184	—

(採自 Conrad, 1964)

個混淆矩陣之間的相關，發現其相關達 0.64，非常顯著。這一結果表明，在短時記憶中的代碼是聽覺碼。即使是以視覺的方式呈現刺激，也需要把這種刺激轉換成為語音，才能在短時記憶中保持下來。用神經網絡的觀點加以表述則是，雖然每一種知覺分析器都有它們自己的短時記憶，但是，人們常常把信息轉移到言語分析器中去保持它；所以，短時記憶的語言是語音的。

康拉德的實驗與魯賓斯坦等人 (Rubenstein, Lewis & Rubenstein, 1971) 的**語音轉錄假說** (speech recording hypothesis) 是一致的。魯賓斯坦等人認為，詞的認知有兩個階段。第一個階段是利用字母與音素對應的規律，把一群字母轉換為一群音素（例如，把 thick 轉變為 θik）。第二個階段是尋找與這種音素形式相匹配的**心理詞彙** (mental lexicon) 的詞條，當相應的詞條被發現的時候，這個詞就被認知了。

以後的實驗表明，在詞認知的時候，的確存在著語音轉錄這一條通路；但是，也還可能存在著另一條通路。邁爾等人 (Meyer et al., 1974；Meyer & Gutschera, 1975) 發現，這另外一條通路就是通過詞形表徵達到心理詞彙的詞條。而且，視覺通路的加工比語音通路的加工要快得多。特別是對於熟練讀者來說，視覺表徵往往在閱讀中起主要作用。

邁爾以及在邁爾之前的波斯納等人 (Posner & Keele, 1967) 所進行的研究都表明視覺碼在信息加工（或訊息處理）中的作用。所以有許多實驗對短時記憶只根據聽覺對信息進行編碼這一論斷提出了疑問。已經有一些實驗表明，在短時記憶中也可以用視覺碼和語意碼對信息進行編碼。

二、視覺碼

我們在第一章中提到的波斯納等人 (Posner & Keele, 1967；Posner, Boies, Eichelman & Taylor, 1969) 的實驗說明，在短時記憶中存在著**視覺編碼**(或形碼) (visual code)。在他們的實驗中，向被試呈現兩個字母；第二個字母與第一個字母同時或在其後 0.5 秒、1 秒和 2 秒時出現。要求被試按鍵反映，指出這兩個字母是否相同。第二個字母的名稱和外形或者與第一個相同，或者與第一個不同。實驗中所使用的刺激材料的形式如表 4-3。

實驗結果表明，在第二種條件下 (Aa) 的反應時比第一種條件下 (AA) 的反應時更長；而且，反應時間是間隔時間的函數。也就是說，當兩個字母之間的間隔時間為 0 時，在兩種條件下所得到的反應時差異最大。

波斯納等人對實驗結果的解釋是，視覺和名稱都匹配的字母，是根據它

表 4-3　波斯納等人使用的刺激材料形式

條　　件	刺激樣本	正確反應
視覺和名稱都匹配	A　A	相　同
名稱匹配視覺不匹配	A　a	相　同
視覺和名稱都不匹配	A　B	不　同
視覺和名稱都不匹配	A　b	不　同

(採自 Posner et al., 1967)

們的視覺特徵來進行判斷的；而名稱相同但視覺特徵不同的字母則是根據其語音的特徵來進行判斷的。既然 AA 匹配是基於視覺特徵（至少是部分地基於視覺特徵）來進行判斷，這就證實在短時記憶中視覺代碼存在。而且，由於對 AA 匹配的反應時比 Aa 匹配快，說明在短時記憶中首先是對刺激進行視覺編碼，然後經過形、音轉換，才對刺激進行聽覺編碼。

在波斯納等人的實驗中，兩個字母間的間隔最長為 2 秒，在此之後，視覺編碼的優勢就消失了。克羅爾 (Kroll, 1975) 認為，視覺編碼的優勢還可以持續更長的時間。他採用了波斯納等人的實驗方法，但增加了**復誦程序** (shadowing procedure)，即要求被試口頭重復耳機中聽到的一系列字母。在實驗中復述這些字母的作用有二：第一，可以迫使被試更久地在短時記憶中保存視覺碼；第二，這將使被試很難進行形、音轉換，把視覺編碼轉變為聽覺編碼，從而保證被試在 AA 匹配中僅僅使用視覺碼。

在克羅爾的實驗中，首先向被試呈現一個字母，接著要求被試重復一系列的字母，然後呈現第二個字母，要求被試進行反應。結果仍然發現在 Aa 匹配時的反應比 AA 匹配時長，而且，這種優勢一直持續到兩個字母之間的間隔為 8 秒的時候。這一結果對短時記憶中存在著視覺代碼提出了進一步的、有力的證據。

三、語意碼

語意碼(或**意碼**) (semantic code) 是與意義有關的代碼。威肯斯 (Wickens, 1970, 1972, 1973) 的實驗表明，在短時記憶中存在著語意代碼。威肯斯的大部分實驗是基於**前攝抑制**(或**順攝抑制**) (proactive inhibition，簡稱 PI) 來進行設計的。前攝抑制所指的是，先前的學習和記憶對後繼的學習和記憶的干擾。例如，依次學習三組水果的名稱，每組中包含三種不同的水果。通常對第一組水果的名稱回憶最好，對二、三兩組的回憶成績逐步下降。但是如果在第四次時學習三種花的名稱，就比在第四次時仍然學習水果名稱的回憶要好。威肯斯認為這種現象就是**前攝抑制的解除** (release from proactive inhibition)。威肯斯的實驗就是基於前攝抑制的解除來進行的。實驗程序如圖 4-4。

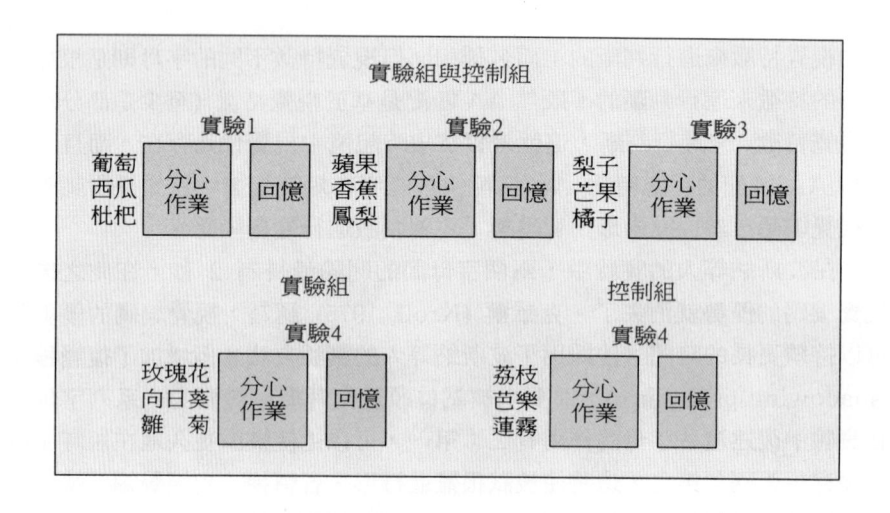

圖 4-4 前攝抑制解除的實驗程序型
(採自 Wickens, 1973)

　　從圖 4-4 中可以看出，在前三個實驗中，向被試呈現的都是三種水果的名稱。在刺激呈現之後，要作分心作業 20 秒鐘 (如減 3 逆運算)，以防止被試進行復述。然後讓被試努力進行回憶。在第四次實驗時，控制組所接受的仍然是三種水果的名稱，而實驗組所接受的則是另外幾種類別中的三個名稱。威肯斯用這種程序所作的實驗結果見圖 4-5。

　　實驗結果表明，控制組的成績隨著實驗的繼續而不斷下降，說明了前攝抑制的積聚。但是對於實驗組來說，則由於回憶項目的類別的轉移而導致了

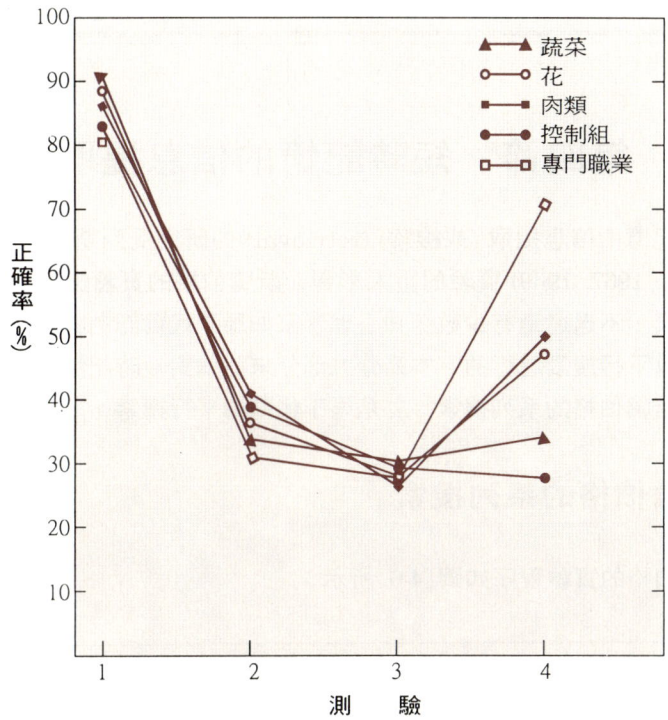

圖 4-5 前攝抑制解除函數結果
(採自 Wickens, 1973)

前攝抑制的解除。而且這種類別距水果越遠，前攝抑制的解除就越大。轉移到蔬菜的類別導致了回憶的較小改進；轉移到花和肉類導致了較大的改進；轉移到專門職業這一類導致了更大的改進。這種改進說明，被試在實驗中運用了一定類型的語意結構（如水果、蔬菜、花等）。如果他們沒有運用這種語意的信息，那麼，在實驗組中前攝抑制還會繼續積聚，也就不可能產生前攝抑制的解除。馬丁代爾（Martindale, 1991）還認為，在語意分析器中屬於同一類別的項目的認知單元，在空間上是鄰近的。如果在這一類別中產生了抑制，那麼從這個抑制的區域轉移出去，活動就會得到改善；而且，較移得越遠，活動的效果就愈好。從以上的情況看來，在短時記憶中是有語意代碼存在的。

由前述許多實驗證明，在短時記憶中存在著聽覺碼、視覺碼和語意碼；但是，在短時記憶中的代碼主要還是聽覺的。

第四節　短時記憶的信息提取

短時記憶中信息**提取**(或**檢索**)(retrieval)的研究受到斯騰伯格(Sternberg, 1966, 1967, 1969)實驗的重大影響。斯騰伯格的實驗採用的搜索方式為**系列搜索**，不過還是有少數認知心理學家如馬丁代爾認為對短時記憶信息的提取是以**平行搜索**進行的。本節分二部分來討論對短時記憶信息提取的兩點。一是斯騰伯格的系列搜索，二是馬丁代爾的平行搜索。

一、斯騰伯格的系列搜索

斯騰伯格的實驗程序如圖 4-6 所示：

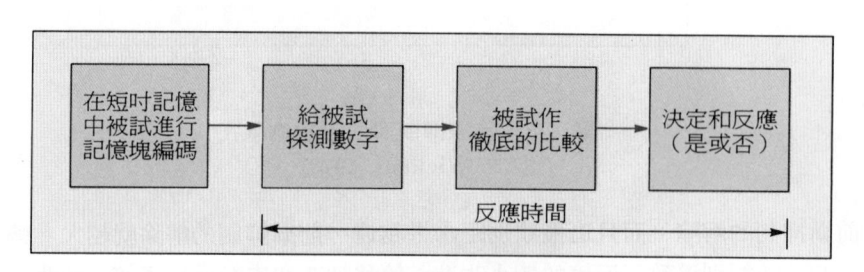

圖 4-6　斯騰伯格的實驗程序
(採自 Solso, 1988)

在這個程序中，向被試呈現一系列數字，每個數字顯示 1.2 秒。待被試認為可以在記憶中提取這些刺激之後，就向被試呈現探測數字。被試的任務是指明探測數字是否在所記憶的數字系列之內。如果是，就按"是"鍵，如果不是，就按"否"鍵。斯騰伯格把呈現探測數字到被試按鍵之間的時間作為被試的反應時間。

從圖 4-6 中可以看出，被試的反應時間是由三個部分組成的。第一部分是編碼所需的時間，在這段時間內，被試要把測驗的數字表徵在短時記憶內。第二部分是比較的時間，被試將記憶的數字從短時記憶中提取出來，並與測驗的數字進行比較。第三部分是選擇反應的時間，被試需要做出"是"或"不是"的反應。斯騰伯格認為，記憶項目的多少對比較的影響很大，而對編碼和選擇反應的影響較小。因此，通過考察反應時如何隨記憶項目的增加所產生的變化，就可以了解在短時記憶中發生的提取過程。斯騰伯格的實驗結果見圖 4-7。

斯騰伯格的實驗結果表明，在短時記憶中的項目越多，所需的反應時間就越長。而且，在記憶中每增加一個項目，都需要一個固定的加工時間。在圖 4-7 中，增加一個項目的時間量，大約為 38 毫秒。從圖中還可以看出，被試對在記憶中的項目（肯定反應）和不在記憶中的項目（否定反應）所用的時間幾乎是一樣的。這就是說，從短時記憶中進行一次提取並和探測數字進行比較要花費 38 毫秒的時間。所以，斯騰伯格認為，對短時記憶中項目的尋找以及測驗項目進行比較是按次序一個一個地進行的。他把這種搜索方式稱為**系列搜索**(或**系列掃描**) (serial search) 或稱**依序處理** (serial processing)。

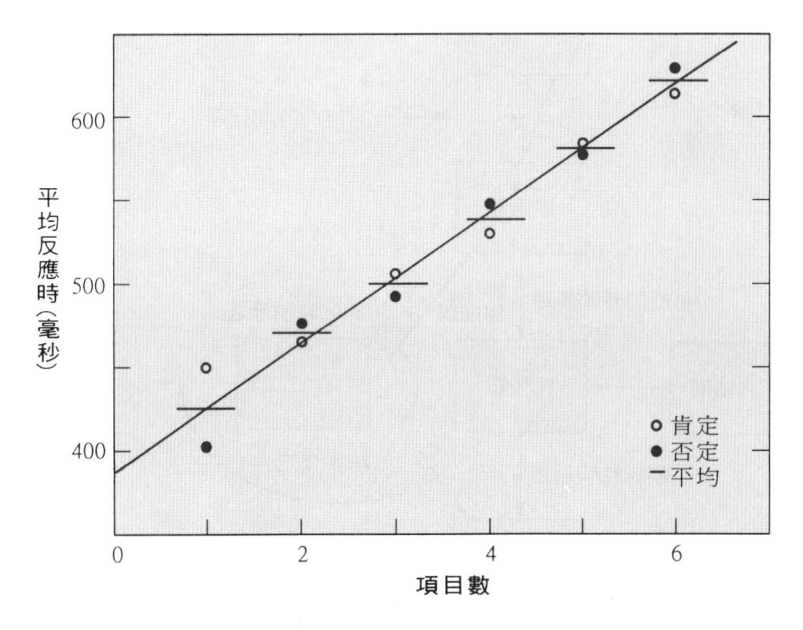

圖 4-7　反應時間是記憶系列中項目數的函數
(採自 Sternberg, 1969)

斯騰伯格還用了其他的一些項目(顏色、單詞、隨機圖形和無意義音節)來進行實驗，結果發現，對這些項目的提取與比較的時間要長些(分別為 38 毫秒，47 毫秒，68 毫秒，73 毫秒)。但是，增加一個項目所需要的時間仍然是固定的。而且，不管是用兒童、大學生，還是用嗜酒者、精神分裂症患者、吸食大麻者來作被試，都能得到反應時以一個恆定的速度增長的結果。

根據以上的實驗結果，斯騰伯格認為，在短時記憶的提取過程中進行的是系列掃描。這種掃描是徹底的而且不會自動停止。但是，為什麼必須進行徹底的掃描呢？當在短時記憶找到了所需要的項目時，掃描就應該停止，因為，這是符合**認知經濟** (cognitive economy) 原則的。斯騰伯格對此的解釋是，在對短時記憶中的項目進行掃描的時候，掃描操作與匹配操作是各自獨立的。這種情況如圖 4-8 所示。

記憶系統的中心加工機起著搜索執行者的作用；但是它只能或者進行掃

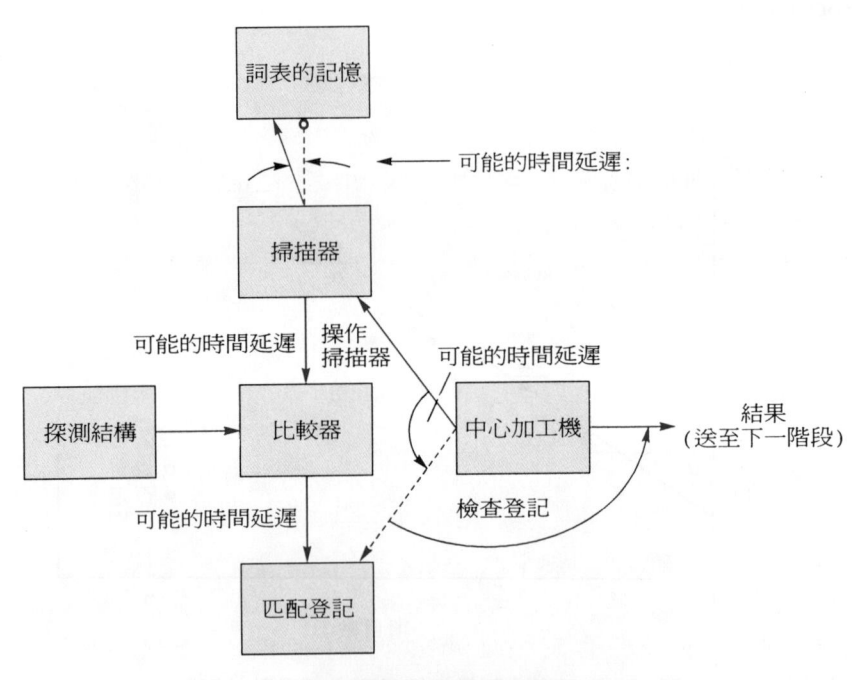

圖 4-8　短時記憶的掃描操作與匹配操作
(採自 Sternberg, 1969)

描，或者進行匹配登記檢查。而且，從圖中還可以看出，掃描和匹配檢查這兩種過程是各自獨立的。如果不進行徹底的搜索，中心加工機必須在掃描和匹配兩個方面來回地轉換，這比起徹底搜索需要更多的時間。所以，斯騰伯格認為，徹底的系列搜索可能比找到了所需的項目時，掃描就自動停止的搜索更為有效。

二、馬丁代爾的平行搜索

雖然斯騰伯格的實驗具有很大的說服力，但是，有不少的認知心理學家還是認為，對於短時記憶信息的提取是以**平行搜索** (parallel search) 的方式進行的。在平行搜索中，可以對短時記憶中的全部項目與探測的項目同時進行比較。因此，不管在短時記憶內有多少個項目，都會用相同的時間去搜索他們；短時記憶中項目的多少對於反應時沒有影響。所以又稱為**平行處理** (parallel processing)

馬丁代爾 (Martindale, 1991) 用神經網絡的觀點來解釋斯騰伯格的實驗結果，認為他所得到的材料不能說明對短時記憶信息的提取是一種系列搜索，而應該認為是一種平行搜索。

馬丁代爾認為，斯騰伯格的實驗中發生的是以下的過程。呈現記憶的項目會激活一些認知單元 (結點)，呈現的項目越多，每一個結點就會被激活得越少；因為激活是有一定限制的，僅僅只有少數的認知單元能夠被同時激活。當測驗數字呈現的時候，由於它也是記憶項目中的一個數字，他就會再一次激活其中的一個單元。這個被兩次加以激活的單元，會比其他的單元被激活得更多。如果與其他所有的單元相比較，一個單元的激活具有較高的水平，被試就會作肯定的反應。但是，所記憶的項目越多，辨別出一個單元的激活水平較高就越困難，因而所用的時間就越長。這是由於被激活得較多的單元，必定要對其他的單元進行**側抑制** (lateral inhibition)，直到它比任何其他的單元都具有更多的激活時為止。所以，項目越多，所需的時間也就越多。這就是說，在對短時記憶信息提取的時候，可以對記憶的項目與探測的項目同時進行比較。但是，在短時記憶中的項目越多，這種平行搜索的時間就越長。

根據這種平行搜索的理論，被試的回憶應當顯示出系列位置效應。由於記憶項目中靠後的項目是新近的，所以對它們進行編碼的單元的激活一般應該要強些。如果測驗的項目和這些單元當中的一個是一致的，那麼，作出肯定反應的時間應該更快。然而，在斯騰伯格的實驗中並沒有發現這種結果。在他的實驗中，被試的反應時僅僅與記憶的項目的長度相聯繫，而不與測驗項目在記憶項目中的系列位置相聯繫。所以，系列搜索理論並不能解釋系列位置效果。

但是，馬丁代爾對斯騰伯格實驗所作的解釋與一般的平行搜索理論也並不一致。一般認為，在進行平行搜索的時候，短時記憶中項目的多少，對於反應時並沒有影響。而馬丁代爾則認為，在短時記憶中的項目越多，平行搜索時所需要的時間也就越多。需要用實驗來進一步檢驗這兩種對於平行搜索的理解。

第五節　短時記憶的遺忘

認知心理學中，有兩種說明短時記憶遺忘原因的理論。一種理論認為，遺忘之所以發生是由於沒有去復述記憶的材料。由於短時記憶持續的時間非常短暫，如果對所記憶的材料不進行復述，短時記憶中的信息就會消失。例如，在電話號碼簿上查到了電話號碼後如果不及時地加以復述，就有可能把它忘掉。這種理論叫做**消退理論**。另一種理論認為，遺忘的原因是由於對其他材料的記憶或對其他作業的操作干擾了對材料的記憶，因而造成了遺忘。例如，在查找到電話號碼之後，有人向你提出了一個問題，你必須去思考並且回答這個問題，就會干擾你對這個電話號碼的記憶，使你不得不在電話簿上重新去查找。這種理論叫做**干擾理論**。下面我們將分別介紹這兩種理論以及對它們的實驗檢驗。

一、消退理論

彼得森和彼得森 (Peterson & Peterson, 1959) 用實驗說明了短時記憶中信息的消退。他們在實驗中要求被試記住三個輔音字母,例如"LRG"。由於這三個輔音字母沒有超出短時記憶的廣度,所以在復述的條件下,被試很容易記住它們。為了控制被試的復述,在呈現了輔音字母後立即呈現一個三位數 (如 758),要求被試重復這個數字並隨著節拍器的速度進行減 3 的倒數數 (即按以下的方式數數:758,755,752,749,746……)。在一定的時間間隔後 (從 3 秒到 18 秒),出現紅燈信號,要求被試停止數數,並回憶以前所給予的三個輔音字母。在圖 4-9 中表明了在不同的保持時間內,對於三個輔音字母的正確回憶的百分比。從圖上可以看出,被試的回憶成績隨著間隔時間的延長而下降。當間隔時間是 3 秒鐘的時候,被試幾乎能夠記住全部字母;但當間隔時間增加到 18 秒的時候,被試就只能回憶出大約 10% 的字母了。那麼,為什麼在這種實驗方法中,遺忘發生得如此迅速呢?

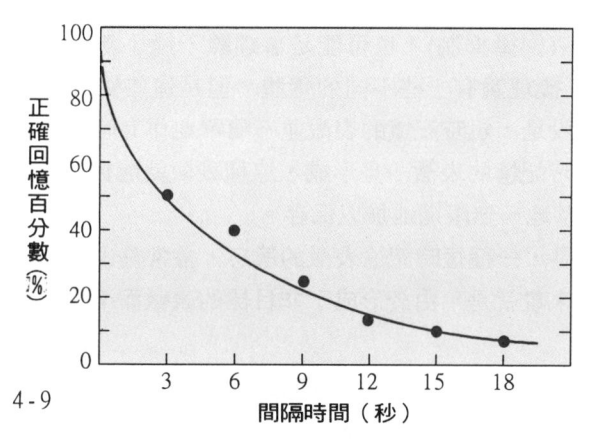

圖 4-9 使用分心作業下不同的時間間隔內對輔音字母正確回憶的百分比

(採自 Peterson & Peterson, 1959)

彼得森等提出用**消退理論** (decay theory) 來解釋他們的實驗結果。根據他們的觀點,儲存在短時記憶中的信息只能在非常短的時間內被完整地加以保持。一旦信息被存儲於短時記憶之中,就會開始消退。消退乃是時間的函數。隨著時間的消退,短時記憶中的信息就會變得越來越弱,因此很難回憶。最後 (大約在幾秒鐘之內) 這些信息就會消失而致完全遺忘。

雖然彼得森等認為,短時記憶的消退是不可避免的,但是他們又認為,可以用復述的方法來延遲消退的開始。也就是說,可以用不斷的重複所要記憶的項目的方法來保持短時記憶中的信息。不過,只要復述一停止,短時記憶的消退就會發生。

在彼得森等人的實驗中使用**分心作業** (distractor task),即減 3 倒數數的目的,就是要防止被試對輔音字母進行復述。由於復述被阻止,對輔音字母的記憶也就隨著時間而消退。時間越長,消退就越徹底。所以彼得森等人的實驗可以很好地反映在復述被阻止以後消退的速度。

二、干擾理論

干擾理論 (interference theory) 是指遺忘並非經驗的消失,而是所貯存的資料不能取用。造成貯存資料不能取用的原因,可能是新學的經驗干擾了舊經驗的回憶 (倒攝抑制);也可能是舊經驗干擾了新學經驗的回憶 (前攝抑制)。雖然干擾理論有一些不同的變體,但是這些變體有著一些共同的假設。第一個假設是,短時記憶的表徵並不簡單地作為時間的函數而在強度上發生變化。短時記憶的表徵一旦形成,這種表徵就能夠 (至少在理論上可以這樣認為) 完整地、無限期地加以保存。

第二個假設是,一種短時記憶表徵的遺忘,常常是由於出現了其他的表徵。用另外的話來說就是,由於形成了非目標的表徵而干擾了對於目標表徵的記憶。

第三個假設乃是關於遺忘機制的問題。一些心理學家設想 (Atkinson & Shiffrin, 1968),短時記憶的容量有限;因此,如果我們已經在短時儲存中登錄了一個表徵,然後,又形成了另一個表徵;那麼,第二個表徵將傾向於從儲存中排擠或取代第一個表徵。另一些心理學者認為 (Gordon, 1989),每當各種表徵同時存在於短時記憶中的時候,這些表徵就會相互作用,使它們都發生變化或受到歪曲。這樣,遺忘也就可能發生。因為一個目標表徵會由於其他表徵的作用而被改變,以至不能被認知。

最後，是關於復述的作用問題。干擾理論假設，復述對於保持一個表徵的強度來說並非是必須的；復述的作用乃是在於防止我們形成新的干擾的表徵。例如，如果你正在復述一種材料，那麼，在同一時間內你會很難去注意環境中的新的輸入。因此，由於復述阻止了在短時記憶中新的信息的登錄而防止了遺忘。

這種遺忘的干擾理論也能夠很好地解釋前面我們引用過彼得森等人的實驗結果。根據干擾理論可以認為，被試傾向於忘記輔音字母是因為他們接受了分心的項目。也就是說，給予被試一個數字，讓他進行減 3 倒數數，實際上是要求被試把數字的表徵登錄於短時記憶之中。這些數字表徵的存在起到了對輔音字母記憶的干擾作用；因為輔音字母也被保存在短時記憶之內，而且數字與輔音的發音有某些相似之處。遺忘隨著保持時間的延長而增加，是由於比較長的時間間隔可以進行更多的倒數數；而更多的數數則導致了對輔音字母記憶的更多的干擾。所以，根據干擾理論的觀點，分心作業並不是單純地起到防止復述的作用，這種作業也能夠促使干擾表徵的形成。

三、消退理論與干擾理論的進一步檢驗

因為消退與干擾理論二者都能夠說明短時記憶的遺忘，所以有些研究者試圖設計出一種方法去檢驗這兩種理論；並且決定，究竟遺忘是時間的函數還是取決於干擾項目的數量。

里特曼 (Reitman, 1971, 1974) 曾設計出一種經過修改的分心作業的方法。這種作業能夠有效地阻止復述，但是不會產生對於記憶目標的干擾。里特曼推論說，如果運用這樣一種作業，就有可能決定，遺忘是由於消退或是由於干擾造成的。

里特曼 (Reitman, 1971) 最初進行的實驗與彼得森等人所作的實驗非常相似。她向被試呈現 3 個詞一組的刺激，要求他們在 15 秒之後進行回憶。在保持時間內讓被試作分心作業，即呈現噪音刺激，並在噪音中嵌入純音信號；要求被試在聽到純音信號的時候就按鍵。由於對純音信號的覺察非常之困難，所以被試只能在半數的情況下知覺到這種信號。

里特曼的推論是，由於分心作業非常難，所以被試幾乎不可能對目標詞進行復述。她還推論，實驗中的信號覺察作業與詞的記憶很少相似之處，所

以幾乎不會干擾對詞的記憶。因此，運用這樣一種分心作業可以幫助我們去揭露，短時記憶的遺忘是由於消退還是由於其他項目的干擾。實驗的結果表明，在這種實驗條件下，被試並沒有表現出遺忘的跡象，甚至當保持的時間是 15 秒的時候也是如此。希夫林 (Shiffrin, 1973) 運用相同的方法，發現當保持的時間延長至 40 秒的時候，也沒有遺忘發生。以上的實驗結果表明，阻止復述並不會不可避免地導致遺忘。這就是說，僅僅當分心作業對記憶產生干擾的時候才會引起遺忘。里特曼和希夫林的實驗結果支持了短時記憶遺忘的干擾理論，並且提供了強有力的證據反對短時記憶因消退而產生遺忘的概念。

但是，里特曼進一步分析了她所得到的實驗結果，因為她懷疑實驗所用的分心作業是不是能夠完全阻止被試的復述。在對每一個被試的材料進行了詳細的分析之後，她發現，有些被試不能很好的完成信號覺察任務。這說明在保持的時間內，他們可能在復述所記憶的目標詞。她還考慮到，實驗中的記憶任務也可能太容易了；所以，只要被試對材料簡單地加以復述，他們也有可能回憶出目標刺激。

為了彌補在第一個實驗中存在的問題，里特曼 (Reitman, 1974) 又作了一個實驗。在這個實驗中運用了五個詞一組的刺激，所以任務的困難程度增加了。她還建立了更嚴格的標準，決定被試在進行分心作業的情況下，什麼時候有可能對目標詞復述，而在什麼時候則不可能。運用這些更嚴格的標準，她發現僅僅只有大約 20% 的被試在進行分心作業的時候沒有進行復述；因此，她只採用這些沒有進行復述的被試的材料。結果發現，被試的確表現出遺忘的現象。這就是說，至少某些遺忘是由於阻止了復述而產生的。不過，里特曼注意到，她所發現的遺忘比彼得森等人實驗中所發現的遺忘要少得多。在彼得森等人 1959 年的實驗中，在 15 秒的保持時間之後，被試平均能回憶出 15%～20% 的目標字母；而里特曼則發現，在同樣的保持時間內，被試平均能回憶出 75% 的實驗材料。基於對實驗材料的仔細分析和重復的實驗，里特曼得到了一個重要的結論：當復述被阻止後，有些短時記憶的遺忘是由於消退引起的；但是，由彼得森等人發現的遺忘只是由於實驗的分心物干擾所產生的結果，而不是由於記憶的消退；因此，干擾可能是短時記憶遺忘的主要原因。

四、前攝抑制和倒攝抑制

里特曼的實驗證明，短時記憶的遺忘主要是由於干擾造成的。這種干擾有兩種，一種是前攝抑制，一種是倒攝抑制。

我們在本章第三節中已經指出，**前攝抑制**指的是舊經驗干擾了對於新經驗的回憶。例如，向被試呈現一系列的三輔音字母，然後要求他們回憶後面的三輔音字母，就有可能發現，對於目標項目的回憶會被前面呈現的三輔音字母所干擾。**倒攝抑制** (retroactive inhibition，簡稱 RI) 則指的是新的學習經驗干擾了對於舊經驗的回憶。試設想在實驗中給予被試一系列三輔音字母去回憶，如果在保持的時間內要求他們說出數字或字母；那麼，這些新的記憶就會干擾對於三輔音字母的回憶。前面我們已經提到，可以用干擾理論來解釋彼得森等人的實驗。在他們的實驗中所發現的許多遺忘，很可能是由於實驗者所使用的分心作業引起的倒攝抑制造成的。而另外的一些遺忘則可能是由前攝抑制所引起。為了檢驗以上的這一種假設，凱佩爾和安德伍德 (Keppel & Underwood, 1962) 重復了彼得森等人的實驗。由於在彼得森等人的實驗中包括了許多個**序列** (或**嘗試**) (trial)，所以凱佩爾等人注意到了被試在每一個序列中的遺忘。圖 4-10 所示的是被試對於最初三個序列的**遺忘曲線** (forgetting curve)。

在序列 1 中，被試的遺忘非常少，甚至當保時時間長至 18 秒的時候也是如此。在序列 2 中，被試的回憶就較差；而在第三個序列中，被試的回憶就降低得更多。這些發現支持了這樣一種設想：被試聽到前面的三輔音字母越多，對於後面所聽到的三輔音字母的回憶就會越困難。所以，這個實驗表明，前攝抑制可以導致短時記憶的遺忘。

在凱佩爾等人的實驗之後，研究者進一步注意於在什麼條件下這種干擾會發生。結果發現，前攝抑制的發生關鍵在於干擾與目標項目呈現之間的間隔。如果要求被試對三輔音字母進行回憶，並且在其他的三輔音字母呈現之後立即呈現這個項目，那麼，干擾就會非常之強。然而，如果在其他三輔音字母呈現好幾分鐘之後才呈現要加以記憶的三輔音字母，就只會產生非常少的前攝抑制 (Kincaid & Wickdens, 1970)。因此，為了產生前攝抑制，干擾和目標項目的呈現在時間上必須非常接近。當然，干擾項目和目標項目之間的相似程度也是一個重要的因素。

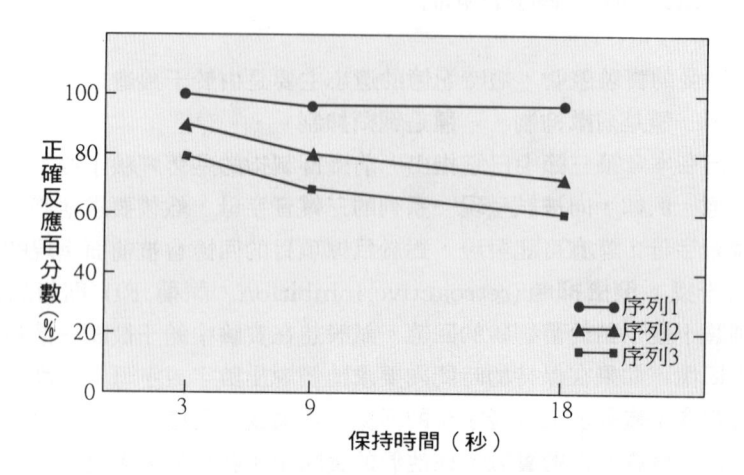

圖 4-10　短時記憶乃是保持時間和實驗序列的函數
(採自 Keppel & Underwood, 1962)

本 章 摘 要

1. **短時記憶**是介於**瞬時記憶**與**長時記憶**之間的一種記憶。短時記憶能夠接收來自瞬時記憶的信息，並通過復述將信息轉入長時記憶之中；所以，它是記憶系統中的一個重要的加工階段。在認知心理學中，有時又把短時記憶稱為**工作記憶**。
2. **系列位置效應**表明，被試對起始位置和結尾位置的單詞記憶成績較好，而對中間位置的單詞回憶成績較差；也就是說，一個詞能夠被回憶的概率是它在詞表中系列位置的函數。
3. 對起始位置呈現的單詞回憶成績較好，稱為**首因效應**；對結尾位置呈現的單詞回憶成績最好，稱為**近因效應**。

4. 迪斯和考夫曼用實驗證明，存在著短時記憶與長時記憶兩種記憶。他們認為，在實驗中發現的近因效應反映出短時記憶的作用；在實驗中發現的首因效應則反映出長時記憶的作用。
5. 在阿特金森和希夫林的記憶的信息加工模型中，短時記憶有兩種重要的功能：(1) 它是一種信息加工器，能將來自**感覺登記**中的信息轉換到長時記憶之中去；(2) 它還能從長時記憶中提取信息並用以處理當前的信息加工活動。
6. **加工水平模型**是記憶的單一儲存模式。在儲存的材料的保持時間方面的差異，並不是被分離的記憶結構的函數，而由這個單一的系統所進行的加工或操作的數量所決定。
7. 在**神經網絡模型**中，短時記憶是**分析器**中被激活的結點的持續；而長時記憶則是結點之間的聯繫的強度。如果一些結點被激活的時間夠長，那麼，這些結點之間聯繫的強度將會發生變化；這種變化就是從短時記憶轉變為長時記憶的機制。
8. **組塊**是短時記憶的基本單元。短時記憶並不受刺激的物理單元的數目的限制，而受有意義的組塊的限制。在短時記憶中所能保持的組塊平均為 7±2。
9. 短時記憶的容量隨著激活的增加而降低。這是因為更多的激活使已經具有很高激活的認知單元得到增強，而且導致對於其他認知單元的更大的抑制。
10. 在短時記憶中，對刺激的編碼有三種形式，即：**聽覺碼、視覺碼、語意碼**。但是，在短時記憶中占支配地位的代碼是聽覺碼。
11. **系列搜索**指的是短時記憶提取的一種機制，即對短時記憶中項目的尋找以及與測驗項目進行比較是按次序一個一個地進行的。這種搜索的方式也被稱之為**系列掃描**。
12. **平行搜索**也是短時記憶提取的一種機制，即對短時記憶中的全部項目與探測的項目同時進行比較。因此，不管在短時記憶內有多少個項目，都會用相同的時間去搜索它們；短時記憶中項目的多少對於反應時並沒有影響。
13. 在認知心理學中，有兩種說明短時記憶遺忘原因的理論；一種是**消退理論**，一種是**干擾理論**。

14. **消退理論**的觀點是,儲存在短時記憶中的信息只能在非常短的時間內被完整地加以保持。一旦信息被存儲於短時記憶中,就開始了消退過程。消退乃是時間的函數。

15. 雖然認知心理學家認為,短時記憶的消退是不可避免的;但是他們又認為,可以用復述的方法來延遲消退的開始。也就是說,可以用不**斷**地重復所要的記憶的項目這一方法來保持記憶中的信息。不過,只要復述一停止,短時記憶中的消退就會發生。

16. **干擾理論**的觀點是,短時記憶表徵的遺忘是由於出現了其他的表徵。也就是說,由於非目標表徵的形成而干擾了對於目標的記憶。因此,遺忘量取決於干擾項目的數量。

17. 實驗證明,短時記憶的遺忘主要是由於干擾造成的。干擾有兩種,一種是**前攝抑制**,一種是**倒攝抑制**。

18. **前攝抑制**指的是舊經驗干擾對於新經驗的回憶;**倒攝抑制**指的是新的學習經驗干擾了對於舊的經驗的回憶。

建議參考資料

1. 欣茨曼 (韓進之、李月明、韓耀輝、張寧生譯,1987):學習與記憶心理學。瀋陽市:遼寧科學技術出版社。
2. 彭克里 (譯) (1988):記憶與意識。北京市:科學出版社。
3. 楊　舒、劉　迅 (譯) (1989):揭開記憶的奧秘。吉林市:吉林人民出版社。
4. Badddeley, A. (1987). *Working memory*. Oxford: Clarendon Press.
5. Gordon, W.C. (1989). *Learning and memory*. Pacific Grove, CA: Brooks.
6. Klatzky, R.L. (1980). *Human memory*. San Francisco: Freeman.
7. Martindale, C. (1991). *Cognitive psychology : A neural-network approach*. Pacific Grove, CA : Brooks.

第五章

長時記憶

本章內容細目

第一節　長時記憶的代碼
一、長時記憶的語意碼　191
　㈠ 命題表徵
　㈡ 文本基點
二、長時記憶的其他代碼　196

第二節　長時記憶的語意信息儲存
一、語意層次網絡模型　200
二、激活擴散模型　203
三、神經網絡模型　206

第三節　長時記憶的信息提取
一、再認-產生假設　209

二、編碼特徵假設　212

第四節　長時記憶的信息遺忘
一、反應集合干擾假設　215
二、依存線索遺忘假設　216

第五節　架構與記憶
一、巴特利特的記憶研究　218
二、架構在記憶中的作用　220

本章摘要

建議參考資料

在記憶的多儲存模型中,長時記憶的訊息是通過復述從短時記憶中輸入的。**長時記憶** (long-term memory,簡稱 LTM) 可以保持許多年,甚至終生,所以又被稱為**永久性記憶** (permanent memory)。長時記憶的容量在理論上來說可以是無限的。長時記憶中有多種代碼,包括視覺、言語代碼和語音代碼等,但是占支配地位的是語意代碼。長時記憶的訊息是按一定的方式組織起來的,心理學家提出各種語意組織的模型,其中包括:語意層次網絡模型、激活擴散模型和神經網絡模型。在長時記憶的提取過程中,提取線索起著重要的作用。由於心理學家對提取線索的作用有不同的看法,所以出現了不同的提取理論;我們將介紹單一加工模式、再認-搜索假設和編碼特徵假設。許多心理學家都提出用**干擾** (interference) 來說明長時記憶的遺忘,所以我們將討論反應集合干擾假設。同時我們還將討論把遺忘視為提取失敗的理論,即依存線索遺忘假設。巴特利特 (Bartlett, 1932) 首先提出**基模** (schema) 的概念及其在記憶中的作用。他認為,基模是對於過去的反應或經驗的積極組織。現在的研究表明,基模對於所記憶的材料有一種選擇的作用;同時,基模對於記憶也有重新建造的作用。基模對所記憶的材料有選擇的作用表現為,對於與基模一致的材料將深層同化,而與基模不一致的材料則會被篩選掉。這種選擇的過程,既發生在理解材料的時候,也發生在回憶材料的時候。基模在記憶有部分建造的作用表現為,基模有利於在回憶時重新建造那些忘記了或並未學過的成分;因此,回憶並非是對於新學材料的簡單重復,而是根據基模對材料進行充分組織。

我們希望通過本章能夠回答有關長時記憶的以下五方面的問題:

1. 長時記憶有哪些代碼。
2. 心理學家提出長時記憶中語意信息儲存的模式。
3. 長時記憶的信息提取的方法。
4. 長時記憶的信息會遺忘的原因。
5. 基模對長時記憶有何種作用。

第一節　長時記憶的代碼

在長時記憶中語意碼占有統治的地位，因為在長時記憶中存貯的是意義而不是特定的刺激特徵；甚至對於圖畫來說，所記憶的也是它的抽象意義。但是，雙代碼假設認為，長時記憶的主要代碼不是語意碼而是視覺和言語的代碼；然而實驗發現，在回憶中出現的某一事件的視覺形象是重新建造的。因此，實驗結果有利於語意的而不是雙代碼假設。

一、長時記憶的語意碼

在短時記憶中占支配地位的是**聽覺碼**(或**聲碼**)，但是在長時記憶中則是**語意碼**(或**意碼**) 占有統治的地位。薩克斯的早期實驗就清楚地說明了這個問題。

薩克斯在實驗中讓被試者聽一段文章。這段文章談的是第一次使用望遠鏡的事。在這段文章中有一個目標句子：

他寫了一封有關這件事的信給伽利略——偉大的意大利科學家。

在被試者聽了這段文章之後，給予他們四種不同類型的測驗句子，並讓他們決定，這些測驗句子是不是與目標句子相同。這四種測驗句子是：

(1) 同一句：與目標句子完全相同；
(2) 語態改變句：把目標句子改為被動語態——"他所寫的關於這個事件的一封信被送到了伽利略——偉大的意大利科學家那裏"；
(3) 形式改變句：此一測驗句子與目標句子在形式結構上有所不同——"他寫給伽利略——偉大的意大利科學家，有關這件事的一封信"；
(4) 語意改變句：此一測驗句子改變了目標句子的意義——"伽利略——偉大的意大利科學家，給他寫了有關這件事的一封信" (Sachs, 1967)。

薩克斯控制測驗句子的呈現時間，以檢驗被試者對於目標句子的記憶是不是會隨著時間的變化而變化。因此,在實驗中或者在目標句子出現之後立即呈現測驗句子(插入 0 個音節);或者在被試者聽到 8 或 16 個音節之後才呈現測驗句子。實驗結果見圖 5-1。

實驗結果表明,如果在目標句子呈現之後立即對被試者進行測驗,他們都能夠清楚地辨別測驗句子與目標句子的異同。但是,在比較長的保持時間之後,這種回答的模式就產生了急劇的變化。此時,雖然被試者仍然能夠正確地指出語意改變句與目標句子是不同的;但是,他們卻不能夠辨別,語態改變句和形式改變句與目標句子是不同的。特別令人驚奇的是,被試者已傾向於認為,同一句與目標句子並不是相同的。

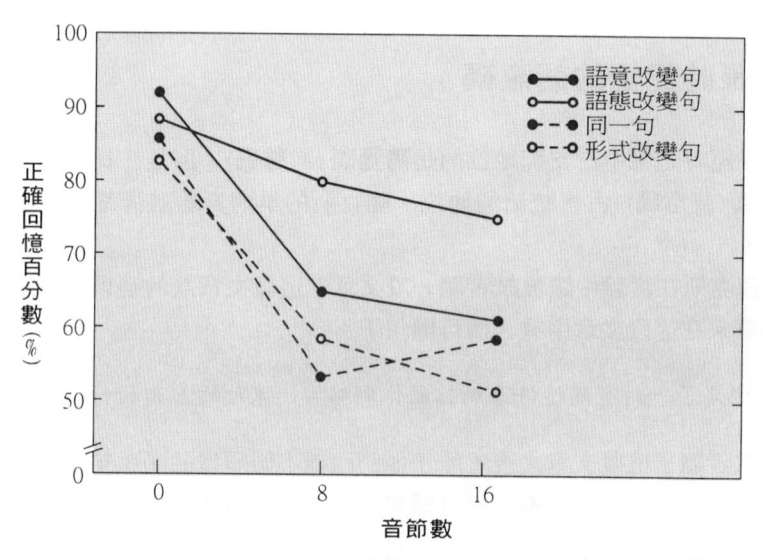

圖 5-1 在不同間隔時間內對四種測驗句子的正確回憶百分數
(採自 Sachs, 1967)

以上的結果對於了解在加工的不同階段,記憶的信息是怎樣被編碼的,具有重要的意義。從實驗結果中可以看出,在目標句子被聽到後的很短時間之內,被試者能夠記住這個句子所特有的各種特徵。例如,句子中間的序列以及句子的聲音等等。因此,他們能夠按照這些特徵,精確地指出,測驗句是不是與目標句子有差別。然而,在比較長的保持時間之後,僅僅當測驗句子在意義上有變化的情況下才能夠被正確地加以辨認。這就說明,在長時記憶中存儲的是目標句子的意義而不是它的特定的刺激特徵。所以，長時記憶是按照言語材料的意義來進行編碼的。

曼德勒和里奇 (Mandler & Ritchey, 1977) 用圖畫作為材料讓被試者進行記憶，也發現了與記憶言語材料相似的結果。他們在實驗中要求被試者學習 8 張關於課堂學習情景的圖片，每張學習 10 秒鐘。在學習之後，要求被試者對這些圖片進行再認。再認測驗中包括了兩種類型的迷惑性圖片。其中一類是"表面性迷惑圖片"，這種圖片與所學習的圖片僅僅在不重要的視覺細節方面有差異，例如，教師的服裝式樣不同。另一類是"類型改變圖片"，在這種圖片中有較為重要的意義方面的變化，例如，把教師使用的一張世界地圖改為一張藝術圖畫。這樣就表明教師所講授的學科發生了變化。對被試者進行的再認測驗表明，被試者能夠再認出 77% 的原圖，他們能拒斥 60% 的表面性迷惑圖片，但卻能夠拒斥 94% 的類型改變圖片。實驗的結果與薩克斯的研究有驚人的相似之處。薩克斯證明了被試者對句子意義的改變敏感；而曼德勒和里奇則證明被試者對圖畫意義的改變敏感。被試者並不去記憶圖畫的細節，他們所記憶的是圖畫的抽象意義。

記憶中的聽覺碼和視覺碼是比較容易理解的，因為它們是基於刺激最初是怎樣被聽到和看到來進行編碼的。所以，記憶的代碼和我們對刺激的最初的感覺之間有一種直接的關係。然而，意義是抽象的，它不是對於所感知的事件的直接複製。為了理解意義代碼的性質，我們必須了解意義的這種抽象性是怎樣在記憶中表徵的。

(一) 命題表徵

命題是思維活動的基本意義單位，通常由一個謂詞 (動詞單位) 與一個或幾個中項 (名詞單位) 所組成，用來表達一個事實或狀態。許多現代的認知心理學家都認為，語言信息或意義在記憶中以命題形式儲存；此即**命題表徵** (propositional representation)。例如，下面的句子："這個老年男人騎著棕色的馬"，就包括著三個命題或三個基本的意義。我們可以用以下的方式來表示：

1. 這個男人是老人；
2. 老人騎著馬；

3. 馬呈棕色的。

按照上面的觀點,當我們聽到或者讀到一個句子的時候,我們主要的不是基於這個句子的視覺形象或聲音而形成視覺碼和聽覺碼;我們所形成的是表徵著句子意義的命題代碼。

關於句子是以命題的形式表徵的設想,已經得到各種類型實驗的證實。例如金西和格拉斯 (Kintsch & Glass, 1974) 在實驗中向被試者呈現具有一個或三個命題的句子,在這兩種類型的句子中都包含同樣數目的詞,然後要求被試者回憶這些句子。結果發現,雖然這些句子的長度相同,但被試者對只具有一個命題的句子回憶要好。這一結果說明,被試者是用命題對句子進行編碼的。因為在只有一個命題的句子中,所有的信息都被編碼為一個單元,所以對於這種句子的回憶就比較容易。而在具有三個命題的句子中,由於需要把各個命題結合起來,所以對於這種類型句子的回憶就會困難一些。

與以上實驗的設想相似,如果在實驗中向被試者呈現包含多個命題的句子,並要求被試者利用線索詞回憶其中的一個命題。那麼回憶的結果就將決定於線索詞與所回憶的命題是否相匹配。如果給予被試者的線索詞是所要回憶的命題的一個部分,那麼回憶的結果應該是好的;但是,如果線索詞來自於句子中的其他命題,那麼回憶的結果就應該要差些。實驗的結果證實了以上的設想 (Anderson & Bower, 1973)。

金西和凱南 (Kintsch & Keenan, 1973) 的實驗要求被試者學習文章中的一些段落。雖然這些段落都包含著同樣數目的詞,但它們所包含的命題的數量是不同的。金西等人發現,當一個段落包含的命題比較多的時候,被試者就需要用更長的時間去學習,才能了解這段文章的意義。這個實驗說明,文章段落的意義的基本單元也是命題。因此,要對段落的意義進行編碼,就必須形成段落所包含的每一個命題的表徵。

以上的實驗說明,在我們學習一個句子或段落的時候,實際上就是在我們的長時記憶裏儲存一系列的命題。但是,為了表徵整個的句子或段落的意義,必須用一定的方式把這一系列的命題結合起來。金西等人 (Kintsch, 1976;Van Dijk & Kintsch, 1983) 已經提供了如何把一系列的命題結合起來的理論。

(二) 文本基點

金西等人認為，在記憶文章或文章的某個部分的所有命題，被組成為一個緊湊有層次的結構。這個結構也被稱之為**文本基點** (text base)。處於這個結構頂部的命題表明了文章的主要觀念。這個主要的命題通常包括作為這個命題中心的動詞以及這個動詞的主語。在主要命題之下的是其他較有助於澄清主要命題的詞或短語。例如，在"司機用很快的速度開這部汽車"這個句子中，主要命題是"司機開車"。它在命題的層次結構處於最高的地位。在這個主要命題之下，有"這部汽車"和"很快的速度"兩個短語。對於主要命題來說，因為它在主命題之下，所以這兩個短語是第二級的，但它們有助於澄清主要命題的意義。

文章的層次結構中，還有處於各級的低層次的命題。在這些低層次的命題中，也包括一個動詞以及動詞的主語（也有可能包括進一步說明這個命題的詞和短語。可以設想，比主要命題低一級的命題所表示的觀念，可能是比較次要的。而且，命題在文章的層次結構中所處的水平越低，它所表徵的意義在這篇文章中就越不重要。

下面我們用一個具體例子來說明文章的命題層次結構 (Gordon, 1989)。請思考這個複雜句子：

海浪沈重地沖刷海灘，沖掉表面的泥沙，引起了對沿岸的侵蝕。

在這個句子中，主要的命題是"海浪沖刷"；低層次的命題是"海浪沖掉泥沙"和"海浪引起侵蝕"。句子中的其他詞的作用只在於進一步說明這三個命題的意義。因此，這個句子的命題結構表現出以下的層次。

1. 海浪沖刷（基於主要動詞的命題）
   沈重地（怎樣沖刷）
   海灘（何處）
2. 海浪沖掉泥沙（基於第二個動詞的命題）
   表面的（何處）
3. 海浪引起侵蝕（基於第三個動詞的命題）
   沿岸（何處）

以上的命題結構，並不完全等同於金西 (Kintsch, 1974) 所提出來的文章結構的形式。但是，它在以下的三個方面是和金西的理論一致的。首先，在這個結構中的每一個命題都處於結構層次中的一定的位置；第二，在每一個命題之後都繼之以一定的詞，它進一步說明前面命題的意義；第三，命題在層次的地位越高，它所表徵的意義就越加重要。

　　由於意義是由有層次結構的命題來表徵的，因此，在回憶文章意義的時候，就必須提取這種命題的結構。首先提取的是主要的命題，然後提取低級的命題以及對這些命題的說明。金西等人 (Kintsch & Van Dijk, 1978) 的實驗證實了這種對於語意記憶的模式。實驗中要求被試者讀一篇有 1,300 個詞的文章，實驗之前就將這篇文章分析為由命題所組成的結構。被試者讀過這篇文章之後，要求他們或者立即、或者在一個月或三個月之後寫出對於這篇文章的簡短概括。結果發現，被試者立即寫出的概括中包括了許多低水平的命題；但是在比較長的間隔時間後所寫出的概括中，主要包括的是課文結構頂部的主要命題，只包括很少的低級層次的命題以及對這些命題的補充說明。這些結果說明，被試者並不把文章的命題看成是同等重要的：有些命題表徵著文章的中心意義，而有些命題則只是表徵著文章的次要的意義。這種結果和實驗者的預期是一致的。

二、長時記憶的其他代碼

　　佩維奧 (Paivio, 1974) 所提出的**雙代碼假說** (dual-code hypothesis) 認為，長時記憶的主要代碼不是語意碼，而是視覺的影像代碼和言語的符號代碼。對言語的記憶實際上是聽覺的或發音的記憶。因此，在長時記憶中，所有的信息都是作為感覺的或運動的經驗來表徵。佩維奧實際上是否認長時記憶存在著不連繫於某一特殊感覺形態的代碼。

　　佩維奧的假設在某種程度上得到實驗的支持。謝帕德 (Shepard, 1967) 在實驗中向被試者逐一地呈現 612 張非常容易記憶的圖片。然後從 612 張圖片中選出 68 張，將這 68 張圖片與被試者沒有在實驗中見過的 68 張新的圖片配對；並要求被試者識別，每一配對中的哪一張圖片他們先前曾經看到過。在立即的識驗測驗中，被試者的正確識別率很高，達 96.7%。在兩小時之後，要求被試者識別另外一組新舊圖片的配對，這時的正確識別率達到 99.7%。3 天、7 天和 120 天之後都給予被試者這種類型的測驗，所得的結果如圖 5-2。

從圖中可以看出，在 3 天、7 天之後，被試者仍然能很好地識別舊圖片。在 120 天以後，被試者的正確識別率下降，但仍超過 50% 的水平。

雖然謝帕德的實驗具有説服力，但是對於這種實驗的結果卻有不同的解釋。我們前面曾提到曼德勒和里奇的實驗（見本章第一節），他們的實驗表明，被試者所記憶的是圖畫的抽象意義。馬丁代爾 (Martindale, 1991) 還認為，回憶中出現的某一事件的視覺表象，可能並不完全是在經歷這個事件時所形成的那種表象，因為我們所回憶出來的視覺形象是重新建造出來的。當某一事件發生之後，我們所記憶的是關於這一事件的命題，即對於這一事件的行動的抽象描述。當我們必須回憶這個事件的時候，我們首先提取這個命題，然後再基於這個命題去重新建造我們的記憶。由於是重新建造，所以回憶和當時的情景之間可能會出現某些差異；而且，回憶和事件發生之間的間隔時間越長，這種差異就可能會越大，這現象就稱為**記憶扭曲** (memory distortion)。

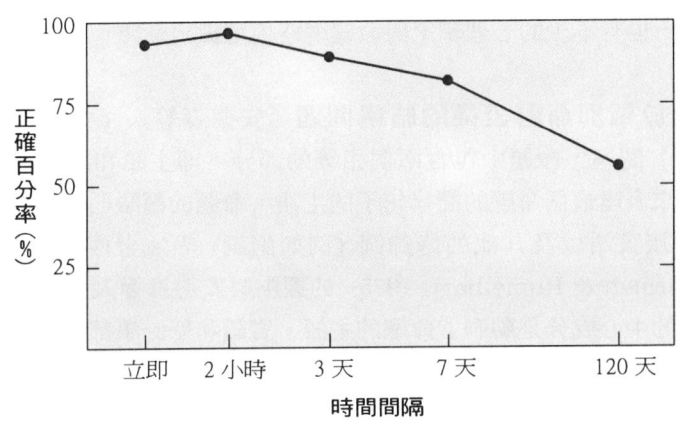

圖 5-2 被試在不同的時間間隔後對圖片的識別結果
(採自 Shepard, 1967)

洛弗塔斯等人 (Loftus & Palmer, 1974；Loftus, 1979) 在實驗中，讓被試者看一部有關車禍的影片，然後向被試者提問。對一組被試者提問的問題是："據你們的估計，當兩車撞毀的時候，其時速是多少哩？"對另一組被試者所提的問題則是:"據你們估計,當兩車相撞的時候,其時速是多少哩?"結果發現,當問題中有"撞毀"一詞的時候,被試者對車速的估計比較高,認為其時速在 40 哩以上。而當問題中出現的是"相撞"一詞的時候,對車速的估計則較低,認為時速在 30 哩以上。一個星期之後,對被試者再進行一次實驗,向他們提出另一個問題:"根據你們的記憶,在上次所看到的交通事故影片中,你有沒有看到被撞碎的玻璃?"雖然在看過的影片中,根本沒有被撞碎的玻璃,但聽到過"撞毀"一詞的被試者中,30%以上的人回答有;而在聽到"相撞"一詞的被試者中則只有 14% 的人回答有。這一實驗結果有利於命題編碼的假設而不利於雙代碼的假設。

根據對於命題編碼的實驗研究,安德森認為:"信息是依據命題來表徵的這種見解,是當前關於意義如何在記憶中表徵的最得人心的概念"(Anderson, 1990)。既然命題可以表徵抽象的意義,那麼,也就可以用命題的結構來說明語意記憶的信息組織。所以在語意記憶的模型中,**命題網絡表徵** (propositional-network representation) 是一個重要的模型。這種模型已經得到安德森等人 (Anderson & Bower, 1973;Anderson, 1976;Kintsch, 1974;Norman & Rumelhart, 1975) 新進行的許多實驗的驗證。

但是,也有不少的心理學家對命題網絡模型提出疑問,分別說明如下:

1. 關於個別命題表徵的結構問題 安德森等人 (Anderson & Bower, 1973) 認為,命題中包含兩個相等的部分,即主語和謂語。命題的主語就是用來表達這個命題的簡單句子的主語。命題的謂語則包括動詞、直接賓語或間接賓語以及其他的修飾詞(例如副詞)等。金西等人 (Kintsch, 1974;Norman & Rumelhart, 1975) 的觀點與安德森等人的不同。他們認為,命題的中心成分是動詞;命題的主語、賓語和修飾語都是同等的成分,而且它們都隸屬於動詞表徵。這種不同的意見表明,對於一個命題的內部結構的解釋仍然帶有某種推測的性質。

2. 關於命題之間的關係 也就是語意記憶的命題結構問題。對這個問題有兩種不同的觀點:金西 (Kintsch, 1974) 認為,命題結構是一種有層次的組織,命題在層次的地位越高,它所表徵的意義就越加重要;而安德森等人 (Anderson & Bower, 1973) 則認為命題在語意記憶中是以網絡組織的方式來表徵的。在命題網絡中,有一部分結節和連線會處於激活狀態;

而且這種激活還會向與之聯繫的周圍結節擴散。很明顯，在金西等人的模型中並沒有表明這種激活擴散的關係；但是，在金西的模型中命題之間所具有的層次的關係在命題網絡模型中也並沒有被表示出來。由於在這兩種命題結構之間所具有的差異是明顯的，所以對於命題之間的結構形式也需要進一步地加以研究。

3. 關於使用命題的有效性問題　桑代克 (Thorndyke, 1975) 曾經指出，有關命題的實驗中，向被試者呈現長度相同的句子，但句子所包含的命題數目不同，結果發現對只具有一個命題的句子回憶要好。在這種實驗只考慮了句子之間在所具有的命題方面的差異，並沒有考慮到它們在句法方面的差異。事實上具有更多命題的句子比具有較少命題的句子，在句法上必然是更複雜的。泰勒等人 (Taylor & Taylor, 1983) 認為，在許多實驗中所使用的命題都難以和句子相區別；所以他們認為，使用命題還不如使用句子好；因為句子更簡單並為人們所熟悉。

從關於長時記憶的研究中可以看出，實驗結果有利於命題編碼的假設而不利於雙代碼假設；但不少心理學家也對命題編碼假設提出了不少的質疑。因此，對於這一問題還需要繼續進行更深入的研究。

第二節　長時記憶的語意信息儲存

前一節我們討論了長時記憶中信息的表徵形式，這一節我們將討論長時記憶的信息的儲存。由於在長時記憶中主要儲存的是言語和事物的意義，所以我們將著重於研究語意信息的儲存。語意的儲存涉及到許多複雜的問題，因此，心理學家提出眾多的模型。於此我們將分別介紹三種語意存儲模型，即：語意層次網絡模型、激活擴散模型和神經網絡模型。

一、語意層次網絡模型

語意層次網絡模型 (semantic network model) 是由心理學家柯林斯和奎利恩 (Collins & Quillian, 1969) 所提出來的早期最著名的模型。這一模型如圖 5-3 所示。

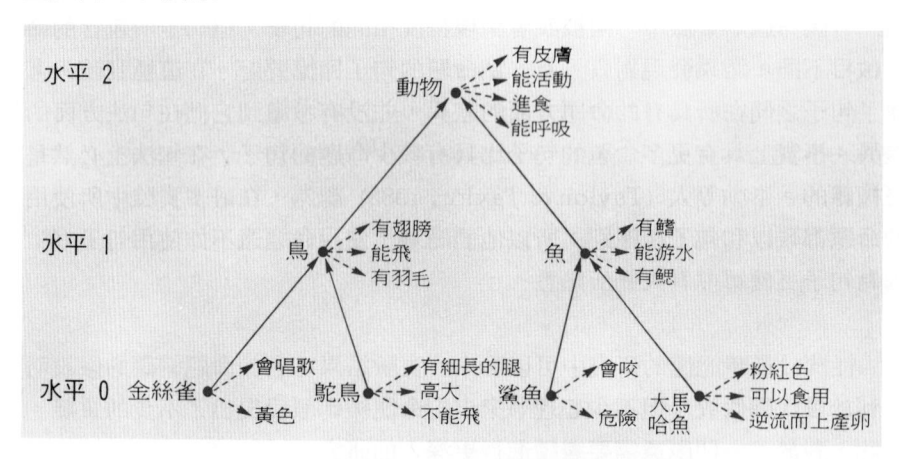

圖 5-3 具有三級層次的語意網絡模型
(採自 Collins & Quillian, 1969)

在這個模型中，語意記憶的基本成分是表徵一定客體或概念的**結點**。在這些結點之間具有類屬的關係，因此可以把它們組成為一種層次的網絡。圖 5-3 中有三個層次。第一級水平上的概念是第二級水平概念的下屬概念；而第 0 級水平的概念又是第一級水平概念的下屬概念。

在網絡與每一個概念儲存在一起的是這一概念所具有的屬性。例如與動物這一概念儲存在一起的是："有皮膚"、"能活動"、"進食"、"能呼吸"。雖然這些屬性是動物所共同具有的，但是在"鳥"這個結點卻並不重復地儲存這些屬性。因為這些屬性已經儲存於動物的結點之中，而鳥只是動物這個類屬中的一個成員。這種儲存的方式具有認知經濟性。

網絡的結點和屬性是由──→所聯繫起來的。這些──→表明，網絡的各種成分之間具有直接的聯繫。結點直接聯繫於它所具有的各種屬性；同時，每一個結點又直接聯繫於在層次網絡中高於它的上級結點。例如，"金絲雀"

和"駝鳥"都直接與"鳥"聯繫；而"鳥"和"魚"則直接與"動物"相聯繫。但是，在同一水平的結點之間（例如"金絲雀"和"駝鳥"）卻並無這種直接的聯繫。

根據這個模式的組織特點可以設想，一個特定的問題將會激活層次網絡的一個結點。例如，"金絲雀是不是有皮膚"這個問題將會激活"金絲雀"這個結點；然後將隨著──→的指引去決定"有皮膚"是不是金絲雀的一個屬性。首先需要搜索金絲雀結點的屬性。由於"有皮膚"這個屬性並不儲存在此結點之中，就需要到層次網絡的上一級結點去進行搜索。在這個水平上也未能發現此種屬性，就必須到網絡的頂部去搜索與"動物"結點相聯繫的屬性。因為"有皮膚"這一屬性是和動物相聯繫的，又因為金絲雀是動物的下級結點，所以我們就可以作出結論──金絲雀的確有皮膚。

從這個模型中可以看出，用來回答一個問題的時間是和穿過層次網絡去發現一個答案的距離一致的。因此，只需要用很少的時間去回答"金絲雀是不是能唱歌？"因為"能唱歌"這一屬性儲存於金絲雀的結點之中。但是，正如我們在前面所提到的，決定金絲雀是不是有皮膚就需要更長的時間，因為在搜索中必須要通過更長的距離。

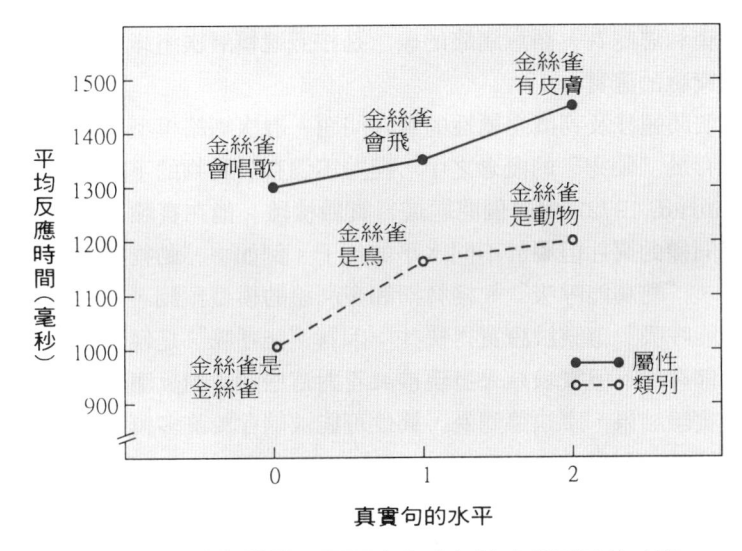

圖 5-4　在網絡的不同層次上進行搜索所需要的時間
(採自 Collins & Quillian, 1969)

柯林斯和奎利恩 (Collins & Quillian, 1969) 利用實驗檢驗了以上的假設。他們向被試呈現一些句子（如"金絲雀是鳥"、"金絲雀是動物"），並要求他們用按鍵的方式對句子的真假作出反應。實驗的結果如圖 5-4。

實驗結果和柯林斯、奎利恩的設想是一致的。被試能夠很快地證實"金絲雀是金絲雀"；然而，需用較長的時間去證實"金絲雀是鳥"；而且要用更長的時間去證實"金絲雀是動物"。同樣，核證一種屬性是不是屬於某一概念，其所需的時間也決定於需要搜索網絡中的層次數。

柯林斯和奎利恩的模型表明，能夠用一種有邏輯的知識結構有效地表徵我們所具有的語意知識。所以，這個模型引起很大的反響，並激起了許多有關語意記憶的組織研究。但是，這個模型亦存在著一些問題。

第一個問題是，網絡的概念是不是有層次地排列的，它們之間必然具有一種等級的關係？在這個模式中"哺乳動物"應該是"動物"的下屬概念，被試者要證實狗是哺乳動物應該比證實狗是動物要快。因為狗是哺乳動物的例子是屬於水平 1，而哺乳動物是動物的例子是屬於水平 2；所以證實狗是動物需要搜索層次中的兩個水平，而證實狗是哺乳動物則只需搜索一個水平。但是，有好幾個實驗表明，以上的預測是不正確的，因被試證實狗是哺乳動物比證實狗是動物所需的時間要長 (Rips, Shoben & Smith, 1973)。柯林斯和奎利恩認為，語意網絡的概念是按照邏輯層次組織起來的假設並未完全得到實驗的證實。

第二個問題涉及到概念屬性的儲存問題。層次網絡模型中，"能呼吸"的屬性儲存於"動物"的概念之中，但並不儲存於動物的下級概念之內。康拉德 (Conrad, 1972) 對這個問題進行實驗檢驗。他在實驗中要求被試者判斷包含有同樣的屬性但屬於不同水平的句子。例如："動物能呼吸"、"鳥能呼吸"、"駝鳥能呼吸"。柯林斯和奎利恩的模型預測，在這些句子中，如"動物能呼吸"應該被證實得快些；因為"能呼吸"是僅僅作為"動物"的屬性來儲存的。但實驗結果發現被試者對這些句子的反應時間並無差異。根據這種實驗結果，康拉德認為，屬性可能被儲存於許多概念之內，而不只是僅僅存儲於一個概念之中。

最後一個問題是，柯林斯和奎利恩設想，一個概念的所有例子都能同樣代表這個概念。因此，在層次網絡模型中，"金絲雀"和"駝鳥"都可以被認為是"鳥"這個概念的好例子。被試者對"金絲雀是鳥"和"駝鳥是鳥"

的反應應該一樣快。但這一預測並未能得到證實。實驗表明，概念的某些例子 (成員) 更具有典型性；對具有典型性例子的判斷如"金絲雀是鳥"，比對非典型性的例子如"鴕鳥是鳥"要快 (Roth & Shoben, 1983)。

二、激活擴散模型

為了解決柯林斯和奎利恩的模型所遇到的問題，柯林斯和洛夫塔斯 (Collins & Loftus, 1975) 認為可以不用有層次的結構來表徵語意記憶的組織，並且提出**激活擴散模型** (spread of activation model) (圖 5-5)。

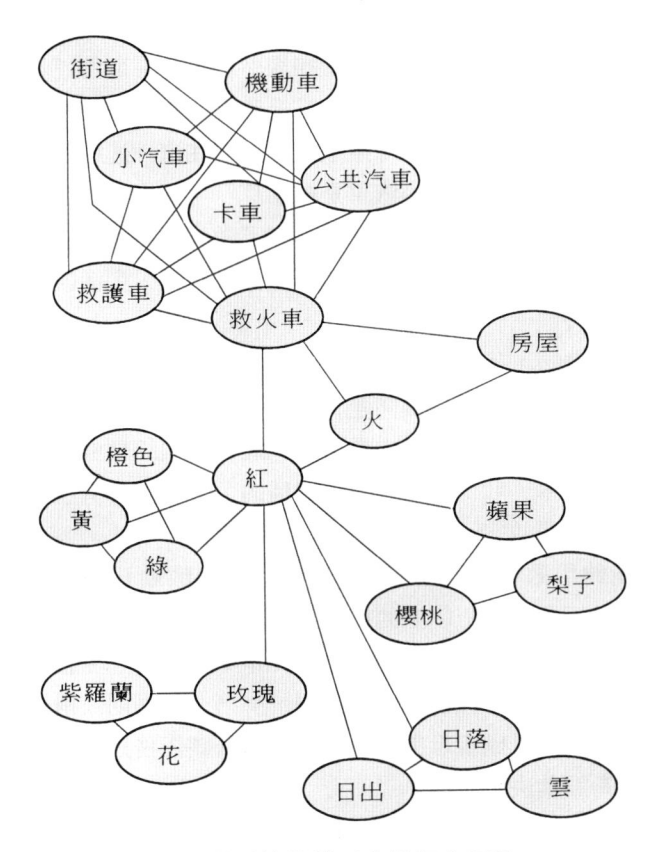

圖 5-5 激活擴散模型中的語意網絡
(採自 Collins & Loftus, 1975)

激活擴散模型的操作過程如下：

1. 當在問題中涉及到一個概念或屬性時，表徵這個概念或屬性的結點就會被激活。激活通過連線將擴散到網絡中的鄰近的結點上。這些由於擴散而被激活的結點的激活程度，依賴於這些結點與最初被激活的結點之間的聯繫的強度。因此，如果"紅"這個結點被激活，那麼"櫻桃"比"日落"將得到更大的激活。因為"櫻桃"與"紅"的聯繫比"日落"與"紅"的聯繫更緊密。所以，當我們看到或聽到"紅"這個詞的時候，我們更可能想到的是"櫻桃"而不是"日落"。

柯林斯和洛夫塔斯已設想，我們回答問題或驗證一個陳述的機制有賴於激活擴散會不會在網絡中的某一點上相遇。例如，在回答"小汽車是不是機動車？"這個問題時，"小汽車"和"機動車"兩個結點都會被激活。這種激活會沿著兩個結點之間的連線擴散，並且會在這一連線的某一點上相遇。因此，就可以作出決定："小汽車是機動車"。同樣也可以證實"救火車是機動車"，但是需要更長的時間。因為在"救火車"與"機動車"之間的連線比"小汽車"和"機動車"之間的連線長，所以，激活擴散在某一點上相遇需要更多的時間。

運用這種機制，我們也能夠回答並無直接聯繫的概念之間的問題。例如"救火車是不是日落？"這個問題，將激活"救火車"和"日落"這兩個結點，並且激活將沿著連線擴散，最後在"紅"這個結點處相遇。這種相遇告訴我們，"救火車"和"日落"是有關係的，它們都具有紅的顏色。但是，在這兩個概念之間並非一種類屬的或其他的關係。

2. 還能夠用激活擴散模型來解釋被稱之為**啟動** (priming) 的現象。啟動指的是由於近期與某一刺激的接觸而使對這一刺激的加工得到易化。在**詞彙決定** (lexical decision) 任務中，一般都要向被試呈現許多對字母串。一對字母串中的第一個詞被稱為"啟動詞"；第二個詞則被稱為"目標詞"。被試的任務是決定目標字母串是不是詞。由於該任務只要決定目標詞是不是詞，所以稱為詞彙決定任務。

3. 在實驗中發現，在辨別目標詞的時候，被試者的反應時會隨啟動詞的性質而變化 (Meyer & Schvanevelt, 1971)。如果啟動詞在語意上與目標詞有聯繫（例如，醫生——護士），反應就會比較快；如果二者之間沒有語意聯繫（例如，黃油——護士），反應就會比較慢。柯林斯和洛夫塔斯認為，這是由於啟動詞激活了語意記憶中相應的結點；而且，這種激活已會擴散到鄰近的或有語意聯繫的結點那裏去，並導致其激活。因此，當啟動詞和目標詞在語意上有聯繫的時候，縱然目標詞尚未呈現，啟動詞也可以在一定程度上激活目標詞的結點。這就使被試者能夠對目標詞作出更快的反應。然而，當啟動詞和目標詞之間沒有聯繫的時候，啟動詞呈現之前，目標詞不可能得到激活，所以對目標詞的證實就比較慢。

從某種意義上來說，激活擴散模型是對層次網絡模型的修正。在這個模型中，概念和屬性也是聯繫在一起的。但是，這個模型與層次網絡模型在幾個重要的方面存在著差異。

1. 概念與屬性的地位差異 在激活擴散模型中，概念和屬性具有同等的地位。語意層次網絡模型的主要成分是概念（例如"金絲雀"），而像"黃色"這樣的屬性只是簡單地附屬於概念的結點。但在激活擴散模型中，概念和屬性都是語意記憶結構的基本成分。

2. 概念與屬性的聯繫差異 在激活擴散模型中，各種屬性是和各種概念聯繫在一起的。例如，"紅"這種屬性就和"櫻桃"、"玫瑰"、"日出"、"救火車"這些概念相聯繫。同時，屬性與屬性之間也存在著聯繫。例如，"紅"就與"橙色"、"黃"和"綠"相連接。而且，在這個模型，主要成分之間的聯繫並非基於邏輯的、語意的關係，而只是基於個人的生活經驗。

3. 概念間語意距離的差異 在層次網絡模型中，概念之間的所有連線都具有同樣的長度；這個模型已表明，所有的下級概念對於上級概念來說都是同等的樣例。但是在激活擴散模型中，各個連線在長度上是不同的。例如，"小汽車"與其上級概念"機動車"有著緊密的聯繫。其他的概念（例如"救火車"）的上級概念也是"機動車"；但是它們與"機動車"的聯繫沒有"小汽車"與"機動車"的聯繫強。所以，"小汽車"與"機動車"的連線比"救火車"與"機動車"的連線要短。在"小汽車"、"救火車"與"機動車"之間連線長短不同就已說明，在"機動車"這一類屬的成員中，"小汽車"比"救火車"更具典型性。

雖然激活擴散模型是在層次網絡模型的基礎上發展起來的，並有許多優點，但它失去了在層次網絡模型中所具有的單純性與簡易性。柯林斯和洛夫塔斯沒有提出一種統一的方法去決定語意記憶的組織；他們認為，概念和屬性是根據個人的經驗而被聯繫起來的，並沒有一種決定這種聯繫的統一的模式。不但在概念和屬性的組織方面有其複雜性；而且，當兩個概念被激活以後如何作出決定也需要經過一個複雜的過程，但他們也未能對這一複雜過程作出進一步的說明。

三、神經網絡模型

在**神經網絡模型** (neural network model)（見第四章第一節）中，把儲存語意的部分稱為**語意分析器** (semantic analyzer)。在語意分析器中有無數個對語意進行編碼的結點。這些結點能夠從言語分析器、視覺分析器中接受輸入。例如"野鴨"這個結點，就會接受各種輸入，並將有關"野鴨"的知識儲存在"野鴨"這個結點以及它和其他結點的聯繫之中。這些結點是按層次排列的。馬丁代爾 (Martindale, 1991) 認為，通過這種層次的結構，可以把信息編碼為越來越抽象的概念。神經網絡模型的層次與層次網絡模型不同。在神經網絡模型的概念結點中，並不包括概念所具有的屬性；而且其最高水平的結點表示的是最基本的概念，例如，"野鴨"或"秋沙鴨"。在下一級較深水平上的結點對**基礎水平的類屬** (basic-level category)——例如對"鴨子"——進行編碼。在更深一級的水平則是對更抽象的上位概念（如"鳥"）進行編碼的結點。再更深一級水平的結點，代表更一般的，如"動物"這樣的概念。所以，在語意分析器中，水平越低，結點的數目就越少。圖 5-6 表明了語意分析器的一個部分內容。

神經網絡模型中，雖然連線的長度都是一樣的，但其強度是不同的。前面我們已經提到，一個概念的某些例子更具典型性。一個例子越具典型性，它和上級概念之間的聯繫就越強。

巴蒂格等 (Battig & Montague, 1969) 在他們的實驗中要求被試列出某一類屬的項目。結果發現，幾乎所有的被試都列出某些項目；而有些則很少有人列出。這說明由類屬名稱引起其所屬項目的概率是不同的。羅斯奇 (Rosch, 1975) 在實驗中要求被試評定某些類屬的項目，要他們決定這

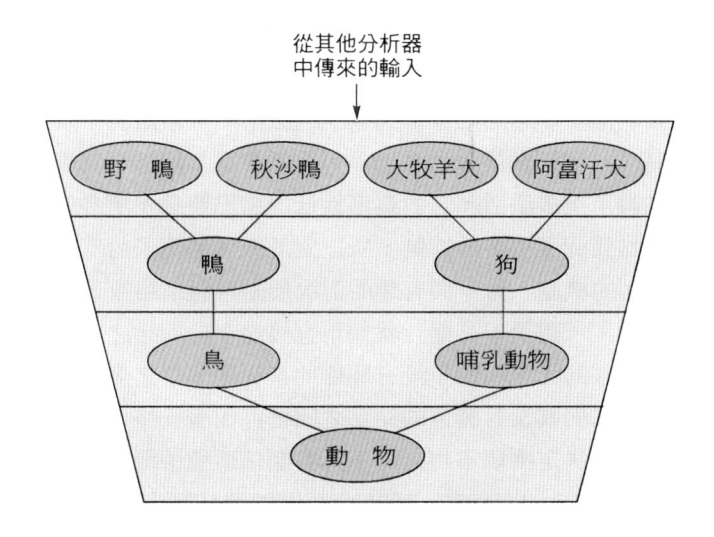

图 5-6 神经网络模型中的语意分析器
(采自 Martindale, 1991)

些项目能够代表这一类事物的程度。这种评定被称之为典型性评定。结果发现,对于"家俱"这个类属来说,椅子和沙发具有最高的典型性;而电话则具有最低的典型性。

要求被试对"椅子是家俱"和"灯是家俱"这种陈述作"是"或"否"的反应时发现,如果下级概念的典型性越高,对这个问题所作的回答就越快(Rosch,1973)。这就说明,上级概念结点与下级概念结点之间的连接强度一定是不同的。一个下级结点的典型性越高,它和上级结点间的联系就越强;更多的激活会沿着这些强的直接扩散。这就说明为什么我们在想到典型性较少的例子之前想到更为典型的例子;这也说明为什么能够更快地证实典型性高的例子是类属的成员。

此外,在神经网络模型中亦已存在着侧抑制的机制。所谓**侧抑制** (lateral inhibition) 指的是在同一水平的结点之间互相进行抑制。

罗斯奇 (Rosch, 1975) 在其实验中发现侧抑制的现象,即类属词的启动减少了对高度典型的类属例子的反应时间,但是增加了对低典型的类属例子的反应时间。对于罗斯奇所得到的结果的解释是,类属启动激活了类属的结点,类属的结点又激活了类属所属的下级结点。这个下级结点的典型性越高，它和上級結點間的聯繫就越強；這個下級結點的典型性越低，它和上級結點間的聯繫就越弱。和上級結點聯繫強的下級結點會得到更多的激活，和上級結點聯繫弱的下級結點則會得到較少的激活。被激活的下級結點之間互相進行側抑制。一個結點被激活得越多，它就會更多地抑制其鄰近的結點。典型高的結點得了更多激活，它對典型性低的結點將給予更多的抑制。由於典型性低的結點受到了更多的抑制，所以對於低典型例子的反應時間增長。

除了側抑制的機制，另一個有趣的討論便是神經網絡模型中，沒有否定性的連線。例如，"鴨子不是鵝"就並不直接儲存於網絡之內。因為與鴨子有關的事物是有限的，但和鴨子沒有關係的事物則非常之多；所以在網絡中不可能在每個結點與其沒有關係的結點之間都存在著一條"沒有關係"的直線。但是，怎樣來決定兩個事物之間不具有關係這種情況呢？格拉斯和霍爾約克 (Glass & Holyoak, 1975) 認為，如果兩個結點由同樣的關係連接於同一的上級結點，那麼這兩個結點所表徵的事物就是不同的見圖 5-7。

從圖 5-7 中可以看出，"鴨子"和"鵝"這兩個結點，都是由同樣的關係 (是一隻) 與"鳥"這個上一級的結點相連接，所以"鴨子"和"鵝"是不同的。從圖中還可以看出，"所有的鴨子都是狗"這種陳述也是不真實的，但是問題發生在更深的水平。"鴨子是一隻鳥"並不與"狗是一隻哺乳

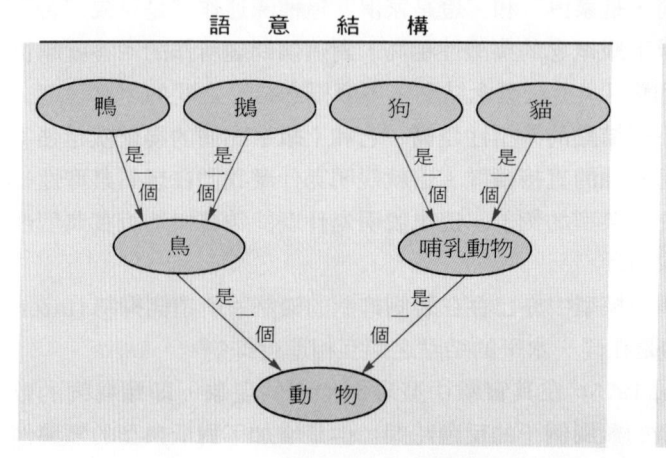

圖 5-7 如何否定虛假的陳述
(採自 Martindale, 1991)

動物"相牴觸；但是由於"鳥"和"哺乳動物"這兩個結點都由同樣的關係直線與"動物"這個上一級結點相連接，所以"鴨子"和"狗"不同。由於這種牴觸發生在更深的水平，所以檢驗"所有的鴨子都是狗"就需要更長的時間。

神經網絡模型對語意記憶的組織作出一些新的解釋。但是，對於語意組織的神經網絡的實驗研究還不多，今後需要用更多的實驗材料來檢證和發展神經網絡模型。

第三節 長時記憶的信息提取

長時記憶信息的提取過程中，**提取**(或**檢索**) (retrieval) 起著重要的作用。長時記憶中的信息檢索，是從儲存的信息系統中，先找到所需的信息類別的位置，然後再從類別中提取具體事物的信息。然而，心理學家對這一個過程是如何展開的，卻持有不同的意見；所以出現了各種不同的有關提取的理論。我們將介紹其中主要的幾種理論。

一、再認-產生假設

再認-產生假設 (generation-recognition hypothesis) 是由金西 (Kintsch, 1970) 提出來的。金西認為，在再認測驗中，呈現一個項目能夠直接激活記憶這個項目的表徵。當這種激活發生的時候，被試就會作出決定，這個項目在以前曾經呈現過。如果記憶的激活沒有發生，或者是這種激活非常微弱，那麼被試就會作出決定，以前沒有呈現過這個項目。因此，金西認為，**再認**(recognition) 包括一個作出決定的過程；而且，僅僅只包括此種過程。

但是，回憶與再認不同。**回憶** (recall) 乃是作出決定之前還需要一個搜索的步驟。之所以需要這個附加的步驟，是因為呈現回憶測驗的提取線索不能直接激活記憶的目標表徵。提取線索所激活的只是記憶中它們自己的表徵。不過,這種激活可以擴散到其他的有關表徵那裏去。如果提取線索與記憶項目有很強的聯繫,那麼,這種激活擴散就將導致記憶表徵的激活;這時提取就能夠發生。這種從提取線索表徵的激活擴散到目標表徵的過程就稱之為**產生** (generation) 過程。當這種搜索過程完結的時候,作出決定的過程就開始了。回憶和再認的相同之點在於,在這兩種類型的活動都包括作出決定的過程;回憶和再認的不同之處則在於,回憶活動包含著搜索過程,而再認則不包括此種過程。

金西模式的主要優點是它能夠解釋,為什麼有的變量對回憶和再認有不同的影響。再認-產生假設預測,能夠影響記憶表徵強度的變量應該既能影響回憶又能影響再認。因為增加一個項目表徵的強度既可以導致對目標表徵的更大的激活又能夠更容易地作出決定。所以,如果增加對於一個項目的學習程度,應該同時加強對它的回憶和再認。但是,記憶中表徵之間的組織或關係這一變量則只能影響回憶而不能影響再認。這是因為,記憶中表徵的組織決定著搜索的過程;但是對於作出決定的過程並沒有什麼影響。

以上的預測已為金西 (Kintsch, 1968) 的實驗所證實。實驗中向被試者呈現屬於同一類屬的詞表。有的詞表包括與類屬名稱有很強聯繫的詞,例如在"水果"詞表中的"蘋果"和"橘子"。而在另一"水果"詞表中則包括與類屬名稱僅有微弱聯繫的詞,例如,"西紅柿"。實驗結果表明,不管目標詞來自何種類型的詞表,被試者對它們的再認的成績都一樣好。然而,對與類屬名稱有高度聯繫的詞比對僅有微弱聯繫的詞的回憶要好得多。金西對於這一結果的解釋是,具有很強聯繫的詞表的詞,不但與類屬名稱而且在它們相互之間 (如蘋果和橘子) 存在著緊密的聯繫;因此,對它們的搜索就會比較容易。

再認-產生假設也能夠解釋,為什麼詞頻這種變量可能對回憶和再認有不同影響。可以有根據地設想,高頻詞與其他詞之間的聯繫比低頻詞要強。這種很強的聯繫對於搜索過程具有促進的作用。但是,當用高頻詞作為再認項目,並用高頻詞作為分心物時,對測驗項目的再認就可能發生問題。因為當一個測驗項目導致記憶表徵很強的激活時,就會難於決定,正在發生的激活是因為這個詞在詞表之中,還是由於這個詞是常用的。所以,如果在再認測驗中目標詞和分心物都是高頻詞,就會影響被試作出決定的過程。

雖然再認-產生假設設想,再認應該總是比回憶活動好,或者至少與它一樣好。我們在前面已經提到,這種測驗並不能完全得到證實。的確在很多情況下再認比回憶好;但有時回憶也可能超過再認。圖爾文等人 (Tulving & Thomson, 1973) 的實驗就清楚地說明了這個問題。實驗的步驟如下:

第一步:呈現詞對,要求被試者用小寫字母的詞作為線索,記住大寫字母的詞。

例:pretty —— BLUE (漂亮——藍色)

第二步:告訴被試者用主試給予的詞進行自由聯想,可用在第一步中呈現的詞作為聯想詞。要求被試者列出他們聯想出來的詞,並勾出在第一步中出現過的詞。

例: **主試給予的詞**　　　　**自由聯想的詞**
　　　lake (湖)　　　　　　water (水)
　　　　　　　　　　　　　ocean (海洋)
　　　　　　　　　　　　　blue　(藍色)
　　　　　　　　　　　　　deep　(深)

第三步:給予被試者第一步中的線索詞,要求他們回憶出大寫的詞。

例:　　**呈現**　　　　　　**要求回憶**
　　　pretty　　　　　　BLUE

實際上,在第二步檢查了被試者對目標詞的再認;而在第三步則檢查被試者的回憶。實驗結果發現,被試者只能再認大約 25% 的大寫詞,但卻能夠回憶出超過 60% 的大寫詞。這個實驗清楚地表明,回憶比再認容易。

也有人對圖爾文等人 (Tulving & Thomson, 1973) 的實驗結果提出疑問。例如,馬丁 (Martin, 1975) 就指出,在實驗的不同時期要求對大寫詞進行不同的編碼。在第一步中的大寫詞是按照所給予的線索詞加以編碼的;而在第二步中,這些詞是對於不同的刺激的反應,因而具有不同的意義。馬丁認為,大寫詞之所以難於再認是由於在最初的學習階段和以後的自由聯想階段,它們的意義有所不同。

雖然馬丁的批評有一定的根據,但圖爾文和瓦特金斯 (Tulving & Watkins, 1977) 證明了圖爾文和湯姆森 (Tulving & Thomson, 1973) 所得的結果並不有賴於目標詞在不同的實驗階段具有不同的意義。他們在一個精細的實驗中選擇的線索詞能夠給予大寫詞以特定的意義；而且在自由聯想階段還會使大寫詞呈現出同樣的意義。在這種情況下，圖爾文和瓦特金斯發現，回憶比再認的成績要好。

還有一些心理學家認為，圖爾文等人所得到的結果可能是由於實驗程序的複雜性造成的。不能否認，這種實驗的程序具有一定的複雜性。但是，在運用相對簡單的程序實驗中，也得到了相似的結果 (Watkins & Tulving, 1975；Wiseman & Tulving, 1976)。這就表明，這是一種在各種情況下都能觀察到而且很穩定的現象。

雖然這類型的實驗還可能在方法上繼續受到批評，但它對再認-產生假設提供了一系列的問題；而且這些問題是這種理論很難加以解釋的。

二、編碼特徵假設

在前面的討論，我們多次提到提取線索。所謂**提取線索 (或檢索指引)** (retrieval cue)，指的是在記憶檢索時用以達到目標表徵的任何刺激或線索。例如，先想到一個人的面孔，然後用這個特徵來回憶他的姓名；那麼，面部特徵就是姓名的提取線索。又如，在回憶一個詞表時，提示"第一個詞的第一個字是天"也會成為一種提取線索。在有些情況下，提取線索是外部環境中的刺激；而在有些情況下，內部的狀態也可能成為一種提取的線索。這種提取線索的有效性是不同的。有些線索能夠導致立即的回憶，而有些線索則沒有這種效果。所以奏效的提取線索是如何產生的？圖爾文和湯姆森 (Tulving & Thomson, 1973；Tulving, 1983) 提出的**編碼特徵假設** (encoding specificity hypothesis)，或稱為**編碼特定原則** (encoding specificity principle)，說明了提取線索的有效性問題。

圖爾文等人的編碼特徵假設表明，有效的提取，依賴於提取時的環境與編碼時的環境相似的程度，程度越高記憶就越容易。這種現象稱為**情境關連記憶** (state-dependent memory)。例如戲劇正式表演之前，必須在表演場地先行彩排，其目的就是要利用情境編碼的原理，藉以加強將來在現場的記憶。故在學習時不僅包括對學習材料的編碼，而且也對整個的學習情景進行了編碼。例如，如果給予被試者一個特定的詞去學習，這個詞在記憶中的表徵不會是孤立的；這個詞的表徵會和環境特徵的表徵相聯繫 (例如，學習的時間、地點……)。因此，當這個詞被加以學習的時候，這些特徵都會被注意到。所以記憶常常是一種表徵的複合體，它所包括的不僅僅是目標事件，而且還有記憶形成的其他的被注意到的事件。

按照圖爾文等人的意見，為了使提取的線索有效，必須使它們與記憶中所表徵的線索相似。也就是說，提取線索的有效性決定於其是否與學習時注意到的線索相匹配。例如，如果一個人在學習一個詞表的時候注意到了所在的房間特徵，那麼在學習發生時的房間進行測驗，就會增加詞表的回憶量。

編碼特徵假設已經得到許多實驗的證明。圖爾文和皮爾托恩 (Tulving & Pearlstone, 1966) 在實驗中向被試者呈現詞表，詞表的詞可以按照不同的類屬而加以分類 (例如，蔬菜類、運輸工具類等)。受試者首先聽到的是一個類屬名稱如「蔬菜類」，接著聽到如「白菜、菠菜、韭菜…」。實驗要求記住所有的詞，但類屬名稱不必記憶。採用這種形式的目的在於使被試者能按照特定的類屬對詞表進行編碼。呈現詞表以後，要求被試者回憶詞表上的詞。對一半的被試者給予類屬的名稱作為提取的線索；而對其餘的被試者則沒有給予類屬的名稱。接受類屬名稱的被試者比沒有接受這種線索的被試者顯著地回憶出更多的詞。圖爾文等人按照編碼特徵假設來解釋這種發現。他們認為，類屬名稱之所以有利於回憶是因為當詞表的詞被編碼時，這些類屬的名稱也被編碼。

湯姆森和圖爾文 (Thomson & Tulving, 1970) 得到了與以上實驗相似的結果。在實驗中要求被試者自由回憶學過的詞表。在學習的時候，給予一些被試者與項目相聯繫的有意義的詞，例如，與詞表中"巨大"相聯繫的詞是"高"；而對於其他的被試者則沒有給予這種有聯繫的詞。學習過運用聯繫詞的被試者在測驗時一半給予聯繫詞作為提取線索，而另一半則沒有給予聯繫詞。同樣，學習時沒有得到聯繫詞的被試者一半給予聯繫詞，而其餘的一半則沒有給予。實驗的結果是，在學習和測驗時都得到了聯繫詞的被試者的成績最好；其次是那些在學習和測驗時都沒有得到聯繫詞的被試者；而僅僅在測驗時才得到聯繫詞的被試者的成績最差。實驗結果說明，提取依賴於學習和測驗條件的相似性。回憶線索之有效在於它們與編碼時的刺激相似。

莫里斯 (Morris, 1978) 的研究表明，編碼特徵假設並不要求精確地複製學習時所呈現的線索。莫里斯在實驗中呈現嵌入句子的目標詞。有些被試者接受的是與句子一致的詞,這些句子描述的是正常情況。例如,對於目標詞"泡菜"來說,與它一致的句子是"泡菜是和包心菜沙拉一起供應的"。其他的被試者所接受的目標詞則包括在不一致的句子之中。這些句子敘述的是稀奇古怪的或反常的情況,例如,"泡菜擠進薩克斯管"。在測驗中,對被試者呈現包括在原有的或新的、一致或不一致句子的目標詞,例如,"泡菜是在三明治的上面"、"泡菜被鏈鋸所切割"等。被試者的任務是對目標詞進行再認。實驗的結果表明,學習時接受的是一致句子的被試者,在測驗中,他們所接受的也是一致的句子的時候,得到了好的成績。然而,在學習時接受的是不一致的句子,而在測驗時所接受的也是不一致句子的被試者,也得到了好的成績。所以,對於成功的提取來說,只需要編碼和提取條件之間的相對的相似性。

還有一些實驗是在十分特殊的環境中進行的。戈登和巴德利 (Godden & Baddeley, 1975) 讓潛水員學習由 40 個互不相干的詞組成的詞表。有的被試者在岸上學習;有些則在深 20 英尺處的海中學習。然後讓潛水員或者與學習時相同的環境、或者在與學習時相異的環境中進行回憶。實驗結果表明,在相同環境中的回憶成績好,在相異環境中的回憶成績差。

身體的內部狀態——例如情緒狀態——對於回憶也有影響。威英加特納等 (Weingartner, Miller & Murphy, 1977) 用具有雙極情緒狀態的人作被試者。這種人的情緒在狂熱和低沈之間強烈地搖擺。在實驗中讓他們在一種情緒狀態下學習詞,而在同一種情緒狀態或不同的情緒狀態下進行回憶。結果發現,在同一種情緒狀態下進行回憶的成績要好得多。

雖然編碼特徵假設得到了許多實驗的證實,但是,這些實驗都是用詞作為材料來進行的。這個假設是否適用於文章的提取還沒有得到實驗的證實。同時,還有人 (Anderson, 1989) 提出,如果記憶必須依賴於一定的場合,它的價值是不大的。應該在各種不同的場合下,都能夠很好地回憶出所需要的材料。所以,在某種意義上來說,記憶必須要能夠擺脫某種特定的場合。

第四節 長時記憶的信息遺忘

許多心理學家都提出用**干擾** (interference) 的機制來說明長時記憶的遺忘。因此，我們將討論各種不同的干擾理論。同時我們還將討論把遺忘視為提取失效的理論。這種理論表明，遺忘可能是由於我們不能夠去提取仍然存在於長時記憶的信息結果。

一、反應集合干擾假設

為了說明長時記憶信息的遺忘，波斯特曼等人 (Postman, Stark, & Fraser, 1968) 提出了**反應集合干擾假設** (response-set interference hypothesis)。

波斯特曼等人設想，在被試學習 A－B 詞表的時候包含了兩種過程：形成 A－B 聯繫；並且了解到，詞表中的"B"反應組成了必須作為一個集合來加以記憶的實體。這就是說，被試者學到了當"A"刺激中的詞語呈現時，他必須集中於"B"反應的集合，從而能夠對"A"刺激提供一個正確的答案。波斯特曼等人還設想，被試者依賴於一個反應選擇器去幫助他們集中於反應的一個集合。這種選擇的機制使得他們能夠集中於一個反應的集合，並抑制不屬於該集合的所有反應。

為了說明反應選擇機制是怎樣發生作用的，可以設想，當被試者先學習 A－B 詞表，然後繼之以 A－C 詞表時，A－C 學習將會很難於開始；因為被試者的反應選擇機制仍然調在"B"反應的集合上。然而，隨著學習的進行發生了以下的過程：被試者開始轉換反應選擇機制於"C"集合的反應，並使"B"集合的反應被抑制；隨著"B"集合的反應被抑制，被試者就能夠把"A"刺激和特定的"C"反應聯繫起來。

應該強調，在反應集合干擾假設中，A－C 學習並不導致原有的 A－B 聯繫的消退或學習解除。對 A－C 的學習只是抑制了被試集中於"B"集合反應的傾向。因此，在 A－C 學習已經發生之後，A－B 和 A－C 兩種聯繫都是完整的。

　　反應集合干擾假設能夠解釋，為什麼在回憶測驗中可能產生干擾，而在再認測驗中則不會產生這種干擾。根據反應集合干擾假設，不能夠回憶一個目標詞表不是由於未能對目標聯繫進行學習。在實驗中，干擾聯繫和目標聯繫二者都被完整地加以保持。回憶的困難在於被試者不能夠轉換反應選擇機制於目標反應集合。只要呈現出目標反應，被試者的反應選擇機制就能集中於目標項目。由於再認測驗能夠去掉暫時與目標反應相聯繫的抑制，因而在測驗時這些反應就有可能產生。

　　總體來看，反應集合干擾假設能在一定程度上解釋干擾現象。波斯特曼等人的理論的主要優點在於，他們並不把學習解除和消退作為遺忘的主要因素。他們的假設是，測驗時產生的干擾是暫時不能提取適當的反應集合的項目的結果。這種觀點與我們在後面將要討論的遺忘主要是由於提取困難造成的理論是一致的。

二、依存線索遺忘假設

　　雖然反應集合干擾假設得到一定程度的證實，但是後來很少有人繼續在早期干擾理論的指引下進行研究。這種情況是由各種原因造成的。首先，許多早期的干擾理論都是從聯想主義的立場出發，並以言語學習的形式去說明前攝抑制和倒攝抑制的現象而被提出來的。然而，在後來的年代裏，這種傳統基式的研究已經急劇地減少。現在許多研究的目的都在於說明遺忘過程的複雜認知過程，而不是去探究支配著言語聯繫的某種規律。

　　第二個原因在於，心理學對於早期干擾理論在真實世界的可應用性問題提出了疑問。在早期的干擾實驗中，被試很容易忘掉在實驗室中所學得的詞表，甚至當沒有干擾詞表呈現的時候也是如此。如果要用干擾理論來解釋這種遺忘，我們必須設想，在實驗室之外所學得的言語項目會干擾在實驗室所學得的詞表的保持。

　　為了檢驗干擾具有外在來源的設想，心理學家研究是不是一個詞表的遺忘也可能由於實驗室之外的干擾所引起。有人在實驗中分別給予被試者高頻詞表和低頻詞表進行學習。並且設想，由於在日常生活中常用的詞可能具有更多的聯繫，因而可能產生更大的干擾。所以，高頻詞比低頻詞會更快地被遺忘。但實驗的結果並不支持這種設想 (Ekstrand & Underwood, 1965)。這就說明，雖然干擾理論有可能在傳統的言語學習的基式中解釋前攝抑制和倒攝抑制的效果，但它並不能夠解釋由於實驗室之外的因素所引起的干擾。

第三個導致對干擾理論的興趣降低的原因是，心理學家認識到遺忘常常是由於提取困難造成的。在我們關於**編碼特徵假設**的討論中所引用的實驗材料表明，當編碼和保持測驗的條件不同時，提取就可能失效。從這些材料中可以清楚地看到，遺忘並不是由於記憶的衰退或受到某種干擾。遺忘可以由於在保持測驗中不能提供有效的提取線索而產生。

由於把提取失敗作為遺忘的原因，所以，心理學家增長對於記憶的信息是如何被編碼和提取的這一問題的興趣；並且，在這種研究傾向中，並不否認干擾在遺忘中的作用。不過，許多人 (Postman, Stark & Fraser, 1968) 都認為，干擾並不引起記憶的喪失或學習解除；干擾的作用只是使明確地提取目標項目變得更加困難。

對於遺忘的信息加工觀點表明，不能回憶出某種信息是由於對依存線索的遺忘；換句話說，**遺忘** (forgetting) 是由於提取線索不能與記憶中項目編碼的性質相匹配。馬丁 (Martin, 1972) 曾指出，在學習一個簡單聯想的時候，被試者可能會注意於刺激詞的各個不同的方面。例如，被試者可能注意於刺激詞的聲音、它的意義、它的字母特徵，甚至由它在腦中引發出的其他詞，等等。因此，被試者可能以各個不同的方面去對刺激詞編碼。

由於刺激編碼的多樣性，一個學習了 A－B 詞表的被試者也有可能不能按照這兩個詞表的相似性來進行編碼。因為在學習 A－B 詞表時，被試者可能注意於"A"刺激的聲音，並可能用它與"B"反應相聯繫；而當學習 A－C 詞表的時候，被試者也有可能注意於"A"刺激的最初的字母，並且可能用這些字母與"C"反應相聯繫。在此情況下，就會產生依存線索的遺忘。因為從某種意義上來說，被試者所學習的是兩個不同的詞表，所以用 A－B 詞表中的刺激去提取 A－C 詞表的反應時就會遇到困難。

雖然我們可以用**依存線索遺忘假設**(或**指引關連遺忘假說**) (cue-dependent forgetting hypothesis) 來解釋遺忘現象，但是由於甚至在一個簡單的聯結中也包含了相當複雜的編碼過程，所以要對遺忘的原因作出完全的解釋還是有困難的。因此需要對編碼以及編碼如何影響提取的過程作進一步地研究，才能更深入地了解遺忘的實質。

第五節　架構與記憶

心理學的研究表明，個人具有的知識結構對當前的認知活動具有重要的作用，這種知識結構 (schema) 在心理學中被稱為架構、圖式或基模。架構與記憶有密切的關係。在本節中我們將介紹以下兩個問題：(1) 巴特利特的記憶研究；(2) 架構在記憶中的作用。

一、巴特利特的記憶研究

在 20 世紀初詹姆士 (James, 1901) 就曾經提出，過去已經具有的知識對於新材料的學習具有一定的作用。後來萊銀 (Laing, 1903) 在一本關於閱讀的教師手冊又提出了同樣的意見。他認為兒童是利用已有的概念來解釋和學習新的概念的。巴特利特 (Bartlett, 1932) 則用其關於記憶的實驗證實詹姆士和萊銀所提出來的思想。

巴特利特在他的實驗中，用北美的民間故事作為材料，以劍橋大學的學生為被試者，要求他們把材料讀兩遍，然後在不同的時間間隔內 (從閱讀之後 15 分鐘一直到 10 年) 儘可能多地寫下他所讀過的材料。在另一種條件下，則要求一個被試者寫下他所能記住的材料，並把這個材料給予第二個被試者；第二個被試者閱讀了第一個被試者回憶的材料之後寫下自己所能記住的東西，並把它給予第三個被試者；其餘的被試者也按照這種方法，繼續閱讀材料並進行回憶。巴特利特所用的實驗材料如下：

鬼　戰

有一天晚上，來自艾古拉克的兩個年輕人，想下河去獵海豹，當他們走到河邊時起了霧而且漸漸變冷，一會兒他們聽到戰鬥的喊聲，他們想，這裏可能有械鬥。於是他們躲到岸上隱藏在一根大木頭後面。他們聽到槳聲，來了幾隻獨木舟，看見其中一隻獨木舟向他們划來。舟上有五個人，喊道：

"你們認為怎樣？我們想帶你們一起去。我們要去上游和那兒的人打仗。"

一個年輕人説："我沒有箭。"

船上的人説："船上有箭。"

"我不想隨你們去，去了會被殺死，家裏人不知我的去向。"他説完，朝向另外那位年輕人説："可是，你可以隨他們去。"

於是其中的一個年輕人跟著去，而另一個則回到家中。

這些戰士逆河而上來到卡拉瑪河對岸的一個村莊。人們下到水裏，開始戰鬥，許多人被殺死。不一會兒這個年輕人聽到一個戰士説："趕快，我們回家吧！印第安人已被打敗了。"這個年輕人現在想："哎呀！他們是鬼魂。"他並沒有感到不舒服，可是他們説他被擊中了。

於是獨木舟返回艾古拉克，這個年輕人上岸回到自己家裏，生了火。他對在場每一個人説："請注意，我曾加入鬼夥，而且去打了仗。我們這邊有許多人被殺，攻擊我們的也有許多人被殺。他們説我被射傷，但我不覺得痛。"

他説完之後，就變得安靜起來。當太陽升起時，他便倒下了，嘴裏流出黑色的液體，臉變得扭曲。這時人們才驚跳起來，哭喊著，他死了。

一個被試者在閱讀材料之後 20 分鐘所作的回憶如下：

鬼　　戰

來自艾杜拉克的兩個年輕人去釣魚。他們到了河邊時，聽到遠方有吵鬧聲。

其中一個人説："這聲音像是喊叫。"接著就出現了一些乘獨木舟的人，這些人邀請他二人參加他們的冒險活動。兩人中有一個以有家累拒絕參加，另一個則參加了。

他説："可是沒有箭啊！"

船上的人回答説："箭在船裏。"

他於是加入了，而他的夥伴則回家去了。那夥人逆水而上划到卡洛瑪，並且開始上岸。敵人向他們突擊，劇烈的戰鬥發生。不一會兒有人受了傷，喊聲大起，説敵人是鬼。

這夥人順流而回，那個年輕人回到家裏，自己並不覺得有什麼不舒服。次日破曉，他試圖講述自己的歷險經過。正在他講話中間，他的嘴裏流出些黑東西。他突然大喊一聲倒了下去。他的朋友們圍向他。

可是他已死去。

巴特利特發現,被試者在回憶中刪去故事中許多東西;改變了其中的某些情節;而且對故事進行重新組織。例如在 20 分鐘以後所作的回憶中,刪去了"走到那兒時起了霧而且變得冷起來"、"隱藏在一根大木頭後面"這樣的情節;把"獵海豹"改為"釣魚",把同夥是鬼說成"敵人是鬼";在原故事中年輕人之一先說:"我沒有箭。"然後再說"一位年輕人跟著去了",然而在回憶中把這種次序顛倒了。為了解釋這種現象,巴特利特提出了**經驗架構**(簡稱架構、基模、格局) (schema) 這一概念。架構指的是對於過去的反應或經驗的積極組織。由於在實驗中所選用的被試者的文化背景與在故事中所表現出來的印第安人的文化不同,所以在回憶中表現出一種強烈地修改故事使之適合於自己的經驗的傾向。因此,巴特利特認為,回憶是一種建造的過程。

第二次世界大戰以後,信息加工的認知心理學得到了迅速的發展。由於認知心理學的基本觀點之一是強調個人已經具有的知識和知識結構對當前的認知活動的重要作用;所以,架構理論受到了重視,不少的心理學家對它進行了研究,並使架構理論的內容現代化了。因此,有的心理學家 (Anderson & Pearson, 1984) 把在 70 年代後期形成的架構理論稱之為現代的圖式理論。不過,我們認為,雖然現代架構理論比起巴特利特的理論來已經豐富得多、精緻得多;但是它們的基本精神仍然是一致的。

在認知心理學中,架構理論被運用於知覺、注意、理解、記憶等各種認知過程的研究。在這裏,我們將主要介紹架構在記憶的作用。

二、架構在記憶中的作用

架構對於所記憶的材料有一種選擇的作用。對於與架構一致的材料將得到同化,而與架構不一致的材料則會被篩選掉。這種選擇的過程,既發生在理解材料的時候,也發生在回憶材料的時候。

安德森等人在實驗中讓學習不同專業的大學生學習同一篇模稜兩可的文章,其文如下:

羅基從墊子上慢慢站起來，盤算著如何逃避。他猶豫了片刻，似乎在想著什麼。事情進行得並不順利。特別是對他的指責變得缺乏說服力之後，最大的煩惱還繼續困擾著他。他考慮著目前的處境。他緊緊地被束縛住，但他認為他能夠掙脫掉。他知道，無論如何也得把時間安排得萬無一失。羅基明白，由於他原來的粗心才使他受到如此重的懲罰——他覺得這種懲罰太重了。境況讓人越來越失望，壓迫一直在折磨著他，折磨的時間也太長了。他被無情地驅使著。羅基現在憤怒了，他覺得他隨時都做好了行動的準備。他知道成敗之舉就看下面的幾秒鐘了。(Anderson, Reynolds, Schallert & Goetz, 1977)

實驗結果表明，學習教育的學生總是把羅基當成一個囚犯，認為他正企圖越獄逃跑；而學習體育的學生則把羅基視為一摔跤運動員，認為他正試圖進行反擊。之所以出現這種情況，是由於學習不同專業的學生形成了不同的專業架構。這種架構對故事具有選擇、過濾的作用，只同化那些與他們的架構一致的信息，所以對同一個故事具有了完全不同的解釋。

由於架構所具有的選擇作用，也會使不同的被試對同一材料的回憶有所不同。皮切特和安德森 (Pichert & Anderson, 1977) 在實驗中要求被試者閱讀兩篇材料。一篇是兩個男孩在一個男孩家中玩逃學遊戲的故事；另一篇是兩隻海鷗在遙遠的海島上嬉戲的故事。為了使被試者具有不同的架構，在閱讀男孩玩逃學遊戲的故事時，要求三分之一的被試者從買房子的人的觀點來閱讀它；三分之一的被試者從盜賊的觀點來閱讀它；其餘三分之一的人在閱讀時則不需要具有一種特殊的觀點（控制組）。在閱讀海鷗這篇故事的時候，要求三分之一的被試者從一個古怪的養花者的觀點來閱讀——這個養花者喜歡在遙遠的地方養一些外國的或奇異的花；三分之一的被試者從遇難者的觀點來閱讀——他們渴望活下來，並且能夠返回家園；另外三分之一的人為控制組，要求他們在閱讀時不要具有特定的觀點。

這兩篇故事的內容，對於具有不同觀點的被試者來說，其重要性是不同的。例如，第一個故事中，屋頂是漏的這一信息對於買房子的人來說是重要的，對於盜賊來說則不重要。但是，在這所房子中有一台大型彩色電視機，對於盜賊來說是重要的，對於買房子的人來說則是不重要的。

表 5-1 架構對立即回憶和延遲回憶的影響

	平均的回憶數量		
	概念的重要性		
	高	中等	低
學 習[a]	.48	.36	.25
記 憶[b]	.68	.65	.53

a：立即的回憶，b：一週之後的回憶

(採自 Pichert & Anderson, 1977)

在實驗中要求被試者在閱讀之後立即就回憶這兩個故事；同時也要求他們在一週之後再去回憶這兩個故事。回憶的結果見表 5-1。

從實驗結果中可以看出，被試者所具有的不同觀點對於立即回憶有強烈的影響。而且在一週之後，被試者的觀點對於延遲回憶也有一種肯定的，雖然是較小的影響。皮切特和安德生認為，如果第一次的回憶可以被視為代表了學習程度的話，那麼這個實驗提供了很有說服力的材料，說明架構對學習和記憶都具有一定的作用。

但是，也可能有人會對以上的實驗結果提出疑問，因為它並沒有非常清晰地表明架構對學習和記憶具有不同的效果。

安德生和皮切特 (Anderson & Pichert, 1978) 在另一次實驗中，試圖進一步驗證架構對記憶的影響；而且力圖把這種影響與學習的效果分開。他們在實驗中要求被試者從兩個觀點（買房子人的觀點和盜賊的觀點）中選擇一個觀點，閱讀兩個男孩玩逃學遊戲的故事，並回憶這個故事。然後要求被試者改變他們的觀點，即從買房子人的觀點改為盜賊的觀點，或從盜賊的觀點改為買房子人的觀點；並進行第二次回憶。結果表明，隨著觀點的改變，被試者回憶出先前沒有回憶出來的許多材料。他們回憶出在第一次回憶時是不重要的，但對於新觀點來說是重要的材料。而且，第二次回憶時所增加的材料的數量是顯著的。這種結果很難用學習過程來解釋，因為觀點的轉變是在回憶了故事之後進行的；所以，必須把這種現象歸之於記憶的過程。

架構對記憶有重新建造的作用，它有利於在回憶時重新建造那些忘記了或並未學過的成分。因此，回憶並非對於所學材料的簡單重復，而是根據架構對材料進行重新組織。在第一節中我們所引用的洛弗塔斯等人 (Loftus & Palmer, 1974) 的實驗就說明了架構的這種作用。從這個實驗中可以看出，回憶並不是一種消極的過程，它是一種積極的、主動的過程。

根據架構的這種作用，被試者將基於他的架構以及他所能回憶出的故事材料，對故事中存在何種信息作出推論。例如，如果被試者從盜賊的觀點出發去回憶兩個男孩玩逃學遊戲的故事，一定會在回憶中涉及到一個富裕的、中等階級的家庭。一般來說，被試者都了解中等階級家庭的生活方式以及消磨時間的習慣，並且知道盜賊所關心的是值錢的、輕便的東西；所以，他就有可能回憶出故事中"提到過的"一些物品，例如，彩色電視、照相機、立體聲收音機、縫紉機等等。但是，事實上在故事中僅僅提到過彩色電視。由於被試者對於他曾讀到過何種物品的確信程度，不僅與這些物品是否實際存在有關，同時也與其他的一些因素有關，例如，這種類型的家庭具有這些東西的可能性以及這些東西是不是盜賊所想偷的物品等等；所以，被試者完全有可能肯定地說，他在故事中讀到過立體聲收音機，儘管在故事中根本沒有提到過這種東西。斯皮羅 (Spiro, 1977) 認為，這種重新建造的過程可以使讀者作出正確的回憶。假如讀者不能回憶出彩色電視這一物品，由於在一個比較富裕的家庭裏具有一部彩色電視的可能性很高，他就有可能推論出它的存在，並且確信他曾經在故事中讀到過。但是，這種過程也可以使讀者作出不正確的回憶，即回憶出一些在課文中並不存在的信息，並同樣地確信他在故事中讀到過這種信息。

從對架構與記憶的研究中可以看出，架構是對過去的反應或經驗的積極組織，回憶是一種建造過程，這種建造來自於架構。因此，架構對所記憶的材料有一種選擇的作用，與架構一致的材料將會被同化，而與架構不一致的材料則會被篩選掉。架構對記憶有重新建造的作用，它有利於在回憶時重新建造那些忘記了或並未學過的成分。

本 章 摘 要

1. 在長時記憶的**語意碼**占有統治的地位。實驗表明，在長時記憶中存貯的是句子的意義而不是它的特定的刺激特徵。對於圖畫來說，所記憶的也是它的抽象意義。
2. **雙代碼假說**表明，長時記憶的主要代碼不是語意碼而是視覺和言語的代碼。但實驗發現，在回憶中出現的某一事件的視覺表象，可能並不完全是在經歷這個事件時所形成的那種表象，這種視覺形象是重新建造的。所以，實驗的結果有利於語意碼而不利於雙代碼的假設。
3. 意義在記憶中是由命題來表徵的。在學習句子或文章的時候，實際上就是在長時記憶中存貯一系列的命題。這些命題是按一定的方式組織起來的。這種組織起來的命題就叫做**命題表徵**。
4. 既然命題可以表徵抽象的意義，當然也就可以用命題結構來說明長時記憶中信息的組織；所以在語意記憶的模型中，**命題網絡模型**是一個重要的模型。
5. 在**語意層次網絡模型**中，語意記憶的基本成分是表徵一定客體或概念的**結點**。由於這些結點之間具有類屬的關係，因此可以把它們組成為一種層次的網絡。
6. **語意層次網絡模型**所存在的問題是：(1) 網絡的概念不必然具有一種等級的關係；(2) 由於屬性具有**多餘性**，因而不會僅僅存貯於一個概念之中；(3) 沒有能夠表示出概念的某些例子更具典型性。
7. **激活擴散模型**是對語意層次網絡模型的修正。它與層次網絡模型的差別是：(1) 在這個模型中，概念和屬性具有同等的地位；(2) 各種屬性是和各種概念聯繫在一起的；(3) 各個概念間連線在長度上是不同的。
8. **激活擴散模型**是在**層次網絡模型**的基礎上發展起來的並具有許多優點，但它失去了在層次網絡模型中所具有的單純性與簡易性。
9. **神經網絡模型**的結點是按層次排列的，但這種層次與層次網絡模型並不相同；因為在結點中並不包括概念所具有的屬性。模型中連線的長度是一樣的，但其強度是不同的；雖然没有否定性連線，但可根據結點之間的關係來決定事物之間的同與異。在模型中還存在著**側抑制**的機制。
10. **再認-產生假設**表明，回憶和再認的相同之點在於，在這兩種類型的活動中都包括作出決定的過程；回憶和再認的不同之處則在於，回憶活動中包含著產生過程，而再認中則不包含此種過程。
11. **編碼特徵假設**表明，有效的提取依賴於提取時的環境與編碼時的環境相似的程度。換句話說就是，**提取線索**的有效性決定於其是否與學習時注意到的線索相匹配。
12. **反應集合干擾假設**表明，被試依賴於反應選擇器去幫助他們集中於反應的一個集合。這種選擇的機制使他們能夠集中於一個反應的集合，並抑制不屬於該集合的所有反應。
13. 對於遺忘的信息加工觀點表明，不能夠回憶出某種信息是由於依存線索的遺忘。換句話說，**遺忘**是由於提取線索不能與記憶中項目編碼的性質相匹配。
14. 巴特利特首先提出了**架構**這一概念，並指出了它在記憶中的作用。巴特利特認為，架構指的是對於過去的反應或經驗的積極組織；回憶是一種建造的過程，這種建造來自於架構。
15. **架構**對於所記憶的材料有一種選擇的作用。與架構一致的材料將會被同化，而與架構不一致的材料則會被篩選掉。架構對記憶有重新建造的作用。它有利於在回憶時重新建造那些忘記了或並未學過的成分。

建議參考資料

1. 安德森（楊　清、張述祖譯，1989）：認知心理學。吉林市：吉林教育出版社。
2. 欣茨曼（韓進之、李月明、韓耀輝、張寧生譯，1987）：學習記憶心理學。瀋陽市：**遼寧科學技術出版社**。
3. 索爾索（黃希庭、李文權、張慶林譯，1990）：認知心理學。北京市：教育科學出版社。

4. 張必隱 (1992)：閱讀心理學。北京市：北京師範大學出版社。
5. 張春興 (1991)：現代心理學。台北市：東華書局(繁體字版)。上海市：上海人民出版社 (1994) (簡體字版)。
6. Baddeley, A. (1987). *Working memory*. Oxford: Clarendon Press.
7. Benjafield, J. G. (1992). *Cognition*. Englewood Cliffs, NJ: Prentice-Hall.
8. Gordon, W. C. (1989). *Learning and memory*. Pacific Grove, CA: Brooks.
9. Klatzky, R.L. (1980). *Human memory*. San Francisco: W. H. Freeman.
10. Martindale, C. (1991). *Cognitive psychology: A neural-network approach*. Pacific Grove, CA: Brooks.

第六章

意　象

本章內容細目

第一節　意象的概述
一、意象研究及其歷史　229
二、意象與知識表徵　231
三、意象的特點　234
　(一) 模擬性
　(二) 抽象性
　(三) 易變性
　(四) 可操作性

第二節　意象的著名實驗研究
一、意象與心理旋轉　239
二、意象掃描　243
三、意象與大小判斷　246
四、對意象的干擾　247

第三節　認知地圖
一、什麼是認知地圖　251
二、影響認知地圖形成的因素　252
　(一) 個體的特徵
　(二) 作業的特點
三、認知地圖的系統失真　254
　(一) 距離的失真

　(二) 角度的失真
　(三) 校直與旋轉

第四節　意象在信息加工中的作用
一、意象在知覺中的作用　258
二、意象與記憶　262
　(一) 意象與記憶術
　(二) 圖片優勢效應
　(三) 詞的具體性效應
　(四) 短語和句子的具體性效應
三、意象與問題解決　268

第五節　意象的理論模型
一、雙重代碼理論　269
二、關係組織理論　272
三、共同代碼理論　274
四、多水平模型　274
五、結構理論　276

本章摘要

建議參考資料

意象，是以形象的方式儲存在頭腦中的信息，它是人的知識表徵的一種重要形式。在第五章長時記憶中，我們已討論過不同形式的代碼。長時記憶的主要代碼是語意碼。它們是以命題或概念的方式保存在頭腦中的。長時記憶的代碼也有視覺碼和聲音碼，它們是以形象的方式保存在腦中的。意象是否存在？是否應該成為心理學的研究對象？這個問題在心理學中一直存在著十分激烈的爭論。現代認知心理學的重要貢獻之一就是，它設計了一系列精細的實驗，開闢了用客觀方法研究意象問題的道路。這種努力主要表現在以下三個方面：第一，它證明了意象是可以操作的。人們操作自己頭腦中的意象就像操作實際的物體一樣；第二，證明了意象在人的信息加工（或訊息處理）中的作用。意象作為一種內在的知識表徵，能影響知覺、記憶和問題解決的過程；第三，探索了用計算機模擬意象的可能性。知識表徵的問題是認知心理學的基本問題之一。意象作為知識表徵的一種重要形式，自然要引起認知心理學家的關注。但是，由於這個問題的複雜性，因此即使在認知心理學家中，關於意象是否是知識表徵的一種形式，仍然存在著爭論。這種爭論反映在有關意象的各種認知模型中。

在這一章中，我們將首先介紹意象的性質、特點，及有關意象的著名實驗研究。其次將介紹認知地圖的問題，這是近年來在意象研究中進展較快的一個領域。接下去將介紹意象怎樣影響知覺、記憶和問題解決的過程；最後我們還將介紹有關意象的理論模型。這些模型主要討論了意象儲存與命題儲存的關係。通過這章學習，希望讀者了解：

1. 什麼是意象？它有哪些特點？研究意象的理論和實際意義是什麼。
2. 怎樣證明意象是可以操作的。
3. 什麼是認知地圖？影響認知地圖形成的因素有哪些。
4. 如何利用意象來提高學習與記憶的效率。
5. 雙重代碼理論與共同代碼理論的區別在哪裏？兩種理論都有哪些局限性。

第一節 意象的概述

意象問題是一個古老的心理學問題。認知心理學誕生以後，心理學家找到了客觀地研究意象問題的一系列方法，極大地推動了意象問題的研究。本節將簡要回顧意象研究的歷史、討論意象與知識表徵的關繫、意象的特點等。

一、意象研究及其歷史

人們憑藉自己的內省經驗都知道，當物體或事件不在眼前出現，沒有對人的感官施加任何影響時，仍然能在頭腦中產生出這一物體或事件的形象；並對這一形象進行處理。例如：我們很容易在頭腦中回憶起一位遠方朋友的形象；他的雍容笑貌、言談舉止彷彿就在眼前，讓人清晰可見；我們也能想起數月前去峨眉山的一次旅遊。我們從成都出發，乘長途汽車於傍晚抵達山麓。在旅店留宿一夜之後，翌日凌晨，一行數人徒步向上攀登，一路上只見那飛瀑流泉、層巒疊嶂，景色甚是壯麗。這種以形象的方式再現我們所經歷過的事物，就是我們所說的意象。

意象 (image) 也叫**心象** (或**表象**) (mental imagery)，它是指當前不存在的物體或事件的一種知識表徵。意象代表著一定的物體或事件，傳遞著它們的信息，具有鮮明的感性特徵。

意象按照刺激的性質以及刺激所作用的感覺通道的不同，可分成視覺意象、聽覺意象、觸覺意象、味覺意象、嗅覺意象、運動意象等。由於視覺在人類生活中起著巨大的作用，因此心理學所研究的意象通常以視覺意象為主。

意象可以是過去所經歷過的物體或事件的簡單再現，這種意象叫**記憶意象** (memorial image)；也可以是記憶意象的重新組合，由此產生出新的形象，叫**想像意象** (imaginal image)。想像意象是在記憶意象的基礎上產生的，它比記憶意象更複雜。如作家創作的人物形象，建築設計師設計的房屋形象，就是一種想像意象。人的**幻想** (fantasy) 和**幻象** (hallucinatory image) 也是一種意象。前者指與人的願望相結合並指向於未來的一種意象；

後者指在意識障礙時所產生的某種奇特的意象。這種意象可能是現實中不存在的一些事物的形象。

　　意象在人的心理活動中的重要地位早就受到哲學家與心理學家的注意。二千年以前，亞里斯多德就曾提出"概念來自意象"的觀點。在他看來，外物作用於特定感官產生感覺。感覺留下意象，一物多次留下意象，就形成對於外物的簡括形象，即**經驗** (experience)。人由這些經驗抽出概念或概括成原理，以進行思維。因此，他說過"靈魂不能無意象而思維"。概念來自意象，但概念的思維是抽象的思維，不再是形象的心理活動了 (唐鉞，1982)。

　　到了 17～18 世紀，英國經驗主義的哲學家也提到過意象的問題。休謨 (David Hume, 1711～1776) 把人的經驗分成兩種：印象和觀念。**印象** (impression) 相當於感、知覺。它比觀念更有力、更生動；而**觀念** (ideation) 是"印象的微弱摹本"，在強度上與印象有區別。他還區分了記憶與想像。記憶較生動、明晰，是原來印象的順序的重複；而想像是重新組合，與原有的順序不同。哈德烈 (David Hartley, 1705～1757) 認為，感覺重復多次就留下"感覺的簡單觀念"，即意象。不同感官的意象在強度上有區別。視覺、聽覺的意象較強；而嗅覺、味覺的意象較弱，也較少見。

　　在早期實驗心理學家的著作中，意象也有一定的地位。構造主義者把意象看成意識的組成元素之一。人的各種複雜的觀念是由感覺、意象和感情這些元素所構成的。在鐵欽納所提出的**核心關聯說** (core-context theory) 中，知覺的意義正是由感覺與意象的共同作用產生的。**差異心理學** (differential psychology) 的創造人高爾頓 (Francis Galton, 1822～1911) 用問卷方法對意象進行過測量。在一項研究中，他讓被試者回憶早餐時飯桌上有些什麼東西，並考查他們將物品視覺化的清晰程度。結果發現被試者的意象有很大的個別差異。有些被試報告的東西很多，細節也很清晰；而另一些被試完全沒有意識到自己的心理意象。奇怪的是，一些著名科學家的意象反而不如一些普通的年輕人。詹姆士在《心理學簡編》(1892) 一書中，系統討論了視覺、聽覺、觸覺和運動意象的特點，以及意象的病理差異。他指出，意象最初來自於外物對感官的刺激作用。

　　　瞎子可以夢想到未瞎以前所看見的光景。聾子可以夢想到未聾以
　　前所聽到的聲音。他們瞎了許多年，聾了許多年，依然可以這樣

夢想。至於生下來就瞎的人，永遠不能想像到視覺景物是什麼樣的。生下來就聾的人，也永遠不能想像到聲音是什麼樣的。(James, 1892, vol. 5, p.24)

自 20 世紀 20 年代以後，行為主義思潮統治著心理學界，使意象的研究在一些國家中幾乎完全中斷下來。行為主義把思維還原為言語器官的肌肉活動，把情緒還原為內臟的反應，因而保留了對思維和情緒的某些研究。然而意象不能還原為肌肉、腺體的活動，故而被行為主義者當成純粹主觀的現象，趕出了研究的大門之外。儘管 20 世紀中期，歐洲的一些心理學家，如巴特利特 (Bartlett, 1932)、皮亞傑 (Jean Piaget, 1896～1980) 等人，繼續研究了意象的問題，但他們的研究並沒有激發起北美心理學家對研究意象的熱情。

認知心理學興起以後，意象問題重新恢復了它在心理學中的重要地位，而且獲得了新的生機。認知心理學重視人的內在認知結構在當前活動中的作用，認為主體已有的知識結構在相當大的程度上決定著人對外界事物的反應過程、策略和結果。因此，研究知識的表徵以及它在當前活動中的作用，就成為認知心理學的一個中心研究課題。意象是知識表徵的一種重要形式，在人的信息加工 (或訊息處理) 中有重要的作用。因此，它很自然地受到認知心理學家的重視，成為現代認知心理學研究的一個熱點。

二、意象與知識表徵

意象是知識表徵的一種重要形式。人在頭腦中儲存信息的形式，除了概念或命題以外，意象也是一種重要的形式。

麥克凱拉 (Mckellar, 1972) 曾調查過 500 名成年人的意象。結果發現，97% 的人具有視覺意象；93% 的人具有聽覺意象；74% 的人具有運動意象；70% 的人具有觸覺意象；67% 的人具有味覺意象；66% 的人具有嗅覺意象。柯勒斯 (Kolers, 1983) 也發現，許多人在公眾場所發表演說前，都能想像出要說些什麼；許多食物品嚐家也能想像出在吃飯時對各種食物怎樣進行品嚐，它們的味道怎樣。

弗羅斯特 (Frost, 1972) 用測定反應時的方法研究了人在表徵知識時是

圖 6-1　弗羅斯特實驗中的刺激示例
(採自 Hunt & Love, 1972)

否利用了視覺意象。實驗時依次給被試呈現 16 幅不同物體的圖畫，每次一幅（圖 6-1）。圖畫呈現後隔 15 分鐘讓被試者進行再認測驗。一次呈現一幅圖畫，讓被試者確定在 15 分鐘前是否見過，並分別按鍵作出"是"或"否"的反應。即使當測驗圖片和學習圖片有差別時，也要求被試作"是"的反應。圖 6-2(a) 是學習時呈現過的一幅圖畫，圖 6-2(b) 則是測驗時用的兩幅圖畫。要求被試者對這兩幅畫都作"是"的反應，並分別記錄對它們的反應時。

弗羅斯特實驗的邏輯是，如果被試在學習時使用了意象代碼，那麼，他們對於測驗圖中完全相同的圖畫(見圖 6-2(b) 左側) 將作出更快的反應；如果被試者在學習時使用了語意代碼，那麼他們對於兩類測驗圖片的反應時不

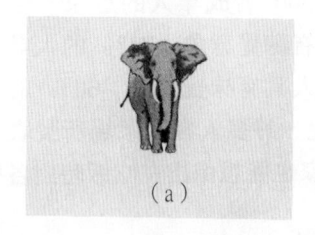

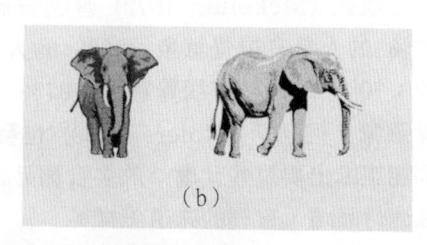

圖 6-2　學習項目和測驗項目示例
(採自 Frost, 1972)

會有區別。實驗結果表明,在作肯定反應時,被試對相同的測驗圖片比對相似的測驗圖片的平均反應時快 180 毫秒。這說明,被試在學習圖片時使用了視覺意象代碼。

納爾遜和羅斯巴特 (Nelson & Rothbart, 1972) 進行了聽覺意象的實驗。實驗材料是兩組配對聯想項目,每組配對項目均由一個刺激項目 (兩位數字) 和一個反應項目 (普通名詞) 組成,如 27－tacks、81－jury。實驗分兩步:第一步,讓被試學習第一組材料的 24 對不同的項目,並建立起配對聯想。第二步是在第一次實驗後一個月進行的。實驗時先測驗被試對第一組材料的記憶情況:實驗者呈現刺激項目,要求被試正確回答反應項目,並記錄回憶的數量。隨後,讓被試者學習第二組材料。在這組材料中,刺激項目為第一組材料用過的數字,反應項目則分為以下三種情況:(1) 全同。與第一組材料使用過的反應項目完全相同;(2) 音似。與第一組材料中用過的反應項目聲音相似;(3) 無關。與第一組材料中用過的反應項目沒有形、音、義的關係。

納爾遜等認為,如果被試者在學習第一組材料時使用了語音意象代碼,

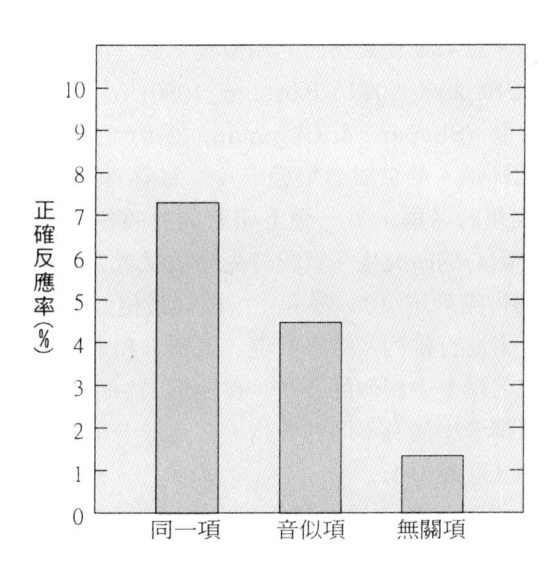

圖 6-3 被試者第二次實驗的正確反應率
(採自 Nelson & Rothbart, 1972)

那麼在學習第二組材料時,他們對音似項的正確率應該高於無關項。實驗結果支持了這一假設(圖 6-3)。被試對音似項的回憶正確率顯著高於無關項。這說明,即使被試已經忘記了與第一組材料中的數字相匹對的詞,但反應項目在語音上的相似仍有助於提高學習的效率。由此可見,聽覺意象在長時記憶中有重要作用。

以上這些研究說明,盡管意象是一種看不見、摸不到的東西,但是作為一種知識表徵,它是存在於人的頭腦中的。

三、意象的特點

意象是客觀事物的主觀形象。它是在知覺的基礎上產生,但又不同於知覺。這裏僅以視覺意象為例說明意象的一些特點。

(一) 模擬性

意象類似於客觀世界的事物,它保存著物體的某些空間特性,如大小、距離等。人在頭腦中產生某個事物或事件的意象,就像直接看到某事物或事物的某些特性一樣。意象是真實物體的類似物,對它的加工類似於知覺真實物體的信息加工 (Shepard, 1978;Kosslyn, 1980)。

謝帕德和奇普曼 (Shepard & Chipman, 1970) 在一項實驗中,考察了知覺形象和意象的關係。給被試者兩疊卡片,每疊 105 張。一疊卡片上成對印著美國 15 個州的名稱;另一疊上印著成對的各州地形圖。被試者是哈佛大學七名很有耐心的研究生。實驗時先讓被試者只用名稱卡按兩州地形圖的相似性依次進行排列這 105 張卡片,即從最相似的到最不相似的;然後讓他們只用地形卡進行排列。結果發現,名稱卡和地形卡的排列順序具有很高的一致性。在名稱卡中相似的各州,在地形卡中也是相似的,如俄勒崗和科羅拉多;在名稱卡中極為不同的各州,在地形卡中也是不同的,如路易斯安那和弗羅里達(見圖 6-4)。

用一種複雜的統計分析方法**多維標度分析** (multidimensional scaling analysis) 處理實驗的結果,得到了圖 6-4。圖上互相接近的形狀和州名,就是在**實驗中判斷**為彼此相似的項目。左上角的形狀是不規則且垂直的長方形,如伊利諾斯和密蘇里;右上角是水平的長方形,如俄勒崗和科羅拉多;

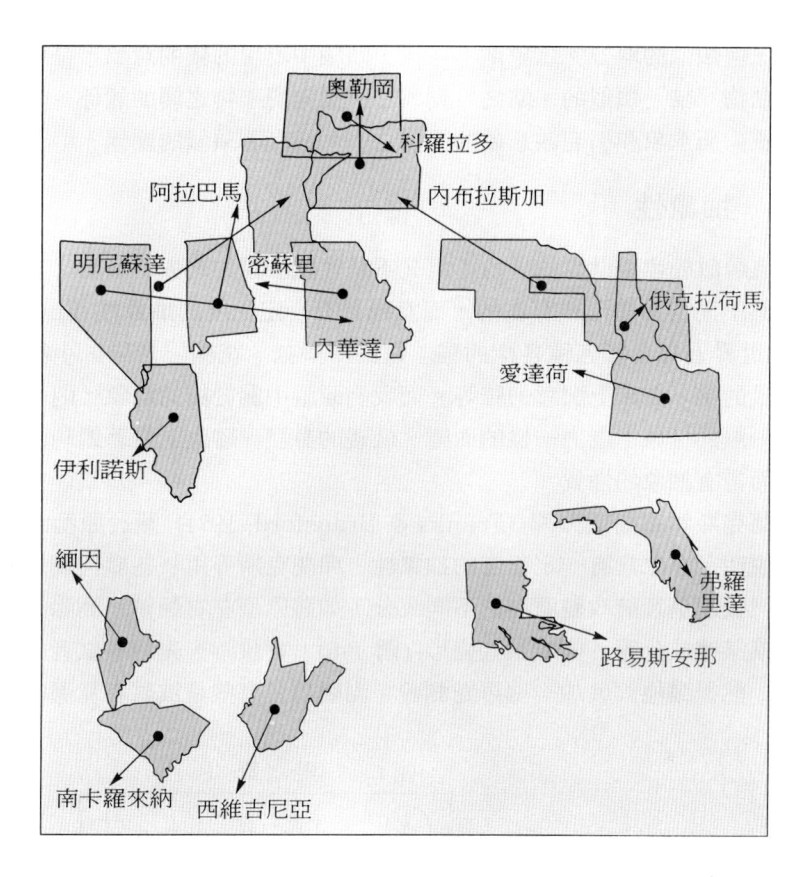

圖 6-4 知覺形象與意象的關係
(採自 Shepard & Chipman, 1970)

往下是一種帶把手的形狀，如愛達荷和弗羅里達；左下方則是一些較小巧的形狀，如緬因和西維吉尼亞。它們分別構成了一群一群的圖形。圖上的箭頭代表了按名稱卡判斷的各州位置；箭尾上的圓圈代表了按地形卡判斷的各州位置。在大多數情況下，箭頭和箭尾上的圓圈離得很近，說明兩類判斷具有很高的一致性。實驗結果表明，人們對意象中的形狀的判斷是和知覺形象的判斷一致的。

意象類似於客觀世界的事物，因而和用語言代碼標誌的概念有著明顯的區別。詞標誌著客觀事物，但它與客觀事物並不類似。"貓"這個詞代表著客觀存在的一種小哺乳動物——貓。但單詞"貓"和實際的動物"貓"之間並沒有任何類似的地方。意象則不一樣,頭腦中出現的貓的意象,是和實際存在的動物"貓"類似的。總之,詞和它所標誌的事物之間的關係,帶有任意的性質;而意象和引起該意象的事物之間,卻有著類似的關係。

(二) 抽象性

意象類似於客觀世界的事物,但又不是客觀事物的刻板的摹寫。客觀事物是以其不同的具體形式存在的,而意象具有一定程度的**抽象性** (abstractness)。世界上存在著各種各樣的貓:白貓、黑貓、花貓、老貓、小貓、正在捉老鼠的貓、在床上酣睡的貓等。而我們頭腦中關於貓的意象,則可能是貓的最一般的形象:老虎一樣的面龐、低矮的身體,腳趾上長著銳利的爪子等,因而帶有抽象的性質。

弗蘭克斯和布蘭斯弗德 (Franks & Bransford, 1971) 關於原型匹配的實驗,說明了意象具有一定程度的抽象性。弗蘭克斯等用一些幾何圖形構成原型,然後通過系統改變原型的不同成分,如將原型左右翻轉、刪除某些成分、替換某些成分等,構成某些變形 (圖 6-5)。實驗時,先給被試者呈現這些變形,然後讓他們參加一項再認測驗。測驗項目有些是被試者見過的,有

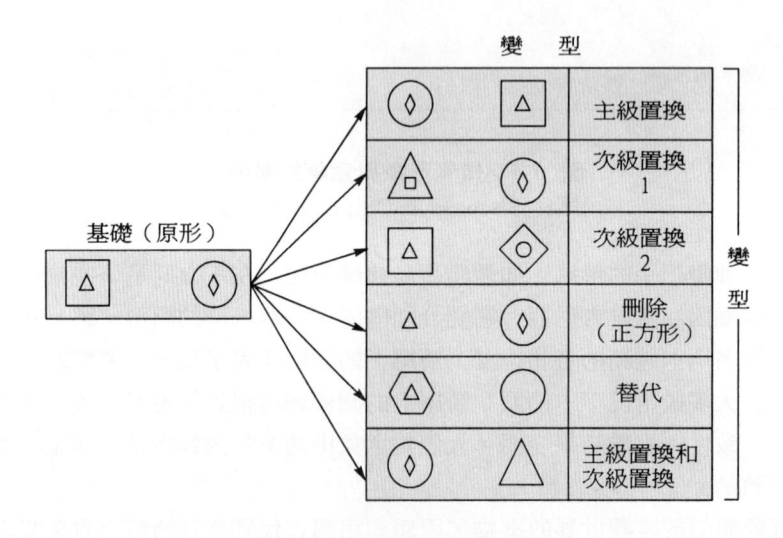

圖 6-5 原型和變型示意圖
(採自 Franks & Bransford, 1971)

些是被試者沒有見過的，其中包括刺激物的原型。要求被試者指出哪個項目是以前見過的，並評價自己的確信度。結果發現，儘管被試者以前沒有見過原型，但對它的確信度的評價最高。在第二章中我們講過，原型是對一類刺激特性的概括。因此被試者對原型敏感，說明意象具有一定程度的抽象性。

（三） 易變性

意象與知覺形象不同，它具有**易變性**(changability) 的特點。保存在頭腦中的意象常常會由於人的過去知識經驗的影響而發生變形。

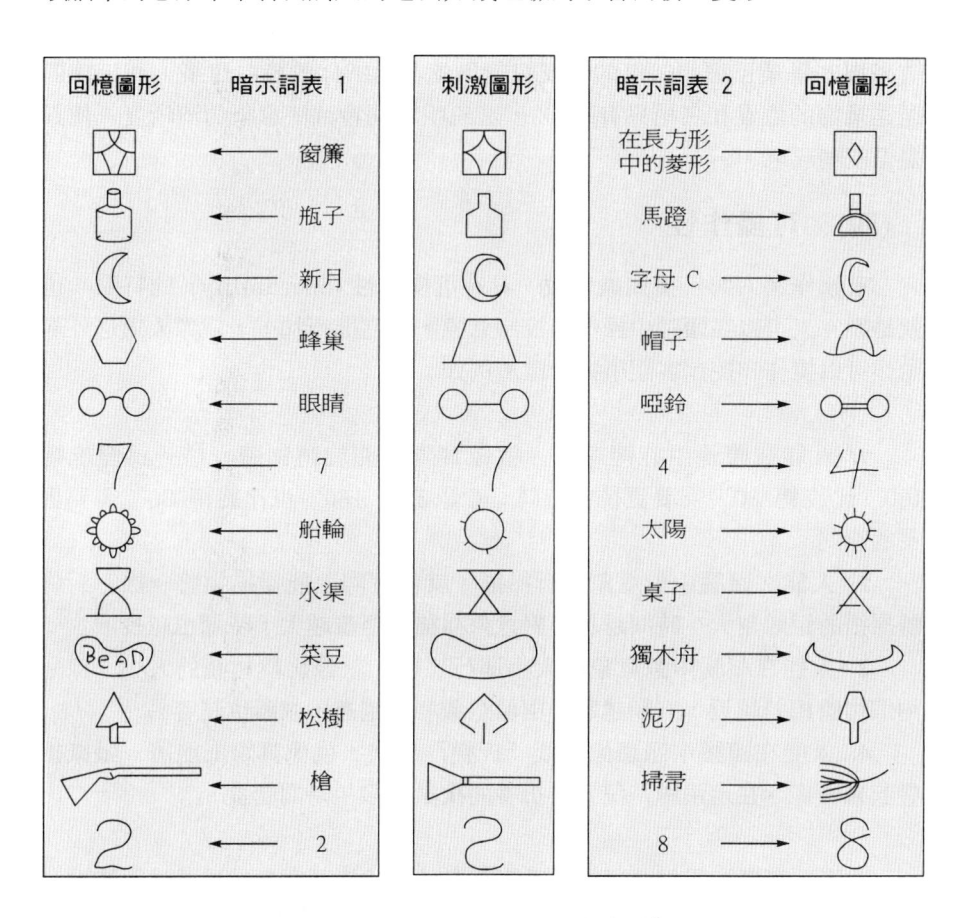

圖 6-6　暗示詞對圖畫記憶的影響
(採自 Carmichael, Hogan & Walter, 1932)

卡米杰爾、霍根和瓦爾特（Carmichael, Hogan, & Walter, 1932）在一項經典性研究中，向被試者呈現各種不同的圖形，同時給兩組被試者分別呈現不同的暗示詞（圖 6-6），要求被試者根據自己的回憶，把圖形準確地畫出來。結果發現，被試者根據回憶畫出的圖形，顯著受到暗示詞的影響。如果給被試者呈現圖形 ○—○，在暗示詞為眼鏡時，被試者在柄上加了一個彎形；在暗示詞為啞鈴時，被試者會在兩個圓之間畫一個雙線的柄。可見，被試的意象由於一般性知識的影響出現了明顯的變化。

由於時間流逝，意象也會逐漸暗淡起來，而失去其準確表徵事物或事件的特點。巴里克（Bahrick, 1983）曾讓學生和校友回憶大學的校園情景。結果那些畢業已經 46 年的校友只能回憶起 40% 的校內建築，而正確匹配建築物的位置和名稱只有 50%，這說明時間會沖淡意象的清晰度，使其變得模糊起來。

（四） 可操作性

意象作為人的一種知識表徵，具有**可操作性**（operability）的特點。也就是說，人可以在頭腦中操作和控制意象，對它進行加工，就像人通過外部動作可以操作和控制客觀事物一樣。例如：

1. 人能在頭腦中旋轉意象，就像實際上能旋轉物體一樣。物體旋轉 160°比旋轉 30°需要更長的時間；意象旋轉 160°也比旋轉 30°需要更長的時間。

2. 人能在頭腦中對意象進行掃描，就像實際上能掃描物體一樣。對物體掃描的距離越大，時間越長；對意象掃描的距離越大，時間也越長。

3. 人能在頭腦中對意象的大小進行比較，就像比較物體的大小一樣。兩個物體相差越近，判斷越難；兩個意象相差越遠，判斷也越容易。

4. 人能在頭腦中憑想像將紙"折疊"起來，就像實際上能將一張紙折疊起來一樣。在這兩種情況下，折疊的次數越多，時間越長。

在下一節裏，我們將通過一系列著名的實驗說明意象的這些重要特點。

第二節　意象的著名實驗研究

意象是物體和事件的心理表徵，它以形象的方式存在於人的頭腦中，幾乎沒有顯明的外部行為與它對應。對意象能不能進行客觀的實驗研究？在認知心理學誕生以前，心理學家研究意象主要依靠**內省**或**自我報告**的方法。20世紀 60 年以後，隨著認知心理學的發展，出現了一批用實驗方法研究意象問題的心理學家。他們設計的卓越實驗，既說明了意象的性質與特點，也說明了人在頭腦中怎樣加工由意象提供的信息。本節只介紹其中的一些著名的實驗及由此得到的一些結論。

一、意象與心理旋轉

在 1968 年 11 月 16 日清晨謝帕德剛從睡夢中醒過來，忽然看到一個三維結構的物體在室中旋轉，這一生動的意象促使他和他的合作者梅茲勒 (Shepard, Metzler, 1971) 進行了心理旋轉的著名研究。所謂**心理旋轉**(或**心理移轉**) (mental rotation) 即單憑心理運作，不靠實際操作，將知覺之對象予以旋轉，從而獲得正確知覺經驗的心理歷程。

在第一個實驗中，謝帕德等給 8 名被試者呈現 1600 對三維物體的二維再現圖形 (圖 6-7)，要求他們判斷兩者是否相同。在圖 6-7 (a) 中，兩物體在平面上相差的角度不同；在 (b) 中，兩物體在深度上相差的角度不同。經過平面或深度的旋轉，(a) 和 (b) 中的兩個圖形是完全相同的。(c) 圖是由完全不同的兩個物體圖形所組成，即使經過旋轉，也不能成為相同的圖形。為了完成這一作業，被試者必須在心理上完成這種"旋轉"操作，並將旋轉後的意象進行配對。謝帕德等所使用的圖形，其方向上的差別 (平面或深度的差別) 均從 0°變化到 180°。其中一半經過旋轉可以配對，另一半經過旋轉是不能配對的。

實驗結果見圖 6-8。從圖上看到，判斷兩個圖形是否相同所需的時間，和圖形在方向上的差別度數呈正相關。兩個對象間的差別角度越大，被試者

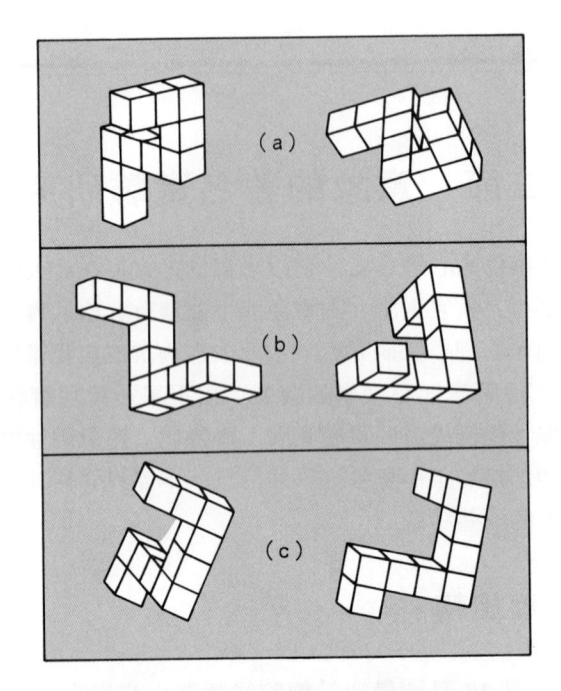

圖 6-7　方向不同的成對實驗圖形
(採自 Shepard & Metzler, 1971)

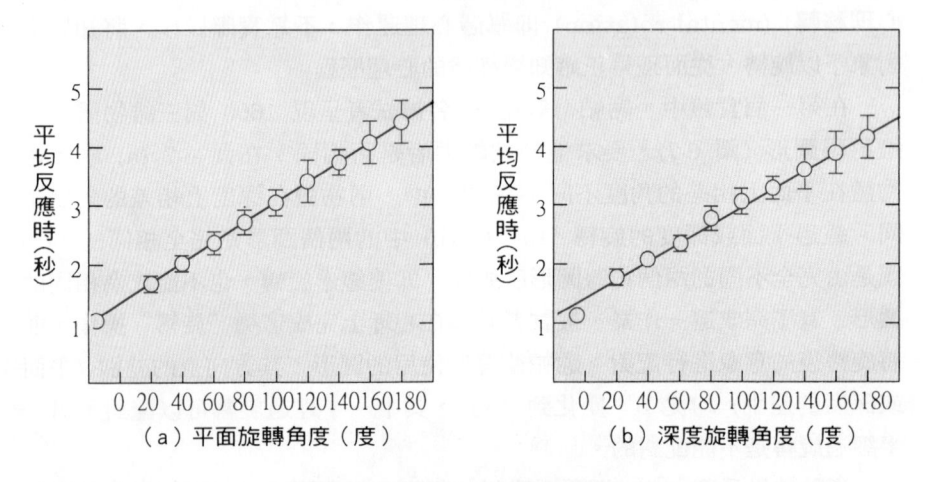

(a) 平面旋轉角度（度）

(b) 深度旋轉角度（度）

圖 6-8　判斷三維圖形旋轉
(採自 Shepard & Metzler, 1974)

完成旋轉所需要的時間也越長。平面旋轉與深度旋轉的反應時沒有差別，兩者出現了相同的趨勢。這說明，被試者有可能在頭腦中將一個圖形的視覺形象進行旋轉，直到它與另一個圖形完全匹配為止。實驗後被試者的自我報告也支持了這種看法：他們想像一個物體在旋轉，並將旋轉後的結果作比較。總之，被試者在實驗中並沒有操作實際的物體，而只是操作頭腦中的意象。如果被試者在頭腦中不能形成物體的意象，或者不能在心理水平上完成意象的旋轉，就不能順利完成這一任務。

庫泊和謝帕德用字母作實驗材料，進行心理旋轉的實驗 (Cooper & Shepard, 1973)。所用的字母如 R 或 L。其中一類圖形為正的圖形，呈現方向有 0°、60°、120°、180° 240° 和 300°；另一類為字母的鏡像圖或反的圖（見圖 6-9），方向同前，要求被試者報告每次呈現的字母圖形是正的圖還是反的圖。

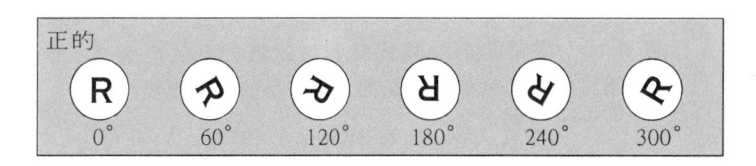

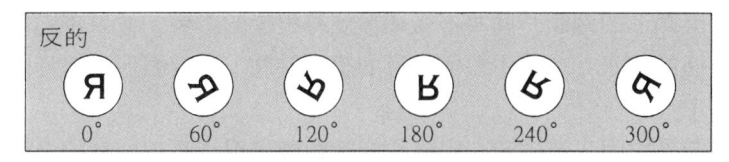

圖 6-9 心理旋轉實驗的字母圖形
註：圖中數字表示在順時針方向傾斜的度數
（採自 Cooper & Shepard, 1973）

實驗結果見圖 6-10。從圖上看到，被試者作出判斷的反應時，是圖形從它的垂直位置旋轉程度的函數。當圖形垂直（0°或 360°）時，反應時最短；當圖形傾斜 180°或上下顛倒時，反應時最長。但反應時不是旋轉角度的線性函數。同樣是 60°的旋轉，當圖形從 120°變化到 180°時，反應時的增加比圖形從 0°變化到 60°時要大一些。

庫泊和謝帕德還發現，如果事先同時給被試者提供關於測驗圖形的形狀（正、反）與方向（傾斜度）的信息，讓他們提前做好心理旋轉的準備，那麼

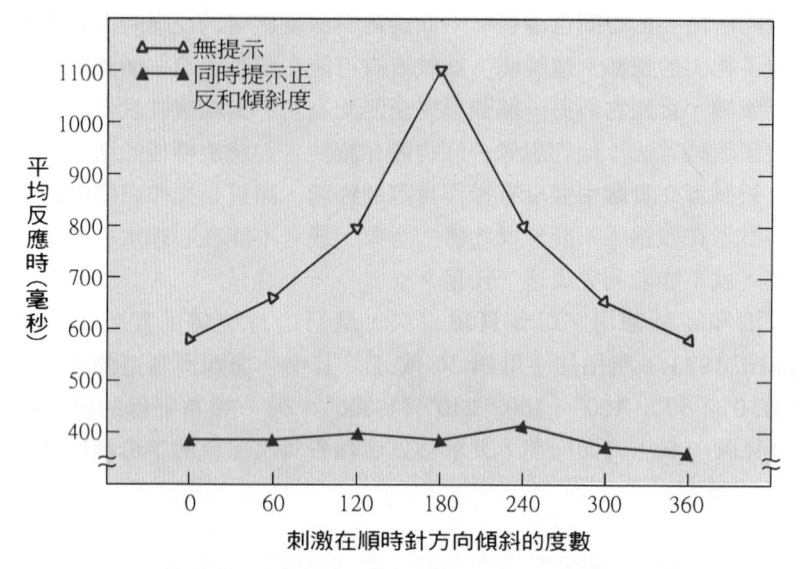

圖 6-10　字母圖形旋轉程度與被試者判斷的反應時
註：垂直軸上的數值為"正的"和"反的"二種反應時間的平均值
（採自 Cooper & Shepard, 1973）

被試對字母圖形的判斷時間將不受圖形旋轉程度的影響；如果事先依次提供形狀或方向的信息，並減少預備信息的呈現時間，那麼圖形旋轉程度對判斷的影響將上升。

這些結果說明，被試者在完成作業時的確出現了心理旋轉的過程。他們把傾斜的字母在心理的平面上旋轉到直立的位置，然後再作出正向或反轉的判斷。

以後，許多研究者重復了庫泊和謝帕德的實驗，並考察了影響旋轉速度的一些因素。喬里柯爾、斯諾和默里（Jolicoeur, Snow & Murry, 1987）發現，如果被旋轉的字母用不熟悉的鉛字印出，那麼判斷時間比用熟悉鉛字印出的字母要長；杜肯和波爾格（Duncan & Bourg, 1983）發現，模糊的圖片比清晰的圖片，完成心理旋轉的時間要長些。在心理旋轉中，練習也有一定的作用。喬里柯爾（Jolicoeur, 1985）發現，他的被試者在實驗開始時完成一個物體的心理旋轉時間約為 1.3 秒。而在 50 次實驗以後，同樣的被試完成旋轉作業的時間一般不到 1 秒鐘。

心理旋轉的實驗不僅用客觀的方法證明了意象是存在的，而且也證明了人們有可能對意象進行心理的操作。這對消除行為主義對研究意象的懷疑態度，激勵人們用客觀的方法研究意象起了積極的作用。

二、意象掃描

一些認知心理學家認為，意象不僅可以在心理水平上進行操作，具有動力學的性質，而且具有空間的特性。科斯林等人 (Kosslyn et al., 1973) 進行的關於**意象掃描** (image scanning) 的一系列實驗，正是從這一基本假設出發的。

科斯林 (Kosslyn, 1973) 在一項實驗中要求被試者記住一組圖片，然後一張一張地想像它們。想像時先讓被試者注意畫面上物體的一個部分，如一艘快艇的尾部 (圖 6-11)，然後將注意轉向物體的另一部分，如艇上的舷窗或船頭，要求被試者判斷物體的這一部分是否出現在原圖上並記錄被試者作出判斷的反應時。結果發現，被試者在頭腦中進行掃描的距離越大 (如從船尾到船頭)，作出判斷的時間也越長。如果要求被試者將快艇的完整形象保存在頭腦中，那麼被試者判斷不同位置的物體特性的時間沒有區別。這說明了人們不僅能在頭腦中對意象進行掃描，而且意象掃描的空間距離與真實物體的空間距離是相似的。

圖 6-11　研究意象掃描所用的圖片
(採自 Kosslyn, 1973)

科斯林、巴爾和里塞爾 (Kosslyn, Ball & Reiser, 1978) 給被試者呈現一張虛構的地圖 (圖 6-12)，要求他們先學習地圖上各物體 (樹木、村莊、房屋等) 的準確位置。當被試者學會後，將地圖移開，並按主試者的要求用想像的方式掃描地圖，將心中的視線從一個物體轉向另一物體。主試者提供的物體有的是地圖上的物體，如小屋和海灘；有的是地圖上沒有的物體。當被試者找到了物體在地圖上的位置時，按一個鍵；找不到，按另一鍵。記錄掃描每個物體所在位置的反應時。在科斯林的地圖上，有 7 個物體、21 種不同的距離。研究者假定，如果物體的距離決定著掃描的時間，那麼被試的反應時應該是地圖上的兩個物體間距離的函數。

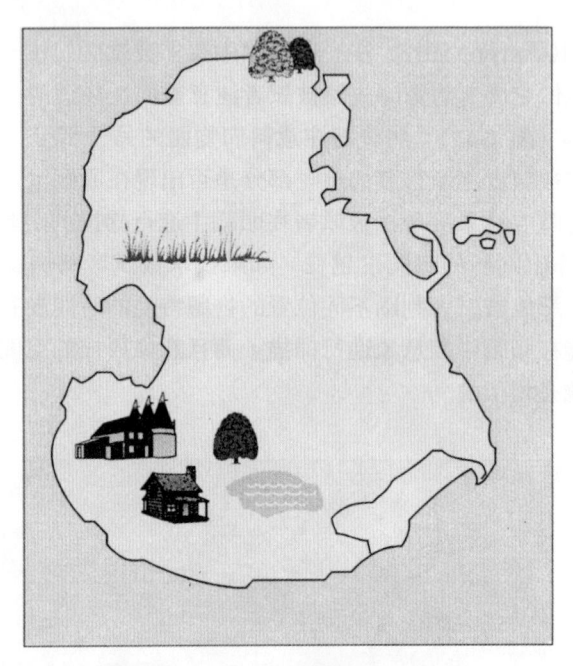

圖 6-12　心理掃描實驗用地圖
(採自 Kosslyn, Ball & Reiser, 1978)

圖 6-13 顯示的結果完全支持了實驗者的假設：對地圖上實有的各種位置來說，隨著被試者掃描距離的增加，反應時也相應延長。這說明，表象和實際的圖片一樣，保存著物體的空間特性。

平克爾和芬克 (Pinker & Finke, 1980) 在一個實驗中，也研究了意象

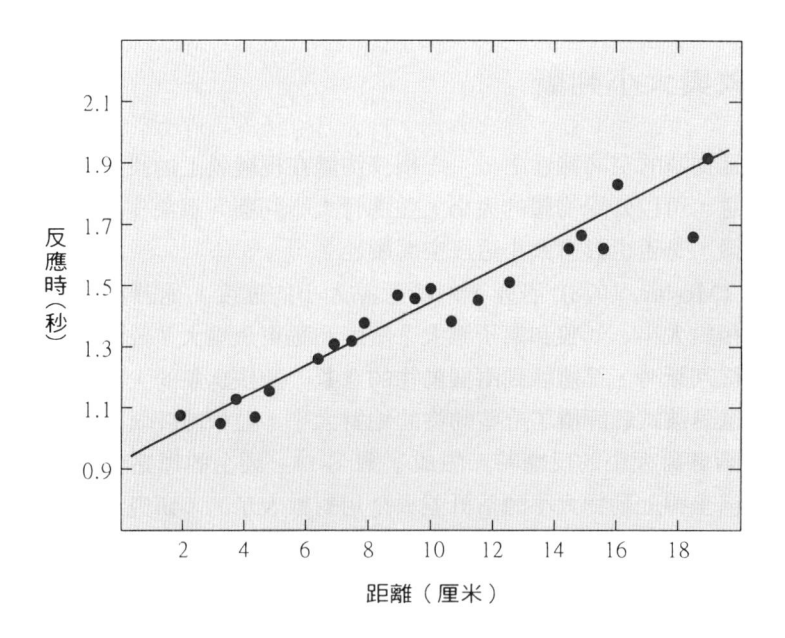

圖 6-13　掃描距離與時間
(採自 Kosslyn, Ball & Reiser, 1978)

掃描。他們給被試者呈現四種玩具小動物：一隻小蟲、一隻蜜蜂、一條魚和一隻青蛙。這些動物用細線吊起懸在一個乾淨的塑料圓筒內。在被試者學會了動物在筒內的位置後，將動物拿走，要求每位被試者旋轉圓筒，並想像其中原有的動物是什麼樣子，然後要求被試者根據想像，在兩個動物間進行掃描。方法是給被試者一種動物的名稱，如蜜蜂，要求他們想像這個動物。然後，給他們第二個動物的名稱，如小蟲，並要求他們儘快想像有一條線在圓筒的前方從第一個動物移向第二個動物。當這條線到達第二個動物時，被試按一個鍵作出反應。如果第二個動物的名字不在原有的四種動物之中，則按另一個鍵。

將被試者作出正確反應的反應時與動物間的實際距離作比較後，結果顯示，兩個變量間有密切關係。被試者在兩個動物間進行掃描的時間，是隨著兩個動物間距離的增加而增加的。但是，想像的距離與實際位置之間並無嚴格的關係。這說明，意象雖然可靠，但只是現實的不很完善的表徵。

三、意象與大小判斷

　　大小是物體的空間特性之一。人根據物體在視網膜上的投影和環境提供的各種信息，可以知覺物體的大小，並進行大小判斷。意象作為物體或事件的心理表徵，是否也具有大小這一空間屬性？

　　莫耶 (Moyer, 1973) 研究了判斷意象大小的速度。他讓被試者判斷兩個動物的相對大小，如狼和獅子誰大？麋鹿和翻車魚誰大？許多被試者報告在進行這種判斷時，都體驗到兩個動物的意象，並按意象的大小進行比較。

　　莫耶還讓被試者評價了這些動物的絕對大小，並根據評價大小的差異與被試者判斷意象大小的反應時，製成了圖 6-14。圖上的黑點代表各對項目的比較。橫坐標上動物大小的估計差異是用對數表示的。研究結果表明，判斷時間是隨估計大小差異量的增加而減少的。換句話說，兩個動物在大小上相差越大，判斷相對大小的時間就越短。

　　科斯林 (Kosslyn, 1975) 的一系列實驗也研究了意象的大小判斷。實驗

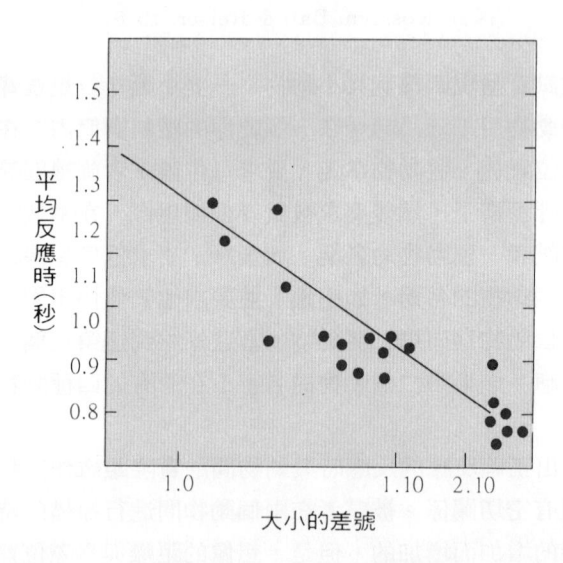

圖 6-14　動物大小的估計差異與反應時之關係
(採自 Moyer, 1973)

中要求被試者先想像有一隻動物（如兔子）站在另一隻較大的動物（如大象）旁邊，並回答：兔子有鈎形鼻子嗎？然後想像它站在一隻較小的動物（如蒼蠅）旁邊，並回答，"兔子有眉毛嗎？"在這以後，讓被試者說出在哪種情況下兔子看起來比較大？有關眉毛和嘴的細節哪種較多？研究者假定：大象站在兔子旁邊會使人們把兔子想像得較小；蒼蠅站在兔子旁邊會使人們把兔子想像得較大。按照日常生活經驗，在大的物體或圖片中發現細節較容易；而在小的動物或圖片中發現細節比較難。實驗結果表明，在大的意象（兔子站在蒼蠅旁）中發現細節比在小的意象（兔子站在大象旁）中發現細節快 210 毫秒。

但是，這種差異是由意象的大小造成的？還是由於另外一些原因呢？比方說，人們對大象的興趣大於蒼蠅，因此有大象在旁就不易發現兔子的有關細節。為了避免這種可能性，科斯林（Kosslyn, 1975）在另一實驗中，讓被試者想像出各種不同的動物，既站在很大的蒼蠅（如大象一樣）旁，也站在很小的大象（如蒼蠅一樣）旁。結果，在大的意象（動物站在小象旁）中發現細節比在小的意象（動物站在大蒼蠅旁）中發現細節要快 290 毫秒。這說明在大的意象中"看出"事物的特徵是比較容易的。

在另一實驗中，科斯林要求被試者想像四種大小不同的方塊，其中一個的面積依次是另一個的 6 倍，每個方塊都用一種顏色代表。在被試者經過學習能根據顏色想像出方塊的大小後，給他們一種顏色和一種動物的名稱，如"綠色的熊"和"粉紅色的老虎"，要求他們根據與顏色相聯繫的方塊的大小，產生該動物的意象。然後，主試提出該動物可能具有的一種屬性，如"老虎身上有條紋嗎？"要求被試者回答"是"或"否"。實驗結果表明，動物放進最小的方塊比放進較大的方塊，被試者確定其屬性的時間要長（圖6-15）。這些實驗都說明，意象具有空間屬性，對意象的操作，類似於實際物體的知覺操作。

四、對意象的干擾

意象不僅具有空間特性，而且可能與某一感覺通道相聯繫。如視覺意象主要發生在視覺通道中；聽覺意象主要發生在聽覺通道中。因此，如果在同一通道中同時加工兩種或兩種以上的信息（其中一種是意象），就可能相互

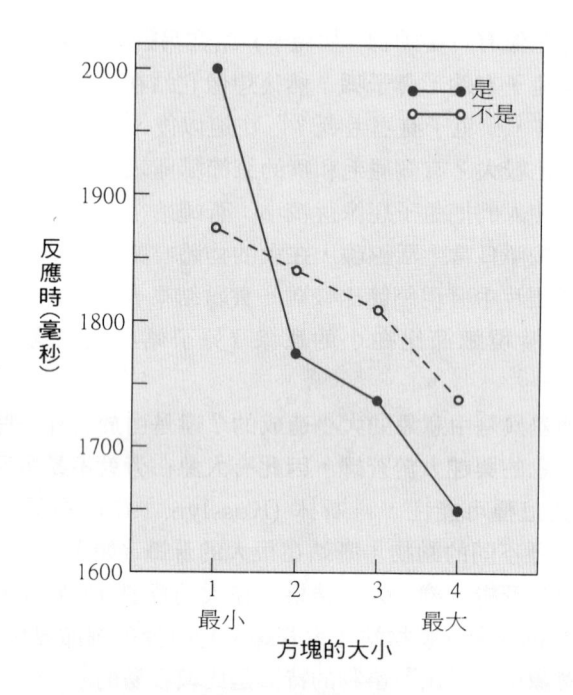

圖 6-15　方塊大小與判斷動物屬性反應時之關係
(採自 Kosslyn, 1975)

干擾。布魯克斯 (Brooks, 1968) 的實驗，恰好說明了這個問題。

在一個實驗中，布魯克斯證明了視覺作業怎樣干擾視覺意象。先給被試者呈現一個英文字母的線條圖形，如 F，這個字母共有十個角，其中第 1，2，3，10 四個角在字母的上方或下方，其他六個角在中間 (見圖 6-16)。短

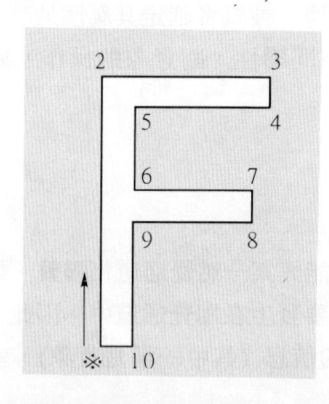

**圖 6-16
實驗用字母圖**

(採自 Brooks, 1968)

暫間隔後將字母移去，要求被試者根據對字母的回憶，回答字母中的每個角的位置。對位於上方或下方的角作"是"反應；對位於中間的角作"否"反應。判斷從字母左下角標有※號的地方開始。正確的反應為：是、是、是、否、否、否、否、否、是。

被試者在完成作業之後的反應方式有三種：(1) 口語報告：說出是或否；(2) 敲擊：用左手敲代表"是"，用右手敲代表"否"；(3) 指點：在一張事先設計好的答案紙（見圖 6-17）上進行。被試者根據自己頭腦中關於角的意象，在紙上標有"是"和"否"的一對反應字中作出選擇。在後一情況下，被試者的反應要求視覺的控制。而在口語報告和敲擊中，對視覺活動的要求很少。

實驗者假定，如果被試者在完成視覺作業時主要依賴於視覺意象，那麼它和"指點"反應必然發生衝突。分類時間一定要比口語報告和敲擊長些。實驗結果支持了這個假定。指點的分類時間為 28.2 秒，敲擊的分類時間為 14.1 秒，口語報告的時間為 11.3 秒。指點的時間明顯長於敲擊和口語報告的時間。說明在指點時對視覺活動的要求可能干擾對視覺意象的加工。

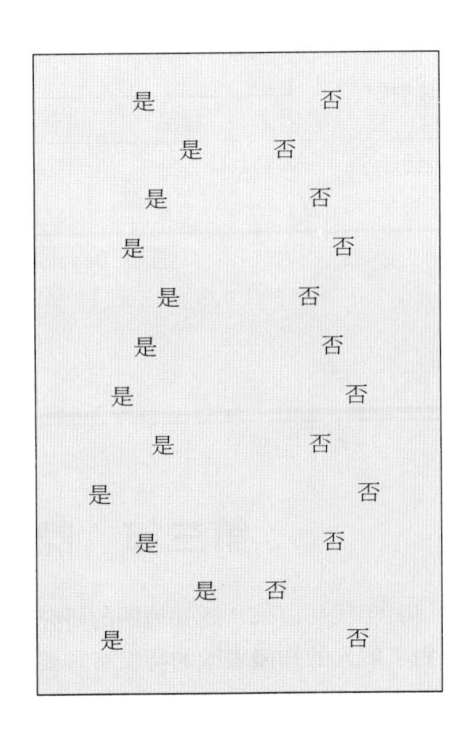

圖 6-17
指定作業的答案用紙
(採自 Brooks, 1968)

問題是，這種差異會不會是由於指點活動比其他兩種活動困難，因而需要較長的分類時間？為了排除活動難易程度的影響，布魯克斯 (Brooks, 1968) 用言語作業進行了另一個實驗。在言語作業中，實驗者讓被試者聽一個句子，如"A bird in the hand is not in the bush."要求被試者根據記憶按順序確定句中的每個詞是不是名詞。對名詞作"是"反應；對非名詞則作"否"反應。對上句的正確反應為：否、是、否、否、是、否、否、否、否、是。

反應方式仍為三種：(1) 指點；(2) 敲擊；(3) 口語報告。按照實驗者的假定，在言語作業中，起干擾作用的應該是口語報告，而不再是指點活動。

實驗結果再次支持了這一假設（見表 6-1）。口語報告的分類時為 13.8 秒，指點為 9.8 秒，敲擊為 7.8 秒。

從兩個實驗可以看出，指點主要干擾視覺作業，而口語報告主要干擾言語作業；意象干擾主要決定於通道的性質，而與活動的難易程度沒有明顯的關係。

表 6-1　布魯克斯實驗中的平均分類時間（秒）

歸因別	輸出		
	指點	敲擊	口語報告
圖形	28.2	14.1	11.3
句子	9.8	7.8	13.8

（採自 Brooks, 1968）

第三節　認知地圖

從 80 年代初以來，認知地圖的研究吸引了許多認知學家。研究認知地圖不僅對了解人的知識表徵的特點有重要理論意義，而且對指導人們的實際生活,也有重要的實踐意義。

一、什麼是認知地圖

人在自己的特定環境中生活,總會形成對環境中各事物的相對位置、距離,從一個物體到達另一物體所經過的路徑的心理表徵。如怎樣從家裏去學校,中間經過哪些地方,有多遠的距離,怎樣走才能節省時間等。個體關於環境的空間布局的內部表徵,就叫**認知地圖**(或認知圖)(cognitive map)(Anderson, 1980)。

認知地圖的概念是由新行為主義者托爾曼 (Edward Chase Tolman, 1886~1959) 提出來的。托爾曼在研究動物走迷津的行為時,發現動物經過學習以後,對它的環境 (迷津中所有的選擇點) 將形成一個完全的、符號格式塔的模式。他把這個模式就叫做認知地圖。托爾曼認為,動物獲得了關於迷津或任何熟悉環境的綜合"知識",因而在頭腦中產生了一張類似於地圖一樣的東西。這張地圖將引導動物從一個地方走到另一個地方,而不受已形成的運動習慣的約束,直到獲得它所尋找的目標。認知地圖的概念是和行為主義的傳統立場相悖的。由於觀念上的這一重要突破,托爾曼被人們尊稱為現代認知心理學的先驅。

認知地圖是意象的一種特殊形式。它不是指任何事物的意象,而是指個體對特定環境的空間布局的內部表徵;它不是指對個別事物的意象,而是指個體關於環境的一種綜合性知識。桑代克和戈爾丁 (Thorndyke & Goldin, 1983) 指出:認知地圖包含三種知識,即界標知識、程序知識和測量知識。**界標知識** (landmark knowledge) 指學會環境中各種特定的標誌、特別是地區和方位的標誌;**程序知識** (procedural knowledge) 指學會如何通向自己的目的地;**測量知識** (survey knowledge) 指通過學習地圖或反覆探究環境而獲得事物的各種位置關係。

認知地圖既具有模擬性,也具有命題性 (Gärling, et al., 1985;Russell & Ward, 1982)。認知地圖是一張心理地圖,它代表人們所看到的世界,因而具有模擬性。例如,汽車司機關於城市交通的認知地圖,可能和市內建築物、街道的實際位置和關係十分近似,它像一幅圖片出現在司機的頭腦中。認知地圖也可能是命題性的,它可能以概念的形式表徵物體的空間關係。

由於認知地圖是意象的一種特殊形式，因此對認知地圖的加工也服從於加工意象的一般規律。伊萬斯和佩茲德克 (Evans & Pezdek, 1980) 在一項研究中，讓被試者回答：美國哪兩個州的地理位置較接近些？如堪薩斯──明尼蘇達和俄克拉荷馬──加利福尼亞？或者羅德島──紐約和內布拉斯加──伊利諾斯。結果發現，判斷時間隨兩對地區的距離差異增加而減少。當兩個州的**實際距離**相隔較大時，判斷較為容易；而當兩個州的實際距離相隔較小時，判斷則較為困難。後者約為前者判斷時間的二倍。這一結果是和莫耶 (Moyer, 1973) 的結果相似的。

　　認知地圖是人類適應環境的一種重要手段，因而具有生態學的意義。在認知心理學中，認知地圖作為意象或心理表徵的一種特殊形式而受到研究者的重視，是和它在人類生活中的重要作用分不開的。

二、影響認知地圖形成的因素

　　認知地圖是通過學習形成的。這包括學習實際的地圖和在環境中反復進行探索。研究表明，影響認知地圖形成的因素主要有：

（一） 個體的特徵

　　方向感 (sense of direction) 是影響認知地圖形成的一個重要因素。人們大都能意識到自己的方向感，並對自己的**定向能力** (orientation skill) 作出評價。

　　科茲洛夫斯基和布賴恩特 (Kozlowski & Bryant, 1977) 在一研究中，首先讓被試者在一個七點量表上評定自己的方向感，然後讓他們完成若干作業來檢查自己的能力，如指出兩個大城市的方向。結果是，自己評定為方向感好的被試比自己評定為方向感差的被試，完成作業的精確性較好。方向感與作業誤差的相關為 0.49。

　　在另一研究中，科茲洛夫斯基等 (Kozlowski, et al., 1977) 讓被試者通過一段異常複雜的地下通道，其中有的被試者具有好的方向感，有的方向感很差。然後讓被試者回到出發點，並指出通道終點的方向。在四次實驗之後，方向感好的被試者能相當準確地指出終點的方向，平均錯誤約 25°；而方向感差的被試，成績較差，他們指出的方向一直偏離目標約 60°。

對地區的熟悉性是影響認知地圖精確性的另一重要因素。薩阿賴龍 (Saarinen, 1973) 讓亞利桑那大學的 200 名大學生繪製一張校園的草圖，這些學生來自該校的 12 個系。結果出現明顯的個體差異。有些學生把地圖畫得很精確，而多數人忘記了許多建築物、道路和一些空曠的地方。一般來說，他們對自己常去的地方，或校園內重要的地方，都畫得大而且富於細節。各系學生間也有明顯的差異。例如，體育系的學生畫出了該系的大樓和體育館等，而其他系的學生對這些建築物卻往往忽略了。

　　在一個地區居住時間的久暫，也會影響對地區的熟悉性，並進而影響認知地圖的形成及精確性。例如，柯亨等人 (Cohen, et al., 1985) 的研究發現，大學生在入學後的前 2〜3 週，學會辨識校園內的路標和某些大路。以後在三個月內，學會的路標數略有上升，而道路數也明顯增加。福里和柯亨 (Foley & Cohen, 1984) 發現，高年級學生對校園內距離的判斷比新生精確得多。

　　年齡也可能影響認知地圖的精確性。但研究沒有得到一致的結論。成人的認知地圖無疑比兒童的精細和複雜。但 12 歲至 17 歲間，形成認知地圖的能力幾乎沒有變化 (Evans, 1980)。一些研究表明，老人的認知地圖仍很穩定；而另一些研究指出他們的認知地圖呈下降趨勢 (Evans, 1980；Kirasic, 1985)。研究沒有發現性別差異對認知地圖的影響 (Evans, 1980；Evans, Brennan, Skorpanich & Held, 1984)。

(二)　作業的特點

　　我們在第二節討論意象的著名實驗時，已涉及作業的性質對加工意象的影響。當被試在空間旋轉一個心理對象時，加工的時間是隨空間旋轉的總量而增加的。相反，當被試試圖在心理水平上比較兩個對象時，他們的辨別時間是隨兩個對象間的差異量的增加而減少的。

　　作業特點的這種影響也同樣表現在對認知地圖的加工中。洛夫特斯 (Loftus, 1978) 在〈理解羅盤方向〉的一項實驗中，給被試者一個方向 (如 220°)，要求他們在一個空白的圓盤上標出這個方向。按事先規定，圓盤的上方為北方。被試者有兩類：飛行員和普通人。飛行員有使用羅盤的經驗，普通人缺乏這種經驗。結果表明，在東、南、西、北四個標準方位上，反應時最快，兩類被試者趨勢一致；但飛行員的反應時一般快於普通人。在

0°～80°的範圍內，被試對 50°的反應時最長。其反應時是超過標準點的度數的函數。換句話說，他們在標定方向時，先選擇東、南、西、北中的一個標準點，然後在心理水平上向前或向後旋轉，直到確定所要求的方向。

周圍環境結構、路標的特點也是一些重要的作業變量。伊萬斯 (Evans, 1980) 指出，結構規則的建築物，如十字形；兩條路相交成直角等，比不規則的形狀和角度，有助於人們辨別自己的方位。帕里吉、列溫和卡漢 (Palij, Levine & Kahan, 1984) 指出，當人的心理地圖需要旋轉，因而和真實世界不匹配時，他們在定向時可能出現錯誤。

壓力(或緊張) (stress) 既是作業變量，也是個體特點。它對認知地圖的精確性可能產生意想不到的影響。沙伊格蒂等 (Saegert, et al., 1975) 發現，當購物中心十分擁擠時，顧客的認知地圖的精確性會受到破壞。伊萬斯等 (Evans, et al., 1984) 讓被試看一張城市環境參觀圖，並讓他們體驗到緊張和壓力。然後讓他們分別完成兩種認知地圖作業：一是將照片放在地圖上的適當位置；一是將照片按他們的原先看過的順序放好。結果是，被試完成前一作業的精確性較差，而完成後一作業較好。可見，壓力或緊張可能產生不同的影響。

三、認知地圖的系統失真

認知地圖具有模擬性，它表徵著物體的實際位置和空間關係。但在一些條件下，認知地圖也會出現種種錯誤。進一步研究產生這些錯誤的原因，不僅有助於更深刻地了解影響認知地圖形成的因素，而且更有助於形成更精確的認知地圖。

（一） 距離的失真

桑代克 (Thorndyke, 1981) 曾設計一張假想的地圖。地圖上有兩個城市，它們彼此的距離分別為 100、200、300 和 400 英里。在兩個城市之間，沿途插入另一些城市，數目為 0、1、2、3。實驗的目的是想了解插入城市的數量與正確估計距離的關係。實驗時，先讓被試者反覆進行學習和回憶，直到他們能連續兩次將地圖正確重構出來。然後，給被試者一張答卷，上面印有 64 對城市的名稱，要求被試者估計每對城市的距離。結果是，插入城市的數量對距離估計有明顯的影響。例如，當兩個城市的實際距離為 300 英里時，如果城市間不插入其他城市，那麼對距離的估計一般偏低 (如 280 英里)；如果其間插入其他城市，那麼對距離的估計一般偏高 (如 350 英里)。這種錯誤是一種邏輯性錯誤。因為一般來說，如果兩個城市隨機分布，那麼中間有三個城市的比中間沒有城市的，其距離要遠些。

　　為了研究認知地圖中的距離效應，麥克拉馬拉、雷特克利弗和麥克科恩 (McNamara, Ratcliff, & McKoon, 1984) 設計了一個比較有趣的實驗。在一張假想的地圖上，沿路安排了 16 個城市的名稱。其中有的城市間的直線距離相等，而道路的距離不等；另一些城市間直線距離與道路距離均不等 (圖 6-18)。從圖上看到，按直線距離，卡爾弗德──索羅那和卡爾弗德──林維里的直線距離相等；而按道路距離，前者比後者近。另一城市約克，無論按哪種距離計算，它和卡爾弗德的距離，都比索羅那和林維里遠。

　　作這項實驗時，先讓被試者學習地圖，一直到他們能非常準確地將城市安放在一張空白的地圖上。在這種情況下，說明被試者在頭腦中已經形成一張認知地圖。然後每次給被試者一個城市的名字，要求他們判斷這個城市是否在地圖上出現過。實驗採用單詞啟動方法。它的假設是：如果在認知地圖中存在距離效應，那麼距離近的城市名稱間將出現啟動效應；即目標城市的名稱會由於前面呈現了一個近距離的城市名稱而加快再認的速度 (實驗材料見圖 6-18)。

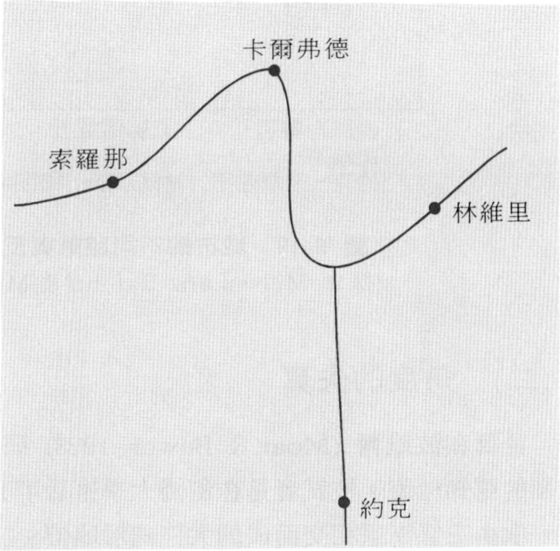

圖 6-18
城市間不同距離的示意圖
(採自 McNamara, Ratcliff & McKoon, 1984)

實驗對比了三種條件下的反應時：(1) 直線距離遠——道路遠（如約克──→卡爾弗德）；(2) 直線距離近——道路遠（林維里──→卡爾弗德）；(3) 直線距離近——道路近（索羅那──→卡爾弗德）。以直線距離遠——道路遠的反應時為基線 (baseline)。實驗結果見圖 6-19。從圖上看到"直線距離近——道路遠"（林維里──→卡爾弗德）沒有促進作用，它們的反應時與基線沒有差別；而"直線距離近——道路近"（如索羅那──→卡爾弗德）的城市名稱間卻有顯著的啟動效應。可見，在認知地圖中，道路近比直線距離近在估計距離時起著更大的作用。這種現象可能是由於在日常生活中，人們經常是按道路距離來計畫自己的旅行的。

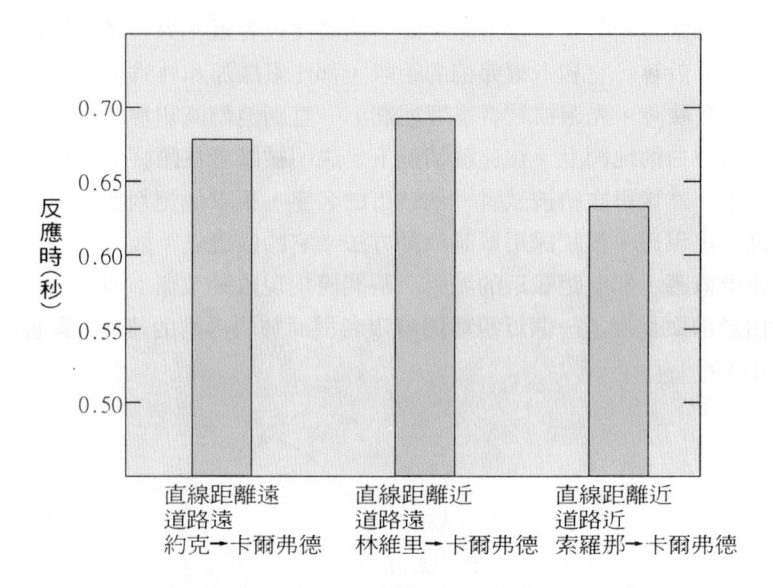

圖 6-19 城市的不同距離與反應時的關係
(採自 McNamara, Ratcliff & McKoon, 1984)

（二）角度的失真

冒爾和波維爾 (Moar & Bower, 1983) 研究了人們關於英國劍橋大學校園的認知地圖。被試者是在劍橋大學生活了五年以上的人。在劍橋大學城有一個由三條街道相交而成的大三角形地帶。三個夾角分別為 67°、63° 和

50°。實驗時要求被試者估計由每兩條街道相交所形成的夾角的大小。結果表明，被試者估計的大小分別為 84°、78° 和 88°，也就是說，出現了一種**正規化** (regularization) 的傾向。他們願意將夾角估計成接近於 90°。本來，三角形三內角之和應該是 180°，但在被試的認知地圖中，三角形三內角之和達到了 250°。由此可以看到，人的認知地圖並不是和事物的實際關係精確對應的。

(三) 校直與旋轉

特維斯基 (Tversky, 1981) 提出，人在編碼和提取空間定向和位置的信息時常使用一些啟發式策略，這些策略有助於信息的加工 (或訊息處理)。其中一種策略為**校直** (alignment)，即在回憶時傾向於把各種物體或圖片安排在一起。例如，兩棟房子本來相距 20 米，但回憶時把它們想成連在一起。另一種策略為**旋轉** (rotation)，即把略微傾斜的物體或圖形想成垂直或水平的。例如，美國加州的地形圖略有一些傾斜，但人們在回憶時往往把它想成垂直的。

特維斯基 (Tversky, 1981) 進行了兩項實驗，證明人們的確使用了這些策略。在一個實驗中，他給學生呈現一對、一對的城市名稱，要求他們選出其中的哪個城市在北，或在東。例如，費城和羅馬，誰在北？結果是，78% 的被試者回答費城在羅馬以北；12% 的被試者回答兩者在同一緯度上；僅有 10% 的被試者正確回答了問題：羅馬在費城以北。實驗中一共使用了 8 對城市，平均的錯誤率達 66%。特維斯基的解釋是，在地圖上，羅馬本來位於費城的北方。但是由於人們使用了校直策略，他們把歐洲和北美安排在同一緯度上。羅馬在歐洲的南端，而費城在北美的北方，因而錯誤地將羅馬判斷在費城的南方。

在另一實驗中，她研究了旋轉策略。實驗所選用的地理位置為舊金山海灣區。這個地區是從西北的索沙利托 (Sansalito) 到東南的蒙特雷 (Monterrey) 傾斜走向的。但是，由於人們採用了旋轉策略，因此，69% 的被試在他們的認知地圖中都作了旋轉，即把這條海岸線想成是南北走向的。

第四節　意象在信息加工中的作用

意象作為一種知識表徵，在人的信息加工（或訊息處理）中具有重要的作用。這種作用有時候會出現在人的意識水平上，但有時候卻是人們意識不到的。

一、意象在知覺中的作用

意象在知覺中的作用，表現為選擇性的促進和干擾兩個方面。意象是怎樣促進知覺的呢？奈瑟爾寫道："意象不同於知覺。但意象的確是出自知覺活動。特殊一些說，它們是知覺活動的期待時相，是知覺者為了另外的目的而從知覺分離出來的一種圖式。……伴隨著意象的經驗，不過是知覺被意象的物體的一種內在的準備狀態"（Neisser, 1976）。

奈瑟爾提出，意象的特殊作用是提供了一種認知地圖，它使人有可能去期待現在沒有被看到的物體和場所的部位。

波斯納（Posner, 1969）的一個簡單實驗，說明了意象的期待作用。實驗中先給被試者呈現一個字母，相隔一定時距之後，再呈現另一字母。第二個字母或者與第一個字母相同（如 A－A），或者不同（如 A－C），前後字母的大小也不一樣。然後要求被試者判斷它們是不是字母表上相同的字母。結果發現，當前後兩字母在大小上相同時，判斷時間較短。相反，當前後字母在大小上不一致時，判斷時間較長。可見，當字母的大小相同時，對第一個字母的意象給第二個字母提供了精確的期待，因而促進了對第二個字母的知覺。

芬克（Finke, 1986）在一系列的實驗中，研究了意象對知覺的**促進作用**（**或催化作用**）(facilitation)。在一個實驗中，芬克先讓被試者形成對一條直線的意象，然後要求他們判斷在一個圓盤上呈現的一條直線（目標線段）是豎線還是橫線。目標線段與意象中的線段組成不同角度，以沒有意象時對目標線段的判斷反應時作基線。結果是，識別目標線段所需的反應時，是目標線段與意象線段相對取向的函數。當兩者取向接近（約 10°範圍以內）時，被試者識別目標線段的反應時最短，速度最快；當兩者間的角度增加到 45°，識別時間也隨之增加；角度超過 45°，反應時間又開始減少。這就是說，想像的線段恰好處在目標的兩種可能取向之間時，對識別的干擾最大。實驗還發現，如果被試者的任務是檢測目標線段是否存在，那麼意象的作用不明顯。可見，意象可能影響到對視覺圖形的識別，而不影響視覺信號檢測這一更基本的過程。

在另一實驗中，芬克讓被試者想像在刺激呈現的視野中有一個正方形，用它作刺激的背景，然後給被試者呈現一個十字形的線條圖形，並比較兩條線段的長短。結果發現，當想像中的正方形正好疊加在線條圖形中央時，被試者對兩條線段細微的長度差別，能較易進行判斷（圖 6-20a）。相反，如果想像中的圖形不是正方形，而是 X 形（圖 6-20b），那麼意象的促進作用就消失了。

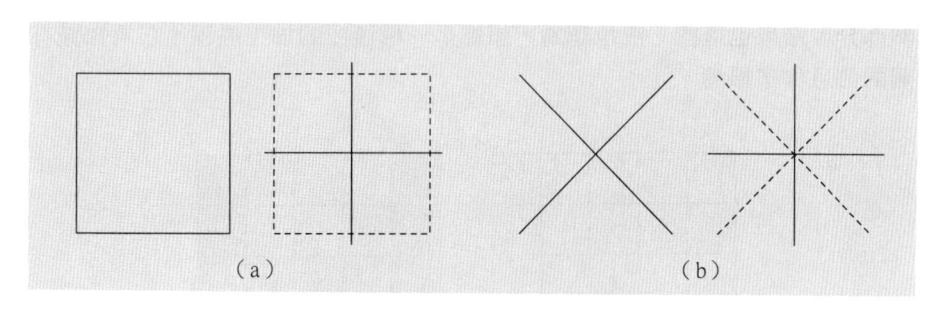

圖 6-20　想像的背景與長度判斷
(採自 Finke & Froyd, 1986)

法拉（Farah, 1989）的實驗也說明了意象在知覺中的作用。給被試者呈現一個 5×5 的格子圖（圖 6-21），要求他們想像有一個字母（如 F）覆蓋在格子圖上，然後在圖形的不同位置上，短暫呈現一個星號（※），要求被試者判斷它是否出現了。星號可能出現在字母覆蓋的部分，也可能出現在未覆蓋的部分。結果發現，星號出現在字母覆蓋的部分，被試者對它的檢測率較高。這說明，意象引起的期待可能降低了對刺激的檢測標準，因而提高了檢測率。

在另一實驗中，法拉給被試者呈現一些帶陰影的格子圖。其中的陰影部

（※ 被覆蓋　）　　　　　　（※ 未覆蓋　）

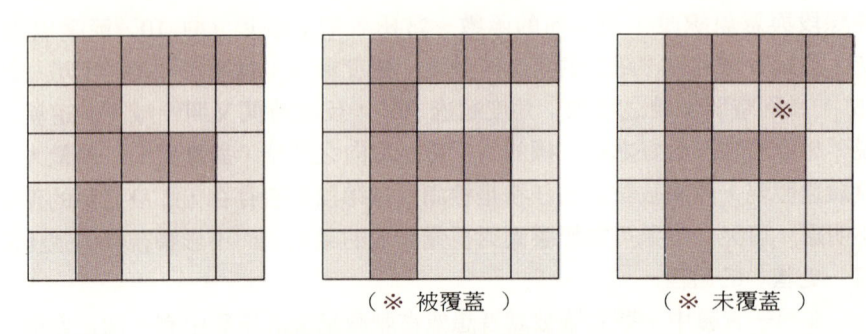

圖 6-21　法拉實驗用圖
(根據 Podgorny & Shepard, 1978，資料繪製)

分既可看成字母 H，也可看成字母 T (圖 6-22)，告訴他們將看到某個字母。結果發現，如果被試者注意圖形中的 H 部分，他看到的是字母 H；如果注意圖形中的 T 部分，看到的是字母 T。如果讓被試者想像圖上的有關部分，結果也這樣。法拉認為，想像是一種積極的加工過程，它為知覺有關的信息作了準備。

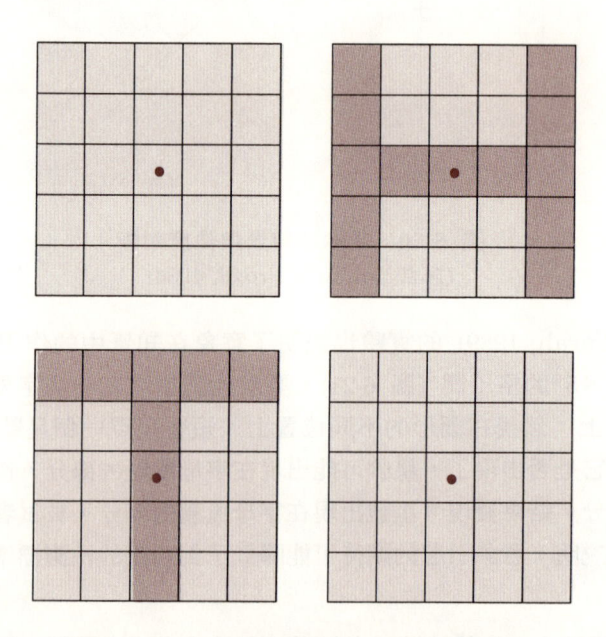

圖 6-22　法拉實驗用圖 (Farah, 1989)

意象的**促進作用**發生在意象與知覺活動的內容彼此相似的條件下。當意象與知覺活動的作業內容完全不同時，意象對知覺可能起**抑制作用** (inhibitory)。在第三章第三節中，我們曾引用過西加爾和弗西拉 (Segal & Fusella, 1970) 的一項實驗，它說明已形成的意象有選擇地干擾了同一感覺通道的知覺活動。意象的這種作用有助於說明，在意象與知覺中包含了類似的認知過程。

芬克 (Finke, 1986) 根據自己和他人的研究，探討了意象影響知覺的內部機制。他提出，意象可能通過對視覺系統中適當神經機制的選擇性激活，而提高對物體的知覺。換句話說，形成一個物體的意象可能啟動某些神經事件，它們相當於在看到物體那一瞬間所發生的神經事件，因而促進了知覺過

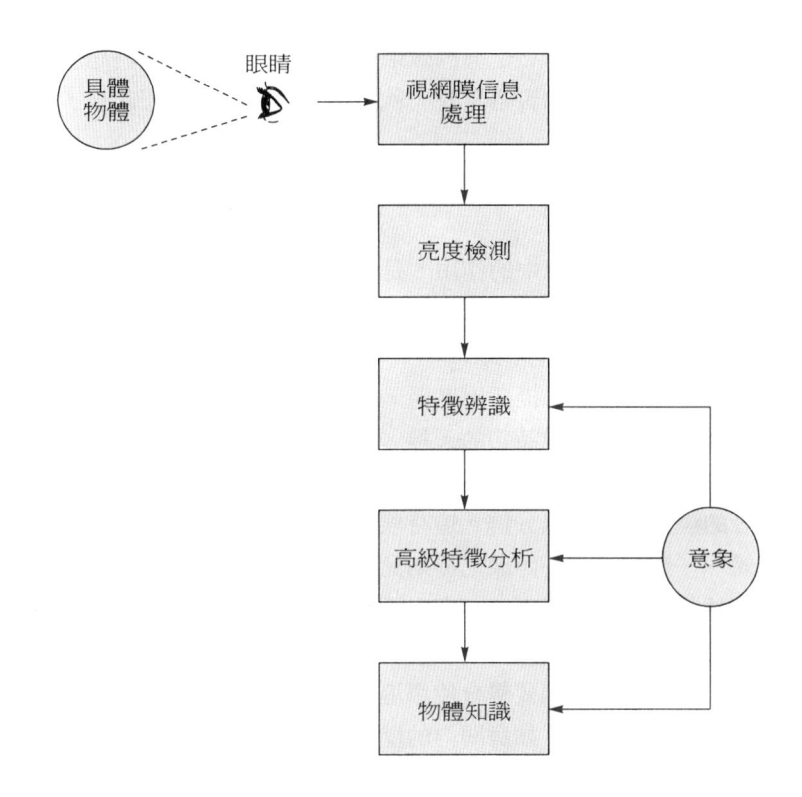

圖 6-23 表象影響知覺的內部機制
(採自 Finke, 1986)

程。相反,如果出現的物體與想像的不同,那麼意象的形成就會干擾視覺系統的正常工作。

芬克提出了意象影響視知覺的一個模型(圖 6-23)。模型提出,人對物體的知覺是視覺系統一連串信息加工(或訊息處理)的結果,其中視網膜的信息處理和亮度檢測,處在信息加工的較低水平上,而特徵識別、高級特徵分析和物體知識,處在較高水平上。當物體的意象形成後,它可能會影響到視覺系統各中間水平的神經機制,因而改變對物體的知覺。

二、意象與記憶

意象不僅對知覺起著促進或干擾的作用,增加或減少加工空間信息的反應時,而且有助於提高學習和記憶的效果。日常生活中,當我們忘了一個朋友的姓名時,只要想想他的音容笑貌,就很容易把他的名字想起來,這就是意象在記憶中所起的作用。

(一) 意象與記憶術

人們認識到意象在記憶中的作用,是從使用某些記憶術開始的。所謂**記憶術** (mnemonics) 是指幫助或改善記憶的一種方法,使用這種方法有助於提高記憶的效果。

相傳古希臘詩人西蒙尼提斯出席過一次宴會。當他在會上朗讀了他的一首抒情詩之後,兩位讚賞他詩句的天神,把他抬出了大廳。這時,大廳的屋頂突然倒塌,砸死了廳內所有的與會者。面對著許多血肉模糊的屍體,前來認屍的死者的親人們都難以分辨。這時候,西蒙尼提斯按死者在宴會上的席位,把屍體一一辨認出來。西蒙尼提斯的成功在於他採用了定位技術,即把一些要記住的物體放在一系列按順序安排的位置上。

定位法 (method of loci) 是一種古老的記憶術。它的成功依賴於建立對物體的一系列意象。人們要學會使用這種方法,必須通過反復練習,記住家裏或街道上的一些東西,如房間內的壁櫃、沙發、台燈、書桌……廚房內的水池、爐灶、冰箱、飯桌等。當這些東西放置的地方在頭腦中已記得滾瓜爛熟,閉上眼睛每次都能按相同順序"看到"這些物體時,就可用定位法來幫助你的記憶了。這時,如果你想去市場買菜,而要買的東西又很多,那麼你可以把要買的每件東西與房內物品的位置聯繫起來。例如，你要買的第一件東西是土豆，可以把它與壁櫃聯繫起來，並設想把土豆放在櫃子裏；你要買的第二件東西是西紅柿醬，可以把它與沙發聯繫起來，並設想西紅柿醬把沙發弄髒了，……然後，當你到達萊市場時，只要想起家裏各種擺設的位置，你要採購的東西就很容易從記憶中浮現出來。

從 60 年代以來，許多心理學家對研究記憶術發生了興趣。耶蒂斯 (Yates, 1966) 曾報告，使用記憶術有很大的好處，它能幫助人把只聽過一遍的 2000 個名字按原順序背誦出來。阿希等 (Asch, 1969；Bower, 1970a, 1970b) 也指出，意象對記憶的作用，可能是由於它能把彼此分開的項目結合為一些有意義的單元。

(二) 圖片優勢效應

謝帕德 (Shepard, 1967) 對比研究了人們對單詞、語句和圖片的**再認記憶** (recognition memory)。在依次學習一系列刺激材料之後；相隔不同的時間，測驗被試者的再認效果。結果發現，在相隔兩小時後進行測驗，被試者對 612 張圖片的再認成績為 98.5%；一週以後，再認成績為 87%。而相隔兩小時後，被試者對單詞的再認成績為 90%，對句子的再認成績為 88%，均與圖片材料識記一週後的再認成績差不多。圖片好學、好記可能與圖片容易引起生動的意象分不開。

斯坦丁 (Standing, 1973) 在一個使用了 10000 張圖片的實驗中，對比研究了被試者對 1000 個單詞、1000 張普通圖片和 1000 張有生動情節圖片的記憶效果。如單詞為"狗"，普通圖片為"一條狗"，有生動情節的圖片為"一條嘴裏含著烟斗的狗"，學習與測驗的間隔時間為 2 天。結果發現，被試在頭腦中保存的生動圖片為 880 張，普通圖片為 770 張，單詞為 615 個。實驗再次證明了，人們對圖片材料的記憶，比對單詞材料的記憶容易；而對情節生動的圖片又比對一般情節的圖片容易記住。

近十年來，奇特圖象對記憶的促進作用受到研究者的重視。阿布里恩和沃爾弗德 (O'Brien & Wolford, 1982) 研究了意象對記憶名詞對的影響。實驗材料是 48 對名詞，每一對名詞都伴隨著一張圖片。一些圖片表示成對名詞的普通關係；另一些圖片表示名詞間的奇特關係。例如成對名詞為大夫──碗。表示普通關係的圖片為大夫拿著一只碗；表示奇特關係的圖片為

"大夫坐在碗中"。總之，圖片給被試一種形象，它把名詞對組成為一些單元。被試者分兩組。任務是分別學習兩種不同的實驗材料。然後接受記憶測驗。測驗分即時測驗和延時測驗兩種。延緩的時間分別為 1、3、5 和 7 天。結果發現，在即時測驗和延緩 1 天的測驗中，普通關係的形象比奇特關係的形象，得到較好的記憶成績；隨著延緩時間的增加，奇特形象比普通形象得到了較好的記憶成績。

怎樣解釋在記憶時圖片對單詞的相對優勢，奇特圖片的作用大於普通圖片？謝帕德 (Shepard, 1967) 認為，圖片能立即引起記憶中的意象表徵，而意象表徵比語言表徵更好記憶。佩維奧 (Paivio, 1968) 認為，記憶的好壞取決於可供選擇的記憶代碼的數量。圖片能產生意象，又能命名。因此對它的記憶既能使用意象代碼，又能使用語言代碼，因而能提高記憶成績，並超過對單詞的記憶。艾因斯坦和麥克丹尼爾 (Einstein & McDaniel, 1987) 認為，奇特形象比普通形象產生了有特色的、與眾不同的**記憶痕跡** (memory trace)。這種痕跡不容易受到其他記憶痕跡的干擾。而普通形象引起的記憶痕跡容易受到其他記憶痕跡的影響；相隔時間越長，干擾越大。

艾因斯坦、麥克丹尼爾和拉凱 (Einstein, McDaniel & Lackey, 1989) 用實驗進一步解釋了奇特形象對記憶的促進作用。實驗中給被試呈現由三個名詞組成的一些句子。其中一些句子引起普通形象，如"狗在街上追逐自行車"；另一些句子引起奇特形象，如"狗在街上騎自行車"。被試者分為四組。每組學習 24 個句子，其中 12 個為普通句，12 個為奇特句。要求被試者根據句子的描述形成相應的意象。兩類句子的呈現順序先後為：普通-奇特、奇特-普通、普通-普通、奇特-奇特。每組被試者接受一種實驗材料。在回憶測驗中，先讓被試者回憶第二系列的三個名詞，然後回憶第一系列的三個名詞。不同系列中沒有同樣的名詞。實驗的目的是比較在不同的實驗條件下，第二系列對第一系列的**倒攝干擾** (retroactive interference)。結果發現，同樣類型的系列間，倒攝干擾較大。艾因斯坦等認為，由於奇特意象在日常生活中很少見到，它們受到的干擾較少；而普通意象在日常生活中見得多，它們受到的干擾自然也較大了。

圖片對單詞的記憶優勢，不是因為在記憶圖片時沒有言語代碼的參加，魏斯曼 (Wiseman, 1973) 發現，對複雜的視覺模式的再認，依賴於在識記（原來呈現）時對它有一個熟悉的解釋，而在再認時引起了相同的解釋。巴

赫里克等人 (Bahrich et al., 1968) 發現，給圖片標名，將提高對圖片的回憶，同樣，用適當的圖片來補充言語材料，也能改善對言語材料的記憶。相反，人們對"無結構的"、難以命名的圖片，其記憶效果就不一定優於對單詞的記憶了。

表 6-2　名詞的意象值及有關特性的分數

名　詞	平均數*			
	意象性	具體性	意義性	頻率 (每百萬) **
乞　丐	6.40	6.25	6.50	29
教　堂	6.68	6.59	7.52	AA
上下文	2.13	2.73	4.44	1
行　為	3.63	4.19	5.32	A
大　象	6.83	7.00	6.88	35
疲　倦	5.07	4.28	3.88	19
歷　史	3.47	3.03	6.91	AA
數　學	4.50	4.35	6.88	8
舞　蹈	6.77	6.55	6.76	10
教　授	3.83	3.65	5.44	28
薪　水	4.70	5.23	5.08	A
街　道	6.57	6.62	7.48	AA
戰　斧	6.57	6.87	6.44	3
德　行	3.33	1.46	4.87	A

* 在 1 至 7 的等級表上評定，分數越低，其意象性越低。
**A 表示每百萬中出現 50～99 個，AA 表示每百萬中有 100 個以上。
(採自 Paivio, Yuille & Madigen, 1968)

(三) 詞的具體性效應

除圖片的**優勢效應**外，人們還研究了言語材料的**具體性效應** (concreteness effect)。這些研究是在單詞、短語、句子和句組等不同水平上進行的。

佩維奧 (Paivio, 1968) 證明了詞的意象值或具體性在學習、記憶中的作用。佩維奧等 (Paivio et al., 1968) 他們先測定了單詞的意象值與聯想值 (或意義值)。**意象值** (imagery value) 的測定是讓被試者按意象是否容易形成，在一個量表上 (先用 5 點量表，後用 7 點量表) 對所選定的每個單詞作出評定。容易形成意象的單詞 (如象、街道、教堂)，確定為意象值高的單詞；不易形成意象的單詞 (如歷史、死亡、美德、價值) 確定為意象值低的單詞。**意義值**(meaningfulness value) 的測定是讓被試在一分鐘的時間內，儘可能多地說出由每個單詞所引起的聯想。聯想起的單詞越多，該單詞的意義值越高 (如教堂、街道、歷史等)；聯想起的單詞越少，意義值越低 (如疲勞、背景等)。研究還發現，單詞的意象值與單詞的具體-抽象性關係很密切。具體單詞意象值高，而抽象單詞意象值低。單詞的意義值與單詞的具體-抽象性沒有相關，因而與意象值也沒有相關 (見表 6-2)。

為了檢驗單詞的意象值與意義值對學習記憶的作用，佩維奧選用意象值高的詞與意象值低的詞，分別組合成四種詞對，即高-高、高-低、低-高、低-低，給被試者進行成對聯想的訓練。如乞丐-教堂，屬高-高詞對；教堂-實際，屬高-低詞對；教堂-街道，屬低-高詞對；美德-背景，屬低-低詞對。

圖 6-24 表示在四種詞對條件下，當出示刺激詞時，被試者對反應詞的回憶結果。從表上看到，聯想學習的效率與單詞的意象值有明顯的關係。意象值高-高的詞對，被試者正確回憶的單詞量最多；其次是高-低和低-高的詞對；而意象值低-低的詞對，正確回憶的單詞數量少。研究還發現，在同一

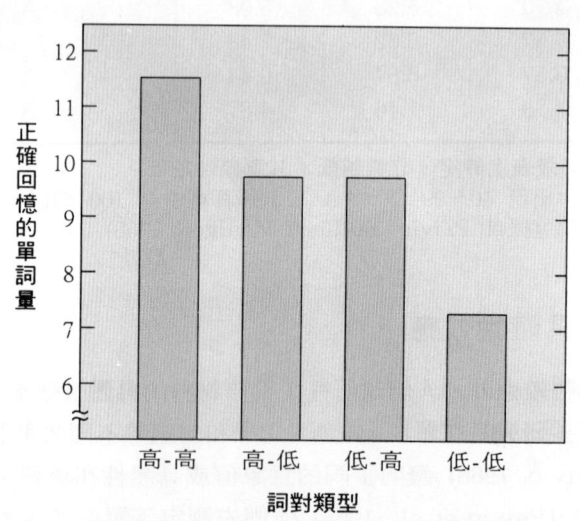

圖 6-24　單詞意象值與成對聯想學習
(採自 Paivio, Yuille & Madigen, 1968)

詞對中,刺激字的意象值有更大的作用。因此,高-低詞對的回憶量比低-高詞對的回憶量要多一些。

佩維奧用同樣的方法研究了詞的意義值的作用。但沒有發現詞的意義值的高低對成對聯想學習的效率有任何系統性的影響。

佩維奧的實驗清楚地說明,意象在記憶中有重要作用。即使許多被試在實驗過程中尚未意識到意象的出現和作用,但這種作用仍然是客觀存在的。

(四) 短語和句子的具體性效應

繼佩維奧之後,許多心理學家研究了短語的具體性效應。其中貝格 (Begg, 1972) 的研究頗具代表性。貝格選用具體短語和抽象短語,它們都由形容詞與名詞組成。實驗時用**自由回憶** (free recall) 和**線索回憶** (cued recall) 兩種方法檢查被試者的學習結果。貝格發現:(1) 被試者的回憶成績極大地依賴於刺激材料的可意象性,而不依賴於它們的語法範疇。也就是說,具體短語比抽象短語取得較好的回憶成績;(2) 當材料的可意象性很高時,被試者從短語 (形容詞+名詞) 中回憶的單詞數與從無關單詞中回憶的單詞數比例相同。而當材料的可意象性很低時,被試者回憶的單詞數只及前者的二分之一。這說明,具體短語是作為一個功能單位儲存在記憶中,而抽象短語是以孤立的單詞形式儲存的;(3) 線索回憶 (即提出短語中的一個詞而讓被試回憶另一個詞) 比自由回憶的成績好。這種現象只出現在可意象性高的短語中。貝格認為,這說明只有在具體短語中才能出現記憶的重構。

在語句和句組水平上,語言材料的具體性效應就顯得較為複雜了。匹茲德克和羅伊爾 (Pezdek & Royer, 1974) 利用再認方式考察了語境段落對抽象句和具體句的影響。結果發現,在無語境條件下,被試者對具體句意義的變化比抽象句更易覺察。相反,當句子鑲嵌在語境段落中時,被試者對抽象句意義的變化的覺察明顯上升,具體句與抽象句的差別也因而消失。施萬隆和弗盧格等 (Schwenen, Fluge et al., 1983) 測量被試者對具體句和抽象句的理解時間,發現在孤立狀態下,被試者對抽象句的理解比對具體句慢,而在段落裏,抽象句與具體句的理解成績一樣好。研究還發現,對語境有效性的等級評定,就像對句子的具體性的評定一樣,能夠預測被試者對句子的理解時間。馬爾夏克 (Marschark, 1985) 檢驗了在語境段落中對具體句和抽象句的回憶。結果發現,在沒有主題語境時,被試者對具體句的回憶成績優於抽象句;而當出現相關語境時,兩者的差別便消失了。瓦騰梅克和肖班 (Wattenmaker & Shoben, 1987) 等,也發現,當語境為相關段落時,對具體語境句和抽象語境句獲得了相同的回憶成績,而當語境是隨機排列的句子時,具體語境比抽象語境產生較好的回憶成績。這些實驗都證明,語句的具體性效應只出現在語句的孤立狀態下,而在一定的語境中,具體性效應便可能消失。

三、意象與問題解決

意象在**解決問題**(或問題索解) (problem solving) 中的作用,早已為人們所熟悉,許多名人軼事提供了大量有關這個問題的證據,但嚴格的實驗證明還很少。許多人報告說,他們在進行心算時,特別是要在頭腦中保留中間結果時,使用了意象;一些有經驗的棋手在考慮怎樣下子時,也使用了視覺意象。他們和新手的重要區別就在於他們能回憶起棋盤上的實際位置,而這需要有很好的想像力。如果讓他們回憶一局雜亂擺布的棋子,他們的成績並不比新手好些。

意象在解決某些空間作業時的作用是很明顯的。如果有一個大立方體,四周是紅色,上下為藍色。從垂直和水平方向各切兩刀,使之成為 27 個小立方體,問同時有紅色和藍色表面的小立方體共有多少?在解決這種任務時,意象提供了較大的幫助。

三段論推理 (syllogistic reasoning) 是解決問題時常用到的一種思維形式。進行這種推理時,人們對包含在三段論推理中的大詞、中詞、小詞的意象,對迅速進行推理可能起促進作用。休騰洛切爾 (Huttenlocher, 1968) 給被試者兩個命題,如湯姆比迪克高些,哈里比湯姆高些,要求被試者儘快說出誰最高,誰最低?這時被試者頭腦中可能出現不同高度的圓柱體,並用它們來代表湯姆、迪克和哈里。根據對意象的比較,被試者直接說出所要求的答案。休騰洛切爾提出,解決三段論推理問題依賴於前提呈現的順序。當推理中第一次出現的邏輯項 (或詞) 為終端項 (如最高或最矮,最大或最小等),其他邏輯項依次排列 (如從上到下,從大到小等) 時,問題就容易得到解決,否則解決問題就較困難。換句話說,問題的難度主要取決於構成空間布局的意象的難易程度。

第五節　意象的理論模型

　　從 20 世紀 60 年代以來，認知心理學關於意象的大量研究資料，提出了意象在知識表徵中的地位問題。意象的性質是什麼？它和其他知識表徵的關係怎樣？在人類行為中意象起什麼作用和如何發揮作用？對這些問題的不同回答，形成了關於知識表徵的不同理論模型。這些模型以不同方式解釋著意象的地位及其在人類行為中的作用。

一、雙重代碼理論

　　雙重代碼理論 (dual coding theory) 又稱**獨立代碼理論** (separate coding theory)，它是加拿大著名心理學家佩維奧 (Paivio, 1975) 最先提出的。此理論的基本假設是：人類在記憶歷程中有兩種代碼系統，一為視覺影像代碼另一為語文符號代碼。意即意象和言語是兩種可供選擇的代碼系統或符號表徵的方式，是處理言語和非言語信息的兩個獨立的表徵系統，即言語信息的處理，以語文符號代碼（或意碼）為主，非言語信息的處理，以視覺影像代碼（或形碼）為主，而在心理表徵上，則是互為表裏的連接運作。佩維奧 (Paivio, 1979) 在〈言語和知覺代碼的關係〉一文中，對雙重代碼理論作了一個較完整的表述："這一理論假定，認知行為是以兩種獨立而又密切聯繫的符號系統為中介的。這些系統專門用於信息的編碼、組織、轉換、儲存和提取。一個系統(意象系統) 專門處理與非言語的物體和事件有關的知覺信息；而另一系統(言語系統) 專門處理語言的信息。兩個系統在表徵單位的性質上不同，將這些單位組織成為更高序列的結構方式不同，重新組織或轉換這些結構的方式也不同"。

　　根據佩維奧的意見，雙重代碼理論包含了以下四個假設：

　　1. 言語系統與意象系統既互相獨立又相互聯結　　獨立性是指兩個系統在功能上是獨立的，每一系統可以不依賴於另一系統而獨立進行實驗的操作。例如我們能用非言語的意象進行思維,也能只記住事物的名稱而不形成相應事物的意象;在回憶時,言語系統可由單詞激活,而非言語的意象系統由非言語的刺激激活。相互聯結是指,一個系統的活動能夠引起另一系統的活動。在某種特定的情境下,兩個系統是互相作用的。例如單詞可以引起某種意象,而意象又能用言語描述,它們表現了兩個系統的聯繫和關係。佩維奧認為,兩個系統之間的聯結很多,但不完全對應。一般地說,只有具體詞句才能引起相應的意象;而抽象詞句沒有直接的意象儲存;同樣,只有某些知覺經驗才能用言語進行描述。

由於言語系統與意象系統這兩個系統既相互獨立又相互聯結,因此,對於某個符號(言語或圖象),如果既進行言語加工又進行意象加工,則其保持強度是某一系統單獨活動時所產生的保持強度的和,這種情況叫做**相加效應**(additive effect)。

佩維奧用相加效應解釋了在學習與記憶時具體單詞與具體語句的優勢現象。佩維奧認為,具體單詞或意象值高的單詞,既有言語加工,又有意象加工,因而保持的強度較高。相反,抽象單詞或意象值低的單詞,只有言語加工,因而保持的強度較低。在提取信息時,圖形的信息可以通過言語代碼和意象代碼同時進行提取,因而在保存期間,如果喪失了一種代碼,並不會妨礙圖形信息的提取,而言語信息一旦喪失言語代碼,提取就困難了。單詞具體性效應的一系列研究,支持了雙重代碼理論,證明兩個代碼系統既互相獨立,又互相聯繫。

2. 在兩個系統中存在著三種加工水平 由於把知識表徵系統劃分為兩個既獨立又聯結的加工系統,因而邏輯上就可以確定信息加工(或訊息處理)的三種水平。

第一個水平是**表徵水平**(representation level):當一種刺激被知覺到的時候,即能引起感覺痕跡。這種感覺痕跡可喚醒長時記憶中適宜的符號表徵。因此,單詞激活言語表徵;知覺經驗激活意象表徵。換句話說,單詞和物體分別激活言語系統或意象系統的活動。

第二個水平為**關聯水平**(referential level):在這裏,一個系統的符號表徵激活另一系統的相應的表徵。這種相互作用既表現在對物體的命名或用言語描繪各種意象,也表現在呈現一個物體的名稱時能產生相應的意象。

第三個水平為**聯想水平**(associative level)指意象表徵間的聯想性聯

結或言語表徵間的聯想性聯結。每一表徵系統內的聯想網絡從語意上限定了儲存單位,但兩個系統的聯想網絡並不是同型的。

3. 意象表徵與言語表徵具有不同的性質 意象表徵作為一個功能單位,具有模擬性,是客觀事物的類似物,具有事物的大小、形狀、距離等空間**屬**性。言語表徵的功能單位與語言的功能單位一致,具有系列性,與所表徵的事物形象迥然不同。可以說,單詞與其所表徵的東西之間的關係是約定俗成的"任意聯繫"。

4. 兩個系統將它們的單元組成為高級結構的方式是不同的 意象系統以同時性的或空間平行的方式表徵信息。因此,一個複雜事物或場景的不同成分是同時有效的。意象系統能沿著空間維度(如大小、形狀和方向)進行**轉換**。言語表徵組織信息的方式正好相反。它是按系列形式組織成高層次的結構,並且是按系列組織進行**轉換**的,如相加、刪除、改變順序等。

圖 6-25 是雙重代碼的理論模型。模型較好地說明了兩個儲存系統的特點、相互關係、以及三種不同的加工水平。

雙重代碼理論概括了研究表徵問題的大量資料,特別是研究意象的資料。它的原理也得到許多實驗結果的支持。過去的記憶理論是在單一言語代

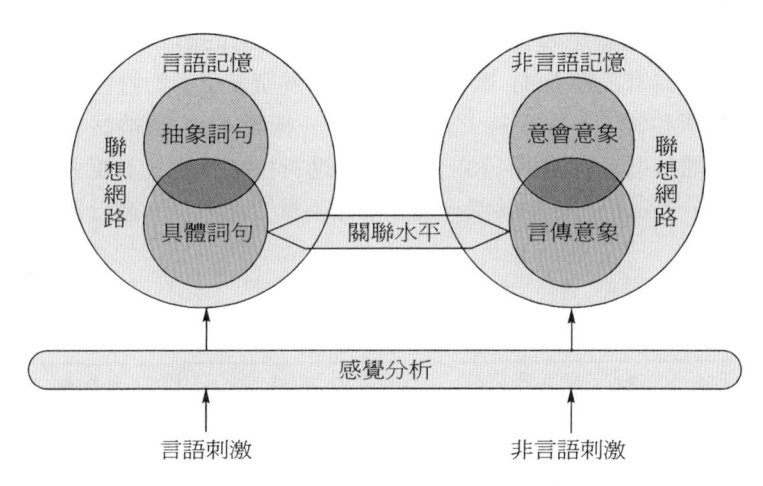

圖 6-25 雙重代碼假設的理論模型
(採自 Paivio, 1980)

碼的基礎上提出來的,因而具有局限性。雙重代碼理論根據圖畫記憶的實驗資料和單詞的具體性研究資料,肯定了意象作為一種獨立的信息加工系統,在人類學習和記憶中的重要作用,並探討了意象表徵與言語表徵的特點和相互關係,這對發展人類知識表徵的理論,是有重要意義的。但是,雙重代碼理論也受到某些研究的挑戰。這些研究承認意象在人類信息加工中的作用,但希望用一個更簡單的假設系統來處理這種作用。這個問題我們將在本節第三部分加以詳細說明。

二、關係組織理論

關於意象對學習、記憶的作用,心理學家們提出了各種不同的解釋。除前面介紹過的雙重代碼理論外,另一種理論就是**關係組織理論** (relational-organizer theory)。

鮑威爾 (Bower, 1970) 提出了這一理論的基本設想。外在的刺激是以**代碼** (code) 的形式儲存在頭腦中的。這些代碼按層次組織起來,其中的一個層次就是意象。意象在學習記憶的作用是將刺激項目組織成一個單元,加強聯想的強度,而不是產生生動、具體的形象,有利於刺激的分化。

鮑威爾 (Bower, 1970) 在一項實驗中,研究了意象對記憶操作的影響。實驗任務是**配對聯想學習** (paired-associate learning),學習材料為成對的單詞。指導語有三種:(1) 讓被試者想像單詞所表示的物體在互相作用。如單詞對為箭和樹,可想像為一支箭射穿了一棵樹;(2) 讓被試者想像單詞所表示的物體彼此沒有關係;(3) 讓被試者進行機械復述,不要求形成意象。將被試者分為三組,分別接受一種指導語。學習結束後,進行再認和回憶兩種測驗。

表 6-3 想像指導語不同的三組被試對實驗材料的識別和回憶

組 別	再認	回憶
相互作用的形象	0.87	0.53
非相互作用的形象	0.83	0.27
機械復述	0.84	0.30

(採自 Bower, 1970)

實驗結果見表 6-3。從表上看到，在再認條件下，三組被試者的成績幾乎相等，沒有差別。而在回憶條件下，"相互作用"組的成績明顯優於其他兩組。而非相互作用組與機械復述組之間沒有顯著差別。這說明，只有意象(如第二組)對記憶的促進作用不大。而當意象把兩個單詞所代表的物體聯繫起來的時候，意象的促進作用才顯現出來。這種促進作用只出現在回憶條件下，在再認條件下不明顯。

沃倫、韋伯和洛里 (Wollen, Weber & Lowry, 1972) 在研究意象的奇特性對記憶的影響時，同樣證明了關係組織理論。實驗時給被試者呈現一些成對的名詞，如鋼琴－雪茄，與此同時呈現這些物體的輪廓畫。圖畫按兩個物體的關係分成四類：(1) 兩者相互作用，形象奇異；(2) 兩者相互作用，形象不奇異；(3) 兩者不相互作用，形象奇異；(4) 兩者不相互作用，形象不奇異 (圖 6-26)。除以上四種實驗條件外，還有一種控制條件，即只呈現

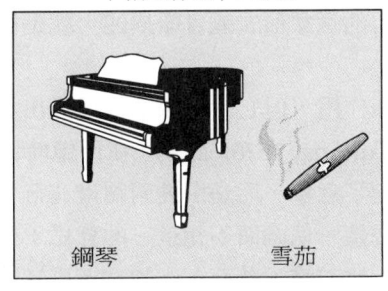

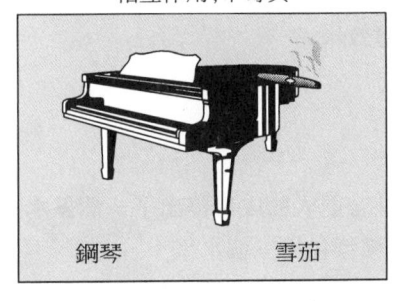

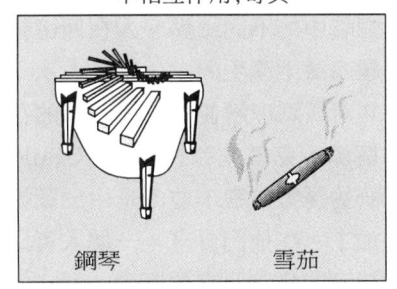

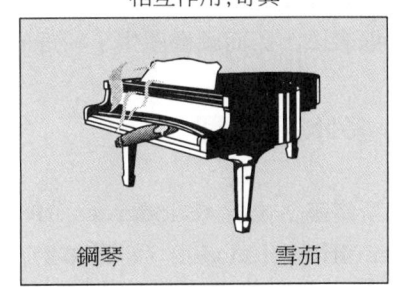

圖 6-26 圖形的奇特性對記憶的影響 (實驗用圖)
(採自 Wollen, Weber & Lowry, 1972)

單詞,不呈現圖片。被試學習後,進行回憶測驗。結果表明,只有當兩個物體發生相互作用時,回憶的成績才最好,而形象奇異本身對記憶沒有影響。

三、共同代碼理論

共同代碼理論(common coding theory)也叫**概念-命題假說**(conceptual-propositional hypothesis)。它和雙重代碼理論一樣,也是在 60 年代末、70 年代初產生的。在第五章中,我們介紹了安德森和金馳的主張以及相應的實驗證據,這裏不再重復。現僅就該理論怎樣處理意象與命題間的關係,略作一些說明。

根據共同代碼理論,我們的各種經驗都是以抽象命題的形式儲存在長時記憶中的。命題是詞與圖畫共有的東西。人不儲存意象,只儲存命題。人之所以能體驗到內部意象,是因為在表徵時把命題形象化了。根據共同代碼的理論模型,來自外界的言語刺激與非言語刺激,在經過感覺分析之後,激活概念網絡中的不同結點。人在回憶時出現的意象形式或言語描述,就是從同一命題表徵中產生的。

共同代碼理論並不否認意象的存在和作用,但它對意象的作用提出了不同的解釋。克雷克和托爾文(Craik & Tulving, 1975)認為,在回憶時圖畫對單詞的優勢效應,並不是由於圖畫引起了意象,而是由於對圖畫進行了較深的加工。在他們看來,一個人可以出聲讀一個詞而不知道它的意思;復述一個詞可能只涉及它的概念,對它的加工比較淺;然而,當被試者再認圖畫時,命名和復述都將激活圖畫所代表的概念。由於圖畫比單詞能更迅速地到達命題表徵,因而圖畫產生了較好的記憶效果。

四、多水平模型

斯諾德格拉斯(Snodgrass, 1984)綜合前人的成果提出了一個**多水平模型**(multilevel model)(如圖 6-27)。該模型包括三個水平:

水平Ⅰ——與單詞和圖畫的模式識別階段相對應,它對外界刺激進行物理分析,加工語音、聲調、刺激大小、形狀、方向、細節等物理特徵。

水平Ⅱ——包括關於聽覺(言語)和視覺(圖畫)意象的模板信息,它

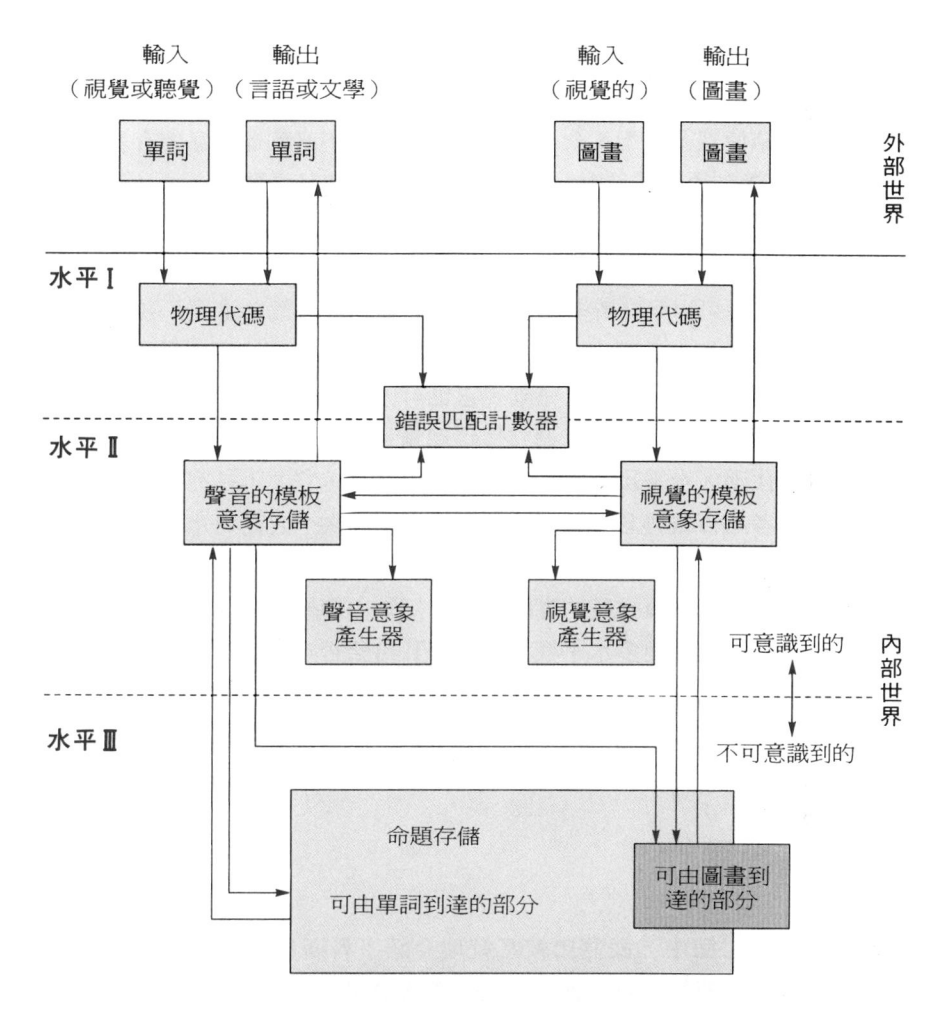

图 6-27 圖畫-單詞加工的多水平模型模式圖
(採自 Snodgrass, 1984)

表徵著圖畫的形和語言的音。這一水平儲存著聽覺和視覺表象的基本特徵而忽視了每個單詞或物體的個別細節或書寫形式。水平Ⅰ和水平Ⅱ，通過內省可以意識到。

水平Ⅲ——是命題儲存，也叫語意儲存，單詞和圖畫的意義都在此被表徵，它處於潛意識的水平。由於在命題儲存中許多聲音意象(如表示抽象概念、關係等的聲音表象)可到達的結點，視覺的圖畫意象未必都能到達，所以在水平Ⅲ，兩者只有部分重疊，單詞比圖畫能到達更多的命題"空間"。

圖 6-27 還表明，在聲音和視覺意象模板儲存之間存在著直接的聯結，這些直接聯結使圖畫匹配、命名匹配、命名任務不必到達語意儲存就能完成(儘管很少直接利用這些結點)。另外，在水平Ⅰ和Ⅱ之間插入了一個"錯誤匹配計數器"，記錄某具體單詞或圖畫與該單詞或圖畫的意象模板不相一致的信息數量，例如有些單詞的書寫形式很奇特，總與頭腦中的模板有出入。

多水平模型可以解釋許多的實驗結果，較單一理論前進了一步。譬如，它認為直接的形音作業可在水平Ⅰ、Ⅱ完成，而要求到達語意的作業(如分類、詞彙判斷)必須在水平Ⅲ完成。它也可以解釋佩維奧所發現的圖畫優勢效應。這一模型確實試圖綜合獨立代碼理論和共同代碼理論：水平Ⅱ相當於意象和言語代碼，水平Ⅲ相當於共同代碼。但是，它並不是完美無缺的。首先，它沒有考慮言語與意象儲存的質的區別；其次，它認為水平Ⅱ不儲存意義，只儲存表層形式，這一結論既沒有實驗支持又與佩維奧的假設相違背，因而無法恰當地解釋佩維奧的實驗結果。認知心理學家長期以來爭論的是刺激的語意表徵問題，而多水平模型在水平Ⅱ恰恰否定了語意的儲存，更忽視了近年來一些研究的發現：意義的儲存可能是分層次的。由於這些缺陷，多水平模型未必是共同代碼說與獨立代碼說的有機統一，它不過是二者的混合罷了。

五、結構理論

在本章第二節中，我們比較系統地介紹了科斯林關於意象掃描和判斷意象大小及其細節的一系列實驗。這些實驗證明了意象與知覺具有功能等價性，它作為知識表徵的一種形式是確實存在的。在此基礎上，科斯林等人(Kosslyn, et al., 1981,1987) 提出了關於意象的一種綜合性理論——**結構理論** (structure theory)，並在計算機上進行了模擬。

科斯林認為，產生意象的內部結構與過程類似於知覺物體時使用的結構與過程。意象包含兩個重要的組成成分：**表層表徵** (surface representation) 和**深層表徵** (deep representation)。表層表徵是在**活動記憶** (active memory) 中一種類似於圖畫的實體。它描繪一個物體，類似於我們看到一個真實物體時所形成的視覺形象。這種形象就像在計算機的顯示器上用陰極射線管所顯示的圖像一樣。深層表徵是指儲存在長時記憶中的信息，它由命題和其他非意象的信息（如包含在概念中的信息）所組成。換句話說，表層表徵是一種**描繪性記憶**(depictive memory)，它類似於圖畫；深層表徵是一種**描述性記憶**(descriptive memory)，它類似於語言。表層表徵從深層表徵中產生出來。從深層表徵產生表層表徵的過程，是一種主動的過程。通過從長時記憶中提取比較抽象的表徵，人們能產生意象，把它們按不同方式組合起來，完成不同的轉換，根據語意範疇對它們進行分類等。在圖象形成中，兩種記憶是相互作用的。這個過程類似於在計算機上應用各種技術產生圖象的過程。此外，科斯林還提到了一種類似於心理眼的裝置，它用於解釋圖象及其成分，因而類似於計算機上的解釋裝置。

為了能在計算機上模擬意象的產生，科斯林假定了兩種數據結構。第一種數據結構由代表圖象本身的一個表層**矩陣**(matrix) 組成。每個圖象是由矩陣中各點組成的一個**完形**(configuration) 來表示的。該矩陣與**視覺緩衝器**(visual buffer) 相對應。當一個人選擇了矩陣中的某些單元時，就能得到一張類似於圖片的圖象。這種圖象描繪了關於空間廣延、明度及反差等信息。由於分辨能力的限制，如果一個物體太小，由此引起的輪廓可能是模糊的。再有，矩陣對應於視覺的短時記憶，由此產生的表徵具有短暫性，只有經過努力才能保留下來。

第二種數據結構是由長時記憶的文件構成的。它代表了產生圖象所需要的信息。其中一種表徵儲存著一個物體的樸實的、刻板的信息，它解釋我們是怎樣看到某一事物的。另一種表徵是以命題形式表示的物體的一組事實，如物體的範疇名稱，物體大小的分類等。

科斯林認為，圖象的產生有四種加工成分：

1. 圖片處理過程　　長時記憶中儲存的信息經過樸實的譯碼作用後，轉換成一種表面的圖象。依據對圖片處理過程的"指令"，圖象可能有不同的大小和位置。

2. 發現過程　　在表層圖象中搜索，發現其中的特定部位。如頭髮是紅色的，椅子有坐墊等。

3. 裝放過程　　儲存在長時記憶中的信息通過選擇正確的位置產生圖象的個別部分，如調整圖象的個別成分的大小。

4. 圖象處理過程 從長時記憶中提取的信息經過以上三種加工成分的協調，就可決定圖象的另一些特徵，如圖象是否有細節，是簡單圖象還是複雜圖象等。

總之，根據在長時記憶中儲存的信息（深層表徵），經過一系列加工、處理，而形成一個表層圖象，這種圖象就是意象。

科斯林的理論得到了某些神經學證據的支持。有些大腦左半球後部位受損傷的病人，難以產生意象 (Farah, 1985)。科里斯 (Koless, 1987) 曾經證明，左半球完成某些意象生成作業比右半球好。安特羅巴斯 (Antrobus, 1987) 也報告，左半球是做夢時意象生成的主要部位。這些事實說明，意象與命題可能不是兩種獨立的代碼；意象的生成是從深層表徵向表層表徵轉化而來的。

科斯林用計算機模擬技術說明了意象是怎樣生成的。這有重要的理論意義。長期以來，心理學家一直面臨著一個非常棘手的問題：如果假定意象就是頭腦中的一些圖片，那麼必須同時假定在頭腦中還有一個"矮人"在觀看這些圖片。而這是不可思議的。現在，科斯林用實驗證明，意象是存在的，它來自長時記憶中的深層表徵，因而完全不需要什麼"矮人"的幫助。

本 章 摘 要

1. **意象**是指當前不存在的事物或事件的心理表徵，具有鮮明的感性特徵。
2. 意象是心理表徵的一種重要形式。它的特點有：模擬性、抽象性、易變性和可操作性。
3. **心理旋轉**是指人們在頭腦中對意象進行的平面或深度旋轉。它證明人們有可能對意象進行心理的操作。
4. 意象具有空間的特性：可以進行距離和大小的判斷；同一感覺通道的意象將產生較大的干擾作用。

5. **認知地圖**是意象的一種特殊形式，它不是指任何事物的意象，而是指個體對特定環境的空間布局的內部表徵。加工認知地圖也服從於加工意象的一般規律。
6. 認知地圖是通過學習形成的。影響認知地圖形成的因素主要有：個體的定向技能、對地區的熟悉性、作業的性質、環境結構和路標特點等。
7. 認知地圖的失真表現為**距離失真**和**角度失真**。由於採用某些啟發式的策略，人的認知地圖還會出現**校直**和**旋轉**的現象。
8. 意象能產生知覺期待，它對人的知覺有重要的影響。當意象與知覺活動的作業內容一致時，它對知覺有**促進作用**；否則，起**干擾作用**。
9. 意象有助於學習與記憶。在人的信息加工中，存在圖片**優勢效應**、詞和句子的具體性效應。意象還有助於問題解決。
10. **雙重代碼理論**假定言語系統和意象系統既互相獨立又互相聯結。每個系統都存在三個加工水平。意象表徵具有模擬性，言語表徵具有系列性。意象系統以同時性或空間平行的方式表徵信息，言語系統則按系列形式組成高層次的結構，並按系列組織進行轉換。雙重代碼理論可以解釋圖片**優勢效應**和詞的具體性效應，但不能解釋語意儲存的一些事實。
11. **關係組織理論**強調，意象在學習記憶中的作用是將刺激項目組織成一個單元，加強聯想的強度，而不是憑藉生動、具體的形象，有利於刺激的分化。
12. **共同代碼理論**主張，我們的各種經驗都是以抽象命題的形式儲存在長時記憶中的。人之所以體驗到內部意象，是因為在表徵時把命題形象化。
13. **多水平模型**試圖將獨立代碼理論和共同代碼理論綜合起來。但事實上，它只是將兩者簡單地合併在一起，並未形成一個真正統一的理論體系。
14. **結構理論**認為，產生意象的內部結構與過程，類似於知覺物體時使用的結構與過程。意象包含兩個成分：**表層表徵**和**深層表徵**。表層表徵從深層表徵產生出來，這個過程是一種主動的過程。結構理論為在計算機上模擬意象的產生提出了理論依據。

建議參考資料

1. 索爾索 (黃希庭、李文權、張慶林譯，1990)：認知心理學。北京市：教育科學出版社。
2. Anderson, J. R. (1985). *Cognitive psychology and its implications.* San Francisco: W. H. Freeman.
3. Cooper, L.A., & Shepard, R. N. (1973). Chronometric studies of the rotation of mental images. In W. G. Chase (Ed.), *Visual information processing.* New York: Academic Press.
4. Matlin, M. W. (1989). *Cognition.* New York: Holt, Rinehart and Winston.
5. Paivio, A. (1971). *Imagery and visual processes.* New York: Holt, Rinehart and Winston.
6. Shepard, R. N., & Cooper, L. A. (1983). *Mental images and their transformations.* Cambridge: MIT Press.
7. Shepard, R. N., & Metzler. (1971). Mental rotation of three-dimensional objects. *Science,* 171, 701~703.

第七章

思　維

本章內容細目

第一節　思維概述
一、思維概念的變遷　283
　(一) 思維是觀念的聯合
　(二) 思維是一種無意象的過程
　(三) 思維是一種內隱的言語行為或反應
　(四) 思維是知覺情境的改組
二、認知心理學關於思維的概念　285
　(一) 思維是符號的操作或假設的運用
　(二) 思維是人腦對輸入信息的加工與處理

第二節　概　念
一、概念的性質　286
二、人工概念　288
　(一) 概念形成的實驗研究
　(二) 規則與概念形成
　(三) 概念形成的策略問題
三、自然概念　296
　(一) 概念的精確性與模糊性

　(二) 自然概念的結構
　(三) 特定範疇

第三節　推　理
一、什麼是推理　305
二、三段論　307
　(一) 什麼是三段論
　(二) 影響三段論推理的心理因素
　(三) 三段論推理的理論模型
三、條件推理　317
　(一) 什麼是條件推理
　(二) 選擇作業與證實傾向
四、推理中的直覺策略　324
　(一) 代表性
　(二) 有效性
　(三) 參照點和調整
　(四) 平均數

本章摘要

建議參考資料

在人的統一的信息加工（或訊息處理）過程中，思維常被認為是一種高級、複雜的認知過程。為什麼說它是一種高級、複雜的認知過程呢？主要理由是，思維是對輸入信息進行更深層的加工；它以概念、判斷和推理等形式進行，並且主要表現在人們解決問題的活動中。思維不同於知覺和記憶。**知覺** (perception) 是直接接受從外界輸入的信息，並對這些信息進行初級、或淺層的加工、處理，如形成事物的映象，確定物體是什麼或它代表什麼，將一個物體與另一物體區別開來，對物體進行命名等。記憶是將信息轉換成頭腦中的代碼，即形成有組織的知識結構或表徵，並將這些表徵儲存在頭腦中。而**思維** (thinking) 則是在知覺、記憶的基礎上，對輸入信息進行更深層的加工，它揭示事物之間的聯繫與關係，形成概念，利用概念進行推理和判斷，並運用已有的知識經驗，解決人們面臨的各種問題。思維依賴於知覺與記憶，沒有從外界輸入的信息和頭腦中已經儲存的信息，思維就無法進行，同時思維又影響知覺和記憶的過程與結果。知覺中自上而下的加工（處理），記憶中架構的組織建構作用，實際上都體現了思維的作用。人的思維還和語言緊密聯繫在一起。人藉助於語言進行思維，人的思維的高度發展是和語言的發展分不開的。

本章分三節，第一節我們將介紹各派心理學家關於思維的一般主張。第二節將介紹概念與其形成，包括人工概念及自然概念的形成，策略在概念形成中的作用，自然概念的結構等。第三節將討論推理的問題，包括三段論推理、條件推理和推理中的直覺策略等。下一章將專門討論問題解決。而思維與語言的關係，將留待語言一章進行討論。通過本章學習希望讀者了解：

1. 概念形成過程的性質與特點。
2. 概念形成中聚焦策略與掃描策略的區別。
3. 自然概念的結構特點及對人的信息加工的影響。
4. 前提形成的氣氛怎樣影響推理旳過程和結果。
5. 三段論推理中集合分析理論與類比理論的特點。
6. 條件推理的典型錯誤及其形成原因。
7. 何謂自然推理中的代表性策略和有效性策略？對推理有何影響？

第一節　思維概述

自古以來，思維一直是人類關心的對象。各時代著名的哲學家、教育家和一些自然科學家都非常關心思維的問題，對思維的本質和規律，進行了孜孜不倦的研究，留下了許多異常寶貴的歷史遺產。

對思維進行科學與實驗的研究，是在 19 世紀末，實驗心理學建立以後才開始的。由於思維問題極端複雜，對於什麼是思維，它包括哪些研究領域等問題，心理學界一直爭論不休，至今沒有公認一致的意見。下面我們只介紹幾種有代表性的看法。

一、思維概念的變遷

思維 (thinking) 是內在認知活動歷程，在此歷程中，個人運用貯存在長期記憶中的訊息，重新予以組織整合，從縱橫交錯的複雜關係中，獲得新的理解與意義。所以思維是一個很複雜的概念。在近代、現代心理學中，不同學派的學者間存在著非常不同的看法。我們先介紹傳統實驗心理的一些主張，然後再介紹認知心理學的觀點。

(一)　思維是觀念的聯合

這種觀點來自英國聯想主義者穆勒父子 (James Mill, 1773～1836；John Mill, 1806～1873) 和培因 (Alexander Bain, 1818～1903)。在他們看來，思維就是建立觀念之間的聯繫或聯想。從一個觀念聯想到另一觀念的過程就是思維過程。馮特和鐵欽納也是聯想主義的支持者。在他們看來，思維這種複雜的心理活動，是由一些簡單的心理元素 (如感覺和意象) 構成的。馮特等重視用實驗的內省方法研究低級的心理過程，如感知覺；但認為高級的心理過程 (如思維) 則不能用實驗方法進行研究。

自 20 世紀以來，一些心理學家也主張用聯想解釋思維活動。吳偉士曾指出："思維過程並非新奇的活動。它只是我們已經敍述過的簡單活動的聯合而已,簡單地講,思維便是觀念的聯合"(Woodworth, 1933, p.380)。聯想主義的觀點在當代心理學中也有深刻的影響。認知心理學關於語意網絡的研究工作,就是在聯想主義的基礎上進行的。

(二) 思維是一種無意象的過程

在實驗心理學的發展史上,屈爾佩 (Oswald Külpe, 1862~1915) 第一次將實驗方法應用到思維過程的研究上。他和他的同事們提出了一種新的方法,叫**系統的實驗內省** (systematic experimental introspection),這種方法要求被試者完成一種複雜的思維任務,如建立概念間的邏輯關係,然後讓他們報告在完成任務時所獲得的經驗。屈爾佩等發現,思維的發生並不依賴於感覺或意象的內容,而是依賴於有意義的概念。根據這一發現,他們提出了"無意象思維"的概念:思維是一種無意象的過程。它具有意義,而不傳遞任何特定的意象。

此外,屈爾佩等人還提出了兩個重要的觀念:意識態度和決定傾向。**意識態度** (conscious attitude) 是指被試者在實驗過程中所顯露的一些意識內容,如躊躇、懷疑、搖擺、聯繫、確信等,它們不屬於感覺或意象。**決定傾向** (determining tendency) 是指在思維過程中持續存在的一種準備狀態,即**定勢** (set),它對問題解決有重要影響。決定傾向可能是一種無意識的作用,因而也不需要意象的參加。

(三) 思維是一種內隱的言語行爲或反應

行為主義主張心理學應該研究可以直接觀察到的行為,對於這種觀點來說,思維無疑是一個富有挑戰性的問題。思維看不見、摸不著。它究竟是一種什麼樣的活動呢?

早在 1914 年,華生就在《行為主義:比較心理學導言》的序中提出了"內隱行為"的概念。以後,華生等人觀察到,正常成人在閱讀或深思時,嘴唇常伴隨一種活動;如果將一個小鼓放在被試的喉頭處,可以記錄到人們閱讀或深思時喉頭肌肉的運動;聾啞人不能說話,但在閱讀或思考時,手或手指也常在活動。根據這些觀察,華生把思維歸結為"喉部習慣"或"其他肌肉的習慣系統"。華生指出,由有聲言語所習得的筋肉習慣,是無聲言語發展的基礎。由有聲言語到無聲言語的發展,是言語社會化的過程,也是個體思維形成的過程。

(四) 思維是知覺情境的改組

考夫卡曾經明確提出："思維組織與知覺組織的類似性是極密切的"(Koffka, 1935, p.710)。按照他的看法，支配知覺的定律（知覺的組織原則），也同樣支配思維，特別是思維中的問題解決。成功的思維要求對課題的結構具有正確的知覺或理解。人們要解決問題，就要把握問題情境的內部聯繫，並實現對情境的改組。這是在問題解決中產生"頓悟"的根本原因。考夫卡又指出："在苛勒的書中，'頓悟'並不是一種解釋的原理，而只是包含在新問題中的一個已定的事實"(Koffka, 1935, p.705)。在這個意義上，考夫卡把格式塔心理學的思維理論稱之為組織的理論，或情境改組理論。

二、認知心理學關於思維的概念

(一) 思維是符號的操作和假設的運用

在 20 世紀 50 年代初，布魯納、戈德諾和奧斯汀 (Bruner, Goodnow & Austin, 1956) 等人對思維進行了較系統的研究，發表了《思維研究》一書。書中用認知觀點解釋了思維過程的本質。布魯納等人認為，當人們面臨某種情境時，頭腦中會產生一種或多種動作的可能性，這就是假設。如果情境要求人們採取行動，他們就會選擇其中的一個假設，並以此指導自己的行動。如果行動獲得成功，以後就可照此辦理，不必對假設進行修正；如果行動不成功，這時就需要修改或放棄某個假設，並根據新的需要重新選擇新的假設。選擇和驗證假設的過程，也就是思維。它是通過符號操作來實現的。因此，**思維**過程也就是按照某種規則或要求，對假設進行選擇、檢驗和修正的過程。在本章的第二節中，我們將詳細介紹布魯納等人的實驗結果。

(二) 思維是人腦對輸入信息的加工與處理

用信息加工的觀點研究思維問題，是從 20 世紀 50 年代開始的。其中最有特色的是繆維爾和西蒙 (Newell & Simon, 1956, 1961) 關於問題解決的研究。按照現代認知心理學的觀點，人的系統類似於一部複雜的信息加工系統，在功能上可以和計算機進行比較。計算機的硬件（或硬體）相當於人腦的生理過程；計算機語言相當於人腦初級的信息加工；計算機程序則相當於思維策略。因此，人的思維過程也可以適當地比喻為一部計算機系統內部的、程序化的信息加工。

從功能類比的觀點出發，認知心理學主張用計算機程序來模擬人的思維過程。只要人的實際操作能用計算機輸出模擬出來，那麼計算機的程序就可以恰當地描述或說明人的內部過程，包括思維過程。例如，人可以按照人類思維的操作過程來編製計算機程序，讓計算機計算出各種複雜的數學問題，打敗著名的棋手。這些計算機程序也就可以用來解釋人的思維過程。

思維研究的領域很廣泛。現代認知心理學主要研究概念思維、推理和問題解決。這一章我們主要討論概念和推理，下一章我們將討論問題解決。

第二節　概　念

人的思維是憑藉表象和概念來進行的。運用表象進行的思維稱為形象思維，許多藝術家、音樂家和作家，正是運用這種思維來進行創作的；運用概念進行的思維稱概念思維，許多科學家正是運用這種思維，發現新的事實，引伸出新的結論。前一章我們討論了表象的問題，這一章我們從概念開始，進一步討論與思維有關的一系列重要問題。

一、概念的性質

概念 (concept) 是具有共同屬性的一類事物的心理表徵。在認知心理學中，概念是用事物的**屬性** (attribute)（即可辨認的各種基本性質或特徵）和將屬性聯繫在一起的規則來定義的。屬性不同，構成不同的概念；屬性相同而規則不同，構成的概念也不相同。例如，"紅"的概念是由一種屬性構成的。所有紅色的東西都是它的**正例** (positive instance)，非紅色的東西都是它的**負例** (negative instance)。這裏所用的規則叫**肯定規則** (affirmative rule)。"紅花"的概念有兩種屬性,既是花又是紅色,缺一不可;"大衣櫃"的概念有三種屬性:櫃子、裝衣服、容量大,同樣缺一不可。它們由同時具備的幾種屬性來定義。這裏所用的規則叫**合取規則**(或**連言規則**) (conjunctive rule)。"好人"的概念具有多種屬性,如誠實、謙遜、樂於助人、待人熱情、誠懇、脾氣好等等。一個人同時具有這些屬性,固然是好人;只有其中的兩種或三種屬性,同樣也是好人。這裏所用的規則叫**析取規則**(或**選言規則**) (disjunctive rule)。"好人"還可以這樣來理解:好人不做壞事;只有不做壞事的人,才是好人。這裏所用的規則叫**條件規則** (conditional rule)。

概念是由規則和屬性共同規定的。它們的關係可以表示為:

$$C = R\ (x, y, \cdots\cdots)$$

C:一個概念
x, y:概念的有關屬性
R:將屬性聯繫起來的規則

按照屬性的數量和把屬性聯繫起來的規則,可將概念分成單一概念、合取概念、析取概念、關係概念等。

概念表徵著具有共同屬性的一類事物,因而它具有抽象性以及概括性。"人"的概念泛指男人、女人、兒童、少年、青年、成人和老人。它是指抽象意義上的人,既非張三,也非李四;桌子的概念泛指各種抽象意義上的桌子,既非餐桌,也非課桌。概念的這一特點使它和意象區別開來。意象具有模擬性和較低水平的概括性,而概念與它所表徵的物體間沒有模擬關係,它的概括性水平也較高。

概念在人腦中不是孤立地存在的。不同的概念由於它們的內在聯繫和關係,分別組成為不同的概念網絡。這在人們的工作、學習和日常生活中具有非常重要的意義。人們學習和掌握一門學科的知識,就是要學習和掌握有關的概念,形成一種牢固的概念網絡。例如學習教育學,我們必須懂得什麼是教育、教學、教學原則、教育方法這些概念;學習經濟學,我們必須懂得商品、價值、價格、分配、交換這些概念。前面我們講過,保有在人們頭腦中的知識經驗,通常是以概念網絡的形式存在的。

概念藉詞來標誌,並且藉詞來形成,但概念與詞的關係並不是一一對應的。詞分實詞和虛詞。實詞(如名詞、形容詞、代詞、動詞等)表達概念,而虛詞(如疑問詞等)一般不表達概念。同一概念可以用不同的詞來表示,不同的概念又可以用相同的詞來表示。例如,鋼筆和自來水筆、土豆和馬鈴薯、冰箱和雪櫃,它們表達的概念是一樣的。相反的,在英語中一個詞"process"表達了"加工"和"過程"等不同的概念;在漢語中同一個詞"緊張",也表達了"精神處於高度準備狀態"和"供應不足,難於應付"等不同概念。

二、人工概念

(一) 概念形成的實驗研究

概念形成(concept formation)即泛指個體學習到某種概念的歷程,是認知心理學研究的重要課題。概念是在人類社會歷史發展過程中形成的。我們運用的許多概念,都有其漫長的發展歷史。在自然科學領域,人們關於原子、光、物種、宇宙等的概念;在社會科學領域內,關於國家、民族、文化的概念等,都經歷了巨大的變化。這些在人類歷史上自然形成的概念叫**自然概念**(natural concept)。要用實驗手段來研究這些概念的歷史形成過程,是困難的。為了克服這一困難,心理學家們設計了人工概念的研究方法。所謂**人工概念**(artificial concept),就是在實驗室條件下,為了模擬自然概念的形成過程而人為製作的一些概念。

設計人工概念形成的實驗,一般的要求是:

1. 確定刺激的維度和值。即刺激有幾個方面的特徵,每個方面又有幾個不同的值。例如,形狀是一個維度,它的值可以有圓、三角形等;顏色也是一個維度,它的值可以有紅、黃、綠等。

2. 確定要形成的概念是什麼。將不同的維度和值按不同的規則組合起來,可以成為不同的概念,如單一概念、合取概念、析取概念等。主試者在頭腦中每次產生一個概念,要求被試者通過一系列步驟去發現這一概念。

3. 由主試者給被試者提供樣例，或由被試者主動選擇樣例，以探索要形成的概念。

4. 被試者通過獲得的正例和負例，以及主試者提供的反饋，逐漸積累與概念有關的信息，排除與概念無關的信息，最後形成概念。

下面我們用布魯納、戈德諾和奧斯汀 (Bruner, Goodnow & Austin, 1956) 的實驗為例來說明概念形成過程的一些特點。

實驗用的材料為 81 張牌 (圖 7-1)。它們包含四個維度，每個維度有三個值。第一個維度是形狀，三個值分別為十字形、圓形和正方形；第二個維度為顏色，三個值分別為紅、黑、綠；第三個維度為邊界的數目，三個值分別為 1、2、3；第四個維度為圖形的數目，三個值也是 1、2、3。

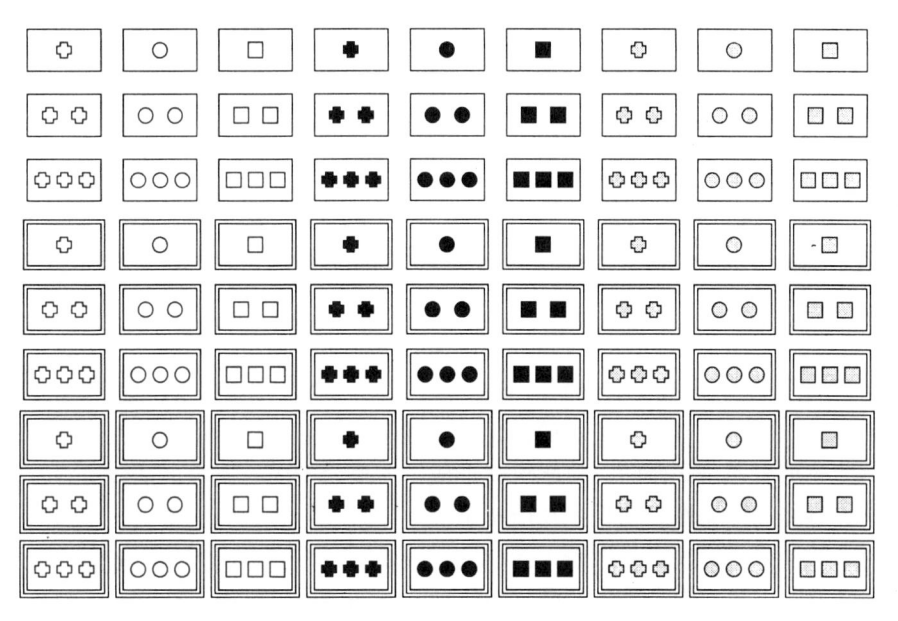

圖 7-1 概念形成的實驗
(空心圖代表紅色；實心圖代表黑色；條形圖代表綠色)
(採自 Bruner, Goodnow & Austin, 1956)

刺激的呈現方式有兩種，即接受式和選擇式。**接受式** (reception paradigm) 是由主試者給被試者呈現一張牌，並說明這張牌是否是概念的一個樣例。主試者提供的牌可能是概念的正例，也可能是概念的負例。要求被試者根據主試者所提供的正、負樣例，獲得有關的概念。**選擇式** (selection paradigm) 是指將 81 張牌同時呈現給被試者，由被試者主動選擇其中的一張牌，試探地說出它和概念的關係（正例和負例），根據主試者的反饋，不斷修改自己頭腦中的假設，直到發現所要求的概念。

現在我們用一個例子來具體說明概念形成的過程。

實驗採用接受式。主試者先出示一張"兩邊、兩個紅色的方塊"。被試者先假定它是概念的一個正例。這個概念是一個合取概念，它由"兩邊"、"紅色"、"方塊"和"兩個物體"等屬性組成。然後，主試者出示第二張牌"一邊、一個紅色方塊"。被試者根據上面已形成的假設，判斷這張牌不是主試者頭腦中的概念，因而作出"否"的反應。如果這個反應得到主試者的肯定（正反饋），原有假設得到支持，被試者將繼續採用這個假設。如果被試者的反應被主試者否定了（負反饋），那麼被試者就必須修改自己的假設。由於"一邊、一個紅色方塊"也是概念所要求的，與"兩邊、兩個紅色方塊"比較，就可發現，邊數和圖形數與概念無關，而顏色和形狀是與概念有關的。根據這種分析，被試者可能形成一個新的假設：主試者頭腦中的概念是一個紅色正方形。接下去，如果主試者繼續出示綠色正方形或黑色正方形，被試者又可根據上述假設作出判斷。如此反覆進行，一直到獲得所需要的概念。

根據上面這個例子，我們可以得出以下這些結論：概念形成的過程是不斷提出假設和驗證假設的過程。被試者根據對實驗材料的分析和綜合，及主試者提供的反饋，提出了關於概念的種種假設，並逐一檢驗這些假設。當某個假設被證明是正確時，概念也就形成了。概念形成的過程也是發現有關屬性、排除無關屬性的過程。在這個過程中，來自主試者的反饋，即告知前次反應的結果，有重要的意義。當反饋為"負"時，說明被改變的屬性可能與概念有關；當反饋為"正"時，說明被改變的屬性可能與概念無關。因此，主試者的反饋能幫助被試者發現有關屬性，排除無關屬性，證實正確的假設而使概念得以形成。研究發現，被試者獲得的第一個正例對概念形成有重要的意義。因此，由主試者提供的"正"反饋，似乎提供了更多的信息。

(二) 規則與概念形成

概念的規則是指將概念的屬性聯繫起來的一種陳述。如紅色、方塊都是屬性。它們可以按不同規則單獨組成為"紅色"和"方塊"的概念，也可以聯合組成為"紅色方塊"的概念。

在心理學中常用的概念規則有肯定、合取、析取、條件、雙條件等（見表 7-1）。

表 7-1 概念的規則

名 稱	符 號*	描 述	概括出的例證
肯 定	R	所有紅色的物體	紅色的物體
合 取	R ∩ S	所有既是紅色的又是正方形的物體	一輛既是大眾牌車又是黃色的車
析 取	R ∪ S	所有或紅色的或正方形的或既紅又方的物體	一個心理學家是心理學系的成員且是/或是美國心理學協會的成員
條 件	R → S (R ∪ S)	如果某物是紅色的，那一定是正方形的（如不是紅色的，就是其他形狀）	如果一個罪犯犯了法，那麼穿制服的警察便逮捕他
雙條件	R ↔ S (R ∩ S) ∪ (R ∩ S)	只有是正方形的，才是紅色的	如果，並且只有在"裸體"海濱，裸體才是正當的行為

*R：紅色；S：正方形。

(採自 Solso, 1988)

鮑爾（Bourne, 1970）用實驗檢驗了不同規則的相對難度。給被試者九個連續的規則學習問題，使用的刺激按四個維度變化：顏色、形狀、數量和位置，使用的規則分別為合取、析取、條件和雙條件。結果表明，在學習的早期，四種規則的相對難度是不同的：雙條件規則最難，需要花費三倍於合取和析取概念的時間；條件規則其次，所需時間為合取和析取概念的二倍。合取和析取概念沒有差別。但在解決第六個問題之後，所有被試者都能順利

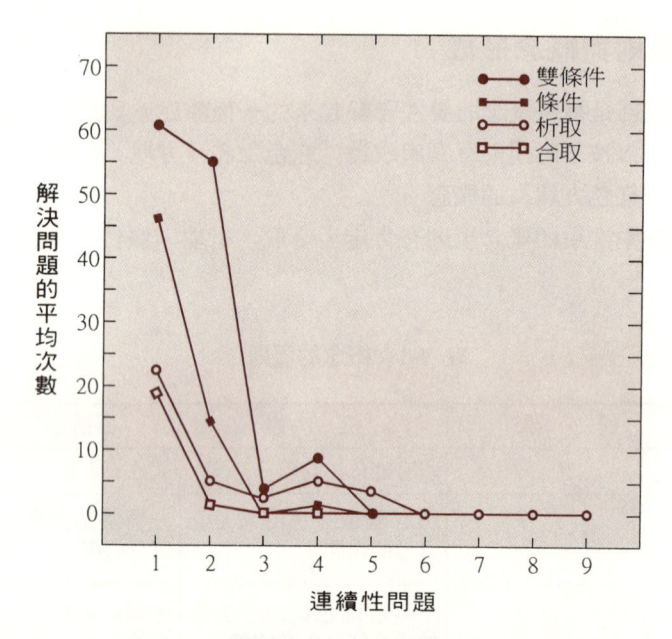

圖 7-2　學習四種不同邏輯規則的平均次數
(採自 Bourne, 1970)

地解決遺留下來的問題，與規則的性質無關（圖 7-2）。

（三）概念形成的策略問題

策略是研究概念形成的一個重要問題。策略表現了一個人的智慧。是否應用正確的策略，關係到概念能否有效地形成。

布魯納等人 (Bruner et al., 1956) 認為，在使用接受式和選擇式形成概念時，人們運用的策略是不同的。在前一方式下，由主試者控制實驗材料時，被試者通常運用的策略有整體策略和部分策略兩種；在後一方式下，由被試者主動選擇刺激材料時，被試者通常運用聚焦策略和掃描策略。策略是在建立和檢驗假設時應用的。策略的差異主要表現在對刺激維度大小的選擇和對每個維度的考察方式上。

1. 整體策略　整體策略 (whole strategy) 是指在概念形成實驗中，被試者將第一個正例的全部屬性當成自己的第一個假設，即假定它是由多個屬性組成的合取概念。以後，當下一個樣例證實了這一假設時，就維持這一假設。相反，當下一個正例與自己的假設不一致時，就設法提出一個新的假設，找出舊的假設與新的樣例共同的地方，進而使假設符合這一樣例。前面我們在分析概念形成時，曾經舉過一個例子。被試者根據主試提供的樣例："兩邊、兩個紅色的方塊"，先假定概念是由兩邊、紅色、方塊和兩個物體等屬性組成的，然後再根據主試隨後提供的樣例，逐一進行檢驗。這種策略就是整體策略。它的好處是：(1) 被試者只需要記住當前的假設，而不需要記住過去用過的假設，因此記憶的負擔較輕；(2) 只有當猜想或假設出現錯誤時，被試者才需要採取行動，對假設進行修正，因此使用起來比較方便。研究發現，65% 的被試者樂意採用這一策略。

2. 部分策略 部分策略 (partial strategy) 是指被試者在實驗中，只將第一個正例的個別屬性當成自己的第一個假設，即假定它是由單一屬性組成的概念；保持這個假設一直到遇到了一個相反的例證。這時，被試者才改變假設，使它和已經見過的所有樣例一致起來。在上述例子中，如果被試者先假定所需的概念為紅色，在檢驗無誤後，再假定它有兩個邊……。通過肯定正確的假設，否定錯誤的假設，最後得到所需要的概念。他所運用的策略就是部分策略。很明顯，在運用這種策略時，被試者必須記住過去見過的各種樣例和已經提出過的各種假設，才能不斷修改自己的假設，因而記憶負擔是較重的。

3. 聚焦策略 這是由被試者主動選擇刺激材料時運用的一種策略。它的特點是，先從眾多的實驗材料中拿出一個正例，然後再對該正例的屬性進行檢驗。**聚焦策略(或集中策略) (focusing strategy)** 又可分為保守聚焦和冒險聚焦兩種。

(1) **保守聚焦** (conservative focusing)：是指被試者抓住第一個正例，並對其中的一個屬性開展攻勢，提出假設，然後再試探另一屬性，逐個進行檢驗，分別探明哪些屬性與概念有關，哪些屬性與概念無關，進而發現所需要的概念。在表 7-2 的上半部可以說明保守聚焦的一些特點。實驗材料有四個維度、每種維度有兩種屬性。其中形狀維度的屬性有正方形和三角形；顏色的維度有紅與綠；數量的維度有 1 與 2；大小的維度有大與小。要求被試者通過自己的選擇發現所需要的概念。從表上看到，被試者選出的第一個正例為：一個大的紅色正方形 (1LR □)，這是聚焦的刺激。被試者根據它提出了第一個假設。接著，被試者聚焦在形狀上，選擇了一個大的紅色三角形。由於主試者的反饋為正，上述選擇仍在概念之中，因此可以斷定形狀與概念無關。然後，被試者又聚焦在顏色上，選擇了一個大的綠色正方形。由於主試者的反饋為負，上述選擇不在概念之中，因此可以斷定紅色與概念有關。接下去，被試者進一步分別檢驗了大小和數量兩個維度，結果發現大小與概念無關，而數量與概念有關。通過上述步驟，被試者終於在頭腦中形成（或發現）了所需要的概念：1 種紅色 (1R)。保守聚焦具有穩步前進的特點。一次聚焦一個維度，檢驗的步驟非常清楚，對記憶容量的要求也不很高，因此有利於被試者獲得所需要的概念。

表 7-2　保守聚焦和冒險聚焦的典型過程

	刺激模式*	分　類	假　設
	保守聚焦		
聚焦刺激	1LR□	+	1LR□
1	1LR△	+	1LR
2	1LG□	-	1LR
3	1SR□	+	1R
4	2LR□	-	1R
	概念：1R		
	冒險聚焦		
聚焦刺激	1LR□	+	1LR□
1	1SR△	+	1R
2	2LR□	-	1R
3	1LG□	-	1R
	概念：1R		

* L 表示大，S 表示小，R 表示紅，G 表示綠。
(採自 Bourne Ekstrand & Dominowski, 1971)

(2) **冒險聚焦** (focus gambling)：和保守聚焦不同，冒險聚焦是指被試者在抓到第一個正例後，同時對幾個維度或幾種屬性進行試探，試圖一舉成功。在表 7-2 的下半部中我們看到，被試者選出的第一個正例也是一個大的紅色正方形 (1LR □)。接著，他同時聚焦在形狀和大小兩個維度上。由於主試者的反饋為正，被試者一次就發現大小和形狀與概念無關，因而很快形成了所需要的概念。冒險聚焦帶有冒險性。它不能保證一舉成功。但有可能在較短時間內形成概念，因而也是一種有用的策略。

4. 掃描策略 掃描策略 (scanning strategy) 是在被試者主動選擇刺激時使用的另一種策略。它的特點是從假設出發，保留有效的假設，改變無效的假設，進而選擇與先前任何樣例都不矛盾的假設。根據選用的假設的數量，掃描策略又可分成同時掃描和相繼掃描。

(1) **同時掃描** (simultaneous scanning)：要求被試者從所有可能的假設開始，或者說把所有可能的假設保留在頭腦中，然後根據每個樣例排除站不住腳的假設：例如，被試者在得到第一個正例"一個大的紅色正方形"之後，必須提出各種可能的假設。如它可能是一個大的紅色正方形，或一個正方形，或紅色正方形，或正方形等。然後再根據隨後遇到的樣例逐一進行檢驗。在這種情況下，被試者必須始終在頭腦中保存各種假設，並確定哪個假設是正確的，哪個假設是不正確的，因此，記憶的負擔很重。

(2) **相繼掃描** (successive scanning)：要求被試者只從一個假設開始。如果這個假設能夠成功地預測隨後出現的樣例，便保留它；否則就改變它，並根據以往的經驗找到一個與以往所有樣例都不矛盾的假設。

掃描策略要求被試者具有很高的記憶力和推理力。當每次遇到矛盾的樣例時，必須根據以往的經驗對假設進行修正。由於人的短時記憶容量有限，利用這種策略形成概念，常常會出現錯誤或混亂。因此，人們一般不喜歡運用這種策略。

上面我們介紹了人工概念的研究成果。這些研究是實驗者在對實驗變量進行控制的條件下進行的，因而能在較短暫的時間內，揭示概念形成的過程和規律。根據這種研究，概念形成的過程是人們發現概念的過程，是不斷提出假設和檢驗假設的過程。這些看法強調了在概念形成過程中個人的積極性與主動性，強調了策略的重要性。這對於在學校教學工作中指導和幫助學生掌握概念有積極的意義，它導致了在教學改革中對發現法的重視。

但是，人工概念畢竟具有人為的性質，它和自然概念有著許多重要的區別。人工概念的邊界是清晰的，紅就是紅，方就是方，非此即彼；而自然概念常常只有模糊的邊界，人工概念沒有中心概念與邊緣概念的區別，而自然概念中有的較典型，有的較不典型。用人工概念來研究概念形成，難以揭示社會歷史經驗對個體形成某個概念的影響，也不能反映某個概念在人類歷史上產生和發展的許多複雜方面。因此，逕自研究自然概念的問題，也就具有非常重要的意義。

三、自然概念

自然概念即在人類歷史上自然形成的概念。自從 20 世紀 70 年代以來，心理學家應用新的研究方法和手段研究了自然概念，揭示了自然概念的某些特點和自然概念形成過程的特點。

(一) 概念的精確性與模糊性

自然概念有兩類：科學概念和日常生活概念。許多科學概念是精確的或比較精確的。它們具有確定的邊界，即內涵和外延，概念與概念之間能比較明確的劃分開來。例如水是由一個氧原子和兩個氫原子組成的一種物質。鳥是有羽毛、有翅膀、卵生的脊椎動物等。

大多數日常生活上的概念和某些科學概念沒有精確的定義，它們的邊界是模糊不清的。例如，在日常的語言交際中，"手"的概念是一個**模糊概念**(fuzzy concept)。在使用時，它可以分別指上肢的各個不同的部位。握手時指手掌，帶手錶時指手腕；舉手表決時指整個上肢……。"年輕"的概念也是一個模糊概念。當說到年輕人活潑、好動時，它可能指 18～19 歲，或者 20～22 歲；而當說到管理幹部年輕化時，它可能指 40～50 歲。有些看上去很精確的概念，使用時卻變得模糊了。如"一半"就是二分之一的意思，這是精確的。但"半夜"中的半，"下半旗"中的半，含義就模糊了。它不是時間和空間上的某個確定的點，而是一個較大的區間或範圍。對這些邊界模糊的概念如何定義，是詞典編纂者的一個難題，也是機器理解自然語言的一個難題。

索卡爾 (Sokal, 1977) 讓三位有專業知識的被試者對 29 種假想的動物

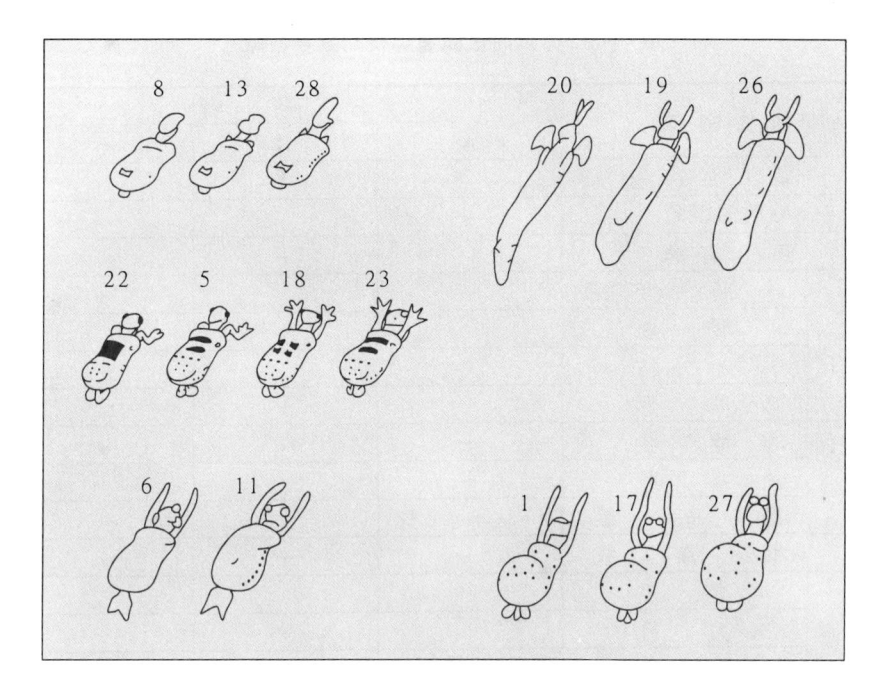

圖 7-3　索卡爾用的實驗材料
(採自 Johnson-Laird & Watson, 1977)

進行分類。被試者中 A 是昆蟲學家，B 是無脊椎動物的古生物學家，C 是古生物學研究生。圖 7-3 是部分實驗材料和研究結果。研究發現，三位被試者在分類時雖有一致的地方，但也有重要的差別。被試者 A 和 C 認為 13 號圖更像 8 號圖，而 B 認為它接近 28 號。所有被試者認為 6 號最像 11 號。被試 C 把 5 號和 18 號放在一起，A 把 5 號與 22 號合成一組，18 號與 23 號合成一組；而 B 認為四個圖形間沒有相似之處。被試 A 認為 17 號最像 1 號，C 認為 17 號類似於 27 號，而 B 認為三者同樣相似。被試者 A 和 C 認為 19 號類似於 26 號，而 B 認為 19 號接近於 20 號。多重回歸分析表明，A 和 C 的判斷彼此很接近，而 B 與 C 最不一致。表 7-3 顯示了三位被試者在分類時注重有機體的哪些特點。表中的"＋"號說明該特徵對分類者是重要的。從表上可以看到，三位被試者在分類時強調的特徵是各不相同的。他們各自重視動物的不同方面。

表 7-3　分類時被試者重視的動物特徵

動物特徵		分 類 者		
		A	B	C
頭 上 有 角			+	
帶 柄 的 眼 睛		+		+
頸 上 有 溝			+	
前肢	長　度	+		+
	彎　曲		+	
	小 分 枝	+		
	球　形		+	
後肢	盤　狀	+		+
	盆　狀	+		
前腹	斑　點			+
後腹	條　紋	+	+	
腹部	寬　度	+		
	大　孔	+		+
	小　孔		+	

(採自 Sokal, 1977)

　　華生和阿姆古特-克旺 (Watson & Amgott-Kwan, 1984) 研究了兒童對家庭概念的理解。實驗中給被試者一些洋娃娃，要求他們表現出一個人在家庭中扮演的各種角色。被試者是 6～13 歲的兒童。研究發現，六歲的孩子能扮演一個以上家庭中的角色。如一個人既是父母，又是新郎或新娘。九歲兒童能稱呼幾代同堂的家庭中各種角色的相對關係。如一個人既是父親，又是兒子等。到了 12 歲，他們能分清家庭和非家庭團體的界線；能將傳統家庭與非傳統家庭進行比較。但只有更大的一些兒童，才能說出自己的理由，即判斷所依據的規則。可見，對不同年齡的兒童來說，家庭的概念是不斷變化的。從不精確的家庭概念到較精確的家庭概念，有一個發展的過程。

(二) 自然概念的結構

　　概念不是孤立存在的。它們按一定的方式組織起來，形成一個有結構的整體。概念的結構具有垂直和水平兩個維度。

1. 概念的垂直維度　在垂直維度上，概念可以分為不同的層次。層次的高低依賴於概念的外延，即概念的適用範圍。概念的外延越大，概括的程度越高，它在概念結構中的層次也越高。例如，動物和狗是層次不同的兩個概念。動物的外延大於狗的外延，概括的程度比狗高，因而動物處於較高的層次上。

羅施等人 (Rosch et al., 1976) 將概念的層次分為**上屬層次** (superordinate level)、**基本層次** (basic level) 和**下屬層次** (subordinate level)。以"傢具"這個概念家族為例。"傢具"是上屬層次；桌、椅、燈是基本層次；餐桌、課桌、地燈、台燈、餐椅、扶手椅等是下屬層次。表 7-4 是幾種概念的不同水平。

羅施等進一步研究了不同層次的概念的認知效果。在一項實驗中，他們

表 7-4　概念的不同層次

上屬層次	基本層次	下屬層次	
樂　器	吉　他	民間吉他	經典吉他
	鋼　琴	大鋼琴	豎式鋼琴
	鼓	銅　鼓	大　鼓
水　果	蘋　果	美味蘋果	梅肯托希蘋果
	桃	易脫核桃	粘桃
	葡　萄	和平友好葡萄	綠色無核葡萄
工　具	鎚　子	平尖頭鎚	拔釘鎚
	鋸	弓　鋸	橫切手鋸
	螺絲起子	菲律普起子	普通起子
服　裝	褲　子	牛仔褲	雙編織褲
	襪　子	長統襪	短統襪
	襯　衫	禮服襯衫	針織襯衫
傢　俱	桌　子	廚房用桌	餐桌
	燈	地燈	枱燈
	椅　子	廚房用椅	扶手椅
交通工具	小汽車	富車	四門轎車
	公共汽車	市內公共汽車	越野公共汽車
	卡　車	裝卸車	拖拉機

(採自 Rosch et al., 1976)

將不同層次上的概念名稱提供給被試者,要求他們列出這一類別中各物體的共同屬性。結果發現,基本層次的概念具有較多的屬性。以服裝這個類別為例。對上屬層次的概念"服裝",被試者只列出"可穿著"、"保暖"兩個屬性;而對基本層次的概念"褲子",被試者列出了"有扣子"、"有腿"、"有皮帶"、"有口袋"、"是服裝"、"有兩條腿"等多個屬性;而對下屬層次的概念"牛仔褲",只列出"藍色"一種屬性。

羅施等人還發現,基本層次上的概念是最易激活的結點。他們給被試者呈現一幅圖畫,要求給圖畫命名。結果發現,被試者喜歡用基本層次的概念命名,而不常用上屬或下屬層次的概念命名。這說明圖畫刺激首先激活基本層次上的概念結點,然後才擴散到上屬或下屬層次的概念結點上。

以上研究說明,基本層次上的概念是很重要的。如果說上屬層次上的概念可能過分概括,而下屬層次上的概念可能過於分化,那麼基本層次上的概念就正好適得其中了。羅施指出:

> 基本層次的物體應是類別中最有用的層次。就其普通意義來說,基本的物體範疇應該是人在知覺時的基本分類,它首先由兒童學會,並由他們命名。在任何人的語言中也是最必要的。(Rosch, 1978, p.435)

概念層次的高低不是靜止的、固定不變的,它可能隨著人的經驗而出現變化。帕爾梅等 (Palmer et al., 1989) 比較了音樂家和非音樂家對樂器的知覺。實驗中讓被試者列舉幾種樂器 (如笛子、小提琴、小號、鋼琴、鼓)的屬性。結果發現,音樂家對個別樂器的描述要比非音樂家細緻得多。這說明,隨著經驗的積累,人們對個別物體的知覺變得越來越分化。對非音樂家來說可能是下屬層次的概念,對音樂家來說就可能成為基本層次的概念了。

2. 概念的水平維度　在水平維度上,概念的層次是相同的。它們具有近似的外延和概括程度。概念與概念之間的差別主要表現在內涵上,即概念所具有的本質屬性上。例如,貓和狗屬於概念的同一層次。它們的上屬概念都是哺乳動物或動物,因而具有相似的概括程度。貓和狗的區別主要表現在它們分別具有的一系列重要屬性或特徵上。貓是貓科哺乳動物、肉食性、皮毛柔軟、腿相對較短、具有肉墊、爪尖利、能伸縮等。狗是犬科哺乳動物、有利腭、利齒、健腿、嗅覺和聽覺敏銳等。

在水平維度上，概念的差別還表現在概念的典型性上。在一個自然概念的家族中，不同概念的典型性是不一樣的。有些概念能夠較好地代表一個家族，有些概念就顯得差些。例如，日常生活中，我們傾向於認為，"鳥"這個家族中，麻雀、燕子、黃鶯的典型性較高，而雞、鴨、鵝的典型性較低；在傢具這個家族中，桌子、椅子、沙發的典型性較高，而茶盤、電話、鬧鐘的典型性較低。自然概念的這一特點，在人工概念中是不存在的。

羅施（Rosch, 1975）給被試者呈現一系列單詞，這些詞所指稱的物體屬於同一範疇，要求被試者在一個七點量表上評定每一個範疇成員的"良好性"。表 7-5 顯示了被試者對水果這一範疇的評定結果。表中的第一行數字是每個成員所在的等級，第二行數字是實際的得分。從表上看到，蘋果和桔子是最典型的水果，它們的典型性等級最高；而鱷梨和西紅柿的典型性很低，它們在典型性等級上排在最後面。在別的範疇內，如武器、傢具、交通工具等，也發現了同樣的情況。

表 7-5 對水果的樣例良好性的評定

成員	等級	具體得分	成員	等級	具體得分
桔子	1	1.07	檸檬	20	2.16
蘋果	2	1.08	西瓜	23	2.39
香蕉	3	1.15	羅馬甜瓜	24	2.44
梨	4	1.17	酸橙	25	2.45
杏	6.5	1.36	番木瓜	27	2.58
紅橘	6.5	1.36	無花果	29	2.86
李子	8	1.37	芒果	30	2.88
葡萄	9	1.38	石榴	32	3.05
草莓	11	1.61	棗	37	3.35
柚子	12	1.77	葡萄乾	39	3.42
櫻桃	14	1.86	柿子	41	3.63
菠蘿	15	1.91	椰子	43	4.50
黑莓	16	2.05	鱷梨	44	5.37
木莓	19	2.15	西紅柿	46	5.58

（採自 Rosch, 1975）

羅施 (Rosch, 1973) 還發現，概念的典型性會影響人對概念的反應。給被試者一些問題，如"蘋果是水果嗎？"要求他們作出反應。問句中的主語，有的是典型性高的範疇成員，如香蕉、梨等；有的是典型性低的範疇成員，如無花果、棗等。被試者為兒童和成人。結果見圖 7-4。圖中的中心概念是指典型性高的概念，邊緣概念是指典型性低的概念。從圖上看到，成人對問題的反應快於兒童；對中心概念的反應快於對邊緣概念的反應。兒童和成人傾向是一致的。但兒童對兩類概念的差別更明顯。

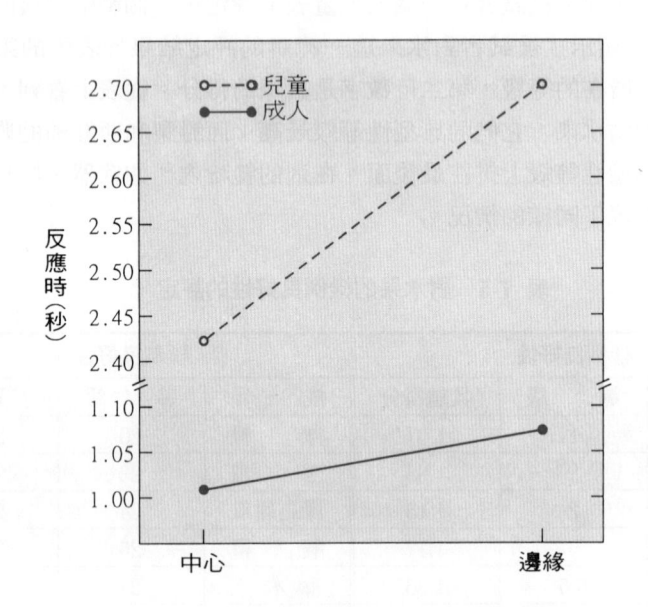

圖 7-4 概念典型性對句子判斷的影響
(採自 Rosch, 1973)

羅施 (Rosch, 1977) 還進行了另一項實驗。給被試者呈現一些句子，句子中應用了某個範疇的名稱，如鳥、水果等。舉例如下：

我看到一隻鳥飛向南方。
鳥吃蟲子。
樹上有隻鳥。
我聽到一隻鳥在窗台上嘰嘰喳喳地叫。

然後將範疇名稱換成一個範疇成員的名稱，如知更鳥、鷹、鴕鳥或雞等等，要求被試者評價句子的合理性。結果是，被試者認為，換上知更鳥，句子顯得最合理，而換上鷹、雞等，就不那麼合理了。這個實驗同樣證明，不同範疇成員的典型性是不一樣的。

根據這些實驗，羅施認為，自然概念或範疇具有自己的內部結構。每個自然範疇的中心是它的原型。原型的周圍是其他的範疇成員。原型也就是典型的概念，或概念家族中最典型的成員。它在同一範疇成員中具有最多的共同屬性；而在不同的範疇間具有最少的共同屬性。一個概念的典型程度可以拿它和原型的接近程度來表示。

在 20 世紀 80 年代初，阿姆斯特朗和格雷特曼等 (Armstrong, Gleitman & Gleitman, 1983) 還發現了一種非常有趣的現象：典型性效應不僅存在於定義不良的概念中，而且也存在於定義良好的概念中。阿姆斯特朗等讓被試者評價一系列定義良好的概念，如偶數、奇數、婦女、平面幾何圖形等等，要求列出範疇成員的典型性。結果發現，在這些範疇中，家族成員的典型性程度有明顯的區別。如 3 和 7 似乎是更好些的奇數；4 和 8 是更好些的偶數；母親和家庭主婦在"婦女"這個家族中更典型；而正方形和三角形是更典型的平面幾何圖形 (見表 7-6)。這說明，在概念家族或自然範疇中，典型性效應是普遍存在的。它還說明，即使一個範疇成員並不比另一個範疇成員具有更多的共同屬性，人們仍能區分出它們不同的典型程度。這一發現是和羅施的看法不一致的。

(三) 特定範疇

在日常生活中，人們常常根據某種特定情景的需要，將一些沒有明顯共同屬性的事物組織在一起，建構成一個自然的範疇，這種範疇就叫特定 (ad-hoc) 範疇 (Barsalou, 1987)。例如，家裏失火了，人們自然地會想到各種要搶救的東西，如貴重首飾、銀行存摺、重要文件、資料等。這些東西按其重要性的程度構成了一個範疇，這就是特定範疇。

巴爾沙羅 (Barsalou, 1987) 在一項研究中給被試者一個特定的問題，如怎樣逃避黑手黨的追殺？要求被試者設想各種方法，並對這些方法的良好性進行排序。結果發現，被試者對該範疇的好、壞樣例的評價，有很高的一致性。這說明，特定範疇具有**等級結構**(graded structure)，而決定一個成

表 7-6　定義良好的範疇的典型性評定
(每個範疇有兩組評定)

良好定義的範疇			
偶　　數	等　級	偶　　數	等　級
4	1.1	2	1.0
8	1.5	6	1.7
10	1.7	42	2.6
18	2.6	1000	2.8
34	3.4	34	3.1
106	3.9	806	3.9
奇　　數	等　級	奇　　數	等　級
3	1.6	7	1.4
7	1.9	11	1.7
23	2.4	13	1.8
57	2.6	9	1.9
501	3.5	57	3.4
447	3.7	91	3.7
婦　　　女	等　級	婦　　　女	等　級
母　　　親	1.7	姐　　　妹	1.8
家　庭　主　婦	2.4	芭蕾舞女演員	2.0
公　　　主	3.0	女　演　員	2.1
女　招　待	3.2	女　主　人	2.7
女　警　察	3.9	女　主　席	3.4
女喜劇演員	4.5	牛　仔　女	4.5
平面幾何圖形	等　級	平面幾何圖形	等　級
正　方　形	1.3	正　方　形	1.5
三　角　形	1.5	三　角　形	1.4
長　方　形	1.9	長　方　形	1.6
圓　　　形	2.1	圓　　　形	1.3
梯　　　形	3.1	梯　　　形	2.9
橢　圓　形	3.4	橢　圓　形	3.5

(表中的數字越小，典型性評價等級越高)
(採自 Armstrong, Gleitman & Gleitman, 1983)

員是否屬於該範疇，主要根據它與該範疇所服務的目標關係。例如，要建構的特定範疇為"在戒食時哪些東西不能吃"，這時，食物中與高熱量有關的屬性，就與該範疇有關，而食物的其他屬性就與該範疇無關了。

巴爾沙羅認為，在建構特定範疇時，人們利用的屬性可能是平日沒有想到過的，一個概念既可在某個範疇的基本層次上命名又可成為某個特定範疇的成員。例如，在通常情況下，椅子是傢具在基本層次上的命名，但是，當一個人飢寒交迫，需要生火取暖時，椅子也可能當作劈柴使用，成為這一特定範疇的成員。在這種情況下，椅子既屬於傢俱這一普通範疇，也屬於劈柴這一特定的範疇。對椅子的分類是交叉的。巴爾沙羅認為，能夠根據一個事物的基本層次名稱和別的特定範疇的名稱，將物體進行交叉分類，是創造性思維能力的一個重要方面。

巴爾沙羅還提出，特定範疇是在特定情況下建構起來的。在人們使用特定範疇之前，它並不存在於記憶中。特定範疇是在記憶系統處於某種特定狀態時出現的，這種狀態可能引起某一特定的範疇。

第三節　推　　理

上一節我們介紹了什麼是概念，說明了概念是怎樣形成的。但是，人對概念的運用是在推理活動中表現出來的。本節將介紹推理的性質、不同種類的推理、推理中的直覺策略等。

一、什麼是推理

推理(reasoning)是指從已有的知識推出新結論的過程，它是思維活動的一種重要形式，人在思維時常常經歷著"由此及彼"，"由表及裏"的過程，如"月暈而風"、"礎潤而雨"。人們見到"月暈"和"礎潤"等自然現象，就能作出"風"、"雨"將要來臨的結論，這個過程就是推理。推理包含兩個重要的成分，即前提和結論。前提是指已知的知識、或推理所依據的知識，結論是指根據前提所得到的新的知識。

推理過程必須遵守某種推理的規則，或邏輯規則。遵守推理規則的思維叫邏輯思維；不遵守推理規則的思維叫不合邏輯的推理。例如，已知"如果天下雨、比賽就改期"。我們從"今天下雨了"，可得出"比賽會改期"的結論。這種推理是合乎邏輯的；相反，如果從"比賽改期了"，得出"今天下雨了"的結論，就是不合邏輯的了。在這個意義上，邏輯與思維的規律和規則是同義的。

在研究推理時，我們必須把推理的**正確性** (validity) 和**真實性** (truth) 區分出來。一個合乎邏輯的推理都是正確的推理，或者說，當結論是從前提中合乎邏輯地引申出來的時候，這個推理就是正確的推理。例如，已知"張三比李四高、李四比王五高，我們可以得出結論："張三比王五高"。這個結論是正確的。它不考慮在實際生活中張三與王五究竟誰高、誰矮。推理的真實性則強調前提與結論必須與客觀實際一致。例如；

所有老虎都是動物，
所有動物都關在動物園中，
因此，所有老虎都關在動物園中。

上面這個推理是合乎邏輯的。但是，由於前提中包含了一個不正確的命題"所有動物都關在動物園中"，因而結論是錯誤的。可見，只有當推理既具有真實的前提，又遵守了邏輯規則時，才能產生真實可靠的結論。推理的這種特性叫做**合理性** (soundness)。

人怎樣獲得推理的規則？這是一個複雜的問題。心理學的研究表明，學習和訓練在人們掌握推理規則時，有重要的作用。人們在學習各種知識的同時，也就接受了邏輯思維和推理規則的訓練；而專門的邏輯學的訓練，對正確掌握推理的規則，也有特殊的重要意義。

推理一般可分為**演繹推理** (deductive reasoning) 和**歸納推理** (inductive reasoning) 兩類。演繹推理是指從一般到特殊的推理，它在問題解決中有重要的作用；歸納推理是指從特殊到一般的推理，它在概念形成中有重要的作用。推理可以從形式和過程兩方面來加以研究。邏輯學主要研究推理的形式和規則；心理學則主要研究推理的過程，即推理規則在頭腦中的表徵與應用。認知心理學興起以後,對推理的研究也得到了新的發展,下面我們將著重討論認知心理學關於演繹推理的一些研究。

二、三段論

(一) 什麼是三段論

三段論 (syllogism) 也叫**範疇推理** (categorical reasoning),它是**數量邏輯** (quantificational logic) 或量詞限定邏輯的一種最常見的形式。它包含一系列邏輯命題或陳述:即兩個前提和一個結論。這些命題都使用與數量有關的名詞,如所有、有些、都……等。比如:

所有鯨都是動物
Dick 是鯨
所以,Dick 是動物

用更抽象一些的方式可以表示為

$$\begin{array}{l} M-P \\ S-M \\ \therefore \ S-P \end{array}$$

任何三段論都包含三個項,即大項、中項和小項。結論中的謂項,如上例中的動物或 P,叫大項;兩個前提中共有的項,如鯨或 M,叫中項;結論中的主項,如 Dick 或 S,叫小項。具有大項的前提叫**大前提** (major premise),具有小項的前提叫**小前提** (minor premise)。

由於中項在前提中的位置不同,可以將三段論分成四種格:

(大前題)	M−P	P−M	M−P	P−M
(小前題)	S−M	S−M	M−S	M−S
(結 論)	S−P	S−P	S−P	S−P
	第一格	第二格	第三格	第四格

由於三段論中前提和結論的質與量的不同,形成了不同形式的三段論。

所謂前提和結論的質，是指它們由肯定或否定的判斷（或命題）所組成。所謂前提和結論的量，是指它們由全稱或特稱的判斷（或命題）所組成。例如"所有鯨都是動物"，叫**全稱肯定判斷**(或**全稱肯定命題**) (universal affirmative proposition)，通常用"A"來表示，"所有蘭花都不是動物"，叫**全稱否定判斷**(或**全稱否定命題**) (universal negative proposition)，通常用"E"來表示；"有的動物生活在海中"，叫**特稱肯定判斷**(或**特稱肯定命題**) (particular affirmative proposition)，通常用"I"來表示；"有的動物不是"哺乳動物"，叫**特稱否定判斷**(或**特稱否定命題**) (particular negative proposition)，通常用"O"來表示。由於 A、E、I、O 在前提和結論中的不同組合，可以形成各種不同形式的三段論。如 AAA 式，它的大小前提和結論都由全稱肯定判斷組成；AEE 式，它的大前提是全稱肯定判斷，而小前提和結論都是全稱否定判斷。

　　把三段論中的三個命題與 A、E、I、O 組合起來，理論上可以得到 64 個不同形式的三段論。但其中有些形式不符合推理的規則，因而是無效的。如人們不能從兩個否定的前提中得出結論，因此，EEA、EEE、EEI、EEO 都是無效的。邏輯學的研究表明，在 64 個三段論中，有效的三段論式只有 11 個。它們是 AAA、AAI、AEE、AEO、AII、AOO、EAE、EAO、EIO、IAI 和 OAO。如果把這 11 個式按規則分配到四個格中，最後可以得到 24 個符合三段論規則的有效的式。

　　邏輯學的研究指出，三段論推理必須遵守下列一系列規則，以保證推理的有效性：(1) 在一個三段論中，只能有三個項；(2) 中項在前提中至少要周延一次；使大項與小項聯結起來；(3) 在前提中不周延的項，在結論中也不能周延；否則就要犯擴大大項或擴大小項的錯誤；(4) 從兩個否定的前提不能得出結論；(5) 兩個前提中如果有一個是否定的，那麼結論是否定的；如果結論是否定的，那麼前提中一定有一個是否定的；(6) 兩個特稱的前提不能得出結論；(7) 如果有一個前提是特稱的，只能得出特稱的結論。

(二)　影響三段論推理的心理因素

　　在研究三段論推理時，認知心理學主要關心的問題有：(1) 怎樣編碼具有數量名詞的命題；(2) 怎樣從頭腦中儲存的代碼推論出一個結論？根據心理學的研究，影響三段論推理的心理因素有：

1. 氣氛效應 氣氛效應 (atmosphere effect) 是指由三段論中的邏輯項或邏輯名詞所產生的氣氛，使人們傾向於接受與這一邏輯項相同的結論。武德沃斯和塞爾斯 (Woodworth & Sells, 1935) 在一項研究中最先發現了這種效應。給被試者呈現各種三段論，每個三段論都有許多結論，其中一個結論是正確的，其他結論是錯誤的，要求被試者根據前提選擇正確的結論。結果發現，前提中的量詞 (如所有、有些等) 和連詞 (是，不是) 能影響人們的推理，使人產生難以避免的錯誤。例如，給被試者呈現的材料為：

所有 A 是 B
有些 B 是 C
所以，
(a) 所有 A 是 C
(b) 有些 A 是 C
(c) 所有 A 不是 C
(d) 有些 A 不是 C
(e) 上述結論都是錯誤的

在上面五種答案中，只有 (c) 是正確的。實驗結果顯示，許多被試都選擇了 (b) 這一錯誤的答案。原因是被試者受到前提中的量詞"有些"的影響，所以傾向於作出特稱肯定的判斷。

用實例很容易說明被試者的推理是不對的，例如：

　　所有老虎都有利爪
　　有些有利爪的動物和人住在一起
∴　有些老虎和人住在一起

被試者的推理錯誤也可以用，由表現集以及集與集之間的關係之圓形所構成之**文氏圖** (或范氏圖) (Venn diagram method) 來說明。三段論的大前提"所有 A 都是 B"可以表示為：

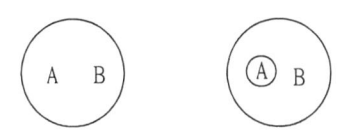

它的小前提"有些 B 是C"也可表示為：

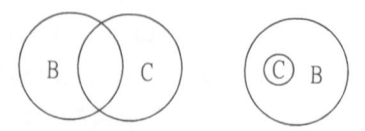

根據上述前提可能得到下面的結論：

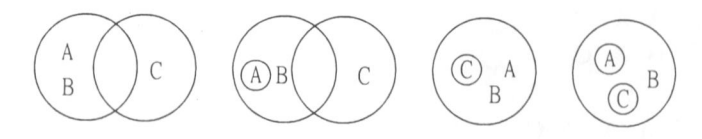

從圖上看到，在有些情況下，從上述前提中得出"有些 A 是 C"的結論，就不正確了。

氣氛效應包含兩方面的作用：一方面，被試者對肯定的前提，願作出肯定的結論；對否定的前提，願作出否定的結論。當前提中既有肯定命題又有否定命題時，被試者傾向於接受否定的結論。另一方面，被試者對全稱的前提，易接受全稱的結論；對特稱的前提，易接受特稱的結論。當前提中一為全稱、一為特稱時，被試者易接受特稱的結論。

2. 邏輯前提換位的心理傾向　　將前提進行不適當的換位，是導致三段論錯誤結論的另一種心理傾向。常見的換位有以下幾種情況：

(1) 所有 A 是 B　　⟶　所有 B 是 A
(2) 有些 A 是 B　　⟶　有些 B 是 A
(3) 有些 A 不是 B　⟶　有些 B 不是 A
(4) 所有 A 不是 B　⟶　所有 B 不是 A

在以上的四種換位中，只有第四種是允許的。因為所有 A 都不是 B，所以所有 B 也都不是 A。其他三種換位都不允許。不適當地進行這類換位都可能造成錯誤的結論。用文氏圖可以具體說明在什麼情況下可以換位，在什麼情況下換位是不適當的。

前　提	合乎邏輯的解釋	被試可能採取的換位方式
所有 A 是 B	(AB)　(AB)	(AB)
有些 A 是 B	(A)(B)　(A B)　(B A)　(A B)	(A)(B)
有些 A 不是 B	(A)(B)　(B A)　(A)　(B)	(A)(B)
所有 A 不是 B	(A)　(B)	(A)(B)

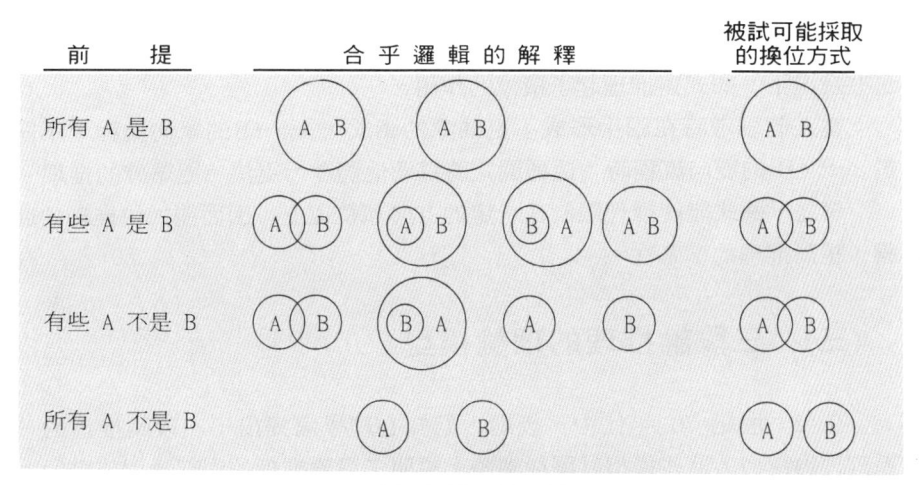

圖 7-5　前提表徵和換位的文氏圖
(採自 Erikson, 1974)

3. 前提遺忘　人的工作記憶的容量是有限的。在推理時，人們有可能記不住前提而造成推理的錯誤。斯克里布納 (Scribner, 1975) 對科佩爾地區的文盲和三年級大學生及美國大學生進行了跨文化的研究。實驗中給被試者呈現三段論的推理材料，其步驟為：主試者大聲地將三段論讀給被試者，要求被試者對其結論作出回答，並說明理由。然後讓被試者重述這三段論。接著，主試者再讀這個三段論，並讓被試者作第二次復述。根據被試者的復述來檢查他們對三段論回憶的準確性。結果發現，比較明顯的錯誤有：(1) 遺漏前提；(2) 將一個前提的項移到另一個前提上；(3) 改變前提的量詞，如變"所有"為"有些"等。研究還發現，文盲的錯誤高於大學生；科佩爾地區大學生的錯誤量高於美國大學生。這說明，遺忘前提可能是造成推理錯誤的重要原因之一，這種現象在文盲中尤為明顯。

4. 圖式的影響　圖式(或基模)是以人的知識表徵為基礎的心理結構或加工機制。它對三段論推理有重要的影響。如果人們在實際生活中形成了合乎邏輯的圖式，就能幫助他們進行正確的推理。例如，大家都知道五角硬幣都是錢，但錢不都是五角硬幣。有了這個圖式，人們就能避免在推理時把"所有 A 都是 B"，轉換成"所有 B 都是 A"，因而產生前提換位的錯誤。又如，大家早已知道"金屬都能導電"，但導電的物質除金屬外，還有其他東西。根據這種知識，在知道"鐵是金屬"後，能正確推論出"鐵能導電"；但在知道"碳能導電"後，不會得出"碳是金屬"的錯誤結論。在這些情況下，圖式對推理起了積極的作用。

當人們思考時在腦中形成了更抽象的圖式，A──→B的單向流程，不同於A←──→B的雙向流程時，這種圖式將幫助他們進行更快、更準確的推理。

總之，圖式能使推理限制在一定的方向和軌道上，因而能加快推理的進程，提高推理的準確性。

（三） 三段論推理的理論模型

在20世紀70年代中、後期，認知心理學家提出了三段論推理的一系列理論模型，這些模型試圖從總體上說明三段論推理的內部過程或階段。其中比較有代表性的模型是集合分析模型和類比模型。

1. 集合分析模型 (set analysis model) 在70年代初，一些研究者就發現，被試者對三段論前提的編碼對推理有重要的影響。塞拉索和普魯維特拉 (Ceraso & Provitera, 1971) 將傳統的三段論前提和經過修飾的三段論前提進行了比較。例如，傳統的三段論前題為："所有A都是B"。在這裏，邏輯項A、B間既可能是同一關係，也可能是子集關係。修飾後的三段論前提為："所有A都是B，但不是所有B都是A"，它將邏輯項A、B間的關係限制在子集範圍內。要求被試者對這些三段論的結論進行判斷。結果發現，在後一情況下，被試者的錯誤只有在前一情況下的二分之一。這說明，傳統的三段論前提具有歧義性。通過修改前提，消除了它的歧義，因而減少了推理中的錯誤。

埃里克森 (Erickson, 1974, 1978) 曾用集合分析理論解釋了三段論推理。在他看來，三段論前提中的各個邏輯項或邏輯名詞，都可以看成是一些**集** (set)。它們的關係可以用文氏圖來表示（表7-7）。從表中看到，在全稱肯定前提"所有A都是B"中，A、B項的關係既可以是子集關係，也可以是同一關係；在全稱否定前提"所有A都不是B"中，A、B項間只有排除關係；在特稱肯定前提"有些A是B"中，A、B項的關係有四種，即**重疊關係** (overlap relation)、**超集關係** (superset relation)、**子集關係** (subset relation) 和**同一關係** (identity relation)；在特稱否定前提"有些 A 不是 B "中，A、B 項間存在著超集關係、重疊關係和排除關係。在日常生活中，人們常常把"有些"理解為整體的一部分；而在邏輯學中，"有些"意味著"至少一個或全部"。這種理解上的不一致，可能使推理出現錯誤。

表 7-7　三段論前提的各種集合關係圖解

A 對 B 集合的關係		子集	超集	同一	重疊	排除
所有 A 都是 B	(A)	×		×		
所有 A 都不是 B	(E)					×
有些 A 是 B	(I)	×	×	×	×	
有些 A 不是 B	(O)		×		×	×

(採自 Erikson, 1974)

　　集合分析模型假定，三段論推理包含三個階段。第一階段是對每個前提進行解釋。例如，"所有 P 是 M"，既可解釋為 P 是 M 的一個子集，也可解釋為 P 和 M 是同一集合。如果不能對前提作這兩種解釋，就可能出現錯誤的推理。第二階段是把各種可能的解釋結合起來。例如，大前提為"所有 P 是 M"，小前提為"所有 M 是 S"，它們各自有兩種解釋，把它們互相結合起來，可得到四種可能的關係。第三階段是用詞語標誌出從 S 到 P 的集合關係，進而得出適當的結論。在上面這個例子中，S 和 P 既可是超集關係，即 S 是 P 的超集；也可是子集關係，即 S 是 P 的子集。S 與 P 還可能是同一集合。根據這種分析，該三段論的邏輯結論應該是：有些 S 是 P (見表 7-8)。

　　集合分析模型主要強調對前提的編碼在推理中的作用。推理的成敗決定於對前提的解釋。尼馬克和查普曼 (Neimark & Chapman, 1975) 的研究支持了這一模型。研究者給被試者呈現一系列傳統形式的三段論前提：A、E、I、O 和與之相應的文氏圖 (見表 7-7)，另外增加了一種毫無關係的圖

表 7-8　從三段論前提中得出結論的問題分析

任務：從前提中得出結論（或指出不合邏輯的結論）	
所有 P 是 M 所有 M 是 S ？　？	大前提 小前提 結論

第一階段，前提解釋

可能的解釋

	1		2
所有 P 是 M	P　M	或	PM
	3		4
所有 M 是 S	M　S	或	MS

第二階段，把已解釋的前提結合起來

可能的結合

1 和 3	1 和 4	2 和 3	2 和 4
P M　S	P　MS	PM　S	PMS

第三階段，標誌出從 S 到 P 的集合關係

可能的標誌

1 和 3	1 和 4
有些 S 是 P 或有些 S 不是 P	有些 S 是 P 或所有 S 不是 P
2 和 3	2 和 4
有些 S 是 P 或有些 S 不是 P	所有 S 是 P 或有些 S 是 P

邏輯結論：有些 S 是 P

(採自 Erickson, 1974)

形。要求被試者用圓圈畫出每種前提的圖解。被試是 7～12 年級的中學生和大學生。結果發現，各類被試者對全稱性前提的正確反應率顯著高於特稱性前提。在全稱性前提中，否定形式只有一種關係，肯定形式有兩種關係，

因此否定形式的正確反應率又明顯高於肯定形式。對特稱性前提，各年齡階段的被試者的正確反應率都很低，許多被試者只選擇了重疊關係，只有少數被試者能選擇子集關係或同一關係。隨著年級的上升，被試者的正確反應率呈提高的趨勢 (見圖 7-6)。

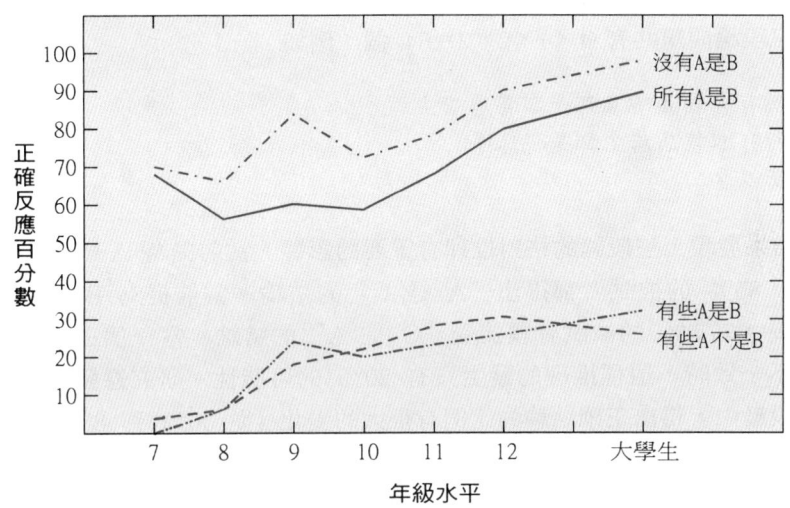

圖 7-6 被試者年級對三段論前提解釋的影響
(採自 Neimark & Chapman, 1975)

可見，對某些邏輯前提的狹隘理解或不適當解釋，可能是造成錯誤推理的重要原因。隨著年齡的增長，被試者正確解釋前提的能力是逐漸提高的。

埃里克森 (Erickson, 1978) 也用實驗檢驗了集合分析理論。他確定了被試者在第一階段和第二階段選擇各種解釋的相對頻率，並用它來預測被試者從三段論作出結論的可能性。結果發現，在預測有效三段論時，其相關為 0.85～0.95；在預測無效三段論時，其相關為 0.80～0.85。這說明，對前提的解釋是否正確關係到能否正確地進行三段論推理。

集合分析理論解釋了三段論推理的一些重要研究結果，但支持這一理論的研究，大多採用了抽象的推理材料，如"所有 A 都是 B"等。而人們在實際生活中所遇到的推理材料是比較具體的，如"凡人皆有死"、"所有樹木都是植物"等。下面我們要介紹的類比模型，就是用來解釋具體材料的三段論推理的。

2. 類比模型 (analogical model)　研究者約翰遜-萊爾德和斯蒂德曼 (Johnson-Laird & Steedman, 1978) 用具體推理材料研究了三段論的格的作用。實驗中要求被試者對每一種有效三段論和無效三段論作出結論。三段論的前提為 A、E、I、O 中的一種，每個前提的兩個邏輯項可按不同的順序安排，如所有 A 都是 B，可變成所有 B 都是 A。這樣，被試者要解決的三段論問題共有 4×4×2×2＝64 個。例如：

所有食物品嚐家都是零售店店主
所有零售店店主都是投球手
所以？

結果發現，三段論的格對推理有重要的影響。當前提為 A－B 或 B－C 時，85% 的被試者都得出"A 是 C"的結論。當前提為 B－A 或 C－B 時，77.5% 的被試者願接受"C 是 A"的結論。當一個三段論推理與格不一致時，這種推理的發生只有 20% 的可能性。研究還發現，在各種三段論中，得出正確結論的比例有很大的變化（從 30% 到 85%）。三段論的格影響到推理的正確性，而格的作用又依賴於三段論中前提的論式。

為了解釋這些結果，約翰遜-萊爾德等提出了**類比理論** (analogical reasoning)。這種理論假定，三段論推理可分為四個階段：

(1) **解釋前提**：在全稱肯定前提 (A) 中，所有 A 都是 B，但有些 B 可能不是 A；在特稱肯定前提 (I) 中，有些 A 可能不是 B，有些 B 也可能不是 A；在全稱否定前提 (E) 中，所有 A 不是 B，所有 B 也都不是 A；在特稱否定前提 (O) 中，有些 A 不是 B，有些 B 也不是 B。這種對前提的解釋與埃里克森的解釋非常接近（見表 7-7）。

(2) **運用啟發式把對兩個前提的解釋結合起來**：例如，若已知兩個前提為：所有 A 是 B、有些 B 是 C。將兩個前提聯繫起來，人們很容易產生 A—→B—→C 的聯繫，並得出"某些 A 是 C"的不合理的結論。

(3) **形成一個與解釋相適應的結論**：例如，當 A—→B—→C 的通路都為"肯定"時，可得出所有 A 都是 C 的結論；當所有通路都為"否定"時，可得出"沒有 A 是 C"的結論；當至少有一條通路為"肯定"或為"否定"時，可得出"有些 A 是 C"或"有些 A 不是 C"的結論。如果其中有一條不明確的通道，就不能做出任何有效的結論。

(4) 進行邏輯檢驗，修改或放棄該結論。

總之，在約翰遜-萊爾德和斯蒂德曼的模型中，被試者在前三個階段都是憑藉經驗，尋找一種可能的結論。只有在第四階段，才進行邏輯檢驗。如果檢驗適當，就能得出正確的結論。約翰遜-萊爾德等指出："被試者非常善於憑經驗得出結論，而要讓結論接受邏輯的檢驗是較難的。這就是類比理論的精髓所在"。

類比理論能預測一系列實驗結論。根據類比理論，不需要用邏輯檢驗修飾的三段論，比需要用邏輯檢驗修飾的三段論，容易得出結論。前者的正確率為 80%，後者的正確率為 46%。類比理論還能預測格效應。順箭頭方向進行的三段論比逆箭頭方向進行的三段論，要容易得多。它們的正確率分別為 73% 和 20%。類比理論把氣氛效應看成是一種格效應，因而它對解釋氣氛效應也是有效的。

類比理論與集合分析理論都強調了對前提進行解釋。但集合分析理論認為，人們對前提的解釋一開始就可能不完善，根據這種解釋進行的推理是非常嚴格的；而類比理論認為，人們善於根據經驗對前提進行解釋，而根據前提進行推理則比較困難。集合分析理論不能預測三段論的格效應，而類比理論對推理中的方向因素提供了較好的解釋。

近年來，約翰遜-萊爾德 (Johnson-Laird, 1983, 1988) 強調了**心理模型** (mental model) 在三段論推理中的重要作用。他們指出，在進行三段論推理時，人們都會根據前提所提供的情境，建構一個心理模型，即一種心理結構，並根據自己的心理模型作出結論。人們從一組前提建立的心理模型可能有許多種，只有當結論與心理模型一致時，人們才會接受這個結論。

三、條件推理

條件推理是人們常用的另一重要的推理形式，在它的結論與前提間存在著條件性的依賴關係。

(一) 什麼是條件推理

條件推理 (conditional reasoning) 是指人們利用條件性命題或蘊含性

命題進行的推理。常見的條件推理包含一個條件性命題、一個直陳命題和由此得出的一個結論。例如：

如果天下雨，地上就一定會濕
今天天下雨
所以，地是濕的

在這個推理中，第一個命題為條件性命題。它的前一部分稱**前件** (antecedent) (以 P 來表示)，後一部分稱**後件** (consequent) (以 Q 來表示)。基本形式為：如果 P，那麼 Q。P 為 Q 發生的條件，或 P 含有 Q 的意思。第二個命題為直陳命題。它對條件性命題的前件或後件作出肯定或否定。基本形式為：P 或非 P、Q 或非 Q。第三個命題是從前提得到的結論，基本形式也是 P 或非 P、Q 或非 Q。

條件推理的規則有：(1) 肯定前件就要肯定後件，否定前件不能否定後件；(2) 否定後件就要否定前件；肯定後件不能肯定前件。第一條規則叫**肯定前件的規則** (modus ponens)；第二條規則叫**否定後件的規則** (modus tollens)。

條件推理有四種可能的形式：

(1) 如果 P，那麼 Q
　　P
　　所以 Q

(2) 如果 P，那麼 Q
　　非 Q
　　所以非 P

(3) 如果 P，那麼 Q
　　非 P
　　所以非 Q

(4) 如果 P，那麼 Q
　　Q
　　所以 P

這四種形式也可用數理邏輯的符號 ⊃(如果……那麼)～(非) 來表示：

(1)　　　　　(2)　　　　　(3)　　　　　(4)
$P \supset Q$　　$P \supset Q$　　$P \supset Q$　　$P \supset Q$
P　　　　　$\sim Q$　　　$\sim P$　　　Q
$\therefore Q$　　$\therefore \sim P$　　$\therefore \sim Q$　　$\therefore P$

根據條件推理的規則，(1) 和 (2) 是正確的推理；(3) 和 (4) 是不正確的推理。(1) 符合規則 1，是正確肯定式，即有前件就有後件；(2) 符合規則 2，是正確否定式，即沒有後件就一定沒有前件。例如，下面的推理是正確的：

(1) 正確肯定式
    如果得了肺炎，就一定要發燒
    張三得了肺炎
    所以，張三一定要發燒
(2) 正確否定式
    如果得了肺炎，就一定要發燒
    張三沒有發燒
    所以，張三沒有得肺炎

下面的 (3) 違反了規則 1："否定前件不能否定後件"，叫否定前件式 (denying the antecedent) 的錯誤；(4) 違反了規則 2："肯定後件不能肯定前件"，叫肯定後件式 (affirming the consequent) 的錯誤。例如，下面的推理是不正確的：

(3) 否定前件式
    如果得了肺炎，就一定要發燒
    張三沒有得肺炎
    所以，張三沒有發燒

由於引起發燒的疾病很多，因此，即使不得肺炎 (否定前件)，也可能要發燒的 (不能否定後件)。

(4) 肯定後件式
    如果得了肺炎，就一定要發燒
    張三發燒了
    所以，張三得了肺炎

由於同樣的理由，我們不能根據"張三發燒了"(肯定後件)，就斷定他一定得了肺炎 (不能肯定前件)。

里普斯和馬庫斯 (Rips & Marcus, 1977) 給被試者呈現八個具體的條件推理，要求被試者判斷它們的結論是"永遠真實"、"從不真實"、"有時真實"。被試者是沒有受過推理規則訓練的大學生。使用的推理材料是：

如果一張卡片的左邊是 A，那麼它的右邊就有 7
這張卡片的右邊沒有 7
所以，這張卡片的左邊沒有 A

表 7-9 對 8 種條件推理的整體反應的百分數

三 段 論	永 遠	有 時	從 不
1. $P \supset Q$ P $\therefore Q$	100^δ	0	0
2. $P \supset Q$ P $\therefore \sim Q$	0	0	100^δ
3. $P \supset Q$ $\sim P$ $\therefore Q$	5	79^δ	16
4. $P \supset Q$ $\sim P$ $\therefore \sim Q$	21	77^δ	2
5. $P \supset Q$ Q $\therefore P$	23	77^δ	0
6. $P \supset Q$ Q $\therefore \sim P$	4	82^δ	14
7. $P \supset Q$ $\sim Q$ $\therefore P$	0	23	77^δ
8. $P \supset Q$ $\sim Q$ $\therefore \sim P$	57^δ	39	4

註：δ 是確認度　　　　（採自 Rips & Marcus, 1977)

實驗結果見表 7-9。表中的條件推理是用抽象符號來表示的。

從表上看到,被試者對第一、第二個問題的回答完全正確。所有被試者都認為第一個結論"永遠真實";第二個結論"從不真實"。這說明被試者成功地運用了肯定前件式的推理。對第七和第八個問題,正確率明顯下降。只有 77% 的被試者認為第七個結論"從不真實";57% 的被試者認為第八個結論"永遠真實"。這說明,要接受"否定後件式的推理要困難得多。

如果說,第一、二、七、八這四個推理都是正確的,那麼,第三、四、五、六 這四個推理就違反了條件推理的規則,因而是錯誤的。但是,從表 7-9 看到,大約有 20% 的被試者在第三和第四個問題上犯了錯誤。他們相信否定前件就應該否定後件。另有 20% 的被試者在第五和第六個問題上犯了錯誤,他們相信肯定後件就應該肯定前件。

被試者的上述錯誤可能是由於他們把條件推理和雙條件推理弄混淆了。根據邏輯學的研究,條件推理也叫充分條件的假言推理,基本形式為:如果 P,那麼 Q。雙條件推理也叫充分必要條件的假言推理,基本形式為:當且僅當 P,則 Q。雙條件推理的性質是:有前件就有後件;沒有前件就沒有後件;有後件就有前件;沒有後件就沒有前件。對雙條件推理來說,以下四種形式都是正確的:

(1) 肯定前件式
當且僅當 P,則 Q
P
所以,Q

(2) 肯定後件式
當且僅當 P,則 Q
Q
所以,P

(3) 否定前件式
當且僅當 P,則 Q
非 P
所以,非 Q

(4) 否定後件式
當且僅當 P,則 Q
非 Q
所以,非 P

因此,被試者將"如果 P,則 Q",誤解為"當且僅當 P,則 Q"後他們再進行條件推理時,就要犯"否定前件"和"肯定後件"式的錯誤。

斯徒頓梅爾 (Staudenmayer, 1975) 用實驗證明了這種解釋。他給被試者一系列推理材料,要求他們對連詞"如果"進行解釋,然後看這種解釋與推理過程的關係。結果發現,當使用"如果……那麼"這種表達的方式時,則有 59% 的被試者把它解釋為當且僅當。如果使用"P 引起 Q"這種表達方式,上述解釋增加到 77%。這種解釋使被試者出現"否定前件"或"肯定後件"式的錯誤。如果被試者正確理解了連詞"如果",他們的推理就能符合規則。可見,被試者在進行條件推理時所犯的錯誤,並不是推理本身的錯誤,而是由於沒有認識到條件推理與雙條件推理的區別。

(二) 選擇作業與證實傾向

在條件推理中,人們常出現證實,而不是證偽的傾向。這種傾向可以用瓦森(Wason, 1966)的**選擇作業**(selection task)來說明。

瓦森在一項研究中,給被試者呈現四張卡片,見圖 7-7。要求被試者翻動其中的一些卡片,以驗證下面這條規則:如果卡片的一面是元音,那麼它的另一面為偶數。翻動卡片的次數越少越好。結果發現,46% 的被試者翻動了 E 和 4,他們犯了肯定後件的錯誤。在這種情況下,即使在 4 的背面發現了輔音,也不能證明上述規則是錯誤的。33% 的被試者只翻了卡片 E。這樣做雖說不錯,但不完全。只有 4% 的被試者翻動了 E 和 7,因而正確地解決了問題。在這種情況下,被試者採用了"否定後件"的方法。如果"元音"蘊含著"偶數",那麼沒有偶數(卡片 7)就意味著卡片的另一面沒有元音。實驗說明,人們在推理時普通存在著一種證實的心理傾向,從而忽略了證偽的推理價值。

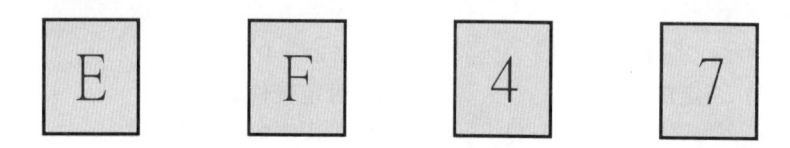

| E | F | 4 | 7 |

圖 7-7 選擇作業
(採自 Wason, 1966)

進一步的研究發現,完成選擇作業會受到一系列因素的影響。這些因素材料的現實意義、知識背景和指導語的影響,分別說明如下:

1. 材料的現實意義 約翰遜-萊爾德、萊格林茲和萊格林茲(Johnson-Laird, Legreni & Legrenzi, 1972)給被試者呈現一些具有現實意義的

主題材料 (thematic materials)，如一些信封（見圖 7-8）。要求他們把自己設想成郵局的工作人員，負責檢查信件是否違反了郵局的規定；如果信件封了口，它的上面應該貼 50 里拉的郵票：結果發現，88% 的被試者只翻開封口的信和貼了 40 里拉郵票的信封。在此情況下，他們正確遵守了"肯定前件"和"否定後件"的規則。約翰遜-納爾德等人認為，實驗中使用的有現實意義的主題材料，使被試者能設身處地解決問題，即設想在這種情況下應該怎樣推理，從而極大地提高了推理的正確性。

圖 7-8　信封實驗用材料
(採自 Johnson-Laird, Legrenzi, & Legrenzi, 1972)

2. 知識背景的影響　格里格斯和科克斯 (Griggs & Cox, 1982) 認為主題材料本身並不能保證推理的正確性，被試者在使用這種材料時能進行正確的推理，可能與他們的知識背景有關。格里格斯等用佛羅里達大學的大學生為被試，重復了約翰遜-納爾德等人的實驗。結果發現，被試者用信封問題進行的推理成績，並不比用抽象的數字-字母問題進行的推理成績好。這是因為美國大學生沒有英國郵政系統的有關知識，所以對推理沒有幫助。

接著，格里格斯等再給被試者另外四張卡片，上面分別印有"啤酒"、"可樂"、"22 歲"、"16 歲"字樣。要求被試者翻轉最少數量的卡片，以證實下面的規則：如果一個人正在喝啤酒，那麼他的年齡一定在 19 歲以上。結果發現，在這種情況下，被試者的推理成績比用抽象材料時要好得多。由此可見，從長時記憶中提取直接經驗過的知識，對於提高推理成績有積極的影響。

3. 指導語的作用　在前面提到的一些推理實驗中，主試者通過指導語要求被試者證實某個規則。這種指導語對推理會不會有影響呢？

克羅斯托夫斯基和格里格斯 (Chrostowski & Griggs, 1985) 在研究知識背景的作用時發現，如果給被試者的指導語為"結論是否正確"，那麼知識背景沒有幫助；如果要求被試者證偽 (即證明是錯誤的)，知識背景的作用就顯而易見了。

耶奇林 (Yachanin, 1986) 的研究獲得了類似的結果。在一些情況下，他要求被試者確定推理是否符合規則；在另一些情況下，要求被試者證偽。一些推理材料是被試者有直接經驗的；一些推理材料沒有直接經驗。結果發現，當指導語為證偽，材料有直接經驗時，推理的成績最好；當指導語為證偽時，被試者對熟悉材料和不熟悉材料的推理成績沒有區別。這說明指導語顯示了更大的作用。

四、推理中的直覺策略

在日常生活中，人們有時並不嚴格按照邏輯規則進行推理，而是根據自己的經驗，對周圍發生的事件，作出直覺的判斷。其中有些判斷正確，有些判斷則是錯誤的。這種憑直覺經驗進行的推理有時也叫**自然推理** (natural reasoning) (Best, 1989)。根據認知心理學的研究，人們在自然推理時常用的策略主要有：

(一) 代表性

在概率邏輯或現代歸納邏輯中，人們是否了解證據出現前事件發生的概率 (先驗概率)，對正確估計證據出現後事件發生的概率 (後驗概率)，有著重要的意義。例如，如果我們已經知道一個地區盜竊案件的發案率，就能幫助我們正確地估計該地區某個家庭在出現案情後被盜的可能性。先驗概率不同，後驗概率會有很大的變化。

但是，在日常生活中，人們在估計事件發生的概率時，經常會出現忽略先驗概率的現象。他們不是按事物出現的概率進行判斷，而是按照事物的**代表性** (representativeness) 進行判斷的。卡里曼和特維斯基 (Kahneman & Tversky, 1973) 在一項研究中，分別要求兩組被試者判斷從 100 人的樣本中，抽取出一名工程師的可能性。實驗前事先告訴一組被試者：這 100 人中有 70 名工程師、30 名律師 (A 組)；告訴另一組被試者：這 100 人中有 30 名工程師，70 名律師 (B 組)。結果發現，在對被抽取者的特點不作任何描述，兩組被試者都能根據先驗概率作出正確的判斷：A 組認為，抽出工程師的可能性為 70%，而 B 組則認為，可能性為 30%。但是，如果告訴被試者要從樣本中隨機抽出另一個人，他的特點是："杰克現年 45 歲，男，已婚，有四個子女。他通常很保守，為人小心謹慎，有志氣。他對政治和社會爭端毫無興趣。他把大部分的閒暇時間都消磨在自己的許多嗜好上，這包括在家裏做木工、坐汽艇航行以及解數學難題等"。那麼，兩組被試者都認為，杰克是工程師的可能性在 90% 以上。這是因為，在上面的描述中，杰克具有工程師的典型特點，或者說，他更能代表一位工程師。由於兩組被試者都採用了代表性策略，他們在決策時都沒有考慮從樣本中抽出一位工程師的實際可能性。

卡里曼和特維斯基還發現，在讓被試者判斷事件的順序應否按隨機過程產生時，也能看到代表性策略的影響。例如，把 20 個彈丸隨機分配給五個兒童，在下面兩種分布中，哪種分布的可能性更大？

彈丸分配 \ 兒童	A	B	C	D	E
1	4	4	5	4	3
2	4	4	4	4	4

儘管兩種分布的實際可能性是一樣的，但大多數被試者還是選擇了分布 1。原因是分布 1 的不規則性更能體現出隨機分配的特點。可見，隨機過程和隨機產品 (或結果) 是有區別的。一個隨機過程既可能產生隨機的結果 (如 4, 4, 5, 4, 3)，也可能產生非隨機的結果 (如 4, 4, 4, 4, 4)，但人們願意用隨機結果代表隨機過程，而不願意用非隨機結果代表隨機過程。

(二) 有效性

人們在估計事件的可能性時，常常根據這個事件在自己頭腦中出現的容易程度。頭腦中容易想起的事件，通常被看成客觀上容易出現的事件。這種特性叫**有效性** (或**方便性**) (availability)。

卡里曼和特維斯基 (Kahneman & Tversky, 1973) 在一項研究中，要求被試者估計在英語中以 K 起始的單詞和以 K 為第三個字母的單詞所占的比例。結果發現，大多數被試者都認為，以 K 起始的單詞多於以 K 為第三個字母的單詞。原因是，被試者在估計這兩類單詞的比例時，都試圖在頭腦中迅速列舉和粗略計算它們的相對數量。他們覺得，列舉以 K 起始的單詞要比列舉以 K 為第三個字母的單詞容易，因而認為前者的數量多於後者。實際上，情況正好相反。英語中以 K 為第三個字母的單詞，大約是以 K 為起始字母的單詞的三倍 (Anderson, 1985)。貝斯特 (Best, 1989) 認為這種錯誤的估計可能與語意記憶的組織有關。在人的記憶系統中，單詞是按照它的第一個字母來編碼的。因此，以 K 起始的單詞比以 K 為第三個字母的單詞較易得到激活，也較易進入人的意識之中。人在估計事件的可能性時，無形中受到了該事件在頭腦中出現的容易程度的影響。

卡里曼和特維斯基 (Kahneman & Tversky, 1973) 的另一個實驗，也說明了人對事件的估計很容易受到有效性策略的影響。實驗中分別要求兩組被試者估計從 10 人中隨機產生各種委員會的數量。對第一組被試者，要求每個委員會的人數都是兩人；對第二組被試者，要求每個委員會的人數都是八人。結果，第一組估計出的委員會數量為 70，第二組估計的數量為 20。前者高估了，後者低估了。實際上，在兩種情況下，委員會的數量應該是一樣的，都是 45 個。出現這種錯誤的估計，是因為在這兩種情況下計算不同事件的出現概率的難易程度是有差別的。設想組成兩人委員會的種種可能方式，要比設想組成八人委員會的種種方式容易得多。因此，前者偏於高估，後者偏於低估。

斯羅維克、菲斯科夫和里奇登斯坦 (Slovic, Fischoff & Lichtenstein, 1976) 的一項研究，也證明了有效性策略的作用。實驗者要求被試者估計各種事件出現的可能性。如什麼情況更可能導致死亡？是意外事故還是中風？是被人謀殺還是糖尿病？是癌症還是心臟病？結果多數人的估計是，意外事故、被人謀殺和癌症的可能性較大。這是因為人們在日常生活中經常聽到這些死因，記得較牢，也較有效。而實際上，中風、糖尿病和心臟病奪走了更多人的生命。

(三) 參照點和調整

人們在估計事物的大小或重要性時，常常從某一主觀標準或**參照點** (或**憑據點**) (reference point) 出發，然後根據情況的變化作出適當的**調整** (adjustment)。如果開始的參照點較高，調整後的結果也會偏高；如果參照點偏低、調整後的結果也會偏低。

特維斯基和卡里曼 (Tversky & Kahneman, 1974) 要求一組被試者在52秒鐘內估計出 $8 \times 7 \times 6 \times 5 \times 4 \times 3 \times 2 \times 1$ 的結果，要求另一組被試者估計出 $1 \times 2 \times 3 \times 4 \times 5 \times 6 \times 7 \times 8$ 的結果。由於時間短暫，被試者祇能估計而不能準確的計算結果。結果是，第一組被試者估計結果的中數為 2250，第二組被試者估計的結果的中數為 512。而實際的乘積應該是 40320。儘管兩組被試者的估計結果都是錯誤的，但第一組從 8 開始，參照點較高，因而估計的結果較高；第二組從 1 開始，參照點較低，因而估計的結果也偏低。

卡里曼和特維斯基 (Kahneman & Tversky, 1974) 還做過另一實驗。他們讓兩組被試者分別估計聯合國中有多少個非洲國家。開始時，隨便給被試者一個數字，要求他們判斷這個數字是高於或低於所需要的數字。結果發現，開始時被試者得到的數字偏低 (如 10 個)，他們估計的結果也偏低；開始時得到的數字偏高 (如 65 個)，他們估計的結果也偏高。這一結果同樣說明了參照點對人的自然推理或決策的影響。

(四) 平均數

相信**平均數** (mean) 也是一種策略，它使人們在估計事件發生的相對頻度或比例時，可能出現種種偏向。例如，在連續四次拋擲硬幣時，讓人猜測正、反面出現的概率。一般人都會認為，它們的出現概率都是 50%，即正反面都會出現二次。如正、反、正、反或正、正、反、反等。但實際的情況並非如此。因為任何事件的特定樣本，未必能反映它的樣本總體。對拋擲硬幣的問題來說，只有在相當長的時程中，正、反面的出現概率才是 50%，而在一段特定的時間內，它們的出現概率可能是多種多樣的。因此，用樣本總體的特性來估計某個特定樣本的特性，可能會產生某些偏向或錯誤。

相信平均數是賭錢人常犯的一種錯誤即**賭徒謬誤** (gambler's fallacy)。

因為他們相信，按照**平均律**(或**平均法則**)(law of average) 的要求，當一事件現在沒有發生時，它在近期內是很可能要發生的。賭場的主持人正是利用這種錯誤來贏錢的。在賭桌上連續輸錢的賭徒之所以繼續不斷地賭下去，就因為他們相信，輸過之後就會因不斷贏錢而得到補償。結果是，賭錢的人越想贏錢就輸得越多，輸得越多就越不肯罷手。因為他們不知道，相信"平均律"本身就是一種錯誤。

從上面列舉的直覺策略中可以看到，人們在日常生活中進行的許多推理並不是嚴格按邏輯規則進行的。這些推理不保證得出合乎邏輯的結論。研究直覺策略可以預見和避免人們在推理中經常發生的各種錯誤。

本 章 摘 要

1. 自古以來，**思維**一直是人類關心的對象。現代認知心理學把思維看成符號的操作和假設的運用，並用計算機來模擬思維過程。
2. 思維研究的領域很廣泛，主要包括**概念**、**推理**和**問題解決**。三者有所區別，但又緊密地聯繫在一起。
3. 在認知心理學中，概念可以用事物的屬性和將屬性聯繫在一起的規則來定義。概念是以網絡的形式存儲在人腦中的。
4. **人工概念**是研究概念形成的一條有效的途徑。概念形成的過程是不斷提出假設和驗證假設的過程。
5. 策略在概念形成中有重要的作用。常見的策略有**整體策略**和**部分策略**、**聚焦策略**和**掃描策略**。是否正確運用策略關係到概念能否有效地形成。
6. **自然概念**是另一重要的研究領域。許多自然概念具有模糊性、缺乏精確的邊界。這給機器理解自然語言帶來了很大的困難。
7. 自然概念 (範疇) 的結構具有垂直和水平兩個維度。在垂直維度上，基本層次的概念顯得更加重要；在水平維度上，不同概念的典型性程度是不一樣的。

8. 根據特定情境臨時建構的概念系統叫**特定範疇**。它具有等級結構。系統中各概念的關係比較靈活。
9. **推理**是指從已有知識推出新的結論的過程。一般可分為**演譯推理**(一般到特殊)和**歸納推理**(特殊到一般)兩類。
10. 三段論推理也叫**範疇推理**，由兩個前提和一個結論組成。
11. **三段論**有四種格和 24 個符合三段論規則的論式。研究格與式在推理中的作用，是研究三段論的重要內容。
12. 影響三段論推理的心理因素有**氣氛效應**、**前提換位**、**前提遺忘**和**圖式影響**等。
13. **集合分析模型**把三段論前提中的各個邏輯項看成是一些集。它強調對前提的編碼在推理中的作用。推理的成敗取決於對前提的解釋。
14. **類比模型**強調三段論的格在推理中的作用。推理的成敗主要決定於邏輯檢驗過程。
15. **條件推理**是利用條件性命題進行的推理。基本形式是：如果 P，那麼 Q。按照它的規則，肯定前件就要肯定後件；否定後件就要否定前件。常見的錯誤有：否定前件式和肯定後件式。雙條件推理的基本形式是；當且僅當 P，則 Q。將條件推理誤解為雙條件推理，是造成條件推理上述錯誤的主要原因。
16. **選擇作業**對研究條件推理有重要幫助。推理材料的現實意義、知識背景和指導語，都能影響選擇作業的完成。
17. 推理中的**直覺策略**有**代表性**、**有效性**、**參照點與調整**、相信**平均律**等。運用這些策略可以對事件的結果作出大致的估計，但是並不能保證得出正確的結論。了解這些策略可以有意識地避免推理或決策中出現的偏差或錯誤。

建議參考資料

1. 王　甦、朱　瀅、楊治良、彭聃齡 (1993)：當代心理學研究。北京市：北京大學出版社。
2. 查普林、克拉威克 (林　方譯，1984)：心理學的體系和理論。北京市：商務印書館。
3. 索爾索 (黃希庭、李文權、張慶林譯，1990)：認知心理學。北京市：教育科學出版社。
4. Anderson, J. R. (1985). *Cognitive psychology and its implications*. New York: Freeman.
5. Benjafield, J. G.(1992). *Cognition*. Englewood Cliffs, NJ: Prentice-Hall.
6. Best, J. B. (1989). *Cognitive psychology* (2nd ed.). St. Paul: West.
7. Bruner, J. S., Goodnow, J., & Austin, G. A.(1956). *A study of thinking*. New York: John Wiley.
8. Moates, D. R., & Schumacher, G. M. (1980). *An introduction to cognitive psychology*. Belmont, CA: Wadsworth.
9. Nickerson, R. S. (1986): *Reflections on reasoning*. Hillsdale, NJ: Erlbaum.
10. Rosch, E. H., & Lloyd, B. B. (Eds). (1978). *Cognition and categorization*. Hillsdale, NJ: Erlbaum.

第八章

問題解決

本章內容細目

第一節 問題解決的概述
一、歷史的回顧 333
二、什麼是問題解決 335
三、問題的種類 336
　(一) 按問題的明確程度分類
　(二) 按解決問題的方式分類
四、問題解決的階段 342
　(一) 發現問題
　(二) 表徵問題
　(三) 選擇策略與方法
　(四) 實施方案與評價結果

第二節 表徵問題
一、表徵問題及其意義 345
二、表徵問題的方式 347
　(一) 符　號
　(二) 列　表
　(三) 圖　解
　(四) 意　象
三、注意在表徵問題時的作用 354

第三節 問題解決的策略
一、隨機搜索策略與啟發策略 357
二、手段-目的分析 359
三、類比策略 363
四、逆向搜索 367

第四節 影響問題解決的其他因素

一、問題的難度 368
　(一) 問題空間的大小
　(二) 問題的結構特點
　(三) 無關信息的干擾作用
二、知識與問題解決 371
　(一) 知識的作用
　(二) 專家與新手的區別
　(三) 直覺與知識
三、功能固著與定勢 377
　(一) 功能固著
　(二) 定　勢

第五節 創造性
一、創造性與創造性問題解決 380
二、創造性的心理成分 381
　(一) 發散思維與聚合思維
　(二) 遠距離聯想
　(三) 創造性的非智力因素
三、怎樣克服影響創造性的心理障礙 384
　(一) 養成探究問題的態度
　(二) 發展發散思維、訓練思維的流暢性和靈活性
　(三) 創造寬鬆的解決問題的環境
　(四) 採取行之有效的手段

本章摘要

建議參考資料

在第七章中，我們已經講過，思維是一種高級、複雜的認知過程，主要表現在解決問題的活動中。人的思維從問題開始，例如桌椅壞了，需要修理；鄰里不和，需要調解⋯⋯人遇到問題，並希望能夠解決，這就推動他們去思索問題的答案，尋找解決問題所需要的知識，根據問題情境提出種種假設，並設法驗證這些假設。這個過程是**問題解決**，也就是思維。人的概念形成和推理過程其實也都是問題解決的過程。在心理學中，問題解決屬於複雜行為的領域。研究問題解決對現代認知心理學的產生起過重要的作用。認知心理學主張將人與計算機進行類比。人的智能可以設法用計算機模擬出來。而最早用計算機模擬的人類智能，正是問題解決。認知心理學主張用產生式系統來表徵問題，建立了問題解決的搜索樹，並用口語記錄分析法來搜尋人類解決問題的資料，不僅推動了問題解決的研究，也推動了認知心理學的發展。

在這一章中，我們將首先追溯問題解決的研究歷史，從與傳統心理學的對比中，說明認知心理學研究問題解決的一些特點。接著將討論什麼是問題和問題解決。由於近年來認知心理學關於問題解決的研究，正在從以過程為基礎轉向以知識為基礎，我們將用一節的篇幅來討論知識表徵在問題解決中的作用。接下去我們將介紹解決問題的各種策略以及影響問題解決的各種因素。最後我們還將討論創造性與創造性問題解決，分析創造性的心理成分，以及怎樣克服障礙，發揮人的創造性。通過學習本章，希望讀者了解：

1. 認知心理學怎樣理解問題解決的過程。
2. 表徵問題的方式對解決問題有什麼影響。
3. 手段-目的分析策略有什麼特點。
4. 問題難度對問題解決的影響。
5. 知識在問題解決中起什麼作用。
6. 解決問題時專家與新手有什麼區別。
7. 如何克服心理障礙，發揮人的創造性。

第一節　問題解決的概述

思維是從問題開始的。人們遇到了問題，並設法去解決，因而需要思維活動。本節回顧了問題解決的研究歷史，用認知心理學的觀點回答什麼是問題解決，並介紹各種類型的問題，最後說明問題解決的基本階段。

一、歷史的回顧

用實驗方法研究問題解決，最早是和研究動物和人的學習行為聯繫在一起的。

在 19 世紀末，桑代克 (Edward Lee Thorndike, 1874～1947) 用貓進行了著名的迷籠實驗，發表了《動物智慧》(1911) 一書。桑代克在實驗中發現，貓進入迷籠之後，表現出明顯的不安。牠到處亂抓、亂咬、亂闖，企圖從籠子中逃出來。幾分鐘後，牠偶爾抓到了一條繩子或拉環，把門打開了。經過反復多次的嘗試，那些不成功的衝動逐漸被排除，而成功引起的快樂被保留下來。這時候，貓一進入籠子就能以確定的方式拉動繩子，從門內逃出來。桑代克把動物的學習行為稱為嘗試-錯誤的行為。經過試誤，在一定的刺激模式和反應模式間建立起聯繫或聯結。聯結的建立是漸進性的，其中沒有推理的成分。在桑代克的實驗中，動物的學習行為也是一種解決問題的行為。貓使用嘗試錯誤法打開籠門，從籠子中逃出來，就解決了牠面臨的一個問題。因此，桑代克的嘗試錯誤學習，也是問題解決的一種理論。

在現代心理學中，格式塔心理學 (或完形心理學) 對研究問題解決作出了重要的貢獻。第一次世界大戰期間，苛勒 (Wolfgang Köhler, 1887～1967) 在喀麥隆的特納利夫島對黑猩猩的智慧進行了長達七年的研究。通過黑猩猩從籠頂攫取香蕉的一系列實驗，苛勒發現，動物解決問題依賴於知覺情境的改組，即將原來的知覺情境改組成一種新的結構，因而表現出對整個情境的**頓悟** (insight)。苛勒是格式塔心理學的著名代表人之一。因此，格式塔心理學關於問題解決的理論有時也稱為頓悟理論。

到了 20 世紀 20 年代以後，問題解決的研究逐漸轉向人類解決問題的行為。魏特海默 (Wertheimer, 1945) 的《創造性思維》一書，是研究思維和問題解決的一部重要著作。魏特海默以兒童為對象，研究了創造性思維的特徵。根據他的看法，創造性思維不一定是按邏輯程序進行的思維。邏輯思維既不保證思維的正確性，也不保證思維的創造性。創造性思維不是零零碎碎的領域，而是要了解課題的整體特徵，並且從整體特徵出發來利用某些傳統的智力操作。因此，創造性地解決問題包含了對課題成分的重新組織，而不只是根據聯想或邏輯推理從課題條件得到答案。

在同一時期，唐克 (Duncker, 1945) 關於問題解決的一系列研究，也是很有特色的，他用大學生作被試者，研究了人類解決複雜問題的行為，並對問題解決的各個階段，進行了原始記錄的分析。他發現，人們在解決問題時都表現出對課題的一般把握，並能按照目標所確定的方向對課題重新進行闡述。因此，解決問題決不是一種無意義的、盲目的嘗試錯誤式的反應。

由於信息論、控制論的影響和計算機科學的發展，從 20 世紀 50 年代末以來，人們便產生了用計算機模擬人類問題解決行為的種種嘗試。這對推動現代認知心理學關於問題解決的研究，產生了巨大的影響。繆維爾和西蒙 (Newell & Simon, 1958) 設計了一套邏輯理論家的計算機程序，用它證明了著名數學家懷特黑德和羅素編著的《數學原理》一書中 52 個原理的 38 個原理。1960 年他們又發展了一套**通用解題程序**（或**電腦解答法**）(General Problem Solver，簡稱 GPS)，用計算機解決了範圍更廣泛的問題。在他們看來，如果用人類解決問題的思維程序，使計算機也能解決同樣的問題，那麼就能證明這種思維程序是有效的。因此，用計算機模擬人類解決問題的行為，不僅有助於開發計算機的功能，而且為現代認知心理學研究問題解決開闢了一條重要的道路。

現代認知心理學關於解決問題的研究，有以下一些重要的特點：

1. 現代認知心理學不僅關心解決問題的結果，而且更關心問題解決的過程，以及在解決問題時使用了哪種策略。認知心理學認為，策略的運用，是人類解決問題的一個重要特點。研究解決問題的策略，是認知心理學的一個重要領域。

2. 現代認知心理學認為，問題解決是以**知識** (knowledge) 為基礎的。

由研究問題解決的過程（以過程為基礎）轉向研究知識在問題解決的作用（以知識為基礎），是近年來認知心理學研究問題解決的一大進步。

3. 現代認知心理學重視表徵在問題解決中的作用。不同的表徵形式將對問題解決產生不同的影響。

4. 現代認知心理學主張用**產生式系統**（production system）來表徵問題解決的過程，或者說用產生式系統將問題解決的過程形式化。一個產生式由一種條件和一個動作組成。條件是問題的當前狀態，對條件的確認就會引起一個動作。它的基本規則是，如果狀態為 X，就採取動作 Y。由單個產生式互相結合組成的一個系統，就是產生式系統。用產生式系統不僅能表徵問題解決的過程，而且能說明解題技能的一些特點。

5. 現代認知心理學在研究問題解決時，廣泛採用了**口語記錄法**。這種方法要求被試者在解題時進行出聲的思維。由此得到的材料對分析解題過程和策略有非常重要的意義。

二、什麼是問題解決

問題解決（或問題索解）（problem solving）是十分複雜的認知技能，是指經過一系列認知操作完成某種思維任務。例如小李房間內的電燈突然熄滅了，他無法繼續工作。如是，他首先要設法判斷電燈熄滅的原因：是燈泡壞了？還是家裏的保險絲斷了？或者是電力公司停電了？當他發現鄰居的電燈仍亮著，只有自己家裏的電燈全部熄滅了時，便斷定問題出在保險絲上。接著，他找來一把螺絲刀和一根保險絲。用螺絲刀撬開保險盒，取下已被燒斷的保險絲，換上新的保險絲，於是電燈又重新亮了起來。

在這裏，電燈熄滅了，是小李遇到的一個問題；而更換保險絲，使電燈重新亮起來，就是問題解決。

根據現代認知心理學的研究，問題的結構成分一般包括：(1) 問題的**起始狀態**（original state）；(2) 問題的**目標狀態**（goal state）；和 (3) 由起始狀態轉變為目標狀態的一系列認知操作，也叫問題的**中間狀態**（intermediate state）。在上面的例子中，問題的起始狀態是小李房間內的電燈滅了；目標狀態是電燈重新亮起來。解決問題依賴於一系列認知操作，如分析電燈熄滅的原因，從長時記憶中提取修理電燈所需要的電學知識；尋找修理保險絲的工具和器材;使用工具正確地完成修理工作。這些認知操作使問題的起始狀態轉變為目標狀態,因而使問題得到解決。

問題的起始狀態,中間狀態和目標狀態統稱為**問題空間** (problem space) (Anderson, 1985)。因此,問題解決也可以理解為在問題空間進行搜索,通過一系列認知操作後使問題從起始狀態轉變為目標狀態。從起始狀態通向目標狀態的途徑,有時是一條,有時是多條。通向目標狀態的途徑越多,問題空間就越大,問題也就越複雜。

問題解決是人類職業活動的一個重要成分 (Matlin,1989)。一位教師必須了解學生們學業上的困難,並且針對他們的特點解決學生每天遇到的各類問題;一位建築師必須善於解決從房屋設計、施工到質量驗收上的一系列問題;一位醫生必須善於診斷病人的病因、開出正確的處方、熟練地完成各種手術,當病人病情惡化時,還要善於制訂搶救的方案等。總之,在各種職業活動中,專家與新手的區別,主要就表現在解決問題的能力上。從社會的角度看,人類由於有能力不斷地解決自己所面臨的各種問題,因而才能創造日益增多的物質財富和精神財富,協調人際關係,人類社會也才能不斷地進步與發展。

三、問題的種類

人們遇到的問題是各種各樣的,很難進行分類學的研究。這裏我們只介紹兩種較常見的分類方法。

(一) 按問題的明確程度分類

按問題的明確程度可以把問題分成界定清晰的問題和界定含糊的問題。

當問題的起始狀態,中間狀態和目標狀態都很明確,它們給定的信息都很確定時,這種問題就是**界定清晰的問題** (well-defined problem)。如三角形三內角之和等於多少,就是一個界定清晰的問題。它的起始狀態是一個三角形,有三個內角,每個角有一定大小。經過確定的證明過程,可以得到三內角之和等於 180 度。小李修電燈也是一個界定清晰的問題。它不僅有確定的起始狀態和目標狀態,而且從起始狀態轉變為目標狀態的條件也是確定的。在界定清晰的問題中,人們很容易確定哪種答案是正確的。

當問題的起始狀態、中間狀態和目標狀態含混不清，它們給定的信息不確定時，這種問題就是**界定含糊的問題** (ill-defined problem)。如你想消磨一下你的業餘時間，就是一個典型的界定含糊的問題。為了解決這個問題，你可以開車去城郊看看，也可以找一個安靜的地方閉目養神，還可以邀集幾位朋友去看電影。在這些情況下，目標狀態和通向目標狀態的途徑，都不明確。同樣，怎樣在生活中獲得成功，也是一個界定含糊的問題。人們對成功的看法各種各樣，到達成功的手段或途徑也是變化無常的。在界定含糊的問題中，人們很難確定哪種答案是正確的。

根據起始狀態和目標狀態的性質，界定含糊的問題又可分為下列四種：

1. 起始狀態和目標狀態都明確，但無法實現從一種狀態向另一種狀態的轉變。許多經典的不可能問題，就屬於這類界定含糊的問題。如將一隻母豬的耳朵變成一個繡花荷包。

2. 起始狀態與目標狀態均不明確。如寫一篇論文，譜寫一支樂曲等。

3. 起始狀態界定清晰，而目標狀態不確定，如給你幾種菜，讓你烹調出一道美味可口的菜肴。

4. 起始狀態不確定，而目標狀態是界定清晰的。如舉重運動員給自己定下的舉重指標為 160 公斤，而他的目標狀態隨訓練條件和競技場地而變化，因而是不確定的。

界定清晰和界定含糊的問題是連續體上兩個互相對立的點。連續體上的一端是界定清晰的問題，另一端是界定含糊的問題。其間並無絕對分明的界線。一位建築師如果只是重復別人的設計和施工，那麼他所解決的問題可能就是一個界定清晰的問題。如果他希望在設計和施工上有所創新，那麼他所遇到的許多問題就變成界定含糊的問題了。如選擇哪種設計方案，使用哪些建築材料，依靠什麼樣的施工隊伍，都無法進行清晰的界定。

(二) 按解決問題的方式分類

格林諾 (Greeno, 1978) 根據解決問題的不同方式將問題分成三類，即排列問題，結構推導問題和轉換問題。

1. 排列問題 這類問題要求解題者將呈現給他的信息按一定方式重新加以排列，使其結果適合於某一要求。最典型的排列問題是**字謎遊戲** (anagram)。例如將一些散亂的字母 i, n, r, d, e, f 重新排列，使其成為一個單詞：friend。隨字母數的增加，可能的組合數也會增加。當字母數為 5 時，可能的組合數為 5 的階乘，即 120 種；當字母數為 6 時，可能的組合數為 6 的階乘，即 720 種。組合數越多，問題空間就越大，問題也越難。

格林諾認為，解決這類問題所需要的認知技能主要有：(1) 能流暢地提出各種可能性，並拋棄那些不合要求的答案；(2) 能提取各種答案的模式；(3) 具有限制搜索的各種知識原理。例如在字謎遊戲中，英語的正字法規則告訴我們，nr、ir 不能組合在一起。這就限制了人的搜索範圍，使問題空間變小，降低了問題的難度。

2. 結構推導問題 這一類問題要求人們根據已知的材料，發現其中的關係，進而推導出問題的答案。例如，給被試者呈現的材料為 1, 2, 8, 3, 4, 6, 5, 6,□，要求他們在空格處填上適當的數字。被試者發現 1, 2 後面為 8, 3, 4 後面為 6，因此推導出 5, 6 後面應該為 4。格林諾認為，解決這種問題要求解題者正確確定各成分間的關係，並使這種關係符合所要求的模式。

斯騰伯格 (Sternberg, 1977) 使用過結構推導問題的另一實例。給被試者呈現的問題是："Washington is to 1 as Lincoln is to 10 or 5." 要求被試者從 Washington 與 1 的關係中，推導出林肯與某個數字 (10 或 5) 的關係。斯騰伯格認為，解決這一問題包含了四個過程：即**編碼** (encoding)、**推理** (infering)、**標定** (mapping) 和**應用** (utilizing)。在編碼時，被試者必須確定第一個詞的某些屬性，例如華盛頓是美國的一位總統，他是一位戰爭英雄，在一元美鈔上有他的側身像等。人們從長時記憶中提取的這些信息，對建立各成分間的關係是非常重要的。在推理過程中，被試者要建立頭兩個詞的關係：華盛頓是美國的第一任總統，而不是其他任的總統；華盛頓的頭像出現在一元美鈔上，而不是出現在其他美鈔上。在標定時，被試者要在第一與第三個單詞間建立聯繫。如華盛頓與林肯都是總統，他們的頭像都印在美鈔上。這些共同屬性就成為類比的基礎。在應用時，被試者進一步分析林肯的屬性，並根據華盛頓與 1 的關係，確定林肯與某個數字的關係。如被試者知道林肯是美國第 16 任總統。因此，從總統的任期上，無法找到問題的正確答案。這時候，被試者可能想起林肯的頭像印在五元美鈔上，就像華盛頓的頭像印在一元美鈔上一樣，因而找到了正確的答案。如果被試者既不知道林肯是第 16 任總統，也不知道他的頭像印在五元美鈔上就會作出錯誤的選擇，或只憑機遇解決問題。

3. 轉換問題　這種問題要求解題者在問題空間進行搜索，通過一系列操作，將問題的初始狀態轉換成目標狀態。

我們可以用**八張牌問題** (eight-tile puzzle) 為例，說明這種問題的一些特點。

所謂八張牌問題，是指在一個 3×3 的框架內，有八張牌。每張牌上有一個數字，分別占據一個空格。數字的最初排列順序如圖 8-1 (a)，這是問題的初始狀態，實驗時要求解題者一次移動一張牌，最後使牌上的數字排列成圖 8-1 (b) 所示的順序。這就是問題的目標狀態。

2	8	3
1	6	4
7	•	5

(a) 開始

1	2	3
8	•	4
7	6	5

(b) 目標

圖 8-1　八張牌問題
（•代表空格）
(採自 Anderson, 1985)

在解決問題時，被試者通常會遇到許多種可能的選擇。例如，第一步就有三種可能的選擇：被試者可以將 6 移向空格，也可以將 7 或 5 分別移向空格。由於將 6 移向空格，接近於問題的目標狀態，被試者經常會作這種選擇。在以後的各步中，被試者同樣面臨著不同的選擇。讓問題的現有狀態逐漸接近於目標狀態，是指引被試者進行選擇的重要根據之一。

解決轉換問題突出說明了問題解決的一些重要特點。問題解決的過程是在問題空間進行搜索的過程。解題者運用一系列認知操作 (或算子)，將問題的起始狀態逐漸轉換成目標狀態。這一特點可用一張簡單的樹形圖來表示 (圖 8-2)。

從圖上看到，從初始狀態到目標狀態，需要經過一系列中間狀態，每一次移動都使問題空間的狀態發生某種變化，其中某些中間狀態能導致目標狀態，使問題得到解決；而另一些中間狀態不能導致目標狀態，因而不能解決

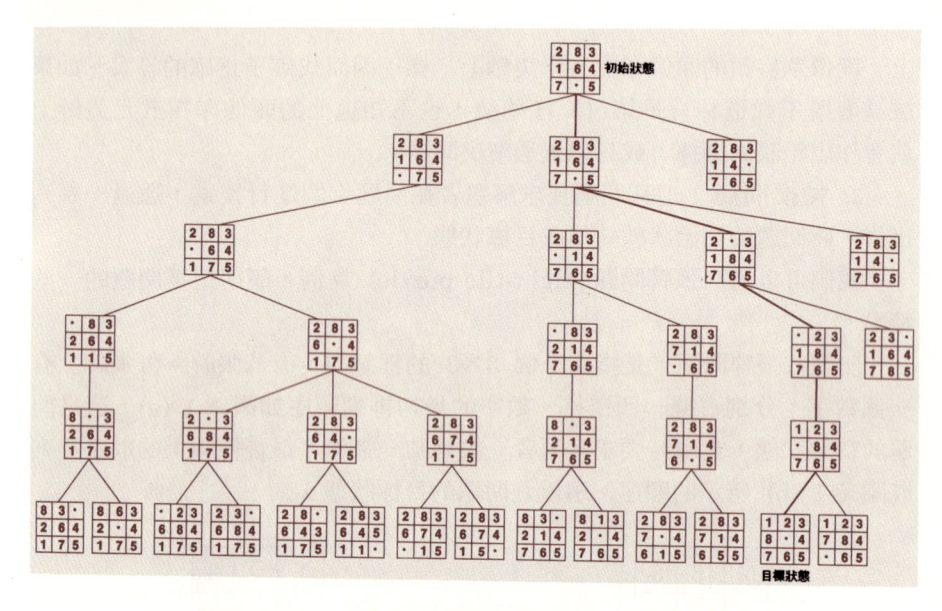

圖 8-2　八張牌問題的探索步子樹形圖（部分）
（採自 Anderson, 1985）

問題。在上述問題中，如果解題者能正確選擇算子，那麼只要 6 步就能解決問題。如果對算子的選擇不合理，解決問題所需要的步子就會增加，解決問題的時間也會延長。

　　當問題的初始狀態變化時（圖 8-3），問題的難度也就隨著變化。解決這個問題的最少步子不是六步，而是 18 步。如果對算子的選擇不適當，解決同一問題的步子就可能要增加到 26 步以上（Anderson, 1985）。

　　密碼算術題(cryptari thematic) 是另一種較典型的轉換問題，我們可以用下面這道題目為例說明它的特點：

```
     數列   6 5 4 3 2 1
     題目   D O N A L D    D=5
           +G E R A L D
           ─────────────
            R O B E R T
```

　　在此題中，初始狀態是每個字母分別代表從 0 到 9 的一個數字，其中已知 D=5，要求解題者找出每個字母所代表的數字，這就是問題的目標

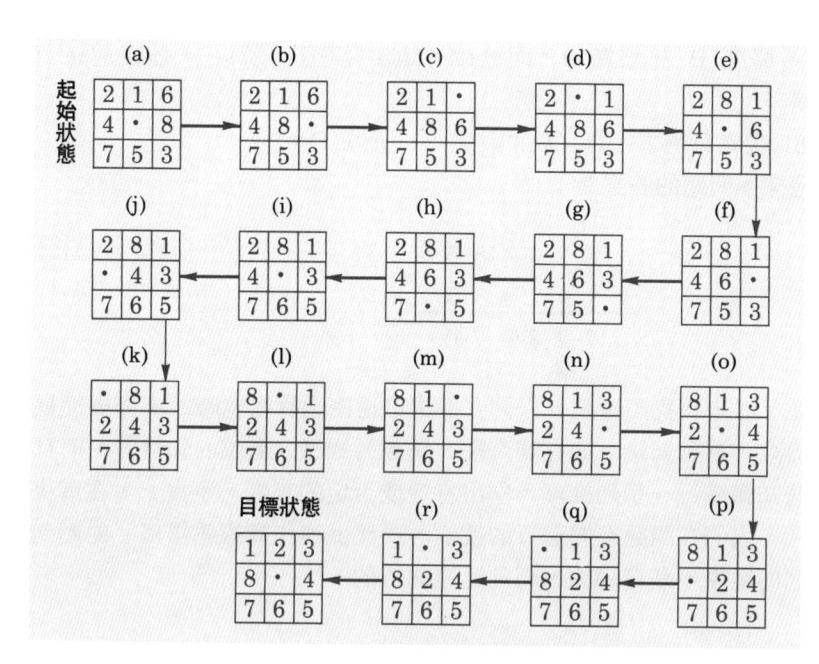

圖 8-3　八張牌問題的另一變式
（採自 Anderson, 1985）

狀態。

解決這個問題的最佳步驟如下 (Lindsay & Norman, 1977)：

(1) 因為 D＝5，所以 T 必然是 0 (並向第二列進位)

(2) 看第 5 列，O＋E＝O。只有當 0 或 10 與 O 相加時，才會出現這種情況。因此，E 必定是 9 (加上進 1) 或 0。但我們已知 T 為 0，所以 E 肯定是 9。

(3) 再看第 3 列。如果 E 是 9，那麼 A 一定是 4 或 9 (都需加上進位 1)。但 E 已經是 9，所以 A 肯定是 4。

(4) 在第 2 列裏，L＋L 再加上進 1，等於 R 並向第 3 列進 1，所以 R 必定是奇數。現在奇數只剩下 1，3 和 7，從第 6 列中知道，5＋G ＝R，所以 R 必定大於 5，它只能是 7。由此可知，L＝8，而 G＝1。

(5) 再看第 4 列，N＋7 等於 B 再加上進位。因此，N 應大於或等於 3。現在只剩下數字 2, 3 和 6，所以 N 只能是 3 或 6。但是，如果

N＝3，那麼 B 應該為 0。而已經知道 T 是 0 了，所以 N 必須是 6，而 B 必須是 3。

(6) 現在只剩下字母 O 和數字 2。所以 O＝2。

這樣，問題的答案為：

$$\begin{array}{r} 526485 \\ +\ 197485 \\ \hline 723970 \end{array}$$

從上述步驟我們看到，人們在解決這道密碼算術題時，不僅要從長時記憶中提取一系列知識，如有關奇數、偶數的知識、進位的知識等，而且要運用這些知識進行一系列推理，作出肯定或否定的判斷。事實上，在解決這個問題時，人們在問題空間進行的搜索，要比上述步驟複雜得多。他們到達目標狀態的途徑不是直線的，而是迂迴曲折的。

四、問題解決的階段

問題解決是一種非常複雜的認知技能，它包含了一系列相互聯繫著的階段，即發現問題、表徵問題、選擇策略與方法、實施方案和評價結果。

（一）發現問題

發現問題是問題解決的前提，也是問題解決的一個重要的階段。科學上的許多重大發現，都是由於科學家在人們一般認為沒有問題的地方看到了問題，因而能對問題進行創造性地解決。例如，牛頓根據蘋果從樹上落下這一習以為常的事實，發現了萬有引力定律；巴甫洛夫從"吃東西，流口水"這一普通現象中，發現了條件反射，進而揭示出動物和人的高級神經活動的規律性。在社會生活的其他領域，發現問題也有重要的意義。如果沒有發現問題，也就談不上解決問題了。

但是，心理學家過去對於發現問題很少進行研究。在他們研究問題解決時，被試者只是面對已經提出的問題，並按要求去解決這些問題。因此，發現問題這一重要環節，就被人們所忽略了。

(二) 表徵問題

表徵問題也叫分析和理解問題。這是將思維活動引向問題解決的一個重要階段。

任何問題都包含要求和約束條件兩個方面。所謂表徵問題歸根到底就是要分析問題的要求和約束條件，找出它們的聯繫和關係，把思維活動引向問題解決。

下一節我們將詳細討論對問題的表徵，以及它對問題解決的重要意義。

(三) 選擇策略與方法

在表徵問題的基礎上，人們將制訂解決問題的方案，包括選擇解決問題的策略，確定根據什麼原則，採用什麼方法和途徑去解決問題。如醫生給病人治病，需要有一個治療方案。病是問題的起始狀態，康復是問題的目標狀態，醫生選定的一切治療手段，包括吃藥、打針、動手術等，都是為了達到這一目標。學生解答數學題也要有一個解題方案，如選擇什麼計算方法，採取什麼解題步驟等。

解決問題的方案有時只有一種，例如 2＋2＝？，只要相加就行，這種問題容易解決。有時有兩種或兩種以上的方案可供選擇。例如"小李三門課的總分為 294 分，其中數學比語文多了三分，語文比外語多一分，問三門功課各得多少分？"該題既可先求出外語的分數，也可先求出數學的分數，因而有兩種方案，它們在難度上大體相等。下象棋時，由於雙方棋局的不斷變化，每走一步均可有各種不同的選擇，因此需要從中選擇最合理的方案和步驟。

人們能不能提出可供選擇的不同方案，這依賴於他們思維的靈活性和知識經驗。思維越靈活，知識經驗越豐富，解決問題的方案就可能越多。而選擇某個最好的方案，則依賴於他們的決策能力。這和人的知識經驗又有密切的關係。

(四) 實施方案和評價結果

解決問題的最後一個階段是將解決問題的方案付諸實施，並把實施的結果與原有解決問題的要求進行對照。或者說，把問題的現有狀態與目標狀態相對照。如果執行方案的結果達到了原來的要求，即現有狀態與目標狀態一致了，說明解決方案是正確的，問題已經解決；如果執行方案的結果沒有達到原來的要求，即現有狀態與目標狀態不一致，就說明解題方案不正確或部分不正確，問題沒有解決。在這種情況下，人們需要重新制訂或部分修訂解題方案，重新選擇和應用解題的策略與方法，以實現狀態的轉換。

善於評價結果，即將現有狀態與目標狀態對照，或將結果與解題要求對照，肯定正確的結果，否定並改正錯誤的結果，對解決問題有重要意義。有些學生由於沒有養成將結果與解題要求進行對照的智力技能，沒有對思維產品進行自我評價的能力，因而不能正確地完成作業。有些大腦額葉受損傷的病人，由於喪失了將結果與要求進行對照的能力，因而不能解決問題。

人們在解決實際問題時，並不是把所有的方案都付諸實施。某些方案明顯不合理，因而在提出方案時就被否定了；有些方案在執行一段時間後發現不合理，行不通，只好中途放棄。只有少數或一種方案，經過選擇才真正經受實踐的系統檢驗。可見，在執行過程中，局部修改方案的情況時常發生，而全部否定原有方案的情況也是可能的。在後一種情況下，人們要重新發現問題，表徵問題，制訂新方案，選擇新策略與方法，並重新進行檢驗。

以上是解決問題的四個階段。這些階段不是截然分開，嚴格按順序進行的，人們為了解決某個問題，需要在不同方向上進行探索，需要在問題情境中兜圈子，最後才能找到解決問題的正確答案。

第二節　表徵問題

表徵是認知心理學的一個最基本的概念。研究知識的表徵不僅對了解人的認知結構有重要意義，而且對探討人怎樣解決問題有重要的意義。本節闡明了問題表徵在問題解決中的重要作用，問題表徵的各種不同方式，注意在問題表徵中的作用等。

一、表徵問題及其意義

表徵問題 (representation of problem) 是問題解決的一個重要階段。表徵問題也就是分析和理解問題。它包括分析問題的起始狀態和目標狀態，了解問題的要求和各種約束條件，發現它們的聯繫，建構問題空間，從長時記憶中提取有關的信息等。

西蒙 (Simon, 1986) 把問題的"現實"狀態稱為**任務領域** (task domain)，而把解題者對問題的理解和知覺，稱為**問題空間** (problem space) 或**表徵** (representation)。例如，主試讓被試者解決一個密碼算術題，主試者必須向被試者解釋問題的要求和約束條件，解決問題必須遵守的規則，並進行必要的示範。這些都是問題的現實狀態，即任務領域。被試者在接受這一任務後，應該正確理解主試的解釋和示範，即認清課題、看主試者示範、聽主試者講解規則、條件……。這時，被試者就根據課題所提供的信息，在頭腦中將任務領域轉換為問題空間，即得到對問題的表徵。簡單說，任務領域是客觀上提供給解題者的課題，而問題空間或問題表徵是解題者已經接受或已經理解了的問題。

由此可見，問題表徵或問題空間不是由問題本身直接提供的，而是由解題者自己建構起來的。解題者已有的知識經驗將影響他們對問題的表徵或理解。由於人的知識經驗不同，對問題的知覺與理解不同，他們對同一問題建構的問題空間是有區別的。或者說，他們對問題的表徵是不同的。

格林諾 (Greeno, 1977) 根據對句子理解的研究，提出了建構內部表徵的三條要求。即連貫性、對應性、和背景知識的關係等。所謂**連貫性** (coherence) 就是建立一種互相聯結的模式，其中各部分都是有意義的。所謂**對應性** (correspondence) 就是要使內部表徵與要理解的材料儘量一致。所謂**背景知識的關係** (relationship to background knowledge) 就是要使被理解的材料與理解者的背景知識能夠發生關係。這三條要求也適合於對問題的表徵 (Matlin, 1989)。

怎樣表徵問題對問題解決有重要意義。好的表徵有助於解決問題，而不好的表徵則會妨礙問題的解決。下面我們用兩個例子來說明表徵問題的重要意義。

例 1：殘缺棋盤問題　一個棋盤和一付骨牌。棋盤上有 64 個方塊，32 個白的，32 個黑的。骨牌 32 張，長方形、每張骨牌可以蓋住棋盤上的兩個方塊。問題是，如果從棋盤上兩個對角處切去兩個方塊（見圖 8-4），那麼是否還能用 31 張骨牌蓋住棋盤上的 62 個方塊呢？

圖 8-4　殘缺棋盤問題
(採自 Anderson, 1985)

這一問題的回答應該是否定的。原因是，不管骨牌是橫著放，還是豎著放，每張骨牌只能蓋住棋盤上的一個白方塊和一個黑方塊。也就是說，31 張骨牌只能蓋住 31 個白方塊和 31 個黑方塊，而在問題提供的約束條件中，棋盤上的方塊是從相對的兩個角上切去的。從圖上看，切去的兩個方塊都是白方塊。留下的是 32 個黑方塊和 30 個白方塊。因此，無法用 31 張骨牌蓋住棋盤上剩下來的 62 個方塊。

但是，許多人在解決這個問題時會遇到困難。從邏輯上講，有 31 張骨牌，每張可蓋住兩個方塊，因此，似乎可能用這些骨牌蓋住棋盤上剩下的 62 個方塊。在這裡，解題者的困難就出在對問題的表徵上。他們沒有想到一張骨牌只能蓋住一白、一黑兩個方塊。因此，不論有多少張骨牌，它們蓋住的黑、白方塊數應該都是相等的。現在，棋盤上的方塊按對角方向切去二個，使黑、白的方塊數不相等，因此，問題是不可解的。

例 2：媒人問題　在一個俄羅斯的小村落裏，住著 32 個單身漢和 32 個未婚女子。村裏的媒人經過多方努力，終於安排了 32 對和諧的婚姻，整個村莊是幸福的。可是，在一個縱情歡樂的週末晚上，兩個單身漢打賭吃餡餅，結果因進食過度而死亡。在這種情況下，媒人還能在幸福的 62 個人中撮合成 31 對婚姻嗎？

對於這個問題，人們幾乎能不假思索地回答：不可能。原因是，婚姻必須是一男一女，30 個男子和 32 個女子不可能婚配成 31 對伴侶。從問題的性質與結構看，媒人問題和殘缺棋盤問題是相同的。兩者的差別只是在表徵的方式上。在解決媒人問題時，人們根據自己的日常生活經驗，很容易發現在約束條件和題目要求之間的關係，因而能迅速解決問題；而在殘缺棋盤問題中，人們根據自己的生活經驗，較難發現這種關係。可見，在解決問題時，如果人們能變換對問題的表徵，就能促進對問題的解決。

西蒙 (Simon, 1986) 提出，表徵是問題解決的一個中心環節。如果一個問題得到了正確的表徵，那就可以說它已解決了一半。

二、表徵問題的方式

表徵問題的方式是多種多樣的。基本的方式有符號、表格、圖形和視覺意象等幾種。不同問題可以有相同的表徵方式；同一問題也可以有不同的表徵方式。

（一）符　號

表徵問題的符號有自然語言和數學符號兩種。

在實際生活中，許多問題是用自然語言來描述的。語言描述的方式不相同，解決問題的難度就會有區別。

郝德森 (Hudson, 1980) 曾經用圖片研究了學前兒童解決數學問題的情況。圖片上畫有七隻狗和五隻貓。對問題的語言描述有兩種方式。第一種是用比較抽象的語句來描述問題，例如"狗比貓一共多多少"；第二種是用比較具體的語句來描述問題，例如"如果所有的狗都參加比賽，每隻狗追一隻貓，是不是所有的狗都能追一隻貓？有幾隻狗不能追到貓？"結果是，兒童回答第一種表述方式的正確率為 25%，而對第二種表述方式的正確率則為

96%。可見,對同一問題採用不同的語言描述,直接影響到問題解決的難易程度。在許多情況下,把抽象的語言描述轉變為具體的語言描述,將有助於問題解決。

使用數學符號是表徵問題的另一種有效的方式。例如,讓學生解決下述問題:

今年,父親的年齡是兒子的年齡的 7 倍。3 年後,父親的年齡是兒子年齡的 5 倍。問現在父親和兒子的年齡各多少?

在這裏,問題是用語言來描述的,為了解決這個問題,學生必須把問題的語言描述逐一地轉化為數學符號,並列出相應的代數式。

例如,他設 子齡 = x,根據第一個句子,可以得到:

$$父齡 = 7x$$

根據第二個句子,3 年後,得出

$$子齡 = x+3,父齡 = 7x+3$$

由於 3 年後父齡是子齡的 5 倍,因此,可以列出以下方程式:

$$7x+3 = 5(x+3)$$

通過解括號、移位和合併同類項,就可求出:

$$x = 6,7x = 42$$

前者是子齡,後者是父齡。

在用數學符號來表徵這類問題時,通常會遇到以下三個問題:(1) 如何將語言描述正確地轉化為數學符號。在上述問題中,學生設子齡=x,要比設父齡=x 好得多;(2) 如何用代數式表達兩個數量之間的關係。在上述問題中,學生常犯的一個錯誤是顛倒了父齡與子齡的關係,例如把方程式列成 5(7x+3)=x+3;(3) 如何把設定的符號,還原為語言的描述。

對許多問題來說,用符號表徵比用語言表徵更有利於解決問題。例如,請看下面的問題:

小馬的蘋果是小李和小陳兩人的 3 倍，小何的蘋果是小張的 2 倍，小馬的蘋果是小何的 1.5 倍，小陳和小何的蘋果合起來等於小李的蘋果再加上小張的 2 倍的蘋果。他們 5 人共有蘋果 28 個，問每人各有幾個？

這個問題如果只是停留在語言描述上，解決起來是很困難的。但是，如果按照題目提供的數量關係，用符號進行表徵，解決問題就容易了。

例如，我們可以假設小馬、小李、小陳、小何和小張的蘋果數分別為 m、l、c、h 和 z。它們的數量關係可表示為：

① $m=3(l+c)$ ② $h=2z$
③ $m=3/2h$　　　④ $c+h=l+2z$
⑤ $m+l+c+h+z=28$

解決這個問題的一種方法是將 ① 中 l+c 的值代入 ⑤，$l+c=1/3m$，得出：

$$m+1/3m+h+z=28，$$
$$即\quad 4/3m+h+z=28$$

從關係 ② 知道，$z=1/2h$，代入上述得

$$4/3m+3/2h=28$$

從關係 ③ 知道 $m=4/3h$，代入上式得

$$4/3m+m=28 \quad 故\ m=12$$

利用原有關係式，即可分別求出

$$h=8 \quad z=4 \quad l=2 \quad c=2$$

即小馬有 12 個蘋果，小何有 8 個蘋果，小張有 4 個蘋果，小李和小陳各有 2 個蘋果。

很明顯，如果用語言來表徵這個問題，求解很困難。改用符號以後，只要稍有代數知識的人，是很容易解決的。

在用數學符號表徵問題時，關鍵是要把問題的語言陳述正確地轉化為符號。解決者常犯的一個錯誤是把語言陳述簡單化，因而丟掉了其中一些重要的信息。例如，題目中說"某企業今年比去年的生產總值增加了 40%，求今年的生產總值"。解題者把問題簡化為，今年是去年生產總值的 40%，因而只用去年的生產總值乘以 40%。

另一種錯誤是在轉化時把某些數量關係弄顛倒了。西蒙 (Simon, 1986) 曾經舉過這樣一個例子。"學校食堂裏賣饅頭和包子，每人只能買一個，如果有四人買饅頭，就得有五人買包子，這樣才能全部賣完"。用 S 代表包子，C 代表饅頭，寫出饅頭和包子的數量關係的方程式。正確答案應該是：$4S=5C$。而實驗結果是，在美國有 63% 的被試做錯了；在中國有 38% 的人做錯了。他們列出的方程式為：$5S=4C$。當題目中的數量關係比較複雜時，這種錯誤更容易發生。

還有一種錯誤是在表徵問題時，引進了一些不正確的概念，如讓學生從線外一點向直線作垂線。如果點在直線的上方，問題就很容易解決；倘若點在直線的下方或左右兩側，有些學生就不知所措了。原因是在日常生活中，"垂"通常都是從上而下的。

(二) 列　表

列表是表徵問題的另一種方式。我們可以舉鬼傳球的問題為例來說明。

已知有小、中、大三個鬼，他們分別拿著中、大、小三個球。通過傳球，最後要使他們拿到與自己身體大小相對應的球。傳球的規則是，每次只能傳一個球，如果接球者手中已有一球，傳來的球必須大於它手中的球；如果傳球者手中有兩個球，只能把較大的傳出去。

解決這個問題可以用兩種列表方法，如表 8-1 和表 8-2。

兩種列表方法都能導致問題解決。但比較起來，用表格比較笨重、不方便。用矩陣要清楚、方便得多。當問題比較複雜時，用矩陣表徵問題不失為一種很有效的方法。

表 8-1　用表格表徵問題

鬼的大小	球的大小
小 中 大 小 中 大 小 中 大	中 大 小 中 大、小 — 中 大、小

(採自 Matlin, 1989)

表 8-2　用矩陣表徵問題

球的大小＼鬼的大小 表徵問題	小	中	大
步驟 1.	中	大	小
2.	中	—	大、小
3.	—	中	大、小

(採自 Matlin, 1989)

（三）圖　解

圖解是表徵問題的一種非常有效的方式。它有助於人們發現各約束條件的關係、問題空間的大小，進而促進問題的解決。

圖解的一種形式是層次樹形圖。請看下面這個問題：

有三個硬幣，用抽橋牌的辦法分給小紅和小明兩人。如果抽出的牌是紅面的，錢歸小紅；如果抽出的牌是黑面的，錢歸小明。反復進行三次，問下述哪種情況最可能發生？

1. 一個人得三個硬幣，另一人一個沒有；
2. 一個人得二個硬幣，另一人得一個。
3. 1 與 2 的可能性相等。

可以用樹形圖來解決這個問題：

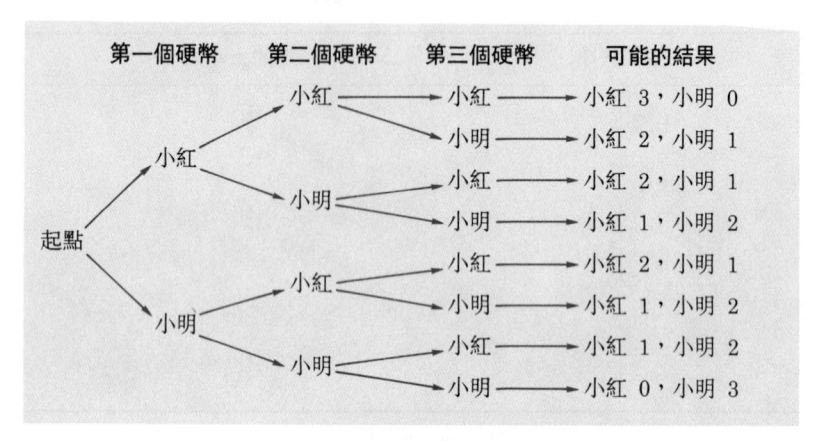

```
    第一個硬幣    第二個硬幣    第三個硬幣       可能的結果

                    小紅 ──→ 小紅 ──→ 小紅 3，小明 0
            小紅                小明 ──→ 小紅 2，小明 1
                    小明 ──→ 小紅 ──→ 小紅 2，小明 1
    起點                        小明 ──→ 小紅 1，小明 2
                    小紅 ──→ 小紅 ──→ 小紅 2，小明 1
            小明                小明 ──→ 小紅 1，小明 2
                    小明 ──→ 小紅 ──→ 小紅 1，小明 2
                                小明 ──→ 小紅 0，小明 3
```

圖 8-5　用圖解表徵問題
(根據 Matlin, 1989 年資料繪製)

　　通過圖解我們看到，在上述問題中，一個人得三個，另一人一個也沒有的可能性為 25%。可見，正確的答案應該是 2。

　　如果採用列表法，解題者可能只列出四種可能的結果：(1) 小紅 3、小明 0；(2) 小紅 0、小明 3；(3) 小紅 2、小明 1；(4) 小紅 1、小明 2，從而認為 1 與 2 有相等的可能性。

　　克雷 (Keren, 1984) 用大學生為被試者比較了列表與圖解兩種方法，在解決分硬幣問題時的作用。結果發現，用列表法的被試者，只有 40% 能正確解決問題，而用圖解法的被試者，則有 80% 正確解決了問題。可見，當問題空間較大時，採用圖解法有利於問題解決。

　　圖解的另一種形式是通過畫圖來表現問題的各種關係。例如，請看下面的問題。

　　　在一個 U 形的管子裏裝上水銀，管子兩邊的直徑相等。兩邊的水
　　　銀處於同一水平上。現在往管子的右邊灌入 14 厘米的水。已知
　　　水銀的密度是水的 14 倍，問左邊的水銀比原來升高了多少？

　　研究發現 (Simon, 1986)，許多學生利用畫圖的方法正確解決了這個問題 (圖 8-6)。

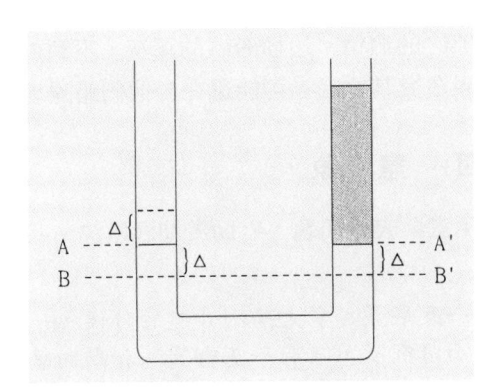

圖 8-6
U 形管水銀實驗
(採自 Simon, 1986)

根據學生的口語記錄分析，他們的推理過程是：假定管子兩邊原有的液體高度為 A 和 A′，A＝A′。當灌水後，右邊的 A′ 下降到 B′ 的水平。由 B′ 處作一條水平線 BB′，這條水平線以上的兩邊的重量應該相等，即 2△×14＝14。從而得出 △＝1/2 厘米。如果只用語言而不用圖形來表徵問題，解決問題就會遇到較大的困難。

西蒙 (Simon, 1986) 還列舉了許多實例，對比說明了不同作圖方法的意義。其中一個例子是：

> 在一個容器中有若干液體，其中 90% 是酒精，10% 是水，溶液的總量是 1 升。問題是，要加多少水才能使酒精變成全部溶液的 80%，而水變成 20%。

西蒙發現，學生採用了兩種不同的方式來圖解問題。一種是把兩種酒精的百分比畫在同一容器內 (如圖 8-7)，這是對問題的正確圖解，因而有助於問題解決。另一種是畫了兩個容器 (圖 8-8)，一個是 80% 的酒精，另一個

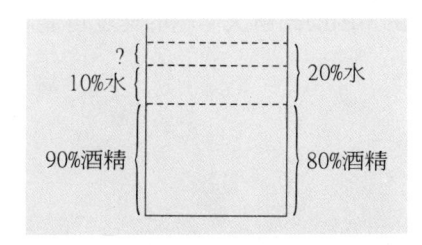

圖 8-7 酒精與水問題的正確圖解
(採自 Simon, 1986)

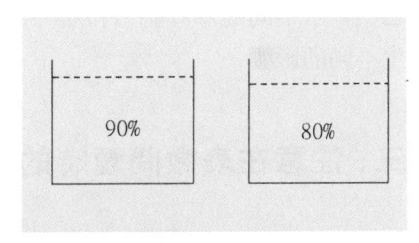

圖 8-8 酒精與水問題的錯誤圖解
(採自 Simon, 1986)

是 90% 的酒精。這種錯誤的圖解，不利於問題解決。學生為什麼會出現這種錯誤？究其原因，可能還在於他們錯誤地理解了問題。

(四) 意 象

用意象表徵問題，有助於問題解決。我們可用和尚爬山的問題來說明。

一天早晨，當太陽剛升起的時候，一個和尚開始攀登一座高山。山路很窄，只有一隻腳寬。和尚向著山頂上燦爛生輝的廟宇盤旋而上，速度時快時慢。一路上，他曾多次休息、吃帶去的水果。快日落時他到了山頂的廟中。經過幾天齋戒、打坐，他又沿同一山路下山。就像原來一樣日出起程，路上休息多次，速度時快時慢，比上山時自然要快些。當他下山時，已是日落黃昏了。現在問，和尚在往返的路上是否可能在同一天的同一時刻在同一地點通過。(Matlin, 1989, p.311)

這個問題初看起來使人困惑，不知怎樣解答。但如果解題者在頭腦中想像有兩個和尚，同一天內一個上山，一個下山，那麼兩個和尚相遇的地方，肯定就是同一時間，同一地點了。在這種情況下，用想像代替語言描述，可以幫助人們較快地找到問題的答案。

當然，這個問題也可用圖解的方式來表徵 (圖 8-9)。解題者可用一條線表示和尚第一天上山的路線，用另一條線表示他下山的路線。兩條線的交點就是這個問題所要求的答案。比較起來，圖解法似乎占有相對的優勢。

前面我們介紹了表徵問題的幾種方式，以及這些方式在表徵不同問題時的優、缺點。正如西蒙所指出的，不同的表徵方式對解題者有不同的要求，它們要求不同的計算能力和短時記憶的容量，因而對解決問題的速度可能產生不同的影響。

三、注意在表徵問題時的作用

為了有效地表徵問題的起始狀態和目標狀態，以及各種約束條件之間的關係，解題者必須從問題中選擇重要的信息、而忽略無關的信息。這是建立

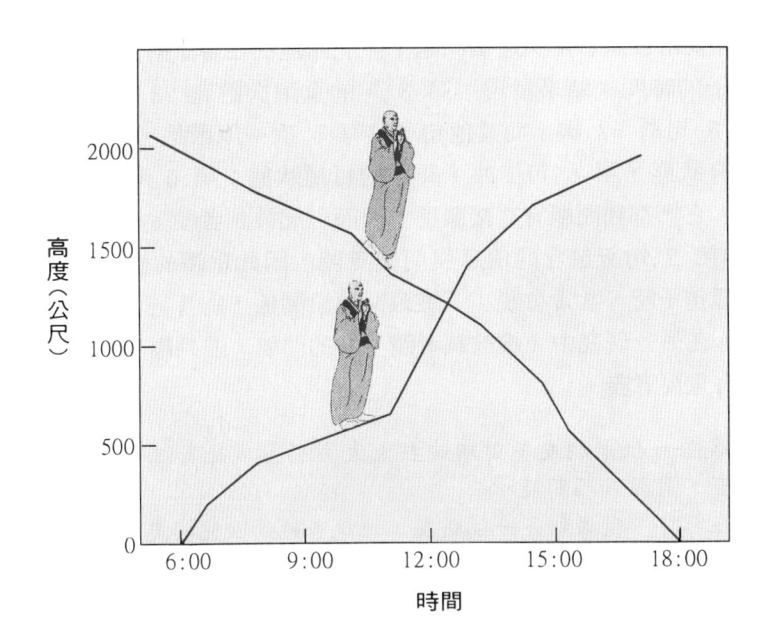

圖 8-9 用圖解法表徵和尚爬山問題
(採自 Matlin, 1989)

正確的問題表徵的重要前提。

為了說明**注意**在表徵問題中的作用，西蒙和海斯 (Simon & Hayes, 1976) 把鬼傳球問題編成了下面的形式，並進行了實驗：

1. 有三個長著五隻手的外星怪物（鬼）拿著三個水晶球；
2. 由於鄰居的量子力學特性，三個怪物和球都有嚴格的規定，分為：小、中和大。
3. 中等怪物拿著小球，小怪物拿著大球，大怪物拿著中球。
4. 這種情況觸犯了他們十分敏銳的對稱感，因此，必須把球從一個怪物傳給另一怪物，使他們持球的大小與他們身體的大小相對應。
5. 怪物的禮節使問題的解決變得複雜起來。這種禮節要求：每次只能傳一個球，如果一個怪物拿著兩個球，那麼傳出的球必須是兩個球中較大的一個，而傳來的球必須大於手中的球。
6. 怪物用什麼順序能解決這個問題？

西蒙等要求被試者解決這個問題，並記錄他們在嘗試解決問題前重復閱讀每個句子的時間。結果發現，第 3 句的重讀次數為 23 次，第 4 句為 9 次，第 5 句為 32 次，而其他句子只有 5 次。原因是，第 3 句描述了問題的現有狀態，第 4 句描述了問題的目標狀態；第 5 句描述了問題的約束條件。它們都和問題有直接關係，因而引起被試者較多的注意。相反，第 1 句和第 2 句所包含的信息與問題無關，因此重讀的次數很少。被試者讀到這種句子時，常常會說："這跟問題沒關係，別管它。"

海斯等在另一研究中，讓被試者讀下面的問題，並判斷其中哪些信息對解決問題有重要意義。

> 昨天我陪一位老朋友奧爾斯波兹太太去喝茶，她有三個女兒：阿美莉亞，貝拉和西莉亞。
> 　在門口，我遇到另一位朋友，她說，她的女兒與奧爾斯波兹太太的女兒在桑迪維爾乘遊艇，渡過了一個假日。
> 　在喝茶時，我看出奧爾斯波兹太太的三個女兒都在渡假。她們的興趣各不相同，一個在馬德維爾，一個在洛克維爾，一個在桑迪維爾。
> 　此外，更令人不解的是，一個在打網球，一個在乘遊艇，一個在打高爾夫球。
> 　又進一步了解到，阿美莉亞不在桑迪維爾，西莉亞不在馬德維爾，而打高爾夫球的女兒不在洛克維爾。
> 　我發現，遊艇愛好者不是西莉亞。那麼，誰在打高爾夫球？在什麼地方？(Hayes, et al., 1977)

研究者發現，在讀完一遍問題後，被試者能抓住解決問題所必需的 80% 的信息，只有 21% 的無關信息被說成是重要的了。對必要信息了解得越多，解決問題就越容易。

黑爾珀恩讓被試者讀下面的課文並回答問題。

> 假定我是一名公共汽車司機，在行駛途中，第一站上來六個男人和二個女人；第二站下去二個男人，上來一個女人；第三站，下去一個男人，上來二個女人；第四站，上來三個男人，下去三個女人；第五站，下去三個男人，上來三個女人；第六站下去一個女人，上來二個女人。問司機的姓名是什麼？(Halpern, 1984)

在這問題中，有關的信息是司機的姓名，這位司機就是解題者自己，其他信息都是無關的。很明顯，解題者只要注意問題的有關信息，問題很容易回答。否則，他就會被無關信息引入歧途而延長解題的時間。

第三節　問題解決的策略

採用什麼策略去解決問題，是影響問題解決效率的一個很重要的心理因素。本節介紹了認知心理學研究得較多的一些策略，如手段-目的分析、類比策略、逆向搜索策略等。

一、隨機搜索策略與啟發策略

在問題得到表徵之後，人們常常運用各種方法來解決問題，這些方法也叫**策略** (strategy)。有些策略肯定能解決問題，但費時間，另一些策略能節省時間，但不見得能解決問題。運用好的策略解決問題，代表了一個人的聰明才智，他比別人能更快地找到問題的答案。

問題解決的策略可分為兩大類，即**隨機搜索策略** (random search strategy) 和**啟發策略** (或**探索策略**) (heuristic strategy)。隨機搜索策略是一種嘗試錯誤的方法。它的特點是：解題者在問題空間進行搜索，對解決問題的每種可能性逐一進行嘗試，放棄嘗試中產生的各種錯誤，直到找到問題的答案為止。在前面提過的字謎遊戲中，已知六個字母 r, d, n, i, f, e，要求把它們組合成一個單詞。解題者可以試探每一種組合，如 rdnife, rnifed, rifedn 等，直到找到正確的組合 friend。應用這種策略肯定能解決問題，但消耗的時間太多。對六個字母的字謎遊戲來說，解決問題的可能性已經有 6!，即 720 種，如果字母數增加到 10 個，解決問題的可能性就將有幾百萬種。可見，當問題很複雜、問題空間很大時，人們是很難依靠這種策略來解決問題的。

隨機搜索策略又可分成兩種。一種叫**非系統隨機搜索** (unsystematic random search)。在使用這種策略時，解題者對問題空間的搜索沒有任何順序，也不記下已經進行過的各種嘗試，只是一而再，再而三地試探各種可能性。這樣做難免走回頭路，並不斷重復已犯過的錯誤。可以想見，這是一種最拙劣的解決問題的策略，即使偶爾找到了問題的答案，他所消耗的時間和精力也是難以估量的。

另一種隨機搜索叫**系統隨機搜索** (systematic random search)。在使用這種策略時，解題者對問題空間的搜索是按自己確定的順序進行的，而且要在記憶中保存已經進行過的各種嘗試。例如，在前面講過的字謎遊戲中，他可以假定 r 在詞的第一位置上，逐個改變其他字母的位置；不成功後，再假定 d 在詞的第一位置上，並逐個改變其他字母位置……直到假定 f 在詞的第一位置上，並找到正確的組合為止。在這種情況下，解題者不會重復已經犯過的錯誤，因而可能較快地找到問題的答案。這比非系統的隨機搜索要好得多。但是，當問題很複雜時，解題者要把已進行的各種嘗試都保存在記憶中，這不僅會加重記憶的負擔，而且在時間上也很不經濟。

人可以用隨機搜索法解決問題，但那畢竟太費時間了。在日常生活中，人更傾向於使用一種更省時、更經濟、和比較有實效的策略去解決問題，這就是啟發式搜索策略。仍用解字謎問題為例，人們會利用已有的知識，例如英語正字法的知識和詞彙知識來指導搜索，排除許多不合理的選擇，使問題空間縮小，從而導致較快地解決問題。

因此，啟發式搜索策略是一種基於知識經驗而進行的有選擇的搜索。它不能保證解決問題，但能縮小問題空間，大大節省解決問題的時間。

認知心理學家在研究問題解決時，特別重視研究啟發式搜索策略。原因是：(1) 許多問題沒有確定的問題空間，難以進行隨機搜索。例如，在界定含糊的問題中，沒有確定的起始、中間和目標狀態，解決問題只能依靠啟發式搜索策略；(2) 應用啟發式搜索策略是人類智慧的重要表現。研究啟發式搜索策略有助於了解人類思維活動的過程和特點；(3) 將啟發式搜索策略用於計算機的問題解決，能設計出更經濟、更有實效的解題程序，加快問題的解決。

前面我們討論了啟發法與隨機搜索法的差別。下面我們將介紹幾個重要的啟發式搜索策略。

二、手段-目的分析

手段-目的分析 (means-end analysis) 是人類解決問題時使用的一種重要的方法或策略。這裡所說的目的就是問題的目標狀態，而手段是指走到目標狀態的途徑或方式。西蒙曾經用一個日常生活的例子來說明這種方法的特點。

> 我想帶我的男孩去幼兒園。在我的現狀和我需要的東西間有什麼差距呢？一個差距就是距離。什麼能改變距離？我的小汽車。但是，我的車現在不能夠發動，怎麼辦？要有一個新電池。去哪裏買新電池？汽車修理站。我想去修理站換一個新電池，但修理站不知道我要電池。怎麼辦？需要解決通訊問題。怎麼解決？用電話。……等。(Newell & Simon, 1972, p.416)

在這裏，目標是送孩子去幼兒園。由於地理位置的不同，造成了起始狀態和目標狀態之間的差異。為了解決這個問題，解題者把問題分成為一系列子問題，設置了一系列子目標，如乘汽車、更換電池、用電話與修理站聯繫等。通過實現這一系列子目標，消除了一個又一個差異，最後達到了所追求的目標。這裏所用的策略就是手段-目的分析策略。

概括地說，手段-目的分析是指在解決問題時先有一個目標。它與人的當前狀態之間存在差異。人認識到這個差異，就要想出某種活動來減小這種差異。這時，人就面臨著一個子目標或子問題，需要通過另外的活動來減少差異，達到子目標，解決子問題。手段-目的分析策略也可以叫**減少差異策略** (reducing difference strategy)。在使用這種策略時，解題者特別注意當前狀態和目標狀態的差異，並通過活動（使用算子）來減少這種差異。

下面我們用解決**河內塔問題**(或**漢內塔難題**) (Tower of Hanoi problem) 為例，進一步說明手段-目的分析策略的特點。

圖 8-10 是一個只有三個圓盤的河內塔問題，要求被試者以最少的步驟，把三個圓盤從柱 1 移到柱 3。圓盤移動的規則是：(1) 每次只能移動一個圓盤，而且應該是木樁上最上面的圓盤；(2) 只能將較小的圓盤放在較大的圓盤上。

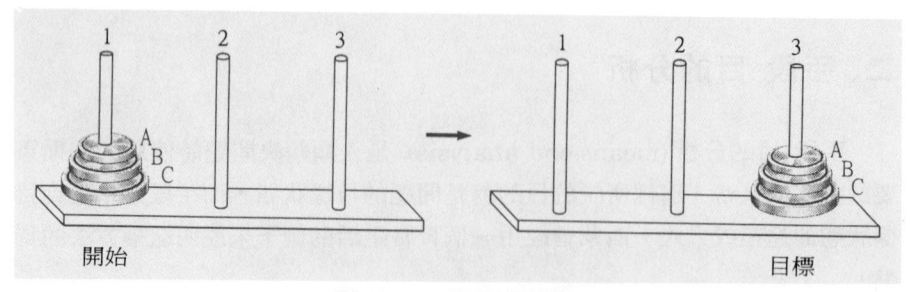

圖 8-10 河內塔問題
(採自 Anderson, 1985)

河內塔問題是界定清晰的問題。解決這個問題要有一系列活動，如發現差異，設置小目標，運用算子消除差異等。問題的總目標是將圓盤 A、B、C 從柱 1 移至柱 3。解題者首先看到，圓盤 C 不在柱 3 上。這就是差別。於是，設置子目標；將 C 移至柱 3。但 C 上有圓盤 A、B，不能直接移動。這又是差異。於是再設置小目標：將 B 從 C 上移開。但 B 上還有 A。於是再設置小目標，首先將 A 移至柱 3，再將 B 移至柱 2，然後將 A 從柱 3 移至柱 2。這樣便可將 C 盤從柱 1 移到柱 3 了。通過不斷發現差異，設置子目標，運用算子消除差異，便能順利解決問題。

卡雷特 (Karat, 1982) 用圖解方式說明了在解決三個圓盤的河內塔問題時，各種合理的移動和狀態 (參見圖 8-11)。

從圖上看到，3 個圓盤的河內塔問題共有 27 種不同的狀態，解決這個問題的最少步子為 7。一般來說，河內塔問題具有 3^n 種狀態，解決問題的最少移動次數為 2^n-1。其中 n 為圓盤的個數。由於圓盤的個數不同，問題的狀態和解決問題的最少步子，有很大差別。解決一個四圓盤問題相當於解決兩個三圓盤問題；而解決一個五圓盤問題相當於解決兩個四圓盤問題。同樣，由於每次設置的子目標不同，解決問題所經歷的狀態及所需要的最少步子也是不一樣的。

在手段-目的分析中，發現差異和運用算子消除差異具有十分重要的意義。人們選擇的算子，是那些能改變問題狀態使之能接近目標狀態的算子。但是，有時候，人們退回到起始狀態，從而遠離目標狀態的情況，也是會發生的。對解決某些問題來說，這種暫時"退回去"的策略，或者叫"欲進先退"的策略，甚至是很必要的。這裏我們舉矮子和海妖問題為例來說明。

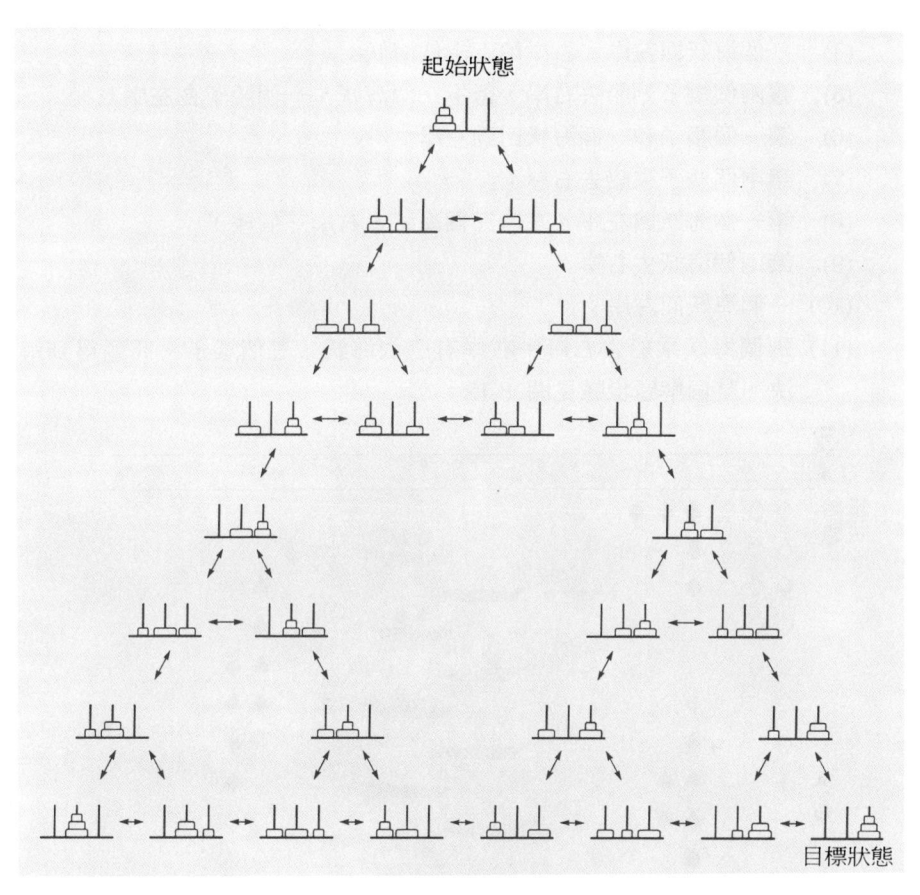

圖 8-11　三圓盤河內塔問題的合理移動及狀態
(採自 Karat, 1982)

在河的左岸有三個矮子和三個海妖，他們必須乘船渡到河的右岸去。但小船每次只能載兩人。任何時候，在河的任何一側，海妖數都不能超過矮子數；否則，海妖就會吃掉矮子。問題是，怎樣才能把三個矮子和三個海妖送到對岸，而不讓海妖吃掉矮子？

按照減少差異的原則，解決這個問題的步驟可以簡要描述如下：
(1)　兩個海妖先乘船過河；
(2)　一個海妖划船送到左岸；
(3)　再將兩個海妖送到右岸；

(4) 一個海妖回左岸。右岸留下兩個海妖；
(5) 讓兩個矮子划船去右岸，留下一個海妖、一個矮子在左岸；
(6) 讓一個矮子和一個海妖回到左岸；
(7) 讓兩個矮子乘船去右岸；
(8) 讓一個海妖回左岸。左岸三個海妖，右岸三個矮子；
(9) 讓兩個海妖去右岸；
(10) 一個海妖回左岸；
(11) 兩個海妖乘船去右岸。右岸有三個海妖、三個矮子。問題得到解決。整個解題步驟見圖 8-12。

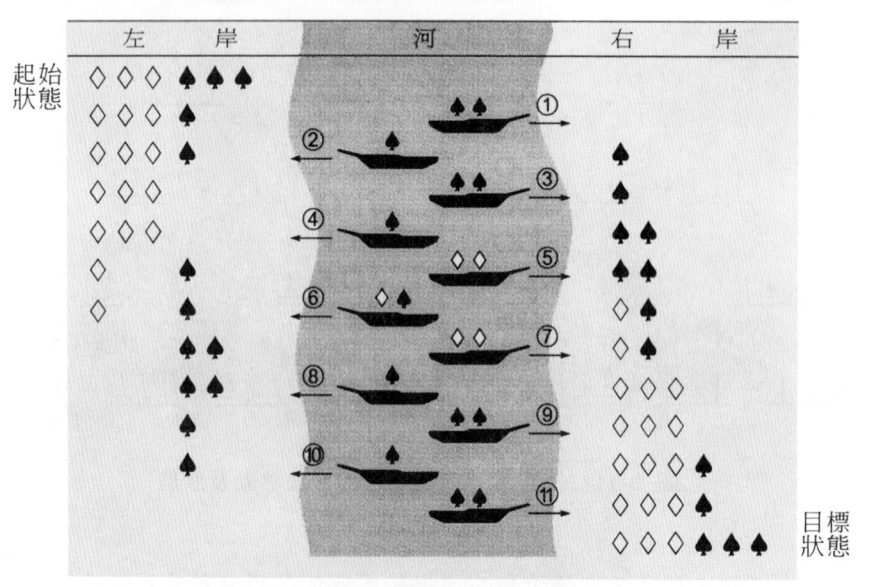

圖 8-12　解決矮子和海妖問題的步驟
（"◇"代表矮子，"♠"代表海妖）
（根據陳永明等，1989 資料繪製）

　　解決這個問題的關鍵在第六步，即讓一個矮子和一個海妖回到左岸。從表面上看，它沒有減少現有狀態和目標狀態的差異，而是讓差異變大了。許多被試者一心只想減少差異，不願作這種移動，因而不能解決問題。因此，從整體上說，解決問題是要減少和消除差異，但在解題過程中，臨時退回到現有狀態或起始狀態，有時是必不可少的。

在日常生活中，這種"欲進先退"的策略也是屢見不鮮的。例如，在研究工作中，人們通常採取的步驟是：查找文獻資料，判定研究方案、執行研究方案，編寫研究報告。但是，當某個方案沒有得到預想的結果時，人們往往會退回去，重新查找資料，修訂已有方案。在這裏，"欲進先退"同樣有助於問題解決。

三、類比策略

利用事物的相似性，發現解決問題的途徑，是解決問題時經常使用的另一種策略。這種策略叫**類比策略** (analogical strategy)。

著名的哲學家培根 (Francis Bacon, 1561～1626) 曾經說過："獨創常常在於發現兩個或兩個以上研究對象或設想之間的聯繫或相似點"（新工具，1620）。利用相似性找到解決問題的途徑，在科技發展史上是層出不窮的。例如，達爾文 (Charles Robert Darwin, 1809～1882) 根據物種間的相似性，發現了生物進化論。以後，科學家們又根據生物進化的原理，對天體演化、社會進步和微觀物質演變進行了各種相似的推論，獲得了很多偉大的成就。瓦特由於看到蒸汽推動壺蓋產生相似聯想而發明蒸汽機。以後，人們又把蒸汽機裝在車上，因而發明了火車；裝在船上因而發明了輪船；裝在紡車上因而發明了自動紡織機等。現代科學中普遍應用的一些方法，如模型、模擬等，也都是用類比策略來解決問題的。

在教學活動中，類比策略的使用也很普遍。例如，教師在小學生的識字教學中常使用同音歸類的方法。學生根據已經學會的一個字的讀音，如青，就可以較容易地讀出其他字的聲音，如清、請、晴、睛等。學生在完成學習作業之後，往往要根據教科書上的例題，找到解題的方法，也是應用了類比策略。

吉克和霍利約克 (Gick & Holyoak, 1980) 的實驗，說明了類比在問題解決中的作用。實驗中他們使用了鄧克 (Duncker, 1945) 的實驗問題。該問題是：

> 某胃癌患者，經醫生診斷確定，不能開刀切除。唯一可能的治療方法是用放射線破壞癌體組織。但是，採用放射療法遇到的困難

是：如果放射線強度不夠，就不足以破壞癌體組織；如果強度足夠，那麼放射線在破壞癌體組織以前，會先損傷其他部位的健康組織。在兩難情況下，怎樣才能在不傷害健康組織的原則下，達到治療的目的？

解決這個問題的思路有三條：一是避免放射線與健康組織的接觸。這種做法雖然保護了健康組織，但操作上難以實現，因而不可取；二是降低健康組織的敏感性。這種做法仍不能實現治療的目的。三是使放射線經過健康組織時強度減弱；當它到達癌體組織時，再提高強度。這種做法既保護了健康組織，又能殺死癌細胞（見圖 8-13）。參加實驗的被試全部是大學生。結果表明，40% 的被試者選擇了第一種思路；19% 的被試者選擇了第二種思路；只有 5% 的被試者選擇了第三條思路，因而能正確解決問題。

吉克等 (Gick, et al., 1980) 在自己的實驗中，設置了一個控制組和一個實驗組。讓控制組直接解決治療胃癌的問題，而讓實驗組在解決這個問題前，先學習下面這段文字。

一位軍官接到命令去進攻一個敵人的堡壘。堡壘的四周有許多條小路直接通向那裏。小路兩邊住著老百姓。軍官面臨的問題是，如果集中火力從一方向發動攻擊，將使那邊的老百姓遭受嚴重損傷。於是，他決定分兵從小路進攻，待各路隊伍接近堡壘時，再集中火力，猛烈攻擊。結果，堡壘攻打了下來，居民也沒有蒙受傷害。

吉克等發現，實驗組在學習了這段文字後，100% 地正確解決了治療胃癌的問題；而控制組沒有一個人能解決問題。很明顯，實驗組被試從軍官攻打堡壘的經驗中得到啟發，通過類比，很快找到了問題的正確答案。

類比策略表現了**學習遷移** (transfer of learning) (係指舊學習影響新學習效果的現象) 在問題解決中的作用。正確使用類比策略依賴於解題者能否發現問題間的同型關係。所謂**同型關係** (isomorphs) 是指問題的深層結構或表徵方式相同，而問題表達的形式或問題的一系列細節則不同。例如，和鬼傳球問題具有同型關係的問題是鬼變球問題：已知有小、中、大三個鬼，分別拿著大、小、中三個球。每個鬼都能把自己手中的球變大或變小，但每次只能由一個鬼變自己手中的球，且不能把球變得和另一較大的鬼所拿的球

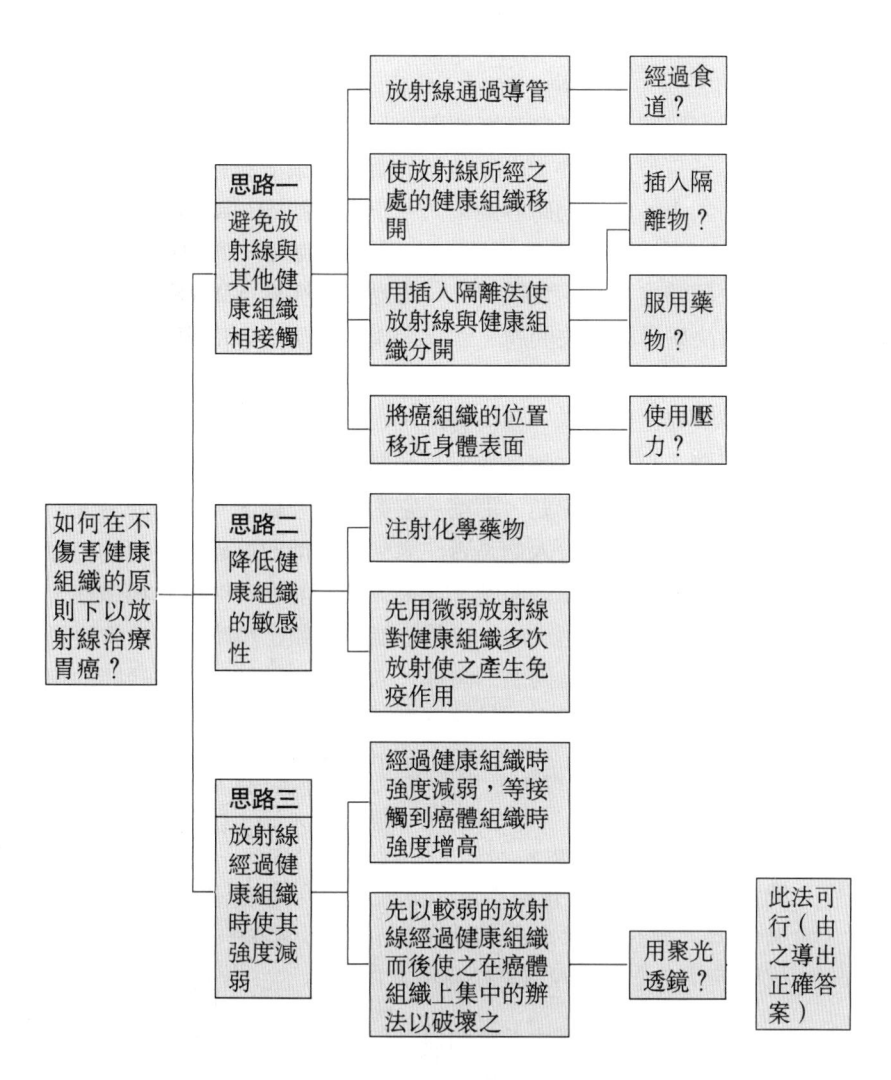

```
                                    ┌─放射線通過導管──────經過食道？
                    ┌─思路一────────┤
                    │ 避免放射線與   ├─使放射線所經之處的──插入隔離物？
                    │ 其他健康組織   │ 健康組織移開
                    │ 相接觸        ├─用插入隔離法使放────服用藥物？
                    │              │ 射線與健康組織分開
                    │              └─將癌組織的位置──────使用壓力？
如何在不              │                移近身體表面
傷害健康             │
組織的原──┼─思路二────────┬─注射化學藥物
則下以放              │ 降低健康組織   │
射線治療             │ 的敏感性      └─先用微弱放射線對健康組織
胃癌？               │                 多次放射使之產生免疫作用
                    │
                    └─思路三────────┬─經過健康組織時強度減弱，
                      放射線經過健   │  等接觸到癌體組織時強度增高
                      康組織時使其   │
                      強度減弱      └─先以較弱的放射線經過健康───用聚光透鏡？──此法可行
                                     組織而後使之在癌體組織上                  （由之導出
                                     集中的辦法以破壞之                        正確答案）
```

圖 8-13　解決治療胃癌問題的思維過程
（採自 Duncker, 1945）

一樣大。當每次變化後出現兩個球相等時，必須先變大鬼拿的球。按照上述規則，儘快讓小、中、大鬼手中的球分別變成小、中、大球。當問題同型而表達方式不同時，解題者如能發現它們的相似結構，就可能依據已有的知識經驗，正確解決問題。否則，類比可能會使問題引向錯誤的解決。

研究發現，在解決問題時，人們往往忽略了問題間的相似性，因而難以找到問題的答案。里德等 (Reed, et al., 1974) 在一項實驗中，要求被試者解決兩個同型問題：矮子和海妖問題、妒忌的丈夫問題。其中妒忌的丈夫問題大意是："三位妒忌的丈夫和他們的太太必須擺渡過河。他們找到了一條船。但是船太小，只能同時容納兩人。現在要找到一種最簡單的渡河方法，能讓 6 個人都能過河，但不能讓一位太太單獨和任何其他男人在一起，除非她的丈夫同時也在"。實驗時，一半被試者先解決矮子和海妖問題，另一半被試先解決妒忌的丈夫問題。結果發現，兩個問題沒有明顯的遷移關係。在另一實驗中，預先告訴兩個問題的關係，並鼓勵被試者用解決第一個問題的經驗去解決第二個問題。結果發現，如果被試者先解決較難的問題，如妒忌的丈夫問題，那麼，它對解決容易的問題有幫助。相反，如果先解決容易的問題，如矮子和海妖問題，那麼，它對解決較難的問題幫助不大。里德認為，問題間的遷移依賴於人們是否注意到當前問題與過去問題的相似性，以及是否知道怎樣解決以往的問題。如果人們不能發現問題的相似性，或者不知道過去的問題是怎樣解決的，也就不能運用類比策略解決當前的問題。

相反，如果問題不是同型的關係，人們錯誤地使用了問題間的相似性，也會帶來錯誤的結果。現在，請看下面兩個問題：

問題一：在一次心理測驗中，某人在一份記分爲 0～300 分的量表中，得分爲 150 分；如果在一份記分爲 0～240 分的量表中，他的得分應該是多少？

問題二：在一次身體檢查中，某人站在一台刻度爲 0～300 磅的磅秤上，稱得的體重爲 150 磅；如果他站在一台刻度爲 0～240 磅的磅秤上，稱得的體重應該是多少？

這兩個問題從表述形式看很相似，但實際上是兩個不同的問題。磅秤測量的是人的體重的絕對數值。因此在不同的磅秤上稱得的體重應該一樣；而心理測驗測量的是人的心理品質的相對數值，因此，用不同量表測得的分數可能不一樣。如果解題者僅僅根據問題的表面相似性來解決問題，就可能得出錯誤的結論。

四、逆向搜索

逆向搜索 (backward search) 是人們解決問題時又一常用的策略。在使用這種策略時，人們從問題的目標狀態開始搜索，然後返回到問題的起始狀態。例如，在玩"走迷津"的遊戲時，由於問題的起始狀態有多條道路，人們難以發現通向目標狀態的正確道路。在這種情況下，採用逆向搜索特別有效。即從迷津的終點或出口開始，循著這條路往回走，一直退到迷津的起點，這樣能很快地發現走出迷津的道路。

在解決小學算術問題時，學生常使用逆向搜索。例如，有一道題目為：

小李期中考試的五門功課平均分數為 94 分。其中語文 96 分，外語 93 分，數學 88 分，政治 93 分，問自然得多少分？

在解題時，逆向搜索是從題目的問題開始。要知道自然課的分數，必須先知道五門課的總分和其他四門課的分數。而要知道五門課的總分，又必須知道這些課的平均分數。現在已知這些課的平均分和四門課個別的分數，自然課的分數也就容易知道了。學生解題時的逆向搜索過程，可以用框圖表示（見圖 8-14）。

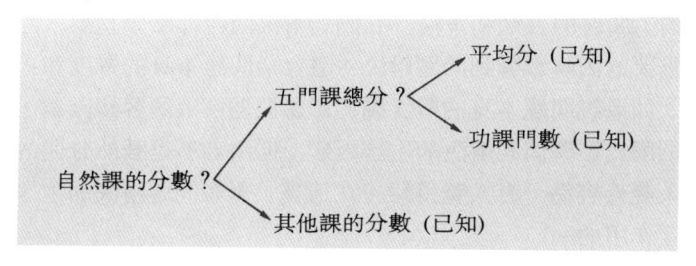

圖 8-14 學生解算術題的逆向搜索

在求證幾何題時，逆向搜索策略就用得更多了。例如：

已知長方形 ABCD，求證對角線 $\overline{AD}=\overline{BC}$

在證題時，學生一般這樣想：要證明 $\overline{AD}=\overline{BC}$，必須證明 $\triangle ACD \cong \triangle BDC$；要證明兩個三角形為全等三角形，必須證明 $\angle ACD = \angle BDC$，

$\overline{AC}=\overline{BD}$，$\overline{CD}=\overline{CD}$，即兩邊一夾角相等。已知∠ACD和∠BDC均為直角，$\overline{AC}$與$\overline{BD}$為長方形的兩對邊；$\overline{CD}$為公共邊，經過這樣分析，問題就很容易解決了。

逆向搜索與手段-目的分析不同。逆向搜索是先考慮目標，然後確定能夠達到目標的算子。而手段-目的分析是考慮現有狀態和目標狀態的差異、並運用算子消除這種差異。一般說來，當通過目標狀態的道路只有一條的時候，可採用手段-目的分析；而當道路有多條，其中只有一條能到達目標時，用逆向搜索更加有利。

在實驗解決問題時，逆向搜索與正向搜索經常是結合使用的。人們從正向搜索中了解了問題的起始狀態或已知條件，又從逆向搜索中了解了問題的目標狀態，經過兩者的反覆比較，就能較快地找到問題的答案。

第四節　影響問題解決的其他因素

前兩節討論了問題的表徵和策略，它們對解決問題都十分重要。除此以外，還有一些重要的因素影響到問題解決。這包括問題本身的難度和人的知識經驗的影響。如果說問題本身的難度屬於影響問題解決的客觀因素，那麼人的知識經驗則屬於影響問題解決的主觀因素。但兩者不是截然分開的。同一個問題，有人覺得容易，有人覺得難。在這裏，影響問題解決的主、客觀因素是彼此交互作用的。

一、問題的難度

問題的難度既依賴於問題本身的一系列特點，也依賴於解題者的知識經驗。在這裏，我們只討論問題本身的一些特點。

（一） 問題空間的大小

問題難度的一個客觀基礎是**問題空間**的大小。問題空間越大，搜索的路線越多，問題就越困難。例如，我們在前面講過，有三個圓盤的河內塔問題共有 27 種不同的狀態，解決這個問題的最少步子為七步。而有五個圓盤的河內塔問題共有 243 種不同的狀態，解決這個問題的最少步子為 31 步。後者比前者顯然要難得多。同樣，解決三個字母的字謎問題較容易，而解決十個字母的字謎問題要難得多。

卡普蘭等 (Kaplan, et al., 1968) 曾經用字謎問題研究問題空間大小對解決問題的影響。他們選用的字謎分別由三個、六個和十個字母組成。用解決問題的時間作指標。結果發現，解決問題的時間隨字謎中字母數量的增加而增加，但解題時間從三個字母到六個字母的增長率大於從六個字母到十個字母的增長率。卡普蘭等發現，當字母數較少時，被試者對字謎中的每個字母都逐一加以考慮；而當字母數多時，被試者是把字母組成一些有意義的單元，並進行搜索的。可見，對難度不同的問題，被試者採用的搜索策略可能有區別。

西蒙 (Simon, 1986) 曾經指出，問題的難度不僅取決於問題空間的大小，而且取決於搜索路線的多少。國際象棋的棋盤有 64 個格，搜索空間包括 10^{120} 種可能性，但這樣的問題並不太難解決。而 5 個圓盤的河內塔問題，搜索空間只有 243 種可能性，但是實現這些可能性，大約有 10^{16} 條路線，解決起來並不容易。因此，不能僅僅從問題空間的大小來判斷問題的難度。

（二） 問題的結構特點

除問題空間大小和搜索路線的多少外，另一些結構特點也能影響問題的難度或複雜程度。例如，在矮子和海妖過河的問題中，關鍵性的解題步驟是要採取"欲進先退"的策略。這和人們習慣於"一往直前"的思路不一致。這種問題結構上的特點，使人們在解題時會遇到意想不到的困難。

"九點圖"問題是另一個看來容易，實則很難解決的問題。問題是：連續畫一條線讓它通過圖上的九個圓點，畫線時筆不能離開紙，須一筆完成。(見圖 8-15)。

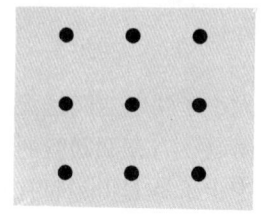

圖 8-15
九點圖問題

這個問題的搜索空間不大，搜索路線也不多，但很多人不能解決。原因是，人們不能突破由九個點限定的空間範圍，他們所畫的線條侷限在由九個點組成的正方形內。事實上，只要人們超越了這個界線，問題就很容易解決了（見圖 8-16）。

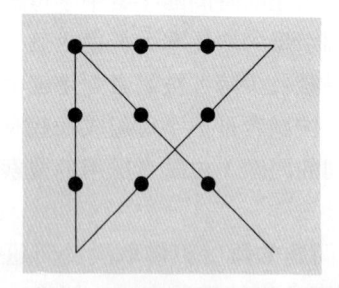

圖 8-16
九點圖問題的答案

問題的結構特點會直接影響人們的知覺情境，進而改變問題的難度或複雜程度。一般說來，知覺情境越簡單、越顯著，解決一個問題所必須的各種條件都在人們的視野之內，問題就顯得較容易。相反，複雜、隱匿的知覺情境會增加問題的複雜程度，使問題難於解決。例如，在圖 8-17(a)、(b) 中，圓的半徑均為 2 吋，求圓外切正方形的面積。在圖 (a) 中，圓的半徑與正

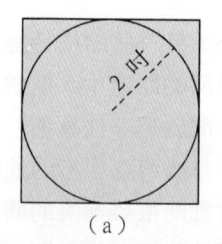

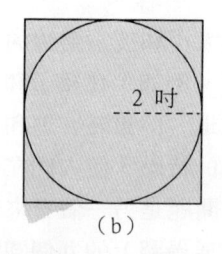

(a)　　　　　(b)

圖 8-17　知覺情境對解決問題的影響
(採自彭聃齡，1988)

方形是分開的,人們不易發現圓的半徑與正方形的關係,因而解決問題的時間較長;而在圖 (b) 中,人們很容易發現圓的半徑就是正方形邊長的二分之一,知覺情境的改組很容易,解決問題的時間就短得多。

(三) 無關信息的干擾作用

前面我們在講注意在表徵問題中的作用時,已經談到了無關信息的干擾作用。在問題中增加無關信息,會提高問題的難度,干擾問題的解決。

斯拉文 (Slavin, 1989) 曾經列舉過下面這個問題:西爾維亞在 6 點 18 分和三個朋友走進一家快餐店。他們買了四份漢堡麵包,每份 1.25 元;兩份法國油炸馬鈴薯條,每份 65 分;三杯蘇打水,每杯 75 分,另外還買了一份洋蔥,花去 55 分。西爾維亞的母親讓她在九點前回家。但當他告別朋友離開快餐店時,已經晚了 25 分鐘。西爾維亞按每小時 30 英里的速度,開了三英里回到家。問西爾維亞在快餐店停留多久?

這個問題本來很簡單。要計算西爾維亞在快餐店停留的時間,只需要知道他到達和離開快餐店的時間。但是,這些有用的數據和許多無關的信息混雜在一起,因而增加了理解和解決問題的困難。當人們能順利排除這些無關信息的干擾時,問題也就容易解決了。

二、知識與問題解決

根據知識在問題解決中的作用,可以把問題分成兩類。一類是不需要具有專門領域的知識,如河內塔問題、鬼傳球問題、矮子和海妖問題等,這些問題也叫語意貧乏問題。另一類是語意豐富問題,解決這些問題需要大量語意知識或專門領域的知識。如數學問題、物理學問題、社會科學問題等。下棋也是一種語意豐富問題,它要求棋手具有豐富旳專門知識。近 20~30 年來,研究語意豐富問題,是認知心理學家特別關注的一個領域。

(一) 知識的作用

人的知識經驗在解決問題時起著重要作用。知識經驗不僅能幫助人們理解問題,形成正確的內部表徵,而且能縮小問題空間、指導搜索,採取正確的搜索策略和算子,把問題的起始狀態轉化為目標狀態。

拉爾金等人（Larkin, et al., 1980）曾經用一個物理學問題為例，說明知識在問題解決中的作用。問題是：

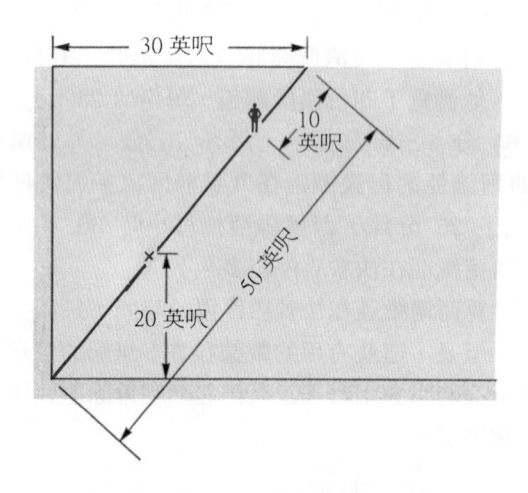

> 一張梯子從牆角向上斜立著，梯子的頂端與牆之間用一條 30 英呎長的繩子連著。梯子長 50 英呎，重 100 磅，重心在離地面 20 呎處，一個體重 150 磅的人站在離梯子頂端 10 英呎的地方（見圖 8-18），求繩子的張力是多少？

圖 8-18　梯子問題
（採自 Simon, 1986）

解決這個問題至少需要五方面的知識：

1. 要有一定的分析語言的知識。如知道什麼是句子的主語、謂語和賓語。通過解析句子，能正確理解問題中各部分的關係。

2. 要有有關梯子的一般性的知識。如懂得什麼是梯子、梯子有腳等。

3. 要知道梯子的物理學知識。如梯子是長方形的，它的作用相當於一根槓杆。

4. 要有槓杆方面的知識。例如槓杆有一個支點，有一定的長度、重量和重心等。

5. 要有解決槓杆問題的知識。

如果人們具備了這些知識，而且這些知識都是正確的，那麼，解決這個問題就很容易。

佩奇和西蒙在一項研究中，説明了知識在問題解決中的作用。所用的問題為：

己知兩角紙幣的數目是 5 分硬幣數目的 7 倍，5 分硬幣的總值比兩角紙幣的總值多 3.6 元。請列出方程式並求解 5 分硬幣和兩角紙幣的數目。(Paige & Simon, 1966)

根據被試者如何列出方程式，可以把他們分成三類。

第一類被試者只根據語法知識來解題，而不考慮列出的方程式是否符合現實生活的情況。結果得到的方程式為：$5X=20\times7X+360$。這個方程式符合題目的要求，但不符合現實生活的情況。按常識説，既然兩角紙幣的數目是 5 分硬幣數目的 7 倍，5 分硬幣的總值就應該小於 2 角紙幣的總值，而不應大於它。

第二類被試者利用了語意信息。他們考慮了現實的可能性，但忽略了題目本身的要求。結果得到的方程式為：$20\times7X=5X+360$。這個方程式不符合題意，但在現實生活中是合理的。

第三類被試者認為這道題目本身有錯誤，不可能有解。因而拒絕列出方程式。西蒙認為，這種人在解題時既利用了語法知識，也利用了語意知識。

欣斯里、海斯和西蒙 (Hinsley, Hayes & Simon, 1978) 曾研究了題型 (問題類型) 知識對表徵問題的影響。在第一個實驗中，他們從中學代數課本中選擇了 76 道文字題，要求大學生將這些題目分成不同的類別，結果發現，被試者的分類標準相當一致。他們把其中的 64 道題非常自信地分成了 18 種不同的類型，即三角形問題、行程問題、平均數問題、標度轉換問題、比率問題、利息問題、面積問題、極大值、極小值問題、混合問題、流速問題、概率問題、數字問題、工程問題、航行問題、級數問題 (1)、級數問題 (2)、物理學問題、指數問題等。這説明，學過代數的學生已經在頭腦中形成了關於問題類型的圖式。

在第二個實驗中，他們選擇了八種類型的問題，分別唸給學生聽。每次唸題目的一個部分，如一個獨立子句的名詞短語。每唸完一部分，就要求學生試圖將題目分類，預測後面的信息和問題應該怎樣解決。結果發現，一半左右的被試者在聽到題目的不到 20% 的部分時，就能將題目進行正確的分類。一些題目只需要 5% 的信息就夠了，另一些題目則需要 31% 的信息。例如,一個學生剛聽到"一艘江輪……"時,馬上就說:"這是一個關於順水、逆水和靜水的流速問題,你要比較順水和逆水所用的時間。如果時間不變,那就是距離了"。可見,在學生頭腦中已經儲存了關於代數知識的定型化的圖式。而問題中的一些關鍵詞能將某個適當的圖式激活起來,並指導學生對問題空間進行搜索。

(二) 專家與新手的區別

專家與新手在解決問題時存在著明顯的區別。對某個特定領域的問題來說,具有專門知識的人,總是比沒有專門知識的人,問題解決要容易得多。專家與新手相比,不僅知識的種類和數量不同,而且應用知識的方法也不同(Simon, 1986)。因此,研究專家與新手的區別,有助於更深刻地了解知識在問題解決中的作用。

德·格魯特 (De Groot, 1965) 在一系列的著名實驗中,比較了象棋大師和普通棋手的差異。實驗的一般程序是,讓被試者在五秒鐘時間內看一盤棋,看後將棋子移開,並讓他們按照剛才看過的棋局,重新將棋子放回棋盤(復盤),用正確復盤的棋子數作為記憶成績的指標。結果發現,當被試者看到的棋局是一盤由好手未下完的殘局時,象棋大師的復盤數為 20～25 個,而普通棋手只有六個;當棋盤上的棋子是隨機分布時,象棋大師和普通棋手的復盤數都是六個。這些結果說明,象棋大師和普通棋手對棋盤的視覺記憶能力是一樣的。當棋局是隨機排列時,大師和普通棋手把每個棋子都當成一個無意義的單位,因此兩者的復盤數沒有區別;而當棋局是一盤未下完的殘局時,大師把棋盤上的棋子編碼成一些有意義的組塊,並用組塊為單位來記憶棋子的位置;普通棋手只能逐個記住棋子的位置,因此大師的復盤數要比普通棋手好得多。

蔡斯和西蒙 (Chase & Simon, 1973) 在德·格魯特的實驗基礎上,進一步檢驗了上述假設。參加實驗的被試者有象棋大師、一級棋手和初學者。實驗材料為選自棋譜和雜誌的 20 種棋局,其中一半是下了半截的棋局 (中局),另一半是下到末尾的棋局 (終局)。實驗有二個。在實驗一中,給被試者兩個棋盤,其中一個為目標棋盤,另一個為測驗棋盤,並排放好。要求被試者按照在目標棋盤上看到的棋子的位置,把棋子從目標棋盤上拿走,擺到測驗棋盤上。每次拿幾個、擺幾個,再拿幾個,再擺幾個,直到結束。用復盤的時間和掃視棋盤的時間作指標。實驗結果見圖 8-19。從圖上看到，大師的掃視時間略長於一級棋手和初學者，而復盤時間，大師比一級棋手和初學者都短得多。

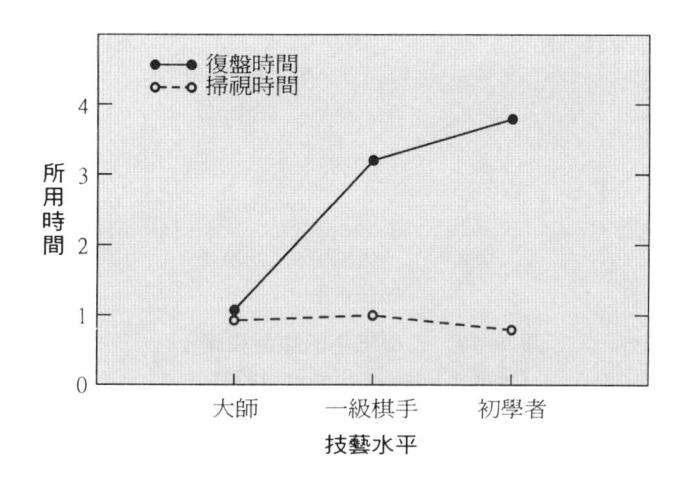

圖 8-19　三種棋手的掃描和復盤時間
(採自 Chase & Simon, 1973)

　　在第二個實驗中，要求被試者掃視棋盤五秒鐘，然後根據自己的記憶進行復盤。用正確復盤數作指標。結果見圖 8-20。從圖上看出，大師的正確復盤數高於一級棋手，一級棋手又高於初學者，三者有顯著差異。

　　蔡斯和西蒙把每次復盤的棋子數定義為一個組塊。他們還發現，大師、一級棋手和初學者在每次實驗中組塊的平均數分別為 7.7、5.7 和 5.3；每個組塊中棋子的平均數分別為 2.5、2.1 和 1.9。這些結果說明，大師傾向於使用較多的組塊，而每個組塊內包含的項目較多。西蒙等人估計，大師在長時記憶中儲存的組塊數在 10,000～100,000 個之間，這是他們實踐積累的結果。

　　西蒙等人 (Simon & Simon, 1978) 研究了在解決物理學問題時專家和新手的差異。要解決的問題有自由落體問題、拋物運動問題和射擊問題等。被試者中的專家是有經驗的物理學教師，新手是指幾年前學過物理學的人。結果發現，專家的口語記錄要比新手的口語記錄短得多，專家一步能解決的

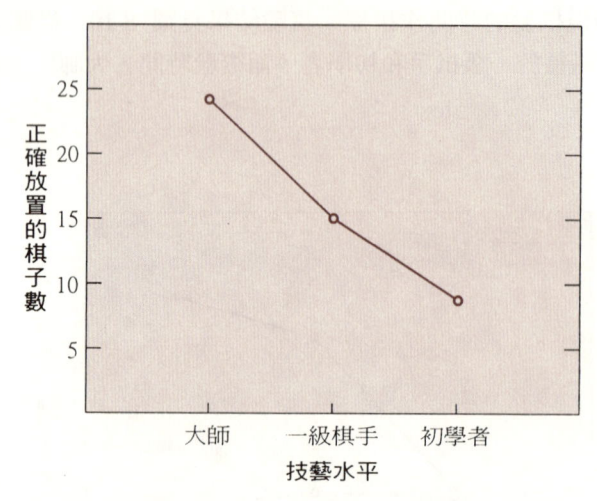

圖 8-20　三種棋手的復盤成績
（採自 Chase & Simon, 1973）

問題，新手要用兩步；專家的口語記錄多數都與題目有關，很少涉及題外的話語，而新手的口語記錄常出現描述和評價自己解題過程的話語；在解決問題時，專家不是從目標向回走，而是擴展已有的知識去解決問題；專家總是用簡單、容易理解的辦法解決問題，而新手則用複雜的方程式解決問題。根據西蒙等的意見，專家與新手解決問題的差別可以歸納為：(1) 專家不注意中間過程，可以很快地解決問題；新手需要許多中間過程，而且要有意識地加以注意。這種差別使專家的口語記錄短得多，解決問題的速度也快得多；(2) 新手先明確目的，從尾到頭地解決問題；專家則通過立即推理或搜集信息，從頭到尾地解決問題；(3) 專家更多地利用物理直覺，即根據生活經驗的表徵來解決問題；新手則更多地依賴正規的方程式解決問題。

洛爾曼、布魯克斯和艾倫 (Norman, Brooks & Allen, 1989) 用一種新的思路對比了專家和新手的差異。在第一個實驗中，他們用醫務工作者重復了蔡斯等人對棋手的研究。被試者分三組。第一組是內科專家，第二組是兩年的醫科學生，第三組是沒有受過醫學訓練的新手。實驗時給被試者看一些病人的體檢結果。其中一半是病人真正的體檢通知單；另一半是一些隨機數字。在被試者讀完每位病人的體檢材料後，要求他們設法進行回憶。結果發現，由於知識水平的不同，被試者在回憶真實的體檢材料時產生了差異，而回憶隨機的數據沒有區別。

在第二個實驗中，洛爾曼等比較了醫學專家和醫科學生的差別。研究中使用的作業有兩種。第一種作業要求被試者解釋病人的體檢材料，並說出哪些結果對診斷重要，哪些對診斷不重要。在這樣做了以後，要求被試者儘量回憶病人的體檢材料。這種作業是一種伴隨學習測驗。被試者事先並不知道要接受這種測驗，因而他們對材料的記憶是無意義的。接下來，進行第二種作業，給被試者更多的體檢材料，並要求記住它。在這種情況下，被試者進行了有意的學習。研究結果表明，在伴隨學習條件下，專家的回憶成績比新手好；而在有意學習條件下，兩組被試者沒有區別。可見，在診斷病人時，專家比新手需要更多的信息。

根據上述結果，洛爾曼等認為，讓被試者回憶有意學習的材料，不見得是測量專業知識的一種最好的辦法，專業知識是在專家解決問題時使用的。因此，只有在他們制定解決問題的方案、或檢驗不同的假設時，才會較徹底地探索這些知識。相反，在沒有遇到問題時，專家自動提取信息的能力，不見得比新手強。

（三） 直覺與知識

前面我們已經談過專家的直覺問題。專家的知識除了有一定的數量外，還有一個很重要的特點，即專家遇到問題時能很快地分析情境並做出反應。西蒙 (Simon, 1986) 認為，這種對情境立即進行分析和做出反應的能力，就叫專家的**直覺** (intuition)。

直覺依賴於人的知識和經驗。一位物理學家把照像膠片放在抽屜裏，偶然發現膠片感光了，因此他認為某種光可以透過桌面。這種直覺判斷依賴於他所具有的物理學知識。一個沒有這方面知識的人，是不會想到光穿透桌面使膠片感光的。同樣，一位象棋大師可以同時和幾位對手下棋。如果對手不強，他可以戰勝所有對手。在這裏，大師也使用了直覺判斷，他能很快確定應該如何走才能贏對方，並依賴過去的經驗，利用對方的弱點，來確定自己下一步的走法。所有這一切離開豐富的知識經驗，是不可能的。

三、功能固著與定勢

在解決問題中，除了特定領域的知識具有重要的作用外，人的一般知識經驗也是有作用的。這裏我們只介紹有關的兩種現象，即功能固著與定勢。

（一）功能固著

所謂**功能固著**(functional fixedness) 意指日常生活中人們傾向於將某種功能固定地賦予某一物體，如硬幣是買東西的，鉛筆是寫字的，螺絲起子是起螺絲釘的……，因而在解決問題時，影響到靈活地運用這些物體。

梅爾 (Maier, 1931) 設計了兩條繩問題（圖 8-21）。室內吊著兩條繩，相距較遠，人站在兩繩之間，不能同時用兩手搆著它們。室內的地上還零亂地放著一些其他的東西，如手鉗、罐子、椅子等。被試的任務是將兩條繩設法連在一起，被試者是大學生。結果發現，在 10 分鐘時間內，只有 39% 的被試者正確解決了問題：他們將手鉗綁在一條繩子上，讓繩子像擺一樣地擺動起來，這樣就很容易將兩條繩子繫在一起了。

為什麼 61% 的被試者在 10 分鐘時間內沒有解決問題？原因就是他們受到功能固著的影響。在他們看來，手鉗只能用來夾住東西或絞斷電線，而

圖 8-21 兩條繩問題
(採自 Anderson, 1985)

不能用來作擺錘。這種對物體功能的固有意識，影響他們在需要時靈活地運用它們。

唐克爾 (Duncker, 1945) 在另一實驗中，也看到了類似的現象。他將一支蠟燭、一盒圖釘、一盒火柴同時放在桌上，要求被試者將蠟燭固定在桌上，當蠟燭燃燒時，燭油不能滴落在地板或桌子上。結果發現，許多被試者在規定的時間內沒有解決問題。他們想不到可以利用裝圖釘的盒子作為蠟燭的支持物。對他們來說，盒子的功能只是裝東西。

克服功能固著有賴於被試者的機智與靈活，同時也依賴於被試者對物體不同功能的知識。在這方面，思維靈活性的訓練有重要意義。當一個人能從各種不同的方向來選擇和應用一個物體的功能時，就叫**功能變通** (functional availability)，它往往導致對問題的創造性解決。

(二) 定 勢

定勢 (或**心向**) (set) 也叫**心理定勢** (mental set)，是指對活動的一種內部準備狀態。它是由重復某種態度，認知操作或行為方式時產生的。定勢不僅能影響對事物的評價，對物體的知覺，而且能影響對問題的解決。

以盧欣斯 (Luchins, 1942) 的水罐問題為例：設想你有三個水罐，A、B 和 C，它們的容積分別見表 8-3。現在讓你用三個水罐取水，使水的總量達到所要求的目標。取水時既可以將兩罐水相加，也可以從一罐水中減去

表 8-3　盧欣斯水罐問題

問題	水　桶　容　量			目標 (所求水量)
	A	B	C	
1	24	130	3	100
2	9	44	7	21
3	21	58	4	29
4	12	160	25	98
5	19	75	5	46
6	23	49	3	20
7	18	48	4	22

(採自 Luchins, 1942)

另一罐水。問題共七個。被試者分兩組。實驗組解決問題 1～7，控制組解決問題 6～7。

結果發現，當實驗組解決第一個問題時，被試者先用 B 罐取水，然後減去一罐 A 和兩罐 C 的水，就達到所要求的目標。接下去，他們就一直按照這種解題方式解決其餘六個問題。儘管第六和第七個問題，還有另一種更簡便的辦法，如在第六題中可直接將 A 罐的水減去 C 罐的水；在第七題中，可直接將 A 罐的水加上 C罐的水。由於被試者已經形成解題的定勢，他們沒有發現這些更簡便的解題方法。控制組就不同了。他們直接從第六題開始，沒有受到前面五道題的影響，因而大多數被試者都採用了較容易的方式解決問題。研究還發現，用相同方式解決的問題越多，定勢的影響就越大。這種現象在學生日常的解題活動中也是經常見到的。

功能固著和**定勢**表現了過去經驗在問題解決中的作用。一般來說，經驗豐富有利於發現問題和解決問題，但如果一個人囿於固有的經驗，滿足於一孔之見，那麼經驗也可能對解決問題產生不利的影響。有些經驗多的人，對新問題的敏感程度反而不如經驗較少的人，解決問題的方案較後者也較少創造性，可能正是由於他們的經驗主義在作怪。

第五節　創造性

創造性是人們熟悉的一個概念，但什麼是創造性？創造性的心理成分有哪些？如何突破心理障礙，激發人的創造性？這些正是本節要闡明的問題。

一、創造性與創造性問題解決

創造性(或**創造力**) (creativity) 是指人們應用新穎、獨特的方式解決問題，並能產生新的、有社會價值的產品的心理過程。創造性存在於解決問題的過程中。由於創造水平的不同，問題解決可分為常規性問題解決和創造性問題解決。

在常規性問題解決中，人們應用先前獲得的知識經驗，按照現成的方案或程序解決問題。如學生已學會了解一元一次方程式，或求三角形面積的公式，然後應用這些知識解決了教師指定的家庭作業。常規性問題解決不需要明顯地改組原來的知識，也不產生任何新的、有社會價值的產品。

與常規性問題解決不同，創造性問題解決是指應用新的方案或程序，創造新的、有社會價值的產品。如作家創作一部新的小說，工程師設計一台新的機器，科學家提出一條新的定律等。在創造性問題解決中，人們靈活地應用已有的知識經驗，根據問題情景的需要，重新組合了這些知識，並創造有社會價值的新產品。由於創造性總是存在於問題解決的過程中，因此，有人認為創造性是問題解決的一個領域 (Matlin, 1989)。

紐維爾和西蒙 (Newell & Simon, 1963) 曾提出了定義創造性的四條標準，它們是：

1. 答案對個人或社會是新穎的和有用的。
2. 答案要求我們放棄原來已接受的思想。
3. 答案來自強烈的動機和堅持不懈的努力。
4. 答案把原來模糊不清的問題澄清了。

二、創造性的心理成分

創造性的心理成分可以從不同的方面進行分析。

(一) 發散思維與聚合思維

吉爾福特 (Guilford, 1967) 在他提出的思維及其測驗的理論中，把人的思維分成聚合思維和發散思維兩種。**聚合思維**(或**聚斂性思考**) (convergent thinking) 是指人們根據熟悉的規則解決問題，或者利用已知的信息產生某一邏輯結論。這是一種有方向、有範圍、有條理的思維方式。例如，已知三角形的一條邊長和該邊上的高，求三角形的面積。這時，人們根據題目的已知條件和頭腦中保存的求三角形面積的公式，就能夠得出一個邏輯上正確的結論，並順利解決問題。聚合思維類似於演繹推理。它從前提作出結論,而這些結論可能是人們已知的。

發散思維(或**擴散性思考**) (divergent thinking) 指人們沿著不同的方向思考,重組眼前的信息和記憶系統中儲存的信息,產生出大量獨特的新思想。例如,讓學生把想到的一切圓形的東西說出來,或者說出磚塊的一切可能的用途。這時,學生需要沿不同的方向思考,根據課題的條件重新組織自己的知識經驗。比方他們說,圓形的東西有皮球、救生圈、小藥盒、鈕扣、老鼠洞、活頁紙上的圓形小孔等。磚塊可以用來蓋房屋、築圍牆、修路面、壓紙、支床鋪、打狗等。

吉爾福特把發散思維看成創造性的主要成分,並設計了**發散生成測驗** (Divergent Production Test) 來測量創造性。吉爾福特認為,發散思維可以通過思維的流暢性、變通性和獨特性來測量。**流暢性** (fluence) 是指單位時間內發散項目的數量。項目越多,反應越迅速,思維的流暢性越好。**變通性** (flexibility) 是指發散項目的範圍或維度。範圍越大,維度越多,變通性越大;否則,變通性越小。例如,一個孩子只知道磚塊可以蓋房、修牆、建烟囱,他的思維在同一維度內發散,變通性小;另一個孩子則說出磚塊可以蓋房、打狗、做支撐架、壓紙等,他的思維在不同的維度內發散,變通性就大得多。**獨特性** (originality) 指發散的項目與眾不同,不為一般人所具有,表現為某些獨特的思想和獨到的見解。例如,有的孩子說圓形的東西有老鼠洞、水珠等。這種回答在一般孩子中很罕見,因而是獨特的。

由於發散思維往往能產生某些新奇、獨特的思想,把它看成創造性的主要成分,是不無道理的。用發散生成測驗的分數來預測某些職工的創造性,也得到成功。根據職工所在單位的上級的評定,具有創造性的職工比創造性差的職工,他們的發散生成測驗的分數要高些。

但是,把創造性僅僅歸結為發散思維的特性是有缺陷的:(1) 創造性不僅要求思維的產品具有新穎性,而且要有一定的社會價值或有用性。因此,並不是任何新奇的東西,都能稱為創造性的產品;(2) 聚合思維和發散思維都是創造性的必要的心理成分。它們在創造性活動中是不能分開的。發散思維的發散點就是某種思維任務或課題要求。人們是根據某種特定的思維任務和要求去發散的。否則,思維就會成為不著邊際的胡思亂想。可見,沒有聚合思維參加,發散思維就會失去應用的方向。

另外,當發散思維指向於解決某個問題時,人們必須把發散的結果與原有的思維任務相對照,並從各種不同的解決方案中作出正確的選擇。這一過程同樣不能離開聚合思維。例如,我國著名骨科醫生陳中偉教授,幾年前在進行帶血管神經的胸大肌外科移植手術時,他想到了利用人體上各種肌肉的可能性,這是發散思維。以後,他在殺雞時看到雞的胸大肌特別發達,因而受到啟發,決定採用胸大肌。因為移植胸大肌既能解決斷臂康復,又能減輕被移植部位所受的影響。他根據既定的原理和要求,從各種可能的解決方案中作出了最合理的選擇。這就有聚合思維的參加。因此,只有發散思維與聚合思維在不同水平上的結合,才能構成創造性。

(二) 遠距離聯想

梅德尼克和梅德尼克 (Mednick & Mednick, 1967) 提出,創造性是一種能在彼此相距很遠的觀念間看出其關係的能力。一個有創造性的人,能夠捕捉遠距離的觀念,並根據某些標準將它們聯合為一種新的思想,此即**遠距離聯想** (remote association)。梅德尼克等通過翻閱文獻調查了許多著名的藝術家、作家和科學家,如 19 世紀英國著名詩人科爾里奇、數學家波因卡雷,發現這些人在他們的自述中,都強調了觀念組合的重要性。

根據對創造性的這一理解,梅德尼克等編製了**遠距離聯想測驗** (Remote Associates Test,簡稱 RAT)。每個測驗項目都由三個詞或短語所組成。要求被試者設法想出第四個詞,將上面三個詞或短語聯繫起來。比方說,測驗項目中的三個單詞為 food (食物)、catcher (捕獲者、捕獲器) 和 hot (熱) (見表 8-4),被試者可想出 dog (狗) 一詞將它們聯繫起來,構成 dog food (狗食)、dog catcher (捕狗器) 和 hot dog (熱狗)。

梅德尼克等引證了一系列研究,說明遠距離聯想測驗能有效地測量人的創造性。一項研究調查了在化工廠工作的科學家。發現他們的職業等級與遠距離聯想測驗成績相關。另一項研究調查了攻讀心理學的研究生,發現他們中遠距離聯想測驗得分高者,由他們導師給予的創造性評分也較高。還有一項研究發現,那些在 IBM 公司工作的技術人員,他們在公司得到的發明獎,也和他們在遠距離聯想測驗中得分的多少相關。這些研究說明,遠距離聯想是創造性的一個重要成分。遠距離聯想測驗對測量創造性也是有效的。

但是,另外一些研究 (Nickerson, et al., 1985) 也發現,遠距離聯想測驗分數與創造性成就的關係很複雜。有時候遠距離聯想測驗得分高的人,

表 8-4　遠距離聯想詞表

1. CHARMING	STUDENT	VALIANT
2. FOOD	CATCHER	HOT
3. HEARTED	FEET	BITTER
4. DARK	SHOT	SUN
5. CANADIAN	GOLF	SANDWICH
6. TUG	GRAVY	SHOW
7. ATTORNEY	SELF	SPENDING
8. MAGIC	PITCH	POWER
9. ARM	COAL	PEACH
10. TYPE	GHOST	STORY

(採自 Matlin, 1989)

創造性成就大，而有時候，情況並不這樣。這說明，僅僅用遠距離聯想來說明創造性，可能是不夠的。

(三) 創造性的非智力因素

　　創造性不僅包含著智力的因素，也包含著一系列非智力的人格因素。有些研究表明，人的堅持力、自信心、克服自卑感等人格因素，在他們取得的成就中也有重要作用。另一些研究表明，有創造力的兒童亦賦有責任感、熱情、有決心、勤奮、富於想像、依賴性小、作品中流露出幽默感和遊戲性，愛自行學習、願嘗試困難的工作，好冒險、有強烈的好奇心，能自我觀察，有高度的獨特反應，興趣廣泛，在工作、社會環境中尋找個人獨立性、愛好沈思、不盲從等。這些人格特點同樣是創造性的重要心理成分。

三、怎樣克服影響創造性的心理障礙

　　人在解決問題時，常常會遇到各種各樣的心理障礙，干擾了創造性的發揮。亞當斯 (Adams, 1991) 把這些心理障礙概括為以下四種：

　　1. 知覺障礙　如知覺定型化 (或刻板觀念) (stereotype) (受先入為主的

觀念支配)；不能將問題孤立出來；把問題限制在太狹窄的範圍內；不能從不同角度看問題；不能利用所有的感覺輸入等。

2. 情緒障礙 如害怕冒險，不喜歡混亂；只願評價別人的思想，而不願產生思想；不能放鬆自己，對問題不作醞釀或沈思；缺乏挑戰意識或急於求成等。

3. 文化和環境障礙 如擔心觸犯禁忌，過分相信推理而輕視直覺；解決問題時嚴肅有餘，幽默不足；過分崇拜傳統；缺乏適合自己的工作環境，缺乏任何支持等。

4. 智力與表達障礙 如使用不正確的語言解決問題；不能靈活運用智力策略；缺乏信息或信息不正確；表達或記錄思想的語言技能運用不當等。

根據亞當斯的建議，我們把克服心理障礙的主要方法概括為以下幾種：

(一) 養成探究問題的態度

探究問題的態度是具有創造性的人的一種最重要的特性。大多數學者正是因為他們具有這種態度，能不斷提出"為什麼"和"怎麼樣"的問題，才使他們在事業上做出了重要的貢獻。

探究問題的態度也就是對問題保持著敏感的態度。這包括積極主動地去發現問題，對現有的答案、技術和方法保持著健康的懷疑態度，一旦覺察到了問題，還能繼續用探究的態度保證創造性地解決問題。

兒童從小就有探究問題的態度，這是因為他們在成長過程中需要學習大量的知識。但是由於家庭教育和學校教育的某些缺陷，探究問題的態度不僅沒有受到鼓勵和發揚，反而遭受到不應有的扼殺和抑制。因此，關懷和支持兒童養成探究問題的態度，是培養創造性人才的重要途徑。

(二) 發展發散思維、訓練思維的流暢性和靈活性

發散思維是創造性的主要心理成分。因此，發展發散思維對克服心理障礙、培養創造性有重要的作用。教學實驗和心理學的實驗研究都表明，通過教學有意識的訓練，可以發展學生思維的流暢性和靈活性，使學生學會擺脫各種心理障礙的干擾。例如，通過一題多解和"一題多變"的練習，可以使學生擺脫**定型化**與**定勢**；鼓勵學生自編應用題，可以發展學生思維的獨特性

與新穎性。通過課外活動也可以發展學生的發散思維。如給學生提供某些原材料或元件、部件，鼓勵他們按自己的設計進行組裝活動；在課餘文學小組的活動中，鼓勵學生進行聯對和猜謎等。

（三） 創造寬鬆的解決問題的環境

對複雜的、沒有現成解決方案的問題，提出創造性的假設，往往需要經過長期的醞釀和緊張的智力活動。這個過程有時是幾天、十幾天、幾個月甚至幾年。如果一個問題經過長期思考而沒有找到適當的解決方案，這時最好把問題放在一旁，轉而去做一些較輕鬆的工作。這樣做不僅不會妨礙解決問題，而且會有利於問題的解決。許多新穎的，富有創造性的思想，往往不在緊張思索的時候產生，而是經過一段放鬆的時刻得到的。著名畫家畢加索有一次應巴黎一位畫家的邀請，為她作畫。女畫家去畢加索的畫室數十次，但畫的最佳方案始終沒有定下來。畢加索一氣之下把畫板全部塗掉，在歐洲旅遊了數月，回來後突然得到最好的創作方案，終於創作了一幅不朽的名畫。總之，經過長期醞釀之後，人們才能夠"恍然大悟"、"豁然開朗"，對問題作出創造性的解決。

（四） 採取行之有效的手段

1. 屬性列舉法　這是通過列舉事物的屬性、發現事物的新的聯繫的一種方法。使用這種方法的規則有：(1) 列舉事物的各種屬性；(2) 在每種屬性下再列出你所想到的許多候補屬性；(3) 隨機選擇一個候補屬性，並把它和不同的屬性聯合起來，再根據題目的要求，創造出各種全新的形式。

例：任務是改進圓珠筆的設計
圓珠筆的屬性有：圓柱形、塑料為材料，用分離型筆帽、鋼製筆芯。
候補的屬性有：

(1) 多面形、金屬材料、連帶型筆帽、無筆芯；
(2) 方形、玻璃材料、無筆帽、永久型；
(3) 裝有珠子、木料、回縮式、紙筆芯；
(4) 雕飾的、紙料、筆帽美觀、裝墨水的筆芯。

將以上所述屬性和候補屬性聯合起來，就能發明出一種新型的圓珠筆：方形、便於用一個角書寫；六個面可用來做廣告，裝照片等。

屬性分析的另一種形式稱為**形態分析法** (morphological analysis method)，即通過分析事物的各種參數，然後把它們結合成不同的聯合體。

例：任務是為交通運輸提出一種新的設想

與運輸有關的重要參數有：動力源、支撐乘客的方式、操作運輸工具的手段。

候補參數有：

(1) 動力源：核動力、重力、彈簧 (飛輪)、磁場、蒸汽、電動機、汽油機、風動。

(2) 支撐乘客的方式：懸掛、站立、椅子、吊起、床。

(3) 操作運輸工具的手段：管道、空氣、水、帶子、硬面、纜繩、滾柱和槓桿。

將這些參數組合起來，就可以形成各種不同的聯合體 (見圖 8-22)。其中有些是已知的，有些是人們不熟悉的。通過分析各種新的聯合體，有可能找到解決問題的新方案。

2. 列表核對法 列表核對法是奧斯本 (Osborn, 1957) 在其著作《想像的應用》中提出的。下面是一種新思想核對表。

(1) 有其他用處嗎？有新方法嗎？如果經過修改，還有其他用處嗎？

(2) 這種思想適當嗎？有什麼與它相像？有沒有提出過別的思想？過去是否曾提出過同樣的思想？我可以複製什麼？我可以與誰競爭？

(3) 這種想法需要修改嗎？有新花樣嗎？它有沒有改變事物的意義、顏色、動作、聲音、氣味和形狀？還有其他改變嗎？

(4) 新的想法誇張了嗎？它補充了什麼？是否增加了時間、頻率；是否更大、更高、更長、更粗了？是否增加了價值、成分？

(5) 新的想法縮小了嗎？它減少了什麼？是否比原來小了、壓縮了、小型化了？是否更低、更短、更緊、更省略了？

(6) 它代替了什麼？還能用別的成分、材料、過程、動力、地方、方法來代替嗎？

図例に示されている標籤（右側上から下へ）:
懸掛
站立
椅子
吊起
床
管道
空氣
水
帶子
硬面
纜繩
滾柱
槓桿
核動力
重力
彈簧（飛輪）
磁場
蒸汽
電動機
汽油機
風動

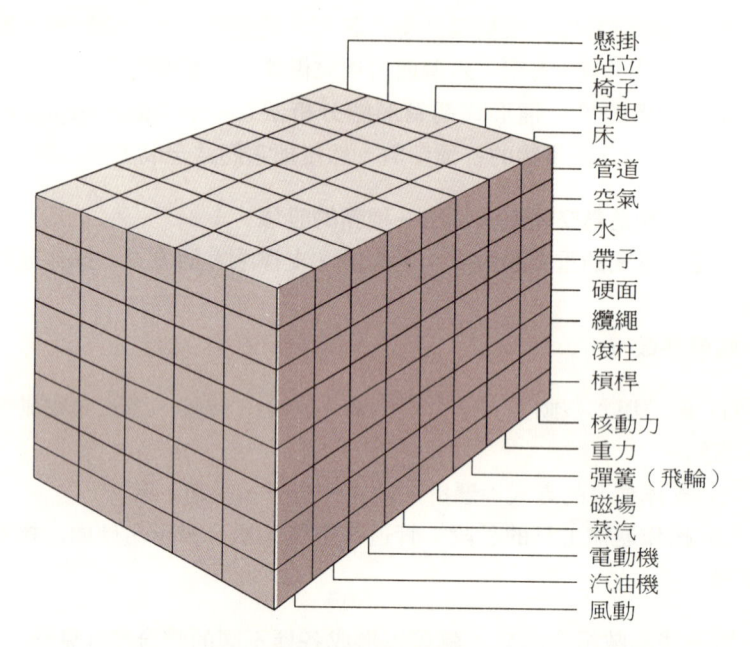

圖 8-22 形態分析圖解
(轉引自 Adams, 1986)

(7) 是否重新進行了安排？是否調換了成分、設計、序列？是否改變了原因和結果的關係？改變了速度和程序？

(8) 是否轉變了正負關係？怎樣處理對立面？是否上下顛倒？是否起了相反的作用？地位、局面是否起了變化？

(9) 是否形成了新的聯合？如一種混合物、一種合金、一種聚合體。有沒有聯合的目的、要求？有沒有產生聯合的思想？

列表核對可幫助人們查明在思維過程中是否因各種障礙而陷入困境，因而有利於克服障礙，促進新思想的誕生。這種方法既適用於思維靈活的人，也適用於思維呆板的人。由於列表核對把各種供替換的觀念都列在紙上了，因而有利於人們獲得完美的觀念，並保證各種思想能持續地呈現出來。

3. 腦力激盪法 奧斯本 (Osborn, 1957) 還提出了**腦力激盪法** (brainstorming)，這是一種團體解決問題的方法，它要求團體中的每個成員在同一目標的指引下，通過共同討論來解決問題。這種方法的主要規則有：

(1) 不允許進行任何性質的評價。因為評價的態度會使群體中的成員更偏向於去維護觀念，而不是去關心觀念的產生。

(2) 鼓勵所有的參與者去思考各種可能的、最荒誕的觀念，這樣可以減少每個參與者頭腦的內部判斷。

(3) 產生的觀念越多越好，因為觀念多既能幫助人們控制內部評價，也能提高觀念的質量。

(4) 參與者可以把別人提出的兩個或兩個以上的觀念聯合起來。這樣能產生新的觀念。

腦力激盪法通過團體的討論，可以把各種各樣的信息集合起來，這對新觀念的產生有積極作用。當要解決的問題非常簡單、明確時，腦力激盪法非常有效。在使用腦力激盪法時，團體內各成員的友誼關係，他們之間的互相鼓勵是特別重要的。

但是，近年來也有人懷疑腦力激盪法的作用 (Weisberg, 1986)。他們指出，創造性並不依賴於發散的觀念的數量，這和腦力激盪法的基本假設有矛盾。另外，團體產生的觀念有時質量較差，因此用它來代替個人深思熟慮的觀念也是不妥當的。

4. 團體討論法 團體討論法 (synectics) 是由戈爾登 (Gordon, 1961) 提出的一種激發創造性的方法。它要求選擇一些性格、專長各異的人在一起自由交流思想，提出問題、解決問題，發展新的思想。因此，這種方法也可以稱之為集思廣益法。

團體討論法有些類似於腦力激盪法，它們都是依靠團體來解決問題，但兩者也有區別。腦力激盪法只鼓勵團體中的每個成員儘可能多地提出自己的想法，然後將這些想法綜合成新的觀念。而團體討論法允許互相批評，允許運用高級的專門知識；在腦力激盪法中，不允許進行任何性質的評價，而在團體討論法中，評價是非常重要的。

團體討論法還非常重視類比法的運用。這包括個人類比、直接類比、符號類比和幻想類比四種機制。**個人類比** (personal analogy) 要求解題者將自己置身於要解決的問題情境中。如你想研製一台效能高的機器，你就想像自己就是那台機器。**直接類比** (direct analogy) 是通過相似的事實、知識與工藝等的比較來解決問題。如貝爾發明電話，就是利用了人耳與電話機的相似性。**符號類比** (symbolic analogy) 類似於個人類比，它要求解題者使用客觀的、非人的、詩的形象來描述問題；**幻想類比** (fantasy analogy) 是讓問題解決者利用幻想來解決問題。

本章摘要

1. **問題解決**是指由目標指引的一系列認知操作，是人類最複雜的智力活動之一。問題包括**起始狀態**、**中間狀態**和**目標狀態**。因此，問題解決也可以理解為在**問題空間**進行搜索，使問題由起始狀態轉變為目標狀態的一系列認知活動。
2. 問題按其明確程度可分成**界定清晰的問題**和**界定含糊的問題**；按解決問題的方式可分成排列問題、結構推導問題、轉換問題等。
3. 問題解決由一系列互相聯繫的階段組成，這包括發現問題、表徵問題、選擇策略和方法（提出假設）、實施方案和評價結果。
4. **表徵問題**是指分析和理解問題，包括分析問題的起始狀態和目標狀態，建構問題空間，從長時記憶中提取有關的信息等。好的表徵有助於解決問題，而不好的表徵會妨礙解決問題。
5. 表徵問題的方式是多種多樣的，基本的方式有符號、表格、圖形、視覺意象等。根據問題的特點選擇正確的表徵方式，有助於問題解決。
6. **注意**是建立正確的問題表徵的重要前提。它的作用主要表現在選擇有關的信息，而忽略無關的信息。
7. 解決問題的策略可分為**隨機搜索策略**與**啟發策略**。隨機搜索策略能保證解決問題，但費時間；啟發策略是一種以知識經驗為基礎的策略。它不能保證成功，但能節省時間。
8. **手段-目的分析**是解決問題時最常用的一種啟發策略，它的特點是：設立一系列子目標；發現問題的現有狀態和目標狀態的差異；運用算子消除這種差異。
9. **類比策略**是解決問題的另一種策略。它主要是利用事物的相似性、發現解決問題的途徑。類比表現了學習遷移在問題解決中的作用。
10. **逆向搜索**也有助於問題解決。這種策略要求從目標狀態出發，再返回到起始狀態。
11. 問題難度是影響問題解決的一個重要因素。決定問題難度的有問題空間的大小、問題的結構特點和無關信息的干擾等。由於知識經驗不同，同一問題對不同解題者來說，難度是不一樣的。
12. 知識在問題解決中起著重要作用。知識不僅能幫助人們理解問題，形成正確的問題表徵，而且能指導搜集，縮小問題空間，幫助人們順利解決問題。
13. 研究專家和新手的差異具有重要的理論和實踐意義。專家與新手相比，不僅知識的種類和數量不同，而且應用知識的方法也是不同的。
14. **功能固著**與**定勢**是解決問題時兩種常見的現象。它們說明了人的過去經驗在解決問題時起重要作用。
15. **創造性**是指人們應用新穎、獨特的方式解決問題，並能產生新的、有社會價值的產品的心理過程。**發散思維**與**聚合思維**、**遠距離聯想**，某些人格特徵等，是創造性的重要心理成分。
16. 一系列心理障礙不利於發揮人的**創造性**，主要有知覺障礙、情緒障礙、文化和**環境障礙**、智力與表達的障礙等。
17. 克服解決問題的心理障礙的辦法有：養成探究問題的態度；發展發散思維，訓練思維的流暢性與靈活性，創造寬鬆的解決問題的環境；採取各種行之有效的方法等。

建議參考資料

1. 司馬賀 (荆其誠、張厚粲譯，1986)：人類的認知——思維的信息加工理論。北京市：北京科學出版社。
2. 亞當斯 (張令振、魯忠義譯，1991)：如何突破你的思維障礙。北京市：北京科學普及出版社。

3. 彭聃齡 (1990)：認知心理學。哈爾濱市：黑龍江教育出版社。

4. Anderson, J.R. (1985). *Cognitive psychology and its implications*. New York: Freeman.

5. Benjafield, J. G. (1992). *Cognition*. Englewood Cliffs, NJ: Prentice-Hall.

6. Glover, J.A. Ronning, R.R, & Bruning, R.H. (1990). *Cognitive psychology for teachers*. New York: Macmillan.

7. Matlin, M.W. (1989). *Cognition*. New York: Holt, Rinehart & Winston.

第九章

語　言

本章內容細目

第一節　語言的性質
一、什麼是語言　395
二、語言的特性　396
　　㈠ 符號的任意性
　　㈡ 符號的線性
　　㈢ 符號的結構性
　　㈣ 語言的創造性
三、語言與言語的區別與聯繫　399

第二節　語言的結構
一、語　音　401
　　㈠ 音　素
　　㈡ 音　位
二、語　意　403
　　㈠ 語意場
　　㈡ 意素分析
　　㈢ 句　意
三、詞法和句法　407
　　㈠ 語　素
　　㈡ 詞
　　㈢ 句　子

第三節　語　法
一、轉換生成語法　412
二、格語法　418
三、生成語意學　421

第四節　語言與思維的關係
一、語言思維等同論　423
二、語言決定論　424
三、思維決定論　426
　　㈠ 思維決定語言的理論
　　㈡ 認知的普遍性決定語言普遍性
　　　　的理論
四、語言思維獨立論　430

本章摘要

建議參考資料

語言是一種社會現象，是人類社會中協調人與人之間關係的最重要的溝通工具。在人類社會中，還使用其他的溝通工具，例如，旗語、電報代碼等等。但是，旗語、電報代碼等工具都是在語言的基礎上產生的，它們不能離開語言而單獨存在，而且比起語言來，它們使用範圍是很狹窄的，所以，它們只是一種輔助性的溝通工具。文字和旗語等溝通工具不同。由於有了文字，就可以把語言的聲音轉化為統覺信息，並把它長期保持下來，這就突破了語言在時間上和空間上的限制，使人類社會所積累起來的經驗能夠系統地保留和傳播，從而在人類的社會生活中起更大的作用。但是，文字是建立在語言基礎上的溝通工具，一個社會也許可以沒有文字，但是絕對不能沒有語言。所以可以說，文字是建立在語言基礎上的重要的交通工具，而語言則是人類社會中最重要的溝通工具。語言是一種符號系統，這種符號系統具有任意性、線性和結構性的特點；同時，語言還具有創造性。可以從語音、語意、詞和句子幾個方面來對語言進行研究，這幾個方面分別屬於語音學、語意學、詞法和句法的研究範圍。在 20 世紀 50 年代以前，語言學中占統治地位的是美國結構主義的描寫語言學。50 年代末期，喬姆斯基領導了語言學上的一場革命，提出了**轉換生成語法**。到了 60 年代以後，在語言學中出現了諸說紛爭之勢。我們將要介紹其中三種語法理論，即轉換生成語法、格語法和生成語意學。語言和思維之間存在著非常複雜的關係。早在公元前 400 年，古希臘的哲學家們就對這個問題進行過探索，到現在，對這個問題仍然是眾說紛紜。概括起來，大約有以下幾種觀點，即語言思維等同論、語言決定論、思維決定論和語言思維獨立論。通過本章學習，我們希望讀者能夠了解以下幾個方面的問題：

1. 什麼是語言？語言有那些特性？
2. 語言與言語有哪些區別與聯繫？
3. 根據語言的結構，可以從哪幾個方面對語言進行研究？
4. 什麼是轉換生成語法、格語法和生成語意學？
5. 語言和思維之間具有何種關係？

第一節　語言的性質

　　語言是一種相對穩固的音意結合的詞彙和語法系統，它是人類獨有的交際和思維工具，因此，每一個社會都必須有自己的語言。為了了解語言的性質，我們將介紹以下幾個問題，即語言的定義、語言的特性以及語言與言語的區別和聯繫。

一、什麼是語言

　　語言 (language) 是一種社會現象，是人類社會中協調人與人之間關係的一種重要的溝通工具。每一個社會都必須有它自己的語言。有了語言，生活在社會中的人才能共同生活、共同生產；如果沒有語言，人與人之間的聯繫就會中斷，人類的生產活動就會停止，人類社會就會崩潰、解體。所以我們說，語言是人類社會的重要的溝通工具。

　　語言是一種符號系統。**符號** (symbol) 是用來代表事物的，但是符號和它所代表的事物之間不一定具有某種必然的聯繫。我們說語言是一種符號系統，即是意味著語言符號和它所代表的意義之間的關係是任意的、是約定俗成的。為什麼在漢語中用 ㄖㄣˊ (rén) 這個聲音去標誌"人"這種動物，而在英語中用 man，日語中用 hito 去代表"人"呢？這是具有任意性的。這說明，在創造語言時，也就是在最初用什麼樣的聲音去標誌客觀事物的時候，並沒有考慮它們之間必須具有某種必然的內在聯繫。當然，語言符號的這種任意性並不意味著對於語言這種符號可以任意加以改變。只要某種語言符號在使用該語言的社會中通用之後，也就是說一旦某一語言形式與某種意義結合起來，表示某一特定現象之後，語言的這種符號就具有不變性，對於使用這種語言的人就具有一種強制性。如果語言這種符號不經重新約定就可以任意改變，那麼，語言這種工具就會失去它的交際功能，而社會生活也就無法正常進行了。

　　語言和思維之間具有密切的關係。在認知心理學中，存在著許多不同的關於思維與語言之間的關係的理論。有人認為語言決定思維，有人認為思維決定語言，也有人認為思維即無聲的語言，等等。我們在本章的第四節中還要作進一步的討論。雖然在這個問題上，心理學家的意見分歧，但是他們都認為，在語言與思維之間存在著密切的關係；而且，語言也影響著人的認知的其他過程。例如，我們在第二章中就曾經提到過，人的模式識別是受語言調節的。這種調節主要表現在：人可以運用語言計畫、調節自己的行為；而且，還可以通過給模式命名，從而將其納入一定的範疇。所以我們可以這樣說，語言不但是人類社會中最重要的溝通工具，而且也是人類認識世界的重要工具。

二、語言的特性

前面我們已經提到，語言是一種符號系統。這種系統有以下的特性，即符號的任意性、符號的線性、符號的結構性以及語言的創造性。

(一) 符號的任意性

前面我們曾經提到，語言是一種符號系統，語言這種符號具有任意性。任意性指的是在語言中用什麼音表達某一個意義，從根本上說是任意的；例如，各種語言對同一種東西就有各不相同的表達。為了了解語言符號的任意性的特性，需要對語言符號與對事物的標記作某些對比的分析。

語言這種符號是用來代表一定的事物的；但是代表某種事物的東西，不一定都是符號，它可能是一種**標記**(或**跡象**) (sign)。這種標記表明了事物的某些特徵，它代表著某種事物，所以我們可以通過它來推知某種事物。例如，打獵的人通過觀察野獸的足跡，就可以推斷出，有些什麼樣的野獸在這一地區出沒；有航海經驗的漁民通過天象的觀察，就可以知道是否有暴風雨到來；而耳聾的人則可以通過觀察別人嘴唇的活動而推斷出他所說的話的意義。在這裏所提到的野獸的足跡、暴風雨到來之前的天象以及嘴唇的活動，都與它們所代表的事物有自然的聯繫，它們表現出事物本身的某些特徵；所以它們不是符號，而是一種標記或跡象。

語言卻不同，語言和它所代表的事物之間沒有一種必然的內在聯繫。雖然在語言中有些象聲詞，如鴨叫聲"呱呱"，乒乓球的聲音"乒乓"等表明了事物的某些特徵，但是這種詞在語言中所占的比例是非常之少的。所以我們說語言這種符號是具有任意性的，也就是說在語言中用什麼符號來代表某種意義是"約定俗成"的。

在語言中意義結合的最小單位是語素，詞是語言中能夠獨立地加以使用的符號，而句子卻是符號的序列，是由符號組合而成的。應該說明的是，語言符號的任意性，是指語言中音、義之間的關係來說的，並不是指語言符號的組合而言的。語言符號之間的組合是有條件的，必須服從於一定的規律。正是由於這種以任意性為基礎的語言符號處於一種有規律的聯繫之中，才使語言是可以被理解的，從而起到人際溝通的作用。

（二） 符號的線性

語言是一種符號，它和其他的符號還有些不同之處。例如，它和圖表、地圖、交通標誌等就有所不同。圖表、地圖和交通標誌也是一種符號，但是這種符號可以在空間上展開，語言則不同。語言符號只能在時間的維度上一個跟著一個地出現，絕不能夠在同一時間內說出兩個聲音符號，更不能夠在同一時間內說不同的幾個句子。這就是說，語言只能在時間上線性地展開，而不能夠在空間上展現。語言符號的**線性** (linear) 特點要求符號能夠一個挨著一個地進行結合。語言符號的線性組合和我們前面提到的單個符號中的音、義結合有很大的區別；這種結合不是任意的，在語言中出現的句子並不是一系列的詞的相加，而是有一定結構的。所以，語言符號的線性特點是和結構性特點結合在一起的。

（三） 符號的結構性

以線性形式展開的語言符號是具有結構性的。語言符號結構性表現的重要方面就是語言符號具有層級性。

可以把語言中的層級分為底層和上層。底層是由一套**音位** (phoneme) 構成，而上層則是音意結合的符號和符號的序列。音位是人類語言在一次發音中從音質角度切分出來最小的語音單位，但音位並不同於字母。例如，英文 foot（腳）中有 f—u—t 三個音素，而在漢語"最"中則有 z—u—e—i 四個音素。還可以把上層分為三級：第一級是**語素** (morpheme)，語素是音意結合的最小的符號，它的職能是用來構詞，因此語素是一種構詞單位。現代漢語語素分成三種類型：(1) 能獨立成詞，又能和其他語素組合成詞，如"人"可以構成"人民"、"人情"等，叫做半自由語素；(2) 只能獨立成詞，但不能和其他語素組合成詞，如"啊"、"嗎"、"呢"等。叫做自由語素；(3) 不能獨立成詞，只能和其他語素組合成詞。如"觀"、"參"、"習"等，叫做粘着語素。第二級是由語素構成的詞，它是造句的材料；第三級則是由詞構成的句子，句子是語言交際的基本單位。

從語言的層級中可以看出，語言的表現形式雖然有線性的特點，但是它的結構卻不是由一個一個的符號依次相加，機械地構成的。語言是一層包一層、逐層逐層地組織起來的。每一個層次都有它自身的成分與結構；而且還可以通過一定的規劃把低的層次組織到高的層次中去。無論哪一個層次的組成，都受某種結構規劃的支配。所以，可以說語言的線性的特點是和層次性或結構性的特點緊密相結合的。

(四) 語言的創造性

雖然語言受到符號的結構規律的約束，但是語言是具有創造性的，這是人類語言的一個非常重要的特點。

一般來說，語言中的音位只有幾十個（英語中有 40 個），語素的數目則有幾千，由語素所組成的詞的數目就更多，在大型的英語詞典裏收錄的詞達到 42 萬個左右（葉蜚聲、徐通鏘，1981）；而且，通過這些詞可以造出比詞多得多的句子來。從這裏可以看出，在語言的層級裝置中，可以利用低一層中的單位，生成上萬倍以至無窮數量的上一層的單位。也就是說，可以通過最初的幾十個音位，創造出無限多的句子來。安德森（楊清、張述祖等譯，1989）曾經舉過一個例子。他說，如果在一本書中隨便挑出一個句子，並要求一個人在圖書館的書籍中去尋找與這個句子相同的句子；那麼，他不可能在圖書館的書中，找到與此一模一樣的句子。

當然，語言的創造性或生成性是和語言的結構性或規律性相結合的。**生成性** (generation) 是指語言裝置具有無限的生成的能力；但是，這種生成能力又是受語言的高度的規律性所制約的。語言學的目標就是要發現能夠解釋語言的生成性和規律性的法則，這就是我們在以後所要討論的語言的結構和語法。

三、語言與言語的區別與聯繫

在 20 世紀的初期，結構主義語言學創始人索緒爾 (Ferdinand de Saussure, 1857～1913) 比較系統地對語言和言語作了區別。他認為："語言是通過言語實踐存放在某一社會集團全體成員中的寶庫，一個潛存在每一個人的腦子裏，或者說得更確切些，潛存在一群人的腦子裏的語法體系；因為在任何人的腦子裏，語言都是不完備的，它只有在集體中才能完全存在"(高名凱譯，1985)。

所以，人類用來表達思想、情感的**語言** (language) 是一種社會現象，是社會的產物，是一種溝通的工具，它不屬於社會中的某一個成員。而**言語** (speech) 則是個人"運用語言規則表達他的個人思想的組合"，是"個人的和暫時的"；所以，言語是"個人的意志和智能的行為"。也就是說，言語是社會中的個人運用語言來表達自己的思想，從而實現人際溝通目的的個人活動，是一種心理現象，具有個別性和多變性，每個人都有自己的言語風格。兩者雖有區別，但又具有相輔相成的密實關係，若語言沒有了言語的活動，則無法發揮任何功能；相同的，言語離開了語言，人就不能通過言語進行溝通，因此兩者又具有重要的聯繫。

於 50 年代末，美國著名語言學家喬姆斯基 (見圖 1-5) 領導了語言學上的一場革命。他反對索緒爾的結構主義語法，提出了**轉換生成語法**。但是他並沒有反對索緒爾關於語言與言語概念的區分；並且，還對此種區分作了進一步的分析並有所發展。他提出語言的能力和運用兩個概念，認為："會任何一種語言的人都內在地掌握了一套規則系統，由規則通過某種方式把聲音和意義聯繫起來。語言學家建立某一種語言的語法，實際上是在對這種內在系統提出假設"(徐烈炯、尹大貽、程雨民譯，1992)。

所以，所謂**語言能力** (language competence) 指的就是在"掌握某種語言的人頭腦內部有一部語法"，即是對於這種語言的"內在知識"。喬姆斯基認為人類生而具有生成語言的語法規則體系，是人類天賦的一種潛在的語言知識，人正是因為具有這種知識，才能理解和說出從未聽到過的句子。而**語言運用** (language performance)，則是具體使用語言的行為。如果用喬姆斯基的話來說就是："知道一種語言的人也就知道在哪些條件下使用一個句子才是適當的,他也知道,在給予的社會條件下,通過適當地使用一個句子就可以達到什麼樣的目的";或者換句話來說,就是能夠"把語言放在它的使用的慣常環境之中,把意圖和目的與手頭的語言手段聯繫起來"(徐烈炯等譯,1992)。

喬姆斯基關於語言能力與語言運用的概念與索緒爾的語言與言語的概念並不完全相同,因為他們提出的語言學的理論是不同的。但是,從上面的敘述中可以看出,二者之間也有許多相似之處。喬姆斯基在語言能力這一概念中所強調的對於語言的"內在知識",實際上就是索緒爾所說的"潛存在一群人的腦子裏的語法體系";而語言運用這一概念實際上也包含了索緒爾所說的"運用語言規則表達他的個人思想"的含義。

語言和言語之間不但存在著差別,同時也存在著緊密的聯繫。正如索緒爾所說那樣,"這兩個對象是緊密相聯而且互為前提的"(高名凱譯,1985)。因為,一方面,語言是存在於語言活動之中的。語言中的語音、詞彙和語法都體現在具體的言語活動之中;如果沒有社會中個人的言語的溝通活動,作為溝通工具的語言也就不再存在於社會生活之中了。另一方面,要使言語為人們所理解,也必須要有語言。言語必須藉助、依靠語言來進行。只有這樣才能正確表達出說話人的思想,並且也只有這樣才能夠理解別人的思想。所以,索緒爾說:"語言和言語是互相依存的;語言既是言語的工具,又是言語的產物"(高名凱譯,1985)。

第二節 語言的結構

在上一節中曾經提到,語言是有結構的,語言具有層級性。這種層級表明,可以從語音、詞素和詞以及句子等幾個方面對語言進行研究。從語言學上看,以上幾個方面分別屬於語音學、語意學、詞法和句法學的研究內容。從認知心理學的角度來看,則可以從語音知覺、詞義表徵、詞和句子的認知和理解方面來對它們進行研究。

一、語　音

語音 (speech sound) 是語言的物質載體。對於語音的研究涉及發音、傳遞和感知理解這三個環節。發音需要發音器官的配合活動，這種活動是發音學的研究對象。語音的傳遞依靠的是聲波，聲波具有其物理的特性，所以語音的傳遞屬於聲學語音學的研究範圍。對於語音的感知和理解卻屬於心理學的研究範圍，是聽覺語音學的研究對象。

（一）音　素

音素 (phoneme) 是在一次發音中從音質角度切分出來的最小的語音單位。所謂"最小的語音單位"是指從語音組合關係上切分到不能再切分的單位。標明音素的符號是目前國際上通行的"國際音標"。在國際音標中，一個音素只用一個符號來代表，一個符號也只能代表一個音素，因而可以比較精確地對音素進行標誌。音素可以分為元音和輔音兩大類，元音如［i］，［e］，［a］；輔音如［p］，［t］，［k］等。這兩類音素的主要區別在於，發元音時，氣流通過聲門而使聲帶發生振動，發音器官的其他部位不形成任何阻礙，因而氣流可以暢通無阻地通過咽腔、口腔或鼻腔。發輔音時，發音器官的某一部位形成阻礙，氣流必須克服這種阻礙才能發出音來。元音和輔音在其他方面還有區別，但發音器官有沒有局部阻礙是最重要的；因為其他方面的區別都與這一點有關。

（二）音　位

前面我們提到，有兩類音素：一類是元音，一類是輔音。這主要是根據發音時發音器官是否有局部阻礙來劃分的。還可以從另一個角度來對音素進行區分，即看它是否存在著對立性的差別。音素之間的對立性差別指的是，這種差別能夠區別詞素、詞的語音形式和意義；而非對立性差別則指的是，它不能夠區別詞素、詞的語音形式和意義。在語言學上，把凡是具有對立性差別的音素都視為不同的音位；而把具有非對立性差別的同類音素視為屬於同一個音位。例如，漢語中的［p］（不送氣）和［p'］（送氣）就有區別詞素和詞的意義的作用。"標"［piau］和"飄"［p'iau］之所以在語音和意義上不同,就在於前者具有不送氣的[p],而後者具有送氣的[p']。在英語中也存在著同樣的情況。例如,pill(藥丸)和 bill(帳單)在語音和意義上的差別,就在於詞首的輔音[p]、[b]是不同的。因此,漢語中的[p]和[p'],英語中的[p]和[b]都屬於不同的音位。但是在漢語普通話中,他[tA],貪[Tan],湯[tɑn]中[A]、[a]、[ɑ]三個元音的念法卻不是很嚴格的。如果把[A]念成[ɑ]或者把[a]念成[A],都沒有多大的關係,不致於影響聽者對於意義的理解。所以,這三個元音都屬於同一個音位。由於音位能夠區別詞素或詞的意義,而且它又體現為一定的音素;所以,一般認為,音位就是在一定的語言中能夠區分意義的最小的語音單位。

有兩種不同的音位,即**音段音位**(segmental phoneme)和**超音段音位**(suprasegmental phoneme)。前一種音位是從音素的對立性差別中歸納出來的;因為音素在語言中是一段一段地成線性排列的,所以把這種音位稱為音段音位。在語流中,音高、音強和音長等的變化也具有區別詞的語音和意義的作用,也可以成為一種音位。但是,由於這種音位在線性的語流中並不佔有位置,而只是被添加到音段音位的序列上面,因而被稱為超音段音位。有人也把這種音位稱作**韻律特徵**(prosodic features)或**動態特徵**(dynamic features),包括聲調、重音和長短音的特徵等等。

因為在漢語中音節的音高可以按一定的模式發生變化,而且可以用這種變化來區分詞的語音形式和意義;所以,漢語中的聲調(又稱調位)就是一種超音段音位。在漢語普通話中,有四種不同的聲調,即:陰平、陽平、上聲和去聲。例如,同一個音段音位[ma]就有四種聲調,並且成為了四個不同的字:

媽　　麻　　馬　　罵
[mā]　[má]　[mǎ]　[mà]

這個例子說明了聲調在漢語中的作用,所以在語言學中,漢語被認為是一種聲調語言。

重音在漢語中不很重要,但在很多語言中,它是一種重要的區別詞的語音形式和意義的手段。重音是通過變化音強、音長或音高的辦法來實現的。在語言學中,也把重音叫做重位或勢位。例如,下面的兩對英語詞在重音上就有所不同：

> content [ˋkɑntɛnt] 內容 (名詞)
> content [kənˋtɛnt] 滿足 (形容詞)
> subject) [ˋsʌbdʒɪkt] 題目 (名詞)
> subject [səbˋdʒɛkt] 使服從 (動詞)

從上面的例子中可以看出，"內容"和"滿足"這兩個詞的英文書寫形式是完全一樣的；但由於發音時的重音不同，不但具有了不同的意義，而且其詞性也有所變化。

在語言中，長短音也具有區別詞的語音形式和意義的作用。長短音是由於元音發音的持續時間不同而造成的。下面兩個英語詞的差異就在於元音發音的時間長度不同：

> beat [bit] 打
> bit [bɪt] 一些

不過，從上面的例子中可以看出，在英語中，這種長短音的變化常常也表現出元音的變化。

二、語　意

在語言中，語音是物質外殼，而語意則是其內容。正因為語言有一定的內容，才能成為交流思想的工具。所以語意是語言的要素之一。研究語意的學科就是**語意學** (semantics)。

語意學是語言學的重要組成部分，因為對於語言中其他要素的研究都離不開語意。例如，我們在前面提到的對於音位的確定就離不開語意；而在以後所要討論的詞與句子，也離不開詞和句子的語意內容。

當代語意學的研究，在廣度和深度上都有一定的進展。一方面，從詞的相互關聯、相互制約中來研究詞義，並且改變了傳統語言學中注意詞義而很少注意句意結構的情況；另一方面，則是進入了語意的微觀層次，對於詞義的構成進行了義素的分析。因此，我們將從三個方面來討論語意問題，即對於語意場、義素和句義的研究。

（一） 語意場

語意場理論 (semantic field theory) 探討的是關於詞義的問題。這種理論認為，一種語言中所擁有的詞並不是孤立地存在的，而是組成為一定的場。同一個語意場中的詞，在語意上處於相互聯繫與相互制約之中；也就是說，在語意場內，一個詞所表示的意義是和語意場中其他的詞所表示的意義分不開的。艾奇遜曾說：語意場更像是一副益智拼合板，在這裏每一片東西都能放進四周嵌合著它的位置，如果它從整個模式中它的位置上移開後，那麼一片孤立的小片就完全失去了意義"（王曉鈞譯，1990）。

例如，在漢語中對光譜的切分是由七個詞的意義來承擔的，即："赤、橙、黃、綠、青、藍、紫"；而在英語中則只包括五個詞："紅 (red)、橙 (orange)、黃 (yellow)、綠 (green)、藍或青 (blue)"。由於漢語和英語中顏色詞的數目不同，它們之間相互聯繫和相互對立的關係就不同，所以，其中某些詞所表示的意義便有所不同。艾奇遜（王曉鈞譯，1990）還舉了一個例子，說明在語意場或**集合** (set) 中，對於每一個詞，都可以根據它與其他詞的相對位置來下定義，如圖 9-1。

從圖中可以看出，青少年所表示的意義是，一個人不再是兒童，但也不是一個成年人；"涼"是冷與暖之間的溫度；而樹叢則表示介於一棵樹與樹

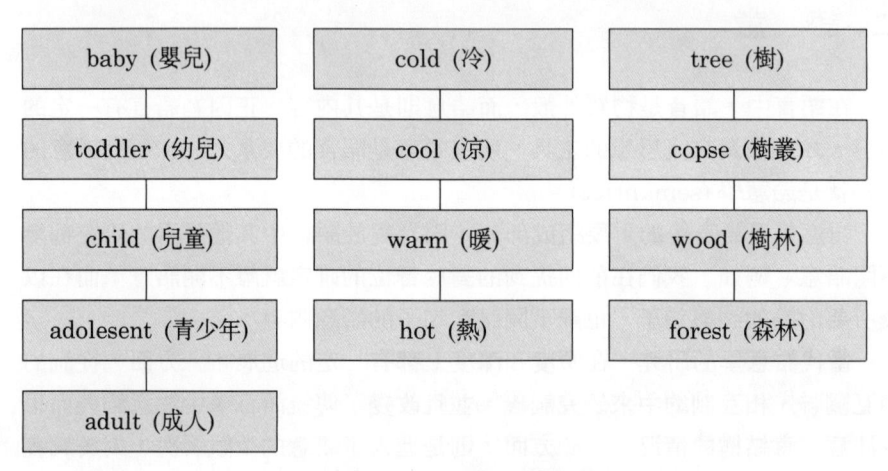

baby (嬰兒)	cold (冷)	tree (樹)
toddler (幼兒)	cool (涼)	copse (樹叢)
child (兒童)	warm (暖)	wood (樹林)
adolesent (青少年)	hot (熱)	forest (森林)
adult (成人)		

圖 9-1　不同詞的集合
（採自艾奇遜，1990）

林之間的樹的狀態。

雖然語意場理論提供了一種方法來確定詞的意義的範圍,但它並非是完美無缺的。在許多語意場中,詞的意義常常重合,它們之間的意義的邊界也往往不清楚,而且還可能存在許多空白。例如,在英語中有 corpse (死屍) 這個詞,表示"一個死去的人的軀體";還有 carcase (動物屍體) 這個詞表示"死去的動物的軀體";但卻沒有與之相匹配的詞來表示死去的植物。所以,語意場的方法只是確定詞的意義的一種方法。為了確定詞的意義,還必須研究存在於詞與詞之間的其他關係,例如同義與反義的關係等等。

(二) 義素分析

在語言學中,還對詞義進行了微觀的研究。可以把這種研究與對於語音的研究相比較。在語音學中,分析出了能夠區分意義的最小的語音單位,即音位。在語意學中,語言學家也分析出了最小的語意單位 (或語意特徵),即**義素** (sememe);並且認為,詞義即是由義素組合而成的 (或者說,詞義即是語意特徵的集合)。

在進行義素分析時,首先要確定對比詞群,即必須把那些在詞義上屬於同一種類的詞放在一起來進行分析。例如,如果把"父親、母親、叔叔、嬸嬸"這些詞放在一起來進行分析,就可以看出,其中有直系或旁系、性別、輩份這樣一些特徵。以上的詞可以用這些特徵的集合來表示:

父親〔＋男性、＋直系親屬、＋長輩〕
母親〔－男性、＋直系親屬、＋長輩〕
叔叔〔＋男性、－直系親屬、＋長輩〕
嬸嬸〔－男性、－直系親屬、＋長輩〕

括號內的＋號表示肯定的意思,即具有該種特徵;負號則表示否定的意思,即不具有該種特徵。如果分析的詞較多,則可以用列表的方法表明它們所具有的特徵 (參見表 9-1)。

從以上的例子來看,**義素**分析的方法是有用的,它可以非常明確地指明一個詞所具有的語意特徵。但這種分析方法也存在著一定的問題,即在決定有些詞的語意特徵時不易取得一致的意見;甚至還有人認為,有些詞並不具有共同的特徵。例如,維根斯坦 (Wittgenstein, 1953) 就曾經指出,英語

表 9-1 對詞義所作的義素分析

	男人 (man)	女人 (woman)	兒童 (child)	公牛 (bull)	母牛 (cow)	牛犢 (calf)
男性 (male)	+	−	−	+	−	−
人類 (human)	+	+	+	−	−	−
成人 (adult)	+	+	−	+	+	−
牛科 (povine)	−	−	−	+	+	+

(採自艾奇遜，1990)

中 game (遊戲、運動) 這個詞就不具有可下定義的特徵。足球、象棋等等都是 game，但它們並不具有共同的特徵。因為並不是所有的 game 都具有競賽的意義，並不是所有的 game 都需要與其他的人一起玩，而且也並不是所有的 game 都是為了娛樂。實際上每一個 game 都有與它相聯繫的特徵的子集合。語言學家認為，要解決義素分析中所遇到的這個問題是相當困難的。

(三) 句 義

句義 (sentence meaning) 指的是句子的意義，即句子所要表達的語意內容。句子的語意內容當然和組成它的詞的意義有直接的關係，但是句子的意義並不是句中的詞的意義的簡單相加。一般來說，句子的意義是由句義結構來表明的。對句子的語法結構可以進行分析，對句子的句義結構也可以進行分析，並得到它的單位和成分。

根據劉伶等 (劉伶、黃智顯、陳秀珠，1991) 的意見，句義結構具有不同的層次和單位。最高層次的單位是表述；對表述進行切分，可以得到較低層次的單位義叢；句義結構中最低層次的單位是義素。但是，對義叢進行義素分析，與對單詞進行義素分析有不同之處；因為單詞在句子中要和其他的詞進行組合，這樣就會產生一些組合中的特徵，如名詞的單複數，動詞的狀態，等等。

劉伶等人認為，還可以從另一個角度來分析句義結構中的單位，即根據它們在句義結構中的功能來劃分。按照功能，可以把這些單位分為述項和謂詞。述項是句義中的話題和敘述部分中所涉及的對象，如表述 "他正在看一部小說"中的"他"(話題)和"一部小說"(敘述部分所涉及的對象)就是述項,可以分別用述項 1 和述項 2 來表示。謂詞是把兩個述項聯繫起來的成分,在這句話中就是"正在看"。根據這種意見,可以對"他正在看一部小說"這個句子的整個句義結構進行如圖 9-2 的分析:

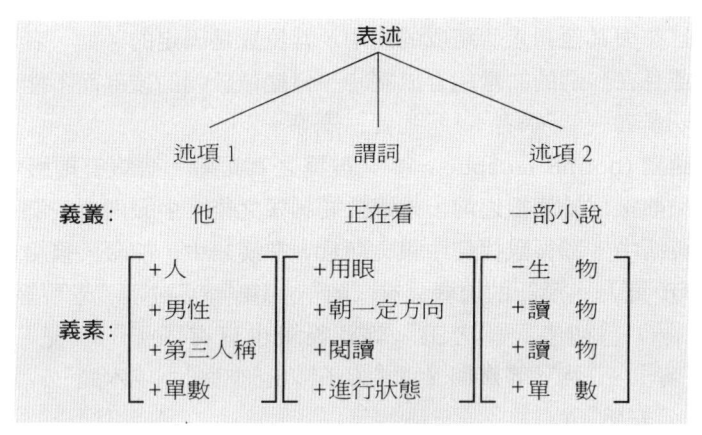

```
                          表述
                 ┌─────────┼─────────┐
               述項 1      謂詞      述項 2
義叢:            他       正在看     一部小說
              ⎡+人   ⎤  ⎡+用眼     ⎤  ⎡-生 物⎤
義素:          ⎢+男性  ⎥  ⎢+朝一定方向⎥  ⎢+讀 物⎥
              ⎢+第三人稱⎥  ⎢+閱讀     ⎥  ⎢+讀 物⎥
              ⎣+單數  ⎦  ⎣+進行狀態  ⎦  ⎣+單 數⎦
```

圖 9-2 句義結構分析
(採自劉 伶、黃智顯、陳秀珠,1991)

對於句義結構進行這種分析是有意義的。但是,我們在前面的分析中已經表明,確定某些詞的語意特徵是困難的。由於在句義結構的分析中增加了語意特徵的維度(如名詞的單複數、動詞的狀態),可能會在運用義素分析的方法時遇到更多的問題。

三、詞法和句法

在傳統語言學中,**詞法**(morphology)和**句法**(syntax)都屬於**語法**(grammar)的範疇。詞法學主要研究詞的變化和構造的規則,而句法學則主要研究組詞成句的規則。為了研究詞的構造,必須對語素進行分析。下面我們將分別討論語素、詞和句子三個問題。

(一) 語　素

語素(或**詞素**)(morpheme)是語言中音意結合的最小單位,也是語法分析的最小單位。語素的功能是構詞，所以，語素是一種構詞單位。在一個詞中，至少包含一個語素；但也有很多詞包含一個以上的語素。

還可以用其他的標準來區分語素，例如在漢語中就可以分為自由語素和不自由語素（粘著語素）。**自由語素** (free morpheme) 是能夠單獨組成為一個詞的語素，如"臉"、"走"、"大"、"我"等。粘著語素指的是不能獨立成詞，且在與其他語素所組成的詞中，其位置是固定的。如"者"不能單獨成詞，並且在和別的語素組合成詞時，只能位於詞的後部而不能位於詞的前部，如"孝者"、"學者"、"強者"等等。

粘著語素 (bound morpheme) 又被稱之為語綴。語綴有前綴、中綴與後綴之分。前綴位於詞根之前，後綴位於詞根之後，中綴則位於詞根之中。在漢語和英語中，都很難找到中綴；而且，在漢語中，前綴、後綴也很少。徐樞 (1990) 認為，漢語的前綴只有"阿"、"第"、"初"、"老"等 (如"阿爸"、"第一"、"初十"、"老王"等)；後綴也只有"子"、"兒"、"頭"、"巴"、"者"、"然"等幾個 (如"刀子"、"杏兒"、"木頭"、"尾巴"、"作者"、"安然")。

（二）詞

一般認為，詞是語言中可以獨立運用的最小的音意結合單位。前面我們曾經提到，語素是語言中音意結合的最小單位，但是語素不能獨立運用，它是一種構詞單位，而詞則是"可以獨立運用的"最小的音意結合單位。

詞是由語素構成的。在詞中體現詞的基本意義的語素叫做**詞根** (radical)。加在詞根上面表示附加意義的語素叫做**詞綴** (affix)。由一個語素構成的詞叫**單純詞** (simple word)，由兩個或兩個以上語素構成的詞叫**合成詞** (compound word)。

合成詞分為複合式和附加式兩種。複合式至少要由兩個不相同的詞根結合在一起構成，包括：(1) 聯合式，由兩個詞根並列組成，例如"永久"、"寧靜"；(2) 偏正式，前一詞根修飾、限制後一詞根，如"白菜"、"笑話"；(3) 後補式，後一詞根補充說明前一詞根，如"立正"、"縮小"；(4) 述賓式 (賓語之意)，前一詞根表示動作，後一詞根表示動作所關涉的事物，如"登陸"、"司機"；(5) 主謂式，前一詞根表示所陳述的事物，後一詞根則是對前一詞根的陳述，如"霜降"、"心酸"。附加式包括"詞綴

＋詞根"和"詞根＋詞綴"兩種，前者如"老虎"，後者如"石頭"。在漢語中，按照詞的結構所作的分類，如圖 9-3 所示。

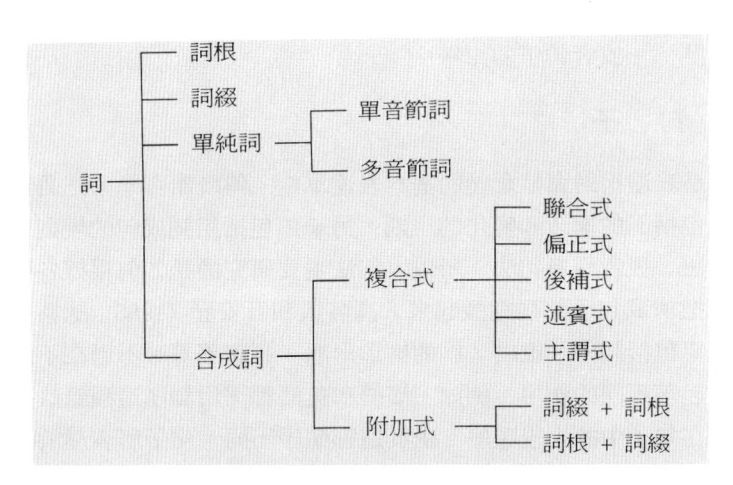

```
         ┌─ 詞根
         │
         ├─ 詞綴
         │
      ┌─ 單純詞 ─┬─ 單音節詞
      │         └─ 多音節詞
  詞 ─┤
      │              ┌─ 聯合式
      │              ├─ 偏正式
      │        ┌─ 複合式 ─┼─ 後補式
      │        │     ├─ 述賓式
      └─ 合成詞 ─┤     └─ 主謂式
               │
               └─ 附加式 ─┬─ 詞綴 ＋ 詞根
                        └─ 詞根 ＋ 詞綴
```

圖 9-3 以詞的結構所做的分類

以上所舉的合成詞的例子只包括兩個語素的詞，但這種結構方式也適用於具有三個以上語素的詞。例如，在"人造革"這個詞中，就包括主謂和偏正兩種結構。

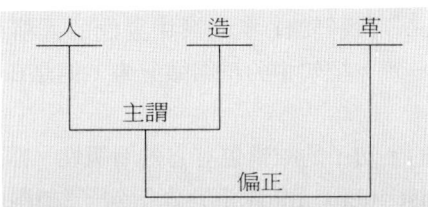

```
  人    造    革
  └──┬──┘
    主謂
    └──────┬──────┘
          偏正
```

以上是根據詞的結構所作的分類，另外還可以根據詞的語法性質來進行分類。這裏所說的語法性質包括詞形變化和句法功能兩方面。在根據詞的語法性質來劃分**詞類**(word classes) 的時候，主要根據的是詞的句法功能。因為在有的語言中，很少有詞形變化，但各種語言中的詞都具有句法功能；而且，在有詞形變化的語言中，其詞形的變化也同句法功能直接有關。各種語言中詞類的數目不同，但通常都在 10 種左右。一般在漢語中的詞類包括名詞、動詞、形容詞、數詞、量詞、副詞、代詞、連詞、介詞、助詞、嘆詞等。

由於不同詞類之間也存在著一些共性，所以可以更概括地來劃分詞類，例如，把它們分為實詞和虛詞兩大類。從詞義上來看，實詞具有實在的詞彙意義，而虛詞則不具有實在的詞彙意義；但虛詞具有語法意義，能夠表示實詞之間的關係，或者句子的語氣。

（三）句　子

　　句子是表達相對完整意義的基本表達單位。傳統語言學家把語法分為兩類：一類包括詞的構造和變化的規則，另一類包括組詞成句的規則；並把前者稱為詞法，後者稱為句法。所以，句法主要研究的是如何根據各種語言的語法手段把構成句子的詞組織起來。高名凱和石安歷 (1985) 認為，這些語法手段主要包括詞序、虛詞、詞的構形形態、語調等等。不過在不同的語言中，它們起著不同的作用。例如，漢語和英語都採用詞序這種語法手段。詞序就是詞在句子中的先後順序。由於這種順序不同，句子所表達的意義也就不同。漢語中"母親愛女兒"和"女兒愛母親"這兩句話中出現的詞是一樣的，但由於這些詞出現的先後順序不同，句子的意義就發生了變化。英語中 "The sheep train the dogs"（羊訓練狗）和 "The dogs train the sheep"（狗訓練羊）兩句話中包含的詞是一樣的，但是意義並不相同。在有的語言中，詞的構形的形態也是表示句法結構的語法手段。俄語 "Яrumaro"（我讀）和 "M bl rumaeu"（我們讀）兩句話中動詞的人稱和數都有不同的變化，就是為了和主語一致，把句中的詞組織起來。但是在漢語中並沒有這種詞的形態的變化。

　　語言是有層級性的，句子的結構也有它的層級性。語言學家用**直接成分分析** (immediate constituent analysis) 分析句子結構的層次。從句子中一次可以直接分出的成分即是句子結構的直接成分；直接成分分析法就是逐一地切分句子的直接成分，直到不能再切分時為止。以下面的句子為例：

The dogs may bite the postman.
(這些狗可能咬這個郵遞員)

我們可以把這個句子分為兩個短語 (名詞短語和動詞短語) the dogs 和 may bite the postman，又可以把動詞短語分為動詞和名詞短語 may bite 和 the postman，還可以把兩個名詞短語和動詞進一步分為 the, dogs, may, bite, the 和 postman。其中，從句子直接分出的兩個短語是句子的直接成分；從動詞短語中分出的動詞和名詞短語是動詞短語的直接成分；而最後進一步的分析所得出的詞則是各自的名詞短語和動詞的直接成分。

在語言學中，常用樹形圖來表示句子的各個直接成分，畫成樹形圖可以更清楚地顯示出句子中各個結構成分的層次。用樹形圖 (圖 9-4) 可以把上面的例句表示為以下的形式：

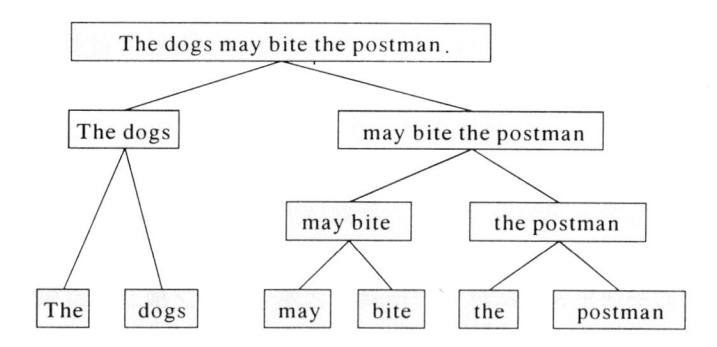

圖 9-4　用樹形圖表示對句子所作的直接成分分析
(採自王曉鈞譯，1990)

還可以在樹形圖的各個節點上作出標示，從而使句子的整個結構變得更加清楚 (見圖 9-5)。

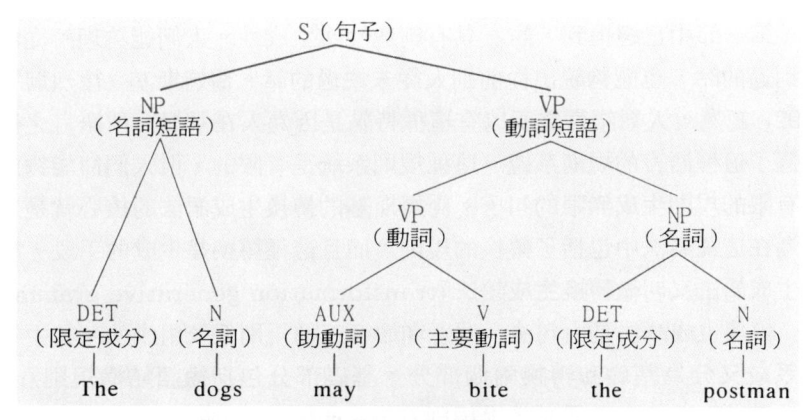

圖 9-5　對節點作出標示的樹形圖
(採自王曉鈞譯，1990)

第三節　語　　法

　　語法 (grammar) 主要包括有關詞的結構和組詞成句的全部規則。20 世紀 50 年代以前，在語言學中占統治地位的是美國結構主義的**描寫語言學** (descriptive linguistics)。描寫語言學家主要採用替換、對比、分布 (distribution) 和直接成分分析的方法對語言進行研究，並且按照嚴格的分析程序一步一步地從語言素材中找出其結構和結構的成分。到了 50 年代末期，被語言學家和心理學家稱為 20 世紀最有影響的語言學家喬姆斯基領導了語言學上的一場革命。他反對結構主義的語言學，認為語言學作為一門科學不應該像描寫語言學那樣，以對實際話語的描寫分析作為目的。並且，用他的**轉換生成語法**取代了描寫語言學，並使之成為語言學中的主流。到了 60 年代中期，在語言學中呈現出諸說紛爭之勢，出現了多種語言學理論。在本節中我們將主要介紹其中三種語法理論，即：轉換生成語法、格語法和生成語意學。

一、轉換生成語法

　　第一節中已經提到，語言具有創造性或生成性。人們能夠理解從前從未聽到過的話，也能夠說出從前別人從未說過的話。喬姆斯基 (徐烈炯等譯，1992) 認為，人類語言之所以有這種特點是因為人在掌握一種語言之後，就掌握了這種語言的規則系統。這種規則系統是有限的，但人們卻能夠使用這種有限的規則生成無限的句子。喬姆斯基的轉換生成語法的核心就是生成。因為在這種語法中包括了轉換的規則，而且這種轉換是生成的手段，所以這種生成語法又叫做**轉換生成語法** (transformation generative grammar)。

　　轉換生成語法是由句法、語意和語音三種規則系統組成的。其中句法規則系統又分為基礎和轉換兩個部分。基礎部分包括**短語結構規則** (phrase structure rule)，又稱為**基礎規則** (base rule) 和**詞庫** (lexicon)。由短語結構規則和詞庫生成句子的深層結構，經過轉換部分的轉換規則後，產生句子的表層結構。語意和語音規則是解釋性的,它們分別提供句子表示什麼意義和如何發音的信息。轉換生成語法的**標準理論** (standard theory) 模型如圖 9-6 所示。

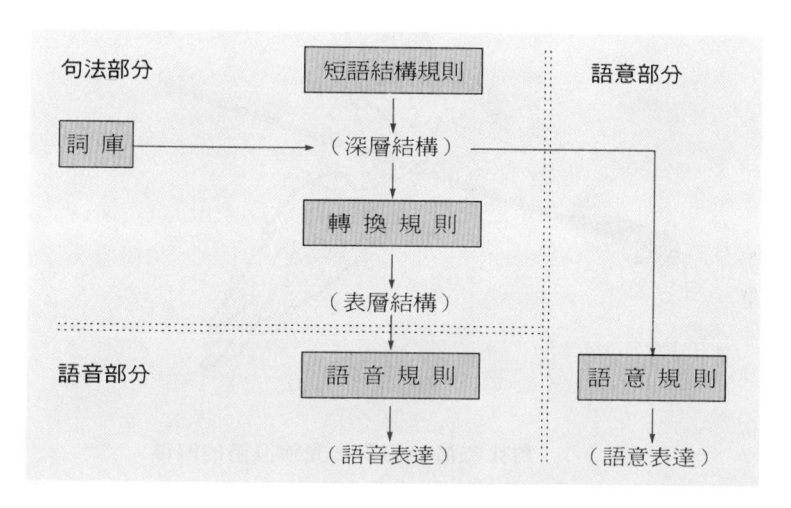

图 9-6 轉換生成語法的標準理論模型
(採自王 鋼,1991)

在標準理論模型中,**深層結構** (deep structure) 和**表層結構** (surface structrue) 是兩個重要的概念。深層結構決定句子的語意解釋,而表層結構所表明的則是實際形成的句子中各個成分之間的關係。

語言學家和心理學家常常用歧義句來說明深層結構和表層結構之間的關係。歧義句只有一個表層結構,但卻可能有幾個深層結構。比杰洛 (Bigelow,1986) 就曾以下面的句子為例:

Time flies like an arrow.

對於這個句子有兩種解釋。第一種解釋如圖 9-7 所示。其意義為"光陰似箭"。但是對於這句話也可以作另一種解釋,如圖 9-8 所示。其意義為"時間蒼蠅喜歡一隻箭"。產生這種不同解釋的原因在於,當 time flies 在深層結構中作施事時,表層結構表達的是一種意義,而當 time 在深層結構中作施事時,表層結構則表達著另一種意義。

圖 9-7　對比杰洛的句子作光陰似箭的解釋
(採自 Benjafield, 1992)

圖 9-8　對比杰洛的句子作時間蒼蠅喜歡一隻箭的解釋
(採自 Benjafield, 1992)

深層結構是由句法部分構成的。為了產生深層結構需要兩套規則，一套叫做短語結構規則，一套則是詞庫中的規則。例如，要產生 "The boy likes the ball."（那個男孩喜歡這個球）這個句子，就需要運用以下六條短語結構規則。這種規則採用 x → y 的形式（讀成把 x 改寫成 y），所以有時又稱之為**重寫規則** (rewriting rule)：

1. S → NP + VP
2. NP → D + N
3. VP → V + NP
4. D → the
5. N → boy, ball
6. V → likes

其中的 S、NP、VP、D、N、V 叫做範疇符號，分別代表句子、名詞短語、動詞短語、限定詞、名詞和動詞。The, boy, likes, ball 稱為詞彙項。

重寫規則也可以用"樹形圖"來表示。上例的樹形圖如圖 9-9 所示。

所以，運用上述的短語結構規則，就可以生成一定的句子結構。但是，為了生成合格句而不生成出不合格句，就需要運用詞庫中的詞彙規則和**次範疇規則** (subcategorization rule)。

詞彙規則表明，每個名詞的語意句法特徵都在詞庫中一一標明。例如：

boy, N [＋普通，＋可數，＋有生命，＋人類]

這些特徵說明，boy 是一個有生命的、人類的、可數的普通名詞。

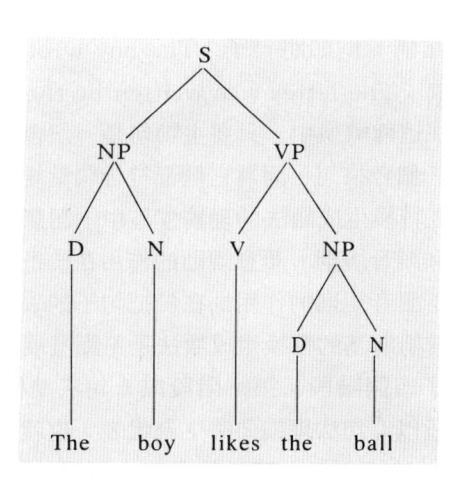

圖 9-9　重寫規則樹形圖

次範疇規則的作用在於給出動詞和名詞間的搭配關係，有時又被稱為動詞的選擇限制。例如，see (看)，like (喜歡) 這些動詞，通常都出現在名詞短語 (NP) 之前，而且都要求作主語的名詞具有 [＋有生命] 的特徵。因此，根據轉換生成語法的標準理論，可以生成 The boy likes the ball. (那個男孩喜歡這個球) 這樣的句子，而不會生成 The ball likes the boy. (那個球喜歡這個男孩) 這樣的句子。

句法部分中的轉換也是由一套規則來執行的。這些轉換規則的作用在於把深層結構變為表層結構。深層結構通過不同的轉換可以形成不同的表層結構，例如，從主動到被動、從陳述到疑問等等。轉換後句子的形式發生了變化，但是它的意義並沒有發生變化。

轉換的規則主要有省略 (deletion)、添加 (adjunction)、調換 (permutation) 和替換 (substitution)。例如，在被動轉換中就包括了名詞短語的換位和添加 be，en，by 等成分。由主動轉換為被動規則通常表達為：

$$NP_1 + Aux + V + NP_2 \Rightarrow NP_2 + Aux + be + V + en + by + NP_1$$
$$1 \quad\ \ 2 \quad\ \ 3 \quad\ \ 4 \qquad\ \ 4 \quad\ \ 2 \quad\ \uparrow\ \ 3 \quad\ \uparrow\ \quad \uparrow \quad\ 1$$

在上式中 NP 表示名詞短語，Aux 表示助動詞，V 表示動詞。從上式中可以看出，結構成分的位置調換了 (用數字表示)，而且還添加了新的成分 (用 ↑ 表示)。

根據以上這條規則可以很容易地將一個主動句結構轉換成一個相應的被動句結構。例如將句子：The boy wrote a letter. (這個男孩寫了一封信) 轉換為：The letter was written by the boy.

在這種轉換中，只要主動句是一個合格句，經過轉換生成的被動句也一定是一個合格句，因為它們都符合詞彙規則和次範疇規則。

在轉換生成語法的理論模型中，語意部分和語音部分分別包含一套語意規則和語音規則。語意規則的作用在於把句子的深層結構加工為句子的語意表達；語音規則的作用則在於把句子的表層結構加工為句子的語音表達。

喬姆斯基的轉換生成語法是不斷發展的。從 1957 年到現在，它的發展經歷了四個階段。第一階段以《句法結構》(Chomsky, 1957) 為代表。第二階段以《句法理論要略》為代表，也就是我們在前面提到的"標準理論" (Chomsky, 1965)。第三階段以《深層結構，表層結構和語意解釋》(Chomsky, 1972) 為代表。第四階段則以《關於形式和解釋的散文集》(Chomsky, 1975) 為代表。在這幾個階段中的生成轉換語法具有某些共同點和不同點。其共同點在於都需要通過**轉換規則**來連接深層結構和表層結構，表層結構的作用在於為句子提供語音表達。不同之點主要在於深層結構、表層結構與語意解釋之間的關係。

第一階段喬姆斯基把語意排除在**轉換生成語法**之外，即拋開語意只研究語言的形式。但這種方法遇到了問題。按照這種方法生成的句子有些是合乎語法的，但是沒有意義。例如：

  Colorless green ideas sleep furiously.
  (無顏色的綠色的思想憤怒地睡覺)

這句話在英語中是合乎語法，但毫無意義。在第二階段，喬姆斯基認為語意是由深層結構來決定的。第三階段的特點是認為表層結構對語意解釋也起一定的作用，但語意主要還是由深層結構來決定的。例如，"Not many arrows hit the target."(沒有很多箭射中靶子) 和 "Many arrows didn't hit the target."(很多箭沒有射中靶子) 這兩個句子的深層結構都是"Not"(many arrows hit the target)，不是 (很多箭射中靶子)；但由於表層結構中 Not (不是) 所指的範圍不同，兩句話的語意也就有所不同。第四階段的理論被稱為**修正的擴展的標準理論** (revised extended standard theory)，在這種理論中把語意解釋放到了表層結構上。從這四個階段的發展中可以看出，**轉換生成語法**所遇到的主要是語意問題。由於這個問題未能得到很好的解決，所以出現了一些新的語法學說，例如 "格語法" 與 "生成語意學"。下面我們將介紹這兩種語法學說是怎樣解決語意問題的。

二、格語法

菲爾莫爾針對喬姆斯基的**轉換生成語法**發表〈格辯〉一文 (胡明揚譯，1980)。文中表示，他與喬姆斯基的分歧主要在於對深層結構的看法。喬姆斯基認為深層結構是由短語結構規則產生的，而菲爾莫爾則認為深層結構是由**格** (case) 來決定的。

菲爾莫爾所說的格並不是傳統語法中的格。在傳統語法中，格表示的是名詞、代詞與句子中其他詞的關係。例如，名詞的格在俄語中有六個（即主格、屬格、與格、賓格、造格、前置格），在英語中只有兩個。不過在有的語言中名詞並沒有形態變化，所以是沒有格的。但是在所有的語言中都有"施事"、"受事"、"工具"、"給予"、"處所"等語法關係。這些語法關係不一定要通過名詞詞尾的變化來表達，也可以通過其他的語法形式來表達。例如，法語通過介詞來表達，日語通過助詞來表達等。不過，這些表達都是從表層結構的角度來說的。如果從深層結構來分析則可以發現，這些關係可以用形式邏輯運算中謂詞運算的模式來表達。謂詞運算著眼於動詞的表達方式以及它和名詞之間的關係。之所以稱之為**格語法**（或**格變語法**）(case grammar) 是因為動詞和名詞之間的關係與以上所說的名詞的變格有某些類似之處。例如，在施事中名詞用主格來表示，在受事中用受格來表示，等等。所以在格語法中每一個名詞短語都以一定的格的關係與動詞發生聯繫。因此，從實質上來看，格語法表示的是名詞與動詞之間的內在的語意關係。

菲爾莫爾曾以下面的句子為例來說明他的格語法（胡明揚譯，1980）：

John opened the door. （約翰打開了門）
The door was opened by John. （門被約翰打開了）

door（門）在兩個句子中的作用是不同的。在前一句話中是賓語，而在第二句話中則成為了主語。但是在深層結構中，門（door）和約翰（John）二者之間的關係是固定不變的；也就是說，門始終是約翰的行動對象。這種固定不變的關係是由語意而不是由句法來決定的。

在格語法中，一個句子 (sentence) 包括情態 (modality) 和命題 (proposition) 兩個部分，可以表示為：

$$S \longrightarrow M + P$$

這裏所說的情態與傳統意義上的情態也有所不同，它主要指的是動詞的時、體、態以及肯定、否定、祈使、疑問等。命題所表示的是動詞和名詞短語之間的關係，這種關係是由格體現出來的。

菲爾莫爾分析出存在以下的格：

1. 施事格 (agentive，簡稱 A)：表示動詞所指的動作的發動者。

2. 工具格 (instrumental，簡稱 I)：表示動詞所指動作或狀態得以進行的非生物力量，或產生該動作或狀況的客體。

3. 受格 (dative，簡稱 D)：表示動詞所指動作或狀況所影響的生物。

4. 外所格 (locative，簡稱 L)：表示動詞所指的動作或狀態的方向或位置。

5. 目標格 (goal，簡稱 G)：事物移動所朝向的處所。

6. 客體格 (objective，簡稱 O)：動詞所指動作或狀況所影響的事物。

按照格的關係去分析命題，就可以得出深層結構；然後再根據一定的規則，即可把深層結構變成表層結構。其中的一條規則是：如果有 A (施事格)，則 A 為主語，如無 A 而有 I (工具格)，則 I 為主語，如無 A 又無 I，則 O (客體格) 為主語。圖 9-10 表示的是一個句子的深層結構。

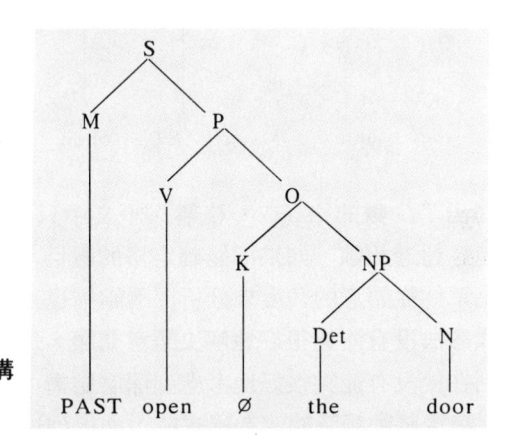

圖 9-10　一個句子的深層結構
　　　(採自馮志偉，1987)

在這個句子中，情態 (M) 是過去時，命題由動詞 (open) 和 O (客體格) 構成。圖中的格標 K (介詞，可以不出現) 為空 (用 φ 表示)。名詞短語 (NP) 由定冠詞 the 和名詞 door (門) 組成。由於在句子中沒有 A 和 I，只有 O，所以 O 為主語。首先，將 O 移至句首，如圖 9-11。

然後進行主語介詞刪除。在圖中刪除格標，得到圖 9-12。

這樣就可以得到句子：The door opened (門開了)。

格語法能夠揭示深層結構中的語意關係，從而使人們能夠去分析這種關係，因此在一定程度上避免了在轉移生成語法中所遇到的問題。但菲爾莫爾

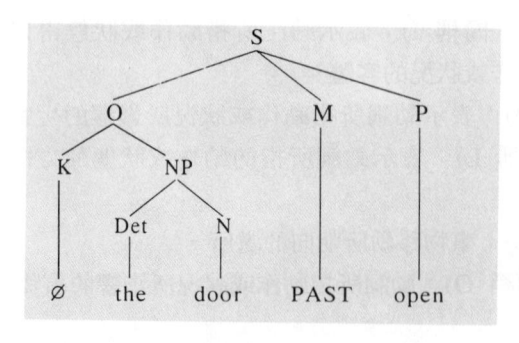

圖 9-11　將 O 移至句首
(採自馮志偉，1987)

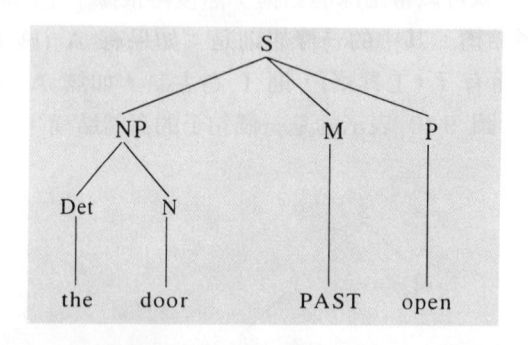

圖 9-12　刪除格標
(採自馮志偉，1987)

只提出了少數的格（在〈格辯〉一文中只提出了六個格）；而實際上格的數目遠遠超過此數。如果不能確定格的數目，那麼運用這種語法是困難的。而且，單純從語意的角度來分析深層結構也是不夠的。如果說喬姆斯基的轉換生成語法沒有能夠很好地解決語意問題，那麼菲爾莫爾的格語法所存在的問題則在於沒有能夠很好地考慮到深層結構中的句法關係。

最後將動詞時態改為過去式，即得到這個句子的表層結構（圖 9-13）：

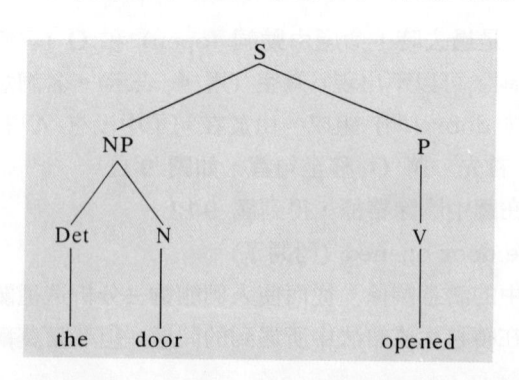

圖 9-13　句子的表層結構
(採自馮志偉，1987)

三、生成語意學

生成語意學(或**衍生語意學**) (generative semantics) 是麥考萊、萊科夫、羅斯 (McCawlet, Lakoff & Ross) (鮑林格、林書武等譯，1979) 針對喬姆斯基的標準理論提出來的。在標準理論中，只有句法部分才具有生成能力；語意和語音部分是沒有生成能力的，它們只有解釋能力。但是，喬姆斯基的**轉換生成語法**遇到了很多問題，其中主要的是語意問題。為了解決這個問題，生成語意學派提出，語意應該優於句法，因為在語言的生成中，決定性的因素是語意而不是句法。所以，生成語意學家認為，具有生成能力的是語意而不是句法部分。

在**轉換**生成語法的標準理論模型中，句子的深層結構和語意表達是兩個不同的部分，深層結構要經過語意規則的作用，才能成為語意表達。生成語意學家則認為，深層結構中包括的是語意組成部分，所以深層結構是由語意而不是由句法組成的。由語意組成部分生成語意表現，然後使用詞彙和**轉換**部分的規則，得到表層短語標示，再使用音位組成部分的規則，就可以得到句子的語音表現。這一過程如圖 9-14 所示：

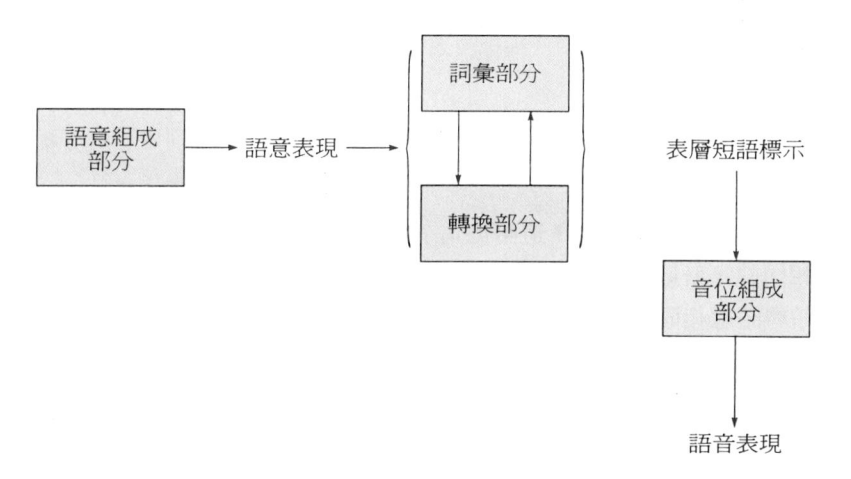

圖 9-14　生成語意學的生成轉換模式
(採自馮志偉，1987)

從圖上可見，語意表現進入詞彙部分，受到詞彙化規則的作用，可以把語意成分變換為詞彙。經過轉換部分可以得到句子的表層短語標示；再進入音位組成部分，就可以得到語音表現。

按照生成語意學的觀點，如果兩個句子具有不同的語意，它們一定具有不同的深層結構；如果兩個句子具有同樣的語意，它們也一定具有同樣的深層結構。例如，以下兩個句子：

(A) Henry stopped Drusilla.（亨利阻攔了德拉希拉）
(B) Henry caused Drusilla to stop.（亨利使德拉希拉停下來）

根據標準理論，這兩個句子的深層結構是完全不同的，如圖 9-15 所示：

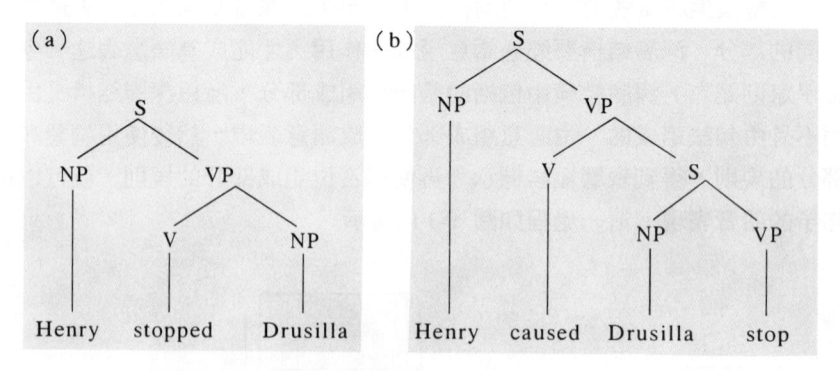

圖 9-15　標準理論對以上兩個句子的分析
（採自王曉鈞譯，1990）

但是根據生成語意學，這兩個句子之間的不同是表面的。因為它們的語意是相同的，所以具有相同的深層結構。這個例子說明，生成語意學能夠更好地解釋語意相同而用詞不同的語言現象。

生成語意學家重視了語意的問題，他們改變了在轉換生成語法中以句法為基礎的原則，採取了以語意為基礎的原則。重視語意問題當然是好的，但是，對於語意如何形式化的問題在生成語意學中並未能很好地加以解決。這可能是到了 70 年代末期以後生成語意學很快就衰落了的原因。

第四節 語言與思維的關係

語言與思維之間存在著非常複雜的關係。早在西元前 400 年,古希臘的哲學家就對這個問題進行過探索。蘇格拉底就曾提到過:"思維者,即自言自語也"(王維鏞,1990)。認為思維和語言是等同的。到了現在,對這個問題仍然是眾說紛紜。概括起來,大約有以下幾種觀點:(1) 語言思維等同論;(2) 語言決定論;(3) 思維決定論;(4) 語言思維獨立論。

一、語言思維等同論

主張語言思維等同論的代表人物是行為主義心理學家華生 (John Broadus Watson, 1878~1958)。華生認為,語言和思維都是語言的習慣;語言是外現的語言習慣,思維是內隱的語言習慣。或者換句話說,語言是大聲的思維,而思維則是無聲的談話 (Watson, 1930)。所以,語言和思維是等同的,語言就是思維。

為了說明沒有語言的人也能進行思維,華生還提出,這些人在進行思維時,必須運用他們肢體的反應;所以,這些人的肢體反應就是他們的語言。因此,如果我們要研究聾啞人的思維,就必須研究他們的內隱的潛伏動作。

安德森 (楊清、張述祖等譯,1989) 曾引用史密斯的實驗來反對華生的理論。這個實驗的被試者就是史密斯本人。在實驗中用馬錢子衍生物 (一種毒藥) 麻醉了史密斯的全部肌肉系統,所以史密斯不可能進行任何肌肉運動 (包括言語器官的運動),因而不可能進行語言或軀體的活動。但是,在這種情況下,史密斯仍然可以進行觀察、理解、記憶和思考。這就證明,在沒有任何肌肉活動的情況下,仍然能夠進行思維活動。

福多 (Fodor, 1975) 還從理論上說明了思維和語言不可能是等同的。因為第一,如果思維是一種內部的語言,那麼尚未掌握語言的兒童就不能進行思維,也不可能做出合理的行為。但是,事實上他們的行為仍然可以是合理的。第二,很多思維是難以用語言來表達的。例如,我們很難表達我們所具有的複雜的觀念；而如果思維就是語言的話，那麼這種觀念應該是易於表達的。第三，許多心理過程，例如視覺、味覺和運動感覺等雖然是和思維相聯繫的，但不一定必須進行語言編碼。所以，從認知心理學的角度來看，思維和語言並不是同一的。

二、語言決定論

沃爾夫 (Whorf, 1956) 提出了語言支配思維的極端看法。他認為，思維總是存在於一種語言之中，而且受語言的規律所支配。更確切地說，語言本身就是思維的塑造者，它是個人進行心理活動、分析各種現象以及綜合思想資料時的綱領和指南。所以，語言決定了人對世界的認識，這就是所謂的**語言決定論** (linguistic determinism)。同時，沃爾夫又認為，不同的語言具有不同的決定認識的方式，世界的圖象隨著人所賴以思維的語言體系的不同而不同，這就是所謂的**語言相對性** (linguistic relativity)。由於薩丕爾在耶魯大學任人類學教授，開設語言學課程時，沃爾夫曾在他的指導下對印地安語，特別是霍比語進行過深入的調查研究，並吸收了薩丕爾關於現實世界在很大程度上無意識地建立在各個集團的語言習慣上的觀點；所以，沃爾夫的理論往往和薩丕爾的名字聯繫在一起，而且被稱之為**薩丕爾-沃爾夫假說** (Sapir-Whorf hypothesis)。

沃爾夫常常運用比較的方法來說明他的觀點。例如，他認為英語中有很多詞都可以分為兩類，各有不同的語法和邏輯特性。一類詞是名詞，如房子 (house)、人 (man) 等；另一類詞是動詞，如打 (hit)、跑 (run) 等。沃爾夫認為這只是英語對自然的一種雙極劃分法，而自然本身卻不一定是依照這樣的方法來劃分的。按照自然本身的性質來看，房子、人表示的是永久性的事物，保存 (keep)、延長 (extend) 所表示的也是性質不變，為什麼前者是名詞，而後者卻是動詞？所以沃爾夫認為，我們不可能根據自然來對"事件"、"事物"、"關係"這類詞來下定義，要下定義就必須使用下定義的人的各種範疇。在溫哥華島的奴特卡 (Nootkal) 語中，情況就不同。這種語言對各種事件都只用一類詞來表示，根本沒有名詞和動詞的分別，似乎什麼詞都是動詞。所以，在這種語言中，不說"房子"而說"住"。可見，使用不同語言的人有不同的思維方式。

在語法結構方面，不同語言之間的差異就更大。根據沃爾夫的觀察，由於霍比語不表示時間性，因此不能像英語那樣區別現在、過去、將來三種時間。霍比人不會說 I stayed five days. (我住了五天)，而是說，I left on the fifth days. (我在第五天離去)。因此，霍比語和英語對於時間的觀念是不同的。沃爾夫認為，造成這種差異的原因是由於兩種語言的結構不同，因而影響對時間的感知方式。在英語中，動詞有現在、過去、將來三種時態，所以時間對說英語的人來說是一個連續的直線過程。在霍比語中並沒有時態之分，所以他們不能把持續的時間客觀化，他們只能關注時間的某一點。

沃爾夫的假設得到了某些實驗的支持。例如，赫爾曼等人 (Herman, Lawless & Marshall, 1957) 在實驗中發現，若給予實驗中所呈現的圖形以不同的標誌詞，則能夠影響被試者的思維，從而影響到他們對圖形的記憶。例如，在呈現"○─○"這個圖形時，若用語言標記為"眼鏡"，那麼，被試者所回憶出來的形象就會像是一副眼鏡"○ ○"；如果語言符號的標記是"啞鈴"，被試者所回憶起來的形象就會像是一副啞鈴"○═○"。實驗結果說明，被試者記住了標誌詞和知覺到的信息，並且在回憶的時候按照語言的標記重新建造了所要記憶的形象。

沃爾夫的假設提出來以後，曾經成為人類學家、語言學家、社會學家、心理學家討論的中心，並得到過一些學者的支持。但是，也有很多人對沃爾夫的理論提出了疑問。沃爾夫主要是根據英語和印第安語的對比來提出他的假設的，然而，他並沒有正式發表過對印第安語的調查報告；所以，從五十年代以來，不少人對於他所據以立論的材料提出了懷疑。同時，不少的實驗材料表明，語言並不能決定人們對世界的知覺和思維。

羅希 (Rosch, 1973) 和海德 (Heider, 1972) 用實驗證明了語言不同的民族，對於顏色的認知並沒有差異。在英語中有 11 個基本顏色詞，即：黑色 (black)、白色 (white)、紅色 (red)、綠色 (green)、黃色 (yellow)、藍色 (blue)、褐色 (brown)、紫色 (purple)、粉紅色 (pink)、橙色 (orange) 和灰色 (gray)。但是，在印度尼西亞新幾內亞的達尼 (Dani) 語言中只有兩個基本顏色詞：mola 表示明暖色，而 mili 則表示暗冷色。說英語的人可以判斷出每一種基本色中的最佳色 (如純紅、純藍等)，這種最佳色被稱為中心色。那麼，對中心色的認知是不是受語言的影響呢？布朗等人 (Brown & Lenneberg, 1954) 發現，說英語的人學習和記憶中心色比非中心色容易。羅希 (Rosch, 1977) 在實驗中讓一組達尼族被試者學習八個非中心色的名稱。結果發現，達尼人學習中心色的名稱也比學習非中心色的名稱快。海德 (Heider, 1972) 用說英語的人和達尼人作被試者，讓被試者用五秒鐘的時間先看一張顏色片，間隔 30 秒鐘以後，要求他們從 160 張顏色片中找出剛才看過的顏色片。結果發現，當被試者所看到的顏色片為中心色時，不管是說英語還是說達尼話的被試者完成得都比較好。以上的實驗說明，雖然達尼人和說英語的人語言不同，但他們對顏色的認知都是一樣的。由此可見，語言並不能決定人對客觀世界的知覺和思維。

還有一些實驗材料表明，語言必須符合人們的認知規律。格林伯格 (Greenberg, 1963) 首先發現，在人類語言中，主語 (S)、動詞 (V) 和賓語 (O) 有六種可能的排列，但僅僅只出現了四種。按照尤爾坦 (Ultan, 1969) 的統計，這四種詞序的出現頻率如下：

   SOV   44%；   VSO   19%；   SVO   35%；   VOS   2%

從這個統計中可以看出，世界上絕大多數的語言，都是主語在前，賓語在後。這是由於在活動中，總是由主體作用於客體，因而在語言中表現出主語在先的規律。這種規律說明，語言要符合人對世界的感知和思維，而不是相反地由語言決定人的思維。

由於有越來越多的材料證明了語言決定論缺乏根據，因而現在已經很少有人贊同沃爾夫的極端觀點了。

三、思維決定論

主張思維決定語言的代表人物是皮亞傑 (Jean Piaget, 1896～1980)。以皮亞傑為代表的日內瓦學派認為，思維和智慧運算、邏輯運算以及認知活動等術語是通用的；所以，可以把思維與語言之間的關係理解為認知與語言之間的關係。我們將從兩個方面來討論這個問題。首先我們將介紹皮亞傑的思維決定語言的理論，然後介紹認知的普遍性決定語言的普遍性的理論。

(一) 思維決定語言的理論

沃茲沃思 (周鎬等譯，1986) 認為，在思維與語言兩者間發展的關係問題上，日內瓦學派的觀點是非常明確的，即是：對於每個個體的發展來說，思維的發展多出現在語言的發展之前；而且，語言的發展是以思維的發展為基礎的。

皮亞傑曾經明確地說過："智力實際上很可能在語言之前就已出現……這種早期智力完全是一種建立在對物體操作基礎之上的實踐性智力。它不是運用字詞和概念，而是運用組織到動作圖式中的感覺和運動。例如，為了取得遠處的物體而去使用棍棒就是一個智力的動作（並且這種智力動作形成得相當晚，大約在 18 個月時出現）"（Piaget, 1967）。

拉賓諾威克茲（杭生譯，1985）還認為，兒童大約在解決語言表述的序列問題的前五年，就已經能夠按順序排列長度不同的物體了。從這些事實中可以看出，思維並非來自於語言的發展，而是來自於感覺運動。並且，思維的發生在語言出現之前。

皮亞傑還認為，在語言和思維的關係問題上，是思維決定語言，而不是語言決定思維。因為語言的發展要以動作邏輯的發展作為基礎，所以思維是語言發展的前提條件。語言雖然能在廣度和速度上增強思維的能力，但它對於具體運算來說既不是充分的，也不是必要的；就是對於形式運算來說，它也只是一種必要條件而非充足條件。

皮亞傑、英海爾德（吳福元譯，1981）採用了兩個方面的實驗材料，用來說明他們關於語言與思維兩者間關係問題的理論。一方面是對正常兒童和聾啞、盲童所作的比較研究材料；另一方面則是對正常兒童所作的比較研究材料。

皮亞傑、英海爾德引用了樊尚等人的實驗材料。實驗的結果表明，**聾啞**兒童的邏輯運算經常比正常兒童出現得晚。在序列和空間運算能力上他們是正常的（序列運算的出現只稍微要晚些）；但在**守恆**（conservation，指物體從一種形態轉變為另一種狀態時，它的物質含量沒有增加也沒有減少，是不變的。由於物體的性質不同，因而有條件不同的守恆，例如**數量守恆**、**長度守恆**等。兒童一般要到具體運算階段才能獲得守恆概念。）問題上成功的年齡比正常兒童要遲一、二年。皮亞傑和英海爾德認為，如果把以上的實驗結果與盲童的實驗結果進行比較就更為重要。他們所引用的哈脫維爾的研究表明，對盲童和正常兒童進行的關於次序關係（如相繼發生的次序，"中間位置"，等等）的測量表現出，盲童的發展比正常兒童要晚四年甚至更長，盲童的語言序列是正常的（例如，A＜B，B＜C，故 A＜C）。但是，盲童具有感覺障礙，因而妨礙感覺運動的發展，並使一般的協調活動的進行比較緩慢。而且，他們在語言方面的發展不足以補償這種延緩。盲童有語言，聾啞兒童則缺少語言能力，但聾啞兒童在實驗中表現出的發展水平卻超過盲童，這說明語言的作用並不重要。

皮亞傑和英海爾德還引用了辛克萊 (Sinclair, 1967) 對於正常兒童的研究材料。辛克萊在實驗中把兒童分成兩組：一組是守恆組，另一組是非守恆組。然後向兩組兒童出示數對實物，要求他們說明每對物品的關係。測驗中所用的實物及測驗結果見圖 9-16：

實驗實物	非守恆者	守恆者
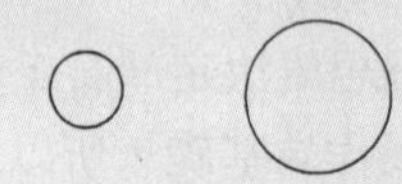 ○ ○	男孩有一個大圓，女孩有一個小圓。	男孩有的圓比女孩的大。
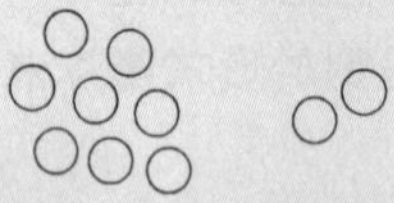 ○○○○○○ ○○	女孩有好多圓，男孩有一點兒。	女孩有的圓較多。
 (鉛筆)	這枝鉛筆長，那枝鉛筆短。（一個變量）或者這枝鉛筆長，那枝鉛筆短。這枝鉛筆粗，那枝鉛筆細。（兩個變量）	這枝鉛筆（較）長，但是（較）細，另一枝鉛筆短，但是粗。

圖 9-16　對守恆組和非守恆組兒童的測驗結果
(採自杭　生譯，1985)

測驗結果表明，兩組兒童對客體關係的描述有顯著的差別。非守恆組的兒童在說明每對物品的關係時，傾向於一次描述一個對象。他們不能運用比較的說法，如較長、較細等。這是由於這些兒童仍處於前運算階段，缺少邏輯運算，這就限制了他們對於語言的運用。但是守恆組的兒童卻能夠同時考慮兩個客體，這就擴展了他們的心理能力，促進了他們對於語言的使用。

在實驗中還對非守恆組的兒童進行語言訓練，教他們用守恆組兒童所用的語言去描述物品的關係。結果發現，兒童在學習這些詞語時感到困難；而且這種訓練很少能夠形成他們的守恆概念 (在十例中只有一例能形成)。這說明，促進語言發展的是邏輯運算 (思維)。

(二) 認知的普遍性決定語言普遍性的理論

按照沃爾夫的觀點，語言可以決定人對客觀世界的思維和認知。但是不少學者持相反的意見，認為語言是由認知來決定的。例如，人類對於顏色的辨認就不是由語言來決定的；而人類所使用的顏色詞卻是由人類的認知來決定的。

貝林和凱 (Berlin & Kay, 1969；Kay, 1975) 曾對語言中的基本顏色詞 (basic color terms) 進行深入的研究。他們用以下四種主要的標準去鑑別許多語言中的基本顏色詞。(1) 它必須只包含一個詞素，如紅 (red)，而不能由兩個以上的詞素組成，如淡紅 (light red)；(2) 它必須不包含在其他顏色之內，如猩紅色 (scarlet) 就包含在紅色之內；(3) 它必須不局限於少數對象之中；例如亞麻色 (blond)，就僅僅只存在於頭髮和少數對象之中；(4) 它必須是普遍的，為大家所熟悉的，例如黃；而桔黃 (saffron) 則不是這樣。

根據這四種標準，貝林和凱發現，不同語言中基本顏色詞的數目都在 2 到 11 個之間；而且，每一種語言都從 11 種顏色 (黑、白、紅、黃、綠、藍、棕、紫、粉紅、橙、灰) 的名稱中選出它們各自的基本顏色詞。所以，各種語言中的基本顏色詞有相當大的一致性。

更令人驚奇的是，貝林和凱還發現，這 11 種基本顏色詞形成為一種等級層次系統。這種等級層次系統如圖 9-17 所示：

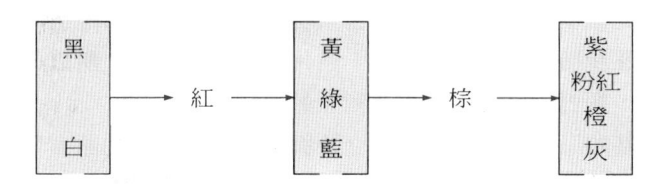

圖 9-17 基本顏色詞的等級層次
(採自 Clark & Clark, 1977)

各種語言都從這個等級層次系統中選出各自的基本顏色詞。例如，英語中有 11 個基色詞，而有的語言則僅僅只有兩個、三個或六個基色詞。有兩個基色詞的語言，選出的是黑與白；有三個基色詞的語言，選出的是黑、白、紅；有六個基色詞的語言選出的是黑、白、紅、黃、綠、藍 (可以按任何順序選擇括號中的顏色詞)。所以，對顏色詞的選擇決不是任意的、隨機的。

為什麼在語言中會有十一個基本顏色詞，而且形成為一種等級系統？這主要是由於人在感知光譜時，對這十一種顏色的知覺最為突出，而且這些顏色在亮度上形成為一種等級。所以，從這個研究中可以看出，人對光譜知覺的普遍性決定了語言中運用十一個基本顏色詞的普遍性。

四、語言思維獨立論

但是，也有人不同意思維決定論的觀點。在本章中我們介紹了喬姆斯基的語言學理論。這種語言學的理論表明，語言是一種獨立的系統，不能用思維來解釋語言的生成。而且，喬姆斯基 (徐烈炯等譯，1992) 還認為，存在著一種先天的**語言獲得裝置** (language acquisition device，簡稱 LAD)，這是人類所特有的一種遺傳機制。這種機制的功能如圖 9-18 所示：

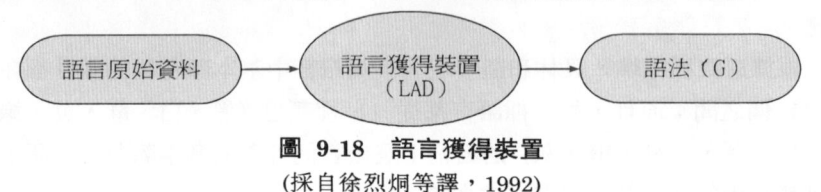

語言原始資料 → 語言獲得裝置（LAD） → 語法（G）

圖 9-18　語言獲得裝置
(採自徐烈炯等譯，1992)

語言獲得裝置是每一個兒童生來具有的裝置。裝置中的具體規定就是學習各種語言的基礎。兒童具有這種裝置即可學會人類的任何一種語言。語言原始資料是兒童所接受的具體的語言素材。這種語言素材經過語言獲得裝置的處理即可逐步轉化為一套個別的、內化了的語言系統。所以，從語言獲得的觀點來看，語言也是和思維相互獨立的。

喬姆斯基的思維與語言相互獨立論與我們前面介紹的語言思維等同論、語言決定論、思維決定論都在某一個方面反映了語言與思維之間的關係。但是，這些理論都沒有能夠說明二者之間的全部的複雜的關係。所以，對這個問題今後還應該進行多方面的、綜合的、深入的、進一步的研究。

本章摘要

1. **語言**是一種社會現象,是人類社會中協調人與人之間關係的一種最重要的交際工具。
2. 語言是一種具有任意性的**符號系統**,語言和它所代表的事物之間沒有一種必然的、內在的聯繫。
3. 語言符號具有**線性**的特點,語言只能在時間上線性地展開而不能在空間上展現。
4. 以線性形式展開的語言符號具有結構性。語言符號結構性表現的重要方面是語言符號的層級性。
5. 雖然語言受到符號的結構規律的約束,但是語言是具有創造性的,這是人類語言的一個非常重要的特點。
6. **語言**是一種社會現象,它不屬於社會中某一成員;而言語則是社會中的個人運用語言來表達自己的思想,從而實現交際目的的個人的活動。
7. 語言和言語是相互依存的,語言既是言語的工具,又是言語的產物。
8. 從音質的角度對語音進行不斷地切分,切分到不能再切分時為止所得到的語言單位就是**音素**。
9. **音位**是在一定的語言中能夠區分意義的最小的語音單位。有兩種不同的音位,即**音段音位**和**超音段音位**。
10. **語意場理論**表明,語言中的詞並不是孤立地存在的,而是組成為一定的場;同一個語意場中的詞,在語意上處於相互聯繫與相互制約之中。
11. 語言學家分析出的最小的語意單位被稱之為**義素**。
12. 句子的意義是由**句義**結構來表明的,句義結構具有不同的層次和單位。
13. **語素**是語言中音義結合的最小單位,也是語法分析的最小單位。
14. **詞**是語言中可以獨立運用的最小的音義結合單位。
15. **句子**是表達相對完整意義的基本表達單位。
16. 喬姆斯基的**轉換生成語法**的核心是生成。因為在這種語法中包括了轉換的規則,而且這種轉換是生成的手段,所以這種生成語法又叫做**轉換生**

成語法。
17. **轉換生成語法**是由句法、語義和語音三種規則系統組成。其中句法規則系統又分為基礎和轉換兩個部分。基礎部分包括**短語結構規則**和**詞庫**。由短語結構規則和詞庫生成句子的**深層結構**，經過了轉換部分的轉換規則，產生句子的**表層結構**。
18. 喬姆斯基的轉換生成語法是不斷發展的，從 1957 年到現在，它的發展經歷了四個階段。在這四個階段中所遇到的主要是語意問題。
19. **格語法**是菲爾莫爾針對喬姆斯基的轉換生成語法提出來的。格語法中，每一個名詞短語都以一定的格的關係與動詞發生聯繫。從實質上來看，格語法表示的是名詞與動詞之間的內在的語意關係。
20. 格語法能夠揭示深層結構中的語意關係，從而使人們能夠去分析這種關係。但是，菲爾莫爾只提出了少數的**格**，而實際上格的數目遠遠超過此數。如果不能夠確定格的數目，那麼運用這種語法是困難的。
21. 為了解決轉換生成語法所遇到的問題，**生成語意學**提出，語意應該優於句法，因在語言的生成中，決定性的因素是語意而不是句法。但是，對於語意如何形式化的問題在生成語意學中並未能很好地加以解決。
22. 華生認為，語言和思維都是語言的習慣。語言是"外現的語言習慣"，而思維是"內隱的語言習慣"。所以，語言和思維是等同的，語言就是思維。
23. 沃爾夫認為，思維總是存在於一種語言之中，且受語言的規律所支配。更確切說，語言本身就是思維的塑造者，它是個人進行心理活動、分析各種現象以及綜合思想資料時的綱領和指南。所以，語言決定思維。
24. 皮亞傑認為，對個體的發展來說，思維出現在語言的發展之前；而且，語言的發展要以思維的發展為基礎；所以，是思維決定語言。
25. 喬姆斯基認為，語言素材經過先天具有的**語言獲得裝置**的處理，即可逐步轉化為一套個別的、內化了的語言系統。所以，從語言習得的觀點來看，語言也是和思維相互獨立的。

建議參考資料

1. 艾奇遜 (王曉鈞譯) (1990)：現代語言學入門。北京市：北京語言學院出版社。
2. 索緒爾 (高名凱譯) (1985)：普通語言學教程。北京市：商務印書館。
3. 喬姆斯基 (徐烈炯、尹大貽、程雨民譯) (1992)：喬姆斯基語言哲學文選。北京市：商務印書館。
4. 馮志偉 (1987)：現代語言學流派。西安市：陝西人民出版社。
5. Benjafield, J. G. (1992). *Cognition.* New Jersey: Prentice-Hall.
6. Clark, H. H., & Clark, E.V. (1977). *Psychology and language.* New York: Harcourt Brace Jovanovich.

第十章

言語的產生和理解

本章內容細目

第一節 言語產生的機制
一、言語的器官和言語產生的過程 437
二、音素的產生 439
　（一）元音和輔音的產生
　（二）連續發音的特點

第二節 單個語音的知覺
一、言語加工的水平 443
　（一）聽覺階段
　（二）語音階段
　（三）音位階段
二、語音知覺的範疇性 448
　（一）語音知覺範疇性的證據
　（二）語音的範疇邊界是變化的
三、言語知覺的機制 454
　（一）動作理論

　（二）合成分析理論
　（三）覺察器理論

第三節 連續語音的知覺
一、語音知覺中韻律因素的作用 460
　（一）音高在連續言語知覺中的作用
　（二）音長在連續言語知覺中的作用
　（三）音強在連續言語知覺中的作用
二、語音知覺的句法和語意因素的作用 465
　（一）語境與音位恢復效應
　（二）語意與句法因素和知覺策略

本章摘要

建議參考資料

言語的產生和理解是認知心理學的一個重要的研究課題。言語現象是人類社會生活的重要部分，在人類文明和智慧的發展中起著不可忽視的作用。人類利用言語交流思想、表達情感和進行思維。幾千年來，從古希臘哲學家對言語現象的樸素思考到現代科學以先進的儀器對言語加工機制的研究，人類一直在探索言語世界的奧秘。言語的產生和理解成為語言學家、認知心理學家、人工智能專家和神經生理學家感興趣的焦點，並由此誕生了大量的交叉學科。這些學科雖然有共同的研究對象，卻有不同的奮鬥目標。認知心理學家著重研究言語的產生和理解要經歷哪些階段？人類是否運用相同的認知機制加工言語信息和非言語信息？言語的產生和理解與言語本身的結構和特點有什麼關係？等等。對於這些問題的回答，不僅有助於語言教學和言語障礙的康復，而且對於人工智能，言語的自動識別，生成以及通訊工程都有廣泛的實用價值。試想在不遠的將來，人類能夠用言語而不是鍵盤與計算機進行交流時，那時您所需做的只是說一聲："芝麻，開門吧！"。

近年來隨著認知心理學的不斷發展成熟，已有越來越多的認知心理學家將注意集中到實際問題上。他們發現，認知心理學的理論和方法能夠成為他們分析和解決實際問題的強大武器；同時對現實問題的探索也能豐富和擴大認知心理學的研究內容。

在解決實際問題時，認知心理學家經常面對的選擇是，更加強調研究方法的科學性呢？還是更加強調其實用性？在對實際問題進行研究時，二者常常發生衝突。過分注重研究的科學和嚴密，常常會使研究與實際問題脫節；但完全放棄研究方法的嚴密性以換取實用性質也是不足取的。

本章從言語的產生開始，首先討論言語產生的機制和特點，接著討論單個語音知覺的過程和特點，然後介紹較為流行的關於言語知覺的理論。最後介紹連續言語知覺過程的特點。通過本章的學習，希望讀者了解以下各點：

1. 言語知覺分為幾個階段，各階段有什麼特點。
2. 言語產生與言語知覺的關係如何。
3. 言語知覺的動作理論、合成分析理論和覺察器理論間有什麼區別？又有哪些共同點。
4. 什麼是言語知覺的韻律線索，它們在知覺中起什麼作用？
5. 什麼是知覺策略？如何證明連續言語知覺中知覺策略的作用？

第一節　言語產生的機制

我們在前面一章已經提到，**言語**是社會中個人運用語言來表達自己的思想，從而實現人際溝通目的的活動。完整的言語過程應該包括說話者發出語音，然後聲波經過一定媒介的傳播到達聽者的耳中，最後通過聽者的一系列認知加工活動，完成對語音的知覺和理解。言語的產生是人類言語交往中不可忽視的關鍵環節，而言語產生的研究又離不開語音的發聲機制，因為後者構成了言語的物質基礎。在這一節裏，我們就與言語理解有關的方面，對言語發聲的機制做一簡要的介紹。

一、言語的器官和言語產生的過程

發聲器官構成了言語的生理基礎，大致是由呼吸器官、喉、咽腔以及鼻腔、口腔等部分構成（如圖 10-1），它們在整個發音過程中所起的作用是不

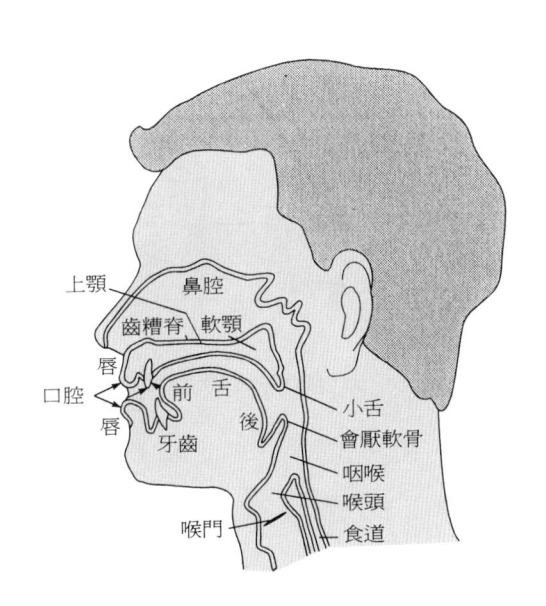

圖 10-1 人類言語的器官
(根據 Clark & Clark, 1977 資料繪製)

同的。呼吸器官包括肺、呼吸肌肉、氣管。它們為發聲提供了原始的動力，由肺部呼出的氣流衝擊發音器官的其他部分，產生振動而發聲。在平靜的呼吸中，吸氣和呼氣的時間差不多；但在說話時，呼氣的時間明顯增長，且變化很不均勻。喉是主要的發音器官，主要發（聲體）聲帶就位於喉內；喉是由甲狀軟骨（即喉結）、環狀軟骨（位於喉結的下面）和兩塊勺狀軟骨所組成的小室，又稱為喉室。喉室的上面是會厭軟骨和舌骨，下面連接氣管（如圖 10-2）。**聲帶**是兩片韌帶，處於喉室內的兩側，一頭附在甲狀軟骨上，另一頭分別附著在兩塊勺狀軟骨上。聲帶可以分開或者閉攏，形成聲門。聲帶的收縮和放開可以由甲狀軟骨和勺狀軟骨的活動來控制，而後者的運動又是通過喉室內縱橫交錯的肌肉來實現的。聲帶在發音時一般處於振動狀態。咽腔與鼻腔和口腔位於聲門的上方，通常又叫做**聲道**（vocal tract）。鼻腔和口腔分別與咽相通，氣流的方向是通過軟顎來控制的。如果軟顎下垂，氣流則從鼻腔通過，發出鼻音；如果軟顎上提，對氣流的調節就發生在口腔；還有一種情況是，軟顎既不下垂，也不上提，而是旋在中間，這時鼻腔和口腔在發音過程中同時起作用，行成半鼻音。

　　一般認為，言語產生要經歷以下四個階段：氣流階段、語音階段、發

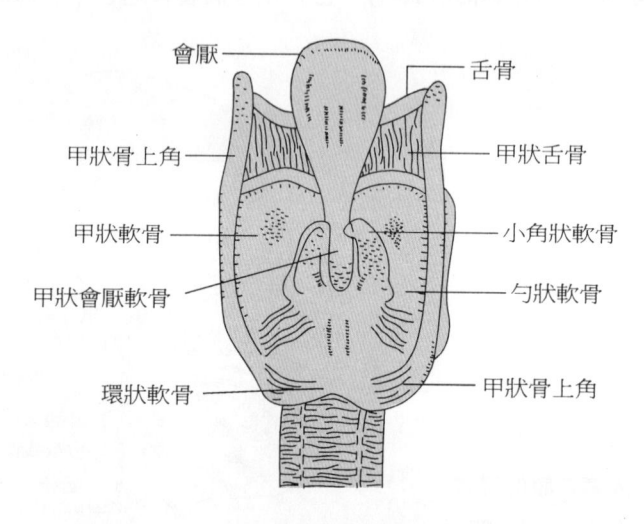

圖 10-2　喉的構造
(採自朱　川，1986)

音階段和釋放階段。在**氣流階段** (airstream process)，說話者通過肌肉的運動將空氣從肺部呼出，人類絕大多數語音都是由這種肺部呼出的氣流產生的，但也有少數語音是利用吸氣發出的 (如表示寒冷的"滋"音，表示惋惜的"嘖嘖"聲)。呼出的氣流從下往上衝開聲門，使聲帶做連續的一張一合的運動，產生振動。這種振動通常具有一定的模式，在它的影響下，呼出的氣流變成了一種脈動氣流，是具有周期性的噗噗聲。這一過程是**語音階段** (phonation process)。實際上，人類的每一個音節的發聲過程，都要伴隨著這種聲帶振動。語音階段之後，氣流被傳導到功能類似於樂器音箱的聲道 (口腔、鼻腔等)，進入**發音階段** (articulation process)；聲道內的發音器官在這一階段的形狀和活動與其他階段千差萬別。但概括起來講，它們的作用主要有兩個，一方面是通過唇、舌等器官的動作變化使聲道呈現出不同的形狀，對脈動氣流的諧音頻率進行放大。一般聲道的形狀不同，引起共鳴的頻率也不相同。聲道的這種共鳴在元音的發音過程中起著重要的作用並成為區分元音的一個重要線索。另一方面，聲道還會以不同的方式阻塞氣流從聲道中順利通過，如發輔音[p]、[b]時，雙唇要對氣流進行短暫的阻礙，而後再快速釋放。而輔音[s]則是由於氣流通過齒齦收縮形成的縫隙產生摩擦而形成的。這種阻塞作用是各種不同輔音產生的原因。最後是**釋放階段** (radiation process)，經過調整的振動通過口、鼻被釋放到空氣中，完成語音產生的整個過程。

二、音素的產生

(一) 元音和輔音的產生

組合語音最基本的單位是**音素** (phoneme)，音素可以分成元音和輔音兩大類。**元音** (或**母音**) (vowel) 發音的特點是：發音時聲帶進行有規律的振動，產生的脈動氣流在聲道內共鳴，而且氣流的通過不會受到任何形式的阻礙；與元音的發音相反，**發輔音** (或**子音**) (consonant) 時，發音器官的某一部分形成一定的阻礙，使得氣流必須經過摩擦或閉塞才能從聲道中通過。由於元音和輔音的發聲特點不同，造成元音通常有較好的共鳴效果，音強較高，而輔音由於摩擦和閉塞降低了共鳴的範圍和作用，音強較弱。

1. 元　音　瓊斯 (Jones, 1918) 最早用 X 光透視相片測定了元音發聲過程中聲道內器官的活動變化，畫出了元音發音過程中的舌位圖，這種元音舌位圖經過後人的研究不斷得到完善。

元音舌位圖用元音發聲過程中，舌面在口腔中的高度 (高、中、低)，位置 (前、中、後)，以及唇的圓展三個維度對元音進行分析。由於舌面的前、後、高、低，以及唇形的不同會造成聲道共鳴腔形狀的不同，所以舌位不同，發出的元音也就有很大的不同。根據舌面高度，可以將元音分為高元音、半高元音、半低元音、低元音和中元音；而依據位置又可以把元音分為前元音、後元音和央元音；按照唇形元音又可分為圓唇音和非圓唇音。圖 10-3 就是基於舌頭的高度和位置對元音所做的分類。從圖中可以看出，"beet" 的元音 [i]，boot 的元音 [u] 和 bat 的元音 [æ] 的發音位置分別為口腔前最高處、口腔後最高處、口腔前最低處。一些語音學家稱這三個元音為**基元音** (cardinal vowel)，認為它們為元音的比較確定了一個範圍。

除了上面介紹的簡單元音，還有由兩個或兩個以上的簡單元音構成的複

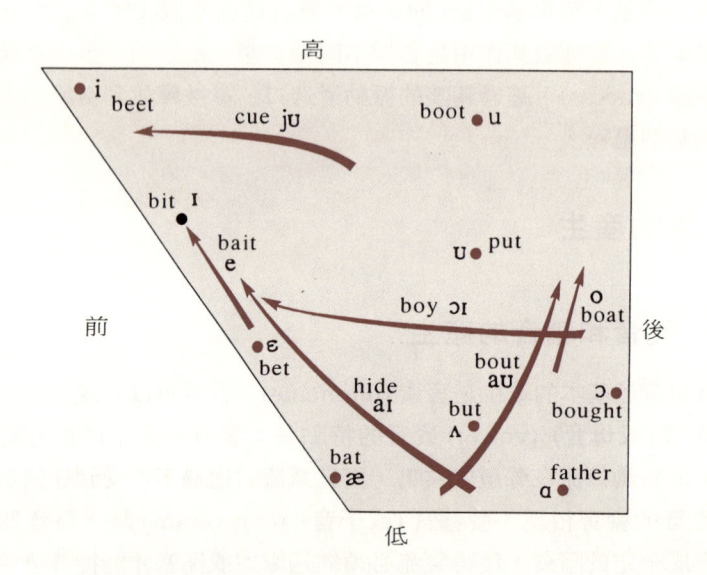

圖 10-3　根據舌頭高度和參與收縮的部位對元音、複合元音的劃分
(採自 Stephen, 1989)

合元音 (如 "boat" 的 [ou]、"bait" 的 [ei]，漢語拼音中的 [ai]、[ao] 等)。它們的發音過程可以看做為由第一個元音向著第二個元音的運動。圖 10-3 中的箭頭標明了複合元音發音過程中位置的變化方向。複合元音往往以一個元音為中心，對於漢語的複合元音 [ai]、[ao] 來說，前面的元音較響，而 [ua] 和 [ie] 則是後面的元音較強。

一般來說，元音具有較穩定的發音位置。但由於元音對口形的變化以及時間的掌握要求都較嚴，所以很難做到發音準確。這就造成在同一種語言的不同方言中，元音的變化比輔音大。

2. 輔 音 根據發音過程中聲帶的振動狀態可以把輔音分為清輔音和濁輔音。前者發音過程中聲帶振動，如 [p]、[t]、[s] 等；後者聲帶不振動，如 [b]、[d]、[v] 等。輔音發音過程中，說話者要採用不同的方法阻塞氣流從口腔中通過，口腔中氣流被阻塞的地方就稱為發音部位，通過它可以命名相應的輔音。如雙唇音 ([p] 等) 就是下唇和上唇構成阻塞發出的音，而唇齒音 ([f] 等) 參與阻塞的部位則是下唇和上齒，除了發音部位，氣流被阻塞的方式也可以用來區別輔音，稱做發音方式。研究最多的是塞音的發音方式。塞音是發音器官先閉塞後衝開而產生的，塞音的發音順序可分為：發音器官的兩部分閉合、閉合保持不變和解除阻塞，釋放氣流三個階段。在前兩個階段中，聲帶振動發出的音稱為濁塞音 (如 darling 中的 [d])，而聲帶不振動的稱清塞音 (如 "巴" 中的 [p])。此外塞音也可以按解除阻塞後是否有送氣過程分為送氣音和不送氣音。

(二) 連續發音的特點

在有前後語音的連續發音過程中，每個音素看起來是獨立互不干涉的。但實際上，**發音運動在不同程度上存在著重疊，當前的發音動作要受到前後音素發音動作的影響。最顯著的現象就是協發音運動** (coarticulation)，即在前一個音素的發音動作結束前，發音器官就已經開始做產生下一個音素的發音運動了。以 [ku] 的發音過程為例，在釋放氣流結束音素 [k] 的發聲前，說話者就已經開始元音 [u] 的發音動作：伸出嘴唇並使之呈 O 形。實際上，當前音素的發音動作是從先前音素發音過程所形成的相對位置開始的，同時也受到後面音素發音要求的影響。這種協發音現象不僅不同程度地存在於所有輔音的發聲動作中，而且也影響元音的發音過程。

協發音現象在人類的言語交流中起著重要的作用。如果在連續言語中，音素是一個接一個獨立產生而互不影響的，人類的言語速度就很難達到 10～15 音素／秒。而事實上，人類聽覺系統處理言語的速度卻很快，這就造成了言語產生和言語知覺之間的"瓶頸"，而協發音運動正是解決這一問題的關鍵。它使得人類能夠以近於平行的方式進行發音，提高了人類言語產生機制的工作效率，加快了信息交流的速度。

　　在連續言語中還有一個特點就是同化作用。所謂**同化作用**(assimilation) 是指一個語音可以被它相鄰的語音所同化，從而與相鄰的語音變得相似。這種同化作用的表現有兩個方面：首先，一個語音可以被它前面的語音所同化，最明顯的例子是英語名詞複數變化的發音，當名詞最後一個音素是濁輔音或元音時，複數形式發音為 [-z]，如 dogs, sees 等，但當名詞最後一個音素是清輔音時，複數形式就發 [-s] 音，如 cats, books 等；其次，語音也可以被它後面的音所同化，如 lets me 往往發為 [lemmi]，由於後面語音的影響，[t] 的發音消失了。

　　從發聲器官發出言語的機制來看，言語的產生經過四個階段。即氣流階段、語音階段、發音階段和釋放階段。一般把音素分為元音、輔音兩大類。元音發音時聲帶進行有規律的振動，產生的振動氣流在聲道內共鳴，而且氣流通過不受到任何的阻礙；而輔音發音時，則形成一定的阻礙，氣流必須經過摩擦或閉塞才能從聲道中通過。所以，在連續發音中存在協發音運動和同化作用。

第二節　單個語音的知覺

　　研究言語的加工過程，應該首先從最簡單的單個語音的知覺開始，以此為基礎，才能進一步考察連續言語知覺有什麼不同的特點，在這一節裏，我們將較全面介紹單個語音加工的特點以及有關的心理學理論。

一、言語加工的水平

心理學在研究人類的知覺過程時，通常將它分成幾個不同的水平分別加以考察。同樣，人類語音知覺的過程也可以分為三個不同的水平（階段），即聽覺階段、語音階段和音位階段。通過這三個連續的加工階段，語音的聲學信號被轉換成頭腦中的音位表徵。這三個加工階段各自有不同的加工對象和加工特點。

（一）聽覺階段

在**聽覺階段**（auditory stage），聽者接受語音的聲學信號，從原始語音中提取出各種聲學線索，這些線索往往包含著對語音進行識別的關鍵信息，然後對信號進行初步的聽覺分析，最後把分析的結果存放在聽覺記憶中。這種記憶儲存也被稱為**前範疇聲學儲存**（precategorical acoustic store），它的特點是持續時間較短，最多只有幾秒鐘，而且容易受新的聽覺輸入影響。

既然聽覺階段的關鍵任務是從原始信號中提取聲學線索，那麼在此階段所提取的聲學線索主要有哪些呢？我們知道在元音的發音過程中，脈動氣流在聲道內要產生不同形式的共振，共振的結果造成語音能量在聲波的不同頻率上的分布是不均勻的，形成幾個能量較為集中的頻帶，稱為**共振峰**（formant）。一般認為，每個語音都有各自的共振峰模式。在可能出現的五個共振峰（依頻率從低到高分別稱為 F1, F2, F3, F4, F5）當中，頻率最低的 F1（大約在 250～800Hz 之間）和 F2（高於 F1，到大約 1000Hz 之間）能夠強有力地用來識別絕大多數元音。對於前元音，如［i］、［e］等，F1 和 F2 之間隔比較小，但不會消失。而對於後元音，如［o］、［u］等，F1 和 F2 的間隔相對較大。第一和第二共振峰的頻率是用來識別元音的關鍵線索。與元音相比，輔音呈現的則是一個變化的模式。由輔音發音過程中發音位置向元音轉變而造成的頻率變化，反映在頻譜圖上就是共振峰頻率的快速移動，如圖 10-4 (a)，稱為**共振峰遷移**（formant transition）。其中第二、三共振峰遷移的方向、速度是發音位置的重要線索（Liberman, et al., 1967）。第四、第五共振峰變化的程度一般很小，而且它們的變化似乎與說話者本身的特點有關，而與發音內容無關。

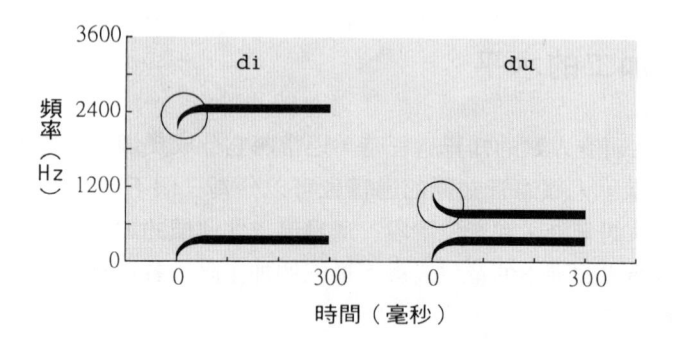

圖 10-4(a) 音節 [di] 和 [du] 的圖解式頻譜圖
(採自 Liberman, et al., 1967)

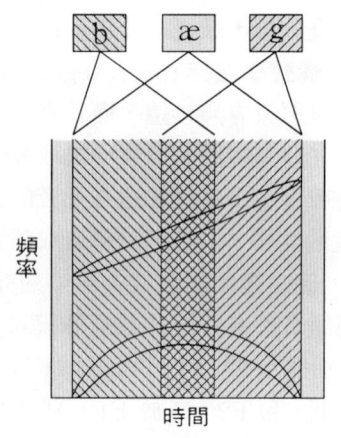

圖 10-4(b) 音節 [bag] 的圖解表徵
(採自 Stephen, 1989)

　　區別清塞音和濁塞音的一個重要線索是**嗓音呈現時間** (voice onset time)，它反映了聲帶振動與阻塞放開的時間關係。

　　長期以來對於聽覺階段的加工，爭論最多的問題是：對某個音位來說，有沒有固定不變的聲學線索。一種假設認為，如果每個音位都可以用一套不變的聲學線索來標識，那麼知覺的任務就是從語音中提取這些線索，並與記憶中的模板相匹配，如果匹配成功，知覺的過程也就完成了。但實際並非那麼簡單。由於協發音是言語產生的一個重要特點，這就造成了音節中每個音位的聲學模式分布在整個音節的聲學信號中，即音節內音位之間的語音是重疊的，每一個音位都攜帶著其他音位的信息，稱為平行傳遞，它使得我們知覺到的音位成分與其相應的語音成分之間沒有一一對應的關係。圖 10-4(b) 表明了音節［bag］內聲學信號的重疊，從圖中可以看出，幾乎沒有一部分聲學信號僅屬於某個音位。這種音位間的相互作用不僅存在於同一音節內，而且也發生在不同音節的音位之間。

　　這種語音信號的語境敏感性在知覺上造成的效果是，不同的聲學信號在不同語境下可以產生同樣的知覺，而同一聲學信號在不同的語境下會產生不同的知覺。圖 10-4 (a) 是［di］、［du］兩個音節的頻譜圖，從圖中我們可以看出，在不同音節中，輔音［d］第二共振峰的遷移有很大不同。對於［di］，第二共振峰的遷移是從 2200Hz 到 2600Hz，而［du］中第二共振峰的遷移是從 1200Hz 到 700Hz。儘管聲學線索不同，我們在兩種情況下都知覺到了同一個音位［d］。再來看另一情況，同一語音信號在不同語境下的知覺不同。在連續言語中，嗓音呈現時間對於發音較快的人來說比較短，而對於發音較慢的人來說則較長。我們知道，嗓音呈現的時間是決定一個輔音是清輔音還是濁輔音的重要線索。實驗證明，當一個介於［ba］和［pa］之間的嗓音呈現時間為 30 毫秒的語音嵌入在慢速言語中時，被試者聽到音節［ba］，而被嵌入在快速言語中時，被試者的知覺就變為［pa］ (Summerfield, 1981)。

　　一些學者 (Liberman & Mattingly, 1985) 認為，儘管語音的聲學信號存在著語境敏感性，但產生同一語音的發音動作卻是相同的，不受語境的影響。他們假設人的神經系統感知到的是言語產生中的發音動作。另一些學者 (Blumstein & Stenvens, 1979) 則認為，儘管語音信號是變化的，但變化中仍存在著相對不變的特性，依據發音規律，能夠恢復出這些不變的成分。不過這種不變性是相對的，與直接觀察到的聲學成分不是對應的。現代研究則傾向把這些變化看做是合法則的，認為它們系統地提供了語音的聲學信息 (Pisoni & Luce, 1987)。如在音節［ten］起始處，［t］是送氣音，而在音節［bet］結束位置或輔音群［step］中，卻很少有送氣的動作，他們認為這些變化實際上可以作為知覺的一個線索。

(二) 語音階段

語音階段 (phonetic stage) 的主要作用是區分出語音的切分成分，即把前一階段提取出的語音聲學線索結合起來，辨認出語音。主要的任務有兩個：一個是辨認出每一個成分；另一個則是把辨別出來的成分按原來的順序排列。如聽出［pa］由［p］和［a］兩個音組成，且［p］在前，［a］在後。辨認語音不僅依靠當前音位的聲學線索，還要考察整個音節或更大語音單元的聲學線索。聽覺階段結束後，聽者將辨認出的語音存在語音記憶裏。語音記憶與聽覺記憶不同，聽覺記憶裏存儲的是語音的聲學線索，而語音記憶裏存放的是這些語音的名稱。

對這一階段的加工，爭論主要在於語音知覺的性質，即語音知覺有無特殊性。以利伯曼 (Liberman, et al., 1967) 為首的心理學家，從語音聲學線索的變化性以及語音知覺的範疇性出發，認為言語識別有其不同於一般聽知覺的特殊加工機制。在知覺過程中，聽者將前一階段提取出來的聲學線索與個人的發聲經驗結合起來，並以此為基礎對當前的語音進行猜測、確認，最終完成語音的識別過程。

動作理論的核心假設是認為語音知覺是與常見的連續性知覺不同的範疇性知覺。在連續性知覺過程中，知覺者不僅能夠對不同刺激所屬的範疇進行分類，而且能夠分辨出同一範疇內，或者範疇之間的刺激特徵的連續變化。如對幾何圖形的知覺就是連續的。我們一般只能夠對圓、三角形、矩形等十幾種常見的幾何圖形進行命名，但這並不意味著我們只能夠分辨出這十幾種幾何圖形，實際上，人類有能力分辨出兩個幾何圖形之間細微的連續變化。但範疇性知覺的情況就不相同，知覺者知覺到的只是刺激的不同範疇，對於刺激特徵的連續變化則不敏感。在這種情況下，我們雖然能夠對各種語音命名，但對同一語音知覺下的聲學特徵的細微變化卻不敏感。

與此相反，其他一些研究者則認為語音知覺機制與一般聽知覺的機制相同。如馬索歐 (Massaro, 1987) 就提出應該對範疇知覺和知覺中的範疇化兩個概念進行區分；知覺中的範疇化是指知覺過程中發生的將不同對象、事物歸入少數幾個範疇的過程。它代表了有機體對複雜環境的一種知覺策略。由於知覺的目的是為了獲取意義，所以對輸入信息的物理特徵做出精確的區分往往是不必要的。他認為知覺中的範疇化在一般聽知覺以及其他連續性知覺過程中也同樣存在，所以語音知覺過程中的範疇化現象，並不能說明語音知覺的過程就是範疇知覺。據此他提出了一個其實適用於一般聽知覺的語音識別模型，如圖 10-5 所示。

從圖 10-5 中可以看出，在言語知覺過程中，經歷了感覺、特徵評估、特徵整合、模型分類幾個階段，然後再加以範疇化。因此每種範疇化並不說明語音知覺即為範疇知覺。

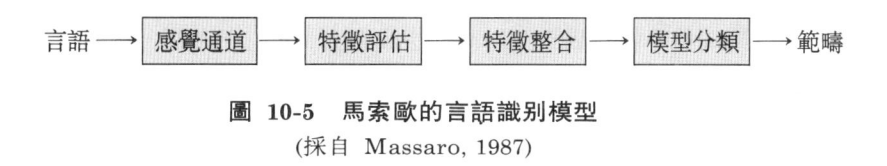

言語 → 感覺通道 → 特徵評估 → 特徵整合 → 模型分類 → 範疇

圖 10-5　馬索歐的言語識別模型
（採自 Massaro, 1987）

（三）　音位階段

在**音位階段**（phonological stage）語音轉化為音位，並將音位規則應用於連續言語的知覺。戴（Day, 1970）用**雙耳分聽**實驗證明了音位規則對言語知覺的影響，他向被試左右耳分別呈現不同的無意義音節，如［sin］和［pin］，［bækit］和［lækit］。儘管語音刺激是分別呈現的，被試者卻報告他們聽到的是 spin（旋轉）和 blanket（毯子）。即使［bækit］和［lækit］之間的時間間隔達到 0.15 秒，被試者報告聽到的仍是 blanket。這是因為［sin］和［pin］，［bækit］和［lækit］都不符合英語的音位規則，所以被試報告的是符合規則的 spin 和 blanket。

關於音位規則的作用，存在著兩種解釋。一種看法認為人腦中存儲著音位搭配的規則，並在言語加工的某個階段應用它。另外一種看法（McClelland & Elman, 1986）則認為，音位規則的作用以詞彙激活導致的預期為基礎，並不需要存儲另外的音位規則。根據他們的假設，一個語音串可以部分激活與它近似的心理詞彙中的單元（如［sin］、［pin］都可以部分激活詞彙單元［spin］），而這個被部分激活的詞彙單元又可以反過來激活它的組成成分（如［spin］反過來激活［p］），組成成分激活水平的提高又促進了相似詞彙單元的激活程度，從而最終使符合音位規則的［spin］達到顯著激活水平，表現出音位規則的作用。

伊爾曼等（Elman & McClelland, 1988）通過實驗證實了這一假設。

他在三種不同語境下向被試者呈現出一個模糊刺激，這個模糊刺激可以是介於 [b] 和 [d] 之間的一個語音，相應的三種不同語境分別是 -windle、-wacelet 和 -wffile。在三種語境下都是語音 [d] 符合音位規則（英語中沒有 bw 這樣的搭配）。語境間的區別在於：在第一種語境下，dwindle（縮小）構成一個真詞；而在第二種情況下，無論 [b]，還是 [d] 都不能和語境構成真詞，但 bwacelet 與一真詞 bracelet（手鐲）發音近似，依據假設，bwacelet 將部分激活 bracelet 的詞彙表徵；在第三種語境下，不僅模糊語音與語境不能構成真詞，而且也沒有真詞與它們接近。根據伊爾曼的假設，在第一種語境下，知覺時真詞 dwindle 的激活反過來會激活它的組成音位 [d]，從而使被試傾向於將模糊語音知覺為 [d]；在第二種語境下，儘管 bwacelet 不符合音位規則，但由它部分激活的詞彙單元 bracelet 也會對音位 [d] 的激活起促進作用；而在第三種語境下，音位 [d] 由於缺乏自上而下的激活，被試者不會表現出將模糊音位知覺為 [d] 的傾向性。實驗結果，在三種不同語境下，被試將模糊語音知覺為 [d] 的比例分別為 63%、54% 和 45%。這一結果在一定程度上證實了他的假設。

二、語音知覺的範疇性

前面講過語音知覺的範疇性問題一直是言語知覺研究爭論的焦點，對這個問題的不同回答表明了對言語知覺實質的不同理解。在這部分裏我們就介紹一下與語音知覺範疇性有關的研究成果。

傳統的看法認為**分辨** (discrimination) 和**辨認** (identification) 兩種不同的知覺任務可以用來區別連續性知覺和範疇性知覺。前者需要對兩個在時間或空間上接近的刺激進行比較和區分，後者則要求將當前刺激與記憶中標誌範疇的標準刺激進行比較。對於連續性知覺來說，對不同的刺激進行辨認比對它們進行分辨要困難得多。研究表明 (Denes & Pinsoni, 1973)，人的聽覺系統可以分辨約 280 個可知覺的不同強度水平和 1,400 個可知覺的頻率水平。這就意味著，在考慮強度和頻率的條件下，人類可以對 300,000～400,000 個純音進行分辨。而辨認任務的實驗結果卻表明個體只能對沿某一維度變化的大約 5～9 個刺激進行辨認。也就是說，人只能對頻率不同的七個純音，或強度不同的六個純音進行識別，這與分辨的結果形成了鮮明的對比。但對於範疇性知覺來說，由於知覺者知覺到的是一個個獨立的範疇，所以即使刺激的物理屬性不同，他們也不能對它們進行區分。從而導致在範疇性知覺中，分辨的成績不比辨認好多少。

（一） 語音知覺範疇性的證據

語音知覺中的範疇與語言學家採用的描述範疇有關。如前所述，每個語音都可以用一組發音特徵來描述（如清塞音的描述特徵是嗓音呈現時間以及發音位置）。如果這些描述範疇在言語知覺中是真實的，所有由同一發音運動產生的語音就應該被知覺為同一範疇，在此基礎上，也就可以得出結論，言語要通過發音來知覺。利伯曼等人（Liberman, et al., 1981）以此假設為基礎，通過一系列實驗試圖證明語音知覺的範疇性。他們採用合成語音的方法，連續變化輔音的第二共振峰遷移頻率，得到由［ba］到［da］再到［ga］的［14］個連續變化的音節（如圖 10-6）。

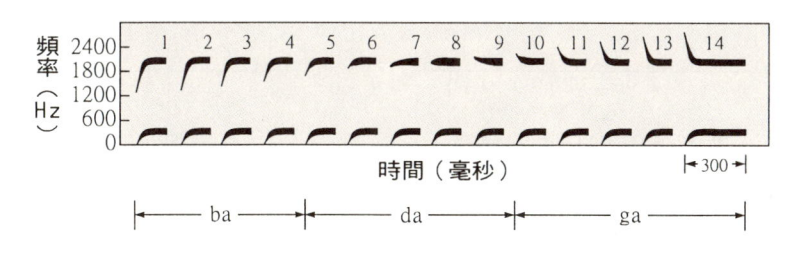

圖 10-6 合成音節的圖解式頻譜
（採自 Liberman, et al., 1981）

合成語音以隨機的順序向被試呈現，被試的任務是對刺激進行命名。圖 10-7 是實驗結果，表明被試對大多數刺激都能做出準確的判斷，僅在從［b］到［d］以及從［d］到［g］的交界處表現出不肯定性，但這種不肯定性的範圍很小，僅經歷了共振峰遷移連續變化的兩個等級。傳統的看法認為輔音的發音動作和發出的語音是不連續的，發出介於兩個輔音之間的音是不可能的；但元音具有較穩定的共振峰頻率，可以發生從一個元音到另一個元音的漸變，所以元音的知覺可能與輔音不同，是連續性的。圖 10-7(a) 右側是元音辨認實驗的結果，實驗材料是通過連續變化元音的第二共振峰頻率得到的。與輔音辨認實驗的結果相比，相鄰元音的變化較慢，並且較遲緩，

(a) 辨認實驗的結果

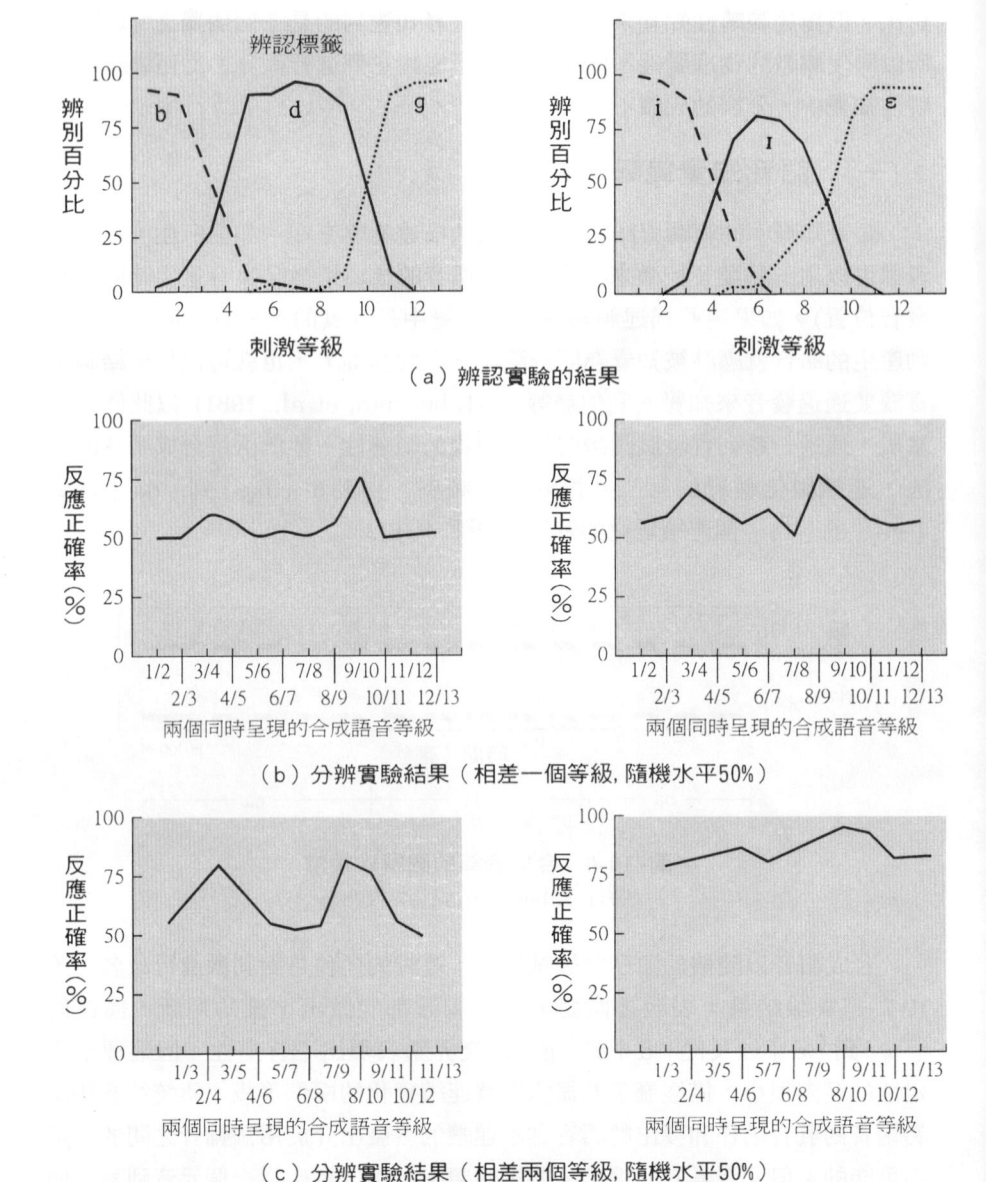

(b) 分辨實驗結果（相差一個等級，隨機水平50%）

(c) 分辨實驗結果（相差兩個等級，隨機水平50%）

圖 10-7　塞音、元音辨認和分辨實驗結果

(採自Stephen, 1989)

從識別為一個元音轉變到識別為另一個元音需經過三個等級。

要說明語音知覺的範疇性，還需要證明聽者對同一範疇內的語音不能分辨，而對不同範疇內的語音分辨正確率較高。實驗程序是將前面 14 個連續變化的合成語音兩兩讓被試者進行比較，比較的兩個合成語音的間隔可以是一個等級，也可以是兩個等級。實驗結果如圖 10-7(b)、(c)。從圖中可以看出，被試者對等級 1 和等級 2，以及等級 2 和等級 3 不能做出準確的區分，成績接近 50% 的隨機水平，這是由於合成語音的前三個等級，都屬於同一個知覺範疇［b］。與此相反，等級 3 和等級 4 的知覺範疇不同（等級 4 的知覺範疇是［d］），被試者就能夠對它們做出精確的區分（圖中的峰值）。

(二) 語音的範疇邊界是變化的

在言語知覺的研究中，描述語音範疇的一般做法是確定語音**範疇邊界** (category boundary)。語音範疇邊界是聲學刺激連續體上的某點，在這點上被試者將刺激歸為兩類不同範疇的可能性相等。對於同一刺激維度上的兩個鄰近界疇，語音邊界對應於等反應點的聲學刺激值。如果變化的刺激維度超過一個，範疇邊界可以用一個多維空間的輪廓表示。確定範疇邊界的標準做法是向被試者反覆呈現一套刺激（隨機順序），讓被試者判斷它們分別屬於兩個範疇中的哪一個。

許多研究表明，語音的範疇邊界不是固定的，在不同條件下呈現出變化性。瑞普和利伯曼 (Repp & Liberman, 1987)，對影響語音範疇邊界的因素進行了系統研究，將它們分為**刺激序列效果** (stimulus-sequence effects) 和**刺激結構效果** (stimulus-structure effects)。前者指在語音刺激序列中，由前後刺激所造成的對當前刺激知覺的影響，例如實驗中語音刺激的變化範圍、呈現順序、某個語音刺激的出現頻率等，都可以歸為刺激序列效果。研究最多的刺激序列效果是選擇性適應，由於這部分內容在後面的覺察器理論中還要詳細介紹，所以這裏我們著重討論一下刺激結構因素的作用。與刺激序列效果不同，刺激結構因素主要指同一言語刺激內，不同成分之間的知覺關係；同時，由聽者內部因素所造成的語音範疇邊界變化，也可以稱為刺激結構因素。

在語音知覺中通常有許多線索可用來識別同一個語音特徵，如嗓音呈

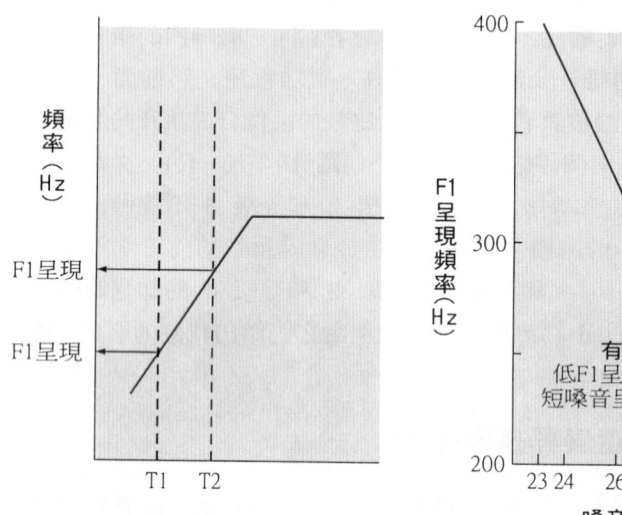

(a) 嗓音呈現時間和第一共振峰的呈現頻率的關係

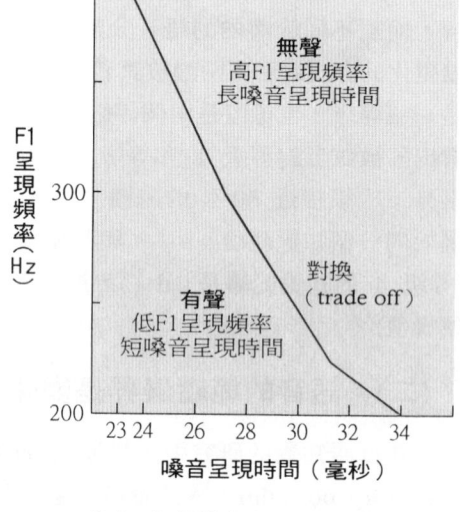

(b) 知覺線索之間的對換關係

圖 10-8　聽者對特徵的判斷要依據對不同線索的整合
(採自 Summerfield & Haggard, 1977)

現時間和第一共振峰移的呈現頻率都是有聲、無聲特徵的線索，在言語知覺中都可以用來區別清濁輔音。研究表明 (Summerfield & Haggard, 1977)，聽者對特徵的判斷要依據對不同線索的整合。薩莫德和海格德 (Summerfield & Haggard, 1977) 發現，較長的嗓音呈現時間和較高的 F1 呈現頻率都是無聲塞音的知覺線索，而短的嗓音呈現時間或低的 F1 呈現頻率則是有聲塞音的知覺線索。而且，當嗓音呈現時間加大時，見圖 10-8(a)，第一共振峰的呈現頻率 (F1) 也會跟著升高。他們向被試者呈現介於有聲［g］和無聲［k］之間的模糊語音段，讓被試者進行辨別，發現 (1) 如果 F1 呈現頻率降低 (有聲塞音的線索)，那麼嗓音呈現時間必須延長才能使被試保持同樣的音位知覺；(2) 近似的，如果 F1 呈現頻率增高，嗓音呈現時間必須縮短才能保持同樣的語音知覺。如在 F1 頻率是 200Hz 時，［g］和 [k] 等判斷點的嗓音呈現時間是 34 毫秒，而如果 F1 頻率提高到 400Hz，獲得相等判斷的嗓音呈現時間降到 23 毫秒。這種線索之間的關係通常稱為

對換關係 (trading relationship)，說明一種知覺線索的變化可以代償另一種知覺線索的變化，見圖 10-8 (b)。

不僅同一特徵的不同線索之間存在著整合關係，而且同一語音段中不同特徵線索之間也存在著知覺的整合關係。

利斯克和亞伯拉森 (Lisker & Abramson, 1970) 研究了有聲、無聲與發音部位特徵之間的關係。他們採用嗓音呈現時間作為有聲、無聲的線索，研究不同發音部位的塞輔音在有聲、無聲範疇邊界上有沒有不同。不同的發音部位特徵分別是唇音 (有聲[b]和[p])、齒齦音 ([d]和[t]) 以及軟顎音 ([g]和[k])。實驗結果表明，對於唇音來說，從有聲到無聲知覺，嗓音呈現時間的分界點是 23 毫秒，對於齒齦音是 37 毫秒，而軟顎音是 42 毫秒。實驗證明了語音的位置信息影響到有聲、無聲的知覺。但對於這種特徵整合的過程，目前還沒有一致的解釋。

其次，位於同一表述中的，不同語音段線索之間也存在著互相影響，這種效果也可以叫作"語境"效果。但這種"語境"僅指不同語音段內的線索對當前語音知覺的影響。一般來說，摩擦音[ʃ]，[s]都含有一個短暫的摩擦噪音 (如圖 10-9)，這個摩擦噪音是摩擦音發音部位的線索。曼和瑞普 (Mann & Repp, 1981) 的一個實驗發現這個摩擦噪音也可以對後一個語音段中塞輔音的發音部位的知覺產生影響。他們構造了從[ta]到[ka]的連續合成音節，讓被試者對其中塞音的範疇進行判斷，將反應結果作為基線水平。然後在它們的前面分別加上一個從[ʃ]或[s]中分離出來的摩擦噪音，也讓被試者對其中的塞音進行判斷，發現在[s]摩擦噪音語境下，被試者對[t]判斷明顯增多 ([t]和[s]發音部位都是齒齦)。實驗結果表明了不同語音段內線索之間的相互作用。瑞普認為這種"語境"效果是由於

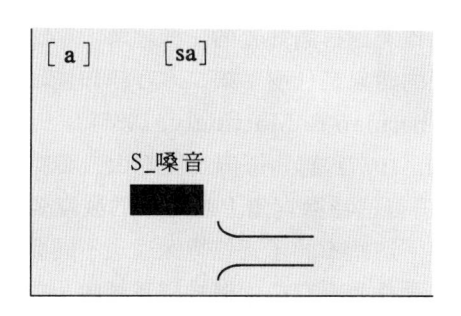

圖 10-9
音節[sa]的圖解頻譜圖
前面的黑塊是摩擦噪音
(採自 Liberman & Studdert-Kennedy, 1978)

聽者在知覺過程中運用了各種協發音的知識經驗造成的。

最後,聽者的內部因素對範疇邊界也有顯著影響。跨語言的比較研究考察了不同的語言經驗是否會影響語音的範疇邊界。利斯克和亞伯拉森 (Lisker & Abramson, 1970) 的研究發現,語言的性質會影響嗓音呈現時間連續體上語音邊界的確定。英語區別了有聲(前嗓音或無聲不送氣塞音)和無聲送氣塞音,而法語則區別了前嗓音和不送氣嗓音。這就造成了英語聽者的嗓音邊界大約在 20～40 毫秒之間(視發音部位不同而不同),而法語的嗓音邊界則接近零。

儘管世界上不同語言的語音範疇邊界可能會有不同,但語音範疇邊界的確定並不是任意的。言語產生的生理結構對發聲有一般的限制作用,反映在語音邊界上就是只有有限個點可能做為語音邊界。有一種看法認為,嬰兒對這些潛在的範疇邊界具有天生的敏感性。韋伯和提 (Werber & Tee, 1984) 的實驗證明還未掌握語言的美國嬰兒能夠對英語以外語言的語音範疇進行區分,並且這種能力要到十個月左右才會喪失。某種語言經驗的獲得,可能抑制了兒童對其他語言範疇邊界的反應。

三、言語知覺的機制

心理語言學家對語音知覺的機制提出了許多不同的理論假設,其中有代表性的是動作理論、合成分析理論以及覺察器理論。下面我們就對它們分別加以介紹。

(一) 動作理論

自從 20 世紀 60 年代以來,**動作理論** (motor theory) 在言語知覺問題的研究中一直占據著統治地位。作為對言語知覺的一種理解,它回答了以下兩個主要問題:第一、言語知覺的對象是什麼;第二、言語知覺是怎樣產生的 (Liberman, et al., 1967;Liberman & Mattingly, 1985)。

利伯曼等人 (Liberman, et al., 1967) 認為每個音位都由一套組成成分(子音位特徵)構成,每個音位的子音位特徵實際上就是它的發音姿勢,如唇的圓展,軟顎下沈,齒齦閉合等。這些不同子音位特徵通過不同發音體運動來實現。這些控制發音體運動的動作指令存於中樞神經系統中,並獨立地控制發音體的運動,與語境無關。但由於協發音運動,不同音位的子音位特徵在時間上是重疊的,造成了通過發音器官編碼後的聲學信號與相應的音位之間缺乏一一的對應關係。他們認為動作指令控制肌肉收縮,而後產生聲道形狀的變化,而對音位知覺聲學線索的編碼就發生在這一轉化中。雖然動作指令控制的肌肉收縮是獨立於語境的,但由收縮產生的聲道形狀卻與前後指令有關,這是由於肌肉收縮都是從相對位置開始的,在上一次收縮還未結束前,就開始當前的肌肉收縮。這使得在每一時刻,聲道的形狀反映了上一次和當前肌肉動作指令的融和。按動作理論的解釋,這種融和就是對音位聲學線索的編碼。

言語知覺實際上是一個解碼的過程,就是將聲學信號轉換成編碼以前的狀態。為了實現這一轉換,他們假設聽者在知覺過程中要達到自身的言語動作系統,並且聽者產生的知覺應與言語表達過程中編碼以前的狀態相對應。因為言語產生中編碼以前的活動就是選擇動作指令實現子音位特徵,所以他們認為聽者知覺到的是子音位特徵的動作指令,即發聲姿勢。可以看出,動作論所假定的知覺對象是抽象的而且與一般知覺的對象不同。

那麼動作理論認為言語知覺又是如何產生的呢?早期的觀點認為從語音到音位的轉化是通過一個特殊的譯碼器實現的,它能夠被標誌發聲姿勢的語音聲學線索激活,然後譯碼器能夠決定人的聲道是如何產生這些語音的,從而將語音線索轉化為發音姿勢。在〈言語知覺動作理論的修訂〉一文中 (Liberman & Mattingly, 1985),則進一步假設了一個"內部的,先天的,特殊聲道合成器",認為聽者通過合成器猜測信號是如何產生的,在很多候選姿勢中,決定哪一個合成姿勢能夠解釋當前的聲學信號,從而達到恢復出發音姿勢的目的。

近年來,動作理論將言語知覺與福多 (Fodor, 1983) 的**模塊理論** (module theory) 聯繫起來,認為言語知覺要通過特殊模塊來完成。**模塊** (module) 即是對某一特殊信息加工領域起作用的認知系統,不同的模塊各自具有獨特的信息加工方式。模塊的重要特點是信息加工方式的自主性和密封性。自主性指不同模塊之間不會發生注意、記憶等方面的資源競爭,而密封性是指模塊之間不存在相互影響。

動作理論認為,言語知覺系統具備模塊的所有特點,其中一個重要證據就是**雙重知覺現象** (duplex perception)。在雙重知覺實驗中 (Repp, et al.,

1983),向被試者一側耳呈現由一個輔音和元音構成的音節(稱CV音節)(如〔da〕,〔ga〕)的基礎語音部分,即完整的第一、第二共振峰和第三共振峰的穩定部分(如圖 10-10 (b) 聽起來像是〔da〕和〔ga〕之間的一個模糊音),而向另一耳呈現第三共振峰的遷移部分(如圖 10-10 (c) 聽起來像是唧唧聲)。當兩耳同時呈現刺激材料時,被試者在接受基礎部分的一側耳聽到語音基礎部分與遷移部分的整合,報告出聽到的是〔da〕或〔ga〕。值得注意的是,他們報告在另一側也聽到了唧唧聲。雙重知覺的研究者認為它證明了人能夠同時以兩種方式知覺同樣的聲學信號(實驗中的唧唧聲)。雙重知覺實際是兩個不同並且自主的知覺系統的產物,一個專門處理言語信息,而另一個則處理一般的聲學信號。

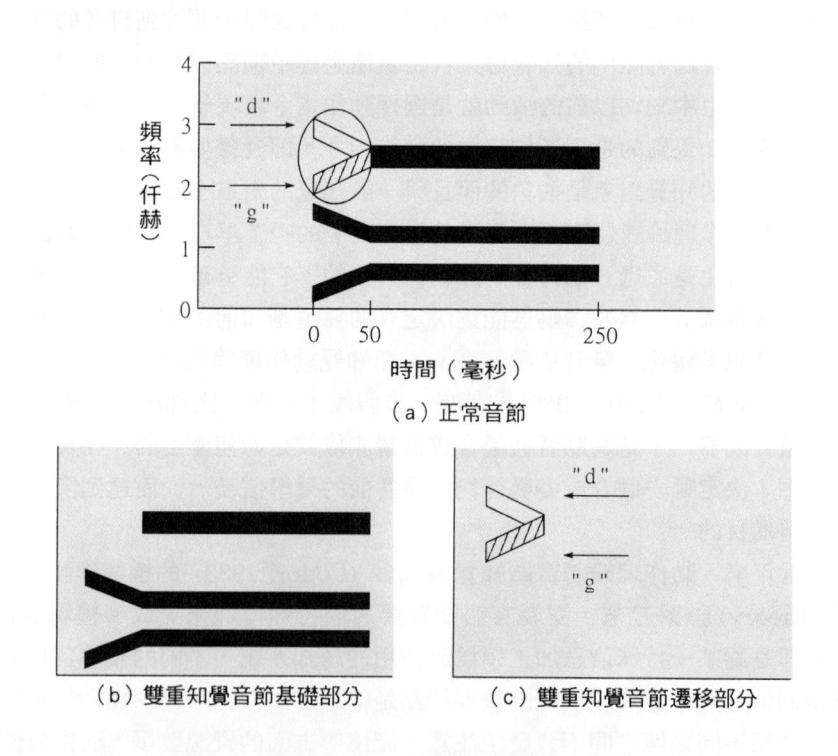

(a)正常音節

(b)雙重知覺音節基礎部分

(c)雙重知覺音節遷移部分

圖 10-10 雙重知覺實驗
(採自 Whalen & Liberman, 1987)

(二) 合成分析理論

言語知覺的**合成分析模型** (analysis by synthesis model) 最初是斯坦文森 (Stenvens 1960) 提出來的。他假設了一個綜合的言語識別－合成器的框架 (如圖 10-11)。這個框架的最大特點就是將言語識別和語音合成、言語表達統一了起來。作為言語識別器時它接受語音聲波作為輸入,然後輸出語音符號;作為合成器時它接受語音符號,通過合成輸出言語聲波。言語聲學信號通過頻率、周期過濾器輸入到識別－合成器中,而聲腔模擬器則用來合成、輸出語音。其餘的分析合成加工發生在識別－合成器中。

合成分析模型對語音的分析方法是動態的,分析是依據內部儲存的規則對一定信號進行主動的、綜合實現的,並且需要將綜合的結果與輸入的信號進行比較。言語的**聲學信號**轉化為語音符號表徵需要通過兩個加工階段,在這兩個加工階段中起中介作用的是與發音位置和發音方式有關的**發聲表徵** (articulation representation)。

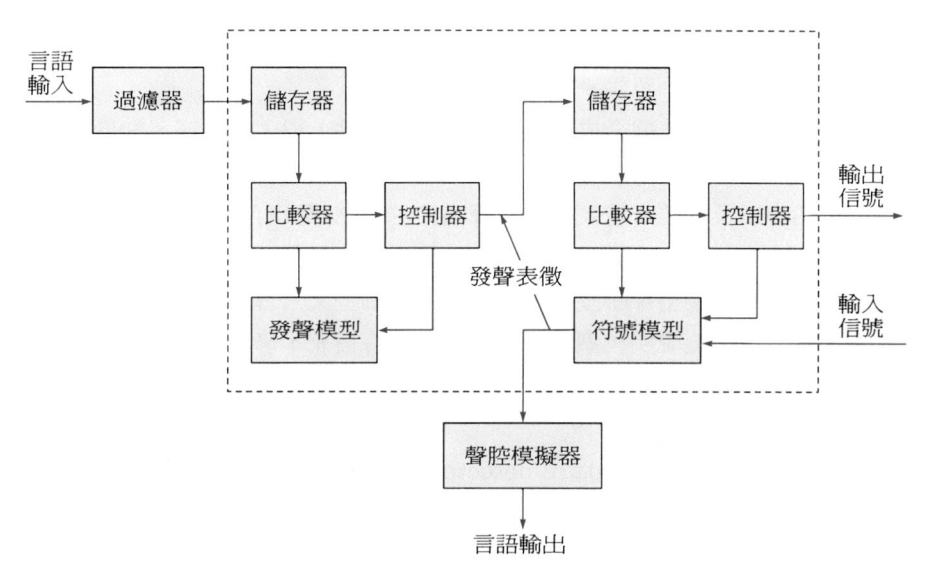

圖 10-11 合成分析模型
(採自 Stenvens, 1960)

第一階段是從聲學信號到發聲表徵的轉化。從過濾器輸出的聲波做為這一階段的輸入儲存在瞬時記憶裏。然後模型通過不斷的嘗試，猜測可用什麼樣的發聲表徵來描述這個聲波。發聲表徵是通過發聲模型、比較器、控制器等加工成分獲得的，這些加工成分以反饋環路方式構成了表徵轉換的核心。**發聲模型** (articulatory model) 的功能是對發聲表徵進行合成，輸出言語的聲波。**比較器** (comparator) 的功能是對瞬時記憶裏的聲波與發聲模型合成的聲波進行比較，並測量它們之間的匹配程度。**控制器** (controller) 中存放的是選擇發聲表徵的策略，它決定了"模型"合成聲波的順序。它可以使發聲模型在少數幾次嘗試後就找到與輸入聲波相匹配的發聲表徵。這個階段輸出的發聲表徵如果用來控制聲道模型，可以產生與輸入相同的語音。

　　第二個階段是發聲表徵到符號表徵的轉換。除了加工內容、合成規則、以及控制策略不同外，其基本過程與前一階段相同。在這個階段裏，**符號模型** (symbol model) 對符號表徵進行合成，輸出發聲表徵，並與上一個階段輸出的發聲表徵進行比較，如果匹配，此階段的合成分析過程結束，輸出結果；否則，依據控制策略提取下一個候選的符號表徵，重復以上合成過程，直到找到匹配的語音符號。這一階段輸出的語音符號可以通過其他加工過程進一步轉化為音位、單詞、句子。

　　斯坦文森認為這個合成分析模型在許多特點上與人類生成、知覺言語的機制相似。但這裏的合成分析模型只是一個框架，對於各階段內，具體的發聲表徵內容以及從語音符號合成發聲表徵的規則都沒有肯定的答案。而且斯坦文森本人也承認用此模型直接解釋人類言語的知覺過程，還存在著一些未解決的問題。如模型中哪些操作是先天的，哪些又是習得的，學習的機制又如何表示等等。這說明模型本身還有許多有待補充、修改的地方。

（三）　覺察器理論

　　特徵覺察器假設 (feature detector hypothesis) 認為言語差別能夠用一組區別特徵來描述，並且對於每個區別特徵存在著各自的覺察器。

　　覺察器理論得到選擇性適應實驗的支持。在選擇性適應實驗中，適應能夠使對特定方面敏感的覺察器疲勞，而使其反應能力下降，但其他覺察器則不受影響。根據這種思想，伊莫斯和考比特 (Eimas & Corbit, 1973) 假設在語音知覺中也存在著類似的覺察器，通過選擇性適應，聽者聽出含有此特徵的音節的可能性減小。我們知道［da］中的［d］是濁音，而［ta］中的［t］是清音。如果用重復音節（［da］）的方法，使被試者對濁音反應的覺察器產生適應，當再一次讓被試者對音節命名時，被試者知覺到［da］的可能性比適應前就要小。實驗刺激是人工合成的嗓音呈時間連續變化的模糊音節，被試者的任務是對模糊音節進行識別。結果發現，在適應前，清音和濁音的範疇邊界在 35 毫秒左右，而適應後，知覺的曲線左移範疇邊界變為 25 毫秒，表明被試者知覺到［da］的次數減少，知覺［ta］的次數增多。這說明可能存在對濁音敏感的覺察器。

生理學的研究也發現了覺察器理論的證據。瓦特費得和伊凡斯 (Whitfield & Evans, 1960) 在貓耳蝸中發現對純音頻率平滑變化敏感的細胞。一些細胞能被頻率的上升變化激活，另一些則對下降的頻率變化敏感。可以假定這樣的頻率變化探測器能對言語聲學信號中共振峰頻率變化進行反應。

伊莫斯和考比特的選擇性適應實驗證實了特徵覺察器的存在。但這種起作用的特徵覺察器是僅對特定的語音進行反應，還是對一般聲音刺激都進行反應呢？這是對語音知覺實質的爭論在覺察器理論中的體現。主張特殊性的看法被稱為選擇性適應的語言學解釋，而主張一般性的觀點則被叫做選擇性適應的聲學解釋。

聽視言語知覺實驗 (audiovisual speech perception) 是對這一問題進行研究的一種有效方法。麥克哥克和麥克唐納 (McGurk & MacDonald, 1976) 最先使用了這種實驗方法研究語音知覺。實驗刺激是一段錄像，畫面中一位婦女嘴唇做 [ga-ga] 音節的發音運動，但實際被試者聽到的是音節 [ba-ba] 的語音，要求被試者報告他們聽到的語音。結果發現被試者報告聽到實際不存在的音節 [da]。

羅伯特和薩莫德 (Roberts & Summerfield, 1981) 將這種聽視效果運用於選擇性適應的研究，向被試者不斷重復上述聽視刺激。聲學解釋和語言學解釋會對實驗結果做出不同的預測：適應的聲學解釋預測，既然［ba］的聲學信號在適應過程中進入被試者的耳朵，適應使語音範疇邊界左移，應引起聽到［ba］的次數減少；而選擇性適應的語言學解釋預測，由於被試者在實際知覺中聽到的是音節［da］，適應應使語音範疇邊界右移，使得［da］被聽到的次數減少（［ba］、［da］、［ga］，三個音節的關係可參看圖 10-7）。實驗的結果支持聲學解釋。儘管被試者在適應當中聽到的是

〔da〕,但語音範疇邊界實際上是左移了。這說明選擇性適應不是由被試者覺察到的東西,而是由被試者接受到的聲學刺激決定。

儘管覺察器理論得到了許多實驗的驗證,但它仍存在很多問題,主要是對一個語音進行區分的特徵很多,例如戴爾(Diehl, 1981)就列舉了九個反映聲帶振動與否的聲學變量:有噪音呈現時間、第一共振峰呈現頻率等。但假設存在同樣多的覺察器往往是不現實的,而且由於這些變量要受到語境的影響,這就使得每個覺察器都要依據語境來變化它的輸出,這就反過來破壞了覺察器理論的基本思想,即假設一組主動的特徵覺察器直接對區別特徵進行知覺。

第三節　連續語音的知覺

我們在前一節介紹了對於單個語音的知覺。但日常生活交往中知覺到的是單詞、句子和意義,而不僅僅是單個的音位。對連續言語的知覺與對單個言語知覺可能是不同的。

一般認為連續言語中的重要的知覺線索有韻律線索和句法以及語意的線索,下面就分別對它們進行討論。

一、語音知覺中韻律因素的作用

連續言語的識別是一個從聲學信號中提取意義的過程。而構成連續言語的基本成分是詞,這就需要知覺者對連續的語流進行切分,把它解析成它的構成成分,然後才能提取連續言語的意義。這一過程往往需要藉助言語的韻律特點來完成。

言語的**韻律**(rhythm)特點是指呈現於音節、詞或句子之中的頻率、強度、持續時間的變化。這些特點的綜合構成了人們連續言語的抑揚頓挫、輕重緩急等豐富多彩的變化,所以叫做韻律因素。言語中的韻律因素是一種超音質特徵，往往需要通過與周圍語音的韻律特點相比較才能體現出來。言語中的韻律特點不僅能夠幫助聽者將連續聲學信號切分成意義的單元，而且能夠幫助說話者突出所要表達的言語、非言語信息。

韻律的聲學線索主要有：音高、音長和音強的變化。下面分別討論。

(一) 音高在連續言語知覺中的作用

音高 (pitch) 就是聲音的高低，它取決於音波的頻率。貫穿於音節內的音高的變化叫作**聲調** (tone)，而句子中呈現出的音高的高低起伏變化稱為句調。除此以外，句調也包括一些句子中的有規律的長短快慢的時間變化。

在有聲調的語言中，如漢語，聲調具有辨意的作用。同一個音節採用不同的**聲調**表達的意義也就不同。如"王"［wáng］(名詞)，"王"［wàng］(動詞指稱王)；"擔"［dán］(量詞)，"擔"［dàn］(動詞，用肩挑)。在其他語言如英語中，音節內雖沒有直接的聲調變化，但重讀音節的頻率一般較高。

句調的變化也稱為句子音高輪廓的變化，它表達了句子類型的信息。英語以及許多其他語言中都存在的兩個基本音高輪廓是句調 (1) 和句調 (2)。在句調 (1) 中音高逐步衰減 (如圖 10-12)。當說話人著重表達陳述、判斷時用句調 (1)，如"你來吧！"。句調 (2) 的音高輪廓在結束處有一段短暫的上升，通常用來標誌一個疑問的語氣，如"你來嗎？"。同一句話如果用句調 (1) 和句調 (2) 分別表達，意思可能完全不一樣。如疑問句"你看書

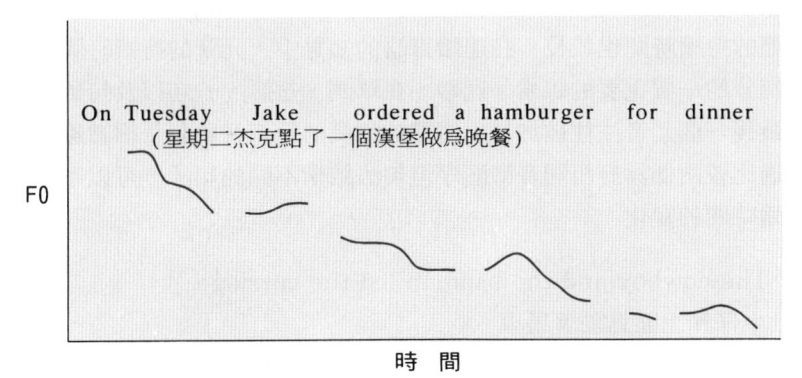

圖 10-12　句調 (1) 的音高輪廓圖
(採自 Taylor & Taylor, 1991)

了嗎？"當用句調 (1) 表達時就會被理解為感嘆句"你沒有看書"。

庫伯等人 (Cooper, Tye-Murray & Eady, 1985) 通過實驗證明了音高輪廓在句子知覺中的作用，他們認為陳述句在第一個音節或詞起始處，不變地具有一個上升的音高輪廓。據此，他們構造了成對的內容相同，但句調不同的句子，以下面的兩個句子為例：

(1) Corn is extra sweet this year.
    今年的玉米最甜。
(2) What corn is extra sweet this year?
    今年哪種玉米最甜？

具體作法是刪去第二個句子中的"what"。這樣就得到了"今年玉米最甜。"的第二種表達形式。由於刪去了"what"，這種表達形式在起始音節處就少了正常的上升音高輪廓。實驗任務是讓被試判者斷每個句子中是否有一個詞被刪掉了。結果表明，對於刪去一個單詞而使詞調變化了的句子來說，超過 50% 的被試者判斷有一個詞被刪掉了；而對於正常語調的句子，只有 20% 的被試者判斷有一個詞被刪去了。這說明句調輪廓可以幫助聽者發現句子的結構。

(二) 音長在連續言語知覺中的作用

音長 (duration of a sound) 就是聲音的長短，它取決於發音持續的時間。一般來說，音節內元音的發音時間較長；而且在有重讀音節的語言中，重讀音節的持續時間也較長。在連續言語的知覺中，元音的持續時間是對語流進行切分的一個重要的線索。通常，在單詞、短語、子句以及句子之間邊界處的最後一個元音往往被加長。這種被加長的元音往往起著標識邊界的作用。通過比較兩個具有相同音節順序但句法結構不同的句子，可以證明這種元音持續時間的變化。

(3) The cowboy and the badman led the carriage.
    牛仔和土匪駕駛著馬車
(4) The clumsy and the bad mangled the carriage.
    那些笨蛋和壞蛋搗毀了馬車

在句 (4) 中，句法邊界位於 "bad"（壞蛋）和 "mangled"（搗毀）之間，而在句 (3) 中，句法邊界位於 "badman"（壞蛋）和 "led"（駕駛）之間。研究表明，句 (4) 中 "bad" 音節的持續時間是 30 毫秒，而句 (3) 中 "bad" 音節的持續時間為 180 毫秒 (Klatt, 1976)。

在漢語中音長也可以用來識別詞的邊界。如下面的例子：

(5) 葉徒相似，其實味不同。(晏子使楚)
(6) 其實不是我。

前一句中 "其實" 是詞組，"其" 和 "實" 是兩個不同的詞；而後面句子中的 "其實" 是一個詞。實際上，前一句中 "其" 的音長比詞 "其實" 中 "其" 音節的發音時間要長得多。

除了標識邊界的作用，克萊特 (Klatt, 1976) 還發現在句子中，表達新信息的單詞持續時間也往往較長。

(7) There were no raisin cakes left, so I bought raisin bread.
    沒有葡萄乾兒蛋糕了，所以我買了葡萄乾兒麵包。
(8) There were no leaves of rye bread left, so I bought raisin bread.
    沒有裸麥麵包了，所以我買了葡萄乾兒麵包。

在句 (7) 中，"raisin"（葡萄乾兒）在第二個短語中是第二次出現，表達的信息較少，持續時間是 37 毫秒。而句 (8) 中 "raisin" 在第二個短語中是頭次出現，持續時間較長，為 500 毫秒。

通常，說話者傾向於在一個概念單元結束處做短暫的停頓。在言語中，句子與句子之間、分句與分句之間、詞組與詞組之間、詞與詞之間都有時間長短不等的停頓；而且這種停頓在較大單元之間更長，如句子之間的停頓比句子內子句之間間隔要長。這使得停頓也可以成為對連續言語切分的一個重要線索。但停頓往往受其他（如呼吸等）因素的影響，這就降低了它在言語知覺中的線索作用。

(三) 音強在連續言語知覺中的作用

音強 (loudness) 就是聲音的強弱，它取決於音波的振幅，在音節上的變化主要表現在輕重音的不同。卡特勒和諾瑞斯(Cutler & Norris, 1988)研究了英語重讀音節在對連續語音信號進行詞彙切分中的作用。在連續言語中，同一語流往往會有許多種不同的切分方式，如"carpenter…"，就存在三種不同的切分：car (汽車)、carp (鯉魚) 和 carpenter (木匠)。最早的連續語音切分假設是：在連續言語的每一點，都進行詞彙提取的嘗試。在此假設下，上面例子中的 c, a, r 等詞音都要激活頭腦中的詞彙搜索系統。顯然，這種切分方法既不經濟也不符合人對言語加工的實際情況。卡特勒和諾瑞斯則假設聽者在每一個重讀音節的起始處，開始詞彙意義的提取。

　　卡特勒和諾瑞斯試圖通過實驗證明這一假設。他們將單音節真詞嵌入在無意義語音串中，讓被試者識別。如將 mint (薄荷) 分別嵌在無意義語音串 mintayve 和 mintesh 中。不同的是在 mintayve 中第二個音節 tayve 是重讀音節，而在 mintesh 中 tesh 則是輕讀音節。根據重讀音節切分假設，在 tayve 的起始處聽者將對無意義語音串進行切分，並進行詞彙提取的嘗試。這樣真詞 mint 由於分屬於兩個音節，對它的識別就要受到這個不正確的跨音節切分的影響。聽者需要對切分點兩側的材料進行組織才能覺察出真詞。而 mintesh 中的 tesh 是輕讀音節，依據假設不會發生切分加工，從而也就不存在干擾效果。這樣，mint 在 mintesh 中被測察的速度比在 mintayve 中就要快。實驗結果在第一種情況下，被試者探測的潛伏期是 751 毫秒，而在第二種條件下，探測潛伏期是 669 毫秒，這在一定程度上證實了他們的假設。

　　重音在句子中通常起突出、強調的作用。由於說話人的意圖不同，強調也就會出現在句子的不同成分上。試讀出並理解下面三個句子可以發現，句 (9a) 是強調我母親而不是別人打電話給我。句 (9b) 突出的是給我打電話，而句 (9c) 則著重在打電話給我，而不是給別人。

　　(9a) MY MOTHER called me yesterday--does that count？
　　　　 打電話給我的是我媽，難道有什麼事嗎？

　　(9b) My mother CALLED me yesterday—does that count？
　　　　 電話是我媽打給我的，難道有什麼事嗎？

　　(9c) My mother called ME yesterday--does that count？
　　　　 我媽媽昨天打電話給我，難道有什麼事嗎？

總之，音高輪廓、持續時間、停頓、輕重音等因素在連續言語知覺中都起一定的作用，這些線索綜合起來可以幫助聽者完成對連續信號的切分和意義的獲得。

二、語音知覺的句法和語意因素的作用

句法和語意因素也自上而下地影響到連續言語的知覺。認知心理學對句法和語意的作用進行了深入、細緻的研究。在這一節裏，我們就對這些成果簡單的加以介紹。

(一) 語境與音位恢復效應

沃倫 (Warren, 1970) 用**音位恢復效應** (phonetic restore) 證明了高級的語境信息能夠影響到連續語音中音位的知覺。實驗中讓被試者聽一段錄有句子的錄音帶，如 "The state governors met with their respective legislatores convening in the capital city." (政府官員會見了各自正在首府開會的國會議員)，但 legislatores (國會議員) 語音中的頭一個音位 [s] 被咳嗽聲替代。被試者的任務是報告句子中是否出現了咳嗽聲，並且確定咳嗽聲出現的位置。實驗結果發現，幾乎沒有被試者能夠正確地識別出咳嗽聲的確切位置，而且絕大部分被試者都沒有注意到 legislatores 中的 [s] 被替換了。沃倫稱這種現象為**音位恢復效應**，它表明人的聽覺系統能夠根據周圍的語境將缺失的音位恢復出來。研究發現這種恢復效果受到位於缺失音位之後的詞彙語境的影響。如短語 "There was time to *ave." (*代表咳嗽聲或者其他非語音的聲音)，最後一詞可以是 "shave" (剃鬍)、"save" (節約)、"wave" (告別) 或 "rave" (瘋狂)。當句子的其餘部分是送別親友的內容時，被試者將 *are 聽成 wave。知覺的過程可能是，被試者先保存一個句子的聽覺信息直到隨後的語境能夠恢復出被抹去的音位，這時聽者聽出了那個缺失的音位。

(二) 語意與句法因素和知覺策略

一般來說，語意因素可以決定一個詞彙的語意是否符合句子所表達的意思，而句法因素可以決定什麼樣的句子結構是合理的。如 "男孩兒完成了作

業",它的語意和句法都是完整的。如果改成"男孩兒完成石頭。"就變成了一個語意異常的句子,但它在句法上仍然是正確的。如果再改變此句中詞彙的順序,便得到一個句法和語意都不正確的句子"完成石頭男孩兒"。米勒和伊扎德 (Miller & Isard, 1963) 研究了句法和語意因素是如何影響言語知覺的,他們使用了三種句子:正常語法句,如句 (10);語意異常句,如句 (11);不合語法的詞串,如句 (12),每種類型的句子各為 50 個。

(10) Gadgets simplify work around the house.
小工具簡化了家務勞動。
(11) Gadgets kill passengers from the eyes.
小工具從眼睛裏殺死了乘客。
(12) Between gadgets highways passengers the steal.
小工具之間公路乘客偷竊。

將這 150 個句子隨機錄在錄音帶上,被試者通過耳機聽到這些句子,並大聲重復聽到的內容。被試者的反應被記錄下來,最後對正確復述出來的句子和詞彙進行統計。結果表明,89% 的正常語法句,79% 的語意異常句以及 56% 的不合語法的詞串被正確復述出來。這種結果表明言語知覺中要使用語意和句法的信息。實際上,在噪音背景下呈現以上三種類型的句子,實驗結果的差異就更大。如在可接受的背景噪音下,僅有 63% 的正常句子,22% 的語意異常句,3% 的不合語法的詞串能夠被正確知覺。

比文 (Bever, 1970) 最早提出了他稱為**知覺策略** (perceptual strategy) 的概念來解釋連續語音知覺中句法和語意因素的作用。他認為聽者要運用一套**啟發式算法** (heuristics) 或策略對言語進行加工。這種理論的核心是假設聽者通過運用各種和語意、句法有關的策略,主動建構言語的意義表徵。聽者會產生建立在語法結構知識基礎上的期望,例如當聽到"the"時,由於它往往位於名詞短語的起始處,聽者就會期望後面會跟著一個名詞或形容詞;再比如當遇到一個以助動詞開頭的句子,如句 (13),聽者會猜想這個句子是一個疑問句。這種聽者產生的對於結構和功能的期望會對言語的解析和語意表徵的建構起促進作用。

(13) Were all the boys sent home?
所有的男孩兒都送回家了嗎?

下表是比文（Bever, 1970）最早提出來的一些言語加工中的知覺策略。

表 10-2　比文提出的知覺策略

策略 A	任何從 X 到 Y 的序列 X⋯Y，如果它的組成成分可以用內部結構關係"活動者活動對象……修飾成分"聯繫起來的話，它們就構成一個語段整體。
策略 B	除非特殊標明動詞所構成的短語是從句，一般第一個由策略 A 分離出來的"名詞……動詞……(名詞)……"短語是主句。
策略 C	依據語意限定的原則，各成分在功能上是聯繫的。
策略 D	表層結構中的"名詞……動詞……名詞"系列對應於"活動者……活動……對象"結構。
策略 E	"限定詞……"結構的名詞短語的結尾可以通過以下方法確定：(1) 當出現了標明名詞短語結尾的詞位（如"S"），或表明下一個名詞短語開始的詞位（如"the"加適當名詞構成的結構），或者是關係代詞（如"that"）時，前一個名詞短語結束；(2) 當遇到一個很少單獨作名詞的單詞時，前一個名詞短語結束。

(採自 Bever, 1970)

我們從表 10-2 可以看出，策略 D 和 A 也反映了英語短語中語意的典型呈現方式。因此，策略 A、B、D 都是英語所特有的，策略 E 取決於英語的短語結構，也是英語特有的。而策略 C 由於以語意為基礎，因而不受英語詞順序的限制。

一些實驗研究證實了這些策略的存在。弗達和比文（Fordor & Bever, 1965）以聽覺的方式向被試者呈現句子，如句 (14)。並在句子上加上一個咔噠聲，咔噠聲可以放在句子的不同位置上，可以放在某個主要組成成分的邊界上，也可以放在這個邊界之前或之後。被試者的任務是判斷在哪裏聽到了咔噠聲。

(14) That he was happy was evidence from the way he smiled.
　　　他臉上的笑容表明他很幸福。

結果發現，被試者知覺到的咔噠聲位置與實際位置相比，發生偏移，以接近某個構成成分的邊界。如句 (14) 中放在 happy（幸福）前的咔噠聲，知覺位置被移動到 happy 之後。咔噠聲知覺位置的移動證明了策略 A 的存在。由於聽者在對句子的主要成分進行加工時，不能容忍咔噠聲的干擾，所以在心理上將它移到沒有連續加工的位置上，即邊界處。

克拉克和克拉克 (Clark & Clark, 1968) 的一個研究則證明了策略 B 的作用。他們發現對於包括從句的句子，當從句放在主句前面時比主句在前面記憶要困難一些。如句 (15) 比句 (16) 更難記憶。

(15) Because the food was gone, the dog bit the cat.
因為沒有食物了，狗咬了貓。
(16) The dog bit the cat because the food was gone.
狗咬了貓，因為沒有食物了。

斯洛賓 (Slobin, 1960) 研究了兒童言語的習得。給兒童呈現句子和圖畫，讓兒童判斷句子與配對出現的圖畫表達的內容是否相同。下面是實驗中使用的四種類型的句子：

(17) The dog ate the cookie.
狗吃餅乾
(18) The cow followed the horse.
牛跟在馬後面。
(19) The cookie was eaten by the dog.
餅乾被狗吃了。
(20) The horse was followed by the cow.
馬被牛跟著。

前兩種類型是主動句，後兩種類型是被動句。每一個類型由於動詞的特點不同，又被分為兩類。一類動詞是不可以逆向的，如 eat (吃)，只能說狗吃餅乾，而不能倒過來說餅乾吃狗。而另一類動詞如 follow (跟隨) 正說、反說都是合理的。斯洛賓發現對於由可逆動詞構成的被動句，圖形確認比由非可逆動詞構成的被動句要難。

比文最早對語意、句法因素在言語加工中的作用進行了解釋。他的知覺策略的觀點為後來的很多研究起了奠基作用。但他所假設的策略沒有區分哪些是一般語言所共有的，哪些是某種語言所特有的。而且對語意和句法因素也沒有進行區分,這些都是他的理論的局限性。

本 章 摘 要

1. **言語產生**由氣流階段、語音階段、發音階段和釋放階段四個過程組成。其中氣流階段為發音提供原始動力,語音階段通過聲帶振動產生脈動氣流;發音階段則將脈動氣流塑造成各種語音,釋放階段將氣流釋放到空氣中完成言語產生的全過程。
2. **元音**的發音特點是,發音時聲帶振動有規律,且脈動氣流從聲道通過時不受到任何形式的阻礙。每一個元音的發聲特點可由舌面在口腔中的高度、位置以及唇的圓展三個維度來描述。
3. **輔音**的發音特點是發聲過程中說話者要採用不同的方法阻塞氣流從口腔中順利通過。氣流在口腔中被阻塞的地方稱為發音部位,而氣流被阻塞的方式稱為發音方式。任何輔音都可以通過發音位置,發音方式和聲帶振動與否來區分。
4. **協發音運動**指前後音素發音動作在時間上的重疊,是人類言語的突出特點。它造成語音的**聲學信號**與**音位**之間缺乏一一的對應關係。
5. 單個語音的知覺過程可以分為三個階段:聽覺階段,語音階段和音位階段。這三個階段各有不同的加工對象和特點。**聽覺階段**的主要任務是從原始語音中提取出包含語音識別信息的聲學線索,**語音階段**的加工是把聽覺階段提取出的**聲學線索**結合起來,辨認出語音。**音位階段**的加工是應用音位規則將前一階段識別出的語音轉化成音位。
6. 與連續性知覺相比,語音知覺具有範疇性的特點,即人們雖然能夠對各種語音命名,但卻不能分辨出同一語音範疇下語音特徵的細微變化。
7. **分辨**和**辨認實驗**是對語音範疇知覺進行研究的傳統方法。辨認實驗的結果表明人能夠準確地將不同的連續語音刺激歸於不同的範疇,很少存在中間的不肯定狀態。辨認實驗的結果表明人不能很好地區別同一語音範疇內刺激的連續變化。
8. 語音**範疇邊界**是變化的，刺激序列效果和刺激結構效果是影響語音範疇邊界變化的主要因素。
9. **動作理論**認為言語知覺是通過與一般聽知覺不同的加工模塊實現的。知覺的對象是**發聲姿勢**，知覺的過程則是通過對聲學信號的譯碼完成的。
10. **合成分析模型**認為言語的知覺是主動的合成分析過程。從言語聲波到語音符號的轉化是通過兩個加工階段完成的。第一個階段將聲波轉化為發聲表徵，第二階段再將發聲表徵轉化成語音符號。
11. **特徵覺察器假設**認為言語知覺是通過特殊的特徵覺察器實現的，選擇性適應實驗是覺察器理論的最好證明。實驗表明對某種語音特徵的疲勞會降低聽者對含有此特徵的語音的反應。
12. 連續語音與單語語音的知覺具有不同的特點。連續語音知覺中更多地使用了韻律、語意和句法的線索。
13. **韻律**因素的主要聲學特徵是音高、音長和音強。單詞內的音高變化是聲調，具有辨意的作用。句子中的音高變化是語調，為知覺加工提供了句子結構的信息。音長則能夠標識句子、短語的邊界。音強線索可以用來切分連續言語，完成詞彙意義的提取。
14. **音位恢復效應**是指在連續言語知覺中，人能夠根據周圍的語境將句子中缺失的音位恢復出來。它表明語境能夠自上而下地影響音位的識別。
15. 連續言語的語意因素決定了一個單詞的語意是否符合句子所要表達的意思，而句法因素決定了什麼樣的句子結構是合理的。聽者在連續言語的知覺要運用各種和語意、句法有關的策略，主動建構言語的意義表徵。

建議參考資料

1. 朱　川 (1986)：實驗語音學基礎。上海市：華東師範大學出版社。
2. 朱曼殊、繆小春 (1988)：心理語言學。上海市：華東師範大學出版社。
3. 周同春 (1989)：漢語語音學。北京市：北京師範大學出版社。
4. Clark, H., & Clark, E. (1977). *Psychology and language.* New York: Harcourt Brace Jovanovich.
5. Eimas, P.D., & Corbit, J. D. (1973): Selective adaptation of linguistic feature detectors. *Cognitive Psychology,* 4, 99~109.
6. Liberman, A. M., Cooper, F.S., Shankweiler, D.P., & Studdert-Kennedy, M. (1967). Perception of the speech code. *Psychological Review,* 74, 431~461.
7. Prideaux, G.D. (1985). *Psycholinguistics: The experimental study of langange.* New York/London: The Guilford Press.
8. Stenvens, K. N. (1960). Toward a model for speech recognition. *Journal of the Acoustical Society of America,* 27,47~55.
9. Stephen, H. (1989). *Listening: An introduction to the perception of auditory event.* Cambridge Mass: MIT Press.

第十一章

閱讀的認知處理

本章內容細目

第一節 閱讀的概念和閱讀過程的模式
一、什麼是閱讀 475
二、閱讀過程的模式 476
　(一) 高夫模式
　(二) 古德曼模式
　(三) 魯墨哈特模式

第二節 詞的認知
一、頻率效果 485
　(一) 單詞發生模式對頻率效果所作的解釋
　(二) 搜索模式對頻率效果所作的解釋
　(三) 高夫對於解釋頻率效果所作的設想
二、詞優效果 488
　(一) 全詞假說
　(二) 練達猜測模式
　(三) 消息維持模式
三、語音轉錄 493
四、詞在語境中的處理 496

第三節 句子的理解和文本結構分析
一、句子的理解 498
　(一) 什麼是句子的理解
　(二) 對不同類型句子的處理
二、文本結構分析 503
　(一) 為什麼要分析文本結構
　(二) 文本分析系統

本章摘要

建議參考資料

閱讀是讀者從書面材料中提取意義並影響其非智力因素的過程。心理學家提出了三種不同的閱讀過程的模式，即從下而上、從上而下和相互作用模式。在閱讀領域中，研究得最多的是詞的認知問題。對詞的認知的研究集中於以下四個方面。第一，頻率效果問題。研究發現詞的認知的閾限或潛伏期是隨詞的頻率的變化而變化的，它們與詞的頻率的對數呈線性關係。第二，詞優效果。相對於無意義的詞或單個字母來說，有意義的詞具有某種特點。這些特點使得詞本身以及組成詞的字母比較容易識別。第三，語音轉錄。詞的認知有兩個階段。第一個階段，利用字母與音素對應的規律，把詞中的字母轉變為音素。第二個階段，尋找與這種音素相匹配的心理詞典的詞條；當相應的詞條被發現的時候，這個詞就被認知。第四，語境對詞的認知的作用。語境對詞的認知有促進也有抑制的作用。閱讀心理學家還研究了對於句子和文本的理解。句子的理解是從句子的書面文字中來建構意義的。這種建構意義的過程也就是建造起具有聯繫的命題的過程。存在著各種不同的文本分析系統，我們將介紹其中的兩種系統。一種是邁耶的分析系統，另一種則是金西的分析系統。在邁耶的分析系統中，把文章分析為一種有層次的結構。在這種結構中有三種水平。第一種是微命題水平，第二種是宏命題水平，第三種則是上層水平。在金西的文本分析系統中，也可以產生一種有層次的結構，其最小的單位是命題。一個命題可以寫成 P(X, Y)，也可以寫成 (P, X, Y) 的形式。用命題分析的方法，可以表明存在於文本中的一系列的命題以及由這些命題所組成的有層次的系統。這種層次是基於論證的重複而形成的。由於這個系統的層次的建立是基於內容的重複，所以不像在邁耶的分析系統中那樣，需要首先去辨明文本內容之間的邏輯關係。通過本章的學習，我們希望讀者能夠獲得以下的認識：

1. 什麼是閱讀？並描述閱讀過程的模式。
2. 詞的認知閾限與詞的頻率之間的關係。
3. 了解詞優效果及對於這種效果的理論假設。
4. 了解語音轉錄假設。
5. 語境對詞的認知作用。
6. 了解句子理解的要義。
7. 了解文本分析系統的重要性及應用。

第一節　閱讀的概念和閱讀過程的模式

閱讀是人類的一種重要活動，這種活動是隨文字的產生而產生的。由於有了文字，就可以把語言的聲音信息轉化為視覺信息，並能把它長期地保存下來。這樣就突破了語言在時間上和空間上的限制，使人類社會所積累起來的經驗能夠系統地保存和傳播。在現代社會中，要接受大量的信息，這在很大程度上需要閱讀文字的材料。在教育領域內，年輕一代要學習前人總結出來的經驗，更離不開閱讀活動。因為閱讀具有極其重要的作用，所以需要從心理學的角度界定它的概念並介紹有關閱讀過程的模式。

一、什麼是閱讀

吉布森和利文認為 (Gibson & Levin, 1975)，**閱讀** (reading) 乃是從文本中提取意義的過程。這個定義被許多人所接受，但是，有兩個問題值得進一步討論。

第一個問題是，"文本"這個詞的含義是什麼？吉布森和利文曾經清楚地指出，**文本** (text) 這個詞不僅包括文字材料，而且也包括圖畫、圖解、圖表、插圖等等其他的閱讀材料。但是，唐寧和萊昂 (Downing & Leong, 1982) 認為，閱讀具有更為廣闊的範圍。可以把閱讀分為兩類：一類是廣義的閱讀，一類是狹義的閱讀。

為什麼會有廣義的閱讀呢？因為在實際生活中，人們不但閱讀文字、圖畫、圖表等等；而且，看手相的人能夠閱讀人們手上的線條，老農能夠閱讀天象，打獵的人能夠閱讀野獸的足跡……。以上提到的閱讀活動都有一個共同的特點，即它們都是對視覺標記的解釋。不過，這種類型的閱讀活動並不限於視覺的範圍。例如，對於點字的閱讀就不是通過視覺來進行的。所以，可以把這種廣義的閱讀定義為：閱讀乃是對於標記的解釋。

唐寧和利昂認為應該對以上的標記作進一步的分析。這種標記有兩類：一類是自然現象，如天象和野獸的足跡；另一類則是任意的符號，如點字以及文字、地圖等等。狹義的閱讀即是對於任意的符號的閱讀。對這種類型的閱讀的定義是：閱讀乃是對於符號的解釋。

唐寧和萊昂對於狹義的閱讀的定義與吉布森和利文的定義有某些共同之處，因為文本、圖畫、圖解、圖表、插圖等等都是一種符號。但是，有各種各樣的符號。在第九章我們就曾經提到，語言就是一種符號。應該明確地指出，閱讀的主要對象是文字符號；當然，並不限於文字，也包括圖畫、圖表等等。所以，吉布森和利文定義在原則上是可以接受的。但是"文本"這個詞的含義在某種意義上來說是不夠明確的，它不能夠包括多種類型的文字材料。可以把"文本"改為"書面材料"。因此，我們可以這樣說："閱讀乃是從書面材料中提取意義的過程"。

第二個問題是，怎樣理解閱讀是"提取意義"的過程。閱讀當然要從書面材料中提取信息、獲得意義。但是，這樣來定義閱讀可能會把閱讀過程過分簡單化了。閱讀活動和人的其他活動一樣，具有極其複雜的心理成分。為了進行閱讀必須有一定的閱讀動機。閱讀還可以影響人的情感，影響人的個性的形成。西方有人批評認知心理學，認為認知心理學的研究沒有認真考慮人與人之間的一些有關變量（如動機和情緒、情感因素等）對於認知過程的影響和作用。結果使認知心理學給人的印象是：認知是無情感的、無動機的（高覺敷，1987）。這種批評對於把閱讀定義為只是從書面材料中獲取信息也是適用的，因為這種閱讀也會使人感覺到閱讀是無動機的、無情感的，是和個性沒有關係的。因此，我們需要再次修改吉布森和利文的定義，而把閱讀定義為：閱讀是讀者從書面材料中提取意義並影響其非智力因素的過程。

二、閱讀過程的模式

閱讀心理學家不但對閱讀的概念有不同的理解，而且對閱讀過程也有各種不同的認識，從而提出了眾多的模式。這些模式大致上可以分為三類，即**從下而上的模式** (bottom-up model)、**從上而下的模式** (top-down model) 和**相互作用模式** (interactive-activation model)。在下面我們所要介紹的高夫模式 (Gough, 1985)、古德曼模式 (Goodman, 1976) 以及魯墨哈特模式 (Rumelhart, 1985) 就是這三種模式的代表。

（一）高夫模式

高夫的模式描述了整個的閱讀過程，即從**形像表徵**(或**肖象表徵**) (iconic representation) 形成開始直至讀者用言語對所閱讀的內容作出反應為止的過程。

1. 形像表徵的形成　高夫認為，閱讀開始於眼的注視。首先注視的是一行文字開始的地方，但並非是第一個詞的第一個字母，而是在其稍後的某一點。這種注視大約要持續 250 毫秒 (Tinker, 1958)，然後將掠過 1～4 度的視角 (大約是 10～12 個字母的空間)。這種掃描約需 10～23 毫秒。此後，新的注視又將開始。如果不需要回歸的掃描，以上的過程就會繼續重復下去。在眼的注視過程中，在視覺系統中進行著一系列的複雜的活動。正是這種複雜的活動導致了形像表徵的形成。

斯珀林 (Sperling, 1960, 1963) 已經證明，形像表徵是視覺刺激的比較直接的表徵，並且在刺激消失之後，還要存留一個短暫的時期。高夫設想，這種形像表徵是和神經細胞的活動一致的，包括對文字的線 (或條)、邊、棱、曲線以及角的表徵等等。

研究表現，產生形像表徵的機制具有很大的能力。斯珀林 (Sperling, 1963) 曾經證明，形像表徵能容納三行中 17～18 個字母的特徵。高夫認為在通常的閱讀情況下，形像表徵將包括閱讀材料中大約兩英寸寬、一英寸高的橢圓形範圍內的視覺的比較直接的表徵。

高夫根據達斯特曼等人 (Dustman & Beck, 1965) 的研究認為，如果對眼睛呈現一道閃光，要在枕葉部位反映出可覺察的電位變化需要不少於 50 毫秒的時間。高夫又認為，對於視覺刺激的比較直接的處理不會快於對一道閃光的處理，所以可以推論，形像表徵不可能在少於 50 毫秒的時間內形成。高夫設想，形像表徵的充分發展可能需要大約 100 毫秒的時間。

根據以上的材料可以設想，讀者最初的注視產生了與句子前面 15～20 個字母相一致的形像表徵。這種形像表徵的充分發展需要 100 毫秒；它將一直持續下去，直到 250 毫秒之後被讀者下一次注視所引起的形像表徵所取代時為止。同時，前面所形成的形像表徵將被作為熟悉的模式——即字母來辨認。

2. **字母的辨認** **字母辨認** (letter identification) 是非常迅速的。有關的實驗材料證明，甚至那些相互之間沒有聯繫的字母，都能以每個 10～20 毫秒的速度，從形像表徵中被辨認出來。

斯珀林 (Sperling, 1963) 的實驗表明，如果把字母以隨機的、矩陣的方式呈現，那麼隨著矩陣呈現時間的增加，被試者對於字母的辨認也隨之直線地增加。辨認出一個字母的時間大約為 10 毫秒。

斯珀林的實驗用的是無意義的材料。施查爾夫等人 (Scharf, et al., 1966) 用被試者所熟悉的五個字母的詞作為刺激，並在很強的亮度下加以呈現。結果發現，對於一個詞的認知大約需要 90 毫秒。這就是說，從形像表徵中讀出每一個字母的時間大約為 18 毫秒。

斯圖爾特等 (Stewart, James & Gough, 1969) 在實驗中，向被試者呈現從三個字母到十個字母長的詞，測量從呈現這個詞到開始讀出這個詞之間的時間。結果發現，對三個字母的詞的**命名** (naming) 需要 615 毫秒，而對十個字母的詞的命名則需要 693 毫秒。平均起來計算，增加一個字母大約需要增加 11 毫秒的時間。

高夫和斯圖爾特 (Gough & Stewart, 1970) 運用詞彙決定法繼續進行字母辨認的實驗。詞彙決定法是讓被試者決定，在實驗中所呈現的一系列的字母串是不是詞。結果發現，對四個字母的詞比對六個字母的詞的決定時間要少 35 毫秒，也就是說，增加一個字母需要增加 17.5 毫秒的時間。

從以上的材料中可以看出，從形像表徵中讀出每一個字母的時間大約是 10～20 毫秒。因為形像表徵的持續時間是 250 毫秒，所以，縱然閱讀完全是系列處理，在形像表徵的持續時間內仍然可以辨認出 12～24 個字母來。從這種事實出發，高夫認為，我們的確是在從左到右的一個一個字母地閱讀，閱讀是一種系列處理的過程。

3. **詞的認知** 閱讀心理學家 (Just & Carpenter, 1987) 認為，在人的頭腦中存在著一個詞典，一般稱之為**心理詞彙** (mental lexicon)。心理詞彙具有許多詞條，這些詞條具有不同的閾限。當一個詞條的激活超過其閾限時，詞就會被認知。那麼怎樣來激活心理詞彙中的詞條呢？高夫認為，心理詞彙是以音素的形式組成的。在認知詞的時候首先是利用字母與音素對應的規律，把一群字母轉變為一群音素（例如，把 thick 轉變為 θik）；然後再尋找與這種音素形成相匹配的心理詞彙的詞條；當相應的詞條被發現時，詞就被認知了。

高夫的假設並未得到完全的證實，因為邁耶等人 (Meyer Schveneveldt & Ruddy, 1974) 發現也可以通過詞形的表徵達到心理詞彙的詞條。

4. 詞在句子中的處理　前面討論的是對單個詞的認知；那麼，詞在句子中是怎樣被認知的呢？高夫的設想是，詞在句子中是從左到右、系列地被認知的。

但是，關於詞的歧義的研究 (Clark & Clark, 1977) 表明，每一個詞都具有許多種意義，決定採取其中哪一種意義，需要高一級的信息，即句子語境的信息。因此，如果句子中的詞是系列地、一個一個地被認知的，很多詞就可能被誤解。

高夫認為以上的意見並不能否定詞在句子中是系列地進行處理的設想。因為，詞在句子中常常是暫時地被誤解的；所以，如果在句子中出現詞的歧義，就會增加處理這個句子的困難。例如，福斯 (Foss, 1970) 曾經發現，要求被試者監聽在一個句子中是不是呈現了某一音素。如果在它之後跟隨著一個有歧義的詞，那麼，對於這一音素的反應時就會增加。

5. 記憶系統　我們在第五章中曾經提到，有的心理學家 (Conrad, 1964) 認為，短時記憶中的代碼主要是語音的。但是，高夫反對這種意見，認為在短時記憶中也存在著語意碼和視覺碼。

高夫還設想，在他的模式中，有一種叫做**默林** (Merlin) 的機制在起作用。在這種裝置中，具有句法和語意的規則，因而可以揭露書面材料的深層結構，從而達到一種合理的解釋。如果默林的解釋成功，信息就將被儲存於 PWSGWTAU 之中，即"當句子被理解之後所去之處 (place where sentences go when they are understood)"。在此之後，就可以運用語音規則於 PWSGWTAU 的內容，而讀者也就可以利用言語對閱讀的內容作出反應。

高夫的模式可用圖 11-1 來表示。高夫的模式可以說明閱讀中的某些現象，但要說明整個的閱讀過程還是有困難的，因為它不能說明閱讀中各種信息之間的相互作用。不過，有不少研究 (Forster, 1981；Norris, 1986) 表明，詞的認知具有某種自主性。因此，對於閱讀過程中的某些環節需要進一步思考研究，不能不加以分析地一概否定閱讀中的系列處理。

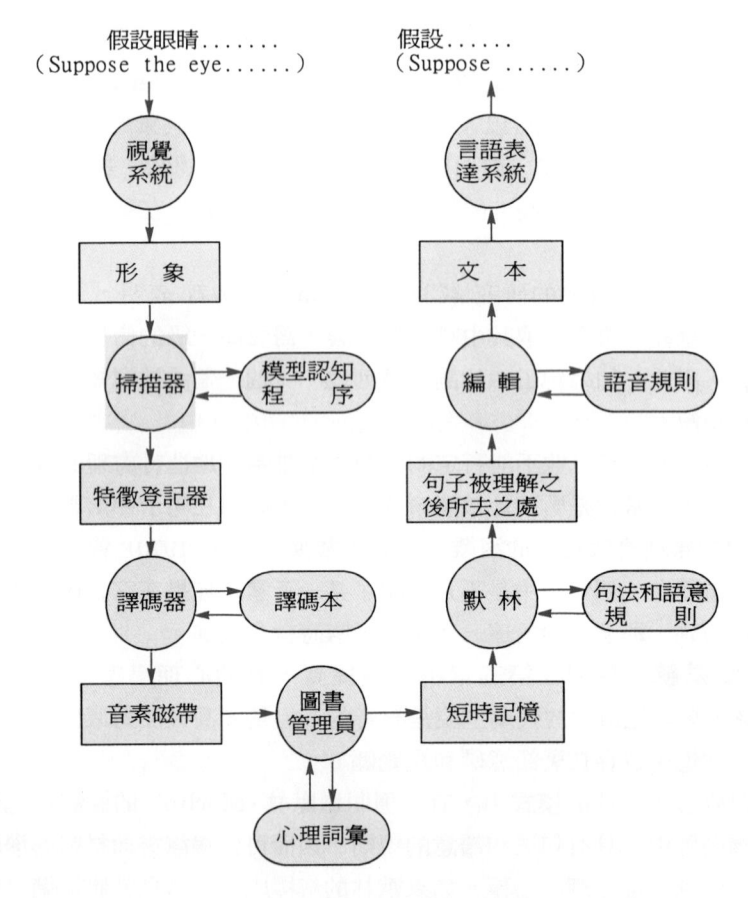

圖 11-1　高夫的閱讀模式
(採自 Gough, 1976)

(二) 古德曼模式

　　古德曼(Goodman, 1976)認為，把閱讀看成只是對於一系列詞的知覺，是對閱讀過程的簡單化的解釋。為了反對這種簡單化的看法，古德曼提出，閱讀乃是一種選擇的過程。所謂選擇過程指的是，在預期的基礎上去運用那些可能得到的、最少的、從知覺中選擇出來的語言線索的過程。對這些選擇出來的信息進行處理，就可以形成暫時的決定；而且，這些暫時的決定在繼續的閱讀中會被證實、拒絕、或進一步地加以提煉。所以，古德曼認為，閱讀乃是一種心理語言學的猜測的遊戲；有效的閱讀並非精確地知覺與辨認所有的文字材料的結果，而是選擇對於產生有效的猜測來說是必要的，而且是最少的、最有效的線索的技能。

為了具體地說明閱讀的過程，古德曼提出了以下的閱讀步驟。不過他認為，並非所有這些步驟都是必須的。

1 從左到右地對印刷文字進行掃描，並且一行一行地讀下去。

2. 對印刷材料的某些部分進行注視。可能有些部分處於注視的中心，而有些部分則處於注視的邊緣。

3. 然後選擇過程就開始了。這種選擇過程受到先前的選擇的限制，並且受到讀者的語言知識、認知方式以及所掌握的閱讀的策略等因素的影響。

4. 運用這些選擇得來的線索以及預期的線索形成一種知覺的表象。在這種知覺表象中，部分的是他所看到的東西，而部分的則是他所預期看到的東西。

5. 與此同時，他會到記憶中去尋找那些有關語音的、句法的以及語意的線索。這就有可能導致選擇更多的文字線索，同時重新形成知覺的表象。

6. 在這個時候，他就會作出與文字線索一致的猜測，而語意的分析則導致了一種盡可能的、部分的譯碼。由此獲得的文字的意義暫時存儲在短時記憶裏。

7. 如果到此時為止，所獲得的線索還不能用來進行任何猜測，就會去檢查他的知覺的輸入，並且再次嘗試去猜測。如果猜測仍無可能，他就將進一步地閱讀並集聚更多的、文字上的線索。

8. 如果他能夠作出選擇，他就要檢查在上下文中這種選擇在句法、語意方面的可接受性。

9. 如果這種暫時的選擇在句法上或語意上是不能接受的，他就會退回去從左到右進行掃描，直到在某處發現不一致之處。如果發現了這種地方，他就會在這裏詳細地閱讀；如果沒有不一致的地方，他就會去尋找另外的線索去解決這種異常的問題。

10. 如果這種選擇是可以接受的，譯碼過程就會繼續擴展，所獲得的意義也就會被先前所獲得的意義所吸收、同化。同時，又形成了對於前面內容的期待。

11. 這種循環又開始了。

古德曼模式在美國的閱讀教學中有很大的影響。由於古德曼強調過去經驗的作用、理解的作用，認為在閱讀中只需要很少的關於文字方面的線索，因而也出現了一些問題。根據古德曼模式設計的閱讀教學忽視了閱讀中基本知識的作用，使學生的閱讀技能有所下降。從理論上來說，用絕對的從上到下的模式來解釋閱讀過程也是有困難的。

(三) 魯墨哈特模式

在閱讀的從下到上的處理模式中，不存在信息之間的相互作用，每一個階段都是獨立的，它們的任務只是把處理的結果傳遞給下一個階段。所以，信息的傳遞只有一個方向，高階段的信息不可能影響低階段信息的處理。

但是，在閱讀研究中已經發現了大量的事實，這些事實是從下到上的處理模式所不能解釋的，而相互作用模式則可以說明這些事實。

例如，休依 (Huey, 1908) 早就發現，字母在詞中比在非詞中要被認知得好些，被認知的字母的數目要多些。米勒 (Miller, 1954) 還發現，如果非詞中的字母是合乎拼法的，就比這些字母在不合乎拼法的情況下要被認知得多些。這些情況說明，有關詞的某些知識能夠影響低階段的字母處理。

魯墨哈特 (Rumelhart, 1985) 還進一步設想，在閱讀中語意、句法、詞彙、字母、特徵水平的信息之間都在進行相互作用，從而影響讀者最終對於書面材料的解釋。這些不同水平的信息是在信息中心中進行相互作用的。魯墨哈特用下面一個實驗作為例子來說明在信息中心中所發生的相互作用過程。在實驗中向被試者呈現一張風景圖 (圖 11-2)，並且讓他們看幾秒鐘。然後在速示器中向被試者呈現一個名詞短語，這個名詞短語所指的是圖畫中的一個客體。被試者的任務是決定這個名詞短語所指的是哪一個客體。用這種實驗程序可以模擬讀者閱讀一個詞組並了解其意義的過程。魯墨哈特向被試者呈現的名詞短語是 the car (這部汽車)。圖 11-3 是在信息中心中處理的後期出現的情況。

從圖 11-3 中可以看出，在詞彙水平上，對於名詞短語中第二個詞的假設有三個，即 fat (肥胖的)、cat (貓) 和 car (小汽車)。之所以有這三種假設是由於各種信息之間相互作用的結果。fat 來源於字母水平的 f, a, t

第十一章　閱讀的認知處理　**483**

圖 11-2　一張風景圖
(採自 Rumelhart, 1985)

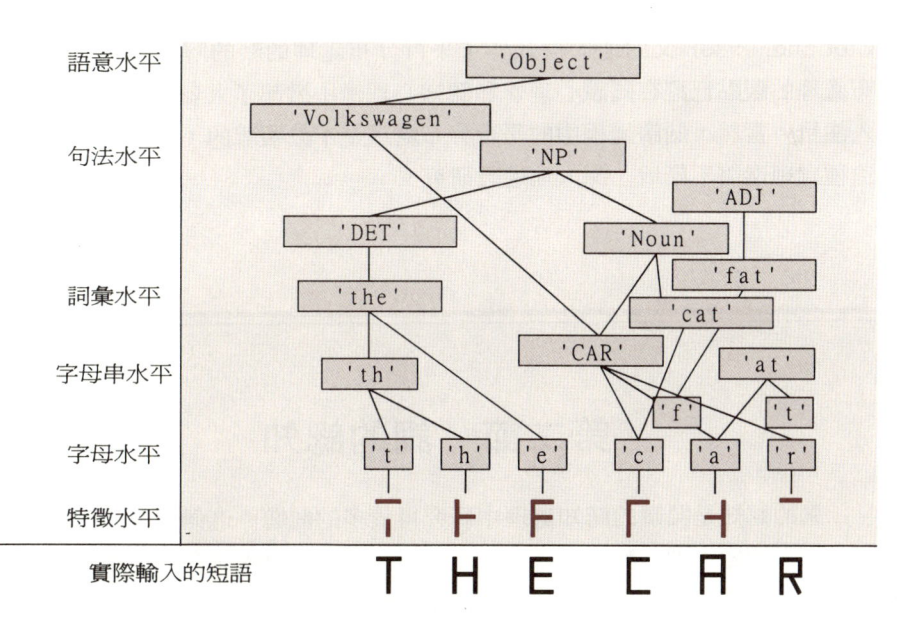

圖 11-3　魯墨哈特的閱讀模式
(採自 Rumelhart, 1985)

的假設以及字母串水平 at 的假設，並且形成了名詞短語中第二個詞是形容詞的假設。

　　cat 來源於字母及字母串水平的假設以及句法水平上第二個詞是名詞的假設。car 的假設也同樣來源於字母水平和句法水平的假設，而且得到了語意水平的 Volkswagen（一種德國製的小汽車）假設的支持。對於名詞短語中第二個詞的假設是 the。這是由於字母水平 t, h 的假設導致了字母串水平 th 的假設。但 e 並未進入字母串水平的假設，因為在信息中心中早期的處理階段，在字母水平上並未出現 e 的假設。出現 e 的假設是由於詞彙水平 the 的假設對低級水平（字母水平）產生影響的結果。從這種相互作用中還可以看出，在語意水平上會拒絕 cat 這一假設，而在句法、語意水平上會拒絕 fat 這一假設；並且，高級水平的信息會支持詞彙水平上 car 的假設和字母水平上 c, a, r 的假設，從而最後得到對於 the car 這個詞組的認知。

　　魯墨哈特模式能夠解釋閱讀過程中的許多現象，用高夫模式或者古德曼模式來解釋這些現象是有困難的。在此之後，魯墨哈特（Rumelhart & McClelland, 1986）又對他的模式作了平行分布處理的新的解釋。這種平行分布處理的觀點已經在閱讀心理學和認知心理學中激起了大量的研究，非常引人注目。當然，閱讀過程中的平行分布處理是十分複雜的，要進一步地說明這種處理還需不斷地、深入地進行研究。

第二節　詞的認知

　　詞的認知是閱讀的認知處理中研究得最多的問題。這個領域的研究，集中於四個問題，即：頻率效果、詞優效果、語音轉錄與詞在語境中的處理。在本節中，我們將主要討論這四個問題。當然，在討論這四個問題的時候也要涉及到詞的認知中的一些其他問題，例如，詞的認知模式等。

一、頻率效果

對於英語**詞頻** (word frequency) 的研究,始於桑代克 (Edward Lee Thorndike, 1874～1949)。他在 1911 年前後開始收集英語的詞彙資料。到了 40 年代,桑代克等 (Thorndike & Lorge, 1944) 出版了包括三萬個詞的教師詞彙手冊。在 60 和 70 年代,不少的人 (Kucera & Francis, 1967; Carrol, Davies & Richman, 1971) 又重新計算了英語詞的頻率。對於漢字頻率的研究在 20 年代就開始了 (陳鶴琴,1921);但是,對於漢語詞頻的研究卻開始得比較晚,一直到 80 年代才出版了簡體字的《現代漢語頻率詞典》(北京語言學院,1986)。心理學家不但對詞的頻率進行了計算,而且對詞頻在詞的認知中的作用作了大量的研究;根據這些研究認為,頻率乃是詞的認知中的一個最重要的變量。

在 70 年代就已發現,頻率與在各種任務 (從匹配、命名到語意決定) 中認知詞的潛伏期 (潛伏期指刺激開始出現到個體反應起始之間所經過的短暫時間) 有密切的關係 (Whaley, 1978)。進一步的研究 (Gough, 1984) 還發現,對於詞的認知的閾限或潛伏期是隨詞的頻率的變化而變化的,它們與詞的頻率的對數呈線性的關係。這種關係可以用以下的公式來表示:

$$r = a(\log f) + b$$

r:是因變量 (認知詞所需要的時間)
f:是詞的頻率
a、b:是常數

這個公式也被稱之為詞的認知的頻率定律。這個公式意味著,由於頻率的改變而產生的效果將表現為倍數的而不是加法的關係。例如,在**詞彙決定** (lexical decision) 的實驗中,詞的頻率為 5 與詞的頻率為 10 之間的差別,並不與詞的頻率為 50 與詞的頻率為 55 之間的差別相同,而應該與詞的頻率為 50 與詞的頻率為 100 之間的差別一樣。這種頻率效果的 "倍數關係" 在方法學上的意義是,在詞的認知實驗中,對低頻詞的控制應該比對高頻詞的控制嚴。

郭德俊等人（1991）曾經研究過漢字認知的頻率效果。實驗用的是命名法，要求被試者正確、迅速地讀出實驗中呈現的漢字。實驗結果表明，漢字的頻率在漢字識別中是一個重要的變量，漢字的命名反應時隨漢字頻率的提高而降低。兩者之間的關係可以用以下的公式來表達：

$$r=(-0.045)\log f+0.943$$

其中，r 為命名反應時，f 為漢字的頻率。用這個公式可以預測不同頻率的漢字的命名反應時，其誤差只有 0.0013～0.012 毫秒。

用英文和中文所作的實驗表明，頻率效果是的確存在的，對詞的認知是隨詞的頻率的變化而變化的。但是這些研究並沒有說明，為什麼詞的頻率會影響詞的認知，為什麼會出現頻率效果？為了進一步理解頻率效果，我們必須進一步研究存在於頻率效果這一現象之下的機制。

對於頻率效果存在著以下幾種解釋。

（一） 單詞發生模式對頻率效果所作的解釋

單詞發生模式是莫頓（Morton, 1969）提出來的。莫頓用 logogen 代表心理詞彙中的詞條，logogen 來源於拉丁文 logos 和 genus，意思是單詞和發生。logogen 是一個計數的裝置。這個計數裝置對知覺和語意的信息都很敏感。當知覺系統的輸入與相應的詞條一致的時候，它的計數就會增加；同樣，當和某個詞條在語意上有關的詞被認知的時候，這個詞條的計數也會增加。每一個 logogen 都有一個閾限，當計數超過閾限的時候，這個詞就會被認知。

莫頓認為，高頻詞的閾限低，低頻詞的閾限高。由於高頻詞的閾限低，所以需要較少的計數；由於低頻詞的閾限高，所以需要較多的計數。因為計數不同，對不同頻率詞認知時的反應也就不同；對高頻詞的反應快，對低頻詞的反應慢。

但是高夫（Gough, 1984）認為，莫頓的假設對於頻率效果的解釋並不恰當。因為莫頓的模式所表明的是，高頻詞的認知比低頻詞的認知要快，是由於高頻詞的認知閾限比低頻詞的認知閾限達到的快；而這就等於說，高頻詞認知得快是因為高頻詞認知得快，實際上和沒有解釋一樣。

(二) 搜索模式對頻率效果所作的解釋

搜索模式是由福斯特 (Forster, 1976) 提出來的。搜索模式表明，在心理詞彙中詞條是按照詞的頻率組織起來的；也就是說，在心理詞彙中詞條的排列順序是從高頻詞到低頻詞。福斯特還認為，詞的認知是通過搜索而達到的；由於高頻詞比低頻詞在比較早的時候被搜索，所以高頻詞比低頻詞被認知得快。

福斯特對於頻率效果的解釋，受到了戈登 (Gordon, 1983)、格拉澤和埃倫內齊 (Glanzer & Ehrenreich, 1979) 的頻率混合實驗的挑戰。戈登等人的實驗發現，當實驗詞表中僅僅包括高頻詞和非詞，比詞表中同時也包括低頻詞的時候，對高頻詞的反應要快；當低頻詞單獨呈現時，比低頻詞與高頻詞混合呈現時反應要快。搜索模式可以解釋，純粹低頻詞表中的低頻詞比混合詞表中的低頻詞有利，因為在這種情況下被試者可以從心理詞彙中低頻詞的一端開始搜索。但是當實驗中的詞表或者純粹是高頻詞，或者是高頻詞與低頻詞相混合的時候，搜索都必須從高頻詞的一端開始，因而無法解釋為什麼在混合詞表中對高頻詞的反應要慢些。

(三) 高夫對於解釋頻率效果所作的設想

高夫 (Gough, 1984) 認為，要解釋頻率效果就必須說明詞的認知過程是怎樣隨著頻率的不同而變化的。例如，在認知高頻詞時可能會比認知低頻詞需要較少的步驟；甚至，這種認知過程還可能產生質的變化。高夫就曾經設想，在認知低頻詞的時候可能需要經過**語音轉錄**，而在認知高頻詞時則可能只需要通過視覺表徵達到心理詞彙的詞條，所以對高頻詞的認知要快。

高夫的這種設想和麥克卡斯克等人 (McCusker, Holley-Wilcox & Hillinger, 1979) 的意見是一致的。麥克卡斯克等人認為，頻率效果的產生既不是由於高頻詞和低頻詞在心理詞彙中的詞條的閾限不同；也不是由於在心理詞彙中高頻詞比低頻詞要先受到搜索。頻率效果的產生是由於選擇中介表徵不同而引起的。低頻詞需要經過語音轉錄，而高頻詞則可以經過視覺表徵而直接達到心理詞彙的詞條。麥克卡斯克等人還設想，如果阻止高頻詞經由視覺通道達到心理詞彙的詞條，高頻詞與低頻詞之間的差異就會消失。但是這個設想並未得到實驗的證實。當高頻詞和低頻詞都在聽覺通道中呈現的時候,它們之間的差別仍然很大 (51 毫秒)。所以,高夫用省略語音轉錄的步驟來說明頻率效果的設想不一定是可行的。

二、詞優效果

卡特爾 (Cattell, 1886) 早就發現,相對於無意義的詞或者單個字母來說,有意義的詞具有某種特點。這些特點使得詞本身以及組成詞的字母比較容易識別。這種效果就被稱之為**詞優效果**(或**字優效應**) (word superiority effect)。

認知心理學興起之後,里徹 (Reicher, 1969) 改進了實驗的方法,再次證明了詞優效果的存在。里徹用速示器呈現目標字母,然後呈現掩蔽物;然後要求被試者報告在兩個要加以選擇的字母中哪一個曾經呈現過。里徹在實驗中還注意到,如果變化字母的呈現時間,就可以得到不同的正確反應的概率。他用最短的時間呈現可以得到 0.5 的正確反應概率;他又進一步延長呈現的時間,直到能夠得到完全正確的反應,然後,他選擇了在每兩個極端時間之間的中等時間呈現,可以得到 0.75 的正確反應概率。里徹用中等呈現時間呈現一個含有 4 個字母的詞,隨著出現掩蔽刺激;然後出現兩個字母,並且要求被試者決定,這兩個字母中的哪一個,在先前呈現的詞中出現過。實驗結果表明,在呈現時間相同的情況下,當對單個字母的正確反應概率為 0.75 的時候,對於在詞中的字母的正確反應概率增加到 0.85。

惠勒 (Wheeler, 1970) 重復了里徹的實驗,也並發現對於詞中字母認知的精確性高於單個字母 10%。在惠勒的實驗之後,心理學家又進行了大量的關於詞優問題的實驗研究,都得到了詞優效果。進一步的研究還發現,不但在英文的閱讀中存在著詞優效果,而且在中文的閱讀中也存在著詞優效果 (鄭昭明,1982)。

對於詞優效果的研究,不僅在於發現各種實驗條件下的詞優現象,而且也在於從理論上去說明詞優效果。關於詞優效果的理論解釋,大約有以下三種,即全詞 (或字形) 假說、練達猜測模式和消息維持模式。

(一) 全詞假說

全詞假說(或**字形假說**) (whole word hypothesis) 對於詞優效果的解

釋是，位於詞中字母的識別之所以比對單個字母的識別好，是由於人們在辨認詞中字母的時候，可以比辨認單個字母利用更多的視覺特徵。這些特徵可能是整個詞的某些特點（例如，詞的形狀、輪廓等），也可能是比較小的字母群的某些特點。惠勒 (Wheeler, 1970) 還認為，兩個相鄰字母之間的空間形狀，也可能是一種有用的識別特徵。

但是，實驗研究的結果減少了這種假說的吸引力。約翰斯頓 (Johnston, 1981) 曾發現，當完全用大寫字母來印刷詞的時候，詞優效果仍然很強。這就減少了把整個詞的形狀作為辨認線索的可能性。因為詞形的線索主要來自於詞形的上升或下降的形式，而大寫字母與小寫字母的上升或下降的形式是不同的。麥克里蘭 (McClelland, 1976) 還發現，當運用混合的大寫字母和小寫字母來印刷詞（例如，rEad, GrAb）或一串沒有關係的字母的時候，還存在著相當大的詞優效果。但是一般來說，被試者是從來沒有看見過這種印刷形式的。很難設想，一個人從來沒有看見過混合的印刷形式，卻可以在識別時利用這種形式的特徵。也許產生這種結果的原因是，有些大寫字母和小寫字母是非常相似；所以，雖然使用了混合字母，人們對它還是熟悉的。然而，麥克里蘭在使用形狀完全不同的大寫字母和小寫字母 (如 A/a, E/e, G/g, R/r) 的時候，也得到了詞優效果。雖然他報告說，在使用混合字母的詞時，詞優效果要小些。不過，亞當斯 (Adams, 1979) 卻發現，在用不同的字母混合而成的詞中，詞優效果並沒有減少。

約翰斯頓 (Johnston, 1981) 曾經利用字母之間的不同間隔來破壞詞的形狀。他在實驗中所用的詞的字母之間的間隔不同。這些不同的間隔不但破壞了詞的形狀，同時也破壞了某些大於一個字母的單元的形狀。但是從表 11-1 中可以看出，具有不規則空間間隔詞的詞優效果 (12.0%) 只比正常詞

表 11-1　具有不同間隔的詞的詞優效果

詞　　形	詞優效果的大小
有規律的密集間隔 (READ)	15.3%
有規律的大間隔 (R E A D)	7.7%
沒有規律的間隔 (RE AD, R EAD, REA D, RE A D, R EA D, R E AD)	12.0%

(採自 Johnston, 1981)

的詞優效果 (15.3%) 小 3.3%，而大於有規律間隙詞 4.3%。實驗結果表明，不規則的空間間隔對於詞優效果只有很小的影響 (參見表 11-1)。

(二) 練達猜測模式

主張**練達猜測模式** (sophisticated guessing model) 的代表人物是魯墨哈特和西波 (Rumelhart & Siple, 1974)。他們認為，對於詞來說，可以根據詞中所能看見的字母或字母的某些部分，去猜測看不見的部分。首先可以決定看不見的部分有幾種可能性，然後再根據語言知識從這幾種可能性中選出一個最可能的作為解答。例如，如果在實驗中呈現的詞是 WORD，而被試者看到了前面三個字母 WOR 以及第四個字母的弧線部分，那麼，第四個字母有可能是 D，O 或者 Q。但是，英文的拼寫知識告訴我們 WOR 之後不能接 O 或 Q；因此，在三個字母中，D 作為這個詞的第四個字母的可能性最大。相反，在呈現非詞的情況下，拼寫知識對於正確選擇看不見的字母沒有什麼幫助，所以選擇的正確性隨之降低。

如果練達猜測理論是正確的，那麼，當語境更嚴格地限制著字母的可能性時，詞優效果應該更大。

約翰斯頓 (Johnston, 1974, 1978) 用實驗檢驗了練達猜測模式。他在實驗中對比了兩對詞，這些詞中的關鍵字母都在同一位置上 (例如，DATE－GATE 和 DRIP－GRIP)。這兩對詞的語境限制是不同的。其中一對詞的語境限制高，一對詞的語境限制低。限制高的語境只允許有少數的字母可以代替關鍵字母 (對於－RIP 來說只有三個字母)；而限制低的語境則允許有許多字母可代替關鍵字母 (對於－ATE 來說有九個字母)。實驗所採用的高語境限制和低語境限制的詞，在詞頻和雙字母出現頻率 (雙字母出現的次數／百萬) 上都是一樣的。實驗設計和實驗結果如表 11-2 和表 11-3 所示。

表 11-2　檢驗練達猜測理論的實驗設計

低語境限制的詞的樣本	高語境限制的詞的樣本
目標詞：　DATE 選　擇：　DATE　GATE (語境允許有 9 個字母可供選擇)	目標詞：　DRIP 選　擇：　DRIP　GRIP (語境允許有 3 個字母可供選擇)

表 11-3 檢驗練達猜測模式的實驗結果

因　變　量	語境限制的程度	
	低	高
自　由　報　告 (4 個字母都正確)	0.310	0.308
自　由　報　告 (關鍵字母正確)	0.544	0.545
強　迫　選　擇 (二者選一)	0.795	0.768

(採自 Johnston, 1978)

　　表 11-3 中的實驗結果所表示的是被試者報告的正確率。從表中可以看出，在兩種語境條件下所得到的結果並沒有多大差別。而且，在強迫選擇的情況下，在語境限制比較低的條件下被試者選擇的正確率還要高些。這和練達猜測模式的預測是不一致的，因此，練達猜測模式並不能說明詞優效果。

(三) 消息維持模式

　　約翰斯頓和麥克里蘭 (Johnston & McClelland, 1973；Johnston, 1981) 提出了解釋詞優效果的**消息維持模式** (retention model)。他們認為，詞的認知是由一套有層次的覺察器來負責的。這一套覺察器包括**特徵覺察器** (feature detector)、**字母覺察器** (alphabetic detector) 和**詞覺察器** (word detector)。當外界呈現一個語文項目時，有關的特徵覺察器就會受到刺激而起反應。如果被激活的特徵是和一個字母一致的，就會給這個字母的覺察器傳遞興奮的信號；如果被激活的特徵是和一個字母不一致的，就會傳遞抑制的信號。而只有當字母覺察器接收到興奮的信號，並且接收不到抑制信號的時候，這個字母覺察器才會被激活。同理，字母覺察器與詞覺察器的關係也是這樣；也就是說，只有當詞覺察器接收到字母覺察器傳遞來的興奮信號並且接收不到抑制信號的時候，這個詞的覺察器才會被激活。約翰斯頓和麥克里蘭用圖 11-4 來說明在呈現了目標詞 READ (讀) 之後，在覺察器的層次系統中將會出現的狀態。

　　從圖 11-4 中可以看出，在特徵覺察器的水平上，那些與目標字母有關

492　認知心理學

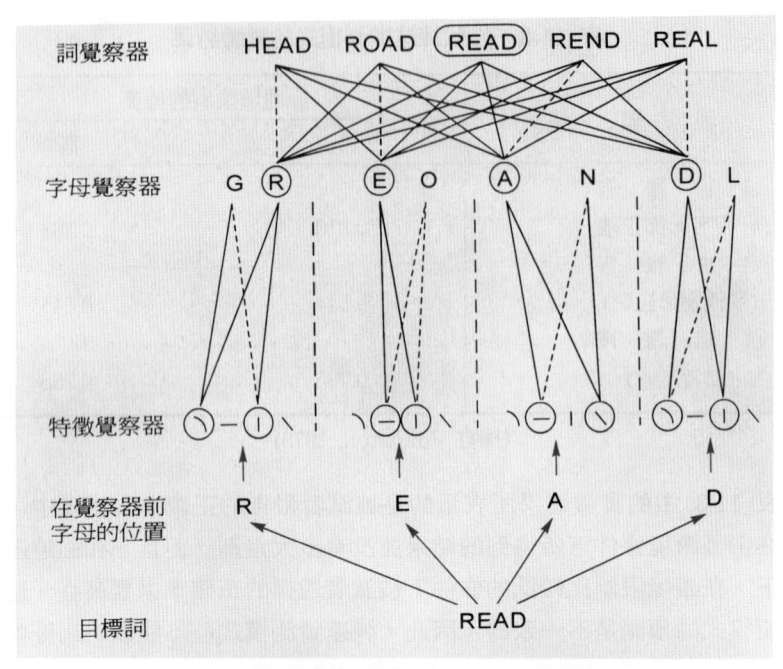

圖 11-4　呈現目標詞 READ 之後在覺察器層次系統中的激活狀況
(說明：──代表激活，……代表抑制)
(採自 Johnston, 1981)

的特徵被激活了。例如，在第二個字母的位置上，垂線和水平的特微被激活了；它們把興奮信號傳遞給字母 E 的覺察器，使它也被激活。因為這兩個特徵和字母 O 不一致，所以傳去了抑制的信號，字母 O 的覺察器因而沒有能夠被激活。這種激活和抑制的規律，也適合於詞的覺察器的活動。被激活的字母覺察器將對與它一致的詞的覺察器發送興奮的信號，而對與它不一致的詞的覺察器發送抑制的信號。而且，任何一個抑制的信號都會使詞的覺察器處於不活動的狀態。在圖 11-4 中，READ 這個詞的覺察器接受的都是興奮的信號，所以它被激活了。其他詞 (HEAD, ROAD, REND, REAL) 的覺察器，顯然也接受到興奮的信號，但是又都同時接受到抑制的信號，因此都沒有被激活。

在這種覺察器的層次系統中，當所接受的項目是詞的時候，所有有關的"特徵"、"字母"與"詞"的覺察器都會處於激活狀態。而當呈現的項目是非詞的時候，則只有有關的"特徵"、"字母"的覺察器處於被激活的狀態。詞優效果的產生是由於詞比起非詞能夠進一步引起詞覺察器的活動，而詞覺察器又可能給予字母覺察器以反饋的信息；所以，詞中的字母就可能比在非詞中的字母要被認知得好些。

消息維持模式可以解釋在正常情況下和在掩蔽刺激作用條件下的詞優效果。但是，它不能解釋**假詞** (pseudoword)（由符合正確規則的字或字母組成，但沒有意義，不成為詞）的詞優效果。假詞也沒有相應的詞覺察器，而它的組成字母卻較**非詞** (nonword)（由不符合正確規則的字或字母組成）的組成字母容易辨認。約翰斯頓 (Johnston, 1981) 認為，這是由於在知覺假詞的時候可以建立對於假詞的表徵，從而建立起假詞的覺察器。但是，為什麼在知覺假詞的時候可以建立假詞的覺察器，而在知覺非詞的時候卻不能建立起非詞的覺察器呢？約翰斯頓並未對此作出明確的說明。

三、語音轉錄

語音轉錄 (phonological mediation) 是一個歷史悠久的問題。在卡特爾進行詞的認知的研究之前，伊格 (Egger, 1881) 就曾經說過，實際上閱讀就是把書寫的文字翻譯成言語。亨德森 (Henderson, 1982) 還認為，在古希臘時代，亞里士多德就具有類似的觀點。正是由於這種對閱讀的觀點，激發了許多早期的對內部言語及其在閱讀中的作用的研究。

但是，高夫 (Gough, 1984) 認為，早期對於內部言語的研究把兩個問題弄混淆了。第一，這些研究沒有把言語與語言區別開；第二，沒有區別發生在詞認知之前的言語與認知之後的言語。

在 70 年代初，由於魯賓斯坦等人 (Rubenstein & Rubenstein, 1971) 提出了清晰有力的**語音轉錄假說** (speech recoding hypothesis)，使得在內部言語問題上的爭論變得尖銳起來，並且激發了大量的有關這一問題的實驗研究。

魯賓斯坦等人認為書面詞的認知是由音素的形式所中介的：之所以能夠為音素的形式所中介，又是由於心理詞彙是以音素的形式組織起來的。他們提出詞的認知有兩個階段。第一個階段，利用字母與音素對應的規律，把一群字母**轉變**為一群音素（例如，把 thick 轉變為 θik）。第二個階段，尋找與這種音素形式相匹配的心理詞彙的詞條,當相應的詞條被發現的時候,這個詞就被認知了。

根據語音轉錄假設可以作出以下三個預測。許多有關語音轉錄問題的研究都是圍繞對這三個預測的檢驗來進行的。

1. 關於同音假詞與非同音假詞認知時的差異問題 魯賓斯坦等人曾經指出,如果語音轉錄假說是對的,那麼同音假詞(它不是詞,但是它的發音與真詞相同,如 BRANE, HOAM 等)應該達到心理詞彙中真詞的詞條。所以,這些同音假詞比那些雖然可讀但發音並不與真詞一樣的假詞更難於辨別。魯賓斯坦等人在採用詞彙決定方法的實驗中發現,同音假詞的反應時大於與真詞不同音的假詞的反應時(同音假詞的平均反應時是 1,063 毫秒,與真詞不同音的假詞的平均反應時是 1,013 毫秒,差異顯著)。

魯賓斯坦等人關於同音假詞的預測得到了實驗的證明,這說明語音轉錄假說得到了初步的證實。但是,實驗的結果又引出了新的問題。如果同音假詞 BRANE 能夠達到心理詞彙中真詞 BRAIN(腦)的詞條,那麼我們怎樣能夠區分這兩個詞呢?如果我們要維持語音轉錄假設,又要作到能夠區別出 BRANE 是一個假詞,那我們就必須設想,在心理詞彙中 BRAIN 這個詞條包含著拼寫的形式;而且,在與 BRAIN 同音的假詞達到它的詞條的時候,它們的拼寫就會受到檢查,從而發現與 BRAIN 不同形式的詞的拼寫是錯誤的。

在魯賓斯坦等人的語音轉錄假說中是包括了這種拼寫檢查成分的。他們用拼寫檢查說明了同音假詞與非同音假詞的反應時之間的差別。BRANE 這個假詞的語音轉錄與心理詞彙中 BRAIN 詞條的語音表徵是相匹配的;但是在隨後的拼寫檢查,也就是詞形的匹配中發現了錯誤,所以反應時長。而非同音假詞由於與真詞沒有相同的讀音,在音素匹配時即發現其為假詞,因此反應時短。

2. 關於拼寫和發音之間的規律性的效果問題 在英語中,詞的拼寫和發音之間是存在著一定的規律性的;但是也有一些詞的發音是不符合規律的。按照語音轉錄假說,詞的認知的第一步是根據拼寫和發音之間的規律,把一個詞轉錄為音素。這對於合乎規律的詞來說,是不會有困難的;但是對於不合乎規律的詞來說,就會遇到一些困難。這些不合乎規律的詞或者會被轉錄錯，或者需要增加一些機構去對它們的發音進行訂正。所以語音轉錄假說預測，認知那些不符合規律的詞比認知那些合乎規律的詞，要花費更多的時間。

對語音轉錄第二個預測的實驗檢驗，得到了不同的結果。命名實驗（要求讀出實驗中出現的字-詞）的結果與第二個預測則是符合的，即不合乎規律的詞比合乎規律的詞的命名時間長 (Coltheart, Besner, Jonassen & Davelaar, 1979)。但是在詞彙決定實驗（要求被試者決定，所出現的刺激是不是一個詞）中，沒有得到一致的結果。有人發現實驗結果和預測是一致的 (Barron, 1979)；有人則發現實驗結果和預測不一致 (Coltheart, Besner, Jonassen & Davelaar, 1979)。

3. 關於拼寫形式與發音（音素）之間的多種聯繫問題 英文是一種拼音文字，英文的拼寫是有規律的且與它們的發音相聯繫。但是在英文中，拼寫與音素之間的關係卻很少是一對一的。有的音素與許多不同的拼寫形式相對應；而有的拼寫形式相同又有著許多不同的發音。例如：ea 在 leak（漏）中發 [iː]（或 [i]）的音，在 head（頭）中發 [e]（或 [ɛ]）的音，在 steak（牛排）中發 [eɪ]（或 [e]）的音，而在 area（領域）中則發 [ɪə]（或 [ɪr]）的音。因為在包括著 ea 的詞中存在著許多對 ea 的不同發音，所以對這一類詞的語音轉錄，比起那些不存在這種"多向聯繫"的詞來得複雜，認知它們的時間應該要長些。但是，語音轉錄的第三個預測並沒有得到實驗的證實 (Gough, 1984)。

總結來看，語音轉錄假說並沒有得到實驗的全部證實。語音轉錄假說正確地預測了同音假詞的效果；對拼寫和發音之間的規律性效果的預測，得到了命名實驗的證實，但是沒有得到詞彙決定實驗的證實；對於拼寫與發音之間的多種聯繫問題的預測也沒有得到實驗的支持。

雖然語音轉錄假說沒有得到實驗的全部證實，但是語音轉錄假說是具有啟發性的。它作出了三個十分清晰的預測，激起了對於這個問題的大量的實驗研究；而且更重要的是，它的一些預測是對的，特別是它對同音假詞的預測得到了實驗的有力支持。這說明在通達心理詞彙詞條的時候的確可能存在著語音轉錄這一條通路；而語音轉錄假說所不能說明的事實則表明，可能還存在著除了語音轉錄之外的另一條通路。邁耶等人 (Meyer, Schvaneveldt

& Ruddy, 1974) 通過實驗發現，這另外的一條通路就是通過詞形表徵達到心理詞彙的詞條。由於邁耶等人證明了在認知詞的時候，既可以使用詞的語音表徵也可以使用詞形表徵來達到詞條，所以他們的模式也被稱之為**雙通道模式** (dual access model)。又由於他們認為，最終是由哪一種表徵達到詞義取決於它們各自的加工速度，所以他們的模式又被稱為**賽馬模式** (horse-racing model)。

四、詞在語境中的處理

在前面三個問題的討論中，我們涉及到的主要是對單個詞的認知。了解對單個詞認知的機制是很重要的，但是除此之外，我們還必須研究在接近正常閱讀的情況下，是怎樣對詞進行認知的。研究在接近正常閱讀的情況下對詞的認知就涉及到詞在語境中的處理問題。所謂**語境** (context) 即一個詞所在的上下文的環境，包括一個詞前後的詞，它所在的句子、語段和文章。

圖爾文和戈爾德 (Tulving & Gold, 1963) 早期所作的關於語境作用的表明，認為句子語境的確能夠影響對單個詞的認知。他們在實驗中所用的材料如下：

1. Three people were killed in a terrible highway $\begin{Bmatrix} \text{collision} \\ \text{raspberry} \end{Bmatrix}$.

    三個人死於高速公路上的一次可怕的 $\begin{Bmatrix} 碰撞 \\ 山莓 \end{Bmatrix}$。

2. She likes fruit jams of strawberry and $\begin{Bmatrix} \text{raspberry} \\ \text{collision} \end{Bmatrix}$.

    她喜歡草莓和 $\begin{Bmatrix} 山莓 \\ 碰撞 \end{Bmatrix}$ 的果醬。

實驗是用速示器進行的。在實驗中控制句子呈現的時間，並要求被試者精確地報告出可以完成這個句子的詞。結果發現，實驗所提供的句子語境能使被試者很快地報告出可以完成這個句子的詞；然而，所呈現的同樣的句子語境，卻能夠阻礙被試者報告出不可能完成這個句子的詞。也就是說，對於句子 1 來說，被試者會很快地報告出"碰撞"這個詞，但對於"山莓"這個詞的報告會受到阻礙。在句子 2 中則相反，被試者將更快地報告出"山莓"這個詞，但對於"碰撞"這個詞的報告會受到阻礙。

邁耶等人 (Meyer & Schvaneveldt, 1971；Meyer, Schvaneveldt & Ruddy, 1975) 對於語境的作用問題作了進一步的研究，他們試圖查明語境是在詞的認知的哪一個階段發生作用的。邁耶等人在實驗中向被試者呈現兩個字母串，要求被試者，如果兩個字母串都是詞就反應"是"，如果不是詞就反應"否"。邁耶等人還變化實驗中兩個詞之間語意聯繫的程度；並且發現，當兩個詞之間具有語意聯繫的時候，比它們在不具有語意聯繫的情況下，被試者將更快地作出"是"的反應。邁耶等人設想，產生這種對反應的促進的原因是由於對第一個詞進行處理之後，使得對另一個與它有語意聯繫的詞的處理變得迅速了。這種情況之所以發生，可能是由於有聯繫的詞的處理需要相似的過程，當在一個很短的時間內，第二次運用這種過程的時候，就有可能使它進行得更有效。另一種可能是，對第一個詞的認知，激活了心理詞彙中這個詞的詞條；這種激活會擴散到與這個詞有語意聯繫的另一個詞的詞條那裏去，因而加速了對這個詞的認知。

邁耶等人根據實驗的結果認為，詞的認知可能包括三個階段。第一個階段，作為刺激的字母串被編碼為內部的表徵。這個階段的編碼可能純粹是視覺的，但也可能包括音素和語意的信息。第二個階段是詞彙提取階段。在這個階段，要把刺激的編碼與在記憶中儲存的表徵相匹配，直到發現一致的匹配為止。第三個階段是基於詞彙提取的結果來產生反應。那麼，語境在詞的認知的哪一個階段起作用呢？邁耶等人 (Meyer, Schvaneveldt & Ruddy, 1975) 在實驗中發現，語境和刺激質量之間具有交互作用。由於刺激的編碼發生在詞的認知的第一個階段，因而決定刺激質量是第一階段。語境和刺激質量之間具有交互作用說明，語境的作用也發生在詞的認知的第一個階段。

但是，邁耶等人的模式卻不能說明由尼里 (Neely, 1977) 和貝克 (Becker, 1979) 所得到的兩個重要的實驗結果。尼里在實驗中用了三種不同的語境。一種是語境詞和目標詞之間具有語意聯繫；一種是語境詞和目標詞之間沒有語意聯繫；另一種是中性語境，在這種語境中包含的是一串符號 (×××……)。尼里發現，如果用中性語境作為基線，那麼與中性語境相比較，有語意聯繫的語境會縮短目標詞的詞彙決定時間；而沒有語意聯繫的語境則會延長目標詞的詞彙決定時間。雖然邁耶等人所得到的語境的促進效果，可以用有語意聯繫的語境效果來加以解釋;但是,邁耶等人沒有能夠提供一種機制來說明,沒有語意聯繫的語境的抑制作用。邁耶等人的模式還不能說明貝克所得到的實驗結果。貝克在實驗中發現,詞頻和語境之間具有明顯的交互作用。由於在詞彙提取階段中,詞頻(刺激詞的頻率)會影響詞的提取;因而,貝克實驗結果表明,語境的作用發生在詞的認知的第二個階段。如果尼里、貝克的實驗結果是可靠的,那麼邁耶等人的詞的認知的系列模式以及他們對於語境作用的解釋就必須加以修改。

第三節　句子的理解和文本結構分析

前一節我們主要討論的是對詞的認知。詞的認知是重要的,沒有詞的認知就不可能進行閱讀。但是,只有詞的認知是不夠的;除了詞的認知之外,我們還必須了解對於句子和文本的理解是怎樣進行的。這樣才能全面地了解閱讀的過程。

一、句子的理解

(一) 什麼是句子的理解

按照語言學的概念,句子是表達完整思想的具有一定語法特徵的最基本的言語單位。閱讀心理學所要研究的不是一句話是否合乎語法規範,而是研究人在閱讀的時候是怎樣理解一個句子的。句子的理解是一個心理過程,在這個心理過程中讀者接受由書面文字傳遞的信息,並且運用它來建造一種解釋,即作者所想要傳遞的東西。更簡潔地說,句子的理解就是從一句話的書面文字中來建構意義。為了說明這種理解的過程,讓我們用下面一句話作為例子。

驚慌的男孩趕走抓他的貓。

讀者在看到這句話的時候,開始接觸到的是詞的時間序列。首先是"驚慌的",其次是"男孩"等等。為了理解這個詞的序列,讀者必須認知這個序列中的詞並且了解這些詞所形成的自然詞組。"驚慌的"和"男孩"在一起形成了一個短語,它意味著一個實體;"抓他的"和"貓"在一起形成了另一個短語,它意味著另一個實體;而"趕走"把這兩個短語聯繫在一起,形成了更大的單位———一個句子,它意味著一個事件。這種對句子中的詞和短語的分類大致上是和這句話的表層結構一致的。因此,我們可以這樣說,在句子理解過程的開端認知了一個句子的表層結構——句子中的詞,詞的時間序列以及由這些詞組成的詞組。

對於一個句子的理解來說,只了解它的表層結構是不夠的。讀者必須建造對於句子的解釋,即了解句子所要傳達的信息。上面一個句子所要傳達的並不是一堆個別的信息,而是由下面句子所表達的三個部分的信息的總和。

男孩是驚慌的。
男孩趕走貓。
貓抓男孩。

前面句子的主要思想是由"男孩趕走貓"來表達的。其他的思想(男孩是驚慌的、貓抓男孩)僅僅在於更確切地去說明"男孩"和"貓"。這三個句子的描述大致是和前面句子的底層表徵相一致的。這就是說,這三個句子表達了前面句子下面的命題。男孩趕走貓表達了主要的命題,而其他兩句話則表達了作為主要句子的名詞的修辭命題。因此,我們可以這樣說,在句子的理解過程的終端建造了一種解釋,這種解釋類似於一個句子下面的表徵,即一套命題再加以它們之間的聯繫。

命題在記憶中並不是孤立地存在的。我們在第六章中曾經提到,命題在記憶中形成為一種有層次的結構。安德森(楊清等譯,1989)則認為,命題是以網絡的形式存在於記憶之中的。圖 11-5 就是表明了"驚慌的男孩趕走抓他的貓"這個句子中的命題在記憶中的網絡組織形式。

圖 11-5 表明了句子的三個命題。我們按照前面把句子分析為三個部分的信息的次序,在橢圓中標有 1,2,3 的數字,分別代表命題 1,命題 2 和命題 3,每一個橢圓都有一個標有關係的箭頭,分別表示命題的關係。這些關係相當於句子中的動詞(趕走、抓)或形容詞(驚慌的)。這些關係表

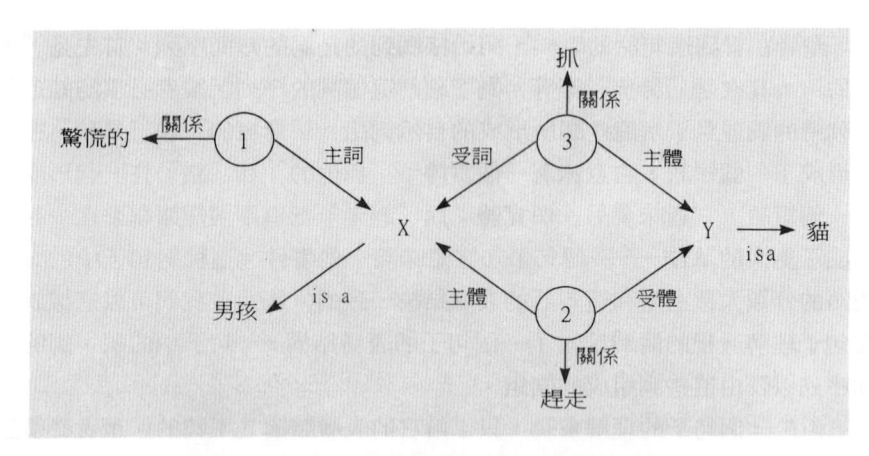

图 11-5 句子"惊慌的男孩赶走抓他的猫"的命题网络组织

(采自张必隐，1992)

明了句子中名词所指的实体之间的连结。命题、关系和实体被称为网络组织的**节点**(node)，而箭头则把这些结点连结起来。从图中可以看出，在箭头上除标有"关系"之外，还标有"主词"、"受词"、"主体"、"受体"的名称。它们表明，是男孩赶走猫，猫抓男孩……而不是相反。由于图中的名词（男孩、猫）是类别名词，它并不表示某一特定对象，所以在图中作了区分，用 X 和 Y 代表类别名词，并用 Is a (是一个) 指明句中所说的男孩和猫都是一个特定的对象。

用网络的方式来表明命题中和命题间的关系是可取的，因为它可以表明网络中多种成分之间的多种联系。但是，在阅读心理学中对于命题结构的描述是不一致的。在第六章中我们曾经提到过的命题层次结构和在本章中我们将要介绍的金西 (Kintsch, 1974) 的文本分析系统，都采用了另一种分析形式。这种分析形式也有其可取之处，即它能表明句子和文本中命题的层次结构，而这一点是网络组织的分析形式难以达到的。

(二) 对不同类型句子的处理

泰勒等人 (Taylor & Taylor, 1983) 统计了各种类型的句子在文章中出现的频率。他们所用的样本有 181 个子句、10 个段落（每个段落包括 150

個詞)。結果發現,在英文中最常出現的句子是基本句、被動句和否定句,它們的出現頻率達 96.7%。按照喬姆斯基的轉換生成語法,可以把基本句轉換為其他類型的句子。在泰勒等人的統計中,這種經轉換而成的句子主要是被動句和否定句。所以,我們著重介紹對於這兩種句子的研究。

1. 對否定句的理解 在每一種語言中,否定都是不可缺少的成分。人們需要一種方式去對事物作出否定的判斷。這種最初的否定判斷形式——不 (No),在很早的時候就發展起來了。根據布魯姆 (Bloom, 1973) 的研究,16個月的小孩最頻繁使用的七個詞之一就是不 (No)。

米勒等人 (Miller & McKean, 1964) 認為,讀者可能是首先去理解一個句子的肯定的意義,然後再採取第二個步驟去否定這個肯定的意義。否定句之所以比簡單的陳述句需要更多的時間去處理,可能就是由於需要採取第二個額外的步驟。

一個否定句比陳述句要複雜也由於它包含著許多可能的意義。例如,在 John did not give Mary a book. (約翰沒有給瑪麗一本書。) 這個句子中到底包含著什麼意義呢?是約翰給了海倫一本書?是亨利給了瑪麗一本書?還是約翰賣給了瑪麗一本書?或者以上所說的這些情況都不是。一般來說,需要一種語境來澄清否定句中的不明確之處。這可能是否定句比陳述句難於理解的另一個原因。

在英語和漢語中都有雙重否定、雙重肯定以及單一否定的句子。賴特等人 (Wright & Wilcox, 1979) 比較了對這幾種類型句子的理解。他們在實驗中變化給予被試者的指導語中的否定的位置與類型,例如:

Do not press unless the letter is P.
(如果字母不是 P 就不要按。) (雙重否定,一,一)
Do not press if the letter is P.
(要是字母是 P 就不要按。) (單一否定,一,+)
Press unless the letter is P.
(如果字母不是 P 就按。) (單一否定,+,一)
Only press if the letter is P.
(只能在字母是 P 時才按。) (雙重肯定,+,+)

結果發現，最容易理解的指導語是雙重肯定。對於單一否定的指導語來說，在從屬句中的否定（＋，－）比在主句中的否定（－，＋）要容易些。而且，（－，＋）型的否定比雙重否定（－，－）需要更多的時間去理解，並且會產生更多的錯誤。

由於否定句在句法和語意方面都比肯定句複雜，所以有人（Strunk & White, 1972）曾經建議，在寫作的時候，用肯定的形式代替否定的形式，例如用 trifling（微不足道）代替 not important（不重要）。但是，事實上有時肯定的形式與否定的形式之間是不能互換的。泰勒等人（Taylor & Taylor, 1983）就曾經指出，"他不是樂觀的"這句話絕不能用"他是悲觀的"這句話來代替，因為這兩句話表達著不同的意義；所以，必須既用肯定的形式又用否定的形式來精確地表達各種不同的信息，並使這種表達具有不同的色彩。

2. 對被動句的理解 根據泰勒等（Taylor & Taylor, 1983）的調查統計，在一般的文章中，被動句比簡單主動陳述句要少得多（分別占 13.8% 和 80.7%）。但在各種不同類型句子的出現頻率中，被動句占第二位。在英文的科技文章中，作者往往過度地使用被動句；不過一般來說，主動句比被動句更受讀者的歡迎。

被動句比主動句在理解、學習和產生上都要難。安德森（Anderson, 1974）發現，在記憶中存儲兩分鐘之後，被動句就變為了主動句的形式。克爾等人（Kerr, Butler, Maykuth & Delis, 1982）也發現，被試者在聽了一些文章的段落之後所回憶出的句子主要是主動句，而不管這些句子原來的形式是什麼。

雖然以上的研究表明，在回憶的時候，被動句可能被改變為主動句。但是，現在還沒有材料說明，在理解被動句的時候，它們一般都要先轉變為主動句。賴特（Wright, 1972）發現，如果一個句子與原來的句子相匹配，它就會被檢驗得快些，而不管這個句子是主動還是被動的形式。在回答問題的時候，也有同樣的情況。如果問題的語態與被問及的句子的語態是一致的，那麼回答中所發生的錯誤就要少些。所以，如果希望得到一個正確的回答，就需要對被動語態的句子用被動語態來提問，而對主動語態的句子用主動語態來提問。

被動句可以是可逆的，也可以是不可逆的。如下面兩個句子：

The boy was hit by the girl; the girl was hit by the boy.
(那個男孩被那個女孩打；那個女孩被那個男孩打)
The doctor treated the patient.
(那個大夫為那個病人治病)

其中前一個句子是可逆的，而後一個句子則是不可逆的。研究 (Harriot, 1969) 發現，如果被動句是可逆的，那麼對被動句的處理時間會長於主動句；如果被動句是不可逆的，則對被動句與主動句所用的處理時間是相同的。還有的研究發現，左半腦受傷並且短時記憶受到影響的病人，掌握不可逆的被動句比可逆的被動句要好 (Caramazza & Zurif, 1978)。

在被動句中，常常省去行動者。在下面的句子中，重要的是表達對病人所作的處理，所以用一個省略了行動者的被動句是適合的。

The patient was wheeled into the operating room, anaesthetized, operated on, bandaged, and then wheeled out of the room.
(病人被推入手術室，麻醉、開刀、包紮，然後被推了出來)

在這個句子中，一些可能的引動者，如一定數目的護理員、外科醫生和護士，是高度可預測的，並且是相當重要的，但他們都僅僅被暗含於被動的形式之中。

英語中大約 90% 的被動句沒有行動者。研究發現，沒有行動者的被動句與完全被動句的處理有所不同。沒有行動者的被動句傾向於被逐字回憶，它們出現在比較早的年齡階段，並且比產生完全的被動句容易 (Slobin, 1968)。

二、文本結構分析

前面我們討論了對於句子的理解。但是，只閱讀孤立的句子的情況是很少的。句子一般都是在文章中出現的，本章中我們稱文章為**文本**。要研究文本的閱讀，就要研究它的組成形式，這就是我們所要討論的文本結構問題。更具體地說，研究文本結構就是要弄清楚文本中的思想、概念是怎樣聯繫起來從而把一定的信息傳達給讀者的？

（一） 爲什麼要分析文本結構

　　為了研究文本中的思想是怎樣聯繫起來的，必須弄清楚在文本中反復出現的許多關係。安德森（楊清等譯，1989）就曾經提出了在文本中可能出現的八種（反應、特定、理解、證據、順序、原因、目的、集句）關係。雖然研究文本結構的心理學家不一定都同意這八種類型的關係，而且事實上他們都各自強調了文本中不同類型的關係；但是，他們在強調研究文本結構時必須研究文本中的各種關係這一點上是共同的。

　　從閱讀心理學的觀點來看，弄清楚文本的結構可以在三個方面有助於閱讀的研究。

　　1. 根據文本結構這種維度，可以評價所要研究的文本的相似性和不同性　說明一些文本是相似的或不相似的這個問題，對於文本閱讀的研究來說，是帶有關鍵性的。因為如果我們不能認識文本的這個維度，那麼在一個文本中所獲得的研究結果就不能推廣於其他文本的研究，也不能應用於實際的閱讀教學。

　　2. 分析文本結構有助於查明讀者從文本中記住的信息數量和類型　在心理學中研究被試者記住的信息時，往往要求他們寫出能夠從文本中回憶起來的所有的東西。但是，這就產生了一個問題，即如何對這種回憶進行評定？是去計算回憶中有多少詞是正確的，還是去決定在回憶中有多少思想是文本中所表達的？前一種評定方法從表面上來看是客觀的，但無法對被試者用自己的話來表達文本中的思想的回憶進行評定。後一種方法是合理的，但如果沒有對於文本結構的分析，是不可能對這種類型的回憶進行評定的。如果對文本結構進行了分析，使文本中所包含的信息被分成為各個單元並弄清楚了這些單元之間的聯繫，那麼這種分析就能用來幫助我們對讀者的回憶進行評定；因為這種分析可以幫助我們去決定，哪些文本的內容和內容之間的關係被讀者記住了。

　　3. 對文本結構的分析和對被試者回憶的評定，還可以用來研究文本與讀者理解之間的某種關係　因為如果分析了文本的結構並了解了讀者對文本的回憶，研究者就可能把文本結構與讀者對文本的回憶加以比較。而這也就有可能發現，一篇文本的哪些方面是讀者所最容易理解的，哪些方面對於讀者來說則是最困難的。這樣就有可能決定，讀者對於文本的理解是不是展現出某種模式？所以，對於文本結構的分析可以說明文本本身以及讀者對於文本的理解這兩個方面的特點。

(二) 文本分析系統

在閱讀心理學中，存在著許多不同的文本分析系統。其中每一種文本分析系統都有其本身的適合範圍，這種適合的範圍是和被分析文本的性質以及研究目的相關聯的。在這裏，我們將介紹兩種具有代表性的文本分析系統。一種是邁耶 (Meyer, 1975) 的分析系統，另一種是金西 (Kintsch, 1974) 的分析系統。在討論每一個系統的時候，我們都將用一個文本作為樣本來進行分析。

1. 邁耶的文本分析系統 邁耶把文本分析為一種有層次的結構，在這種結構中共有三種水平。第一種是**微命題** (microproposition) 水平的結構。微命題結構是最低水平的文本結構，它所包括的乃是個別命題以及命題之間的相互關係。第二種是**宏命題** (macroproposition) 水平的結構。在閱讀心理學中，宏命題水平結構與**宏觀結構** (macrostructure) 這個詞是同義的。宏觀結構所包括的是複雜的命題或段落之中的思想之間的關係。這種關係是一種邏輯的或修辭的關係，例如，前因和後果，問題和解決等。第三種是**上層水平結構** (top-level structure)，即用來把文本組成為一個整體的結構，它所遵循的也是一種邏輯的或修辭的關係。

下面我們以"超級油輪"這篇文本為例來說明邁耶是怎樣對文本進行分析的。這篇文本如下：

> 一個極其重要的問題是預防石油從超級油輪中溢出。一般的超級油輪可以裝載 50 萬噸石油，而它的面積有五個足球場那樣大。通常遇難的超級油輪都會把石油溢入海洋之中，這些溢入到海洋中的石油會扼殺動物、鳥類以至微小植物的生命。例如，當一艘超級油輪在英格蘭附近的海域遇難的時候，有 20 多萬隻死去的海鳥被沖到了岸上。這些石油也扼殺了海洋中微小植物的生命；而這些微小的植物能夠為海洋中的動物提供食物，並且產生全世界所需要的 70% 的氧氣。大多數的海難都來源於油輪缺乏動力和駕

駛設備，從而不能對付一些緊急的情況，如風暴等等。超級油輪只有一個提供動力的鍋爐，並只用一個推進器去駕駛船隻。

這個問題的解決，並不在於立即停止使用超級油輪，因為全世界 80% 的石油供應都要靠超級油輪來負擔。反之，這個問題的解決在於更好地訓練超級油輪的船隻，建造更好的超級油輪以及在靠近海岸的地方設置陸上控制台為超級油輪導航。首先，超級油輪的船員必須受到如何操縱他們船隻的良好的訓練。第二，超級油輪必須具有幾個推進器，從而可以進行更多的控制；並且要有備用的鍋爐，以便在緊急的情況下為油輪提供動力。第三，陸上控制台應該設置在離岸邊不遠的地方；這些控制台應該如同機場的控制塔一樣，能夠指導超級油輪經過繁忙的航線並通過危險的海峽。

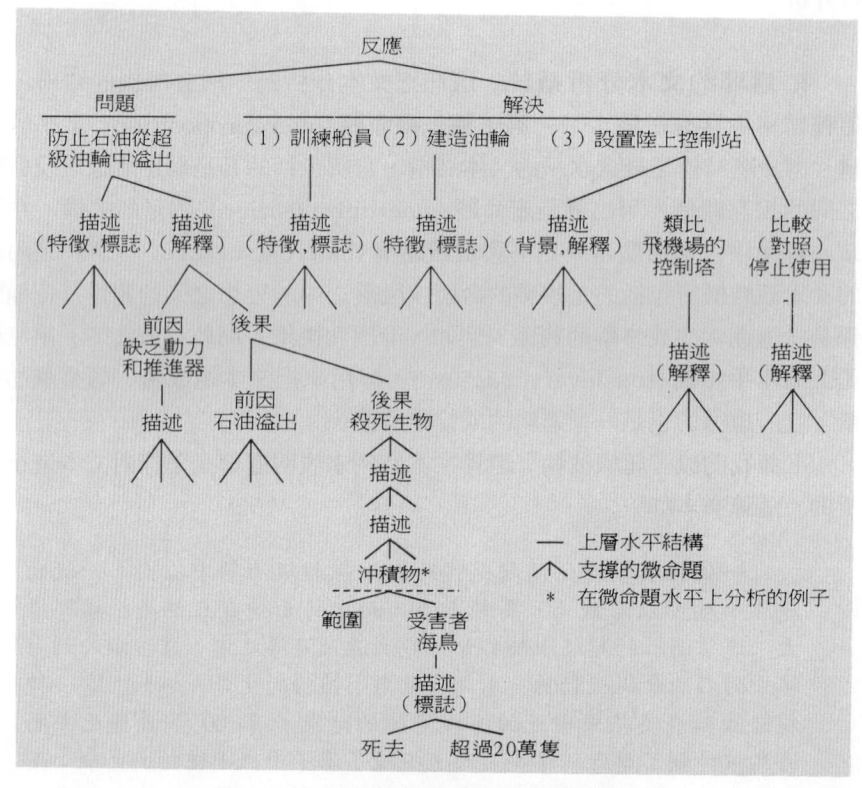

圖 11-6　邁耶對超級油輪文本所作的分析
(採自 Meyer & Rice, 1984)

對這篇文本所作的分析如圖 11-6 所示。

從圖中可以看出,在微命題水平上展現了個別的命題以及命題之間的關係。例如,文本中"有 20 多萬隻死去的海鳥",就可以分析為一個命題(死去,海鳥,20 多萬隻)。在宏觀結構水平上文本被分析為前因和後果等關係,而在上層結構水平上則被分析為反應——問題和解決。

邁耶用她的分析系統研究了文本結構對於文本回憶所產生的影響。結果發現,第一,位於文本結構高級水平的內容比位於低級水平的內容,被回憶和保持得要好。第二,位於文本結構中高級部位信息的項目,比位於文本結構中低級部位的項目,在記憶中更有可能被整合。第三,文本中的概念之間的關係的結構,如果位於文本結構的高級水平,將極大地影響對於文本的回憶;但是,當這種同樣的關係位於文本結構的低級水平的時候,則對於回憶幾乎沒有什麼影響 (或只有很小的影響)。第四,文本結構的高級水平中的不同類型的關係,對於回憶有不同的影響。第五,能夠認識並能運用文本中高級水平結構的學生,比不能認識或不能運用的學生,能夠在文本閱讀中記住更多的東西。第六,訓練學生認明並運用文本中的上層水平結構,能夠增加他們對於文本內容的回憶。

2. 金西的文本分析系統　用金西的系統來分析文本,也可以產生一種有層次的結構。在這個系統中,最小的單位是**命題** (proposition)。一個命題可以寫成 P (X, Y),也可以寫成 (P, X, Y) 的形式。例如,如果在小行星是行星這個命題中,可以寫成是 (小行星,行星),也可以寫成 (是,小行星,行星)。金西認為 (Kintsch, 1974),用命題分析的方法,可以表明存在於文本中的一系列的命題以及由這些命題所組成的有層次的系統。這種層次是基於**論證** (argument) 的重復 (即內容的重復) 而形成的。由於這個系統的層次的建立乃是基於內容的重復,所以不像邁耶的分析系統那樣,需要首先辨明存在於文本內容中的邏輯關係。

最初,金西的文本分析系統被用於文本的評定,即用來決定文本中哪些信息對於讀者來說是有效的。但是自 80 年代以來,這種文本分析系統已經成為由金西等人所發展起來的文本理解模式的關鍵成分。用金西的系統所進行的關於文本理解與回憶的研究,發現了文本結構水平的效果 (高水平結構的信息回憶和保持比低水平結構的信息回憶和保持要好,這是和邁耶的發現一致的)。

下面是用金西的系統所作的文本分析的例子。文本的內容如下：

　　小行星乃是其軌道圍繞著太陽的微型行星。數以百計的小行星已經被識別了，但是要保持追踪它們卻非常困難，因爲所有的這些小行星都是相似的。僅僅只能根據對它們具有的軌道的位置的辨別來識別它們。但是，甚至在它們的軌道被決定以後，由於其軌道的變化，常常還會"失掉"它們。這種軌道的變化是由於大的行星的影響，因爲這種大的行星能夠使小行星偏離它的軌道。

對這篇文本的分析如圖 11-7 所示：

1.	(是，小行星，行星)
2.	(微型，行星)
3.	(圍繞是，小行星，太陽)
4.	(識別，小行星)
5.	(數以，4，百)
6.	(對比，4，7)
7.	(困難，8)
8.	(保持，追踪，小行星)
9.	(結果，10，7)
10.	(相似的，小行星)
11.	(所有的，小行星)
12.	(識別，小行星，位置)
13.	(具有的，位置，軌道)
14.	(僅僅，12)
15.	(決定，軌道)
16.	(以後，15，18)
17.	(甚至，16)
18.	(失掉，軌道)
19.	(結果，18，21)
20.	(常常，18)
21.	(變化，軌道)
22.	(結果，21，23)
23.	(影響，行星，小行星)
24.	(大的，行星)
25.	(偏離，行星，小行星，軌道)

圖 11-7　金西對小行星文本所作的分析
(採自 Meyer & Rice, 1984)

金西對文本結構上層水平的分析，運用了一種從上到下而不是從下到上的方法。也就是說，上層水平結構是一種覆蓋著命題分析的組織。而不是一種如同在邁耶的分析系統中所自然產生的結構。這可能是因為在金西所分析的文本中，上層水平結構都高度習俗化了。

本 章 摘 要

1. 閱讀是讀者從書面材料中提取意義並影響其非智力因素的過程。
2. 高夫提出了閱讀的**從下而上的模式**。在這種模式中，不存在信息之間的相互影響問題。每一個階段都是獨立的，它們的任務只是把處理的結果傳遞給下一個階段。因此，信息的傳遞只有一個方向，高階級的信息處理不可能影響低階段的信息處理。
3. 古德曼提出了閱讀的**從上而下模式**。他認為閱讀乃是一種選擇的過程，即在預期的基礎上去運用那些可能得到的、最少的、從知覺中選擇出來的語言線索的過程。對這些選擇出來的信息處理，就可以形成暫時的決定；而且，這些暫時的決定在繼續的閱讀中會被證實、拒絕或進一步地加以提煉。
4. 魯墨哈特設想，在閱讀過程中，語意、句法、詞彙、字母和特徵水平的信息之間都在進行相互作用，從而影響讀者最終對於書面材料的解釋。這種閱讀的模式被稱之為**相互作用模式**。
5. 詞的認知的頻率定律表明，詞的認知的閾限或潛伏期是隨詞的頻率的變化而變化的，它們與詞的頻率的對數呈線性的關係。這種關係可以用 $r=a(\log f)+b$ 這個公式來表示。
6. 相對於無意義的詞或單個字母來說，有意義的詞具有某種特點。這些特點使得詞本身以及組成詞的字母比較容易識別。對於詞的認知的這種效果被稱之為**詞優效果**。
7. **全詞假說**對詞優效果的解釋是，位於詞中字母的識別之所以比對單個字母的識別好，是由於人們在辨認詞中字母的時候，可以比辨認單個字母利用更多的視覺特徵。

8. **練達猜測模式**表明，在呈現詞的時候，可以根據詞中所能看見的字母或字母的某些部分，去猜測看不見的部分，而在呈現非詞的時候，由於拼寫知識對於正確選擇看不見的字母沒有什麼幫助，所以選擇的正確性隨之降低。

9. **消息維持模式**表明，詞的認知是由一套有層次的覺察器來負責的。詞優效果的產生是由於詞比起非詞來能夠進一步引起詞覺察器的活動，而詞覺察器又可能給予字母覺察器以反饋的信息；所以，詞中的字母可能比非詞中的字母要被認知得好些。

10. **語音轉錄假說**表明，詞的認知有兩個階段。第一個階段是利用字母與音素對應的規律，把字母轉變為音素。第二個階段則是尋找與這種音素形式相匹配的心理詞典的詞條。當相應的詞條被發現的時候，這個詞就會被認知。

11. **語境**對詞的認知既有促進也有抑制的作用。

12. 句子的理解是從句子的書面文字中來建構意義。這種建構意義的過程也就是建造起具有聯繫的命題的過程。

13. 否定句比陳述句難於理解可能是由於首先要去理解句子的肯定意義，然後再去否定這個肯定的意義；這可能由於否定句在句法和語意方面都比肯定句複雜。

14. 對雙重否定、雙重肯定和單一否定的句子的研究表明，最容易理解的是雙重肯定。對於單一否定的句子來說，在從屬句中的否定比在主句中的否定要容易。而且，在主句中的單一否定比雙重否定要難。

15. 在回憶的時候，被動句有可能被改變為主動句。但是現在還沒有材料說明，在理解被動句的時候，它們要先轉變為主動句。

16. 如果被動句是可逆的，對被動句的處理時間長於主動句；如果被動句是不可逆的，則對被動句與主動句的處理時間是相同的。

17. 對**文本**的結構進行分析有助於評價所要研究的文本的相似性和不同性；查明讀者從文本中記住的信息的數量和類型；確定文本與讀者的理解之間的關係。

18. 邁耶把文本分析為一種有層次的結構。第一種是**微命題**水平的結構；第二種是**宏命題**水平的結構；第三種是**上層水平結構**。
19. 金西在分析文本的時候用的是命題分析的方法。用這種方法可以表明存在於文本中的一系列的命題以及由這些命題所組成的有層次的系統。

建議參考資料

1. 朱曼殊、繆小春 (編) (1990)：心理語言學。上海市：華東師範大學出版社。
2. 匡培梓、張嘉棠 (編) (1992)：中國語文——認知科學第五屆國際研討會論文選編。北京市：科學出版社。
3. 高尚仁、鄭昭明 (編) (1982)：中國語文的心理學研究。台北市：文鶴出版有限公司。
4. 張必隱 (1992)：閱讀心理學。北京市：北京師範大學出版社。
5. 彭聃齡、譯力海 (編) (1991)：語言心理學。北京市：北京師範大學出版社。
6. Chen, H. C., & Treng, O. J. L. (1992). *Language* processing in Chinese. Amsterdam: North-Holland.
7. Just, M. A., & Carpenter, P. A. (1987). *The psychology of reading and language comprehension*. Boston: Allyn & Bacon.
8. Kao, H. S. R., & Hoosain, R. (1984). *Psychological studies of the Chinese Language*. The Chinese language Society of Hong Kong.
9. Rayner, K., & Pollatsek, A. (1989). *The psychology of reading*. New York: Prentice Hall.
10. Taylor, I., & Taylor, M. M. (1990). *Psycholinguistics*. New York: Prentice Hall.

第十二章

認知心理學的應用

本章內容細目

第一節　認知心理學在教學方面的應用
一、課堂教學　515
　㈠ 了解學生如何思維
　㈡ 分析認知任務
二、學能測量　520
三、認知工具　523

第二節　認知心理學在閱讀方面的應用
一、單詞識別和閱讀　526
　㈠ 提高學生字詞識別的速度
　㈡ 利用語境促進字詞識別
二、擴大學生的詞彙量　528

三、幫助學生進行高水平的加工　530
四、學習和閱讀　532

第三節　認知心理學在工程設計上的應用
一、人機協作　534
二、控制器的設計　535
三、顯示器的設計　536
四、人機界面的設計　536

本章摘要

建議參考資料

認知心理學從誕生到現在已經經歷了四十年左右的發展，在這期間，認知心理學理論的不斷豐富，增進了人類對自己認識世界的能力。同時也有許多認知心理學家，致力於將他們的研究課題和研究成果與日常生活結合起來，將他們的專業知識應用於解決現實世界中的問題。在現實世界中，只要有人類的行為活動存在，就離不開人類的認識活動。從簡單的購物、讀報，到課堂學習，再到飛行員駕駛飛機，操縱電腦都有認識活動的存在，這給認知心理學的應用開拓了廣闊的前景。

最近出版的《應用認知心理學》期刊在它的扉頁上指出，應用認知心理學是"對現實世界事件的現實研究，並進行適當的有實際意義的理論分析和評價"。實際上認知心理學的應用領域非常廣泛，例如在語文學習中，如何幫助學習識別單詞是一項重要的教學任務。認知心理學的研究表明，語境能夠幫助語文程度差的學生識別單詞，因為語境的作用相當於高水平的信息加工。在閱讀過程中，高水平的句法、語意加工與低水平的編碼加工會同時進行。因此，只要單詞的激活水平超過閾限，就會產生詞彙通過，而不管激活是來自高水平還是低水平的加工。對於語文程度差的讀者來說，編碼和詞彙通過較慢，使得高水平的加工對單詞識別速度的影響較大。因此，如何使語文程度差的讀者進行高水平的加工，從而加快其單詞識別的速度，就成為將認知心理學的理論應用於閱讀教學的一個重要問題。本章僅從幾個側面探討一下認知心理學在教學、閱讀、工業和司法領域中的應用。

通過本章的學習，希望讀者了解下列要點：

1. 運用認知心理學的原理和方法來改進課堂教學。
2. 認知心理學對於閱讀教學的貢獻。
3. 什麼是認知工效學？認知心理學如何運用於工業設計中。
4. 認知心理學對於司法工作的貢獻。

第一節　認知心理學在教學方面的應用

認知心理學無論作為一種成熟的理論，還是作為一種方法都已經滲透到教學研究和實踐的許多方面。在課堂教學中，越來越多的教育工作者將學生看成主動的信息加工者，並採用認知心理學的方法、理論來分析學生的學習活動。在這一節裏，我們將簡單介紹一下認知心理學與教學有關的諸多領域的應用。

一、課堂教學

"學生在解決這個問題時想的是什麼？"，"在下一個單元中，學生應該掌握哪些關鍵的概念和技能？"，"如何讓學生在學習中更加主動？"，這些都是普通教育工作者經常遇到的問題。而認知心理學正可以為這些問題提供答案。下面將分別探討認知心理學如何幫助教學工作者了解學生的思維活動，如何對**認知任務** (cognitive task) 進行分析，以及怎樣使學生成為學習活動中的主動參與者。

（一）了解學生如何思維

行為主義和認知心理學對學習和指導的看法有許多分歧，其中最重要的是認知心理學家強調腦內部發生的認知活動，認知心理學家不僅需要了解學生做什麼，還需要了解學生正在想的是什麼？正如行為主義者宣稱的那樣，不可能直接對認知活動進行觀察和測量，但認知心理學的很多研究方法如自我報告、錯誤分析都可以應用於課堂教學，幫助教師了解那些不可見的認知活動。

1. 自我報告　如果問"怎麼知道學生在完成任務時想些什麼呢？"最直接的答案是去問問他們，這就是自我報告的基本思想。**自我報告** (self-report) 是關於個人自己理解、操作以及對認知任務進行評價的描述。收集自我報告數據的方法有兩個,即面談和放聲思維 (註 12-1)。具體採用哪種方法取決於教學的內容和目的。

課堂教學中的**面談法** (interview) 是教師與學生面對面的交互作用,目的是發現學生想的是什麼,或他們對某些認知活動的看法是什麼。

面談可以採用結構化的形式即**結構式面談** (strutured interview),面談者預先準備好一套問題,並以某種特殊的順序呈現給學生。結構式面談可以用於寫作、閱讀、教學等等複雜的教學任務。如下面這個數學應用題 (表 12-1),你可以先列出幾個問題用來了解別人是如何解決這一問題的。然後檢察你列出的問題並以最符合邏輯的方式安排它們的順序。如你可以用"你儘量想要解決的問題是什麼?"或"你認為哪些信息對於找到正確的解題方法是關鍵的?"等問題來開始你的面談。

表 12-1　數學應用題

體育用品公司出售籃球和足球。足球的價格是籃球的一倍。
張先生買了一個籃球,一個足球,共花 30 元。
王先生買的足球是籃球的 3 倍。王先生共花 280 元。
王先生買了多少個足球和籃球。

有時候教師想要了解的是學生對於自己認知活動的評價,完成任務的計畫或者學生控制認知活動的策略。如"你認為你充分理解了範疇性知覺和連續性知覺的區別了嗎?","你是如何計畫你的寫作的?"等。當面談者關心的是學生對認知活動的看法、計畫和控制時,這種面談就稱為**元認知面談**(**或後設認知面談**) (metacognition interview)。

元認知面談被廣泛地應用在閱讀和教學中,如加尼和克勞斯 (Garner & Kraus, 1981) 向語文程度好的和差的閱讀者詢問他們對閱讀的知覺 (如"是什麼造成了閱讀困難?","你是否理解材料中的所有內容?")。面談結果表明,好的和差的讀者對於什麼是閱讀有不同的觀點 (Garner & Kraus, 1981)。差的讀者習慣上將閱讀看成是對單詞的譯碼。如當問到是什麼使材料難以閱讀時,差的讀者往往回答"難的"或"長的"單詞。

註 12-1:**放聲思維** (thinking aloud) 是指憑藉外部出聲的口頭言語而進行的思維。乃人類或個體發展的早期所具有的一種思維形式。

还有一種自我報告的方法是放聲思維。主張信息加工的心理學家有時採用這種方法來考察人類解決問題的策略 (Simon, 1978)。與面談法不同，學生只需在解決問題的時候同時說出他們的思維過程即可，而不用回答教師提出的特殊問題。這種方法的優點是操作與口頭報告能夠較好地協調一致，同時教師對學生的反應也不進行限制，只要求他們自由說出呈現在他們意識中的任何內容。

2. 錯誤分析　另一種了解學生思維的方法是對他們的錯誤進行分析。為了診斷的目的而對學生的錯誤反應進行系統的考察叫做**錯誤分析** (error analysis)。

許多教師和學生都認為在課堂教學中，只有正確的答案才是重要的。但研究者發現，學生的錯誤反應往往包含了邏輯或知識的誤用，或者知識和邏輯的不夠完整 (Kulikowich & Alexander, 1990；Tatsuoka & Tatsuoka, 1987)；並且學生的錯誤反應還存在著某種模式。對學生的錯誤進行分析能夠為教學指導提供依據。

亞力山大等 (Alexander, Pate, Kulikowich, Farrell & Wright, 1989) 通過測驗來考察小學、中學和大學生掌握生理、生物學知識的能力。他們採用選擇題的形式，每道題都有四個備選答案，除了一個是正確選擇外，其餘三個選擇所指的概念都來自某個特定領域 (生理、普通科學或非科學)，如表 12-2。他們發現每個學生的錯誤反應大多集中在同一領域，如有二個學生的錯誤選擇都是 14 個。但其中一個學生的絕大數錯誤是選擇了不正確的生理學術語，而另一位學生的錯誤選擇則集中在非科學領域。

研究者認為儘管這兩位學生正確反應數量是相等，但他們對測驗的操作卻不是相等的。

表 12-2　亞力山大等人實驗所使用的測試題

腕骨 (carpel) 是
a. 腕關節的一塊小骨頭 (正確答案，人體生理)
b. 腳部的小肌肉 (不正確，人體生理)
c. 溪水中的魚 (不正確，科學)
d. 一同上班的人 (不正確，非科學)

(採自 Alexander, et al., 1989)

(二) 分析認知任務

僅僅了解學生完成任務時想些什麼是沒有多大用處的，除非教師清楚地知道他們的學生應該知道些什麼，做些什麼和怎麼做。這就需要進行任務分析。對認知任務進行分析的常用方法有概念地圖、過程分析和流程圖等。它們都以直觀的形式展現出有效的認知操作所需的知識和過程。這裏著重介紹概念地圖和過程分析。

1. 概念地圖 地圖是對名稱、地點和地理位置的兩維空間展現。與此相類似，一個**概念地圖** (concept mapping) 是對與某個研究問題有關的重要人物、地點、事件以及它們之間關係的空間展現。一些研究者 (Ausubel, 1977) 認為有意義學習產生的條件是，學習被很好地組織起來，並且遵循從簡單概念到複雜概念，從上位概念到下位概念的局部加工原則。而概念地圖就是這樣一種輔助手段，它能夠幫助教師對將要傳遞給學生的概念進行組織和結構化。

根據教學內容的不同，概念地圖也有很大的不同。但它們的構造過程卻存在著相似之處。亞力山大 (Alexander, 1989) 認為構造概念地圖的基本步驟有以下三個：

(1) 首先根據課本、參考文獻或討論的結果做一張包含關鍵概念和有關內容的表。在製表過程中要時刻把握住教學的主要目的，不要使表變成無關概念的堆砌。假如你是一位歷史教師，所教的內容是法國 1789 年大革命的原因，你在查文獻中，可能看到法國 1789 年的飢荒、階段衝突、不平等稅收等內容。如果你認為它們與革命有關就可以把它們列到你的表中。

(2) 按照最符合邏輯的框架對這些概念進行整理。仔細檢察你列出來的表，就會發現一些事件、概念可以按時間順序或者因果關係連貫起來，而另一些概念之間的關係則符合上下位的等級原則。時間、因果、等級都可以成為分類、整理的框架。如對於上面法國革命的例子來說，可以用因果關係將社會、經濟等因素做為上位的產生革命的原因，而將有關事件 (如不平等稅收) 做為下位的論據。

(3) 評價概念之間的關係 (如因果、時間等)，並用圖表或流程圖等直觀的形式表現出這些關係 (如圖 12-1)。

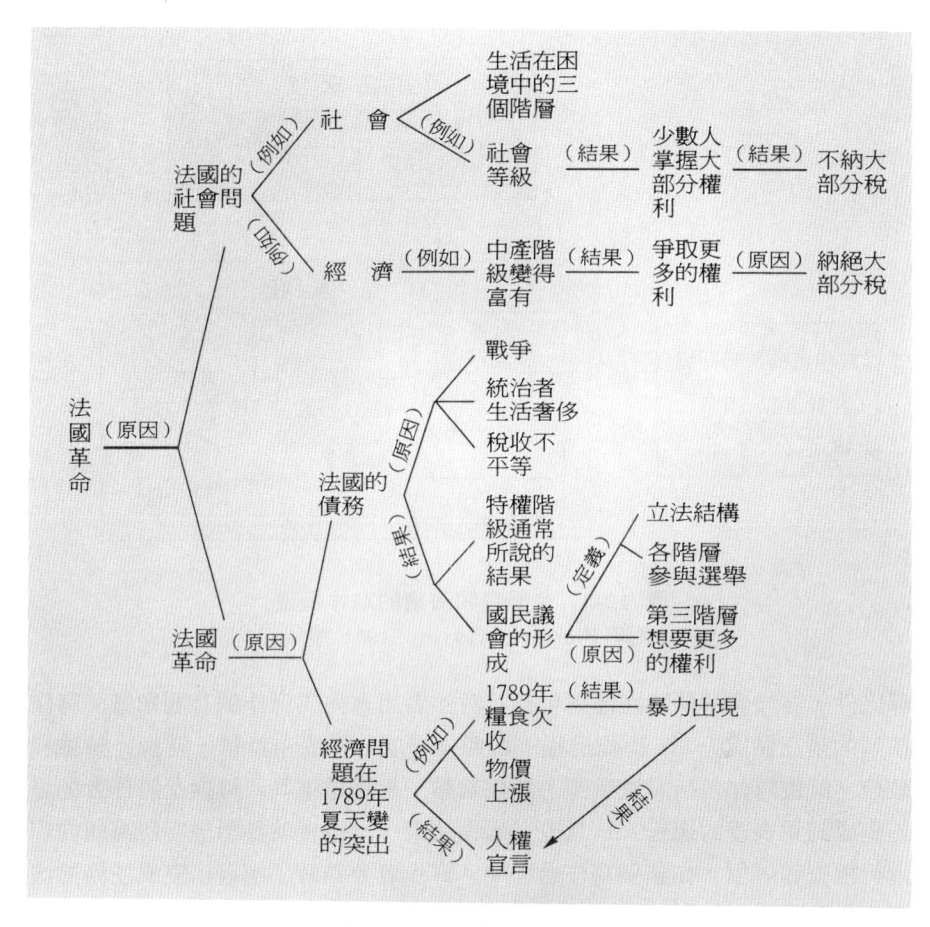

圖 12-1　概念地圖例釋
(採自 Alexander, 1989)

2. 過程分析　與組織重要人物、地點和事件的概念地圖有所不同，**過程分析** (process analysis) 是對包含在認知操作的基本過程進行分析並且加以組織。

弗勞爾和海爾 (Flower & Hayers, 1981) 提供一個過程分析的例子。弗勞爾和海爾分析了課堂中的寫作任務，提出了一個課堂中的寫作模型。它由三個基本成分組成：任務環境、寫作者的長時記憶和寫作過程 (圖 12-2)。任務環境包括兩個子成分：修辭問題和文章已寫完成的部分。寫作的修辭問題包括了寫作的內容 (論點)、寫作對象 (讀者) 以及作者需要了解的種種外

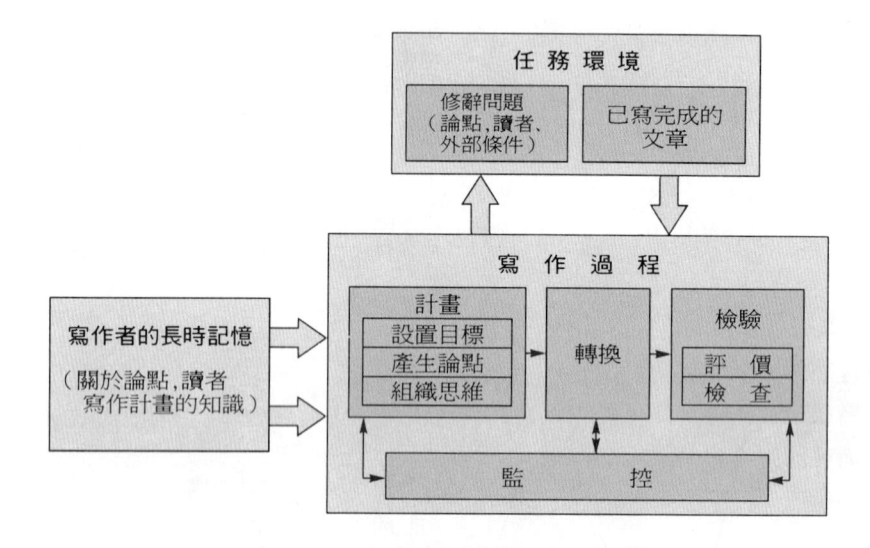

圖 12-2 弗勞爾和海爾的寫作模型
(根據 Flower & Hayers, 1981 繪製)

部條件。寫作者的長時記憶則包括了寫作者用來完成寫作的有關知識。寫作模型的第三個成分——寫作過程，由四個子成分構成：計畫、轉換、檢驗和監控。計畫寫作包括設置目標、產生論點、組織思維等。轉換是將作者的思想變成詞彙表達的過程。一旦這一過程結束，寫作者就要對他們所寫的內容進行檢查和評價。在整個寫作過程中，寫作者要隨時了解自己完成任務的情況，也就是說，他們要隨時監控他們的寫作過程。弗勞爾和海爾的這個寫作模型能夠幫助教師診斷學生寫作過程中所遇到的問題，對症下藥，達到提高學生寫作水平的目的。

　　對於複雜的認知任務來說，過程分析是非常有用的。它使學生對成功操作所需的過程有一個全面一般的了解，並且在腦子裏形成一個全局的加工框架，成為日後思維、行動的指導。

二、學能測量

　　心理測量在教育中有廣泛的應用，是具有很強實用性的學科。傳統的測量模型對測驗項目的難度、區分度都進行了科學的解釋。但當人們想了解為什麼不同的測驗項目會有不同的特點時,這些解釋就顯得用處不大,許多實際工作者感興趣的問題是不同難度、鑑別度的測驗項目在認知活動上究竟有什麼區別,回答這類問題不僅能夠提高測量的效度,而且能夠為教師提供更多的信息指導對學生的教學。近幾十年來,認知心理學家一直致力於探索人類思維的奧秘,積累了大量的理論和研究成果,它們對於測量的理論和實踐都有直接的應用價值。

斯普林格等人 (Springer, et. al., 1989) 從認知心理學的角度系統地考察了美國研究生入學考試的類比推理項目 (如表12-3)。測試要求受測人選出關鍵項,使關鍵項兩個概念之間的邏輯關係與幹項兩個概念之間的邏輯關係最為接近。測驗目的是考察人對概念之間的關係進行類比的能力。斯普林格等人從認知心理學對概念關係的研究出發,試圖找出影響類比推理題目難度的因素。

表 12-3　美國研究生入學考試類比測試項目

concept : audience	幹　項
a. restaurant : waiters	候選項
b. orchestra : musicians	候選項
c. game : spectators	關鍵項
d. zoo : keepers	候選項
e. school : cheerleaders	候選項

(採自 Springer, et al., 1989)

他們考察了美國研究生入學考試中難度不同的類比題目,發現較容易的情況是幹項兩個概念之間的關係可以用英語中現有的關係詞表達,如 A 是 B 的一部分 (part);A 包含 (include) B;A 是 (is a) B 等,表12-4 的 (a) 就是一個例子。十四行詩 (sonnet) 是一種詩歌 (poem) 體裁 (sonnet is a kind of poem);較複雜的情況是受測人需要通過類比推理建構幹項兩個概念之間的關係,如表 12-4 (b);或在所有的候選項都與幹項接近時,選擇相似程度較大的一組,如表 12-4 (c)。

為了說明美國研究生入學考試測試中類比選擇的心理機制,查夫和赫曼 (Chaffin & Herrmann, 1988) 提出了**關係基元理論** (relation element theo-

表 12-4　美國研究生入學考試類比測試中不同難度的項目

(a)	sonnet (十四行詩) : poem (詩)
(b)	irrevocable (不可撤回的) : repeal (撤回)
	*a. ineluctable (不可撤回的) : avoid (避免)
	b. uncharted (未測定的) : survey (勘查)
	c. inmovable (不可移動的) : anchor (錨)
	d. unwieldy (不宜於使用的) : life (耐用)
(c)	capper (鐘舌) : bell (鐘)
	a. tongue (舌頭) : mouth (嘴)
	b. horn (喇叭) : automobile (汽車)
	c. speaker (揚聲器) : radio (收音機)
	d. needle (音針) : phonograph (留聲機)
	*e. hammer (琴錘) : piano (鋼琴)

(採自 Chaffin, et al., 1988)

ry)。這一理論認為概念對於許多關係不是像語意網絡模型聲稱的直接存貯在記憶中，而是臨時建構起來的，是當兩個概念並列放置時產生的。並且這些建構起來的關係是由關係基元組成的。關係基元是由關係概念的表徵提供的。如對於空間包含（牛奶──瓶子）、部分-整體包含（發動機──汽車）和類別包含（知更鳥──鳥）。三種包含關係來說，區別它們的基元關係主要有以下三個：**包含** (inclusion)、**聯繫** (connection) 和**相似** (similarity)。其中空間包含關係只具有第一個基元，部分-整體關係具有前兩個基元，而類別包含關係三個基元都具備。

關係基元理論能夠解釋對相似關係的判斷。相似性由兩個關係共同占有的基元比例決定。據此，關係基元理論預測，當增加幹項與關鍵項共同占有的關係基元時，測驗的難度降低，而當增加其他候選項與幹項之間共同占有的關係基元時，測驗的難度隨之增加。諾斯等人 (Ross, et al., 1987) 的研究證實了關係基元理論的正確性。查夫和赫曼 (Chaffin & Herrmann, 1984) 依據語意聯繫將關係分為五大類即：**對比** (contrast)、**相似** (similarity)、**類別包含** (class inclusion)、**部分-整體** (part-whole) 和**個案關係** (case relation)。以這個分類為基礎，諾斯把測驗項目分為三組：第一組，關鍵項與幹項的關係相同,並且其他候選項的關係與幹項也同屬一類,具有與幹項相似的基元。在這種條件下,由於候選項與幹項都具有相似性,從候選項中找出關鍵項的難度較大;在第二組和第三組中,除關鍵項外,其他候選項的關係與幹項都不屬一類。第二組和第三組的區別在於,第二組關鍵項與幹項的關係完全相同,而第三組關鍵項與幹項的關係只同屬一類,但不完全相同。實驗結果表明第一組的錯誤率比後兩組要多,同時與第二組相比第三組的錯誤率也較多。這一結果支持了關係基元理論的診斷,即:類比推理測驗的難度依賴於幹項與關鍵項、幹項與其他候選項之間的相似性。

斯普林格和查夫等人的研究之所以重要,是因為他們把認知心理學引入到測量領域,並且在對實際問題的研究基礎上,推動了認知理論的發展。

三、認知工具

製造工具的能力使人類與其他動物區分開來。機械工具延伸了人類的體能,而計算機可用來輔助學習,成為促進認知加工的認知工具。認知工具是知識建構的工具。

構造得好的認知工具能夠激活使用者的認知和元認知學習策略,輔助使用者對信息的建構加工。認知心理學家認為,當學習者將新信息與原有的知識聯繫起來,並賦予新信息一定意義的時候,建構加工就產生了。深度的信息加工來自於激活適當的圖式,使用它們解釋新信息,並吸收新信息到原有的圖式中去,在需要的時候、根據新信息對圖式進行重構,並利用新的圖式解釋,推論新的知識 (Norman, et al., 1975)。知識獲得是一個建構過程。而認知工具正是輔助學習者的知識建構過程,包括語意網絡工具,應用於教學的專家系統等。

這裏我們舉一個計算機詞典的例子。計算機技術的發展使對大規模的詞典、百科全書的計算機貯存、檢索成為事實。但如何使計算機呈現、組織信息的方式更符合人類學習,認知的特點卻是一個值得系統設計人員、心理學家、教育工作者共同研究的問題。心理學家米勒 (Miller, 1986a, 1986b; Miller & Gildea, 1987) 的計畫是使計算機詞典成為認知學習工具的一個開創性的研究。

米勒等人認為計算機詞典能夠幫助兒童學習詞義、豐富詞彙,使他們更有效地使用語言。他們系統地研究了在教學環境中使用傳統的印刷字典帶來的種種弊病。他們給兒童一個生詞，如 erode（腐蝕），然後讓兒童查字典找出這個詞的解釋，詞典中對於 erode 的解釋是：eats away, eats out。實驗任務接著要求兒童用這個詞造句。結果發現，兒童會造出"My family erodes a lot."這樣的句子。顯然，造句者的本意是"My family eats out a lot."。讀者可能認為這種錯誤不過是一種偶然現象，但米勒等人的研究結果卻表明：使用傳統的印刷字典，這種誤用是很普遍的。

如何使計算機詞典既能有效地提高兒童的詞彙量，又不產生印刷詞典具有的弊病呢？米勒以認知心理學對於心理詞彙的研究為依據，用單詞之間的語意聯繫來組織詞典。這樣由於詞典與人有相似的概念結構，使用者很方便地把詞典看成自己詞彙知識的延伸，而且因為每個生詞都處在豐富的語意聯繫中，學生很容易從這些聯繫中掌握生詞的意義，並把生詞納入到自己的心理詞彙中去。

米勒等人計畫以語意為基礎，把所有表達同一意義的詞組織在一起，稱為同義集 (synonym)，並通過各種關係把它們聯繫起來。例如詞典中 dog 的釋義有三個 (1) 一種家養的犬，屬哺乳動物；(2) 一種支撐或固定用的機械裝置；(3) 像狗一樣的跟踪。在米勒等人計畫中，dog 的意義分別在名詞同義集 {canine, dog}；{catch, click, detent, dog, pawl}（均指用來咬和固定用的機械裝置）和動詞同義集 {chase, dog, go after, tag, tail, track, trail}（均有跟踪的意思）中。使用者通過 dog 可以檢索到它的所有釋義和與它意義相近的詞。

在米勒等人計畫中同義集之間的關係都有心理學的證據。圖 12-3是米勒等人計畫中名詞、形容詞的組織解構圖解。從圖中可以看出，名詞是按等級結構組織起來的，除了上位、下位關係以外，還包含了多種部分-整體關係。按照格魯斯等人 (Gross, et al., 1989) 的研究，心理詞彙中的形容詞是按反義詞對組織起來的，如乾──濕、好──壞，對於那些沒有直接反義詞的形容詞，可以找到一個有反義詞並且意思與之相近的形容詞，並通過相似關係與那個形容詞聯繫起來，如圖 12-3 中"泥濘"與"濕"都是"乾"的間接反義詞。

嚴格地說，米勒等人的計畫也只是在構造認知工具的旅程上邁出了第一步。對真正的認知工具來說，使用者不僅可以自由快速地提取各種信

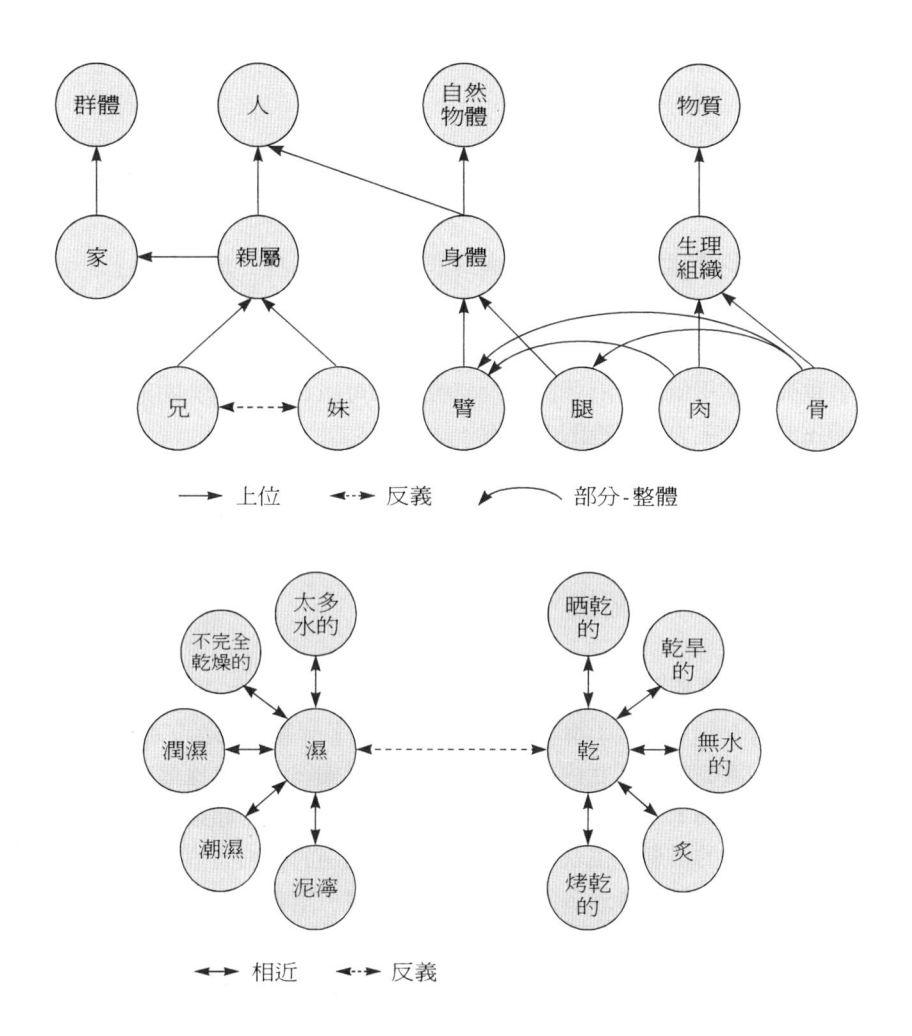

圖 12-3　米勒等人計畫中同義集關係的表徵
(採自 Miller, 1986)

息，並且可以構造自己的概念體系和語意網絡。近年來，已經成功設計了不少能夠讓使用者自由構造自己的語意網絡、概念地圖的實用系統。

第二節　認知心理學在閱讀方面的應用

閱讀是多種認知活動同時參與的非常複雜的過程，是人們熟悉的複雜行為，同時也是認知心理學研究的重要領域。認知心理學有關知覺、記憶、思維和言語的研究，特別是有關閱讀的認知加工的研究，都對實際生活中的閱讀有重要的應用價值。有關閱讀的研究成果可以直接應用於閱讀教學，以提高學生的閱讀能力，促進閱讀理解。

在這一節裏，我們先介紹認知心理學在詞彙教學、段落理解中的應用，然後討論從閱讀中獲得信息，促進閱讀理解，成為靈活讀者的方法。

一、單詞識別和閱讀

一些研究者假設詞彙識別加工是閱讀技能的重要決定因素 (Laberge & Samuels, 1974; Perfetti & Lesgold, 1977)。字詞識別包括了字詞的編碼和詞彙通達。流暢的讀者能夠自動地對字詞進行編碼，快速地提取出單詞的意義，以滿足更高水平的句法、語意加工的需要。相反，如果字詞識別的速度很慢，高水平的信息加工就會因為等待字詞識別的輸出而被推遲。而且，如果字詞識別耗費了讀者過多的注意等認知資源，讀者就不會有足夠的資源來完成那些正常情況下，可與字詞識別並行加工的高級過程。這樣，字詞識別的缺欠不僅造成閱讀速度的減慢，也造成閱讀質量的下降。

（一）提高學生字詞識別的速度

1. 字詞編碼　讀者對書面字詞的認知速度與閱讀技能存在著相關。在兒童和成人中，語文能力較差的讀者在識別和認讀單個字詞或非詞上，比語文能力較好的讀者慢 1.25 秒到 1.5 秒 (Frederiksen, 1978, 1981；Mason, 1978；Perfetti, Finger & Hogaboam, 1978)。由於好的讀者的識別優勢包括了沒有詞彙通達的非詞，說明好壞讀者的差別在於字詞編碼。差的讀者的字詞編碼比好的讀者不僅需要更多的時間，而且需要更多的注意。

2. 詞彙通達　字詞識別的第二個成分是詞彙通達，是獲得單詞意義表徵的加工。亨特和他的同事 (Hunt, Lunneborg & Lewis, 1975) 研究發現大學生中詞彙能力得分高的人在提取單詞代碼的速度上比得分中等的人快。詞彙代碼提取時間是通過字母的字形匹配時間與命名匹配時間來估計的。被試者要對兩個視覺呈現字母進行匹配 (如 A－A, A－a)，一種情況是判斷兩個字母在拼寫上是否相同，而另一種情況是判斷兩個字母的命名是否相同 (Posner & Mitchell, 1967)。前一種任務，被試者只需要對兩個視覺符號的編碼進行比較，而後者還需要提取它們的名稱。兩種匹配的時間差可以做為命名提取所需時間的估計。

亨特 (Hunt, 1978) 發現詞彙能力測試成績高的被試者命名匹配需要的時間短，並且兩種匹配任務的時間差短。雖然實驗測量的是字母命名提取的速度，但亨特認為詞彙通達過程中，詞彙信息的提取在好的和一般讀者之間存在相似的模式。另一項研究則發現，詞彙代碼的提取速度與閱讀的速度存在著相關 (Jackson & McClelland, 1979)。研究比較了大學生中閱讀速度較快的讀者 (平均速度 350 詞/每分) 和速度較慢的讀者 (平均速度 200 詞/每分)，採用了包括命名匹配在內的多項指標，發現閱讀的速度與命名資料的相關最高。

總之，閱讀速度快的和好的讀者在字詞編碼和命名提取中的速度也快。這說明教師應該幫助學生克服字詞識別的難關，提高閱讀理解的技能。

（二）　利用語境促進字詞識別

許多理論都假設讀者要使用語境猜測課文中單詞的意義 (Goodman, 1967；Levin & Kaplan, 1970)，這些理論都認為，閱讀能力強的讀者的優勢在於他們可以很好地利用語境，而不是字詞識別的技能。但是許多研究成果不同意這種觀點，這些研究表明無論有無語境，好的讀者比差的讀者字詞識別都要好 (Stanvovich, 1980；Stanvovich & West, 1981)。實際情況是語境能夠幫助差的讀者識別單詞。**語境**的作用相當於高水平的信息加工，在閱讀過程中，高水平的句法、語意加工與低水平的編碼加工同時進行。只要單詞的激活水平超過了閾限，就產生詞彙通達，而不管激活來自於高水平還是低水平的加工。對於差的讀者來說，編碼和詞彙通達速度較慢，使得高水平的加工對單詞識別速度的影響較大，而好的讀者，字詞編碼和詞彙通達加工速度很快,相對地高水平加工的影響也就較小。如果人為增加字詞編碼的難度(如降低字詞的呈現質量),那麼語境對好讀者的字詞識別也會產生影響,波菲提(Perfetti & Roth, 1981)等人通過實驗證明了這一點。他們比較了不同閱讀程度的四年級學生,字詞的呈現採用以下三種方式:(1)正常呈現;(2)中等程度降低呈現質量;(3)高度降低呈現質量。實驗測量被試者對字詞的認讀時間。為了確定語境如何幫助被試者識別字詞,實驗還測量了在沒有語境的情況下,認讀單詞的時間,並以此作為基線。字詞在兩種語境下呈現;一種是高限制語境,如句1;另一種是中限制語境,如句2。實驗結果發現,語境對差的讀者幫助較大。

句 1:I had a sore neck when I went to bed last night, I laid down slowly and gently placed my head on the _____ (pillow).
(昨天晚上睡覺時,我的脖子很酸,我慢慢躺下,並很輕地把頭放在_____上。)(枕頭)

句 2:Jack was making dinner and he went to pick some things in his garden, He picked an onion, some beans, and a _____(pepper).
(杰克正在做晚餐,他到花園裏撿些菜,他摘了一個洋葱,一些豆子和_____。)(辣椒)

字詞識別與閱讀的研究表明,教師應該採用各種方法對學生進行字詞識別的訓練,提高閱讀理解的能力。當然這種訓練也需要和其他的高水平如推論,概括等加工訓練結合起來才能更好地發揮作用。

二、擴大學生的詞彙量

人們普遍認為**詞彙量**(quantity of vocabulary)與閱讀之間有直接的聯繫。一個人知道的詞彙越多,閱讀理解就越好,因此,很多教師試圖通過詞彙教學來促進閱讀理解。但課堂教學是否是擴大學生詞彙量的主要和唯一途徑呢?在學校期間學生每年詞彙增長量中只有很少一部分(200~300個詞)是通過直接課堂教學獲得的。如果學生的大部分詞彙不是通過直接教學習得的,那麼他們的詞彙量又是如何增長的呢?答案是,學生通過閱讀從語境中學會了大部分詞彙,並掌握了它們的意義。耐奇和安德森 (Nagy & Anderson, 1984) 分析了超過一千篇的課堂閱讀材料,包括課本、雜誌等。從中統計出大約 100,000 個名字和 200,000 個不同的單詞,這些單詞可分成 88,000 個不同的詞族 (兩個詞,當從一個詞能夠推斷出另一個詞的意義時,就屬於一個詞族,如 understand 和 misunderstand)。這表明學生在閱讀中會接觸到相當多的詞彙,有可能通過閱讀學習詞彙。

對於閱讀中遇到不認識的詞,讀者能夠利用句法、語意和語境信息推論它的意義。有人利用人工單詞,研究了在句子中被試者是如何猜測生詞的意義的 (Van Daalen–Kapteijns & Elshout–Mohr, 1981)。實驗採用的人工單詞意義是由一個熟悉的上位概念加上新的屬性構成,如 bogat 指完全建在地下的車庫 (garage)。上位概念是車庫,新的屬性特徵是建立在地下。人工單詞出現在五個連續的句子中。第一個句子提供線索,將人工單詞與某個熟悉的上位概念聯繫起來,其餘四句提供特徵,使人工單詞反映的概念具有新的特徵。被試在閱讀完每一句話後,都要對生詞的意義進行猜測。

句 3:When you're used to an expansive view, it is quite depressing if you must live in a room with one or two kolpers fronting a courtyard.
(如果你已經習慣有寬敞視覺效果的屋子,那麼再要你生活在一間有一兩扇面對院子的 kolpers 的屋子裏,將是很不舒服的。)

句 4:He virtually always studied in the library, because at home he had to work by artificial light all day because of those kolpers.
(他經常在圖書館裏學習,因為在家裏由於那些 kolpers,他不得不整天在人工光源下工作。)

句 5:During a heat wave a lot of people suddenly want to have kolpers, so then the sales of sun–blinds reaches a peak.
(在熱浪襲人的日子裏,很多人都想安裝 kolpers,使得遮陽窗的銷售達到頂峰。)

句 6:I was afraid the room might have kolpers, but when I went and saw the room, it turned out that plenty of sunlight came into it.

(我害怕屋裏有 kolpers，但當我去看了房子才發現，屋子裏有充足的陽光。)

句 7：In these houses you are stuck with kolpers all summer, but fortunately it isn't true once the leaves have fallen.
(在那些屋子裏，整個夏天都受 kolpers 的影響，但幸運的是，等樹葉子都掉光了，情況就不同了。)

對於上面的例子，大多數讀者在讀完句 3 之後會猜測 kolper 是一種窗戶，這是因為句子告訴我們 kolper 在屋子裏，面對院子，可以有一個或兩個，這些都是窗戶的特徵。在句 3 之後，好的讀者和差的讀者對人工單詞意義就會做出不同推論。表現好的讀者能夠改變上位概念的單個特徵來滿足句子語境的要求。如窗戶概念有一個關鍵特徵（可以打開、關上）和一些特點特徵（透光、由玻璃構成等）。熟練的讀者可以把這些特徵分開來考察，並按句子的意義要求改變或刪除它們。如在閱讀完句 6 之後，好的讀者意識到窗戶的特徵不能很好滿足當前的要求，於是推論："kolper 當然是一種窗戶，它是屋子的一部分並且與光線有關。kolper 的玻璃也許與眾不同，可能是一種地窗 (ground glass) 或類似的東西"。再如另一個熟練讀者在閱讀完句 7 之後推論："我認為 kolpers 是窗戶，窗戶在冬天並不消失，真正消失的是樹的蔭陰效果，所以 kolper 只有在有東西遮住它的時候才稱其為 kolper"。從上面所述可以看出，好的讀者使用語境推論出 kolper 所應具有的特徵。與之相反，一般的讀者很難在假設的上位概念基礎上保留正確的特徵，排除或修改不合適的特徵，一般的讀者很難在假設的上位概念基礎上保留正確的特徵，排除或修改不合適的特徵，推論出生詞的確切意義。如在讀完句 7 後，差的讀者僅會重複句子的意思 "kolper 僅存在於夏天"，而不會做出更細緻的分析。

三、幫助學生進行高水平的加工

對閱讀過程中各種高水平的認知加工進行訓練也可以促進讀者的閱讀理解。對於某些讀者來說，他們的主要問題是不能根據課文提出問題，分辨出段落的主題。帕林賽和布羅 (Palincsar & Brow, 1984) 研究了初中學生閱讀能力差的讀者，訓練他們如何根據段落的內容提出問題。

表 12-5 是學生和教師的部分交互作用過程，表中描述了教師是如何指導學生閱讀的，以及學生的閱讀水平是如何提高的。如表中所示，教師和學生是高度交互作用的，教師逐步塑造和組織學生的反應直到學生能夠獨立地

表 12-5　學生和教師的交互作用

第一天
課　文：噬魚蛇。比銅斑蛇長，常見於東南部的州。它生活在沼澤地區。它與銅斑蛇、響尾蛇一樣屬於一種叫坑蝮蛇的毒蛇。在它們的眼睛和鼻孔之間有個對熱敏感的小坑，幫助它覺察到附近的熱血動物。噬魚蛇的另一個名字是"棉花嘴"，這是由於蛇嘴裏看起來像有一條白線。

1. 學生：生活在東南部州的蛇、銅斑蛇、響尾蛇有什麼共同之處，我不知道。
2. 教師：你想了解有關坑蝮蛇的更多內容嗎？
3. 學生：是。
4. 教師：以"為什麼"來提問，什麼是關於坑蝮蛇的最好問題？
5. 學生：(沒反應)。
6. 教師："為什麼這種蛇叫坑蝮蛇？"，這個問題怎麼樣？
7. 學生：幹嘛想了解為什麼它叫坑蝮蛇？
8. 教師：想想看。
9. 學生：為什麼坑蝮蛇在坑裏？
10. 教師："為什麼這種蛇叫坑蝮蛇？"，這個問題如何？
11. 學生：為什麼人們把這種蛇叫坑蝮蛇？
12. 教師：很好。

第四天
課　文：母蜘蛛的配偶比她要小得多，並且全身是純棕色的。大部分時間他在她織的網的一邊。

13. 學生：(沒問題)。
14. 教師：這段文章寫的是什麼？
15. 學生：母蜘蛛的配偶，母蜘蛛的配偶怎麼了……
16. 教師：很好，接著說。
17. 學生：母蜘蛛的配偶怎麼小比……？我不知道應該怎麼說。
18. 教師：仔細想想，你用"怎麼"提問，問一個關於母蜘蛛的配偶以及他做些什麼的問題。
19. 學生：他怎麼花大部分時間待著？。
20. 教師：差不多了，問題應該是"母蜘蛛的配偶是如何度過他的大部分時間的？"
21. 學生：母蜘蛛的配偶如何度過他的大部分時間。

表 12-5　（續）

第七天	
課　文：	可能你們想知道，火山岩和其他火山礦物是從哪裡來的。在地球深處，有熔化的岩石叫做岩漿。由於氣體壓力向上頂的原因，這些熔化的岩石不斷地向地表侵蝕。最終，由於表層地殼的斷裂或存在某些薄弱地帶，岩漿沖出地表，從火山口流出，或以火山灰的形式噴向高空。
22. 學生：	下面的壓力是如何使大量的岩漿衝擊地表的？
23. 教師：	非常好，你應該問"什麼時候發生什麼？"
24. 學生：	當地下的壓力使大量的岩漿衝擊地表時會發生什麼？
25. 教師：	很好，你回答得很好。
第十一天	
課　文：	最有趣的吃昆蟲植物之一叫做"維納斯的空中陷阱"。這種植物只生長在地球的一小塊地區——Carolina 的北部和南部的海岸沼澤中。"維納斯的空中陷阱"看起來並沒有什麼特別的。但它的習性，使它成為真正的植物奇觀。
26. 學生：	這種吃昆蟲植物最有意思的地方是什麼？這種植物生長在哪裡？
27. 教師：	兩個好問題，既清楚又明白。
第十五天	
課　文：	科學家到南極研究在極夜中出現在高空的奇怪光（對於少數度過極夜的堅強的人來說，那是寒冷而孤寂的世界）。南極光產生的原因是：地球像一塊磁鐵作用於空氣中的帶電粒子。南極光是幫助科學家了解地球內部和外層大氣變化的重要線索。
28. 學生：	為什麼科學家到南極從事研究？
29. 教師：	很好的問題，這正是本段落講述的內容。

（採自 Palincsar & Brow, 1984）

提出問題。幾星期後，用新的和不同的材料測試學生閱讀理解，表明那些接受訓練的學生閱讀理解能力有很大提高。

四、學習和閱讀

　　閱讀作業是教師用來教學生學習閱讀的最重要的教學策略之一。從小學三年級開始，大多數學生獲得了基本的閱讀技能，閱讀的重點就從學習閱讀轉變為從閱讀中學習。從閱讀中學習是一個很重要的教學領域，它的研究主要集中於讀者是如何從課文中獲取信息的 (Just & Carpenter, 1987)。許多閱讀技能的訓練如 SQ3R 等都用來幫助讀者對課文的信息進行組織，這些指導程序針對於大學生或高中的學生，旨在促進他們對課文的理解、存貯和使用。

羅賓森(Robinson, 1972)在《有效學習》一書中提出了 SQ3R (survey, question, reading, recite, review) 這種促進閱讀理解的一般方法。對於這個方法雖然存在一些批評意見，但是我們認為這個方法有助於記憶和閱讀理解。而且，羅賓森的思想已經成為最近幾個提高閱讀和學習技能計畫的思想基礎。

下面是 SQ3R 閱讀方法的實際內容。

第一步，瀏覽 (survey)　第一步是瀏覽要閱讀的材料，目的是熟悉材料的內容，了解閱讀任務的要求。從我們的觀點開始閱讀時先進行瀏覽，有助於學生將已有的知識與材料聯繫起來，以建構材料的意義。羅賓森認為，在瀏覽階段，一個比較好的策略是閱讀每章的小節，用這種方法可以了解內容的概況。

第二步，提問 (question)　讓學生針對閱讀材料提出一系列問題。可以將標題和副標題轉變為問題，然後在閱讀過程中尋找問題的答案，這樣有助於學生判斷自己對閱讀材料的理解程度。學生還要問自己其他問題，包括作者的目的，閱讀材料與已有知識的聯繫如何，什麼經驗與閱讀材料發生聯繫等等。這類問題可以使材料變得更有意義並且有助於進一步檢查閱讀理解的情況。

第三步，閱讀 (reading)　瀏覽和提問之後，就要進行材料的閱讀。閱讀要慢要細，注意第二步提出的問題的答案。也要注意將閱讀材料的內容與已知信息聯繫起來。

第四步，背誦 (recite)　閱讀了一個部分之後，讀者應該停下來，嘗試回答第二步提出的問題。這樣做有兩個好處；首先，有助於讀者檢查理解的情況；其次，如果問題提得好，這樣做就有助於使材料變得更有意義，也可以通過嘗試回答問題使材料內容得到重新加工。

第五步，復習 (review)　羅賓森認為讀者復習的重點應放在與難回答的問題有關的材料上，要重讀這部分材料，直到能夠回答問題為止。復習是對理解的最後一次檢查。並且是對內容的最後一次加工。

採用 SQ3R 是促進閱讀理解的有效策略。在設計一個教程幫助學生提高閱讀理解技能時應該把這種方法作為教程的一個部分。

第三節　認知心理學在工程設計上的應用

認知心理學在工業上的應用，是一個傳統的重要研究課題，它屬於人類工程學（工效學）的範疇。

人類工程學家可以幫助人們設計機器和工作設備。機器和設備必須設計得與使用它的人相和諧，才能使人與機器設備更好地相互作用，從而獲得最高的工作效率。我們可以把操作者和他們使用的工具或機器看成一個整體或一個系統，例如木匠和斧子、縫紉機操作工和縫紉機、汽車駕駛員和汽車，它們都是作為一個系統起作用的，稱為**人機系統**(或人機合一系統) (man-machine system)。要使機器和人一起有效地工作，就必須使機器和人得到很好的匹配，使其中每一方的長處得到最好利用，並補償另一方的短處，這就是認知工效學的研究對象。**認知工效學** (cognitive ergonomics) 是工效學與認知心理學知識的結合，它是一門應用認知心理學的知識研究、設計人們所使用的機器和設備以及研究人機界面設計的科學。

無論機器多麼能幹、先進。它們始終是人所操縱的工具。如何使人和機器的功能得到最有效的分配？如何根據人的特點來設計控制器和顯示器？如何使機器設備的設計適合人的操作，以提高人機系統的效率？認知工效學常常能夠幫助人們在這些問題上做出決策。

一、人機協作

在人機系統中，人和他所操縱的機器是相互影響的兩部分執行著同一個任務，這便是人和機器的統一性。為了達到最佳效率，就必須處理好人機功能的最佳分配，使**人機協作** (man-machine operation) 的效能最優。

在人機系統中，人是機器的操縱者，始終起著主導作用，機器則是人的能力的補充。操縱者的機能包括接受信息、進行決策和操縱控制器等。這一切都需要藉助於控制器和顯示器來進行。顯示器將外界的信息（如濕度、耗油量等）轉變為操縱者可接受的信號，並傳遞給操縱者；而操縱者則通過控制器（如汽車的加速器、煞車等）改變著設備當前所處的狀態。而設備狀態的改變又通過顯示器反饋給操縱者。正是通過這一過程，操縱者和機器設備之間不斷進行著信息和控制的流動，一旦由於某種原因這種連續的流動被破壞，操作的事故也就隨之而來。如在現代化企業的中央控制室裏，成百上千個錯綜複雜的儀表、信號燈、控制器往往會使操縱者神經高度緊張，知覺和控制能力下降，破壞設備和操縱者間的正常信息控制流動，導致操作事故。

二、控制器的設計

控制器(controls) 的種類很多，從複雜的精密機床操縱裝置、飛機的操縱桿到常見的自來水龍頭、電燈開關都是控制器。控制器設計的好壞直接影響人的工作效率。

從心理學的角度出發，控制器的設計應該符合人的共同習慣和期望，即符合所謂的**通用定型性**(population stereotypes)。例如我們想要使汽車向右轉就朝順時針方向轉動方向盤，要使收音機的音量開大些也按順時針方向旋轉旋鈕。這些都是人們長期形成的共同習慣，早已被人們看作是"理所當然"的。用旋鈕控制某個裝置的開關狀態是很常見的，例如收音機、電視機等家庭設備的開關。人們常常認為旋鈕順時針方向轉動為開，並且這個習慣已經廣泛應用於工程設計中。菲扎特 (Pheasant, 1986) 認為這是由於將手腕向右運動比向左運動的範圍更大，用右手做順時針運動比較容易，從而使人在某種程度上期待順時針運動會產生或多或少的效果。芭波 (Barber, 1988) 研究人們使用旋鈕控制器關電燈時也發現了"順時針為開"的傾向。但是還有一種情況與"順時針為開"的通用定型相反，例如水龍頭、閥門等控制液體或氣體流動的開關它們一般都是反時針轉動為開（主要出於工程學的考慮）。我們經常接觸水龍頭，因此"反時針轉動為開"的習慣也很強。芭波 (Barber, 1988) 發現 80% 的被試者開水龍頭時反時針轉動，72% 的被試者關水龍頭時順時針轉。這些不完全一致的習慣在我們的日常生活中能夠和諧存在，這是非常有趣的。但是有時候，人們由於選擇了不正確的習慣而可能導致事故的發生。

人們的習慣受原有經驗和文化傳統的影響。例如在美國向上推開關表示"發動"或"開"，而在英國則表示"停車"或"關"。這樣相反習慣的存在，說明人們的習慣並不是天生的。

控制器的設計必須符合人們的這些習慣以保證操作順利進行，如果設計違背了眾所周知的定型習慣就容易引起麻煩，妨礙操作的順利進行。

三、顯示器的設計

在人機系統中，用符號和圖形的方式間接傳遞信息的裝置，稱為**顯示器**(displays)。例如各種儀表、信號燈等。隨著機械化和自動化程度的提高，顯示器的種類數量越來越多，並且越來越複雜，而操作者又必須迅速而準確的應答。改善顯示器的設計使它們更適合人的認知過程，能節省時間，提高工作效率。

顯示器的設計必須能和控制器協調一致。顯示器與控制器的**空間一致性**(或**空間兼容性**) (spatial compatibility) 是指顯示器與控制器在空間位置上相互關係的一致性。顯示器與控制器的空間一致性愈強，對操作者的"譯碼"要求就愈低，效率也愈高。

空間一致性的實際重要性不應低估。在二次大戰中出現的飛行事故，發現很多事故是由於控制器設計不好或控制器與顯示器不一致造成的。

家庭廚具的設計提供了空間一致性的最佳例子。通常情況下四個爐子的控制器置於爐子之前，研究要探討的問題是，人們對爐子與控制開關的位置安排是否有強烈的偏好或期待。查帕尼斯和林登鮑姆 (Chapanis & Lindenbaum, 1959) 曾做過一個實驗，將四個爐子按照圖 12-4 (a) 所示的錯開排列順序來安放，可以避免控制啟動的錯誤。這種設計較圖 12-4 (b)、(c)、(d) 具有較強的空間一致性。

四、人機界面的設計

計算機的使用越來越廣泛，人們逐漸將注意力集中於人機界面上 (Broad-

0次錯誤/1200次試用
（a）

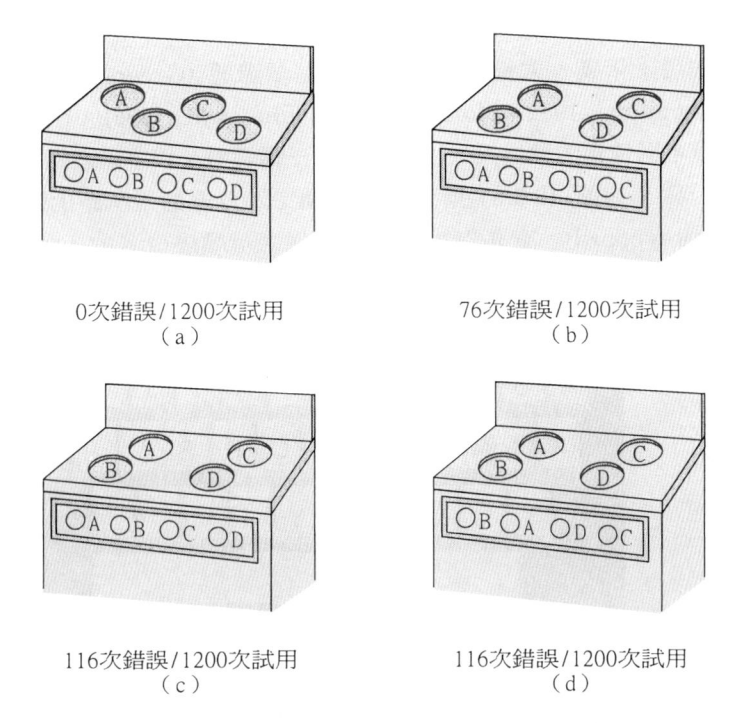

76次錯誤/1200次試用
（b）

116次錯誤/1200次試用
（c）

116次錯誤/1200次試用
（d）

圖 12-4　爐子及其控制器的幾種位置比較圖
(採自 Chapanis & Lindenbaum, 1959)

bent, 1990)。認知心理學對於**人機界面**(man-machine interface) 的設計很有用處。研究者們普遍認為**認知工效學**就是認知心理學與研究人機界面的工效學的結合 (Green, Payane, & Veer, 1988)。

人機界面有幾個不同的方面，一個方面是機器本身，即與使用者相互作用的機器。計算機的硬件包括鍵盤或其他輸入信息的設備、顯示屏幕、以及其他如打字機等外圍設備。硬件的結構對使用者和計算機之間相互作用的效果影響很大。

人機界面的另一個重要方面是使用者操作計算機的方式。計算機運行的軟件在很大程度上決定使用者進行何種操作，例如文字處理軟件與計算機遊戲所要求的操作就有很大的不同。如果人機界面的設計可以利用使用者已有的知識來減少人與計算機相互作用所需的學習量，那麼這種人機界面就是良好的 (Maas, 1983)。計算機鍵盤的設計就是人機界面的各個方面相互作用的最好例子。

　　過去幾十年裏，大量研究涉及鍵盤這個課題 (Greenseein & Arnaut, 1987；Lemmons, 1982；Norman, 1988；Pheasant, 1986)。在 19 世紀後期有大量不同種類的鍵盤投入使用，其中一種鍵盤是以字母表為序安排字母按鍵的位置，如圖 12-5(a) 所示。另一種更為普遍的是所謂的**魁爾梯鍵盤** (Qwerty-keyboard)，它是以第一行頭六個字母順序命名的，如圖 12-5(b) 所示。

（a）字母表鍵盤

（b）魁爾梯鍵盤

圖 12-5　字母表鍵盤和魁爾梯鍵盤
(採自 Nicolson & Gradner, 1985)

　　從表面看來只要機器能夠跟得上操作員的速度，使用字母表鍵盤會更加容易。但實際上問題並不那麼簡單。諾曼等人 (Norman & Fisher, 1982) 曾經研究使用不同鍵盤的打字速度，他們選用的被試者不是職業打字員，被試者的任務是打幾篇選自通俗雜誌的散文。諾曼發現用字母表鍵盤打字的速度不如魁爾梯鍵盤快。

但是有些學者 (Nicolson & Gradner, 1985) 發現在某些條件下魁爾梯鍵盤失去了它的優勢，他們提出隨著計算機應用在中小學的推廣，兒童在學校裏經常使用計算機鍵盤完成各種學習任務，這些任務與打字幾乎沒有共同之處。學校使用的教學程序多數是要求兒童按某個鍵做出反應。例如，在屏幕上給學生呈現問題及一系列選擇答案，答案標有 A、B 和 C。學生的任務是按相應的字母鍵來選擇正確答案，這個任務與文字處理大不相同，表明不同的鍵盤可能會產生不同的效果。

他們研究了兒童在簡單的按鍵任務中使用字母表鍵盤和魁爾梯鍵盤的方式。有三組被試者，年齡分別為 8 歲、12 歲和 20 歲。當某個字母出現在屏幕上時，被試者要按相應的鍵。實驗記錄正確反應的反應時。結果發現年齡和鍵盤都影響反應時。年齡較大的兩組被試者的反應比年齡較小的反應快，所有被試者使用字母表鍵盤的反應都比使用魁爾梯鍵盤快，而且使用魁爾梯鍵盤的反應比字母表鍵盤的反應的穩定性差。這是因為在字母表鍵盤上尋找某個字母可以進行簡單的有順序的搜索，而在魁爾梯鍵盤上就不能採用這種策略。

這項研究表明，在某種條件下，對於使用者 (例如兒童) 而言，可能字母表鍵盤更好些。總而言之，他們的研究表明某種形式的人機界面不可能適合所有情境，對於不同的問題以及不同的使用者，要採取不同的解決方式。

本 章 摘 要

1. 認知心理學的很多研究方法如**自我報告**、**錯誤分析**，都可以用來幫助教師了解學生的思維活動。
2. 認知心理學幫助教師進行任務分析的常用方法有**概念地圖**和**過程分析**。它們都以直觀形式展現出有效的認知操作所需的知識和過程。
3. **概念地圖**是對與某個教學、研究問題有關的重要人物、地點、事件以及它們之間關係的空間展現。**過程分析**則對包含在認知操作中的基本過程進行組織。

4. 認知心理學能夠幫助教師進行教學測量題目的項目分析，使教師了解不同難度的題目在認知操作上有什麼區別。
5. 認知工具是利用計算機技術輔助人類學習和思維活動的工具，是學習者知識建構的工具。認知工具的設計和開發應用大量認知心理學的成果。
6. 研究表明：字詞識別的速度和質量是影響閱讀的重要因素之一。教師應該採用各種方法提高學生字詞識別的技能。
7. 學生大量的詞彙是通過課堂內外的閱讀獲得的。教師應幫助學生從日常閱讀中學習詞彙。其間要注意兩個方面：首先，幫助學生從語境中分出生詞的意思，其次：幫助學生使用語境區分出詞義的不同成分。
8. 通過教師和學生之間的交互作用，教師可以幫助學生克服閱讀中高水平加工所遇到的困難。
9. 閱讀技能和策略的訓練可促進學生對課文的信息的理解、組織和使用。常用的方法有 SQ3R 等。
10. **認知工效學**是工效學與認知心理學知識的結合，它是一門應用認知心理學知識研究設計人們所使用的機器和設備研究人機界面設計的科學。
11. 認知工效學要求控制器的設計要符合**通用定型**。而且顯示器控制器之間也要保證空間和運動方向上的一致性，才能實現良好的**人機協作**。

建議參考資料

1. 達阿尼、舒爾茲 (李德偉、金盛華、宋合義譯)：心理學應用。桂林市：廣西人民出版社。
2. Benjafield, J.G. (1992). C*ognition*. Englewood Cliffs, NJ: Prentice-Hall.
3. Just, M. A., & Carpenter, P. A. (1987). *The psychology of reading and language comprehension*. Boston: Allyn & Bacon.

參　考　文　獻

王　甦、朱　瀅、楊治良、彭聃齡 (1993)：當代心理學研究。北京市：北京大學出版社。

王　鋼 (1991)：普通語言學基礎。長沙市：湖南教育出版社。

王維鏞 (1990)：語言與思維。福州市：福建教育出版社。

皮亞傑、英海爾德 (吳福元譯，1981)：兒童心理學。北京市：商務印書館。

司馬賀 (荊其誠、張厚粲譯，1986)：人類的認知－思維的信息加工理論。北京市：科學出版社。

北京語言學院 (編) (1986)：現代漢語頻率詞典。北京市：北京語言學院出版社。

艾奇遜 (王曉鈞譯，1990)：現代語言學入門。北京市：北京語言學院出版社。

朱　川 (1986)：實驗語音學基礎。上海市：華東師範大學出版社。

朱曼殊、繆小春 (編) (1990)：心理語言學。上海市：華東師範大學出版社。

匡培梓、張嘉棠 (編) (1992)：中國語文──認知科學第五屆國際研討會論文選編。北京市：科學出版社。

安德森 (楊　清、張述祖等譯，1989)：認知心理學。吉林市：吉林教育出版社。

吳偉士 (謝循初譯，1933) 心理學。廣州市：中華書局。

沃茲沃恩 (周　鎕等譯，1986)：皮亞傑的認知發展理論。武漢市：華中師範大學出版社。

沃爾克等 (編) (喻柏林、萬傳文、宋　筠、林國彬、佟東泉等譯，1986)：知覺與經驗。北京市：科學出版社。

芬　克 (蔣百川譯，1986)：意象和視覺系統。科學，95 期，46～52 頁。

拉賓諾威克茲 (杭　生譯，1985)：皮亞傑學說入門：思維、學習、教學。北京市：人民教育出版社。

欣茨曼 (韓進之、李月明、韓耀輝、張寧生譯，1987)：學習與記憶心理學。瀋陽市：遼寧科學技術出版社。

亞當斯 (張令振、魯忠義譯，1991)：如何突破你的思維障礙。北京市：科學普及出版社。

周同春 (1989)：漢語語音學。北京市：北京師範大學出版社。

查普林、克拉威克 (林　方譯，1984)：心理學的體系與理論。北京市：商務印書館。

高尚仁、鄭昭明 (編) (1982)：中國語文的心理學研究。台北市：文鶴出版有限公司。

格列高里 (彭聃齡、楊旻譯，1986)：視覺心理學。北京市：北京師範大學出版社。

索緒爾 (高名凱譯，1985)：普通語言學教程。北京市：商務印書館。

索爾索 (黃希庭、李文權、張慶林譯，1990)：認知心理學。北京市：教育科學出版社。

高名凱、石安歷 (1985)：語言學概論。北京市：中華書局。

高覺敷 (主編) (1987)。西方心理學的新發展。北京市：人民教育出版社。

徐樞 (1990)：語素。北京市：人民教育出版社。

唐鉞 (1982)：西方心理學史大綱。北京市：北京大學出版社。

荊其誠、焦書蘭、紀桂萍 (1987)：人類的視覺。北京市：科學出版社。

郭德俊、彭聃齡、張素蘭、何莉 (1991)：漢字認知的頻率效果。見張必隱：閱讀心理學，136 頁。北京市：北京師範大學出版社。

陳霖 (1986)：拓撲性質檢測。見錢學森主編《關於思維科學》。上海市：上海人民出版社。

陳永明、羅永東 (1989)：現代認知心理學——人的信息加工。北京市：團結出版社。

陳鶴琴 (1921)：語體文應用字彙。北京市：商務書局。

張春興 (1991)：現代心理學。台北市：東華書局 (繁體字版)。上海市：上海人民出版社 (1994) (簡體字版)。

張必隱 (1992)：閱讀心理學。北京市：北京師範大學出版社。

彭克里 (譯) (1988)：記憶與意識。北京市：科學出版社。

彭聃齡 (1990)：認知心理學。哈爾濱市：黑龍江教育出版社。

彭聃齡、譯力海 (編) (1991)：語言心理學。北京市：北京師範大學出版社。

菲爾莫爾 (胡明揚譯，1980)：格辯。見國外語言學編輯部 (編)：語言學譯叢 (二)，1～117 頁。北京市：中國社會科學出版社。

喬姆斯基 (徐烈炯等譯，1992)：喬姆斯基語言哲學文選。北京市：商務印書館。

馮志偉 (1987)：現代語言學流派。西安市：陝西人民出版社。

楊清 (1982)：現代西方心理學主要派別。瀋陽市：遼寧人民出版社。

楊舒、劉迅 (譯) (1989)：揭開記憶的奧秘。吉林市：吉林人民出版社。

葉蜚聲、徐通鏘 (1981)：語言學綱要。北京市：北京大學出版社。

達阿尼、舒爾茲 (李德偉、金盛華、宋合義譯)：心理學應用。桂林市：廣西人民出版社。

魯利亞 (汪　青、邵　郊、王　甦譯，1983)：神經心理學原理。北京市：科學出版社。

鄭昭明 (1982)：漢字認知的歷程。高尚仁、鄭昭明合編，中國語文的心理學研究，135～172 頁，台北市：文鶴出版有限公司。

鄭昭明 (1993)：認知心理學：理論與實踐。台北市：桂冠圖書公司。

劉　伶、黃智顯、陳秀珠 (1991)：語言學概要。北京市：北京師範大學出版社。

鮑林格 (林書武、寧　榘、衛志強譯，1979)：語言學各主要流派簡述，中國社會科學院語言研究所語言學情報研究室 (編)：語言學譯叢 (一)。北京市：中國社會科學出版社。

Abramson, A. S., & Lisker, L. (1970). Discriminability along the voicing continuum: Cross-language tests, pp. 569～573. *Proceedings of the Sixth International Congress of Phonetics Sciences*. Prague: Academic.

Adams, J. A., & Humes, J. M. (1963). Monitoring of complex visual display: Training for vigilance (IV.). *Human Factors*, 5, 147～153.

Adams, M. J. (1979). Models of word recognition. *Cognitive Psychology*, 11, 133～176.

Alexander, P. A., Pate, P. E., Kulikowich, J. M., Farrell, D. M., & Wright, N. L. (1989). Domain specific and strategic knowledge: Effects of training on students of differing ages or competence levels. *Learning and Individual Differences*, 1, 283～325.

Allport, D. A. (1980). Attention and performance. In G. Claxton (Ed.), *Cognitive psychology: New directions*. London: Routledge & Kegan Paul.

Allport, D. A., Antonis, B., & Reynolds, P. (1972). On the division of attention. A disproof of the single channel hypothesis. *Quarterly Journal of Experimental Psychology*, 24, 225～235.

Allport, D. A. (1979). Conscious and unconscious cognition: A computational metaphor for the mechanism of attention and integration. In L.G. Nilson (Ed.). *Perpectives on memory research: Essays in honor of Uppsala University's 500th anniversary*. Hillsdale, NJ: Lawrence Erlbaum Associates Inc.

Anderson, D. R., Choi, H. P., & Lorch, E. P. (1987). Attentional inertia reduces distractibility during young children's TV viewing. *Child*

Development, 58, 798~806.

Anderson, J. R. (1974). Verbation and prepositional representation of sentences in immediate and long-term memory. *Journal of Verbal Learning and Verbal Behavior,* 13, 149~162.

Anderson, J. R. (1976). *Language, memory, and thought.* Hillsdale, NJ: Erlbaum.

Anderson, J. R. (1983). *The architecture of cognition.* Cambridge, MA: Harvard University Press.

Anderson, J. R. (1990). *Cognitive psychology and its implications* (3rd ed.). New York: Freeman.

Anderson, J. R., & Bower, G. H. (1973). *Human associative memory.* Washington, D.C.: Winston.

Anderson, R. C. & Reynolds, R. E., Schallert, D.L., & Goetz, E. T. (1977). Frameworks for comprehending discourse. *American Educational Research Journal,* 14, 376~382.

Anderson, R. C., & Pearson, P. D. (1984). A schema-theoretic view of basic processes in reading comprehension. In P. Pearson (Ed.), *Handbook of Reading Research.* New York & London: Longman .

Anderson, R. C., & Pichert, J. W. (1978). Recall of previously unrecallable information following a shift in perspective. *Journal of Verbal Learning and Verbal Behavior,* 17, 1~12.

Armstrong, S.L., Gleitman, L. R., & Gleitman, H. (1983). What some concepts might not be. *Cognition,* 13, 263~308.

Asch, S. E. (1969). A reformulation of the problem of association. *American Psychologist,* 24, 92~102.

Ashley, W., Harper, R., & Runyon. D (1951). The perceived size of coins in normal and hypnotically induced economic states. *American Journal of Psychology,* 64, 564~572.

Atkinson, R. C., & Shiffrin, R. M. (1968). Human memory: A proposed system and its control processes. In K. W. Spence & J. T. Spence (Eds.), *The psychology of learning and motivation: Advances in research and theory,* Vol.2, pp.89~195. New York: Academic Press.

Attneave, F. (1954). Some information aspects of visual perception. *Psychological Review,* 61, 183~193.

Ausubel, O. P. (1977). The facilitation of meaningful verbal learning in the classroom. *Educational Psychology,* 12, 162~178.

Averbach, E., & Coriell, A. S. (1961). Short-term memory in vision. *The*

Bell System Technical Journal, 3756, 309~328.

Baddeley, A. D., & Hitch, G. J. (1974a). Working memory. In G. H. Bower (Ed.), *Recent advances in learning and motivation.* New York: Academic Press.

Baddeley, A. D., & Hitch, G. J. (1974b). Working memory. In G. H. Bower (Ed.), *The psychology of learning and motivation,* Vol. 8. London: Academic Press.

Baddeley, A. D. (1986). *Working memory.* Oxford: Clarendon Press.

Bahrick, H. P. & Boucher, B. (1968). Retention of visual and verbal codes of the same stimuli. *Journal of Experimental Psychology,* 78, 417~422.

Bahrick, H. P. (1983). The cognitive map of city: Fifty years of learning and memory. *Psychology of Learning and Motivation,* 17, 125~163.

Baker, C. H. (1963). Signal duration as a factor in vigilance tasks. *Science,* 141, 1196~1197

Baker, K. E., & Feldman, H. (1956). Threshold-luminance for recognition in relation to frequency of prior exposure. *American Journal of Experimental Psychology,* 69, 278~280.

Baker, R. A., Ware, J. R., & Sipowitz, R. R. (1962). A comparison in auditory, visual and combined audi-visual tasks. *Canadian Journal of Psychology,* 16, 192~198.

Barber, P. (1988). *Applied cognitive psychology.* New York: Methuen.

Barron, R. W. (1979). Reading skill and phonological coding in lexical access. In M. M. Gruneberg, R. N. Sykes, & P. E. Morris (Eds.), *Practical aspects of memory.* New York & London: Academic Press.

Barsalou, L. W. (1983). Ad Hoc categories. *Memory and Cognition,* 11, 211~227.

Barsalou, L. W. (1987). The instability of graded structure: Implication for the nature of concepts. In U. Neisser (Ed.), *Concepts and conceptual development,* pp. 101~140. Cambridge, UK: Cambridge University Press.

Bartlett, F. C. (1932). *Remembering: A study in experimental and social psychology.* Cambridge: Cambridge University Press.

Battig, W. F., & Montague, W. E. (1969). Category norms for verbal items in 56 categoories: A replication and extension of the connective category norms. *Journal of Experimental Psychology Monographs,* 80.

Beck, J. (1967). Perceptual grouping produces by line figures. *Perception and psychophysics,* 2, 491~495.

Beck, J. (1972). Similarity grouping and peripheral discriminability under uncertainty. *American Journal of Psychology,* 85, 1~20.

Becker, C. A. (1979). Semantic context and word frequency effects in visual word recognition. *Journal of Experimental Psychology: Human Perception and Performance,* 5, 252~259.

Begg, I. (1972). Recall of meaningful phrase. *Journal of Verb Learning and Verb Behavior,* 11, 431~439.

Begg, I., & Harris, G. (1982). On the interpretation of syllogisms. *Journal of Verbal Learning and Verbal Behavior,* 2, 595~620.

Begg, I., & Paivio, A. (1969). Concretness and imagery in sentence meaning. *Journal of Verbal Learning and Verbal Behavior,* 821~827.

Begg, I. (1983). Imagery instructions and the organization of memory. In J. C. Yuille (Ed.), *Imagery, memory and cognition,* pp. 91~115. Hilsdale, NJ: Erlbaum.

Begg, I. (1987). Some. *Canadian Jouranl of Psychology,* 41, 62~73.

Bejar, I. I., Chaffin, R., & Embretson, S. (1991). *Cognitive and psychometric analysis of analogical problem solving.* New York: Springer-Verlag.

Benjafield, J. G. (1992). *Cognition.* Englewood Cliffs, NJ: Prentice-Hall.

Berlin, B., & Kay, P. (1969). *Basic color terms: Their universality and evolution.* Berkeley & Los Angeles: University of California Press.

Best, J. B. (1989). *Cognitive psychology* (2nd ed.). St. Paul: West.

Betts, G. H. (1909). *The distribution and functions of mental imagery.* New York: Teachers College, Columbia University Press.

Bever, T.G. (1970). The cognitive basis for linguistic structure. In J. R. Hayes (Ed.), *Cognition and the development of language.* New York: John Wiley & Sons.

Bigelow, P. (1986). The indeterminability of time in "Sein und Zeit." *Philosophy and Phenomenological Rese*arch, 46, 357~379.

Block, N. (Ed). (1981). *Imagery.* Cambridge, MA: Harvard University Press.

Bloom, L. (1973). *One word at a time: The use of single word utterances before syntax.* The Hague: Mouton.

Blumstein, S. E., & Stenvens, K. N. (1979). Acoustic invariance in speech production: Evidence from measurements of the spectral characteristics of stop consonants. *Journal of the Acoustical Society of American,* 66, 1001~1017.

Bourne, L. E. Jr., (1970). Knowing and using concept. *Psychological Review,* 77, 546~556.

Bourne, L. E. Jr., Ekstrand, B. R., & Dominowski, R. L. (1971) *The psychology of thinking.* Englewood Cliffs, NJ: Prentice-Hall.

Bower, G. H. (1970a). Analysis of a mnemonic device. *American Scientist,* 58, 496~510.

Bower, G. H. (1970b). Organizational factors in memory. *Cognitive Psychology,* 1, 18~46.

Bower, G. H. (1970c). Imagery as a relational organizer in paired-associate learning. *Journal of Verbal Learning and Verbal Behavior,* 9, 529~533.

Bower, G. H. (1981). Mood and memory. *American Psychologist,* 36, 129~148.

Brand, J. (1971). Classification without identification in visual search. *Quarterly Journal of Experimental Psychology,* 23, 178~186.

Briggs, G. E. (1954). Acquisition, extinction, and recovery functions in retroactive inhibition. *Journal of Experimental Psychology,* 47, 285~293.

Briggs, G. E. (1957). Retroactive inhibition as a function of the degree of original and interpolated learning. *Journal of Experimental Psychology,* 53, 60~67.

Broadbent, D. E. (1954). The role of auditory localization and attention in memory span. *Journal of Experimental Psychology,* 47, 191~196.

Broadbent, D. E. (1958). *Perception and communication.* New York: Pergamon.

Broadbent, D. E., & Gregory, M. (1963). Division of attention and the decision theory of signal detection. *Proceedings of the Royal Society,* 158B, 221~231.

Brooks, L. R. (1968). Spatial and verbal components of the act of recall. *Canadian Journal of Psychology,* 22, 349~368.

Brown, R., & Lenneberg, E. H. (1954). A study in language and cognition. *Journal of Abnormal and Social Psychology,* 49, 454~462.

Bruner, J. S. (1957). On perceptual readiness. *Psychological Review,* 64,

123~152.

Bruner, J. S., & Goodman, C. C. (1947). Value and need as organizing factors in perception. *Journal of Abnormal and Social Psychology,* 42, 33~44.

Bruner, J. S., & Krech, D. (Eds.) (1950). *Perception and personality: A symposium.* Durham, N C: Duke University Press.

Bruner, J. S., & Postman, L. (1949). On the perception of incongruity: A paradigm. *Journal of Personality,* 18, 206~223.

Bruner, J. S., Goodnow, J. J., & Austin. (1956). *A study of thinking.* New York: John Wiley & Sons.

Caramazza, A., & Zurif, E. B. (1978). Comprehension of complex sentences in children and aphasics: A text of the regression hypothesis. In A. Caramazza & E. B. Zurif (Eds.), *Language acquisition and language breakdown.* Baltimore: Johns Hopkins University Press.

Carmichel, L., Hogan, H. P., & Walter, A. (1932). An experimental study of the effect of language on the reproduction of visually perceived form. *Journal of Experimental Psychology,* 15, 73~86.

Carr, H. A. (1925). *Psychology: A study of mental activity.* New York: Mckay.

Carroll, J. B., Davies, P., & Richman, B. (1971). *The American heritage word frequency book.* New York: Houghton Mifflin.

Carter, L. F., & Schooler, K. (1949). Value, need and other factors in perception. *Psychological Review,* 56, 200~207.

Cattell, J. M. (1886). The time it takes to see and name objects. *Mind,* 11, 63~65.

Ceraso, J., & Provitera, A. (1971). Sources of error insyllogistic reasoning. *Cognitive Psychology,* 2, 400~410.

Chaffin, R., & Herrmann, D. J. (1984). Similarity and diversity of semantic relations. *Memory and Cognition,* 12, 134~141.

Chaffin, R., & Herrmann, D. J. (1988). The nature of semantic relations: A comparison of two approaches. In M. Evens (Ed.), *Relational models of models of the lexicon: Representing knowledge in semantic network.* New York: Cambridge University Press.

Chapanis, A., & Lindenbaum, L. (1959). A reaction time study of four control-display linkages. *Hurman Factors,* 1(1), 1~7.

Chaplin, J. P., & Krawiec, T. S. (1974). *Systems and theories of psychol-*

ogy. New York: Holt, Rinehart & Winston.

Chase, W. G., & Simon, H. A. (1973). Perception in chess. *Cognitive Psychology*, 4, 55～81.

Chen, L. (1982). Topological structure in visual perception. *Science*, 218, 699～670.

Cherry, C. (1953). Some experiments on the recognition of speech with one and with two ears. *Journal of the Acoustical Society of American*, 25, 975～979.

Chomsky, N. (1957). *Syntactic structures*. The Hague: Mouton.

Chomsky, N. (1959). Review of "Verbal Behavior" by Skinner. *Language*, 35, 26～58.

Chomsky, N. (1965). *Aspects of the theory of syntax*. Cambridge, MA: MIT Press.

Chomsky, N. (1972). *Studies on semantics in generative grammar*. The Hague: Mouton.

Chomsky, N. (1975). *Reflections on language*. New York: Pantheon.

Chrostiwski, J. J., & Griggs, R. A. (1985). The effects of problem, content, instructions and verbalization procedure on Watson's selection task. *Psychological Reseach Reviews*, 4, 99～107.

Clark, H. H., & Clark, E. V. (1977). *Psychology and language*. New York: Harcourt Brace Jovanovich.

Clark, H. H., & Clark, E. V. (1968). Segmantic distinctions and memory for complex sentences. *Quarterly Journal of Experimental Psychology*, 20, 129～138.

Cohen, G. (1983). *The psychology of cognition* (2nd ed.). New York: Academic Press.

Cohen, S. L., & Cohen, R (1985). The role of activity in spatial cognition. In R. Cohen (Ed.), *The development of spatial cognition*, pp. 199～223. Hillsdale, NJ: Erlbaum.

Colins, A. M., & Loftus, E. F. (1975). A spreading activation theory of sementic processing. *Psychological Review*, 82, 407～428.

Collins, A. M., & Quillian, M. R. (1969). Retrieval time from semantic memory. *Journal of Verbal Learning and Verbal Behavior*, 8, 240～248.

Colquhoun, W. P., & Baddeley, A. D. (1967). Influence of signal probability during pretraining on vigilance decrement. *Journal of Ex-*

perimental Psychology, 73, 153～155.

Coltheart, M., Besner, D., Jonassen, J. T., & Davelaar, E. (1979). Phonological encoding in the lexical decision task. *Quarterly Journal of Experimental Psychology,* 31, 489～507.

Conrad, C. (1972). Cognitive economy in semantic memory. *Journal of Experimental Psychology,* 92, 149～154.

Conrad, R. (1964). Acoustic confusions in immediate memory. *British Journal of Psychology.* 55, 75～84.

Cooper, L. A., & Shepard, R. N. (1973). Chronometric studies of the rotation of mental images. In W. G. Chase (Ed.), *Visual information processing.* New York: Academic Press.

Cooper, L. A., & Shepard, R. N. (1984). Turning something over in the mind. *Scientific American,* 251(6), 106～114.

Cooper, W. E., Tye-Murray, N., & Eady, S. J. (1985). Acoustical cues to the reconstruction of missing words in speech perception. *Perception & Psychophysics,* 38 (1), 30～40.

Cowen, E. L., & Beier, E. G. (1954). Threat-expectancy, word frequencies, and perceptual prerecognition hypothesis. *Journal of Abnormal and Social Psychology,* 49, 178～182.

Craig, A., & Colquhoun, W. P. (1975). Vigilance: A review. In C. G. Drury and J. G. Fox (Eds.), *Human reliability in quality control.* London: Taylor and Francis.

Craik, F. I. M., & Lockhart, R. S. (1972). Levels of processing: A framework for memory research. *Journal of Verbal Learning and Verbal Behavior,* 11, 671～684.

Craik, F. I. M., & Tulving, E. (1975). Depth of processing and the retention of words in episodic menory. *Journal of Experimental Psychology General,* 104, 268～294.

Craik, F. I. M., & Watkins, M. J. (1973). The role of rehearsal in short-term memory. *Journal of Verbal Learning and Verbal Behavior,* 12, 599～607.

Cutler, A., & Norris, D. (1988). The role of strong syllables in segmentation for lexical access. *Journal of Experimental Psychology: Human Perception and Performance,* 14, 113～121.

Darwin, C.J., Turvey, M. T., & Crowder, R. G. (1972). An auditory analogue of the Sperling partial report procedure: Evidence for brief auditory storage. *Cognitive Psychology,* 3, 255～267.

Davies, D. R., & KrKovic, J. (1965). Skin-conductance, alpha-activity and vigilance. *American Journal of Psychology,* 78, 304～306.

Davies, D. R., & Tune, G. S. (1969). *Human vigilance performance.* New York: American Elsevier.

Davies, D. R., Shackelton, V. J., & Parasuraman, R. (1983). Monotony and boredom. In G. R. J. Hockey (Ed.), *Stress and fatigue.* London: Wiley.

Day, D. S. (1970). Temporal order judgments in speech: Are individuals language-bound or stimulus bound? *Haskins Laboratories status report,* SR-21/22, 71～87.

D'Brien, E. J., & Wolford, C. R. (1982). Effect of delay of testing on retention of plausible versus bizarre mental image. *Journal of Experimental Psychology: Learning, Memory and Cognition,* 8, 148～152.

Deese, J. (1955). Some problem in the theory of vigilance. *Psycholgical Review,* 62, 359～368.

De Groot (1965). *Thought and choice in chess.* The Hague: Mouton.

Dember, W. N., & Warm, J. S. (1979). *Psychology of perception.* New York: Holt, Rinehart & Winston.

Denes, P.B. & Pinson, E.N. (1973). *The speech chain: The physics and biology of spoken language.* New York: Anchor Books.

Derry, S. J. (1990). Flexible cognitive tools for problem solving instruction. *Paper presented at the annual meeting of the American Educational Research Association,* Boston, MA, April, 16～20.

Deutsch, J. A., & Deutsch, D. (1963). Attention: Some theoretical considerations. *Psychological Review,* 70, 80～90.

Deutsch, J. A., & Deutsch, D. (1967). Comments on "selective attention: perception or response. *Quarterly Journal of Experimental Psychology,* 19, 362～363.

Diehl, R. L. (1981). Feature detectors for speech: A critical reappraisal. *Psychological Bulletin,* 89(1), 1～18.

Dodd, D. H., & White, R. M. Jr. (1980). Cognition. *In mental structures and processes.* Boston: Allyn & Bacon.

Downing, J., & Leong, C. K. (1982). *Psychology of reading.* New York: Macmillan.

Duncan, E. M., & Bourg, T. (1983). An examination of the effects of encoding and decision process on the rate of mental rotation. *Journal of Mental Imagery,* 7, 33～56

Duncker, K. (1945). On problem solving. *Psychological Monographs,* 53.

Dustman, R. E., & Beck, E. C. (1965). Phase of alpha brain waves, reaction time and visually evoked potentials. *Electroenceph. Clin. Neurophysiol.* 18, 433~440.

Easterbrook, J. A. (1959). The effect of emotion on cue utilization and the organization of behavior. *Psychological Review,* 66, 183~201.

Egan, J. P., Greenberg, G. Z., & Schulmn, A. I. (1961). Interval of time uncertainty in auditory detection. *Journal of the Acoustical Society of America,* 33, 771~778(a).

Egeth, H., Jonides, J., & Wall, S. (1972). Parallel processing of multielement displays. *Cognitive Psychology,* 3, 674~698.

Egger, V. (1881). *La parole interieur.* Paris: Librairie Germer Bailliere et Cie.

Eimas, P. D., & Corbit, J. D. (1973). Selective adaption of linguistic feature detectors. *Cognitive Psychology,* 4, 99~109.

Einstein, G. O., & McDaniel, M. A. (1987). Distinctiveness and the mnemonic benefits of bizarre imagery. In M. A. McDaniel & M. Pressley (Eds.), *Imagery and related mnemonic processes: Theories, individual differences and applications,* pp. 78~102. New York: Springer-Verlag.

Einstein, G. O., McDaniel, M. A., & Lackey, S. (1989). Bizarre imagery, interference and distinctiveness. *Journal of Experimental Psychology: Learning, Memory and Cognition,* 15, 137~146.

Ekstrand, B. R., & Underwood, B. J. (1965). Free learning and recall as a function of unit-sequence and letter-sequence interference. *Journal of Verbal Learning and Verbal Behavior,* 4, 390~396.

Erdmann, B., & Dodge, R. (1898). *Psychologische Untersuchungen iiber das lesen auf Experimenteller Grundlage.* Halle: Neimeyer.

Erickson, J. R. (1974). A set analysis theory of behavior in formal syllogistic reasoning tasks. In R. L. Solso (Ed.), *Theories in cognitive psychology: The Loyolo symposiim.* Potomac, Md.: Lawrence Erlbaum.

Erickson, J. R. (1978). Research on syllogistic reasoning. In R. Revlin & R. E. Mayer (Eds.), *Human reasoning.* Washington. D. C.: Winston.

Ericson, K. A., & Simon, H. A. (1984). *Protocal analysis.* Cambridge, MA: M.I.T. Press.

Ericssonk. A., & Simon, H. B. (1980). Verbal report as data. *Psychological*

Review, 87, 215~251.

Evans, G. W. (1980). Environmental cognition. *Psychological Bulletin,* 88, 259~287.

Evans, G. W., & Pezdek, K. (1980). Cognitive mapping: Knowledge of real-world distance and location information. *Journal of Experimental Psychology: Human Learning and Memory,* 6, 13~24.

Evans, G. W., Brennan, P. L., Skorpanitch, M. A., & Held, D. (1984). Cognitive mapping and elderly adults: Verbal and location memory for urban landmarks. *Journal of Gerontology,* 39, 452~457.

Eysenck, M. W. (1984). *A handbook of cognitive psychology.* NJ: Lawrence Erlbaum.

Eysenck, M. W. (1982). *Attention and arousal: Cognition and performance.* Berlin: Springer.

Farah, M. (1989). Mechanisms of imagery-perception interaction. *Journal of Experimental Psychology: Human Perception and Performance,* 15, 203~211.

Flower, L., & Hayes, J. R. (1981). A cognitive process theory of writing. *College Composition and Communication,* 32, 365~387.

Fodor, J. A. (1975). *The language of thought.* New York: Thomas Y. Crowell.

Fodor, J. A. (1983). *The modularity of mind.* Cambridge, MA: M.I.T. Press.

Fodor, J. A., & Bever, F. C. (1965). The psychological reality of linguistic segments. *Journal of Verbal Learning and Verbal Behavior,* 4, 414~420.

Foley, J. E., & Cohen, A. J. (1984). Working mental representations of the environment. *Environment and Behavior,* 16, 713~729.

Forst, N. (1972). Encoding and retrival invisual memory tasks. *Journal of Experimental Psychology,* 95, 317~326.

Forster, K. I. (1976). Accessing the mental lexicon. In R. J. Wales & C. T. Walker (Eds.), *New approaches to language mechanisms.* North-Holland: Amsterdam.

Forster, K. I. (1981). Frequency blocking and lexical access: One mental lexicon or two? *Journal of Verbal Learning and Verbal Behavior,* 20, 190~203.

Foss, D. J. (1970). Some effects of ambiguity upon sentence comprehension. *Journal of Verbal Learning and Verbal Behavior,* 9, 699~706.

Franks, J. J., & Bransford, J. D. (1971). Abstraction of visual patterns. *Journal of Experimental Psychology, 90*, 65～74.

Frederiksen, J. R. (1978). Assessment of perceptual decoding and lexical skills and their relation to reading proficiency. In A. M. Lesgold, J. W. Pellegrino, S. D. Fokkema, & R. Glaser(Eds.), *Cognitive psychology and instruction*. New York: Plenum Press.

Frederiksen, J. R. (1981). The effect of sentence context on ongoing word recognition: Tests of a two-process theory. *Journal of Experimental Psychology: Human Perception and Performance, 7*, 658～672.

Frost, N. A. H. (1971). *Clustering by visual and semantic codes in long-term memory*. Unpublished doctoral dissertation. University of Oregon.

Galton, F. (1880). Statistics of mental imagery. *Mind, 5*, 301～308.

Gardner, H. (1985). *The mind's new science: A history of the cognitve revolution*. New York: Basic Books.

Garling, T., Book, A., & Lindberg, E. (1985). Adults' memory representations of the spatial properties of their everyday physical environment. In R. Cohen (Ed.), *The development of spatial cognition*, pp. 141～184. Hillsdale, NJ: Erlbaum.

Garner, R., & Kraus, C. (1981～1982). Good and comprehender differences in knowing and regulating reading behaviors. *Educational Research Quarterly, 6*, 5～12.

Gibson, E.J., & Levin, H. (1975). *The psychology of reading*. Cambridge, MA: MIT Press.

Gibson, J. J. (1979). *The ecological approach to visual perception*. Boston: Houghton Mifflin.

Gick, M. L., & Holyoak, K. (1980). Analogical problem solving. *Cognitive Psychology, 12*, 306～355.

Glanzer, M., & Cunitz, A. R. (1966). Two storage mechanisms in free recall. *Journal of Verbal Learning and Verbal Behavior, 5*, 351～360.

Glanzer, M., & Ehrenreich, S. L. (1979). Structure and research of the mental lexicon. *Journal of Verbal Learning and Verbal Behavior, 18*, 381～398.

Glass, A. L., & Holyoak, K. J. (1975). Alternative conceptions of semantic memory. *Cognition, 3*, 313～339.

Glass, A. L., Holyoak, K. J., & Santa, J. L. (1986). *Cognition* (2nd ed.).

New York: Random House.

Goddlen, D. R., & Baddeley, A. D. (1975). Context-dependent memory in two natural environments: On land and under water. *British Journal of Psychology,* 66, 325～331.

Goetz, E. T., Alexander, P. A., & Ash, M. J. (1992). *Educational psychology: A classroom perspective,* p.358. New York: Macmillan.

Goodman, K. S. (1967). Reading: A psycholingustic guessing game. *Journal of the Reading Specialist,* 6, 126～135.

Goodman, K. S. (1976). Reading: A psycholingustic guessing game. In H. Singer & R. Ruddel (Eds.), *Theoretical models and processes of reading* (2nd ed.). Newark, Del.: International Reading Association.

Gordon, B. (1983). Lexical access and lexical decision: Mechanisms of frequency sensitivity. *Journal of Verbal Learning and Verbal Behavior,* 22, 24～44.

Gordon, R. (1949). An investigation into some of the factors that favour the formation of stereotyped image. *British Journal of Psychology,* 39, 156～167.

Gordon, W. C. (1989). *Learning and memory.* Pacific Grove, CA: Brooks/Cole.

Gordon, W. J. J. (1961). *Synectics: The development of creative capacity.* New York: Harper & Row.

Gough, P. B. (1984). Word recognition. In P. D. Pearson (Ed.), *Handbook of reading research,* pp. 225～253. New York: Longman.

Gough, P. B. (1985). One second of reading. In H. Singer & R. Ruddell (Eds.), *Theoretical models and processes of reading* (3rd ed.). Newark, Del.: International Reading Association.

Gough, P. B., & Stewart, W. C. (1970). *Word vs. non-word discrimination latency.* Paper presented at Midwestern Psychological Association.

Gray, J. A., & Wedderburn, A. A. I. (1960). Grouping strategies with simultaneous stimui. *Quarterly Journal of Experimental Psychology,* 12, 180～184.

Green, D. M., & Swets, J. A. (1966). *Signal detection theory and psychophysics.* New York: John Wiley.

Green, T. R. G., Payane, S. J., & Vander Veer, G. G. (Eds.). (1983). *The psychology of computer use.* London: Academic Press.

Greenberg, J. H. (1963). Some universals of grammar with particular reference to the order of meaningful elements. In J. H. Greenberg (Ed.), *Universals of language.* pp. 58~90. Cambridge, MA: MIT Press.

Greeno, J. G. (1977). Process of understanding in problem solving. In N. J. Castellan, Jr., D.B. Pisoni, & G. R. Potts (Eds.), *Cognitive theory,* Vol.2, pp. 43~84. Hillsdale, NJ: Erlbaum.

Greeno, J. G. (1978). Natures of problem solving abilities. In W. K. Estes (Ed.), *Handbook of learning and cognitive process,* Vol. 5. Hillsdale, NJ: Erlbaum.

Greenseein, J. S., & Arnaut, L. Y. (1987). Human factors aspects of manual computer input devices. In G. Salvendy (Ed.), *Handbook of human factors,* pp. 1450~1489. New York: John Wiley.

Gregory, R. L. (1978). *Eye and brain: The psychology of seeing.* New York: McGraw-Hill.

Griggs, R. A., & Cox, J. R. (1982). The elusive thematic-materials effects on Wason's selection task. *British Journal of Psychology,* 73, 407~420.

Gross, D., Fischer, U., & Miller, G. A. (1989). The organization of adjectival meanings. *Journal of Memory and Language,* 28, 92~106.

Guilford, J. P. (1967). *The nature of human intelligence.* New York: McGraw-Hill.

Gunn, W. J., & Loeb, M. (1967). Correlation of performance in detecting visual and auditory signals. *American Journal of Psychology,* 80, 236~242.

Halpern, D. F. (1984). *Thought and knowledge: An introduction to critical thinking.* Hillsdale, NJ: Erlbaum.

Hamilton, P., Hockey, G. R. J., & Rejman, M. (1977). The place of the concept of activation in human information processing theory: An integrative approach. In S. Dornic (Ed.), *Attention and performance,* Vol. Vl. Hallsdale, NJ.: Lawrence.

Hamilton, W. (1859). *Lectures on metaphysics and logic.* Edinburgh: Blackwood.

Harriot, P. (1969). The comprehension of active and passive sentence as a function of pragmatic expectations. *Journal of Verbal Learning and Verbal Behavior,* 8, 116~169.

Hasher, L., & Zacks, R. T. (1979). Automatic and effortful processes in memory. *Journal of Experimental Psychology: General,* 108, 356~388.

Hawkes, G. R., & Loeb, M. (1962). Vigilance for cutaneous and auditory stimuli as a function of intersignal interval and signal strength.

Journal of Psychology, 53, 211~218.

Hayes, J. R. (1978). *Cognitive psychology: Thinking and creating.* Homewood, IL: Dorsey Press.

Hayes, J. R., & Simon, H. A. (1977). Psychological differences among problem solving isomorphs. In N. Castellan, Jr., D. Pisoni, & G. Potts (Eds.), *Cognitive theory,* Vol.2, pp.21~42. Hillsdale, NJ: Erlbaum.

Healy, A. F. (1980). Proof reading errors on the word "the": New evidence on reading unit. *Journal of Experimental Psychology: Human perception and performance,* 6, 45~57.

Hebb, D. O. (1955). Drives and the CNS (central nervous system). *Psychological Review,* 62, 243~254.

Heider, E. R. (1972). Universals in color naming and memory. *Journal of Experimental Psychology,* 93, 10~20.

Hemandez-Peon, R. (1966). Physiological mechanisms in attention. In R. W. Russell (Ed.), *Frontiers in physiological psychology.* New York: Academic press.

Henderson, L. (1982). *Orthography and word recognition in reading.* New York: Academic Press.

Herman, D. J., Lawless, R. H., & Marshall, R. W. (1957). Variables in the effect of language on the reproduction of visually perceived forms. *Perceptual and Motor Skills,* 7, Monograph Supplement 2.

Herre, R. (1974). Some remarks on "rule" as a scientific concept. In T. Mischel (Ed.), *Understanding other persons.* Oxford: Blackwell.

Hinsley, D. A., Hayes, J. R., & Simon, H. A. (1978). From word to equations: Meaning and representation in algebra word problems. In P. A. Carpenter and M. A. Juse (Eds.), *Cognitive process in comprehension.* Hillsdale, NJ: Erlbaum.

Hochberg, J., & Brooks, V. (1960). The psychology of form: Reversible perspective drawings of spatial objects. *American Journal of Psychology,* 73, 337~354.

Hochberg, J., & McAlister, E. (1953). A quantitative approach to figural "goodness". *Journal of Experimental Psychology,* 46, 361~364.

Hockey, R., MacLeam, A., & Hamilton, P. (1981). State change and the temporal patterning of component resources. In J. Long, & A. D. Baddeley (Eds.). *Attention and performance,* Vol. IX. Hillsdale, NJ: Lawrence Erlbaum.

Howes, D. H., & Solomon, R. L. (1951). Visual duration threshold as a function of word-probability. *Journal of Experimental Psychology,* 41, 401～410.

Hubel, D. H., & Weisel, T. N. (1965). Receptive fields and function architecture in two nonstriate visual areas (18 and 19) of the cat. *Journal of neurophysiology,* 28, 229～289.

Hubel, D. H., & Weisel, T. N. (1968). Receptive fields and function architecture of monkey striate cortex. *Journal of Physiology,* 195, 215～243.

Hubel, D. H. & Wiesel, T. N. (1962). Receptive fields, binocular interaction and functional architecture in the cat's visual cortex. *Journal of Physiology,* 160, 106～154.

Hubel, D. H., & Wiesel, T. N. (1963). Shape and arrangement of columns in cat's striate cortex. *Journal of Physiology,* 165, 559～568.

Hudson, T. (1980). Young children's difficulty with "How many more __than__ are there?" question. Doctoral dissertation. Indiana University, Dissertation Abstracts International, 41.

Huey, E. B. (1908). *The psychology and pedagogy of reading.* New York: Macmillan.

Hunt, E. B. (1978). Mechanics of verbal ability. *Psychological Review,* 85, 199～230.

Hunt, E., & Love, T. (1972). How good can memory be? In A. W. Meton & E. Martion (Eds.). *Coding processes in human memory.* Washington D. C.: Winston.

Hunt, E. B., Lunnerborg, C., & Lewis, J. (1975). What does it mean to be high verbal? *Cognitive Psychology,* 2, 194～227.

Huttenlocher, J, (1968). Coustructing spatial images: A strategy of reasoning. *Psychology Review,* 75, 550～560.

Hyde, T. S., & Jenkins, J. J. (1969). Differential effects of incidental task on the organization of recall of a list of highly associated words. *Journal of Experimental Psychology,* 82, 472～481.

Jackson, M. D., & McClelland, J. L. (1979). Processing determinants of reading speed. *Journal of Experimental Psychology: General,* 108, 151～181

James, W. (1890). *The principles of psychology.* New York: Henry Holt.

James, W. (1892). *Psychology: Briefer course.* New York: Henry Holt.

James, W. (1901). *Talks to teachers on psychology.* New York: Henry Holt.

Jerison, H. J., & Pickett, R. M. (1964). Vigilance: The importance of the elicited observing rate. *Science,* 143, 970~971.

Jevons, W. S. (1871). The power of numerical discrimination. *Nature,* 3, 281~282.

Johnson-Laird, P. N. (1983). *Mental model.* Cambridge, MA: Harvard University Press.

Johnson-Laird, P. N. (1988). *The computer and the mind.* Cambridge, MA: Harvard University Press.

Johnson-Laird., P. N., & Wason, P. C. (1977). A theorical analysis of insight into a reasoning task and postscript. In P. N. Johnson-Laird & P. C. Wason (Eds.), *Thinking: Readings in cognitive science,* pp. 143~157. Cambridge, MA: Cambridge University Press.

Johnson-Laird, P. N., & Steedman, M. (1978). The psychology of syllogisms. *Cognitive Psychology,* 10, 64~99.

Johnson-Laird, P. N., Legrenzi, P., & Legrenzi, M. (1972). Reasoning and a sense of reality. *British Journal of Psychology,* 63, 395~400.

Johnston, J. C. (1974). *The role of contextual constraint in the perception of letters in words.* Unpublished doctoral dissertation, University of Pennsylvania.

Johnston, J. C. (1978). A test of the sophisticated guessing theory of word perception. *Cognitive Psychology,* 10, 123~153.

Johnston, J. C. (1981). Understanding word perception: Clues from studying the word-superiority effect. In O.J.L. Tzeng & H. Singer (Eds.), *Perception of print: Reading research in experimental psychology.* Hillsdale, NJ: Erlbaum.

Johnston, T.C., & McClelland, J.L. (1973). Visual factors in word perception. *Perception and Psychophysics* 14, 365~370.

Johnston, W. A., & Heinz, S. P. (1978). Flexibility and capacity demands of attention. *Journal of Experimental Psychology: General,* 107, 420~435.

Jolicoeur, P. (1985). The time to name disoriented natural objects. *Memory & Cognition,* 13, 289~303.

Jolicoeur, P., Snow, D., & Murray, J. (1987). The time to identify disoriented letters: Effects of practice and font. *Canadian Journal of Psychology,* 41, 303~316.

Jones, D. (1960). An outline of English phonetics (9th ed.). Cambridge: W.

Heffer & Sons.

Just, M. A., & Carpenter, P. A. (1985). Cognitive coordinate systems: Accounts of mental rotation and individual differences in spatial ability. *Psychological Review*, 92, 137〜172.

Just, M. A., & Carpenter, P. A. (1987). *The psychology of reading and language comprehension*. Boston: Allyn & Bacon.

Kahneman, D. (1973a). *Attention and effort*. Englewood Cliffs, NJ: Prentice-Hall.

Kahneman, D., & Treisman, A. (1984). Changes views of attention and automaticity. In R. Parasuraman and D. R. Davies (Eds.), *Varieties of attention*. New York: Academic Press.

Kahneman, D., & Tversky, A. (1973b). On the psychology of prediction. *Psychological Review*, 80, 237〜251.

Karat, J. (1982). A model of problem solving with incomplete constraint knowledge. *Cognitive Psychology*, 14, 538〜559.

Kay, P. (1975). Synchronic variability and diachronic changes in basic color terms. *Language in Society*, 4, 257〜270.

Keppel, G., & Underwood, B. J. (1962). Proactive inhibition in short-term retention of single items. *Journal of Verbal Learning and Verbal Behavior*, 1, 153〜161.

Keren, G. (1984). On the importance of identifying the correct "problem space". *Cognition*, 16, 121〜128.

Kerr, N. H., Butler, S. F., Maykuth, P. L., & Delis, D. (1982). The effects of thematic context and presentation mode on memory for sentence voice. *Journal of Psycholinguistic Research*, 11, 247〜264.

Kinstch, W., & Van Dijk, T. A. (1978). Toward a model of text comprehension and production. *Psychological Review*, 85, 363〜394.

Kintsch, W. (1968). Recognition and free recall of organized lists. *Journal of Experimental Psychology*, 78, 481〜487.

Kintsch, W. (1970). Models for free recall and recognition. In D. A. Norman (Ed.), *Models of human memory*. New York: Academic Press.

Kintsch, W. (1974). *The representation of meaning in memory*. Hillsdale, NJ: Erlbaum.

Kintsch, W. (1976). Memory for prose. In C. N. Cofer (Ed.), *The structure of human memory*. San Francisco: Freeman.

Kintsch, W., & Glass, G. (1974). Effects of propositional structure upon sentence recall. In W. Kintsch (Ed.), *The representation of meaning in memory*. Hillsdale, NJ: Erlbaum.

Kintsch, W., & Keenan J. M. (1973). Reading rate and retention as a function of the number of propositions in the base structure of sentences. *Cognitive Psychology,* 5, 257~274.

Kirasic, K. C. (1985). A. roadmap to research for spatial cognition in the elderly adult. In R. Cohen (Ed.). *The development of spatial cognition,* pp. 185~198. Hillsdale, NJ: Erlbaum.

Klatt, D. H. (1976). Linguistic uses of segmental duration in English: Acoustic and perceptual evidence. *Journal of the Acoustical Society of America,* 59(5), 1208~1221.

Koffka, K. (1935). *Principles of Gestalt psychology*. New York: Harcourt Brace Jovanovich.

Kohler, W. (1925). *The mentality of apes*. New York: Harcourt.

Kolers, P. A. (1983). Perception and representation. *Annual Review of Psychology,* 34, 129~166.

Kolers, P. A., & Brison, S. J. (1984). Commentary: On pictures, words and their mental representation. *Jouranl of Verbal Learning and Verbal Behavior,* 23, 105~113.

Kosslyn, S. M. (1973). Scanning visual images: Some structural implication. *Perception and Psychophysics,* 14, 90~94.

Kosslyn, S. M. (1975). Information representation in visual images. *Cognitive Psychology,* 7, 341~370.

Kosslyn, S. M. (1980). *Image and mind*. Cambridge, MA: Havard University Press.

Kosslyn, S. M. (1981). The medium and the message in mental imagery: A theory. *Psychological Review*, 88, 46~65.

Kosslyn, S. M. (1987). Seeing and imagining in the cerebral hemispheres. A computational approach. *Psychological Review,* 94, 148~175.

Kosslyn S. M., Ball, T. M., & Reiser, B. J. (1978). Visual images preserve metric spatial information: Evident from studies of image scanning. *Journal of Exprimental psychology: Human Perception & Performance,* 4, 47~60.

Kozlowski, L. T., & Bryant, K. J. (1977). Sense of direction, spatial orientation, and cognitive maps. *Journal of Experimental Psychology: Human Perception and Performance,* 3, 590~598.

Kroll, N. E. A. (1975). Visual short-term memory. In D. Deutsch & J. A.

Deutsch (Eds.), *Short-term memory*. New York: Academic Press.

Kucera, H., & Francis, W. N. (1967). *Computational analysis of present-day American English*. Providence, R. I.: Brown University Press.

Kulikowich, J. M., & Alexander, P. A. (1990). The effects of gender, ability, and grade on analogy performance. *Contemporary Educational Psychology,* 15, 364~377.

Laberge, D., & Samuels, S. T. (1974). Toward a theory of automatic information processing in reading. *Contemporary Educational Psychology,* 6, 293~323.

Ladefoged, P. (1975). *A course in phonetics*. New York: Harcourt, Brace, & Jovanovich.

Laing, M. E. (1903). *Reading: A manual for teachers*. Boston: Health.

Lambert, W. W., Solomon, R. L., & Watson, P. D. (1949). Reinforcement and extinction as factors in size estimation. *Journal of Experimental Psychology,* 39, 637~641.

Larkin, J., McDermott, J., Simon, D. P., & Simon, H. (1980). Expert and novice performance in solving physics problems. *Science,* 208, 1335~1342.

Lemmons, P. (1982). A short history of the keyboard. *Byte Magazine,* 386~387.

Levin, H., & Kaplan, E. L. (1970). Grammatical structure and reading. In H. Levin & J. P. Williams (Eds.), *Basic studies on reading*. New York: Basic Books.

Liberman, A. M., & Mattingly, I. G. (1985). The motor theory of speech perception revised. *Cognition,* 21(I), 1~36.

Liberman, A.M. (1970). The grammars of speech and language. *Cognitive Psychology,* 1(4), 301~323.

Liberman, A. M., & Studdert-Kennedy, M. (1978). Phonetic perception. In R. Held, H. W. Leibowitz, & H. L. Teuber (Eds.). *Handbook of sensory physiology: Perception*, Vol. 8, New York: Springer-Verlag.

Liberman, A. M., Cooper, F. S., Shankweiler, D. P., & Studdert-Kennedy, M. (1967). Perception of the speech code. *Psychological Review,* 74, 431~461.

Liberman, A. M., Harris, K. S., Hoffman, H. S., & Griffith, B. C. (1981). The discrimination of speech sounds within and across phoneme boundaries. *Journal of Experimental Psychology,* 54(5), 358~368.

Lindsay, P. H. & Norman. D. A. (1977). Human information processing.

New York: Academic Press.

Loeb, M., & Alluisi, E. A. (1977). An update of finding regarding vigilance and a reconsideration of underlying mechanisms. In R. R. Mackie (Ed.), *Vigilance: Theory, operational performance, and physiological correlates*, pp. 719~749. New York: Plemum.

Loeb, M., & Binford, J. R. (1963). Some factors influencing the effective intensive difference limen. *Journal of the Acoustical Society of America,* 35, 884~891.

Loeb, M., & Binford, J. R. (1968). Variation in performance on auditory and visual, monitoring tasks as a function of signal and stimulus frequencies. *Perception and Psychophysics,* 4, 361~367.

Loeb, M., & Schmidt, E. A. (1963). A comparison of the effects of different kinds of information in maintaining efficiency on an auditory monitoring task. *Ergonomics,* 6, 75~81.

Loftus, E. F. (1979). *Eyewitness testimony*. Cambridge, MA: Harvard University Press.

Loftus, E. F., & Hoffman, H. G. (1989). Misinformation and memory: The creation of new memories. *Journal of Experimental Psychology: General,* 118, 100~104.

Loftus, E. F., & Palmer, J. C. (1974). Reconstruction of automobile destruction: An example of the interaction between language and memory. *Journal of Verbal Learning and Verbal Behavior,* 13, 585~589.

Loftus, G. R. (1978). Understanding of campass direction. *Memory and cognition,* 6, 416~422.

Luchins, A. S. (1942). Mechanization in problem solving. *Psychology Monographs,* 54 (whole No. 248)

Maas, S. (1983). Why systems transparency? In T. R. G. Green, S. J. Payane, & C. C. Vander Veer (Eds.), *The psychology of computer use*. London: Academic Press.

Mackworth, N. H. (1950). Researchers on the measurement of human performance. *Medical Research Council Special Report Series* 268, H. M. Stationery Office, reprinted in H. W. Sinaiko (Ed.), *Selected papers on human factors on the design and use of control systems*. New York: Dover. 1961.

Maier, N. R. F. (1931). Reasoning in humans: II. The solution of a problem and its appearance in consciousness. *Journal of Comparative Psychology,* 12, 181~194.

Mandler, G. (1985). *Cognitive psychology: An essay in cognitive science*.

Hillsdale, NJ: Erlbaum.

Mandler, J. M., & Ritchey, G. H. (1977). Longterm memory for pictures. *Journal of Experimental Psychology: Human Learning and Memory*, 3, 386～396.

Mann, V. A., & Repp, B. H. (1981). Influence of preceding fricative on stop consonant perception. *Journal of the Acoustical Society of America*, 69, 548～558.

Marr, D. (1982). *Vision*. San Francisco: Freeman.

Marschark, M. (1985). Imagery and organization in the recall of high and low imagery prose. *Journal of Memory & Language*, 24, 734～745.

Martin, E. (1972). Stimulus encoding in learning and transfer. In A. W. Melton and E. Martin (Eds.), *Coding processes in human memory*. Washington, DC: Winston.

Martin, E. (1975). Generation-recognition theory and the encoding specificity principle. *Psychological Review*, 82, 150～153.

Martindale, C. (1981). *Cognition and conscionsness*. Pacific Grove, CA: Brooks / Cole.

Martindale, C. (1991). *Cognitive psychology: A neural–network approach*. Pacific Grove, CA: Brooks / Cole.

Mason, M. (1978). From print to sound in mature readers as a function of reading ability and two forms of orthorgraphic regularity. *Memory & Cognition*, 6, 568～581.

Massaro, P. W. (1987). Psychophysics versus specialized processes in speech perception: An alternative perspective. In Schouten (Ed.). *The psychophysics of speech perception*. Dordrecht Martinus Nijhoff Pub.

Matlin, H. W. (1989). *Cognition (*2nd ed.). New York: Holt, Rinehart & Winston.

McClelland, D. C., & Liberman, A. M. (1949). The effect of need for achievement on recognition of need-related words. *Journal of Personality*, 18, 236～251.

McClelland, J. L. (1976). Preliminary letter identification in the perception of word and non-words. *Journal of Experimental Psychology: Human Perception and Performance*, 2, 80～91.

McClelland, J. L., & Elman, J. L. (1986). The TRACE model of speech perception. *Cognitive psychology*, 18, 1～86.

McClelland, J. L., & Elman, J. L. (1988). Cognigtive penetration of the mechanisms of perception. *Journal of Memory and Language.*

McClelland, J. L., & Rumelhart, D. E. (1981). An interactive activation model of context effects in letter perception: Part I : An account of basic findings. *Psychological Review,* 88, 375~407.

McClelland, J. L., Rumelhart, D. E., & Hinton, G. E. (1986). The appeal of parallel distributed processing. In D. E. Rumelhart, J. I. McClelland, and the PDP Research Group (Eds.), *Parallel distributed processing*, Vol. 1, pp. 3~44. Cambridge, MA: MIT Press.

McClelland, J. L., Rumelhart, D. E., & the PDP Research Group (Eds.) (1986). *Parallel distributed processing: Explorations in the microstructure of cognition: Psychological and biological models,* Vol. 2. Cambridge, MA: MIT Press.

McCusker, L.X., Holley-Wilcox, P., & Hillinger, M.L. (1979). *Frequency effects in auditory and visual word recognition.* Paper presented at the meeting of the Southwestern Psychological Association, San Antonio, Tex.

McGeoch, J. A. (1932). Forgetting and the law of disuse. *Psychological Review,* 39, 352~370.

McGinnies, E. (1949). Emotionality and perceptual defense. *Psychological Review,* 56, 244~251.

McGrath, J. J., & O'Hanlon, J. (1967). Temporal orientation and vigilance performance. In A. F. Sanders (Ed.), *Attention and performance.* Amsterdam: North Holland.

McGurk, H., & MacDonald, T. (1976). Hearing lips and seeing voices. *Nature,* 264, 746~748.

McNamara, T. P. Rateliff, R., & McKoon, G. (1984). The mental representation of knowledge acquired from maps. *Journal of Experimental Psychology: Learning, Memory, and Cognition,* 10, 723~732.

Mednick, S. A., & Mednick, M. T. (1967). *Examiner's manual: Remote Associates Test.* Boston, MA: Houghton Mifflin.

Melton, A. W., & Irwin, J. M. (1940). The influence of degree of interpolated learning on retroactive inhibition and overt transfer of specific responses. *American Journal of Psychology,* 53, 173~203.

Metzger, K. R., Warm, J. S., & Senter, R. J. (1974). Effects of background event rate and critical singal amplitude on vigilance performance. *Perceptual and Motor Skills,* 38, 1175~1181.

Meyer, B. J. F. (1975). *The organization of prose and its effects on memory.*

Amsterdam: North-Holland.

Meyer, B. J. F., & Rice, G. E. (1984). The structure of text. In P. D. Pearson (Ed.), *Handbook of reading research*. New York & London: Longman.

Meyer, D. E., & Schvaneveldt, R. W. (1971). Facilitation in recognizing pairs of words: Evidence of a dependence between retrieval operations. *Journal of Experimental Psychology,* 90, 227~234.

Meyer, D. E., Schvaneveldt, R. W., & Ruddy, M.G. (1974). Functions of graphemic and phonemic codes in visual word recognition. *Memory & Cognition,* 2, 309~321.

Meyer, D. E., Schvaneveldt, R. W., & Ruddy, M. G. (1975). Loci of contextual effects on word recognition. In P. M. A. Rabbitt & S. Dornic (Eds.), *Attention and performance* V. New York: Academic Press.

Miller, G. A. (1956). The magical number seven, plus or minus two: Some limites on our capacity to process information. *Psychological Review,* 63, 81~97.

Miller, G. A. (1962). *Psychology: The science of mental life*. New York: Harper & Row.

Miller, G. A. (1986). Dictionaries in the mind. *Language and Cognitive Process,* 1, 171~185.

Miller, G. A. (1986). Wordnet: A dictionary browser. In Information in Data: Proceedings of the first conference of the University of Waterloo Center for the New Oxford English Dictionary. Waterloo, University of Waterloo.

Miller, G. A., & Gildea, P. M. (1987). How children learn word. *Scientific American,* 257, 94~99.

Miller, G. A., & Isard, S. (1963). Some perceptual consequences of linguistic rules. *Journal of Verbal Learning and Verbal Behavior,* 2, 212~228.

Miller, G. A., & McKean, K. O. A. (1964). A chronometric study of some relations between sentences. *Quarterly Journal of Experimental Psychology,* 16, 297~308.

Miller, G. A., Bruner, J. S., & Postman, L. (1954). Familiarity of letter sequences and tachistoscopic identification. *Journal of General Psychology,* 50, 129~139.

Miller, G. A., Galanter, E., & Pribram, K. H. (1960). *Plans and the structure of behavior*. New York: Holt, Rinehart & Winston.

Moar, I., & Bouwer, G. H. (1983). Inconsistency in spatial knowledge. *Memory & Cognition,* 11, 107~113.

Moore, S. F., & Gross, S. J. (1973). Influence of critical signal regularity, stimulus event matrix and cognitive style on vigilance performance. *Journal of Experimental Psychology,* 99, 137~139.

Moray, N., Bates, A., & Barnett, T. (1965). Experiments on the four eared man. *Journal of the Acoustical Society of America,* 38, 196~201.

Morris, C. D. (1978). Acquisition-test interactions between different dimensions of encoding. *Memory and Cognition,* 6(4), 354~363,

Morton, J. (1969). Interaction of information in word recognition. *Psychological Review,* 76, 165~178.

Moyer, R. S. (1973). Comparing objects in memory: Evidence suggesting an internal psychophysics. *Perception & Psychophysics,* 13, 180~184.

Murdock, B. B. (1962). The serial position effect of free recall. *Journal of Experimental Psychology,* 64, 482~488.

Murphy, G. (1949). Historical introduction to modern psychology. New York: Harcourt Brace Tovanovich.

Myers, M., & Paris, S. G. (1978). Children's metacognitive knowledge about reading. *Journal of Educational Psychology,* 70, 680~690.

Nagy, W. E., & Anderson, R. C. (1984). How many words are there in printed school English? *Reading Research Quarterly,* 19, 304~330.

Navon, D., & Gopher, D. (1979). On the economy of the human processing system. *Psychological Review,* 86, 214~225.

Neely, J. H. (1977). Semantic priming and retrieval from lexical memory: Roles of inhibitionless spreading activation and limited-capacity attention. *Journal of Experimental Psychology: General,* 106, 226~254.

Neimark, E. D. & Chapman, R. H. (1975). Development of the comprehension of logical quantifiers. In R. J. Falmagne (Ed.), *Reasoning: representation and process in children and adults.* Hillsdale, NJ: Lawrence Erlbaum Associates.

Neisser, U. (1963). The multiplicity of thought. *British Journal of Psychology,* 54, 1~14.

Neisser, U. (1964). Visual search. *Scientific American,* 210, 94~102.

Neisser, U. (1967). *Cognitive Psychology.* New York: Appleton-Century-Crofts.

Neisser, U. (1976). *Cognition and reality.* San Francisco: W. H. Freeman.

Neisser, U. (1978). Memory: What are the important questions? In M. M. Grunebery, P. E. Morris, & R. N. Sykes (Eds.), *Practical aspects of memory*. London: Academic Press.

Newell, A. (1967). *Studies in problem solving: Subject 3 on the cryptarithmetic task: DONALD GERALD ROBERT*. Pittsburgh: Carnegie-Mellon University.

Newell, A. (1973). You can't play 20 questions with nature and win. In W. G. Chase (Ed.), *Visual information processing*. New York: Academic Press.

Newell, A., & Simon, H. A. (1956). The logic theory machine: A complex information processing system. *IRE Transactions on Information Theory*. IT～2(3), 61～79.

Newell, A., & Simon, H. A. (1961). An example of human chess play in the light of chess playing programs. In N. Weiner & J. P. Schade (Eds.), *Progress in biocybernetics,* Vol.2, pp.19～75. Amsterdam: Elsevier.

Newell, A., & Simon, H. A. (1963). GPS, a program that simulates human thought. In E. A. Feigenbaum & J. Feldman (Eds.), *Computer and thought*. New York: McGraw-Hill.

Newell, A., & Simon, H. A. (1972). *Human problem solving*. Englewood Cliffs, NJ: Prentice-Hall.

Newell, A., & Simon, H. A. (1976). Computer science as empirical inquiry symbols and search. *Communications of the ACM,* 19, 113～126.

Newell, A., Shaw, J. G. & Simon, H. A. (1963). The process of creative thinking. In H. E. Gruber, G. Terrell, & M. Wertheimer (Eds.), *Contemporary approaches to creative thinking,* pp.63～119. New York: Atherton.

Newell, A., Shaw, J. G., & Simon, H. A. (1958). Elements of a theory of human problem solving. *Psychological Review,* 65, 151～166.

Nicely, P. E., & Miller, G. A. (1957). Some effects of unequal spatial distribution on the detectbility of radar targets. *Journal of Experimental Psychology,* 53, 195～198.

Nickerson, R. S., Perkins, D. N., & Smith, E. E. (1985). *The teaching of thinking*. Hillsdale, NJ: Erlbaum.

Nicolson, R., & Gradner, P. H. (1985). The QWERTY keyboard hampers school children. *British Journal of Psychology,* 76, 525～531.

Norman, D. A. (1968). Toward a theory of memory and attention. *Psycho-

logical Review, 75, 522～536.

Norman, D. A. (1980). Twelve issues for cognitve science. *Cognitive Science, 4*, 1～32.

Norman, D. A. (1988). *The psychology of everyday thing.* New York: Basic Books.

Norman, D. A., & Fisher, D. (1982). Why alphabetic keyboard are not easy to use: Keyboard layout doesn't much matter. *Human Factors, 24*, 509～519.

Norman, D. A., & Rumelhart, D. E. & the LNR Research Group (1975). *Explorations in cognition.* San Francisco: W.H. Freeman.

Norman, D. A., Gentner, S., & Stevens, A. L. (1976). Comments on learning schemata and memory representation. In D. Klahr (Ed.), *Cognition and instruction.* Hillsdale, NJ: Lawrence Erlbaum Associates.

Norman, G. R., Brooks, I. R., & Allen, S. W. (1989). Recall by expert medical practitioners and novices as a record of processing attention. *Journal of Experimental Psychology: Learning, Memory and Cognition, 15*, 1166～1174.

Norris, D. G. (1980). *Serial and interactive models of comprehension.* Unpublished D. Phil. Thesis, University of Sussex.

Norris, D. G. (1982). Autonomous processes in comprehension: A reply to Marslen and Tyler. *Cognition, 11*, 97～101.

Norris, D. G. (1986). Word recognition: Context effects without priming. *Cognition, 22*, 93～136.

Nuechterlein, K., Parasuraman, R., & Jiang, Q. (1983). Visual sustained attention: Image degradation produces rapid sensitivity decrement over time. *Science, 220*, 327～329.

O'Brien, E. J. & Wolford, C. R. (1982). Effects of delay of testing on retention of plausible versus bizarre mental image. *Journal of Experimental Psychology: Learning, Memory and Cognition, 8*, 148～152.

O'Hanlon, J. F. (1965). Adrenaline and noradrenaline: Relation to performance in a visual vigilance task. *Science, 15*, 507～509.

Osborn, A. (1957). *Applied imagination.* New York: Charles Scribner's Sons.

Osgood, C. E. (1953). *Method and theory in experiment psychology.* New York: Oxford.

Paige, J. M., & Simon, H. A. (1966). Cognitive processing in solving algebra word problems. In B. Kleimrnuntz (Ed.), *Problem solving research, method, and theory.* New York: Wiley.

Paivio, A. (1975). Perceptual comparisons through the mind's eye. *Memory and Cognition,* 3, 636~647.

Paivio, A. (1979). The relation between verbal and perceptual code. In *Handbook of Perception*, Vol. 9.

Paivio, A. (1986). *Mental representation.* Oxford: Oxford University Press.

Paivio, A., & Desrochers, A. (1980). A dual-coding approach to bilingual memory. *Canadian Journal of Psychology,* 34, 388~399.

Paivio, A., Smythe, P. C., & Yuille, J. C. (1968). Imagery versus meaningfulness of norms in paired-associate learning. *Canadian Journal of Psychology,* 22, 427~441.

Paivio, A., Yuille, J. C., & Madigan, S. A. (1968). Concreteness, imagery and meaningfulness values for 925 nouns. *Journal of Experimental Psychology: Monograph Supplement* (II), 76(1).

Palij, M., Levine., & Kahan, T. (1984). The orientation of cognitive maps. *Bulletin of the Psychonomic Society,* 22, 105~108.

Palincsar, A. S., & Brow, A. L. (1984). Reciprocal teaching of comprehension-fostering and comprehension-monitoring activities. *Cognition and Instruction,* 1, 117~175.

Palmer, C. F., Jones, R. K., Hennessy, B. L., Unze, M. G., & Pick, A. D. (1989). How is a trumpet known? The "basic object level" concept and the perception of musical instruments. *American Journal of Psychology,* 102, 17~37.

Palmer, S. E. (1975a). The effects of contextual scenes on the identification of objects. *Memory and Cognition,* 3, 519~526.

Palmer, S. E. (1975b). Visual perception and world knowledge. Notes on a model of sensory-cognitive interaction. In D. A. Norman, D. E. Rumelhart, & the LNR Research Group (Eds), *Explorations in cognition.* San Francisco: W. H. Freeman.

Parasuraman, R. (1979). Memory load and event rate control sensitivity decrements in sustained attention. *Science,* 205, 924~927.

Parasuraman, R. (1984). Sustained attention in detection and discrimimation. In R. Parasuraman & D. R. Davies (Eds.), *Varieties of attention.* New York: Academic Press.

Parasuraman, R., & Davies, D. R. (1967). A taxonomic analysis of vigilance performance. In R. R. Mackie (Ed.), *Vigilance: Theory, opera-*

tional performance, and physiological correlations. New York: Plenum.

Parasuraman, R., & Davies, D. R. (1976). Decision theory analysis of response latencies in vigilance. *Journal of Experimental Psychology: Human Perception and Performance,* 2, 569~582.

Perfetti, C. A., & Lesgold, A. M. (1977). Discourse comprehension and sources of individual differences. In M. A. Just & R. A. Carpenter (Eds.), *Cognitive processes in comprehension.* Hillsdale, NJ: Erlbaum.

Perfetti, C. A., & Roth, S. (1981). Some of the interactive processes in reading and their role in reading skill. In A. M. Lesgold & C. A. Perfetti (Eds.), *Interactive processes in reading.* Hillsdale, NJ.: Erlbaum.

Perfetti, C. A., Finger, E., & Hogaboam, T. (1978). Sources of vocalization latency differences between skilled and less-skilled young reader. *Journal of Educational Psychology,* 70, 730~739.

Peterson, L. R., & Peterson, M. J. (1959). Short-term retention of individual verbal items. *Journal of Experimental Psychology,* 58, 193~198.

Pezdek, K., & Royer, J. M. (1974). The role of comprehension in learning concrete and abstract sentences, *Journal of Verbal Learning and Verbal Behavior,* 13, 551~558.

Pheasant, S. (1986). *Bodyspace: Anthropometry ergonomics and design.* London: Taylor & Francis.

Piaget, J. (1967). *Six psychological studies.* New York: Vintage Books.

Pichert, J. W., & Anderson, R. C. (1977). Taking different perspectives on a story. *Journal of Educational Psychology,* 69, 309~315.

Pinker, S. & Finke, R. A. (1980). Emergent two-dimensional patterns in images rotated in depth. *Journal of Experimental Psychology: Human Perception and Performance,* 6, 244~264.

Pisoni, D. B., & Luce, P. A. (1987). Trading relation, acoustic cue integration & context effects in speech perception. In M. E. H. Schouten (Ed.). *The psychophysics of speech perception,* pp. 159~172. Dordrecht Martinus Nijhoff Pub.

Pollack, I., & Pickett, J. M. (1964). Intelligibility of excerpts from fluent speech: Auditory vs structural context. *Journal of Verbal Learning and Verbal Behavior,* 3, 79~84.

Posner, M. I. (1969). Abstraction and the process of recognition. In G. H. Bower & J. T. Spence (Eds.), *The psychology of learning and motivation,* Vol.3. New York: Academic Press.

Posner, M. I., & Boies, S. J. (1971). Components of attention. *Psycholog-*

ical Review, 78, 391~408.

Posner, M. I., & Keele, S. W. (1967). Decay of visual information from a single letter. *Science,* 158, 137~139.

Posner, M. I., & Mitchell, R. F. (1967). Chronometric analysis of classification. *Psychological Review,* 74, 194~227.

Posner, M. I., & Snyder, C. R. R. (1975). Attention and cognitive control. In R. Solso (Ed.), *Information processing and cognition: The Loyola symposium.* Hillsdale, NJ: Erlbaum.

Posner, M. I., Boies, S. J., Eichelman, W., & Taylor, R. L. (1969). Retention of visual and name codes of single letters. *Journal of Experimental Psychology Monograph,* 79.

Postman, L., & Stark, K. (1969). Role of response availability in transfer and interference. *Journal of Experimental Psychology,* 79, 168~177.

Postman, L., Stark, K., & Fraser, J. (1968). Temporal changes in interference. *Journal of Verbal Learning and Verbal Behavior,* 7, 672~694.

Ratcliff, R., & Mckoon, G. (1978). Priming in item recognition: Evidence for the propositional structure of sentences. *Journal of Verbal Learning and Verbal Behavior,* 17, 403~417.

Reed, S. K. (1982). *Cognition: Theory and applications.* Pacific Grove, CA: Brooks/Cole.

Reed, S. K., Ernst, G. W., & Banerji, R. (1974). The role of analogy in transfer between similar problem states. *Cognitive Psychology,* 6, 436~450.

Reicher, G. M. (1969). Perceptual recognition as a function of the meaningfulness of stimulus material. *Journal of Experimental Psychology,* 81, 275~280.

Reitman, J. S. (1971). Mechanisms of forgetting in short-term memory. *Cognitive Psychology,* 2, 185~195.

Reitman, J. S. (1974). Without surreptitious rehearsal information in short-term memory decays. *Journal of Verbal Learning and Verbal Behavior,* 13, 365~377.

Reitman, W. R. (1965). *Cognition and thought.* New York: John Wiley.

Repp, B. H., & Liberman, A. M. (1987) Phonetic category boundaries are flexible. In H. Stevan (Ed.), *Categorical perception,* pp. 89~112. Cambridge University Press.

Repp, B. H., Milbum, C., & Ashkenas, J. (1983). Duplex perception confirmation of fusion. *Perception & Psychophysics,* 33, 333~338.

Rips, L. J., & Marcus, S. L. (1977). Supposition and the analysis of conditional sentences. In M. A. Just & P. A. Carpenter (Eds.), *Cognitive processes in comprehension.* Hillsade, NJ: Erlbaum.

Rips, L. J., Shohen, E. J., & Smith, E. E. (1973). Semantic distance and the verification of semantic relations. *Journal of Verbal Learning and Verbal Behavior,* 12, 1~20.

Robert, M., & Summerfield, Q. (1981). Audiovisual adaptation in speech perception. *Perception and Psychophysics,* 30, 309~314.

Robinson, F. (1972). *Effective study.* New York: Macmillan.

Rosch, E. H. (1973). On the internal structure of perceptual and semantic categories. In T. E. Moore (Ed.), *Cognitive development and the acquisition of language.* New York: Academic Press.

Rosch, E. H. (1975). Cognitive representations of semantic categories. *Journal of Experimental Psychology,* 104, 192~233.

Rosch, E. H. (1977). Human categorization. In N. Warren (Ed.), *Advances in cross-cultural psychology* (Vol. 1). London: Academic press.

Rosch, E. H. (1978). Principles of categorization. In E. H. Rosch & B. Lloyd (Eds.), *Cognition and categorization.* Hillsdale, NJ: Erlbaum.

Rosch, E. H., Meruis, C. B., Gray, W. D., Johnson, D. M., & Boyes-Braem, P. (1976). Basic objects in natural categories. *Cognitive Psychology,* 8, 382~439.

Ross, J., Herrmann, D. J., Vaughan, J., & Chaffin, R. (1987). *Accuracy of semantic relation comprehension.* Ceric Document Reproduction Service No. ED 274683. Clinton, NY: Hamilton College.

Roth, E. M., & Shohen, E. E. (1983). The effect of context on the structure of categories. *Cognitive Psychology,* 15, 346~379.

Rubenstein, H., Lewis, S. S., & Rubenstein, M. A. (1971). Homographic entries in the internal lexicon: Effects of systematicity and relative frequency of meanings. *Journal of Verbal Learning and Verbal Behavior,* 10, 57~62(6).

Rumelhart, D. E. (1985). (a) Toward an interactive model of reading. In H. Singer & R. Ruddell (Eds.), *Theoretical models and processes of reading.* (3rd ed.). Newark, Del.,: International Reading Association.

Rumelhart, D. E., & McClelland, J. L. (1982). An interactive activation model of context effects in letter perception: Part 2. The contextual enhancement effect and some tests and extensions of the model. *Psy-*

chological Review, 89, 60~94.

Rumelhart, D. E., & Siple, P. (1974). Process of recognizing tachistoscopically presented words. Psychological Review, 81, 99~118.

Russel, J. A. & Ward, L. M. (1982). Environmental psychology. Annual Review of Psychology, 33, 651~688.

Sarrinen, T. F. (1973). The use of projective techniques in geographic research. In W. H. Ittelson (Ed.), Environment and cognition. New York: Seminar Press.

Sachs, J. S. (1967). Recognition memory for syntactic and semantic aspects of connected disourse. Perception and Psychophysics, 2, 437~442.

Saegert, S., Mackintosh, I., & West, S. (1975). Two studies of crowding in urban public spaces. Environment and Behavior, 7, 159~184.

Scharf, B., Zamansky, H. S., & Brighthill, R. F. (1966). Word recognition with masking. Perception and Psychophysics, 1, 110~112.

Schneider, W., & Shiffrin, R. M. (1977). Controlled and automatic human information processing: I. Detection, search and attention. Psychological Review, 84, 1~6.

Schwanenfluge, P., & Shoben, E. J. (1983). Differential context effect in the comprehesion of abstract and concrete meterials. Journal of Experimental Psychology: Learning, Memory and Cognition, 9, 82~102.

Scribner, S. (1975). Recall of classical syllogisms: Across-cultural investigation of error on logical problems. In R. J. Falmagne (Ed.), Reasoning: Representation and process. Hillsdale, NJ: Erlbaum Associates.

Segal, S. J., & Fusella, V. (1970). Influence of imaged pictures and sounds on detection of visual and auditory signals. Journal of Experimental Psychology, 83, 458~464.

Selfridge, O. G. (1959). Pandemonium: A paradigm for learning. In Symposium on the Mechanization of Thought Processes, Vol.1. London: HM. Stationary Office.

Selfridge, O. G., & Neisser, U. (1963). Pattern recognition by machine. In E. Feigenbaum & S. Feldman (Eds.), Computer and thought. New York: McGraw-Hill.

Shaffer, L. H., & Hardwick, J. (1969). Monitoring simultaneous auditory messages. Perception and Psychophysics, 6, 401~404.

Shannon, C. E., & Weaver, W. (1949). The mathematic theory of communication. Urbana, IL: University of Illinois Press.

Shepard, R. N. (1967). Recognition memory for words, sentences, and pictures. *Journal of Verbal learning and Verbal Behavior, 6*, 156~163.

Shepard, R. N. (1978) Externalization of mental images and the act of creation. In B. S. Randhawa & W. E. Coffman (Eds.), *Visual learning, thinking, and communication,* pp. 133~190. New York: Academic Press.

Shepard, R. N., & Chipman, S. (1970). Second-order isomorphism of internal representation: Shapes of states. *Cognitive Psychology, 1,* 1~17.

Shepard, R. N., & Metzler, J. (1971). Mental rotation of three-dimensional objects. *Science, 171,* 701~703.

Shiffrin, R. M., & Atkinson, R. C. (1969). Storage and retrieval processing in long-term memory. *Psychological Review, 76,* 179~193.

Shiffrin, R. M., & Schneider, W. (1977). Controlled and automatic human information processing: II, Perceptual learning, automatic attending, and a general theory. *Psychological Review, 84,* 127~190.

Shiffrin, R. N. (1973). Information persistence in short-term memory. *Journal of Experimental Psychology, 100,* 39~49.

Simon, H. A. (1974). How big is a chunk? *Science, 183,* 482~488.

Simon, H. A. (1978). Information-processing theory of human problem-solving. In W. K. Estes (Eds.), *Handbaook of learning and cognitive processes,* pp.271~295. Hillsdale, NJ: Erlbaum.

Simon, H. A., & Hayes, J. R. (1976). The understanding process: Problem isomorph. *Cognitive Psychology, 8,* 165~190.

Sinclair de Zwaat. (1967). *Acquisition du langage et développment de la pensée.* Paris: Dunod.

Skinner, B. F. (1957). *Verbal Behavior.* New York: Appleton-Century-Croffs.

Slobin, D. I. (1968). Recall of full and truncated passive sentences in connected discourse. *Journal of Verbal Learning and Verbal Behavior, 7,* 876~881.

Slobin, D. I. (1960). Grammatical transformations and sentence comprehension in childhood and adulthood. *Journal of Verbal Learning and Verbal Behavior, 5,* 219~227.

Slovic, P., Fischoff, B., & Lichtenstein, S. (1976). Cognitive progress and social risk taking. In J. S. Carroll & J. W. Payne (Eds.), *Cognition and social behavior.* Hillsdale, NJ: Erlbaum.

Smith, R. P., Warm, J. S., & Alluisi, E. A. (1966). Effects of temporal uncertainty on watchkeeping performance. *Perception and Psychophysics,* 1, 293~299.

Snodgrass, J. G. (1984). Concepts and their representations. *Journal of Verbal Learning and Verbal Behavior,* 23, 3~22.

Sokal, R. R. (1977). Classification: Purposes, principles, progress, prospects. In P. N. Johnson-Laird & P. C. Wason (Eds.), *Thinking: Reading in cognitive science,* pp. 185~198. Cambridge: Cambridge University Press.

Solso, R. L. (1988). *Cognitive psychology* (2nd ed.). Boston: Allyn & Bacon.

Spelke, E. S., Hirst, W. C., & Neisser, U. (1976). Skills of divided attention. *Cognition,* 4, 215~230.

Sperling, G. (1960). The information available in brief visual presentation. *Psychological Monographs,* 74.

Sperling, G. (1963). A model for visual memory tasks. *Human Factors,* 5, 19~31.

Spiro, R. J. (1977). Inferential reconstruction in memory for connected discourse. In R. C. Anderson, R. J. Spiro, & W. E. Montague (Eds.), *Schooling and the acquisition of knowledge.* Hillsdale, NJ: Erlbaum.

Standing, L. (1973). Learning 10,000 pictures. *Quarterly Journal of Experimented Psychology,* 25, 207~222.

Stanvovich, K. E. (1980). Toward an interactive compensatory model of individual difference in the development of reading fluency. *Reading Research Quarterly,* 16, 32~71.

Stanvovich, K. E., & West, R. F. (1981). Mechanisms of sentence context effects in reading: Automatic activation and conscious attention. *Memory & Cognition,* 7, 17~85.

Staudenmayer, H. (1975). Understanding conditional reasoning with meaningful propositions. In R. J. Falmagne (Ed.), *Reasoning: Representation and process in children and adults.* Hillsdale, NJ: Erlbaum.

Stenvens, K. N. (1960). Toward a model for speech recognition. *Journal of the Acoustical Society of America,* 27, 47~55.

Sternberg, R. J. (1977). *Intelligence, information processing and analogical reasoning: The componential analysis of human abilities.* Hillsdale, NJ: Erlbaum Associates.

Sternberg, S. (1966). High speed scanning in human memory. *Science,* 153, 652~654.

Sternberg, S. (1967). Two operations in character recognition: Some evidence from RT measurements. *Perception and Psychophysics,* 2, 45~53.

Sternberg, S. (1969a). Memory scanning: Mental processes revealed by reaction time experiments. *American Scientist,* 57, 421~457.

Sternberg, S. (1969b). The discovery of processing stages: Extensions of Donder's method. *Psychological,* 30, 276~315.

Stewart, M. L., James, C. T., & Gough, P. B. (1969). *Word recognition latency as a function of word length.* Paper presented at Midwestern Psychological Association.

Stroop, J. R. (1935). Studies of interference in serial verbal reactions. *Journal of Experimental Psychology,* 18, 643~662.

Strunk, W. J., & White, E. B. (1972). *The elements of style.* New York: Macmillan.

Summerfield, Q. (1981). Articulatory rate and perceptual constancy in phonetic perception. *Journal of Experimental Psychology: Human Perception and Performance,* 7, 1074~1095.

Summerfield, Q., & Haggard, M. (1977). On the dissociaton of spectral and temporal cues to the voicing distinction in initial stop consonants. *Journal of the Acoustical Society of America,* 62(2), 435~448.

Tanner, W. P., Jr., & Swets, J. A. (1954). A decision-making theory of visual detection. *Psychological Review,* 61, 401~409.

Tatsuoka, K. K., & Tatsuoka, M. M. (1987). Bug distribution and statistical pattern classification. *Psychometrics,* 52, 193~206.

Taylor, D. A. (1978). Identification and categorization of letters and digitis. *Journal of Experimental Psychology: Human Perception and Performance,* 4, 423~439.

Taylor, I., & Taylor, M. M. (1983). *The psychology of reading.* New York: Academic Press.

Thomson, D. M., & Tulving, E. (1970). Associative encoding and retrieval: Weak and strong cues. *Journal of Experimental Psychology,* 86, 255~262.

Thorndike, E. L. (1911). *Animal intelligence.* New York: Macmillan.

Thorndike, E. L., & Lorge, I. (1944). *The teacher's word book of 30,000 words.* New York: Columbia University Press.

Thorndyke, P. W. (1981). Distance estimation from cognitive maps. *Cognitive Psychology,* 13, 526~550.

Thorndyke, P. W. (1975). Cognitive structure in human story comprehension and memory. Unpublished doctoral dissertation: *Technical Report.* P-5513, Stanford University and the Rand Corporation, Santa Monica.

Thorndyke, P. W., & Goldin, S. E. (1983). Spatial learning and reasoning skill. In H. L. Pick, Jr., & L. P. Acredolo (Eds.), *Spatial orientation*, pp. 195~217. New York: Plenum.

Thurstone, L. L. (1938). Primary mental abilities. *Psychometric Monographs,* 1. Chicago: University of Chicago Press.

Tinker, M. A. (1958). Recent studies of eye movements in reading. *Psychological Bulletin,* 55, 215~231.

Tirwber L. W. (1984). An ecological approach to learning. *Learning and Motivation,* 15, 321~333.

Titchener, E. B. (1910). *A textbook of psychology.* New York: Macmillan.

Tolman, E. C. (1932). *Purposive behavior in animals and men.* New York: Aplleton-Century.

Treisman, A. M. & Gelade, G. (1980). A feature-integration theory of attention. *Cognitive Psychology,* 12, 97~136.

Treisman, A. M. (1960). Contextual cues in selective listening. *Quarterly Journal of Experimental Psychology,* 12, 242~248.

Treisman, A. M. (1986). Features and objects in vision processing. *Scientific American,* Vol. 254, No. 11,

Treisman, A. M., & Geffen, G. (1967). Selective attention: Perception or response. *Quarterly Journal of Experimental Psychology,* 19, 1~17.

Treisman, A. M., & Riley, J. G. (1969). Is selective attention selective perception or selective response. *Journal of Experimental Psychology,* 79, 27~34.

Treisman, A.M., Sykes, M., & Gelade, G. (1977). Selective attention and stimulus integration. In S. Donic (Ed.), *Attention and performance*, pp. 336~361.

Tulving, E. (1983). *Elements of episodic memory.* Oxford: Clarendon Press/ Oxford University Press.

Tulving, E., & Gold, C. (1963). Stimulus information and contextual information as determinants of tachistoscopic recognition of words. *Journal of Experimental Psychology,* 66, 319~327.

Tulving, E., & Pearlstone, Z. (1966). Availability versus accessibility of information in memory for words. *Journal of Verbal learning and Verbal Behavior,* 5, 381~391.

Tulving, E., & Thomson, D. M. (1973). Encoding specificity and retrieval processes in episodic memory. *Psychological Review,* 80, 352~373.

Tulving, E., & Watkins, O. C. (1977). Recognition failure of words with a single meaning. *Memory and Cognition,* 5, 513~522.

Tversky, A., & Kahneman, D. (1974). Judgement under uncertainty: Heuristics and biases. *Science,* 185, 1124~1131.

Tversky, A., & Kahneman, D. (1981). The framing of decisions and the psychology of choice. *Science,* 211, 453~458.

Tversky, B. (1981). Distortions in memory for maps. *Cognitive Psychology,* 13, 407~433.

Ultan, R. (1969). Some general characteristics of interrogative systems. Working Papers in *Language Universals* (Standford University).

Underwood, B. J. (1945). The effect of successive interpolations on retroactive and proactive inhibition. *Psychological Monographs,* 59.

Underwood, G. (1974). Moray vs. the rest: The effect of extended shadowing practice. *Quarterly Journal of Experimental Psychology,* 26, 368~372.

Van Dijk, T. A., & Kintsch, W. (1983). *Strategies of discourse comprehsion.* New York: Academic Press.

Wallace, B. (1984). Apparent equivalence between perception and imagery in production of various visual illusions. *Memory & Cognition,* 12, 156~162.

Walsh, D. A., & Jenkins, J. J. (1973). Effects of orienting task on free recall in incidental learning: "Difficulty", "effort" and "process" explanation. *Journal of Verbal Learning and Verbal Behavior,* 12, 481~488.

Warm, J. S., & Alluisi, E. A. (1971). Influence of temporal uncertainty and sensory modality of signals on watchkeeping performance. *Journal of Experimental Psychology,* 87, 303~308.

Warm, J. S., Epps, B. D., & Ferguson, R. P. (1974). Effects of knowledge of results and signal regularity of vigilance performance. *Bulletin of the Psychonomic Society,* 4, 272~274.

Warren, R. M. (1970). Perceptual restoration of missing speech sound. *Science,* 167, 392~393.

Wason, P. C. (1966). Reasoning. In B. M. Foss(Ed.), *New horizons in psy-*

chology, Vol. 1, pp. 135~151. Harmondsworth, Middlesex, England: Penguin.

Watkins, M. J. (1974). When is recall spectacularly higher than recognition. *Journal of Experimental Psychology,* 102, 161~163.

Watkins, M. J., & Tulving, E. (1975). Episodic memory: When recognition fails. *Journal of Experimental Psychology: General,* 1, 5~29.

Watson, J. B. (1913). Psychology as a behaviorist views it. *Psychological Review,* 20, 158~170.

Watson, J. B. (1914). *Behavior: An introduction to comparative psychology.* New York: Holt.

Watson, J. B. (1930). *Behaviorism.* New York: Norton.

Watson, M. W., & Amgott-Kwan, T. (1984). Development of family-role concepts in school children. *Developmental Psychology,* 20, 953~959.

Wattenmaker, W. D., & Shoben, E. J. (1987). Context and the recallability of concrete and abstract sentences. *Journal of Experimental Psychology: Learning, Memory and Cognition,* 13, 1.

Weingartner, H., Miller, H., & Murphy, D. L. (1977). Mood-state-dependent retrieval of verbal associations. *Journal of Abnormal Psychology,* 86(3), 276~284.

Weisberg, R. W. (1986). *Creativity: Genius and other myths.* New York: Freeman.

Weistein, N., & Harris, C. S. (1974). Visual detection of line segments: An object-superiority effect. *Science,* 186, 752~755.

Werber, J. F., & Tee, R. C. (1984). Cross-language speech perception: Evidence for perceptual reorganization during the first year of life. *Infant Behavior and Development,* 7, 49~63.

Werner, H. (1935). Studies on contour. *American Journal of Psychology,* 47, 40~64.

Wertheimer, M. (1958). Principles of perceptual organization. In D. C. Beardslee & M. Wertheimer (Eds.), *Readings in perception.* Princeton, NJ: Van Nostrand.

Wertheimer, M. (1945). *Productive thinking.* New York: Harper & Row.

Whalen, D. H., & Liberman, A. M. (1987). Speech perception takes precedence over nonspeech perception. *Science,* 237, 169~171.

Whaley, C. P. (1978). Word-nonword classification time. *Journal of Verbal Learning and Verbal Behavior,* 17, 143~154.

Wheeler, D. D. (1970). Processes in word recognition. *Cognitive Psyhology,* 1, 59~85.

Whitefield, I. C. & Evans, E. F. (1965). Responses of auditory neurons to stimuli of changing frequency. *Journal of Neurophysiology,* 28, 655~672.

Whorf, B. L. (1956). Science and linguistics. In J. B. Carroll (Ed.), *Language, thought and reality: Selected writings of Benjamin Lee Whorf.* Cambridge, MA.: MIT Press.

Wickelgren, W. A. (1979). *Cognitive psychology.* Englewood Cliffs, NJ: Prentice-Hall.

Wickens, D. D. (1970). Encoding categories of words: An empirical approach to meaning. *Psychological Review,* 77, 1~15.

Wickens, D. D. (1972). Characteristics of word encoding. In A. Melton & E. Martin (Eds.), *Coding processes in human memory,* pp. 191~215. Washington, D. C.: Winston.

Wickens, D. D. (1973). Some characteristics of word encoding. *Memory and Cognition,* 1, 485~490.

Wiener, E. L. (1974). An adaptive vigilance task with knowledge of results. *Human Factors,* 16, 333~338.

Wiener N. (1948). *Cybernetics.* Cambridge, MA: MIT Press.

Wiseman, S. & Neisser, U. (1974). Perceptual Organization as a determinant of visual recognition memory. *American Journal of Psychology,* 87, 675~681.

Wiseman, S., & Tulving, E. (1976). Encoding specificity: Relation between recall superiority and recognition failure. *Journal of Experimental Psychology: Human Learning and Memory,* 2, 349~361.

Wispe, L. G., & Drambarean, N. C. (1953). Physiological need, word frequency, and visual duration thresholds. *Journal of Experimental Psychology,* 46, 25~31.

Witkin, H. A., Lewis, H. B. Hertzman, M., Machover, K., Meissner, P., & Wapmer, S. (1954). *Personality through perception.* New York: Harper & Row.

Wittgenstein, L. (1953). *Philosophical investigations.* New York: Macmillan.

Wollen, K. A., Weber, A. & Lowry, D. H., (1972). Bizarreness versus interaction of mental images as determinants of learning. *Cognitive*

Psychology, 3, 518~523.

Woodworth, R. S., & Sells, S. B. (1935). An atmosphere effect in formal syllogistic reasoning. *Journal of Experimental Psychology*, 18, 451~460.

Wright, P. (1972). Some observations on how people answer questions about sentences. *Journal of Verbal Learning and Verbal Behavior*, 11, 188~195.

Wright, P., & Wilcox, P. (1979). When two no's nearly make a yes: A study of conditional imperatives. In P. A. Kolers, M. E. Wrolstad, & H. Bouma (Eds.), *Processing of visible language*, Vol. 1. New York: Plenum.

Wundt, W. (1907). *Grundriss der psychologie.* Leipzig: W. Englemann.

Wundt, W. (1908). *Grundzuge der physiologischen psychologie,* Leipzig: W. Englemann.

Yachanin, S. A. (1986). Facilitation in Wason's selection task: content and instructions. *Current Psychological Reasearch and Review*, 5, 20~29.

Yates, F. A. (1966). *The art of memory.* Chicago: University of Chicago Press.

Yerkes, R. M., & Dodson, J. D. (1908). The relation of strength of stimulus to rapidity of habit-formation. *Journal of Comparative Neurology and Psychology*, 13, 459~482.

索　引

說明：1. 每一名詞後所列之數字為該名詞在本書內出現之頁碼。
2. 由字母起頭的中文名詞排在漢英名詞對照之最後。
3. 同一英文名詞而海峽兩岸譯文不同者，除在正文內附加括號有所註明外，索引中均予同時編列。

一、漢英對照

一　畫

一致性映射　consistent mapping　151

二　畫

二期記憶　secondary memory　160
人工智能　artificial intelligence　41
人工智慧　artificial intelligence　41
人工概念　artificial concept　42, 288
人格　personality　11
人機合一系統　man-machine system　534
人機系統　man-machine system　534
人機協作　man-machine operation　534
人機界面　man-machine interface　539
人臉圖形　schematic face　72
八張牌問題　eight-tile puzzle　339

三　畫

三段論　syllogism　307
三段論推理　syllogistic reasoning　268
下屬層次　subordinate level　299
上層水平結構　top-level structure　505
上屬層次　superordinate level　299
口語記錄法　protocol　23, 337
大前提　major premise　307
大腦比喻　brain metaphor　38
子音　consonant　439
子集關係　subset relation　312
小妖　demon　74
小妖模型　pandemonium model　74
小前提　minor premise　307
工作記憶　working memory　13, 159
干擾　interference　190, 215
干擾理論　interference theory　180, 182

四　畫

不確定性　uncertainty　133
不識人症　personal agnosia　55
不識症　agnosia　54
中的　hit　141
中間狀態　intermediate state　335
中樞容量　central capacity　123
中樞容量理論　central capacity theory　121
元音　vowel　439
元認知面談　metacognition interview　516
內在注視點　inner fixation point　103

內省法　introspection　23,239
分心作業　distractor task　182
分析器　analyzer　166
分配性注意　divided attention　106
分配策略　allocation policy　121
分辨　discrimination　50,448
反應時　reaction time　17,129
反應時間　reaction time　17
反應集合干擾假設　response-set interference hypothesis　215
反應選擇模型　response selection model　114
反應閾限　response threshold　10
反饋　feedback　33
反饋通道　feedback channel　33
幻象　hallucinatory image　229
幻想　fantasy　229
幻想類比　fantasy analogy　390
心向　set　29,379
心理物理學　psychophysics　142
心理定勢　mental set　379
心理容量　mental capacity　120
心理旋轉　mental rotation　239
心理移轉　mental rotation　239
心理詞彙　mental lexicon　172,478
心理資源　mental resources　105
心理模型　mental model　317
心理模塊　mental modules　55
心理學　psychology　4
心象　mental imagery　229
心象　image　9
手段-目的分析　means-end analysis　359
文氏圖　Venn diagram method　309
文本　text　475,503
文本基點　text base　195
文件　file　89
方向感　sense of direction　252
方法性知識　procedural knowledge　10

方便性　availability　326
比特　bit　34,134
比喻　analogy　12
比較器　comparator　458

五　畫

主題材料　thematic materials　323
代表性　representativeness　324
代碼　code　9,51,163,170,272
加工水平模型　level of processing model　163
加權　weight　37
功能心理學　functional psychology　28
功能固著　functional fixedness　378,380
功能定位　function locanizaion　38
功能磁共振成像　function magnetic resonance image　40
功能模擬　function simulation　36
功能變通　functional availability　379
包含　inclusion　522
可操作性　operability　238
句子　discourse　49
句法　syntax　407
句義　sentence meaning　408
四耳人　four-eared man　52
失察　miss　141
平行分布處理模型　parallel distributed processing model　37
平行加工　parallel processing　7
平行處理　parallel processing　7,179
平行搜索　parallel search　176,179
平均法則　law of average　328
平均律　law of average　328
平均數　mean　327
正反饋　positive feedback　33
正例　positive instance　286
正後像　positive afterimage　52

索引 **585**

正規化　regularization　257
正電子發射斷層掃描術　positron emission tomography　40
正確　correct　141
正確性　validity　306
正確拒絕　correct rejection　129, 141
正確檢測　correct detection　129
正確檢測　hit　141
正檢　correct detection　129
母音　vowel　439
永久性記憶　permanent memory　13,190
生成性　generation　398
生成語意學　generative semantics　421
生態學研究　ecological approach　41
生態學效度　ecological validity　41
由下而上處理　bottom-up processing　6,46
由上而下處理　top-down processing　6,46
白噪音　white noise　170
白噪聲　white noise　116
皮膚功能柱　function column　79
皮膚電反應　galvanic skin response　67
皮膚電傳導能力　electrodermal response　139
目標狀態　goal state　335
立即記憶廣度　immediate memory span　167
立體知覺　depth perception　48

六　畫

任務領域　task domain　345
光流模式　optical flow pattern　48
全部報告法　whole-report procedure　52
全詞假說　whole word hypothesis　488
全稱否定判斷　universal negative proposition　308
全稱否定命題　universal negative proposition　308
全稱肯定判斷　universal affirmative proposition　308
全稱肯定命題　universal affirmative proposition　308
共同代碼理論　common coding theory　274
共振峰　formant　443
共振峰遷移　formant transition　443
再認　recognition　51,209
再認記憶　recognition memory　263
再認-產生假設　generation-recognition hypothesis　209
印象　impression　230
同一關係　identity relation　312
同化作用　assimilation　442
同型關係　isomorphs　364
同時性分辨　simultaneous discrimination　137
同時掃描　simultaneous scanning　295
合成分析模型　analysis by synthesis model　457
合成詞　compund word　408
合取規則　conjunctive rule　287
合理性　soundness　306
因素相加法　additive-factor method　20
回憶　recall　209
多水平模型　multilevel model　274
多重容量理論　multiple capacity theory　126
多重資源理論　multiple resource theory　126

多維標度分析　multidimensional scaling analysis　234
字母辨認　letter identification　478
字母覺察器　alphabetic detector　491
字形假說　whole word hypothesis　488
字優效應　word superiority effect　7,488
字謎遊戲　anagram　338
守恆　conservation　427
成分識別理論　recognition by components theory　89
成就　performance　32
成就動機　achievement motivation　64
早期選擇模型　early selection model　118
有效性　availability　326
次級記憶　secondary memory　160
次範疇規則　subcategorization rule　417
自下而上的加工　bottom-up processing　6,46
自上而下的加工　top-down processing　6,46
自由回憶　free recall　160,267
自由漂浮狀態　free-floating state　85
自由語素　free morpheme　408
自我報告　self-report　239,515
自動化　automatization　59
自動化加工　automatic processing　8
自動化加工　automatization　144,147
自動化處理　automatic processing　8
自然推理　natural reasoning　324
自然概念　natural concept　42,288,296
色詞作業　color word task　145

七　畫

位置地圖　map of locations　85,89
即時記憶　immediate memory　159
否定後件的規則　modus tollens　318
完形　configuration　277
完形心理學　Gestalt psychology　29
宏命題　macroproposition　505
宏觀結構　macrostructure　505
序列　trial　185
序位效應　serial position effect　160
形之辨識　pattern recognition　15,46,50
形像表徵　iconic representation　477
形態分析法　morphological analysis method　387
形碼　visual code　172
抑制作用　inhibitory　261
抑制環　inhibitory loop　94
決定傾向　determining tendency　284
決策　decision　56
決策妖　decision demon　76
系列加工　serial processing　7
系列位置效應　serial position effect　160
系列掃描　serial search　177
系列搜索　serial search　176,177
系統的實驗內省　systematic experimental introspection　284
系統論　system theory　34
系統隨機搜索　systematic random search　358
肖象表徵　iconic representation　477

言語　speech　399
言語的策略　verbal strategy　11

八　畫

事件相關電位　event-related potential　40
事件率　event rate　132
依存線索遺忘假設　cue-dependent forgetting hypothesis　217
依序處理　serial processing　7,177
兩耳分聽　dichotic listening　108
具體性效應　concreteness effect　265
刻板觀念　stereotype　384
刺激序列效果　stimulus-sequence effects　451
刺激結構效果　stimulus-structure effects　451
協發音運動　coarticulation　441
受控對象　controlled object　33
命名　naming　478
命題　proposition　10,507
命題表徵　propositional representation　193
命題網絡表徵　propositional-network representation　198
定向能力　orientation skill　252
定位法　method of loci　262
定型化　stereotype　384,386
定勢　set　29,284,379,380,385
拓撲性質　topological properties　96
抽象性　abstractness　236
放聲思維　thinking aloud　516
易化作用　facilitation　62
易變性　changability　237
析取規則　disjunctive rule　287
注意　attention　15,102,103,105,355
注意波動　fluctuation of attention　103
注意的特徵整合理論　feature-integration theory of attention　85
注意起伏　fluctuation of attention　103
注意惰性　attentional inertia　124
注意廣度　attention span　103
河內塔問題　Tower of Hanoi problem　359
物理符號系統假設　physical symbol system hypothesis　4,36
物體知覺　perception of object　85
物體表徵　object representation　89
直接成分分析　immediate constituent analysis　410
直接理論　direct theory　48
直接類比　direct analogy　389
直感通道　sensory channel　33
直覺　intuition　377
知識　knowledge　334
知識表徵　representation of knowledge　62
知覺　perception　47,282
知覺分析器　perceptual analyzer　55,113
知覺恆常性　perceptual constancy　58,84
知覺常性　perceptual constancy　58
知覺策略　perceptual strategy　466
空間一致性　spatial compatibility　538
空間兼容性　spatial compatibility　538
肯定前件的規則　modus ponens　318
肯定規則　affirmative rule　287
初始效應　primacy effect　160
初級記憶　primary memory　160
表述性知識　declarative knowledge　9
表象　image　9

表象　mental imagery　229
表層表徵　surface representation　276
表層結構　surface structure　32, 413
表徵　representation　8,9,83,345
表徵水平　representation level　270
表徵問題　representation of problem　343,345
近因效應　recency effect　160
長時記憶　long-term memory　13, 161,190
非系統隨機搜索　unsystematic random search　358
非詞　nonword　493

九畫

信息　information　3
信息加工　information processing　2,3,46
信息加工心理學　information process psychology　4
信息科學　information science　32
信息論　information theory　34, 111
信號分辨　signal discrimination　129
信號檢測　signal detection　129
信號檢測理論　signal detection theory　140
保守聚焦　conservative focusing　293
促進作用　facilitation　258,261
冒險聚焦　focus gambling　294
前件　antecedent　318
前注意　preattention　85,106
前範疇聲學儲存　precategorical acoustic store　443
前攝抑制　proactive inhibition　174,185

前攝抑制的解除　release from proactive inhibition　174
客體優勢效應　object superiority effect　95
封閉性　closedness　96,97
後件　consequent　318
後設認知面談　metacognition interview　516
後期選擇模型　late selection model　118
後像　afterimage　52
思維　thinking　16,282,283
持久性傾向　enduring dispositions　121
持續性注意　sustained attention　127
指引關連遺忘假說　cue-dependent forgetting hypothesis　217
指向性　directness　105
映像記憶　iconic memory　52
架構　schema　220
流暢性　fluence　382
洞　hole　96
活動記憶　active memory　276
界定含糊的問題　ill-defined problem　337
界定清晰的問題　well-defined problem　336
界標知識　landmark knowledge　251
相互作用模式　interactive-activation model　476
相互作用激活模型　interactive activation model　92
相加效應　additive effect　270
相似　similarity　522
相減法　subtractive method　18
相關　correlation　115
相繼掃描　successive scanning　295
突觸　synapse　139

背景知識的關係　relationship to background knowledge　345
背誦　recite　533
范氏圖　Venn diagram method　309
衍生語意學　generative semantics　421
計算機比喻　computer metaphor　4,37
計算機科學　computer science　4,40
計算機模擬　computer simulation　25,39
負反饋　negative feedback　33
負例　negative instance　287
負後像　negative afterimage　52
重寫規則　rewriting rule　415
重疊關係　overlap relation　312
面談法　interview　516
音位　phoneme　397
音位恢復效應　phonetic restore　465
音位階段　phonological stage　447
音長　duration of a sound　462
音段音位　segmental phoneme　404
音高　pitch　461
音素　phoneme　401,439
音強　loudness　463
首因效應　primacy effect　160

十　畫

倒行掩蔽　backward masking　54
倒攝干擾　retroactive interference　264
倒攝抑制　retroactive inhibition　185
個人類比　personal analogy　389
個案關係　case relation　522
修正的擴展的標準理論　revised extended standard theory　417

原初記憶　primary memory　160
原型　prototype　71
原型效應　prototype effect　73
原型理論　prototype theory　71
容量模型　capacity model　121
差異心理學　differential psychology　230
時近效應　recency effect　160
校直　alignment　257
核心關聯說　core-context theory　47,230
核證　certification　56
格　case　417
格式塔心理學　Gestalt psychology　29
格局　schema　220
格語法　case grammar　418
格變語法　case grammar　418
氣氛效應　atmosphere effect　309
氣流階段　airstream process　439
消息維持模式　retention model　491
消退理論　decay theory　180,181
烏茲堡學派　Würzburg school　23
特稱否定判斷　particular negative proposition　308
特稱否定命題　particular negative proposition　308
特稱肯定判斷　particular affirmative proposition　308
特稱肯定命題　particular affirmative proposition　308
特徵分析理論　feature analysis theory　74
特徵地圖　feature map　85
特徵妖　feature demon　74
特徵檢測器　feature detector　76
特徵檢測器模型　feature detector model　97
特徵覺察器　feature detector　491
特徵覺察器假設　feature detector

hypothesis 458
真實性 truth 306
矩陣 matrix 277
神經心理學 neuropsychology 40
神經網絡 neural-network 159
神經網絡模型 neural network model 37,166,206
能力 competence 32
衰減作用模型 attenuation model 113
記憶 memory 16
記憶扭曲 memory distortion 197
記憶痕跡 memory trace 264
記憶術 mnemonics 262
記憶意象 memorial image 229
記憶增加 memory enhancement 540
記憶廣度 memory span 52,167
記憶選擇模型 memory selection model 114
訊息 information 3
訊息科學 information science 32
訊息偵察論 signal detection theory 140
訊息理論 information theory 111
訊息處理 information processing 2,3,46
訊息處理心理學 information process psychology 4,39
訊號偵測 signal detection 129
起始狀態 original state 335
逆向搜索 backward search 367
追隨作業 shadowing task 107
配對聯想學習 paired-associate learning 272

十一　畫

假詞 pseudoword 493
側抑制 lateral inhibition 179,207
動作心理學 act psychology 28
動作理論 motor theory 446,454
動態特徵 dynamic features 402
動機 motivation 65
參照點 reference point 327
問題求解 problem solving 16
問題空間 problem space 336,345, 369
問題索解 problem solving 16,268, 335
問題解決 problem solving 16,332, 335
唯我論 solipsism 27
唯理論 rationalism 27
基元音 cardinal vowel 440
基本層次 basic level 299
基模 schema 4,28,55,190,220,311
基模 scheme 55
基線 baseline 256
基礎水平的類屬 basic-level category 206
基礎研究 basic research 42
基礎規則 base rule 413
密碼算術題 cryptari thematic 340
密碼算題 cryptarithmetic 42
強化 reinforcement 31
從上而下的模式 top-down model 476
從下而上的模式 bottom-up model 476
情境 context 60
情境理論 situation theory 38
情境關連記憶 state-dependent memory 212
情緒 emotion 10
控制性加工 controlled processing 7
控制性處理 controlled processing 7
控制論 cybernetics theory 33
控制器 controller 458
控制器 controls 535

符號　symbol　395
符號模型　symbol model　458
符號操作系統　symbol operation system　4
符號類比　symbolic analogy　389
探索策略　heuristic strategy　357
接受式　reception paradigm　289
掃描策略　scanning strategy　295
推理　reasoning　305
推理　infering　338
啟動　priming　204
啟動作業　priming task　146
啟動效應　priming effect　146
啟發式算法　heuristics　466
啟發策略　heuristic strategy　357
敏感性　sensitivity　137
旋轉　rotation　257
條件作用　conditioning　30
條件推理　conditional reasoning　317
條件規則　conditional rule　287
深度知覺　depth perception　48
深度朗讀困難　dyslexia　40
深層表徵　deep representation　276
深層結構　deep structure　32,413
理念論　idealism　26
理性主義　rationalism　27
理想主義　idealism　26
產生　generation　210
產生式　production　10
產生式系統　production system　10,335
統覺　apperception　103
細縫檢測器　slit detector　77
組塊　chunk　168
處理　process　83
通用定型性　population stereotypes　535
通用解題程序　General Problem Solver　334

連言規則　conjunctive rule　287
連貫性　coherence　345
連通性　connectedness　96,97
連續性分辨　successive discrimination　137
連續性原則　principles of continuation　91
部分報告法　partial-report procedure　52
部分策略　partial strategy　293
部分-整體　part-whole　522
陳述性知識　declarative knowledge　9
粘著語素　bound morpheme　408

十二　畫

創造力　creativity　380
創造性　creativity　380
單一資源理論　single resource theory　121,123
單純詞　simple word　408
喚起　arousal　122,138
場依從性　field dependent　67
場獨立性　field independent　67
幾何離子　geometrical ion　90
復習　review　533
復誦作業　shadowing task　107
復誦程序　shadowing procedure　173
描述性記憶　descriptive memory　277
描寫語言學　descriptive linguistics　412
描繪性記憶　depictive memory　277
提取　retrieval　24,176,209
提取線索　retrieval cue　212
提問　question　533
換能器　transducer　38
斯特魯普作業　Stroop task　145
斯特魯普效應　Stroop effect　146

智力　intelligence　11
智能　intellectual　5
期待作用　expectation　63
期待理論　expectancy theory　143
減少差異策略　reducing difference strategy　359
減縮函數　decrement function　129
測量知識　survey knowledge　251
無意象思維　imageless thought　23
無意識動作　automatization　144
發生知識論　genetic epistemology　4
發生認識論　genetic epistemology　4
發音階段　articulation process　439
發散生成測驗　Divergent Production Test　382
發散思維　divergent thinking　382
發聲表徵　articulation representation　457
發聲模型　articulatory model　458
短時記憶　short-term memory　13, 159, 161
短期記憶　short-term memory　159
短語結構規則　phrase structure rule　413
程序性知識　procedural knowledge　10
程序知識　procedural knowledge　251
等級結構　graded structure　303
策略　strategy　357
結構心理學　structural psychology　28
結構式面談　structured interview　516
結構理論　structure theory　276
結點　node　92, 105, 168, 200
虛驚　false alarm　141

視像記憶　iconic memory　52
視覺化的策略　visualizing strategy　11
視覺拓撲學理論　visual topological theory　96
視覺計算理論　computational theory of vision　82
視覺搜索　visual search task　151
視覺搜索作業　visual search task　86, 147
視覺編碼　visual code　172
視覺緩衝器　visual buffer　277
詞典單元　lexicon　113
詞法　morphology　407
詞庫　lexicon　413
詞根　radical　408
詞素　morpheme　407
詞彙判斷　lexical decision　146
詞彙決定　lexical decision　204, 485
詞彙量　quantity of vocabulary　528
詞綴　affix　408
詞頻　word frequency　485
詞優效果　word superiority effect　488
詞優效應　word-superiority effect　7
詞類　word classes　409
詞覺察器　word detector　491
超音段音位　suprasegmental phoneme　404
超集關係　superset relation　312
超複雜細胞　hypercomplex cell　78
進化　evolution　38
開窗技術　open-window approach　21
間隙填充原則　principle of filling　91
集　set　312
集中　concentration　105

集中性　concentrativeness　105
集中性注意　focused attention　85
集中策略　focusing strategy　293
集合　set　404
集合分析模型　set analysis model　312
順攝抑制　proactive inhibition　174

十三　畫

催化作用　facilitation　62,258
噪音呈現時間　voice onset time　444
微命題　microproposition　505
意元　chunk　168
意動　conation　11
意象　image　16,229
意象值　imagery value　265
意象掃描　image scanning　243
意義值　meaningfulness value　266
意碼　semantic code　173,191
意識注視點　fixation point of consciousness　103
意識態度　conscious attitude　284
感受域　receptive field　76
感官收錄　sensory register　51,162
感官記憶　sensory memory　51
感覺　sensation　28,47
感覺分析器　sensory analyzer　55
感覺記憶　sensory memory　51,161
感覺通道　sensory modality　130
感覺登記　sensory register　51,162
感覺辨別力　sensory discrimination　142
想像意象　imaginal image　229
新行為主義　neobehaviorism　29
新連結主觀模型　new connectionist model　37
概念　concept　9,27,286

概念地圖　concept mapping　518
概念形成　concept formation　288
概念-命題假說　conceptual-propositional hypothesis　274
概念驅動加工　concept-driven processing　6
概念驅動處理　concept-driven processing　6
節點　node　500
經驗　experience　230
經驗主義　empiricism　27
經驗架構　schema　220
經驗論　empiricism　27
義素　sememe　405
腦力激盪法　brainstorming　388
補充作用　supplementation　62
解決問題　problem solving　268
話語　discourse　49
資料驅動處理　data-driven processing　`6
跡象　sign　396
運作記憶　working memory　13,159
過程分析　process analysis　521
過濾作用範式　filtering paradigm　145
過濾器-衰減器模型　filter-attenuation model　114
過濾器模型　filter model　35,111,112
電腦解答法　General Problem Solver　334
電腦模擬　computer simulation　25
零交叉　zero crossing　83
頓悟　insight　333

十四　畫

嘗試　trial　185
團體討論法　synectics　389
圖式　schema　4,55,311

圖式　scheme　55
圖形結構優勢效應　figure structure-superiority effect　7
圖案臉形　schematic face　72
圖象　image　83
圖象妖　image demon　74
實在論　realism　26
實證主義　positivism　28
實驗室研究　laboratory research　42
對比　contrast　522
對容量要求的評價　evaluation of demands on capacity　121,122
對換關係　trading relationship　453
對應性　correspondence　345
構架　schema　55
構架　scheme　55
構造心理學　structural psychology　28
演繹推理　deductive reasoning　306
漏報　miss　141
漏檢　omission　129
漢內塔難題　Tower of Hanoi problem　359
精緻性復述　elaborative rehearsal　165
綜合性錯誤　errors of synthesis　87
緊張　stress　254
網狀活化系統　reticular activating system　139
網狀結構　reticular formation　138
網狀激活系統　reticular activating system　138
網絡組織　network　168
維持性復述　maintenance rehearsal　165
聚合思維　convergent thinking　381

聚焦　focalization　105
聚集策略　focusing strategy　293
聚斂性思考　convergent thinking　381
語文行為　verbal behavior　16
語言　language　395,399
語言　verbal behavior　16
語言決定論　linguistic determinism　424
語言相對性　linguistic relativity　424
語言能力　language competence　399
語言運用　language performance　399
語言學　linguistics　4
語言獲得裝置　language acquisition device　31,430
語法　grammar　407,412
語音　speech sound　401
語音階段　phonetic stage　446
語音轉錄　phonological mediation　487,493
語音轉錄假說　speech recording hypothesis　172,493
語素　morpheme　397,407
語意分析　semantic analysis　56
語意分析器　semantic analyzer　206
語意場理論　semantic field theory　406
語意層次網絡模型　semantic network model　200
語意碼　semantic code　173,191
語意學　semantics　403
語境　context　92,496,527
認知　cognition　3,10
認知工效學　cognitive ergonomics　534,537
認知心理學　cognitive psychology　2,4

認知方式　cognitive style　67
認知任務　cognitive task　515
認知地圖　cognitive map　16,251
認知妖　cognitive demon　74
認知科學　cognitive science　4
認知風格　cognitive style　11,67
認知容量　cognitive capacity　119
認知神經科學　cognitive neuro-science　40
認知理論　cognitive theory　12
認知策略　cognitive strategy　11
認知結構　cognitive structure　8
認知經濟　cognitive economy　178
認知資源　cognitive resources　121
認知過程　cognitive process　5
認知圖　cognitive map　251
認知模型　cognitive model　12
認知歷程　cognitive process　5
認知類型　cognitive style　11
認識論　epistemology　4
誤報　false alarm　141
誤檢　false detection　129
輔音　consonant　439
遠距離聯想　remote association　383
遠距離聯想測驗　Remote Associated Test　383
魁爾梯鍵盤　Qwerty-keyboard　538

十五　畫

價值誘導訓練　value-inducing procedure　66
數量邏輯　quantificational logic　307
數據驅動加工　data-driven processing　6
標定　mapping　338
標記　sign　396
標準理論　standard theory　413
槽　slot　166
模式　pattern　49

模式識別　pattern recognition　15, 46
模板匹配理論　template-matching theory　69
模塊　module　38,455
模塊理論　modularity theory　38, 455
模糊概念　fuzzy concept　296
確認　identification　50
確認閾限　identification threshold　64
範疇效應　category effect　147
範疇推理　categorical reasoning　307
範疇邊界　category boundary　451
練達猜測模式　sophisticated guessing model　490
編碼　encoding　338
編碼特定原則　encoding specificity principle　212
編碼特徵假設　encoding specificity hypothesis　212,217
線性　linear　397
線索回憶　cued recall　267
線條檢測器　line detector　77
膚電反應　electrodermal response　139
複雜反應時間　complex reaction time　18
複雜性　complexity　57
複雜細胞　complex cell　78
調整　adjustment　327
論證　argument　507
賭徒謬誤　gambler's fallacy　327
適應性　adaptation　57
遷移　transfer　59
閱讀　reading　475,533
閱讀障礙　dyslexia　40

十六　畫

學習遷移　transfer of learning

364
憑據點　reference point　327
操作行為　operational behavior　31
操作條件反射　operational reflex　31
操縱機構　operational device　33
整體報告法　whole-report procedure　52
整體策略　whole strategy　292
機能心理學　functional psychology　28
機械論　mechanical theory　29
激活值　activation value　93
激活擴散模型　spread of activation model　203
激活擴散機制　spreading activation mechanism　93
獨立代碼理論　separate coding theory　269
獨特性　originality　382
輸入系統　input system　38
辨認　identification　448
辨識缺陷　agnosia　54
選言規則　disjunctive rule　287
選擇反應時間　choice reaction time　18
選擇式　selection paradigm　290
選擇作業　selection task　322
選擇定勢法　select set task　151
選擇性定勢範式　selective-set paradigm　145
選擇性注意　selective attention　105,106
選擇標準　selective criterion　142
遺忘　forgetting　217
遺忘曲線　forgetting curve　185
錯誤分析　error analysis　517
錯誤結合　errors of synthesis　87
錯誤檢測　false detection　129
錯覺性結合　illusory conjunction　85
隨機搜索策略　random search strategy　357
默林　Merlin　479

十七 畫

壓力　stress　254
應用　utilizing　338
賽馬模式　horse-racing model　496
檢索　retrieval　24,176,209
檢索指引　retrieval cue　212
檢測敏感性　sensory discrimination　142
檢驗-操作-檢驗-輸出　Test-Operate-Test-Exit　36
瞬時記憶　immediate memory　159
聲音強度分辨作業　auditory intensity discrimination task　129
聲道　vocal tract　438
聲像記憶　echoic memory　52
聲碼　acoustic code　170,191
聲調　tone　461
聯合區　association area　55
聯想　association　28
聯想水平　associative level　270
聯想主義　associationism　27
聯繫　connection　522
臨時性意向　momentary intentions　121
還原論　reductionism　40
隱圖測驗　embedded figure test　68

十八 畫

擴散性思考　divergent thinking　382
歸納推理　inductive reasoning　306
瀏覽　survey　533
簡單反應時間　simple reaction time　18

簡單細胞　simple cell　76
薩丕爾-沃爾夫假說　Sapir-Whorf hypothesis　424
轉換生成語法　transformation generative grammar　30,394,399,412
雜音　white noise　116
雙代碼假說　dual-code hypothesis　196
雙耳分聽　dichotic listening　108,447
雙作業操作　dual-task performance　119
雙重代碼理論　dual coding theory　269
雙重知覺現象　duplex perception　458
雙重結構理論　dual-structure theory　32
雙通道模式　dual access model　496
雞尾酒會現象　cocktail-party phenomenon　107

十九　畫

懷疑論　scepticism　27
識別　recognition　51
識別網絡　recognition network　89
邊界檢測器　boundary detector　77
關係基元理論　relation element theory　521
關係組織理論　relational-organizer theory　272
關聯水平　referential level　270
韻律　rhythm　460
韻律特徵　prosodic features　402
類比　analogy　12

類比理論　analogical reasoning　316
類比策略　analogical strategy　363
類比模型　analogical model　316
類別包含　class inclusion　522

二十　畫

繼時性分辨　successive discrimination　137
覺察　detection　50
警覺　vigilance　129
釋放階段　radiation process　439
鐘錶測驗　clock test　129

二十一～二十五　畫

屬性　attribute　286
權重　weight　37
聽視言語知覺實驗　audiovisual speech perception　459
聽覺階段　auditory stage　443
聽覺碼　acoustic code　170,191
變化性映射　varied mapping　151
變通性　flexibility　382
邏輯學　logics　4
顯示器　displays　536
觀念　ideation　230
鑲嵌圖形測驗　embedded figure test　68

英文字母及數字起頭名詞

PDP 模型　PDP model　37
RBC 理論　RBC theory　89
2 維特性的要素圖　2-D sketch　83
2.5 維要素圖　2 ½-D sketch　83
3 維模型表徵　3-D model representation　84

二、英漢對照

A

abstractness 抽象性 236
achievement motivation 成就動機 64
acoustic code 聲碼,聽覺碼 170,191
act psychology 動作心理學 28
activation value 激活值 93
active memory 活動記憶 276
adaptation 適應性 57
additive effect 相加效應 270
additive-factor method 因素相加法 20
adjustment 調整 327
affirmative rule 肯定規則 287
affix 詞綴 408
afterimage 後像 52
agnosia 不識症,辨識缺陷 54
AI = artificial intelligence
airstream process 氣流階段 439
alignment 校直 257
allocation policy 分配策略 121
alphabetic detector 字母覺察器 491
anagram 字謎遊戲 338
analogical model 類比模型 316
analogical reasoning 類比理論 316
analogical strategy 類比策略 363
analogy 比喻,類比 12
analysis by synthesis model 合成分析模型 457
analyzer 分析器 166
antecedent 前件 318
apperception 統覺 103
argument 論證 507
arousal 喚起 122,138
articulation process 發音階段 439
articulation representation 發聲表徵 457
articulatory model 發聲模型 458
artificial concept 人工概念 42,288
artificial intelligence 人工智能,人工智慧 41
assimilation 同化作用 442
association 聯想 28
association area 聯合區 55
associationism 聯想主義 27
associative level 聯想水平 270
atmosphere effect 氣氛效應 309
attention 注意 15,102,103,105,355
attention span 注意廣度 103
attentional inertia 注意惰性 124
attenuation model 衰減作用模型 113
attribute 屬性 286
audiovisual speech perception 聽視言語知覺實驗 459
auditory intensity discrimination task 聲音強度分辨作業 129
auditory stage 聽覺階段 443
automatic processing 自動化加工,自動化處理 8
automatization 自動化,自動化加工,無意識動作 59,144,147
availability 方便性,有效性 326

B

backward masking 倒行掩蔽 54
backward search 逆向搜索 367
base rule 基礎規則 413
baseline 基線 256
basic level 基本層次 299
basic research 基礎研究 42
basic-level category 基礎水平的類屬 206
bit 比特 34,134

bottom-up model 從下而上的模式 476
bottom-up processing 由下而上處理,自下而上的加工 6,46
bound morpheme 粘著語素 408
boundary detector 邊界檢測器 77
brain metaphor 大腦比喻 38
brainstorming 腦力激盪法 388

C

capacity model 容量模型 121
cardinal vowel 基元音 440
case 格 417
case grammar 格語法,格變語法 418
case relation 個案關係 522
categorical reasoning 範疇推理 307
category boundary 範疇邊界 451
category effect 範疇效應 147
central capacity 中樞容量 123
central capacity theory 中樞容量理論 121
certification 核證 56
changability 易變性 237
choice reaction time 選擇反應時間 18
chunk 組塊,意元 168
class inclusion 類別包含 522
clock test 鐘錶測驗 129
closedness 封閉性 96,97
coarticulation 協發音運動 441
cocktail-party phenomenon 雞尾酒會現象 107
code 代碼 9,51,163,170,272
cognition 認知 3,10
cognitive capacity 認知容量 119
cognitive demon 認知妖 74
cognitive economy 認知經濟 178
cognitive ergonomics 認知工效學 534,537

cognitive map 認知地圖,認知圖 16,251
cognitive model 認知模型 12
cognitive neuroscience 認知神經科學 40
cognitive process 認知過程,認知歷程 5
cognitive psychology 認知心理學 2,4
cognitive resources 認知資源 121
cognitive science 認知科學 4
cognitive strategy 認知策略 11
cognitive structure 認知結構 8
cognitive style 認知方式,認知風格,認知類型 11,67
cognitive task 認知任務 515
cognitive theory 認知理論 12
coherence 連貫性 345
color word task 色詞作業 145
common coding theory 共同代碼理論 274
comparator 比較器 458
competence 能力 32
complex cell 複雜細胞 78
complex reaction time 複雜反應時間 18
complexity 複雜性 57
compound word 合成詞 408
computational theory of vision 視覺計算理論 82
computer metaphor 計算機比喻 4,37
computer science 計算機科學 4,40
computer simulation 計算機模擬,電腦模擬 25,39
conation 意動 11
concentration 集中 105
concentrativeness 集中性 105
concept 概念 9,27,286
concept formation 概念形成 288
concept mapping 概念地圖 518

concept-driven processing 概念驅動加工,概念驅動處理 6
conceptual-propositional hypothesis 概念-命題假說 274
concreteness effect 具體性效應 265
conditional reasoning 條件推理 317
conditional rule 條件規則 287
conditioning 條件作用 30
configuration 完形 277
conjunctive rule 合取規則,連言規則 287
connectedness 連通性 96,97
connection 聯繫 522
conscious attitude 意識態度 284
consequent 後件 318
conservation 守恆 427
conservative focusing 保守聚焦 293
consistent mapping 一致性映射 151
consonant 子音,輔音 439
context 情境,語境 60,92,496,527
contrast 對比 522
controlled object 受控對象 33
controlled processing 控制性加工,控制性處理 7
controller 控制器 458
controls 控制器 535
convergent thinking 聚合思維,聚斂性思考 381
core-context theory 核心關聯說 47,230
correct 正確 141
correct detection 正確檢測,正檢 129
correct rejection 正確拒絕 129,141
correlation 相關 115
correspondence 對應 345
creativity 創造力,創造性 380

cryptari thematic 密碼算術題 340
cryptarithmetic 密碼算題 42
CS=computer simulation
cue-dependent forgetting hypothesis 依存線索遺忘假設,指引關連遺忘假說 217
cued recall 線索回憶 267
cybernetics theory 控制論 33

D

data-driven processing 資料驅動處理,數據驅動加工 6
decay theory 消退理論 180,181
decision 決策 56
decision demon 決策妖 76
declarative knowledge 表述性知識,陳述性知識 9
decrement function 減縮函數 129
deductive reasoning 演繹推理 306
deep representation 深層表徵 276
deep structure 深層結構 32,413
demon 小妖 74
depictive memory 描繪性記憶 277
depth perception 立體知覺,深度知覺 48
descriptive linguistics 描寫語言學 412
descriptive memory 描述性記憶 277
detection 覺察 50
determining tendency 決定傾向 284
dichotic listening 兩耳分聽,雙耳分聽 108,447
differential psychology 差異心理學 230
direct analogy 直接類比 389
direct theory 直接理論 48
directness 指向性 105
discourse 句子,話語 49
discrimination 分辨 50,448

disjunctive rule 析取規則,選言規則 287
displays 顯示器 536
distractor task 分心作業 182
Divergent Production Test 發散生成測驗 382
divergent thinking 發散思維,擴散性思考 382
divided attention 分配性注意 106
dual access model 雙通道模式 496
dual coding theory 雙重代碼理論 269
dual-code hypothesis 雙代碼假說 196
dual-structure theory 雙重結構理論 32
dual-task performance 雙作業操作 119
duplex perception 雙重知覺現象 458
duration of a sound 音長 462
dynamic features 動態特徵 402
dyslexia 深度朗讀困難,閱讀障礙 40

E

early selection model 早期選擇模型 118
echoic memory 聲像記憶 52
ecological approach 生態學研究 41
ecological validity 生態學效度 41
EDR＝electrodermal response
EFT＝embedded figure test
eight-tile puzzle 八張牌問題 339
elaborative rehearsal 精緻性復述 165
electrodermal response 皮膚電傳導能力,膚電反應 139
embedded figure test 隱圖測驗,鑲嵌圖形測驗 68

emotion 情緒 10
empiricism 經驗主義,經驗論 27
encoding 編碼 338
encoding specificity hypothesis 編碼特徵假設 212,217
encoding specificity principle 編碼特定原則 212
enduring dispositions 持久性傾向 121
epistemology 認識論 4
ERP＝event-related potential
error analysis 錯誤分析 517
errors of synthesis 綜合性錯誤,錯誤結合 87
evaluation of demands on capacity 對容量要求的評價 121,122
event rate 事件率 132
event-related potential 事件相關電位 40
evolution 進化 38
expectancy theory 期待理論 143
expectation 期待作用 63
experience 經驗 230

F

facilitation 易化作用,促進作用,催化作用 62,258,261
false alarm 虛驚,誤報 141
false detection 誤檢,錯誤檢測 129
fantasy 幻想 229
fantasy analogy 幻想類比 390
feature analysis theory 特徵分析理論 74
feature demon 特徵妖 74
feature detector 特徵檢測器,特徵覺察器 76．491
feature detector hypothesis 特徵覺察器假設 458
feature detector model 特徵檢測器模型 97
feature map 特徵地圖 85

feature-integration theory of attention 注意的特徵整合理論 85
feedback 反饋 33
feedback channel 反饋通道 33
field dependent 場依從性 67
field independent 場獨立性 67
figure structure-superiority effect 圖形結構優勢效應 7
file 文件 89
filter model 過濾器模型 35,111,112
filter-attenuation model 過濾器-衰減器模型 114
filtering paradigm 過濾作用範式 145
fixation point of consciousness 意識注視點 103
flexibility 變通性 382
fluctuation of attention 注意波動,注意起伏 103
fluence 流暢性 382
FMRI＝function magnetic resonance image
focalization 聚焦 105
focus gambling 冒險聚焦 294
focused attention 集中性注意 85
focusing strategy 集中策略,聚集策略 293
forgetting 遺忘 217
forgetting curve 遺忘曲線 185
formant 共振峰 443
formant transition 共振峰遷移 443
four-eared man 四耳人 52
free morpheme 自由語素 408
free recall 自由回憶 160,267
free-floating state 自由漂浮狀態 85
function column 皮膚功能柱 79
function locanizaion 功能定位 38
function magnetic resonance image 功能磁共振成像 40

function simulation 功能模擬 36
functional availability 功能變通 379
functional fixedness 功能固著 378,380
functional psychology 功能心理學,機能心理學 28
fuzzy concept 模糊概念 296

G

galvanic skin response 皮膚電反應 67
gambler's fallacy 賭徒謬誤 327
General Problem Solver 通用解題程序,電腦解答法 334
generation 生成性,產生 210,398
generation-recognition hypothesis 再認-產生假設 209
generative semantics 生成語意學,衍生語意學 421
genetic epistemology 發生知識論,發生認識論 4
geometrical ion 幾何離子 90
Gestalt psychology 完形心理學,格式塔心理學 29
goal state 目標狀態 335
GPS＝General Problem Solver
graded structure 等級結構 303
grammar 語法 407,412
GSR＝galvanic skin response

H

hallucinatory image 幻象 229
heuristic strategy 探索策略,啟發策略 357
heuristics 啟發式算法 466
hit 中的,正確檢測 141
hole 洞 96
horse-racing model 賽馬模式 496
hypercomplex cell 超複雜細胞 78

I

iconic memory 映像記憶,視像記憶 52
iconic representation 形像表徵,肖象表徵 477
idealism 理念論,理想主義 26
ideation 觀念 230
identification 確認,辨認 448
identification threshold 確認閾限 64
identity relation 同一關係 312
ill-defined problem 界定含糊的問題 337
illusory conjunction 錯覺性結合 85
image 心象,表象,意象,圖象 9,16,83,229
image demon 圖象妖 74
image scanning 意象掃描 243
imageless thought 無意象思維 23
imagery value 意象值 265
imaginal image 想像意象 229
immediate constituent analysis 直接成分分析 410
immediate memory 即時記憶,瞬時記憶 159
immediate memory span 立即記憶廣度 167
impression 印象 230
inclusion 包含 522
inductive reasoning 歸納推理 306
infering 推理 338
information 信息,訊息 3
information process psychology 信息加工心理學,訊息處理心理學 4,39
information processing 信息加工,訊息處理 2,3,46
information science 信息科學,訊息科學 32

information theory 信息論,訊息理論 111
inhibitory 抑制作用 261
inhibitory loop 抑制環 94
inner fixation point 內在注視點 103
input system 輸入系統 38
insight 頓悟 333
intellectual 智能 5
intelligence 智力 11
interactive activation model 相互作用激活模型 92
interactive-activation model 相互作用模式 476
interference 干擾 190,215
interference theory 干擾理論 180,182
intermediate state 中間狀態 335
interview 面談法 516
introspection 內省法 23,239
intuition 直覺 377
isomorphs 同型關係 364

K

knowledge 知識 334

L

laboratory research 實驗室研究 42
LAD＝larguage acguisition device
landmark knowledge 界標知識 251
language 語言 395,399
language acquisition device 語言獲得裝置 31,430
language competence 語言能力 399
language performance 語言運用 399
late selection model 後期選擇模型 118

lateral inhibition 側抑制 179,207
law of average 平均法則,平均律 328
letter identification 字母辨認 478
level of processing model 加工水平模型 163
lexical decision 詞彙判斷,詞彙決定 146,204,485
lexicon 詞典單元,詞庫 113,413
line detector 線條檢測器 77
linear 線性 397
linguistic determinism 語言決定論 424
linguistic relativity 語言相對性 424
linguistics 語言學 4
logics 邏輯學 4
long-term memory 長時記憶 13, 161,190
loudness 音強 463
LTM＝long-term memory

M

macroproposition 宏命題 505
macrostructure 宏觀結構 505
maintenance rehearsal 維持性復述 165
major premise 大前提 307
man-machine interface 人機界面 539
man-machine operation 人機協作 534
man-machine system 人機合一系統,人機系統 534
map of locations 位置地圖 85,89
mapping 標定 338
matrix 矩陣 277
mean 平均數 327
meaningfulness value 意義值 266
means-end analysis 手段-目的分析 359

mechanical theory 機械論 29
memorial image 記憶意象 229
memory 記憶 16
memory distortion 記憶扭曲 197
memory enhancement 記憶增加 540
memory selection model 記憶選擇模型 114
memory span 記憶廣度 52,167
memory trace 記憶痕跡 264
mental capacity 心理容量 120
mental imagery 心象,表象 229
mental lexicon 心理詞彙 172,478
mental model 心理模型 317
mental modules 心理模塊 55
mental resources 心理資源 105
mental rotation 心理旋轉,心理移轉 239
mental set 心理定勢 379
Merlin 默林 479
metacognition interview 元認知面談,後設認知面談 516
method of loci 定位法 262
microproposition 微命題 505
minor premise 小前提 307
miss 失察,漏報 141
mnemonics 記憶術 262
modularity theory 模塊理論 38, 455
module 模塊 38,455
modus ponens 肯定前件的規則 318
modus tollens 否定後件的規則 318
momentary intentions 臨時性意向 121
morpheme 詞素,語素 397,407
morphological analysis method 形態分析法 387
morphology 詞法 407
motivation 動機 65
motor theory 動作理論 446,454
multidimensional scaling analysis

多維標度分析　234
multilevel model　多水平模型　274
multiple capacity theory　多重容量理論　126
multiple resource theory　多重資源理論　126

N

naming　命名　478
natural concept　自然概念　42,288,296
natural reasoning　自然推理　324
negative afterimage　負後像　52
negative feedback　負反饋　33
negative instance　負例　287
neobehaviorism　新行為主義　29
network　網絡組織　168
neural network model　神經網絡模型　37,166,206
neural-network　神經網絡　159
neuropsychology　神經心理學　40
new connectionist model　新連結主觀模型　37
node　結點，節點　92,105,168,200,500
nonword　非詞　493

O

object representation　物體表徵　89
object superiority effect　客體優勢效應　95
omission　漏檢　129
open-window approach　開窗技術　21
operability　可操作性　238
operational behavior　操作行為　31
operational device　操縱機構　33
operational reflex　操作條件反射　31
optical flow pattern　光流模式　48
orientation skill　定向能力　252
original state　起始狀態　335

originality　獨特性　382
overlap relation　重疊關係　312

P

paired-associate learning　配對聯想學習　272
pandemonium model　小妖模型　74
parallel distributed processing model　平行分布處理模型　37
parallel processing　平行加工，平行處理　7,179
parallel search　平行搜索　176,179
partial strategy　部分策略　293
partial-report procedure　部分報告法　52
particular affirmative proposition　特稱肯定判斷，特稱肯定命題　308
particular negative proposition　特稱否定判斷，特稱否定命題　308
part-whole　部分-整體　522
pattern　模式　49
pattern recognition　形之辨識，模式識別　15,46,50
PDP model　PDP模型　37
perception　知覺　47,282
perception of object　物體知覺　85
perceptual analyzer　知覺分析器　55,113
perceptual constancy　知覺恆常性，知覺常性　58,84
perceptual strategy　知覺策略　466
performance　成就　32
permanent memory　永久性記憶　13,190
personal agnosia　不識人症　55
personal analogy　個人類比　389
personality　人格　11
PET＝positron emission tomography
phoneme　音位，音素　397,401,439
phonetic restore　音位恢復效應　465

phonetic stage 語音階段 446
phonological mediation 語音轉錄 487,493
phonological stage 音位階段 447
phrase structure rule 短語結構規則 413
physical symbol system hypothesis 物理符號系統假設 4,36
PI＝proactive inhibition
pitch 音高 461
PM＝primary memory
population stereotypes 通用定型性 535
positive afterimage 正後像 52
positive feedback 正反饋 33
positive instance 正例 286
positivism 實證主義 28
positron emission tomography 正電子發射斷層掃描術 40
preattention 前注意 85,106
precategorical acoustic store 前範疇聲學儲存 443
primacy effect 初始效應,首因效應, 160
primary memory 初級記憶,原初記憶 160
priming 啓動 204
priming effect 啓動效應 146
priming task 啓動作業 146
principle of filling 間隙填充原則 91
principles of continuation 連續性原則 91
proactive inhibition 前攝抑制,順攝抑制 174,185
problem solving 問題求解,問題索解,問題解決,解決問題 16,268, 332,335
problem space 問題空間 336,345, 369
procedural knowledge 方法性知識,

程序性知識,程序知識 10,251
process 處理 83
process analysis 過程分析 521
production 產生式 10
production system 產生式系統 10, 335
proposition 命題 10,507
propositional representation 命題表徵 193
propositional-network representation 命題網絡表徵 198
prosodic features 韻律特徵 402
protocol 口語記錄法 23,337
prototype 原型 71
prototype effect 原型效應 73
prototype theory 原型理論 71
pseudoword 假詞 493
psychology 心理學 4
psychophysics 心理物理學 142

Q

quantificational logic 數量邏輯 307
quantity of vocabulary 詞彙量 528
question 提問 533
Qwerty-keyboard 魁爾梯鍵盤 538

R

radiation process 釋放階段 439
radical 詞根 408
random search strategy 隨機搜索策略 357
RAS＝reticular activating system
RAT＝Remote Associated Test
rationalism 唯理論,理性主義 27
RBC theory RBC 理論 89
reaction time 反應時,反應時間 17, 129
reading 閱讀 475,533
realism 實在論 26

reasoning 推理　305
recall 回憶　209
recency effect 近因效應,時近效應　160
reception paradigm 接受式　289
receptive field 感受域　76
recite 背誦　533
recognition 再認,識別　51,209
recognition by components theory 成分識別理論　89
recognition memory 再認記憶　263
recognition network 識別網絡　89
reducing difference strategy 減少差異策略　359
reductionism 還原論　40
reference point 參照點,憑據點　327
referential level 關聯水平　270
regularization 正規化　257
reinforcement 強化　31
relation element theory 關係基元理論　521
relational-organizer theory 關係組織理論　272
relationship to background knowledge 背景知識的關係　345
release from proactive inhibition 前攝抑制的解除　174
Remote Associated Test 遠距離聯想測驗　383
remote association 遠距離聯想　383
representation 表徵　8,9,83,345
representation level 表徵水平　270
representation of knowledge 知識表徵　62
representation of problem 表徵問題　343,345
representativeness 代表性　324
response selection model 反應選擇模型　114
response threshold 反應閾限　10

response-set interference hypothesis 反應集合干擾假設　215
retention model 消息維持模式　491
reticular activating system 網狀活化系統,網狀激活系統　138,139
reticular formation 網狀結構　138
retrieval 提取,檢索　24,176,209
retrieval cue 提取線索,檢索指引　212
retroactive inhibition 倒攝抑制　185
retroactive interference 倒攝干擾　264
review 復習　533
revised extended standard theory 修正的擴展的標準理論　417
rewriting rule 重寫規則　415
RF＝reticular formation
rhythm 韻律　460
RI＝retroactive interference
rotation 旋轉　257
RT＝reaction time

S

Sapir-Whorf hypothesis 薩丕爾-沃爾夫假說　424
scanning strategy 掃描策略　295
scepticism 懷疑論　27
schema 架構,格局,基模,經驗架構,圖式,構架　4,28,55,190,220,311
schematic face 人臉圖形,圖案臉形　72
scheme 基模,圖式,構架　55
SDT＝signal detection theory
secondary memory 二期記憶,次級記憶　160
segmental phoneme 音段音位　404
select set task 選擇定勢法　151
selection paradigm 選擇式　290
selection task 選擇作業　322
selective attention 選擇性注意

105,106
selective criterion 選擇標準 142
selective-set paradigm 選擇性定勢範式 145
self-report 自我報告 239,515
semantic analysis 語意分析 56
semantic analyzer 語意分析器 206
semantic code 意碼,語意碼 173,191
semantic field theory 語意場理論 406
semantic network model 語意層次網絡模型 200
semantics 語意學 403
sememe 義素 405
sensation 感覺 28,47
sense of direction 方向感 252
sensitivity 敏感性 137
sensory analyzer 感覺分析器 55
sensory channel 直感通道 33
sensory discrimination 感覺辨別力,檢測敏感性 142
sensory memory 感官記憶,感覺記憶 51,161
sensory modality 感覺通道 130
sensory register 感官收錄,感覺登記 51,162
sentence meaning 句義 408
separate coding theory 獨立代碼理論 269
serial position effect 序位效應,系列位置效應 160
serial processing 系列加工,依序處理 7,177
serial search 系列掃描,系列搜索 176,177
set 心向,定勢,集,集合 29,284,312,379,380,385,404
set analysis model 集合分析模型 312
shadowing procedure 復誦程序 173
shadowing task 追隨作業,復誦作業 107
short-term memory 短時記憶,短期記憶 13,159,161
sign 跡象,標記 396
signal detection 信號檢測,訊號偵測 129
signal detection theory 信號檢測理論,訊息偵察論 140
signal discrimination 信號分辨 129
similarity 相似 522
simple cell 簡單細胞 76
simple reaction time 簡單反應時間 18
simple word 單純詞 408
simultaneous discrimination 同時性分辨 137
simultaneous scanning 同時掃描 295
single resource theory 單一資源理論 121,123
situation theory 情境理論 38
slit detector 細縫檢測器 77
slot 槽 166
SM＝secondary memory
solipsism 唯我論 27
sophisticated guessing model 練達猜測模式 490
soundness 合理性 306
spatial compatibility 空間一致性 538,空間兼容性 538
speech 言語 399
speech recording hypothesis 語音轉錄假說 172,493
speech sound 語音 401
spread of activation model 激活擴散模型 203
spreading activation mechanism 激活擴散機制 93

SR＝sensory register
standard theory 標準理論 413
state-dependent memory 情境關連記憶 212
stereotype 刻板觀念,定型化 384, 386
stimulus-sequence effects 刺激序列效果 451
stimulus-structure effects 刺激結構效果 451
STM＝short-term memory
strategy 策略 357
stress 緊張,壓力 254
Stroop effect 斯特魯普效應 146
Stroop task 斯特魯普作業 145
structural psychology 結構心理學, 構造心理學 28
structure theory 結構理論 276
structured interview 結構式面談 516
subcategorization rule 次範疇規則 417
subordinate level 下屬層次 299
subset relation 子集關係 312
subtractive method 相減法 18
successive discrimination 連續性分辨,繼時性分辨 137
successive scanning 相繼掃描 295
superordinate level 上屬層次 299
superset relation 超集關係 312
supplementation 補充作用 62
suprasegmental phoneme 超音段音位 404
surface representation 表層表徵 276
surface structure 表層結構 32,413
survey 瀏覽 533
survey knowledge 測量知識 251
sustained attention 持續性注意 127
syllogism 三段論 307
syllogistic reasoning 三段論推理 268
symbol 符號 395
symbol model 符號模型 458
symbol operation system 符號操作系統 4
symbolic analogy 符號類比 389
synapse 突觸 139
synectics 團體討論法 389
syntax 句法 407
system theory 系統論 34
systematic experimental introspection 系統的實驗內省 284
systematic random search 系統隨機搜索 358

T

task domain 任務領域 345
template-matching theory 模板匹配理論 69
Test-Operate-Test-Exit 檢驗-操作-檢驗-輸出 36
text 文本 475,503
text base 文本基點 195
thematic materials 主題材料 323
thinking 思維 16,282,283
thinking aloud 放聲思維 516
tone 聲調 461
top-down model 從上而下的模式 476
top-down processing 由上而下處理,自上而下的加工 6,46
top-level structure 上層水平結構 505
topological properties 拓撲性質 96
TOTE＝Test-Operate-Test-Exit
Tower of Hanoi problem 河內塔問題,漢內塔難題 359
trading relationship 對換關係 453
transducer 換能器 38

transfer 遷移 59
transfer of learning 學習遷移 364
transformation generative grammar 轉換生成語法 30, 394, 399, 412
trial 序列,嘗試 185
truth 真實性 306

U

uncertainty 不確定性 133
universal affirmative proposition 全稱肯定判斷,全稱肯定命題 308
universal negative proposition 全稱否定判斷,全稱否定命題 308
unsystematic random search 非系統隨機搜索 358
utilizing 應用 338

V

validity 正確性 306
value-inducing procedure 價值誘導訓練 66
varied mapping 變化性映射 151
Venn diagram method 文氏圖,范氏圖 309
verbal behavior 語文行為,語言 16
verbal strategy 言語的策略 11
vigilance 警覺 129
visual buffer 視覺緩衝器 277
visual code 形碼,視覺編碼 172
visual search task 視覺搜索作業,視覺搜索 86, 147, 151
visual topological theory 視覺拓撲學理論 96
visualizing strategy 視覺化的策略 11

vocal tract 聲道 438
voice onset time 嗓音呈現時間 444
vowel 元音,母音 439

W

weight 加權,權重 37
well-defined problem 界定清晰的問題 336
white noise 白噪音,雜音,白噪聲 116, 170
whole strategy 整體策略 292
whole word hypothesis 全詞假說,字形假說 488
whole-report procedure 全部報告法,整體報告法 52
word classes 詞類 409
word detector 詞覺察器 491
word frequency 詞頻 485
word superiority effect 字優效應,詞優效果,詞優效應 7, 488
working memory 工作記憶,運作記憶 13, 159
Würzburg school 烏茲堡學派 23

Z

zero crossing 零交叉 83

數字起頭名詞

2 ½-D sketch 2.5 維要素圖 83
2-D sketch 2 維特性的要素圖 83
3-D model representation 3 維模型表徵 84

```
認知心理學 / 彭聃齡. 張必隱著. -- 第一版. -
- 臺北市：臺灣東華, 1999 [民88]
    面；   公分. -- (世紀心理學叢書之7)
參考書目：面
含索引
ISBN  957 - 483 - 022 - 5 (精裝)

1. 認知心理學

176.3                                    88017261
```

張 春 興 主 編
世紀心理學叢書 7

認知心理學

著　者　　彭　聃　齡　張　必　隱
發 行 人　　卓　鑫　淼
責任編輯　　徐　萬　善　徐　憶　劉威德　李森奕
法律顧問　　蕭　雄　淋　律　師
出　　版　　臺灣東華書局股份有限公司
　　　　　　臺北市重慶南路一段一四七號三樓
　　　　　　發行部：北市峨眉街一〇五號
　　　　　　電話　(02) 23819470・23810780
　　　　　　傳真　(02) 23116615
　　　　　　郵撥　00064813
　　　　　　編審部：北市重慶南路一段一四七號七樓
　　　　　　電話　(02) 23890906・23890915
　　　　　　傳真　(02) 23890869
排　　版　　玉山電腦排版事業有限公司
印　　刷　　正大印書館
出版日期　　2000 年 3 月第一版第一次印刷
　　　　　　2003 年 8 月第一版第二次印刷
行政院新聞局　局版臺業字第 0725 號

定價　新臺幣 650 元整 (運費在外)